森茂暁〈著〉
MORI Shigeaki

日本中世史論集

勉誠社

序言

本書は筆者の第四冊目の論文集である。

筆者の研究分野は、一言でいうと、「中世日本の政治と文化」である。中世といえども範囲は広いが、後期には深入りしなかったので、前期が中心となっている。

より具体的に言うと、おおまかに三つに分類することができるように思う。

一つめは、鎌倉時代から南北朝時代にかけての武家と公家の関係についての研究。近年研究が盛んになったいわゆる「公武関係論」である。ひと昔前までは、こういった名称のジャンルはなく、「朝幕関係」「公武交渉」などと称していたが、公家政権と武家政権とをつなぐ制度的な回路の存在が明らかになったことによって、近年では広い意味での公武両政権の恒常的な関係に研究者の関心があつまってきた。

二つめは、南北朝時代史の研究。とくに南北朝の動乱のなかで室町幕府がどのように成立するかという問題を追究してきた。そのさい北朝との関係に留意し、また戦後ながく研究が遅れた南朝をめぐる諸問題に注目した。さらには、南北朝合体後の旧南朝の動向もないがしろにはできないということで、いわゆる「後南朝」の問題も取り扱うことになった。さらに「太平記」に関連した内容の論文もいくつか書いた。

三つめは、室町幕府政治史の研究である。足利将軍の代でいうと、初代足利尊氏から始まり、南北朝の合体を実現させた三代足利義満を経て、六代足利義教に至っている。こうした室町幕府の成立から確立に至る過程、そしてその崩壊の始まりの時代に注目し、彼らの動向の特徴について述べ、彼らを取り巻く主要な人物たちや制度的なことがらについて調べるところがあった。

以上に加えて、もう一つ、西国の有力守護大内氏に即して、とくにその精神的な側面というか、宗教的側面についての論文をいくつか書くことがあった。

右に述べたような内容の筆者の諸論文は、すでに既刊の論文集に適宜収録してきたところである。しかし二〇〇六年（平成一八）一〇月に上梓した三冊目の論文集『日本中世の政治と文化』（思文閣史学叢書、思文閣出版）より数えてすでに二十年近くの歳月が過ぎている。筆者がこの間に執筆した論文も若干点あり、近年になって、これらの新しい論文に、これまでの論文集に収録しなかったものを加えて、一書にまとめておきたいとの気持ちが湧いてきた。

本書はそのような意図のもとに成立したものである。従って、本書には、前著刊行より以降に執筆したものに加えて、既刊の全三冊の論文集に未収録の既発表論文をも収録している。

次に本書に収録した諸論文の各部構成の仕方について概略説明しておこう。

まず第一部。鎌倉時代・建武新政期を扱う第一部は、新出史料による後醍醐天皇の登場に至るまでの経緯（いわゆる「文保の和談」の位置づけ）、および同天皇が運営した建武政権の西国地方支配（とくに中国地方の最西端長門国）、さらに九州全域にわたる統治の実態を文書史料を通して具体的に究明したものをあつめた。

あわせて、①元弘三年（一三三三）五月の宮内庁書陵部所蔵「内蔵寮領等目録」、②国立歴史民俗博物館所蔵「御厨子所関係文書」の全文翻刻を付した。①②ともに、鎌倉時代から南北朝時代にかけての、官司領の経営を通した内廷経済状況の一端を如実に物語る貴重な史料として今後の研究に活かされるべきものである。このうち①は、すでに一部利用されている（例えば、遠藤珠紀『中世朝廷の官司制度』〈吉川弘文館、二〇一一年五月〉や『夜久野町史四　通史編』〈福知山市、二〇一三年二月〉など）。

次に第二部。南北朝時代を扱う第二部では、南北朝時代に関する論文を収めた。そのうちの一つは、南北朝の動乱を下支えした広範な社会各階層における分裂の様相を、訴訟に持ち込まれた一門内惣庶の所領をめぐる抗争を通して垣間見たものである。その結果、在地の一訴訟問題に守護や将軍、さらには朝廷がどのようにかかわったか、その一端が見えてきた。

さらに、室町幕府初代将軍足利尊氏、および副将軍格の弟足利直義の発給文書の検討を通して、両人の歴史的役割を考え、また、南北を渉り歩いた北朝公卿の一人中院通冬の身の振り方を追跡することによって、南北朝の動乱が北朝公家にとって何であったかということを考えた。

あわせて、山口県防府市の「周防国分寺文書」のなかの鎌倉時代～南北朝時代に属する文書の整理を行い、この時期の周防国分寺の活動状況を垣間見た。その結果、この時期、周防国は南北朝の動乱に巻き込まれ、北朝や室町幕府、足利直冬などが大いにかかわりを有していることが知られた。

これに加えて、京都の近衛家門に関する一文を併載した。

続いて第三部。室町時代を扱う第三部では、室町幕府にまつわる政治・制度・宗教の諸問題に関する論文をあつめた。具体的には三代将軍足利義満の重臣たる管領として、義満政治の本格的開花に寄与するところのあった斯波義将に関する論文、六代足利義教政治に深くかかわった「黒衣の宰相」三宝院満済、それに義教の側近として義教政治の専制化に大きく関与した近習赤松満政の動向についての論文である。

筆者はひところ室町時代の日記『満済准后日記』に深い興味を覚え、同日記に没頭したことがある。このとき『満済准后日記』（京都帝国大学文科大学叢書、全二冊）及び『醍醐寺文書別集 満済准后日記紙背文書』（大日本古文書、全三冊）の全文データベースを独力で完成させた。完成したのは、二〇一〇年（平成二二）四月七日（水）のことであったが、なんと開始以来十三年の歳月を閲していた。ここに収めた論文は、その全文データベースをフルに活用して執筆したものである。

最後に第四部。最終の第四部では、戦国時代の政治史において西国の最有力守護として国政に大きな存在感を発揮した周防国出身の大内氏に関する論文を収録した。大内氏の諸問題といえばさまざまな分野・テーマに関するものが想定されるが、収録論文は大内氏の渡来神話や精神世界に関する内容のものである。大内氏はその出自を朝鮮半島とする伝承をもつ、異色の有力守護で、近年大内氏に関する研究は飛躍的に進展した。筆者は、一九九二年（平成四）四月から開始された山口県史編纂事業において、当初より中世編の専門委員として関与した関係で大内氏研究との関わりをもつことになった。本書に収録した大内氏関係の論稿はこの山口県史編纂との関わりのなかで執筆したものである。

目次

序言……(1)

第一部 鎌倉時代・建武新政期……1

第一章 文保の和談の経緯とその政治的背景——新出史料の紹介をかねて——……3

はじめに……3
一 はたして和談は成立したか……4
二 「按察大納言公敏卿記」にみる文保二年二月の経過……6
三 後欠某書状の紹介と検討……11
四 「御事書幷目安案」からの知見……15
五 結局、文保の和談とは何であったか……17
おわりに——関東申次西園寺実兼のかかわり……21

第二章　鎌倉末期・建武新政期の長門国分寺……27
はじめに……27
一　伏見院政と長門国分寺……29
二　後宇多上皇・後醍醐天皇の治世と長門国分寺……38
おわりに……43
【付表】「長門国分寺文書」の中の鎌倉期・建武新政期の文書一覧……48

第三章　建武政権下の長門国の知行国主について……51
一　知行国制とは……51
二　鎌倉末期の長門知行国主……53
三　建武元年の長門国宣……57
四　長門国と勧修寺流藤原氏……62

第四章　建武政権と九州……69
はじめに……69
一　鎮西探題の滅亡……70
二　博多合戦前後……83
三　建武政権の九州統治……104
おわりに……130

付　山科家関係文書の紹介——「内蔵寮領等目録」・「御厨子所関係文書」——……149
一　宮内庁書陵部所蔵「内蔵寮領等目録」……154
二　国立歴史民俗博物館所蔵「御厨子所関係文書」……161

第二部　南北朝時代……169

第一章　法勝寺領美濃国船木荘只越郷をめぐる惣庶の対立と南北朝の争乱……171
はじめに……171

一　法勝寺領美濃国船木荘只越郷……173
二　只越郷領家職をめぐる惣庶対立の発端と経過……175
三　只越郷の建武三年……180
四　只越郷をめぐる訴訟の新段階……183
おわりに……186
【史料】「法勝寺領美濃国船木荘訴訟文書」（宮内庁書陵部所蔵）……192
【年表】美濃国船木荘只越郷をめぐる訴訟年表……202
第二章　足利尊氏発給文書の研究――室町将軍発給文書体系の成立――……207
はじめに……207
一　下文・下知状系……210
二　御教書系……225
三　足利尊氏文書をめぐる若干の論点……244
おわりに……253

第三章　足利直義発給文書の研究――いわゆる「二頭政治」の構造――……271
はじめに……271
一　下文・下知状系……275
二　御教書系……287
三　足利直義文書に関する二、三の問題……298
おわりに……303
第四章　中院通冬とその時代――南北朝動乱に翻弄された一北朝公家――……321
はじめに……321
一　中院家とは……323
二　鎌倉後期の中院通冬……325
三　建武政権下の中院通冬……329
四　南北朝期の中院通冬……331
おわりに――中院通冬を通して知られること……352

【年表】中院通冬略年表……360
【系図】村上源氏略系図……368
付一　周防国分寺の中世文書――鎌倉時代・南北朝時代――……371
はじめに……371
一　鎌倉時代……373
二　南北朝時代……375
おわりに……381
付二　南北朝期の近衛家門について……387
第三部　室町時代……391
第一章　室町幕府管領斯波義将についての二、三の論点……393
はじめに……393

一　斯波義将の登場……394
二　斯波義将の管領奉書——細川頼之との比較……397
三　管領斯波義将文書の特異点……402
四　管領斯波義将の特質……407
付　『竹馬抄』について——作者は果たして斯波義将か……408
おわりに……410

第二章　斯波義将の特異な文書——前管領が出した御判御教書——……417
はじめに……417
一　応永五年六月一五日付の特異な文書……418
二　差出者「沙弥」は斯波義将か……419
三　参考となる他のケース……421
四　なぜ斯波義将はかかる文書を出せたか……423
おわりに……424

第三章　赤松満政小考――足利義教政権の一特質――……429
はじめに……429
一　赤松満政の登場と足利義持……432
二　足利義教期の赤松満政の動向……433
三　赤松満政の文芸活動……446
四　嘉吉の乱後の赤松満政……454
おわりに……459
第四章　室町前期の国家祈禱と幕府財政――伊勢貞国・赤松満政のかかわり――……473
はじめに……473
一　文書の性格……475
二　「定親」のこと……478
三　幕府政所と公方御倉……481
四　公方御倉への経費支出手続き……483

五　国家祈禱と幕府財政――伊勢貞国・赤松満政……486
おわりに……490

第五章　黒衣宰相がリードした室町政治――『満済准后日記』――……497
一　出自とデビュー……497
二　護持僧……500
三　五壇法・後七日御修法とのかかわり……501
四　足利義教登場の演出者……503
五　公武統一政権の指南役……507
六　後南朝との関係……510
七　「天下の義者なり、公方ことに御周章」……512

第四部　周防大内氏の精神世界……515
第一章　周防大内氏の渡来伝承について――「鹿苑院西国下向記」を素材にして――……517
はじめに……517
一　渡来伝承についての通説……517
二　「鹿苑院西国下向記」にみる渡来伝承……519
おわりに――聖徳太子信仰とのかかわり……526
第二章　大内氏の興隆と祖先神話（講演録）……531
はじめに……531
一　「鹿苑院西国下向記」の内容と性格……533
二　琳聖太子の渡来伝承……539
三　氷上山興隆寺文書にみる大内氏の興亡……543
おわりに……546
【史料】……548

第三章　大内氏と陰陽道――大内政弘と賀茂在宗との関係を中心に――……563
はじめに……563
一　大内氏の精神世界……564
二　賀茂（勘解由小路）在宗とは……568
三　陰陽師賀茂在宗の役割……572
おわりに……577
第四章　周防国氷上山興隆寺修二月会についての一考察
――修二月会頭役差定状を素材として――……583
はじめに……583
一　修二月会とは……584
二　修二月会史料としての頭役差定状……587
おわりに……617
【付表】氷上山興隆寺修二月会における頭役差定状一覧……590

付一　大内政弘の精神世界……629
はじめに……629
一　五壇法・炎魔天供……630
二　陰陽道……631
三　妙見信仰……631
おわりに……632
付二　大内氏にかかる山口県外史料二題
――宮内庁書陵部所蔵文書と聖心女子大学所蔵文書――……633
はじめに……633
一　宮内庁書陵部所蔵「大内義興書状」……634
二　聖心女子大学所蔵の大内氏関係史料……637
おわりに……642

あとがき……645
初出一覧……649
索　引……左1

例言

一、本書は、著者が一九八〇年（昭和五五）より二〇二四年（令和六）までの間に発表した計二十二編の論稿・史料紹介等を収録したものである。

全編を、第一部、鎌倉時代に属するもの、第二部、南北朝時代に属するもの、第三部、室町時代に属するもの、そして第四部、周防大内氏の精神世界に関するもの、に編次した。

一、旧稿を収録するに当たっては、左記の二点について最小限の改補を施したほかは、おおむね発表時のままとした。

（イ）表記の統一をはかって、送り仮名、振り仮名、その他の字句を改めた。

（ロ）文意をより明確にするために、表現を改めたり、語句を補ったりしたところがある。

一、史料の考証・解釈を改め、あるいは叙述を補う必要のあるものについては、本文の当該箇所に（補注）と記し、その章末においてこれを行った。

第一部　鎌倉時代・建武新政期

第一章　文保の和談の経緯とその政治的背景

――新出史料の紹介をかねて――

はじめに

日本の古代・中世の政治史は、皇位の継承をめぐる抗争を一つの重要な原動力として展開すると言ってよいが、こと中世については、鎌倉時代の後半期、文保元年（一三一七）から翌二年にかけて、時の二つの皇統である持明院統と大覚寺統との間で鎌倉幕府との駆け引きを重要なファクターとして秘密裡に行われた、いわゆる文保の和談（史料表現としては「文保御和談」）は、そうした皇位をめぐる公武交渉の一齣としてひときわ注目されてきたところである。

くだんの文保の和談をもっぱら論じた近年の論考としては、いわゆる研究論文の体裁をとるものではないが、①羽下徳彦「『花園天皇宸記』と文保御和談」（同『点景の中世――武家の法と社会』吉川弘文館、一九九七年六月。初出は『季刊ぐんしょ』1、一九八八年一〇月）、および②本郷和人「文保の和談――鎌倉時代、皇位の継承はだれが定めたか」（『UP』二八一、一九九六年三月）とがある。

このうち、①はおおよそ従来の研究史をふまえたオーソドックスな意見であり、結論的には以下のとおり（①

の七〇頁）。[1]

（前略）両統迭立につき幕府の要請による御和談がはかられたが、それは文保元年四・五月の時点では成立せず、翌二年花園譲位、後醍醐即位の時に、何らかの契約が成立した、と考えてよいと思う。

一方、②について言うと、「文保元年の一件（文保の和談のこと＝筆者注）は、代替り時にくり返された事例のうちのひとつにすぎない」とか、「両統（持明院統と大覚寺統＝同）は話し合い、これが史料上では「文保の和談」と呼ばれたが、何一つ合意しなかった。実はそれだけのことなのだ」（②の一四頁）という結論的な文章表現に象徴されるように、いわゆる文保の和談を両統と鎌倉幕府の間で行われた皇位をめぐる通常の公武交渉の単なる一齣ととらえ、そこに特記すべき歴史的な意味を認めない点に特徴がある。

こうした研究動向のせいかどうかわからないが、近年の鎌倉政治史研究では、文保の和談の歴史的意味をあまり高く評価することはしない模様である。筆者は、文保の和談が結果的に後醍醐天皇の登場に道を開いた点においてその歴史的な意味を認める立場に立つが、やはりこの事件そのものの評価が大きく分かれる理由は、文保の和談を構成する個々の具体的事実の確定作業がいまだ十分になされていないことによると考えられる。

そこで本章では、たまたま見つけた新史料の紹介をかねて、「文保の和談」に直接的に係わる基礎的な事実をおさえることによって、古来日本史上に著名なこのできごとの輪郭を明確なものとし、その歴史的な意味の重大さについて考えるよすがとしたい。

一　はたして和談は成立したか

最大の問題は、文保の和談の意味を認めない理由としての「何一つ合意しなかった」ことが事実かどうかの認定である。この不合意説は、「文保の和談がごくありふれた出来事にすぎなかったこと」の論拠となっている。

この和談は、直接的には大覚寺統のボス後宇多法皇による持明院統の現職天皇花園に対する退位要求であるので、持明院統がおいそれとこの要求に応ずるはずはなく、頑強に抵抗したであろうことは推測に難くないし、事実そのことを窺わせる史料も残っている。

しかし、後宇多法皇が、鎌倉幕府との交渉を専管する関東申次西園寺実兼をだきこんだうえに、当時皇位継承の承認権を実質的に掌握していた鎌倉幕府と意を通じていたから、皇位をめぐる客観的な政治状況としては、圧倒的な後宇多法皇の優勢を認めねばなるまい。

こうした点について従来不明確なことが多かった。その理由としては、文保の和談の一次史料である『花園天皇宸記』の文保二年（一三一八）の記事のうち、正月七日の記事を除きすべて欠落していることが第一にあげられる。和談の経過を窺うための肝心の部分が欠けているのである。それでも同日記文保元年の記事、元亨元年（一三二一）一〇月一三日条の記事によって、関東使摂津親鑑を入洛させた幕府による皇位問題の調停交渉が文保元年四月から開始されていること(2)、その交渉が後宇多法皇の意をうけたものであったこと(3)、関東使摂津親鑑が交渉を中断して文保元年五月二〇日に帰東したことが知られ(4)、結局文保元年の段階では調停交渉は成立していないことがわかる。しかし翌文保二年に入って、その正月から後宇多法皇による花園天皇に対する譲位要請が再開される(5)。その流れはやがて同年二月二六日の花園天皇譲位にゆきつくけれども、この持明院統の敗北の背後に同統の主柱たる伏見法皇が文保元年九月三日に没したことがあったことは言うまでもない。以上のようなことはこれまでにすでに知られており、別に目新しいことではない。

交渉の過程そのものには紆余曲折があるが、しかし後伏見上皇・花園天皇を中心とする持明院統が鎌倉幕府の支持をとりつけた大覚寺統の後宇多法皇によって押し切られるような格好でもって、くだんの和談は実質的には成立したと言わざるをえないのである。

二　「按察大納言公敏卿記」にみる文保二年二月の経過

「文保御和談」という表記の現存史料上の初見は、『花園天皇宸記』元亨元年（一三二一）一〇月一一日条であるが[6]、残存史料による限り、持明院統側の史料のみに散見している[7]。いったん終息したかにみえた譲位問題は文保二年に入って再燃、交渉は本格化するのであるから、この年の正月から譲位の二月にかけての皇位をめぐる公武交渉の推移に特に注意する必要がある。ところで希有にも、その文保二年二月の皇位問題の展開を窺うことのできる史料が残存している。いわば『花園天皇宸記』の記事の欠落を補う貴重な史料である。それは現在、独立行政法人国立公文書館（内閣文庫）に所蔵される「按察大納言公敏卿記」という一巻の日記である[8]（整理番号は古三五―六二二）。本書の記事は文保二年二月一日から同二六日に至る二六日分であり、内容的には「文保二年二月記」というにふさわしい。ちなみに本日記の記主洞院公敏は、『園太暦』を記した洞院公賢の実弟にあたる[9]。

「按察大納言公敏卿記」は未知というわけではなく、これまでの研究において部分的には利用されてはいるが、本格的な利用までに至っていない。まとまった形での史料の翻刻もなされていない模様である。この日記によって、文保二年二月の花園天皇の譲位問題の推移についてみてみよう。まず同記より関係記事を拾ってみる。

十二日（文保二年二月）　抑此間例天下事有二縦横説等一、凡去年已自二当方一被レ出二辞状一之間、以レ其自二大覚寺殿（後宇多法皇）一被レ仰二武家（六波羅探題）一、遣二飛脚於東方（鎌倉幕府）一云々、近日帰参之程也云々、仍如レ此謳歌歟、抑家君（洞院実泰）御‐二参大覚寺殿一、御輿也、諸大夫光隆・為信等也云々、

十三日　天晴、今暁可レ有レ御二下‐向天王寺一之由沙汰之処、可二延引一之由、昨日自二法皇（後宇多）一以二勅書一被レ申之

間、先延引畢、仍小童予舎弟帰二参大覚寺殿一畢、（下略）
十五日　天晴、時正初日也、潔斎如二例年一、不断念仏結番、家君以下入レ之給、此間、践祚・即位・御禊・大嘗会以下事等抄二出之一、依レ召被レ進二大覚寺殿一、（下略）
廿日　天晴、大臣殿（洞院実泰）御二参大覚寺殿一、及レ晩自二慈厳僧正（公敏の弟。山門）許一告云、東使南方木所(10)自二関東一帰洛云々、仍進二彼状於大覚寺殿一、
廿一日　天晴、伝聞、六波羅使縫殿頭貞重（長井）向二北山（西園寺実兼）一云々、其後及二戌刻一、吉田中納言（定房）向二北山一云々依二招引一世間曰、践祚・立坊事、共以此御方之条治定云々、及二寅刻一、法皇御二幸万里小路殿一春宮御所也、依二執権奉一、大臣殿御参（割注を略す）、督殿（洞院公賢）同御参也、此事践祚・立坊以下日次事、於二法皇御方一有二評定一、関白（二条道平）・大臣殿・春宮大夫（花山院師信）・吉田中納言等候云々、
廿二日　天晴、自二今夜一可レ為二御所常盤井殿一云々、先午刻許、御時以前幸二彼御所一御歴覧親王（邦良）宮御同車、即還二御万里小路殿一（東宮尊治の御所）、自二今夜一可レ幸云々、
廿三日　天晴、今日聞、大夫（東宮大夫）事、以二実衡卿（西園寺）一可レ被レ任之由、被レ仰二入道（西園寺実兼）一之処、称二未練故障一之間、督殿（洞院公賢）可レ被レ任之由治定云々者、於二譲国一者廿六日云々、立坊可レ為二同日一之由雖レ有二沙汰一、於レ事不レ可レ叶之間、可レ為二来月上旬一云々、且同日例、（中略）抑今日申刻、法皇自二常盤井殿一幸二万里小路殿一、有レ召二大臣一也、御参御装束如二昨日一、督殿同御参也、抑先レ是、蔵人兵部少輔成輔（平）参入、践祚事、条々申レ之、是奉行人也、
廿四日　天晴、今日大臣殿無二御出仕一、督殿令二出仕一給、立坊事令二申沙汰一給之間、如レ然事申御沙汰也、直可二奏事一之由被レ仰畢、（中略）抑明後日為レ被レ行二譲位節会一、行二幸土御門殿一東洞院、准后御所也、予於大炊御門東洞院見物之、（下略）

廿五日　天晴、明旦法皇冷泉富小路皇居有二御歴覧一云々、（中略）抑入レ夜、御二参常盤井殿一、白小直衣、

廿六日　天陰、雨不レ下、風頻吹、今日譲位也、於二土御門東洞院一被レ行二節会一、剱璽渡御、

『公卿補任　第二篇』によれば、文保元年二月当時の記主洞院公敏の官位は、従二位・権中納言、年齢二七歳。同年八月には左衛門督を兼ね、一〇月には大嘗会検校に補されている。当時左大臣実泰を父に、権中納言公賢や山門の慈厳僧正（二〇日条に登場する）を兄弟に、さらに醍醐寺の賢助僧正（東寺長者）を叔父に持つ公敏は、公武中枢の機密情報を正確に集めうる地位と立場にあったといってよい。それだけに、その日記の記事内容は信頼性が高いといえる。

「按察大納言公敏卿記」の記事のうち、文保の和談の展開に関係する記事を右に掲出したが、これらの史料記事からめぼしい事実を拾うと、以下のようになろう。

①文保二年二月一二日の記事に、「凡去年已自二当方一被レ出二辞状一之間、以レ其二自大覚寺殿一被レ仰二武家一、遣二飛脚於東方一云々、近日帰参之程也云々、仍如レ此謳歌歟」とある点にまず注目しよう。「去年」とは文保元年、「当方」とは記主洞院公敏が属する洞院家、「辞状」とはある職にいる者がその職を辞退する意志を記して上申する文書であること、[11]「大覚寺殿」とは後宇多法皇、「武家」とは六波羅探題、「東方」とは関東の鎌倉幕府であること、などを総合すれば、「去年已自二当方一被レ出二辞状一」とは、文保元年六月の洞院家当主実泰による辞右大臣の上表（『公卿補任　第二篇』四五六頁、『尊卑分脈　第一篇』一六三頁参照。前者は「無上表之儀」とするが、後者は「上表」とする）をさすと思われる。後宇多から六波羅に仰せられた「辞状」はさらに六波羅の飛脚によって鎌倉幕府に遣わされ、その飛脚は文保二年二月一二日の「近日」に帰洛した。このことで、巷間には「天下事」についての「縦横説等」が横行している。ここでは「辞状」が何故ことさら関東にまで届けられたのかも問題で、案件の背後に洞院家に関して幕府のかかわる事情のあったことを推測させる。

②一五日には、洞院公敏は後宇多上皇から「践祚・即位・御禊・大嘗会以下事等」についての先例調査を依頼され、公敏はその「抄出」を後宇多に進めた。後宇多がこれら諸行事の先例を勘申させたのは、東宮尊治の践祚に向けての前準備のためとみられ、すでに二月一五日の段階で花園の退位、尊治の践祚は動かしがたい既定路線となっていた。

③二〇日になると、六波羅南方探題北条維貞が鎌倉幕府に派遣した使者（東使）木所某が、関東より帰洛した。これをうけて公敏は、「彼状」[12]を後宇多に進めた（「彼状」については不詳）。同日中に、六波羅探題の使者として縫殿頭長井貞重が北山（関東申次西園寺実兼の居処）に向かい、その後（二〇日の）「戌刻」（午後八時ころ）には、中納言（正確には前中納言）吉田定房が西園寺実兼からの招引により、北山に向かったと公敏は聞いた。今度は践祚も立坊も共に後宇多法皇の大覚寺統に決まりだとの巷間の説も耳にしている。

④さらに二一日の「寅刻」（午前四時ころ）になって、後宇多法皇は東宮尊治の御所万里小路殿に御幸した。洞院家からは当主の父実泰と兄公賢が参加した。今度の践祚と立坊以下の日次のことについては、法皇方で決定のための評定が行われた。その評定会議には関白二条道平、左大臣洞院実泰、春宮大夫花山院師信、前中納言吉田定房たちが参候した。

⑤二二日になると、院政を行う後宇多法皇の御所は今夜より常盤井殿であるということが告げられた。大炊御門京極にあった常盤井殿は、それまでは恒明親王の邸宅であった[13]。後宇多法皇による第二次院政開始の準備は着々と整えられていたのである。

⑥二三日には、新東宮邦良親王に奉仕する東宮大夫の人選で、まず西園寺実衡（関東申次実兼の孫。『公卿補任第二篇』によると当時二九歳）の就任が実兼に打診されたが、「未練故障」との理由で辞退され、結局、洞院公賢に決定したこと、譲国の儀は同月二六日に行われることに決まったこと、さらに邦良の立坊は譲国と同日に行

うことになっていたが、それが無理だということで、翌三月上旬に延期されたこと、が記されている。後宇多法皇の将来構想にとって最大の関心事は、嫡孫邦良の践祚の前段としての立坊であった。このたびの皇位争奪戦で後宇多が天皇位のみならず東宮位までも手中にしたのはまさに彼の強烈な執念そのものであったろう。この日、法皇は御所常盤井殿から東宮御所万里小路殿へ御幸している。このたびの践祚のことを取り仕切る奉行人蔵人平成輔が公敏のもとに参入し、践祚に関する条々のことを申し入れた。

⑦二四日には、明後日二六日に譲位節会が行われるというので、花園天皇は土御門殿（東洞院の准后御所）に行幸した。「准后」とは伏見法皇の妃で後伏見上皇の生母、藤原（五辻）経子と考えられる。(14)

⑧二六日には、予定どおり譲位の儀式があった。土御門東洞院の准后御所で、譲位節会と剱璽渡御の儀式が執り行われた。

このように事件の展開過程を段階的に詳しくみていくと、文保二年二月二〇日に六波羅探題北条維貞の使者木所某が関東から帰洛したことが、皇位問題の進展にとって大きな起爆剤となっていることがわかる。翌二一日条には六波羅使者長井貞重や吉田定房が別々に北山邸に向かったことが記され、践祚と立坊の双方を後宇多が勝ち取ったという巷説が流れているし、それを裏付けるかのように、践祚・立坊以下の日次が法皇のもとでの評定で議題にあがったとも述べられている。六波羅使者木所が持ち帰った関東の返答は、後宇多法皇の要請を全面的に受け入れる内容のものだったと考えられる。こうして幕府の支持を取り付けた後宇多は、二一日より自ら描いた政権交代のシナリオを実行に移したのである。

三　後欠某書状の紹介と検討

ここで、一つの未紹介の関係史料がある（次頁掲出）。それは、内閣文庫所蔵「大乗院文書」全一二冊（整理番号は古二五―四八四）のなかの第一冊目「大乗院文書御治世事云々以下古文書　二」に合綴される古文書のうちの冒頭の一文書である。文書は正本とみられ、紙質は楮紙。法量は、縦二八・四センチ、横四三・八センチである。

原本を検するに、この文書は全体的に日焼けしたような感じで、しかも虫食いや小さなカビ状の褐色の点々が多くみられ、両者が合わさった個所は読みづらい。特に左端上部は虫食いがひどく、しかも文字がふやけていて、読むことができない。

また冊子に装幀されたこの史料の表題が「大乗院文書」とあるように、この文書群は奈良の興福寺大乗院に伝来したものであるが、くだんの一文書のみ内容的に大乗院とは直接の関係をもたない。当該文書がなぜ「大乗院文書」に合綴されたか、今のところ不明である。

この文書は複数の料紙からなる一書状の第一紙にあたる。料紙の継目がはがれ、一紙分しか残存していない。つまり後欠文書である。後欠ゆえに発給年月日もわからない。したがって、文書名をつけるとすれば後欠某書状とするしかないが、内容のうえではすこぶる興味ふかいものがある。それはこの文書がくだんの文保の和談の直接史料であり、しかも肝心の文保二年二月の状況をつぶさに映し出しているからである。かつ文中の「新帝」とは、後醍醐をさすと考えられるので、この文書が書かれた時期は、文保二年（一三一八）二月二六日の皇位交替直後とみて大過ないであろう。

まず文書の内容的な輪郭から検討しよう。端裏にも記されているが、本文冒頭にみえる「御治世事」とは、治天下の地位・権限、いわゆる「政務」のことである。当時の治天の権を取り巻く公武の政治状況については、

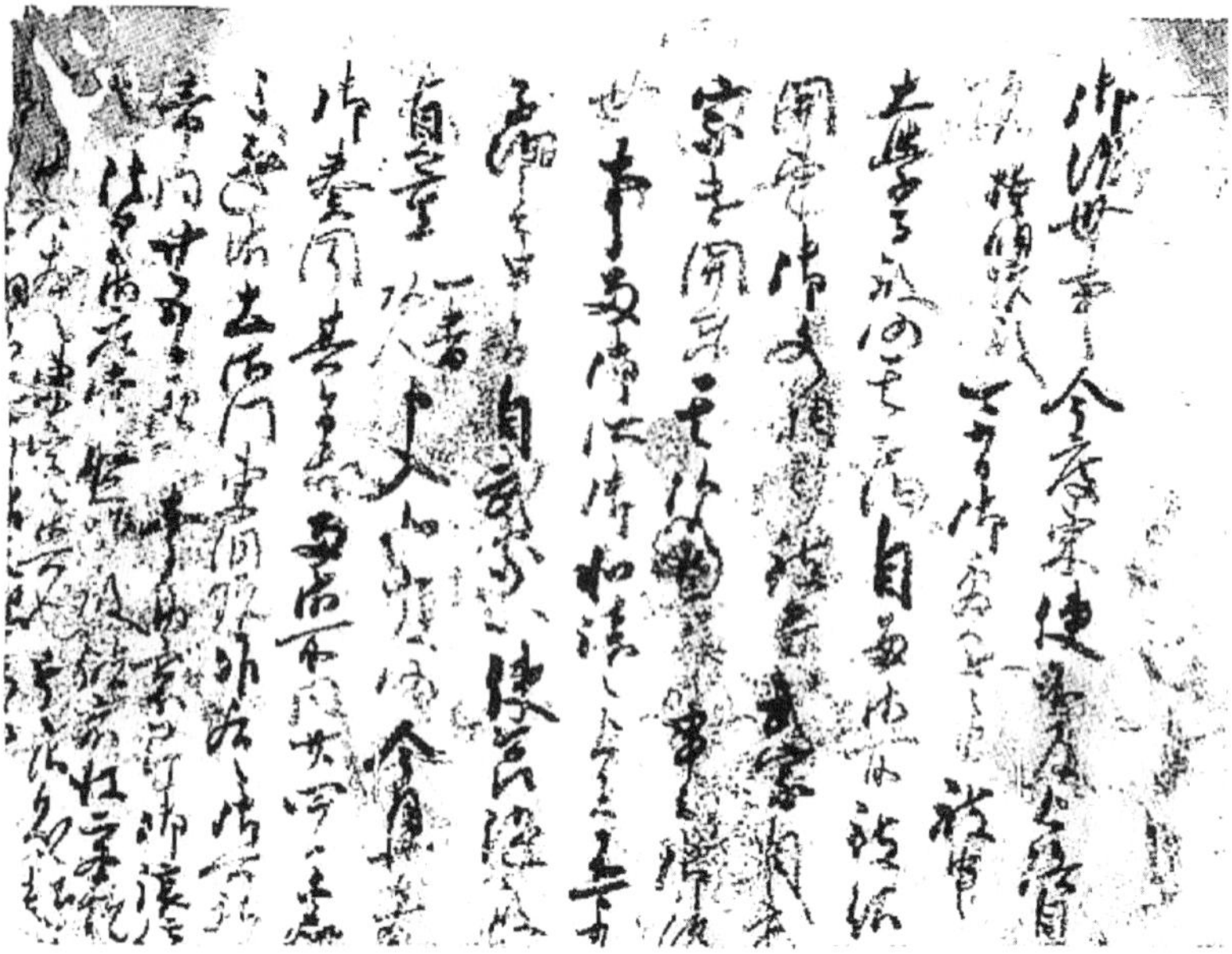

（端裏書）
「□（御治世カ）事」
御治世事、今度東使不レ及二上洛一、自」
レ院持明院殿可レ有二御辞退一之由、被レ申二」
大学（覚）寺殿一、仍其子細自二両御所一被レ仰二」
関東一、御文箱ヲ被レ遣二武家一、自二武」
家一遣二関東一、其次□□申云、御治」
世事、両御所御和談之上者、不レ可レ有二」
子細一之由、申旨自二武家一以二使節縫殿」
貞重一番頭人一、申二入北山殿（西園寺実兼）一、仍今月廿日有」
レ御二奏-聞其旨於両御所一、同廿四日旧」
主遷二御土御門東洞院准后之御所一、新」
帝同廿五日歟　幸二内裏一、即御譲位」
也、法皇（後宇多）御二座常盤井殿一、儲君後二条院」
□□（御子カ）（邦良）御二座本之東宮之御所（万里小路殿カ）一也、近々御沙汰之趣、」
（以下欠）　（」印は行替わり）

『増鏡』第一三「秋のみ山」の段に興味ふかいくだりがある。(15) 元亨元年（一三二一）、治世の権が後宇多法皇から後醍醐天皇に移るときの描写である。

法皇《（後宇多）》、やゝもすれば、大覚寺殿にのみ籠らせおはします。人々、世の中の事ども奏しにまいりつどう。いまは一すぢに御行ないにのみ心入給へるに、いとうるさく思せば、その夏比、定房《（吉田）》の大納言、東へつかはさる。御門に天の下の事、ゆづり申さむの御消息なるべし。おほかたは、いとあさましうなりはてたる世にこそあめれ。かばかりの事は、父御門の御心にいとやすく任せぬべき物をと、めざまし。されど、昨日今日はじまりたるにもあらず、承久よりこなたは、かくのみなりもてゆきければなめり。

ここにみるように『増鏡』は、当時院政を行っていた後宇多法皇が仏道に専念するあまりに、政務（史料表現は「天の下の事」）への意欲を失い、治天の権を子息後醍醐天皇に譲るべく、鎌倉幕府に吉田定房を派遣してその承認を得ようとしたこと、さらにこの程度のこと（政務の移譲）は幕府に相談することなく後宇多院の裁量に任せていいのに興ざめだ、しかしそういうやり方は昨日今日に始まったのではなく、承久の乱で京都が鎌倉に敗北して以来そうなったのだ、そのようなことを述べている。注意すべきは、「践祚」や「立坊」だけでなく、「治世」もまた独立した関東の承認を必要とする案件であった。

文書は「御治世事、今度東使不レ及二上洛一」と書き出されている。つまり今度の「御治世」をめぐる両統間の意見調整のために関東使(16)を派遣することはしない、といっている。ということは、「御治世」の問題で調整のための関東使が派遣されることも普通にあったことを言外にほのめかしている。そのことは、右にみた『増鏡』の記事によっても傍証することができる。そこでなぜ今回は東使を上洛させないかというと、「自レ院持明院殿可レ有二御辞退一之由、被レ申二大学《（覚）》寺殿一」とあるように、「御治世」についてはその辞退の意志が持明院統の後伏見上皇から大覚寺統の後宇多法皇に伝えられており（つまり合意事項）、しかも「其子細」は両御所（持明院統・

大覚寺統）より関東に伝えられていたのである。両統間の合意のことは文書化され、「御文箱」に入れられて「武家」（六波羅）を経て「関東」（幕府）に遣わされている。文書中に「御治世事、両御所御和談之上者、不レ可レ有二子細一」とあるように、両統間の合意事項としての「御治世事」に幕府として口を差し挟む理由はなく、ために「今度東使不レ及二上洛一」となったものと考えられる。幕府は、本件について特に関東使を上洛させて調停する必要性を感じていないのである。

ここで前掲の「按察大納言公敏卿記」の記事を参照すればわかることがある。それは後欠某書状にみる「御文箱」を関東に届けたのは、二月二〇日の記事に登場する「東使南方木所」ではないかということである。さらにそう考えてさしつかえないとすれば、文書にみる「申旨自二武家一以二使節縫殿貞重一番頭人一、申二入北山殿一」のくだりであるが、六波羅一番引付頭人長井貞重[17]が使節として北山殿（関東申次西園寺実兼）のもとに向かったのは、木所某が帰洛した二月二〇日と考えるのが妥当であろう。このように「御治世」の交替を承認した関東の意志は六波羅に伝えられ、さらに使節長井貞重をとおして関東申次西園寺実兼に伝えられた。さらに二月二一日の記事にみるように、西園寺実兼は後宇多法皇の院司と目される吉田定房[18]を北山殿に招引した。六波羅を通じてもたらされた幕府の内意を後宇多に伝えるよう指示したのである。時間的には、同じ二月二〇日のこととみられる。これをうけて後欠某書状に「仍今月廿日有レ御二奏-聞其旨於両御所一」とあるように、「其旨」（関東の意志）は二月二〇日のうちに両御所（両統）に正式に奏聞された。

ここまで事態が進行すると、あとは後宇多法皇の思いのままであったとみてよい。大覚寺統にとっては待ち構えていた予想どおりの事態の展開であるので、先に④〜⑧に整理したように、間髪を入れず次々と有効な手を打っている。

文中にみる「同廿四日旧主遷二御土御門東洞院准后之御所一」や「新帝同廿五日歟　幸二内裏一、即御譲位也」

のくだりはどのように解釈されるか。前者については、「旧主」とは花園、「准后」とは先に述べたように藤原経子（伏見院妃。後伏見院生母）とみられるので、譲位を決意した花園は、二月二四日に父伏見院の妃藤原経子の土御門東洞院御所に遷御したと解され（このことは先にみた「按察大納言公敏卿記」二月二四日条にもみえる）、後者については、「新帝」とは後醍醐とみられるので、[19] 践祚直前の後醍醐は二月二五日に内裏（二条富小路）に行き、翌二六日即「御譲位」（後醍醐からみると践祚）の儀となったと解される。さらに「法皇御二座常盤井殿一」とは、後宇多法皇が二度目の院政を行う本拠としての仙洞を常盤井殿に定めたことを意味しているし、加えてまもなく翌三月九日に立太子する後宇多の嫡孫邦良の動静も窺われて興味ふかい。

四　「御事書幷目安案」からの知見

さて宮内庁書陵部所蔵の「御事書幷目安案」は、後醍醐天皇の在位一一年目の嘉暦三年（一三二八）、一六歳に達した東宮量仁の践祚を斡旋するよう鎌倉幕府に訴えた持明院統（その中心は後伏見上皇）の嘆願書とでもいうべき文書である。[20] 嘉暦元年七月、やっとのことで東宮の地位にたどり着いた量仁の践祚の正当性・合理性を、情理を尽して綴ったこの文書はかなりの長文にわたるが、なかに文保の和談の核心にふれる部分があり、同和談関係の史料として貴重である。そのことについては、拙著『南北朝期公武関係史の研究』（文献出版、一九八四年。二〇〇八年、思文閣出版より増補改訂版）において史料全文を掲げて詳述した（同書一二〜一七頁）。

詳細はそちらに譲ることにして、行論の都合上、肝心な点を一、二述べると、この「御事書幷目安案」のなかに登場する、

一　禁裏去年　綸旨、春宮去年去嘉暦元年立坊不レ可レ謂二遅引一之趣被レ申歟、此条如二去文保御契約一者、春宮

于時親王践祚不レ無二心本一之様可レ被二計申一之旨、自他被レ尽二御詞一畢、（下略）

のくだりに、持明院統が後宇多法皇の強硬な譲位要求に応じた理由が認められることである。すなわち「文保御契約」（他の箇所では「後宇多院御契約」「御約諾」と表記）は、持明院統にとって肝心な親王量仁の践祚を約束する内容の契約であり、将来に一縷の望みを託すかたちで後醍醐への譲位に応じたものと考えられる。

同様のことは『花園天皇宸記』元亨元年（一三二一）一〇月一三日条裏書にも記される。

而先院（伏見）崩御以後、文保二年正月自二法皇（後宇多）一被レ申二譲国事一、入道相国（西園寺実兼）申云、先度已関東令レ申了、両度猶不沙汰之条、定可レ背二東風一歟云々、仍譲国事、量仁親王立坊不レ可レ有二相違一者、可レ有二御承諾一之由、欲レ被レ申之処、（下略）

要するに、量仁親王の立坊を確約してくれれば皇位交替に応じようというところまで、持明院統は譲歩しているのである。尊治践祚と邦良立坊とをセットとして実現させて、大覚寺統の将来に展望を開いておきたい後宇多は、ここで量仁の立坊に応ずるわけにもいかなかった。最後の段階でネックとなったのは量仁を立坊させるか否かであったが、後宇多は後伏見との間でじつにあいまいな約束をとりつけ、一応の妥結にもちこんだのである。

ここで問題となるのは、その約束がいつ、どの段階で交わされたかということである。このことは、政治交渉としての「文保御和談」の進展状況を段階的に把握するとき、ひときわ重要になってくる。そこでそのことを知るための手がかりとなる史料記事を探すと、前掲の後欠某書状に「自レ院持明院殿可レ有二御辞退一之由、被レ申二大学（覚）寺殿一」とあることに気づく。「御辞退」とは「治世」（政務の権）の移譲であることは動かない。この「御辞退」のことは、持明院統から大覚寺統に切り出されている。両統間の合意は「契約」という形で取り交わされ、それは六波羅を経由して東使によって関東の幕府に遣わされ、さらに幕府で了解されたことを六波羅に伝える東使は二月二〇日に京着したのであるから（『按察大納言公敏卿記』）、東使による京都―鎌倉間の行程日数が通例片道約七日程度であることを勘案すると、両統での契約成立の時期としては、所用日数をもっとも少なく見積もっても文保二年二月の初め、少し幅をもたせると、それより早い時期からということになる。

『花園天皇宸記』元亨元年一〇月一三日条によると、文保元年（一三一七）五月に関東使が東帰して、「此後関東無二申旨一之間、譲国事不二沙汰一而止了」つまりその後関東は何も言って来ず、譲国のことは立ち消えとなっていた。しかし前掲の記事に「而先院《（伏見）》崩御以後、文保二年正月自二法皇《（後宇多）》一被レ申二譲国事一」とあるように、文保元年九月の持明院統主柱伏見法皇の没を経て、翌二年正月、後宇多法皇は再び譲国のことを持ち出してきた。おそらく文保元年の冬に、後宇多法皇と幕府の間で水面下の秘密交渉がなされたのであろう。文保二年正月から再燃した皇位問題の進展のなかで、治世の譲渡とこれに伴う皇位交替についての両統間の交渉がなんとか妥結したのは、後宇多法皇が将来の量仁立坊と践祚を約束した「文保御契約」であったと思われる。このように考えると、「御契約」成立の時期としては、後宇多が皇位問題を再燃させた文保二年正月から翌二月初めころとみなすことができる。「按察大納言公敏卿記」によると、同年二月一五日ころには、後宇多は「践祚・即位・御禊・大嘗会以下」を実施するための先例調査を行っている。

五　結局、文保の和談とは何であったか

つまり「文保の和談」とはいったい何であったか、何らかの合意事項があったのか、またこの事件はそれ以降の政治史の展開にとって規定要因となったか、などについて検討を加え、まとめとしたい。

まず、文保元年（一三一七）に鎌倉幕府より両統に皇位継承に関する何らかのルールが提示されたか、について検討しよう。第一、幕府は花園の即時退位を要請したか。

『花園天皇宸記』元亨元年（一三二一）一〇月一三日条裏書[21]に、

凡文保元年親鑑《（摂津）》為二使節一上洛、両御流皇統不レ可二断絶一之上者、有二御和談一、可レ被レ止二使節往返一云々、依レ之当時可レ有二譲国一歟、将又不レ差二時分一歟之由、有二御尋一之処、非二当時一之由親鑑申レ之、入道相国《（西園寺実兼）》以二自筆一書進了、

とある。この記事によって、文保元年に幕府の使節として上洛した摂津親鑑の申すところは、両皇統が断絶することのないように、皇位のことは両統の和談によって決め、皇位問題でいちいち幕府に伺いをたてるための使節を派遣しないようにということだけで、この申し入れが必ずしも花園天皇の即時退位を求めるものではないということが、関東申次西園寺実兼を通じて花園によって確認されていることからわかる。つまり文保元年の関東使上洛は、花園天皇の即時退位を勧告するものではなかったのである。

次に「文保の和談」で、一代の天皇の在位年数を一〇年とするというルールを決めたと説明されることもあるが、事実か否かについて検討しよう。関係記事がいくつかある。

①『花園天皇宸記』文保元年三月三〇日条[22]

不徳質在位已及二十年一、新院《（後伏見院）》・後二条院共不レ及二十年一、以二愚身一已過二此両院一条、誠過分事也、（中略）已十年在位、天道神慮、可レ悦々々、今及二如レ此沙汰一、又天之令レ然也、

②嘉暦三年「御事書幷目安案」[23]のなか

且当代在位十一ヶ廻、於レ今者強不レ可レ有二御執心一、但猶脱屣《（屣）》之遅速可レ被レ任二禁裏之叡慮一歟、将又譲国時分未レ至之間、関東不レ被二計申一歟、（中略）

彼文保元年者、新院《（花園天皇）》在位十廻之歳也、当今《（後醍醐天皇）》在位今年十一ヶ廻、譲国時分已過下文保被二計申一之年紀上、何可レ有二用捨一哉、

③「梅松論　上」(24)

(関東が)十年を限に打替々々、御治世あるべきよしはからひ申す間、(下略)

このうち、①は花園天皇が文保元年に在位一〇年を迎えたというだけの記事で、同年に在位一〇年のルールが決められたか否かを判断するための根拠にはならない。また③は後世の史料記事であり、直接史料でなく、積極的な傍証とはならない。検討に値するのは②の記事である。この記事は嘉暦三年(一三二八)に在位一一年目に入った後醍醐天皇の退位を合理化する内容で、文保に「計らい申された」譲国の標準的な年記はすでに過ぎたと言っている。「計らい申された」と文保より一〇年ほどしか離れていない時期の史料に記されているのであるから、在位年数については一〇年というルールが一応あったものとみなければなるまい。しかし嘉暦三年になって後醍醐在位一一年に入っても一向に警告などないのであるから、そのルールはきわめてゆるい規定で、咎めとか法的処罰を伴わない、口約束程度のものだったと思われる。

では「文保の和談」とよばれる一連の政治的事件はどうして起こったのか。そのことを考えるとき、後宇多法皇の政治的野望を度外視することは到底できない。世に言う「文保の和談」を引き起こし、自作のシナリオどおりの事態展開を主導し、所期の成果を手にしたのはほかならぬ後宇多法皇であったと考えられる。もっと正確に言うと、嫡孫邦良の早期の践祚を請い願い、彼を大覚寺統の中核に据えた同統の安泰を計ろうとする後宇多法皇の執念であったとみてよい。持明院統の抵抗で難航する交渉の過程で、幕府(関東使摂津親鑑)が、尊治践祚ののち東宮にはまず邦良親王が立ち、(25)量仁の立坊はそのあとだとする「未来立坊」の腹案をちらつかせて持明院統をゆさぶったのも、その政権構想に向けての第一歩＝後醍醐践祚をまず実現させたい後宇多法皇の「御意」を慰めるためであった(『花園天皇宸記』元亨元年一〇月一三日条裏書)。

すでに述べたように、文保元年九月に持明院統の主柱伏見法皇が没すると、翌年正月から皇位問題は再燃し、速いスピードで事態は展開する。文保元年前半の段階ではほとんど進んでいなかった花園天皇の譲位問題は、「後宇多院御契約」がなされるにおよんで急転直下妥結し、ついには二月二六日の譲位の日を迎えることとなる。後宇多法皇の猛烈な攻勢に、持明院統がけおされる格好で政権の交代がなされたとみるのが実態に即している。

とはいえ、前述の「御事書幷目安案」に、「文保譲国事、偏依二関東之形勢一、及二其沙汰一畢、加之、後宇多院御契約分明之処、忽令レ忘二彼芳恩給一、背二先□（院カ）（伏見上皇カ）御約諾一、被レ抑二留理運之践祚一之条、理豈可レ□（叶カ）二君子之道一乎」とみえ、また石澤一志が紹介した鶴見大学所蔵「西園寺実衡筆消息断簡」(26)に、量仁を立太子させないのは「旧院文保之先言」（この「旧院」を石澤は伏見院とみるが、筆者は後宇多院とみて、「旧院文保之先言」とは「後宇多院御契約」のことと考える）や「関東定申旨」に背くとあることから推すと、後宇多院が後伏見院に対して一定度のリップサービスをしたことは十分に考えられるし、また幕府がそれを追認したことを持明院統では「関東定申旨」と表現したのであろう。そのように考えると、両統の受け取り方の差は別として、安易といわれても仕方がない形での合意がなされたのは事実であろう。なお「文保譲国事、偏依二関東之形勢一、及二其沙汰一畢」という文言は、文保の和談で幕府に翻弄された持明院統の本音を吐露していて興味ふかい。要するに、両統の間には皇位継承についての一応の合意はあったものの、厳しい政治の駆け引きのまえでは、それは所詮反故にされる程度のものでしかなかったのである。

それでも実質的に「文保の和談」は成立したのである。そしてそれは結果的に、後醍醐天皇の登場に道を開くことになった。「文保の和談」の表層的な経緯よりも、その背後にうごめいた権力者たちの強烈な政治的意図や権謀術数、そしてそれが招いた後醍醐の登場という歴史的な結果に思いを致すとき、「文保の和談」を「代替り時にくり返された事例のうちのひとつにすぎない」と言い切ることはできないと思う。

そもそも「文保の和談」の歴史的性格を考えるとき念頭におくべきは、これが「御和談」と持明院統側からは明確に認識されている点である。持明院統が和談と称しているからには、相手方の大覚寺統にとってもそれは和談であったはずである。しかも、「文保御和談」の成語が登場する最初は元亨元年一〇月であるとしても、「御和談」という基幹語はすでに先掲の文保二年（一三一八）二月後欠某書状に登場しており、そのことはこの政権交代交渉が持明院・大覚寺両統の間での和談、すなわち「話し合いでの解決」の要素を持ち合わせたことを示唆している。両統の間に和談を成立させた背景的事情は、おそらく双方ともにただならぬ事態にあったということであろう。そのただならぬ事態とは、大覚寺統の後宇多上皇にとっては最愛の嫡孫邦良親王（時に一九歳）の将来設計であったことは疑いない。病弱でもある邦良が立儲にこぎつけるためには、どうしても次男尊治（すなわち後醍醐天皇）の践祚を必要とした。やがて即位する後醍醐天皇が「一代の主」（一代限りの天皇）といわれたのはこのためである。他方、徳治三年（一三〇八）以来一〇年間政権の座にあった持明院統にとっての最大の気がかりは、後伏見上皇の嫡子量仁（時に六歳）の将来である。後伏見は何としても量仁立坊をまず担保しておきたかったのであろう。こうした持明院統・大覚寺統双方の皇統としての内部事情が、和談を成立させる背景的事情をなしており、双方の思惑を調整させる場としての和談を実現させたとみてよい。「文保の和談」はこのように考えると、決して偶然に生起したのではなく、それなりの必然性を有したとみられるのである。

おわりに——関東申次西園寺実兼のかかわり

最後に一つ付言しておきたいことがある。それは「文保の和談」と西園寺実兼との関わりである。先に述べたように、西園寺実兼といえば鎌倉時代の関東申次を代表するベテラン政治家であり、後宇多法皇と同様に、鎌倉時代の政治史にひときわ大きな足跡をのこした人物である。むろん関東申次とは、鎌倉の幕府と京都の朝廷をつなぐ公家側窓口として、公武の正式な交渉ルートを専管する役職であり、そのポストはながく西園寺氏の当主が世襲した。「文保の和談」当時の関東申次は西園寺実兼その人であり、実兼の生まれは建長元年（一二四九）であるから（『花園天皇宸記』元亨二年九月一〇日条。この日七四歳で没）、文保元年の時点で六九歳に達していた。子息公衡死去のあとをうけての、二度目の関東申次在任中であった。[27]

「文保の和談」の震源は、すでに述べたように後宇多法皇に他ならないが、後宇多がその一連の政治的交渉のなかで践祚と立坊の双方を手中に収めるという一人勝ちをすることができたのは、幕府に対して太いパイプを持つ西園寺実兼の協力が得られたからであると考えられる。元亨元年一〇月、花園上皇は「文保の和談」を述懐して「此事入道（西園寺実兼）相国僻案歟」（「僻案」とは、かたよった考え、誤った考えの意）と批判し、実兼を「不レ足レ為二国家之輔佐之器一」と非難している。この花園の評言は、「文保の和談」において後宇多法皇の政権構想の実現に、西園寺実兼の強力な援助があったことを示唆するであろう。前掲記事にみるように、文保二年（一三一八）に入って後宇多の攻勢が続き、量仁の立坊を絶対条件とする持明院統に対して、実兼は「立坊次第已関東定申了、不レ可レ被レ乱云々」、つまり立坊の次第はすでに幕府が定めているので、いまさら乱してはならないと突き放している（『花園天皇宸記』元亨元年一〇月一三日条裏書）。こうした実兼の態度に対する反感が、先の花園の厳しい評言のもとになったと考えられる。とはいえ、実兼が没する元亨二年九月一〇日条には、花園は実兼を「朝之元老、国之良弼」「国之柱石」などとコメントを加え、その永年の業績をたたえ、その死去を哀悼することを忘れていない。

翻って、ときの関東申次西園寺実兼がなぜこれほどまでに大覚寺統の後宇多法皇に接近したかは興味ひかれる問題である。この問題の解明は今後の課題であるが、西園寺実兼に幼時より扶持され「大略家僕の如し」といわれた京極為兼との関係は一考を要しよう。為兼は歌道の家の出でありながら、持明院統の伏見法皇の寵を得て権

勢を獲得し、西園寺実兼と政治的に厳しく対立したといわれているからである。(28)

注

（1）この羽下の理解は、大筋において筆者の理解と違わない（拙著『増補改訂　南北朝期公武関係史の研究』思文閣出版、二〇〇八年七月、第一章第一節。初出は一九八二年七月）。

（2）『史料纂集　花園天皇宸記　第一』（一八五―一八六頁）文保元年四月九・一一日条。

（3）『史料纂集　花園天皇宸記　第二』（一七二頁）元亨元年一〇月一三日条裏書。

（4）『史料纂集　花園天皇宸記　第一』（二〇二頁）文保元年五月二〇日条。ここで花園は東使東帰のことを記し、つづけて「是間種々荒説、衆口不レ可レ説也、然而今度已無為、幸運之所レ致歟、但向後謀計猶不レ可レ不レ恐者也」と書いている。そこには譲位の危機をひとまず脱した花園天皇の安堵感を窺うことができる。

（5）注（3）と同じ。

（6）『史料纂集　花園天皇宸記　第二』（一七一頁）。

（7）また「文保御和談」の語は同書同月一三日の条にも登場し（一七二頁）、さらに嘉暦三年（一三二八）の「御事書幷目安案」（拙著『増補改訂　南北朝期公武関係史の研究』、『鎌倉遺文』三九巻三〇一四二号）にも登場する。

（8）この史料は、国立公文書館内閣文庫刊『改訂内閣文庫国書分類目録　上』（一九七四年一一月）四四頁に登載されている。そこでは鎌倉時代の写とされているが、原本を検するにそれが正本である可能性も捨てきれない。一方、国立歴史民俗博物館広橋家旧蔵記録文書典籍類六四五「公敏公記」（一巻）は、先の内閣文庫本と比較すると、文保二年二月の記事に加えて（ただし脱落記事あり）、他に文保二年一〇月の記事を含む点が特徴である。巻末に「長享二年九月九日書写了」とあり、それが長享二年（一四八八）九月九日の書写であることがわかる。

（9）『尊卑分脈』第一篇、一七〇頁。

（10）「東使南方木所」というのは、文意からみて、関東に遣わされていた六波羅南方探題北条維貞使者の木所某という意である。

(11)　『日本国語大辞典　第二版』6（二〇〇一年六月、六八六頁）。実例についてみると、たとえば『満済准后日記』応永三一年（一四二四）五月晦日（二九日）条に「辞状」という言葉がみえるが（続群書類従完成会『満済准后日記』上、二六九頁）、意味内容は職務を辞退するための文書で、『日本国語大辞典』の示す語意のとおりである。

(12)　この「彼状」については若干のコメントが必要であろう。「仍」字で書き始められているから、「彼状」が「大覚寺殿」（後宇多）に進められたのは、南方木所の関東からの帰洛を承けている。彼の役割は、治世の交替を幕府が承認したことを京都に伝達することであった。それを承けて「彼状」が洞院家から後宇多に進められたのであるから、「彼状」は治世問題に対する幕府の決定をみたのち、後宇多に進められるべきしろものだったと考えられる。『公卿補任　第二篇』によって、文保元〜二年ころ洞院家の動向をみると、当主実泰が文保元年六月二一日に右大臣を辞し従一位に叙されたとき、所望に非ざるにより位記を返上したという経緯がある。翌文保二年八月には実泰は左大臣に任ぜられ、同一〇月にはいったん受けた位記の日付を幕府を動かして遡って改訂させるという芸当を演じている。さきの「彼状」が、あるいはこうした洞院実泰の幕府に対する働きかけに関わるものであった可能性はある。

(13)　常盤井殿は、当時の史料に散見するが、たとえば『増鏡』第一三「秋のみ山」には、

明くる春元亨二正月三日、朝覲の行幸なり。法皇（後宇多）は御弟の式部卿（常盤井宮恒明）の親王の御家大炊御門京極常盤井殿といふにぞおはします。内裏は二条万里の小路なれば、陣の中にて、大臣以下かちより仕まつらる（岩波書店『日本古典文学大系』本、四一八頁）。

などと見える。常盤井殿は、後宇多法皇が仙洞として使用する以前には、異母弟恒明親王の邸宅であったのである。

(14)　藤原経子の評伝が、『花園天皇宸記』元亨四年一〇月一一日条（第三、七七頁）に載せられている。「暁更卯終許云々准后従三位藤原朝臣経子薨去」とあるように、「参議経氏（五辻）卿女」の経子はこの日没した。なお『尊卑分脈　第一篇』では、二〇一頁に「伏見院妾、後伏見院御母」との記載がある。

(15)　岩波書店『日本古典文学大系』本、四二〇頁。

(16) 関東使の問題については、拙著『鎌倉時代の朝幕関係』（思文閣出版、一九九一年六月）第二章第一節「『東使』とその役割」（初出は一九八七年一二月）参照。
(17) 御家人長井氏については、小泉宜右「御家人長井氏について」（高橋隆三先生喜寿記念論集『古記録の研究』続群書類従完成会、一九七〇年六月）参照。『続史愚抄』前編（四四二頁）が長井貞重を「関東使」とするのは誤記である。
(18) 吉田定房については、松本周二・村田正志「吉田定房事蹟」（松成勇一発行、一九四〇年七月、非売品）がもっともまとまった研究成果である。のち『村田正志著作集　第三巻　続々南北朝史論』（思文閣出版、一九八三年一二月）に採録。
(19) 後醍醐天皇の践祚は、文保二年二月二六日のことであるが、ここの「新帝」とは践祚した後醍醐その人とみなされる。
(20)『鎌倉遺文』第三九巻三〇一四二号。
(21)『史料纂集　花園天皇宸記　第二』一七二頁。
(22)『史料纂集　花園天皇宸記　第一』一八一頁。
(23) 拙著『増補改訂　南北朝期公武関係史の研究』三―四頁。
(24) 矢代和夫・加美宏編、新撰日本古典文庫三『梅松論』（現代思潮社、一九七五年八月）四六頁。
(25)『花園天皇宸記』元亨元年一〇月九日条では、幕府に遣わすべき事書の文案の検討が持明院統側でなされているが、そこに「御和談之時、二代相続立坊事、非関東所存之由申之」とあることから、文保の和談のさい、幕府は、大覚寺統からの二代続けての立坊は関東所存にあらず、と持明院統側に明言したことが知られ、邦良の立坊は、後宇多法皇の政略的なごり押しであった公算が高い。
(26) 石澤一志「伝西園寺実衡筆『書状切』について――資料の紹介と考察――」（『国文鶴見』三一、一九九六年一二月）五七頁。
(27) 関東申次については、拙著『鎌倉時代の朝幕関係』第一章参照。なかでも西園寺実兼については、同書四八―六一・七〇―七四頁参照。
(28) 京極為兼については、さしあたり、今谷明『京極為兼』（ミネルヴァ日本評伝選、ミネルヴァ書房、二〇〇三

年九月)、井上宗雄『京極為兼』(人物叢書、吉川弘文館、二〇〇六年五月)参照。

付記　本章をなすにあたって、独立行政法人国立公文書館(内閣文庫)には、原本調査を含めた所蔵史料の閲覧、紙焼の頒布、図版写真の掲載許可などで御高配をいただいた。記して謝意を表したい。

第二章　鎌倉末期・建武新政期の長門国分寺

はじめに

天文一二年（一五四三）八月日勧進沙門書状（「長門国分寺文書」）に、長門国分寺の伽藍は「聖武皇帝勅願之寺、行基菩薩草創之処」と記されているように、当寺の創建は天平一三年（七四一）三月の聖武天皇による諸国国分寺・国分尼寺造営の勅願にかかり、行基を開山としている。華厳・天台・法相・真言の四宗兼学の寺として国家の保護のもとに運営された。当初、寺は現在の下関市長府町字田中にあったが、明治二三年（一八九〇）に現在地の下関市南部町《なべ》に移転した。同寺の文書「長門国分寺文書」は、昭和二〇年（一九四五）六月に戦災に遭い、焼失したといわれている。

しかし、ありがたいことには、東京大学史料編纂所によって明治四二年（一九〇九）に作成された影写本全三冊が同所に架蔵されており、これによって焼失以前の長門国分寺文書の原形をうかがうことができる。収められる文書は、もっとも古いもので正応四年（一二九一）をさかのぼらず、長門国分寺が大和の真言律宗西大寺の末寺となり、西大寺が再興にのりだして以降の文書である。東京大学史料編纂所の影写本「長門国分寺文書」に収められている文書は、年代順に並んでおらず、無年号のものも少なくない。そこでまず、読み本を作り、無年号文書の年次を推定したうえで、各文書を編年に並べる作業が必要となる。活字本では、明治四二年四月に発行された『長門　長府史料』（長府史編纂会編輯）が「長門国分寺文書」を翻刻しているが、脱漏や誤記・誤植も少なくない。

筆者の点検によれば、東京大学史料編纂所影写本「長門国分寺文書」に収められる文書の中で鎌倉時代・建武新政期・南北朝時代に属するものは全部で四三点である。(1) 鎌倉時代・建武新政期分と南北朝時代分とがほぼ相半ばしている。文書の種類に即して言えば、院宣・綸旨など公家裁許文書が一九点、これらを武家に伝達する関東申次西園寺氏の施行状が二点、関東御教書・室町幕府御教書など幕府文書が四点、国衙関係の文書が三点、守護大名、その他被官関係の文書五点、西大寺上人書状や国分寺僧申状など本末寺家関係者の文書が七点、その他三点（田数注進状、勘状、伊勢神宮造宮所奉書）である。

注目されるのは、国分寺および同寺領の経営に関して、寺家はもとより、公家・国衙・幕府が深くかかわっている点である。西陲の一国分寺にすぎない長門国分寺の問題に、当時の権門の意思伝達のシステムがフル稼働しているのである。この時期の長門国分寺の顕著な特質はこういったところに表れていると言ってよい。しかも、各文書は内容ごとにいくつかのグループをなしているうえに、発給・伝達の経路や文書どうしの関係がうかがわれるから、古文書学の機能論的手法を採用することによって、西大寺による興行事業の展開過程を段階的に考察することが可能となる。

本文書の中世分は、鎌倉末期から南北朝時代にかけての文書がある程度まとまっており、できればこの時期を通して叙述したかったが、紙幅の関係から本章では南北朝を除き鎌倉末期・建武新政期に限定することにした。当該期分全二四点については、本章末尾に通し番号を付して一覧表に整理した。本文中では個々の文書をこの番号で示している。

なお、関係の研究成果について言えば、周防国分寺については若干の研究成果があるものの、(2)長門国分寺についてはほとんど見るべきものがないのが実状である。(3)

一　伏見院政と長門国分寺

中世の長門国分寺は、鎌倉時代後期、国家の絶大な支援を受けて行われた旧仏教復興の大きなうねりの中でスタートした。その様子については、元禄一一年（一六九八）長門国分寺によってしたためられた「長州国分寺由緒書」の以下のくだりに示されている。(4)

一、人王八十九代亀山院御宇、西大寺之中興開山興正菩薩律法弘通之時代、日本国分寺之内、以十九箇寺被寄付于西大寺、爾以来四百年来、以西大寺為本寺云、当寺者十九箇寺外也、

亀山上皇の時代、西大寺の中興開山興正菩薩叡尊が律宗を弘通したとき、日本中の国分寺の内一九か寺が西大寺に寄進された。それ以来、これらの寺々では西大寺をもって本寺となしている。長門国分寺はこの一九か寺の「外」である。右の記事の意味はそんなところだろう。

少しひっかかるのは「外」の文字だが、山口県文書館所蔵の原本でも確かにそうなっている。全体の文脈の上では「内」のほうが筋が通るし、「内」を「外」と書き誤った可能性なしとしないが、原典に明確に「外」とある以上、その線で考えるべきだろう。のちに述べるように、長門国分寺文書には同国分寺と亀山院との交渉を示す文書は含まれておらず、同文書による限り、交渉は伏見院の代に始まっている。他の諸国国分寺の場合は別途考察の必要があるが、「外」の文字は、長門国分寺が他の一九か寺にくらべて遅れて西大寺末寺化した事情を語っているのではないか。現存の史料による限り、大和西大寺による長門国分寺興行は、実質的には一四世紀初

頭の伏見上皇の院政下で開始された。

「長州国分寺由緒書」には、また次のような記事もある。(5)

一、当寺興廃雖覃度々、人王八十九代亀山院御宇、其後、伏見院・花園院御宇、興隆仏法之綸旨・院宣等被下、其後、人王九十五代至後醍醐天皇御宇、度々伽藍再興之綸旨被成下、因茲為当寺中興之本願也、光厳院・光明院御宇、紹隆仏法之綸旨被成下、(下略)

当寺の廃絶の危機は度々におよんだ。亀山院の時代以降、伏見院・花園院は仏法興隆の綸旨・院宣を下し、また後醍醐天皇は度々伽藍再興の綸旨を下して、この危機を救ってくれた。特に後醍醐天皇を中興の本願となしている。光厳院・光明院も仏法紹隆の綸旨を下してくれた。この記事によって、そんなことが知られる。

長門国分寺に対する歴代天皇・院の手厚い保護は、以上の記事によっておおよそ尽くされている。鎌倉時代後期以降、皇室は持明院・大覚寺の両統に別れて抗争したが、長門国分寺に対する支援にはいずれも厚いものがあった。しかし、以下のべるように、国家が同寺の興行に本格的な支援の手をさしのべるようになるのは大覚寺統の亀山院の代というより、ややくだった持明院統の伏見院の代であるといえる。また後醍醐天皇を「当寺中興之本願」と仰いでいる点も注意される。南北朝時代になると、当寺は北朝側に立っている。

さて、長門国分寺文書の中の鎌倉時代の文書によって、同時期の長門国分寺をめぐる諸問題について考えたい。

鎌倉・建武新政期に属する文書のうち、時期的に最も早いのは正応四年（一二九一）二月三日関東御教書である（一覧表の番号の1）。異国降伏のための祈禱を命じさせるもので、幕府が蒙古の襲来という国家的な危機のなかで、国分寺や一宮をはじめとする周防・長門の主要な寺社に大きな期待をかけていた様子がうかがわれる。二人の署名者のうち相模守は執権北条貞時、陸奥守は連署北条宣時、宛名の上総前司は長門守護北条（金沢）実政である。この文書は「住吉神社文書」にも入っている。(6) 長門国分寺の興行が、戒律を媒介とした公家・武家の権力者の帰衣を背景としていたことはむろんだが、異国防御の前線基地としての長門において調伏祈禱を行う見返りとしての援助を一つの重要な支えとしていたことも容易に推測されるところである。

長門国分寺の興行すなわち復興に向けての行動は、西大寺長老信空（慈道房）とその門弟寂遍（思寂上人）によって開始された。信空は寂遍を長門国分寺の住持として現地に派遣しようと考えていたが、そのためにはまず同寺の興行を命ずる勅裁を手にいれる必要があった。関係文書は、勅裁入手のいきさつと寂遍の移住、現地における増円たちの抵抗、これに対する西大寺側の対応、などのことがらについて、詳しく語ってくれる。いわば、鎌倉時代後期の長門国分寺の状況を示しているわけである。まず、延慶三年（一三一〇）の2を引用しよう。

長門国々分寺興行事、門弟寂遍申状謹進上之候、子細載于状候歟、早任申請之旨、被仰下候者、可為御興隆候哉、以此旨可有洩御披露候、信空恐惶謹言、

延慶三　二月六日　　沙門信空　上状

進上　鷹司殿　○紙背中央に葉室頼藤の花押あり

この文書に名前を付けるならば、西大寺長老信空挙状だろう。端裏に文字があるが、切れていて読めない。この信空挙状は、門弟寂遍の申状を管轄機関に挙達するもので、信空は西大寺という一権門の長として挙状を提出したのである。宛名の「鷹司殿」が誰かが問題だが、『公卿補任』第二編によって見ると、同時点で鷹司家出身の公卿は複数人おり、にわかに決しがたい。注目すべきは、この挙状の紙背中央に据えられた一個の花押である。この花押は、こののち当件関係の伏見上皇院宣の奉者として頻出する前権中納言葉室頼藤のそれとみなされる。(7) 葉室頼藤はおそらく伏見上皇の院政を担う評定衆の一人で、かつ当件の担当奉行だったと考えられ、紙背の花押は頼藤が担当奉行として一件を受理したことを示している。とすれば、信空挙状の直接の宛名「鷹司殿」とは、葉室頼藤よりも上位の公卿でなくてはならず、摂政鷹司冬平（三六歳）、もしくは前関白鷹司基忠（六四歳）

あたりが無難だろう。信空挙状を受けた鷹司某は、一件を葉室頼藤に担当させたものと考えられる。ようするに、大和西大寺による長門国分寺興行の事業は、当時の治天下伏見上皇の支持を取りつけ、国家権力による後押しを受けて推し進められようとしていたのである。

3の「延慶三」二月一五日伏見上皇院宣は2（寂遍申状を副えて）を受けて出されたものである。「早任申請旨、可令下知給」の文言からわかるように、西大寺の申請は伏見上皇によって聞き届けられた。院宣の奉者は2の紙背に花押を据えた前権中納言葉室頼藤である。頼藤は担当奉行としての立場からその院宣を奉じたとみてよい。宛名の「前藤中納言」は、名前はひとまず不明ながら、長門国の知行国主とみられる。

長門国の知行国主が現地の同国目代に対して3の旨を下達したのが、4の「延慶三」二月二一日長門国宣である。奉者の「前壱岐守」は知行国主の家司だろう。(8) 6の「思寂上人御房」あて延慶三年三月二五日法眼浄恵奉書が、建武三年一一月長門国分寺住持沙門良顕申状（南北朝時代分なので、一覧表には含めていない）で「目代浄恵法眼同（延慶）三年三月廿五日宛寂遍令遵行」と記されていることから、6は4を受けた長門目代浄恵法眼が思寂上人すなわち寂遍にあてて、3の院宣と4の国宣の旨に任せて長門国分寺を管領すべきことを伝えたものであることが知られる。こうして、西大寺の申請を認めるという伏見上皇の勅裁（院宣）は、知行国主─目代のルートを通じて現地に下達されたのである。長門目代が僧形だったことは注意されよう。

伏見上皇が当件の執行を国司に指令したことを西大寺上人信空に伝えるために出されたのが、5の「延慶三」三月二日伏見上皇院宣である。仏法興隆と祈禱に専念するよう寂遍上人に「仰含」められるように、との文言がみえる。

こうして西大寺は申請から認可に至る諸手続きを短期間で完了させ、好調なスタートを切ったかにみえたが、しかし、現地にこれを阻むやからが現れた。7を見よう。

長門国分（寺脱）事、先度雖被下　院宣、増円以下武家被管輩不叙用云々、太不可然、寺内寺外田地等一円令管領、
殊可被専興隆之由、院宣所候也、仍執達如件、
延慶三年八月一日　　頼藤（葉室）
西大寺上人（信空）御房

「増円以下武家被管輩」の院宣不叙用をとがめ西大寺の長門国分寺管領を確認する内容の、担当奉行葉室頼藤の奉ずる伏見上皇院宣である。注目すべきは「増円以下武家被管輩」で、その構成メンバーは、増円を首領格に「当（長門）国府住人覚妙」（13）、「冨成地頭伊予房」（13、15）、「同（長門）国守護被管大進房」（15）、「朝円」（21）らと考えられる。増円の宗派や素姓は明瞭ではないが、松井輝昭の指摘のように、国分寺の前住とみてよかろう[9]。長門国府住人覚妙は出家の身で、長門国府に長年住み着き、種々の利権を手にした有力者とみられる。朝円は名乗りからみて、増円に近い同門の僧であろう。また「冨成地頭伊予房」の「冨成」は地名と思われ、他の史料に散見する[10]。当時の長門守護は北条時仲（鎌倉幕府第一二代執権北条熙時の弟）で周防守護を兼帯して、通常の守護以上の強大な権力を持った[11]。大進房という人物は北条時仲の被官であった。7で増円は「武家被管」の一人と記されているが、ここでいう「武家」とは、幕府や六波羅探題のことではなく、特別の権限を付与された長門・周防守護北条時仲をさすとみて差し支えあるまい。このように考えれば、長門国分寺には西大寺がその興行にのりだす延慶三年以前に守護勢力と結んだ前住持増円らの力が及んでおり、西大寺にとっては彼らを排除することが当面の課題だったことがわかる。西大寺上人信空は伏見上皇に訴え、重ねての院宣7を得たのである。伏見上皇の勅裁は、3と同様に長門国司ルートにもおろされた。8は4と同様に、長門国の知行国主から長門国目代浄恵法眼にあてられた長門国宣で、7に任せて下知を加えるよう指示したものである。

9の寂遍申状は、内容的に興味深いから引用する。

（端裏書）「寂遍申状」

沙門寂遍誠惶誠恐謹言、

欲早被経御　奏聞、当国分寺内可停止酒肉魚佩経営非儀由、被　仰下子細事、

右寺院者、仏法之依所、仏法者、僧宝之所行也、僧宝之本源、以三学為先、三学之行人何用酒肉哉、爰寂遍就去八月　院宣・国宣、移住当寺、欲致興行沙汰之処、以当寺往古之寺領、号白馬田・踏歌田、以此土貢毎年正月七日・同十四日、為寺僧村人等構酒肉魚類、令致興宴之業云々、適通　本願　天皇曩願、今復戒律結界之浄場之上者、争以寺用仏物於清浄寺中、可致如斯之非法哉、匪啻汗《（于カ）》戒律浄場之寺院、剰却盗三宝財之来苦待于趺之者哉、不可不歎、然者永停止酒肉魚佩之経営、勤仕修正厳重之妙行、可奉祈天長地久之御願之由、被下　院宣、欲留来葉、仍不耐地忍奉驚　上聞、寂遍誠惶誠恐謹言、

延慶三年九月十三日　　沙門寂遍　上

この申状は、文面に見えるように7・8にもとづいて長門国分寺住持として現地に移住（その時期は八月中か）した寂遍がそれまでの同寺の世俗に堕した運営ぶりを正そうとしてしたためたものである。同申状はまず西大寺長老信空のもとに届けられ、信空の挙状によって伏見上皇のもとに上呈されたものとみられる。

この史料にはすでに松井輝昭が注目し、「国分寺（長門＝筆者注）に移された白馬節会・踏歌節会、それに周防国分寺でみた吉祥悔過が、年頭に災禍を除き福徳を祈り新春を寿ぐ民間習俗として、在庁官人や村人らの正月の年中行事となっていたこと」、寂遍の仕事はこうした国分寺内での「酒肉魚佩経営非儀」たる興宴を停止し、同寺を「戒律結界之浄場」に復することであったこと、同寺の律宗寺院としての興隆は国分寺と村人らとの交わりを断ち、その聖域性を高めたこと、などを指摘した。(12) 寂遍がこの申状のなかで強く批判する不心得者たちの中心部分に、先に触れた増円らがいたことは容易に推測することができる。寂遍の長門国分寺興行は、戒律の精神性

を前面に押し出し、かつ本寺西大寺と治天下の仏法と王法の力を最大限に利用するという性格を持っていた。
10の（延慶三年）一一月一九日伏見上皇院宣はこの寂遍申状を受けて出されたもので、寂遍の申請は聞き届けられたのである。10を受けた西大寺長老信空は、11の書状を思寂房すなわち寂遍に遣わし、その旨を伝えた。

翌延慶四年（一三一一）になると、寂遍と増円らとの間の抗争は新たな段階に入る。12の「延慶四」四月一四日伏見上皇院宣によると、増円は寂遍がよりどころとした院宣を「偽院宣」と称し濫妨行為に出、ために寂遍は申状をしたため伏見上皇に訴え、伏見上皇はこの院宣を下して院宣が偽物でないことを言明したことが知られる。

このあとしばらく抗争の展開を知る史料を欠く。この問題が史料の上に再び表れるのは正和二年（一三一三）に入ってからである。13の文書を引用しよう。

（端裏書）「□（西）園寺入道左大臣家御消息」
長門国分寺申増円幷当国府住人覚妙・富成地頭伊予房以下輩狼藉間事、二条前中納言奉書副具書如此、子細見于状候歟（之脱）由、入道左大臣殿可申之旨候也、恐々謹言、
（正和二年）二月廿八日　沙弥静貞
謹上　武蔵守殿

この文書は、文中の「入道左大臣」が西園寺公衡と考えられることから、関東申次西園寺公衡消息とみられる(13)。宛名の「武蔵守」は六波羅北方探題北条貞顕であろう。文書の年次は、公衡の「入道左大臣」および貞顕の「武蔵守」を満たす正和元～四年の間とひとまず考えられるが(14)、他の関係文書との関連から正和二年とみて差し支えあるまい。ただ、そうみると、この文書に先行する「二条前中納言奉書」（すなわち伏見上皇院宣）の差出人「二条前中納言」に該当する人物がみあたらないのが支障となるけれども、ここは何らかの誤記（例えば、二条は三条の誤りとか）とみなさざるをえない。

この文書は、増円・長門国府住人覚妙・冨成地頭伊予房以下輩の狼藉を停止せよという「二条前中納言奉書」＝伏見上皇院宣（現存せず）を六波羅探題に伝達するために出された、いわゆる関東申次施行状である。覚妙や伊予房についてはすでにふれたが、もっとも注目すべきは、本件に初めて六波羅探題が関与した事実である。増円たちが「武家被管」と言われたように、彼らは周防・長門守護北条時仲と緊密な関係にあり、勅裁の執行は困難な状況にあったから、伏見上皇はこれを六波羅探題に移管したものと察せられる。

14の伏見上皇院宣は正和二年のものと考えられ、増円の濫吹に対し誡《いましめ》沙汰あるべきことを寂遍の師に当る西大寺上人信空にあてて告げたもの。増円の抵抗はそれでもやまなかった。伏見上皇は、寂遍の訴を受けて、再び六波羅探題に移管する措置をとった。15を引こう。

（端裏書）「□　正和二　六　廿四」
長門国々分寺申増円幷冨成地頭伊与房・同国守護被管大進房以下輩等狼藉事、信空上人申状副寂遍状具書如此、子細見于状候歟、可尋沙汰之由、可被仰遣武家（六波羅探題）之旨、院御気色所候也、仍言上如件、頼藤誠恐頓首謹言、
（正和二年）六月廿三日　大宰権帥頼藤（葉室）
進上　前民部権大輔殿

この文書は葉室頼藤の奉ずる伏見上皇院宣であって、年次は記されていないが、端裏書によって正和二年だということがわかる。[15]内容的には、長門国分寺に対する増円・伊予房・大進房の狼藉を訴える寂遍申状（具書を副える）とこれを挙達した信空挙状とを六波羅探題に示して、「尋沙汰」すなわち事実関係の究明を求めている。当時の同探題は、北方が北条貞顕、南方が北条時敦。宛名の「前民部権大輔」は時の関東申次西園寺公衡の家司とみてよい。これを受けた公衡は奉書形式の消息を発して、旨を探題に伝えたと考えられるが、その消息は残っ

ていない。また六波羅探題がこの件にどのように対応したかも、関係史料を欠き、不明である。

さて、次は16・17だが、17から先に述べよう。17の文書の「十月八日」という日付の上方に「延慶四」と書かれた付箋が張りつけられている。長門国分寺文書に収められる文書のなかで、年次の付箋がついているのはこれだけである。この付箋の年次をそのまま採用すると文書名は伏見上皇院宣となるのだが、奉者がこれまでとちがう花山院師信であること、それに本文中に「新院御気色」とあるのがひっかかる。結論を先に言うと、この文書は後伏見上皇院宣とみられる。伏見上皇が正和二年一〇月一七日出家したこと、宛て名の「尓道上人」とは正和五年正月に没した慈道上人信空（西大寺二代長老）と考えられることから、この院宣の年次はまず正和三〜四年と限定されるが、次の18との関連から、正和四年（一三一五）とみなすことができる。花山院師信の春宮大夫在任という条件も満たしている。この文書によって、院政の担当者が伏見から子の後伏見にかわったあとも、増円はなおも訴え続けたが、訴は却下されたばかりか、増円が院宣を得たと称して寺中に乱入したのが事実なら「謀書科」（文書偽造罪）に当るぞと警告されたことが知られる。16については、17との内容的関連から同年の後伏見上皇院宣とみておきたい。

つづく18は、17をうけて発給されたもので、形式は13と同様である。いま引用する。

（端裏書）「西園寺入道太政大臣家御消息正和五　正　十七」

長門国々分寺僧侶申、増円謀書事、春宮大夫奉書副具書如此、子細見状候歟之由、太政入道殿可申旨候也、

恐々謹言、

（正和四年）十二月廿八日　　前伊予守春衡

謹上　陸奥守殿

端裏書から知られるように、本文書は正和四年の関東申次西園寺実兼消息である。(16) 関東申次を勤めていた子息

公衡がこの九月に没したため、父入道太政大臣実兼の再登板となったのである。文言をみると、長門国分寺僧侶が訴える増円の謀書のことについて、「春宮大夫奉書」＝花山院師信の奉ずる後伏見上皇院宣（17に相当する）を六波羅探題に伝達するもので、宛名の「陸奥守」は南方探題北条維貞である。探題の対応の仕方は不明。

二　後宇多上皇・後醍醐天皇の治世と長門国分寺

次は19なのだが、18と19との間には大きな状況の変化がある。その一は、文保二年（一三一八）二月の政権交替である。持明院統の花園天皇が退位し、替わって大覚寺統の後醍醐天皇が践祚することによって、後醍醐天皇の父後宇多上皇の第二次院政が始まった。その二は、寂遍の保護者かつ師として寂遍の申状を公家政権に取り次いできた西大寺第二代長老信空が正和五年（一三一六）正月、八六歳で没したことである[17]。三代目の西大寺長老の地位には浄覚房宣瑜[18]が就いた。その三は、長門国の知行国主が日野俊光から吉田定房に移ったことである[19]。信空没後、信空の役割は浄覚房宣瑜に受け継がれた。新しい治天下後宇多上皇の対応は伏見上皇のそれに輪をかけて長門国分寺を保護する性格のものだった。19の後宇多上皇院宣をあげよう。

長門国分寺令知行当寺築垣四面内、停止農業幷殺生、殊可専仏法興隆之由、可被仰含寂遍者、院宣如此、仍
執達如件、

文保二年十月一日　（花押）（万里小路宣房）

浄覚上人御房（宣瑜）

長門国分寺の知行する同寺築垣四面内での農業と殺生を停止し、仏法興隆に専念するよう同寺住持寂遍に伝えるようにと、宣瑜に下された院宣である。これまでの伏見上皇院宣もここまで踏み込んではいない。築垣四面内

の農業と殺生を停止したのは目新しい措置である。この文書には、いま一点、同日付の関係文書が存在する。宮内庁書陵部所蔵「諸文書部類」（柳一一七四）、および山口県文書館所蔵「防長古文書誌　豊浦郡ノ四」（近藤文庫近八五　二九の二四）に収められるものである。引用する。

長門国分寺令知行当寺築垣四面内、可停止農業并殺生之由、被仰寂遍了、可令成遣国宣給之由、御気色所候也、仍執啓如件、

（文保二年）十月一日　　宣房

謹上　吉田（定房）前中納言殿

一見してわかるように、これは19と同時に同件について国宣を出すよう吉田定房に命じた後宇多上皇院宣である。定房は長門の知行国主とみられる。文保二年二月の後宇多院政の開始を機にして、国主の改替が行われたものと推測される。定房はさっそく長門国目代に向けて国宣を発したであろう。20は19を長門国分寺住持寂遍に伝えた宣瑜の書状である。

続く21と23、それにおそらく22も後醍醐天皇綸旨と考えられる。時代は後醍醐天皇の親政期に入ったのである。まず、21は朝円に下した綸旨を召し返したことを伝え、急ぎ土木の殊功を遂げ、仏法興隆に専念すべきことを寂遍に伝えしめた綸旨である。一旦綸旨を獲得した朝円とは、すでに述べたように延慶三年から正和四年にかけての時期に寂遍と抗争したかの増円に近い人物であろう。これまで頻出した寂遍の名はこれを最後に史料の上から消える。

22は次のような文書である（端書を略す）。

長門国々分寺、為御祈願所、殊可奉祈天長地久御願者、天気如此、悉之、以状、

八月十三日　　左衛門佐　判

興律上人御房

本文書は内容からみて、後醍醐天皇の綸旨であることはまず動くまい。端書の一部に「元弘二　八月十三日」とあるが信頼できない。あるいは元弘三年（一三三三）のものかもしれないが、文言の上ではむしろ元徳三年正月一四日後醍醐天皇綸旨（「鰐淵寺文書」）に酷似している。[20] 年次を確定できないのでしばらく年未詳としておくほかないが、あるいは同時期のものかもしれない。

ここで宛名の「興律上人」に注目したい。「興律」とは耳慣れない名前で、むろん「西大寺代々長老名」（『西大寺関係史料一』）にもみられない。けれども、近年、下関市教育委員会の手によって発掘調査された長門国分寺跡から多数の墨書土器が出土し、その中に「興律大徳」と記されたものが含まれている。[21] 大徳とは広く僧の意だから、この墨書の「興律大徳」が、右の綸旨の宛名の「興律上人」である可能性は否定できない。もしそうだとすれば、興律は鎌倉最末期の西大寺派遣の長門国分寺住持ということになる（先に述べた寂遍の後任で、のちに述べる如性の前任か）。右の後醍醐天皇綸旨を元徳頃のものとみて支障は生じない。綸旨が直接興律に宛てられている点も注意してよい。

23の後醍醐天皇綸旨は、鎌倉幕府の倒壊後に成立した建武新政の最中のものである。この綸旨について述べる前に触れておくべきは、建武政府の西大寺に対する基本的態度を表す次の綸旨（「西大寺文書」）である。[22]

西大寺末寺諸国散在僧尼寺幷寺領事、奏聞之処、止武士甲乙人等濫妨、可被抽御祈禱之忠之由、天気所候也、仍執達如件、

元弘三年六月十六日　　左少弁(中御門宣明)（花押）

覚律上人(賢善)御房

この綸旨が、建武政府の成立後極めて早い時期に出されている点も注意されるが、特に目を引くのは、武士甲乙人等の濫妨を停止して西大寺の諸国末寺・寺領を安堵している点で、そこには新政府の西大寺保護の基本方針

があざやかに示されている。本中の「諸国散在僧尼寺」に、西大寺末の国分寺が含まれることは言うまでもない。宛名の覚律上人は西大寺第五代長老覚律房賢善である。

右のことをふまえたうえで、23を引用しよう。

長門国分寺、宜致執務専興隆者、天気如此、仍執達如件、

元弘三年十一月三日　左少弁（冷泉定親）判

如性上人御房

長門国分寺の執務を如性上人に令した綸旨である。こういう直接的な表現でもって長門国分寺の執務を命じたケースはこれまでみられなかった。しかも、注意されるのは、宛名の如性上人とは西大寺の長老ではなく、末寺の住持クラスの僧と思われることである（「長門国分寺文書」所収康永二年〈一三四三〉と考えられる五月七日西大寺長老澄心書状は南北朝時代に属するが、この時点で如性が長門国分寺にいたことがわかる。如性は澄心の弟子か）。ここで考え合わされるのは、建武新政の法を多く収載する「建武記」（『群書類従』二五輯所収）のなかに見られる次の条規である。

一、同（諸国）国分寺事、

於料所者、任格制可致沙汰、至所職田地者、被尋究可有其沙汰矣、

この条規は、諸国一二宮の本家領家職停止に関する条規のすぐ次に並んでいるものだが、建武政府の一二宮政策に関心が集まり議論がある(23)のに比べて、ほとんど忘れ去られた存在である。国分寺に関するこの条規が諸国国分寺および寺僧に対する国家援助を意図していることは明らかであるから、先の綸旨はこの条規に引きつけて考えてよいのではないか。つまり、後醍醐天皇は諸国国分寺の興行を政府の政策として掲げているわけである。もし、このように推測することが可能ならば、後醍醐天皇の国分寺に対する措置はこれまでの公家政権の基本的政策を一層強化した内容のもので、諸国一二宮に対すると同様、政権の性格を色濃く反映した国家保護色の強いも

のだったことが知られる。

公家政権のバックアップを受けての西大寺による長門国分寺興行は増円らの在地勢力によって抵抗され、なかなか思うように進捗しなかったことはすでに見たとおりである。そのような状況の中で、画期的な展開をもたらしたのが他ならぬ後醍醐天皇の建武新政だったことは容易に理解することができる。後醍醐天皇は国分寺の復興を重要な政策課題に掲げ、専制君主としての力を注いだものと考えられる。長門国分寺がこうむった恩恵は大きかったはずである。すでに述べたように、「長州国分寺由緒書」が後醍醐天皇を「当寺中興之本願」と記すのは、至極当然のことなのである。(24)

以下に示すのは「伊予国分寺文書」に収められた後醍醐天皇綸旨(25)だが、日付といい内容といい、23とまったく同じ性格のものである。右に述べた措置が長門国分寺だけでなく、広く他国の国分寺に対しても講じられた証拠である。宛名にみえる極楽寺（鎌倉）が関東における西大寺流真言律宗の重要拠点であったことは言うまでもない。

伊予国々分寺、宜致執務専興隆者、天気如此、仍執達如件、

元弘三年十一月三日　　右少弁御判

極楽寺長老御房

追申、寺領以下旧記可致管領之由、同被仰下候也、

さて、後醍醐天皇の治世に属する最後の事例は、24である。これは、年号が建武と改まる直前（元弘四年正月二九日に改元）、長門国守護代によって作成された長門国分寺領惣田数注進状である。惣田数一八町八反大九〇歩を構成する個々の田畠・屋敷の場所と面積を書き出したもので、なぜこういう時にこのような注進状を作成させられたのか一考の余地がある。(26)記載内容の中には「白馬田屋敷」や「清末」など興味深い地名も見られ、各々の場所を地図の上に落とすなどして詳しく検討すれば、幾多の新知見を提供することうたがいない。もう一つ見落と

せないのは、当時の守護と守護代は誰かということである。このことについては「長門国守護職次第」(27)という重宝な史料があり、これによれば、鎌倉時代最後の長門守護北条時直が失脚した元弘三年五月以降、厚東武実が建武元年五月長門守護として入部するまでの間に、「輔大納言」が当国守護として記載され、その守護代として「山田入道千恵《チカ》」がみえる。24の注進状を作成して末尾と紙継目裏に花押を据えた「守護代」とは、他ならぬこの人物であろう。正守護たる「輔大納言」は在京の後醍醐天皇の腹心と考えられるから、長門国分寺領の惣田数を注進させた張本人は政権担当者たる後醍醐自身であった可能性も高い。その意味で、この惣田数注進状は政府の政策の一環として、提出を命ぜられたものと考えることもできる。

おわりに

今日知られる「長門国分寺文書」に含まれる鎌倉期・建武新政期の文書は、同寺と本寺西大寺との間のものをはじめ、西大寺と公家政権との間のもの、公家政権と六波羅探題との間のもの、公家政権から長門国の知行国主へのもの、知行国主から目代へのもの、目代から長門国分寺住持へのものなどさまざまだが、在地の土豪や百姓などが発した文書は含まれていない。むろん、それらの現存文書から在地の情勢をある程度推測することは可能だが、細かな点までつぶさに知ることはできない。また、勅裁を受けた六波羅探題がどのような措置をとったかを知るための史料が残っておらず残念ではある。さらに、西大寺の長門国分寺興行に対して執拗な抵抗を続けた在地の増円一派がどのような性格の者たちなのかは、当時の長門国分寺の実態や西大寺の対応の仕方をうかがうための重要な手がかりを提供すると思われるが、この点についてもほとんど知り得なかった。

「長門国分寺文書」は、そのような史料としての限界を持つものの、国分寺の興行をめぐる当時の中央の支配権力どうしの交渉の仕方や地方寺院の興行事業への係わり方を具体的に示してくれる点で、極めて貴重な史料といわねばならない。全国的に見ても、この時期のこれほど質のよい関係史料を残している国分寺は他に類例がないのではないか。

本章では、西大寺の長門国分寺興行に対する公家政権の対応は基本的に全面援助であったが、伏見院政・後伏見院政から後宇多院政を経て建武新政が成立すると、政権の宗教政策の一環として一層強力な保護が加えられたことを明らかにした。南北朝時代以降の長門国分寺については、機会をあらためて述べることにしたい。

注

（1）東京大学史料編纂所架蔵の影写本第一冊には、重複した文書案が少なからず登場する。この文書総数は、こうした重複分を除いたうえでの点数である。

（2）防府市教育委員会『周防国分寺文書』一〜三〈防府史料第二二〜二四集〉（一九七四年三月／同年六月／一九七五年二月）、同『周防国分寺史』〈防府史料第二五集〉（一九七六年三月）。このうち『周防国分寺文書』は同寺文書を活字化した同国分寺研究の基本史料で、利用価値は高い。鎌倉・南北朝時代分は第一に収録されているが、今日補訂を要する個所がある。なお、中世の国分寺全般についての研究では、追塩千尋の一連の論文、「中世国分寺の存在形態」（『北大史学』二四、一九八四年八月）、「中世後期の国分寺の実態」（佐伯有清編『日本古代中世史論考』一九八七年三月）、「中世国分寺の再興と西大寺流」（大隅和雄編『鎌倉時代文化伝播の研究』一九九三年六月）がある。

（3）先述のように『長門　長府史料』が長門国分寺文書を活字化しているが、十分ではない。校訂の厳密さはさておき収録点数のみ参考までにあげておくと、鎌倉期・建武新政期分では全二四点のうち一九点（一覧表の1・2・9・11・24を不収）、南北朝時代分では全一九点のうち六点を収める。角田文衛編『国分寺の研究　下巻』（京都・考古学研究会、一九三八年八月）の「長門国分寺」の項に『長門　長府史料』掲載の「長門国分寺文書の主要なもの」（同書一二六七頁）が転載されているが、『長門　長府史料』の誤りをそのまま引き継いでいる。

『萩藩閥閲録』はその性格上、長門国分寺文書を収めていない。『防長寺社由来　第七巻』（山口県文書館、一九八六年二月）に「長府国分寺」の文書が活字化されているが部分的であり、鎌倉期・建武新政期分ではわずか一点（一覧表の1）をのせるのみである。『鎌倉遺文』（東京堂出版）も同様である。南北朝時代分については『南北朝遺文　中国・四国編』（同）が現在第五巻まで刊行済みで（弘和二・永徳二年〈一三八二〉まで）、建武二年以降の分を、また『大日本史料』第六編が若干点を収録している。これらを使用しての研究成果はほとんどみられず、ただ、松井輝昭「西大寺律宗展開の問題点――瀬戸内地域を中心に――」（『芸備地方史研究』一三八、一九八二年一二月）および注（2）所掲追塩千尋「中世国分寺の再興と西大寺流」（長門国分寺については松井の指摘をほぼ踏襲）が、長門国分寺文書を用いて鎌倉時代後期の同国分寺の様相に触れた数少ない文章といえる。なお、近藤清石編「防長古文書誌」（山口県文書館所蔵）の豊浦郡の部に長門国分寺文書が収録されている。鎌倉期・建武新政期分について東京大学史料編纂所架蔵の影写本と比較すると、古文書誌は四点漏らしている（一覧表の2・9・10・24）。逆に、本文中で紹介した（文保二年）一〇月一日万里小路宣房奉後宇多上皇院宣（宮内庁書陵部所蔵「諸文書部類」）を影写本は欠くが、古文書誌は収録する。

（4）『防長寺社由来　第七巻』五一一―五一二頁。

（5）『防長寺社由来　第七巻』五一二頁。

（6）『長門国一ノ宮住吉神社史料　上巻』（同社務所、一九七五年一二月）五―六頁。『鎌倉遺文』では一七五三二号（第二三巻）。一七五三三号も要参照。

（7）『国史大辞典　3』（吉川弘文館、一九八三年二月）収録「花押」一覧の一一三四号「葉室頼藤」の花押と合致する。

（8）『概説　古文書学　古代・中世編』（吉川弘文館、一九八三年五月）五〇頁参照。

（9）注（3）所引、松井論文一一頁。

（10）「富成」の地名を探せば、例えば『萩藩閥閲録　第三巻』（山口県文書館、一九六七年三月）巻一〇九「三吉与一右衛門」文書に収められる享禄二年一二月二二日大内義隆袖判下文案に「長門国豊西郡富成名」とみえ（同書三五一頁）、また『長門国二ノ宮忌宮神社文書』（同宮、一九七七年三月）所収「武内大宮司古文書」に収められる弘治三年一一月一四日毛利家奉行衆奉書などに「長門国一二宮国衙在庁富成社職」とみえる（同書五頁）。なお、右のことは和田秀作氏の御教示による。

（11）佐藤進一『増訂鎌倉幕府守護制度の研究』（東京大学出版会、一九七一年六月）。
（12）注（3）所引、松井論文一一—一二頁。
（13）西園寺公衡の関東申次としての活動については、拙著『鎌倉時代の朝幕関係』（思文閣出版、一九九一年六月）六一—六九頁、および九三—九九頁参照。なお当事例は同書一一六頁以降に掲載した「朝廷より幕府・六波羅探題への文書伝達」表の40に該当。
（14）西園寺公衡の出家は応長元年八月、没は正和四年九月。北条貞顕は六波羅北方探題在任中の応長元年一〇月、任武蔵守（東京大学史料編纂所架蔵「北条時政以来後見次第」）。
（15）注（13）拙著掲載表でいえば、37の事例。
（16）右と同様に、43の事例。
（17）「西大寺代々長老名」（『西大寺関係史料（一）』奈良国立文化財研究所、一九六八年三月、七三頁）。
（18）宣瑜の没日については、「西大寺代々長老名」が「正中二年二月九日」に作るのに対し、「律苑僧宝伝」巻一三（『大日本仏教全書』）は「正中二年二月二十九日」に作る。享年については、いずれも八六歳。
（19）3の「延慶三」二月一五日伏見上皇院宣の宛名「前藤中納言」某が長門国の知行国主と考えられることはすでに述べたが、建武三年三月日長門国一宮住吉大宮司貞近幷供僧神官等申状案（『長門国一ノ宮住吉神社史料　上』一四頁）に「文保年中日野大納言家国務之時」とみえ、この「日野大納言」とは文保元年の後半の半年間権大納言に在任した日野俊光だと考えられること、それにのち本文中で述べるように文保二年一〇月には当国の知行国主は吉田定房と考えられることによる。日野俊光が一貫して持明院統皇室に深く信任された公卿であることから推測すれば、3の宛名「前藤中納言」が日野俊光である可能性も高い。果たして延慶三年に俊光は前権中納言である。
（20）『鰐淵寺文書の研究』（曾根研三編、鰐淵寺文書刊行会発行、一九六三年一〇月）四八号文書（二九八頁）。
（21）『長門国府　長門国府周辺遺跡発掘調査報告Ⅳ』（下関市教育委員会、一九八一年三月）二一頁、および巻末図版Ⅷ。同報告書によれば、これらは「仏法護持や当寺の維持・興行に寄与した人物を書いたものと考えられ」、「同時期に使用され、一括投棄されたものであり、江戸時代初期において、国分寺に関する何らかの法要にかかわるものと考えられる」（同書二二頁）とされている。なお、筆者は、田中倫子氏より御教示いただいた『中世民衆寺院の研究調査報告書Ⅱ』（元興寺文化財研究所、一九九一年三月）によって、同発掘調査報告書の存在を知ることができたし、古賀真木子氏は同発掘調査報告書のコピーを届けられた。

(22)『鎌倉遺文』三三二八〇号（第四一巻）。『大和古文書聚英』（永島福太郎編、一九四三年四月）九五頁。『佐賀県史料集成　古文書編第五巻』（東妙寺文書）一三六頁。

(23) 黒田俊雄「建武政権の宗教政策——諸国一二宮本所停廃に関連して——」（時野谷勝教授退官記念会編『日本史論集』清文堂出版、一九七五年五月）。のち、同『日本中世の社会と宗教』（岩波書店、一九九〇年一〇月）に再録。

(24) 注(21)所掲の発掘調査報告書で、長門国分寺跡から「後醍醐」と墨書した土器が出土したことが報告されている（同書二〇頁、図版Ⅷ）。

(25)『大日本史料』七編之一五、二八八頁。『鎌倉遺文』三二六五四号（第四二巻）。

(26) 宮内庁書陵部所蔵「内蔵寮領等目録」（函号五一二—一〇七）は、元弘三年五月二四日、内蔵寮の職員らしき貞有という人物が内蔵寮領経営の実態を報告したものであるが、時期といい内容といい、24と似ている。もって参考とすべき史料である。拙著『建武政権』（教育社、一九八〇年一一月）一二七—一三一頁参照。

(27) 田村哲夫「長門守護代の研究」（『山口県文書館研究紀要』1、一九七二年三月）、同「異本『長門守護代記』の紹介」（同紀要9、一九七八年三月）参照。

付記　史料の閲覧・収集にあたっては、いつものことながら、東京大学史料編纂所、宮内庁書陵部、山口県文書館のお世話になった。また、平成五年五月二七日、山口市下竪小路のふるさと伝承センターで行われた中世史勉強会で、本章の概要を口頭発表したさい、出席の方々から有益な御教示を頂いた。記して謝意を表する次第である。

【付表】「長門国分寺文書」（東京大学史料編纂所影写本）の中の鎌倉期・建武新政期の文書一覧

	年月日	文書名	差出書	宛先	内容	備考
1	正応四年二月三日（一二九一）	関東御教書	相模守（北条貞時） 陸奥守（北条宣時）	（長門守護北条実政） 上総前司	異国降伏祈禱のことにつき、周防・長門両国国分寺、一宮、主要な寺に丹精を凝らせしめ、毎月巻数を執進めしむ	住吉神社文書にもみゆ。『防長寺社由来七』所収
2	延慶三年二月六日（一三一〇）	西大寺上人（第二代長老）信空挙状	沙門信空	鷹司	長門国分寺興行のことにつき、門弟寂遍申状を進上す	紙背のほぼ中央に葉室頼藤の花押あり。頼藤は評定衆ならん
3	延慶三年二月一五日	伏見上皇院宣	（葉室） 頼藤	前藤中納言	長門国分寺興行のことにつき、信空上人申状を示し、申請の旨に任せ、下知せしむ	宛名の「前藤中納言」は長門国の知行国主、日野俊光か
4	延慶三年二月二一日	長門国宣	前壱岐守（花押）	長門御目代 （浄恵）	長門国分寺興行のことにつき、信空上人申状（挙状のこと）・寂遍解状を副えて、院宣を示し、その旨を遵行せしむ	
5	延慶三年三月二日	伏見上皇院宣	（葉室） 頼藤	西大寺上人御房 （信空）	長門国分寺興行のことにつき、長門国司に指示せしことを告げ、その旨を寂遍上人に仰せ含めしむ	
6	延慶三年三月二五日	長門国目代法眼浄恵奉書	法眼浄恵（花押）	思寂上人御房 （寂遍）	長門国分寺興行のこと。去二月の院宣・国宣の旨に任せて、管領せしむ	建武三年一一月日長門国分寺住持沙門良顕申状の文言中に「目代浄恵法眼同（延慶）三年三月廿五日宛寂遍令遵行」とみゆ
7	延慶三年八月一日	伏見上皇院宣	（葉室） 頼藤	西大寺上人御房 （信空）	長門国分寺のこと。先度院宣を下せしも増円以下の武家被官の輩のこれを叙用せさるは不可然。寺内寺外の田地を一円管領せしめ、興隆を専らにせしむ	別に同文の案文あり
8	延慶三年八月六日	長門国宣	前壱岐守（花押）	長門御目代 （浄恵）	信空上人の申す長門国分寺寺内寺外散在田地等のことにつき、重ねての院宣（7）を示し、下知を加えしむ	
9	延慶三年九月一三日	沙門寂遍申状	沙門寂遍		早く奏聞を経、長門国分寺内での酒肉魚佩経営非儀を停止されんことを請う	7・8を受けて寂遍、当寺に移住

10	(延慶三年カ)一一月一九日	伏見上皇院宣	(葉室)大宰権帥頼藤	西大寺上人御房(信空)	長門国分寺内における魚肉酒宴等を停止し、件の料田を以て修正妙行の勤足として、御願成就の誠精を凝らすべきことを寂遍に相触れしむ	
11	(延慶三年カ)一一月二五日	西大寺上人信空書状	信空	思寂御房	長門国分寺中魚肉酒宴等のことについての院宣(10)を伝える	別に同文の案文あり
12	(一三一一)延慶四年四月一四日	伏見上皇院宣	(葉室)大宰権帥頼藤	西大寺上人御房(信空)	長門国分寺間のこと。寂遍申状を奏聞し、偽院宣と称して濫妨するを非難し、偽院宣にあらざることを告ぐ	別に同文の案文あり
13	(一三一三)(正和二年カ)二月二八日	関東申次西園寺公衡消息	沙弥静貞	(六波羅北方探題北条貞顕)武蔵守	長門国分寺申す増円・当国府住人覚妙・富成地頭伊予房以下輩の狼藉間のこと。二条前中納言奉書を示し、旨を六波羅探題に伝う	別に同文の案文あり
14	(正和二年カ)四月一一日	伏見上皇院宣	(葉室)太宰権帥頼藤	西大寺上人御房(信空)	長門国分寺のこと。院宣を下せしも、増円劫已下の輩叙用せず。厳密の下知を加え、なお濫吹あらば、誡沙汰あるべきことを重ねて仰す	
15	(正和二年)六月二三日	伏見上皇院宣	(葉室)大宰権帥頼藤	(西園寺家の家司)前民部権大輔	長門国分寺申す増円・富成地頭伊予房・同国守護被官大進房以下輩等狼藉のこと。信空上人申状を示し、尋沙汰せしめんことを武家(六波羅探題)に仰せ遣はしむ	
16	(正和四年カ)五月二六日	後伏見上皇院宣	(吉田)兵部卿定資	西大寺上人御房(信空)	長門国分寺のこと。増円訴え申すの旨あれども、その沙汰に及ばざりしことを仰す	
17	(正和四年カ)延慶四一〇月八日	後伏見上皇院宣	(花山院)春宮大夫師信	尓道上人御房(慈道房信空カ)	長門国分寺のこと。増円の訴を却下し、院宣を得と称して寺中に乱入するを非難し管領を全くせしむ	
18	(一三一五)(正和四年)一二月二八日	関東申次西園寺実兼消息	前伊予守春衡	(六波羅南方探題北条維貞)陸奥守	長門国分寺僧侶申す増円謀書のことにつき、春宮大夫(花山院師信)奉書を示し、旨を六波羅探題に伝える	端裏に「西園寺入道太政大臣家御消息正和五　正十七」とみゆ

19	（一三一八）文保二年一〇月一日	後宇多上皇院宣	（万里小路宣房）（花押）	浄覚上人御房（宣瑜）	長門国分寺の知行する当寺築垣四面内での、農業・殺生を停止し、仏法興隆を専らにすべきことを寂遍に仰せ含めしむ	宮内庁書陵部所蔵「諸文書部類」（柳一一七四）に、同日付、本件関係の吉田前中納言（定資）あて後宇多上皇院宣あり
20	（文保二年カ）一〇月二日	西大寺上人（第三代長老）宣瑜書状	宣瑜	長門国分寺御房（寂遍）	長門国分寺院宣を進め、築垣内農業・殺生を固く禁じ、天長地久の御祈禱、住持仏法の興隆に精勤を致さしむ	別に同文の案文あり
21	（一三二五）正中二年後正月二二日	後醍醐天皇綸旨	（万里小路季房）左少弁	浄覚上人御房（宣瑜）	長門国分寺のこと。朝円に下されし綸旨を召し返せしことを伝え、急ぎ土木の殊功を終え、仏法の興隆を専らにすべきことを寂遍に下知せしむ	
22	（年未詳）八月一三日	後醍醐天皇綸旨カ	左衛門佐	興津上人御房	長門国分寺を御祈願所とし、天長地久御願を祈らしむ	端書に「元弘二　八月十三日」あれども採れず
23	（一三三三）元弘三年一一月三日	後醍醐天皇綸旨	（冷泉定親）左少弁	如性上人御房	長門国分寺を執務せしめ、興隆を専らにせしむ	
24	（一三三四）元弘四年正月日	長門国分寺領惣田数注進状	守護代（花押）		長門守護代某、仰せにより、長門国分寺領惣田数（一八町八段大九〇歩）を注進す	全七紙。紙継目裏にそれぞれ守護代の花押あり

第三章　建武政権下の長門国の知行国主について

一　知行国制とは

近年、鎌倉末期の知行国制に関心が集まっている。(1) 知行国制とは、国の知行権（吏務）を特定の公卿・寺社などに与え、その国の正税・官物など国衙の収益を得させる制度であるが、知行国を与えられた者を知行国主という。知行国主は国守の任命権を持ったので、子弟などを国守に任じて、その国を知行した。こうした経済的給付としての知行国の制度は、平安後期に広まったとされるが、鎌倉時代以降にあってもなお維持されていることは、現存する関係史料が証明している。(2) 中世の国制を構造的に理解するためにも、さらに大きく中世国家の運営の仕方を具体的に考えるためにも、知行国主の存在形態についての究明は一つの重要なポイントとなる。

鎌倉後期の知行国主の存在形態や任用の実態を考えるとき、『花園天皇宸記』元亨元年（一三二一）六月二五日条の記事(3)は貴重であり、多くの興味深い事実をうかがわせる。以下に引用しよう。

今日参川国可知行之由、仰中宮大夫藤原朝臣（西園寺実衡）、此間前大納言俊光（日野）知行也、而国役依闕怠、問答之処、辞退之間、仰付入道相国（西園寺実兼）、令知行於中宮大夫也、

概要は以下のとおりである。今日（元亨元年六月二五日）、中宮大夫西園寺実衡に対して参川（三河）国を知行するようにとの仰せがあった。これまでは前大納言日野俊光が知行するところであったが、「国役」を闕怠したため、なお国主を続けるかどうか日野俊光に打診したところ、辞退したので、入道相国西園寺実兼に「仰せ付け」、実衡に知行させることにした。ここに登場する西園寺実兼は当時の関東申次（二度目の登板）で、当時七三歳。実衡は、実兼の嫡子公衡（正和四年〈一三一五〉没）の子息、つまり実兼にとっては孫にあたる。実衡の生年は『公卿補任』によると正応三年（一二九〇）であるから、元亨元年当時三二歳ということになる。関東申次のポストは実兼の没後、この実衡が引き継ぐ(4)。

三河国の知行国主はこれまで日野俊光であったが、「国役」を闕怠したため、同国の国主の地位は、西園寺実衡へと改替された。この改替手続きにおいて祖父実兼の名が登場するのは、実兼が事実上実衡の保護者的な立場にいたからであろう。ここで注意すべきは、国主は「国役」という経済的負担をその上位者に対して負う義務があったこと、またこの負担を怠ると国主を罷免されたことである。このことは、知行国制という国衙支配のシステムの中における国主とその任免権者との関係を考える上でみのがせない。

このような制度がいつまで、どのように続いたかを包括的にうかがうことのできる史料は残っていないので、断片的に残った関係史料を落ち穂拾いのように拾い集めて、できるかぎりの復元を試みるしか方法はない。

建武新政についての研究においても、重要な論点の一つがこの制度にある。元弘三年五月の鎌倉幕府の倒壊をへて成立した建武新政の地方行政の顕著な政策の一つが、国司と守護の併置であることはよく知られている。この問題を本格的に論及するためには、建武新政期における国司と守護の任免の実態を具体的に明らかにする必要があり、近年その作業が急速に進んでいる(5)。

本章の眼目は、最近その存在に気が付いた建武元年（一三三四）の時点における長門国の知行国主についての論及であるが、行論の都合上、元弘三年（一三三三）後半の時期も含めて考察する。なお、本章でとりあげる建武元年の長門国主についての着目はこれまでなされていない。

二　鎌倉末期の長門知行国主

まず建武新政の前段としての、鎌倉末期の長門の知行国主について考えてみよう。筆者は、以前「長門国分寺文書」延慶三年（一三一〇）二月一五日伏見上皇院宣(6)の宛所「前藤中納言」を日野俊光とみなし、彼が同時点での長門の知行国主であったこと、さらに文保二年（一三一八）二月の後醍醐天皇践祚に伴う後宇多院政開始によって、吉田定房へと改替されたことを推測した(7)。

これ以降元弘三年（一三三三）に至る間の長門国主に関係する史料として、以下のようなものがある。

①『花園天皇宸記』正慶元年（一三三二）一一月一一日条(8)

今夕五節参入、西園寺(公宗)大納言・日野(資名)大納言・花山院(長定)中納言、和泉国(坊城)俊実卿・長門国(吉田)定房卿、西園寺大納言舞姫
参入、自余四个所密参云々、

②「長門国守護職次第」(9)

廿三　(北条時直)上野殿　（守護代以下略）
廿四　輔大納言殿　（同前）
廿五　厚東(武実)太郎入道殿　法名崇西、建武元五十四当府入部、（同前）

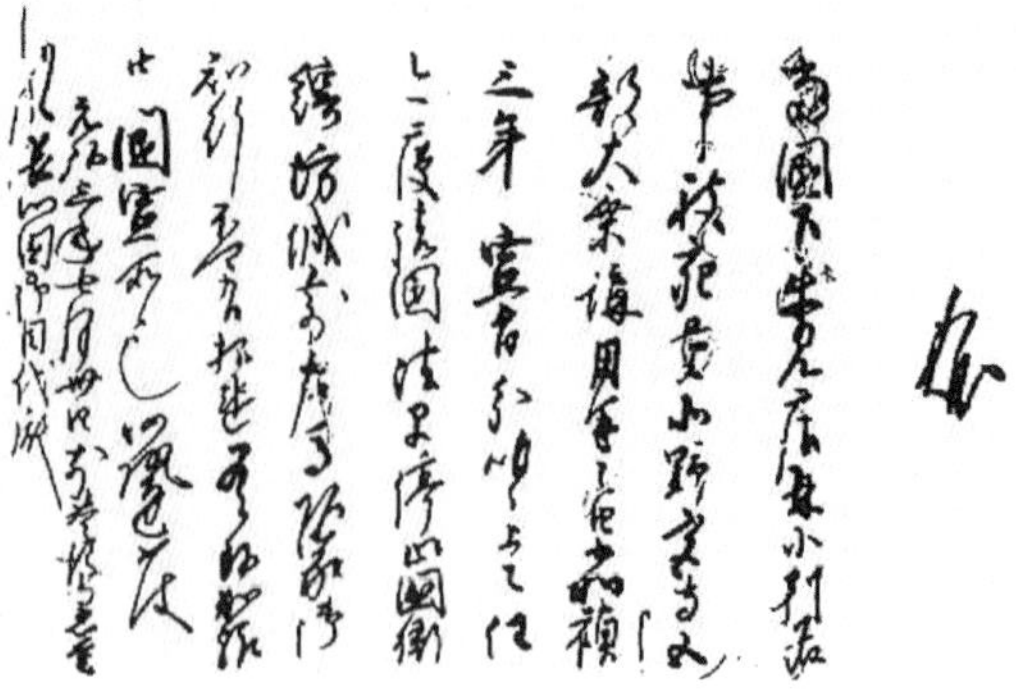

図1　元弘3年7月30日　長門国宣
（「根津嘉一郎氏所蔵文書三」東京大学史料編纂所影写本）

③東京大学史料編纂所影写本「根津嘉一郎氏所蔵文書」元弘三年（一三三三）七月三〇日　長門国宣[10]（図1）

（花押）《（中御門経季）》

当国下来見庄弁小別名事、被宛置北野宮寺五部大乗講用途之由、嘉禎三年　宣旨分明之上者、任今度諸国法、早停止国衙綺、坊城前左馬頭《（菅原在嗣カ）》家御知行不可有相違、可令存知給由、国宣所候也、仍執達如件、

元弘三年七月卅日　　　　前豊後守忠量

謹上　長門国御目代殿

まず①によって、正慶元年（一三三二）一一月一一日、皇室行事としての五節舞が行われ、五節舞姫が参入したことが知られる。ここにみられる「長門国　定房卿」とは、吉田定房が国主をつとめる長門国から舞姫の一人が出されたことを意味すると思われるので、正慶元年一一月の時点においても、長門国主は依然として吉田定房であったと考えられる。吉田定房は後醍醐天皇の近臣の一人だが、第二次討幕クーデター＝元弘の変（元弘元年〈一三三一〉）の密告者として知られる。[11] このため定房は与同者の一人として、長門国の知行も一時はずされそうになったが[12]、鎌倉幕府が定房に好意的であったために免がれたものとみられる。つまり、吉田定房の長門国主在任期間は、文保二年（一三一八）一二月より正慶元年（一三三二）一一月以降までの約一五年に及ぶと考えることができる。

続いて②である。②は長門国守護任免の沿革を記したもので、着目すべきはむろん「輔大納言」である。すなわち、直前の北条時直と直後の厚東武実（崇西）との間に挟まれる格好の「輔大納言」が長門国守護であった期間は、当然ながら、幕府滅亡の元弘三年（一三三三）五月以降、厚東武実が新守護に補任された建武元年（一三三四）三月以前[13]（入部は五月）までの間に含まれよう。「輔大納言」という官職名から考えて、この人物がこの間、守護職とともに長門国司もしくは国主を兼ねたであろうことは推測に難くない。[14]小川信は「厚東武実は元弘三年（一三三三）の長門探題追討の功により当国守護に任ぜられた」[15]とみて、「輔大納言」の守護在任には否定的である。

そこで③の長門国宣の袖判の主が登場する。この国宣は、長門国主が同国下来見荘・小別名を坊城前左馬頭家に安堵することを現地の目代に伝えたもので、国主から目代への命令下達のための手続き文書である。問題はこの袖判の主である。

③の袖判に最初に注目したのは、『日本史料集成』（平凡社、一九五六年一月）に載せられた「建武政府国司守護表」（菊池武雄作成）[16]と思われるが、同表の長門の項において、菊池武雄は③の国宣を根拠にして、万里小路宣房を国司にあてた。この意見は佐藤進一によって支持されたが[17]、小川信は「長門守護代記」に見える「輔大納言」二条師基説をとる。[18]

図2　中御門経季の花押
（『国史大辞典3』吉川弘文館より）

この花押が誰のものかを調べるもっとも有効な方法は、名前の明確な花押との照合であろう。そこで試みに『国史大辞典3』（吉川弘文館一九八二年一二月）所収の「花押」一覧によって調べてみると、③の袖判は万里小路宣房とも二条師基とも明らかに違う。[19]そこで他の類似する花押を探すと、完全とはゆかないまでも中御門経季がもっとも近いと思われる[20]（図2参照。このこと吉原弘道氏の教示による）。しかし、中御門経季は元弘三年当時年齢こそ三〇代半ばであったと見られるが、

図　勧修寺流吉田一門略系図（『尊卑分脈二』）

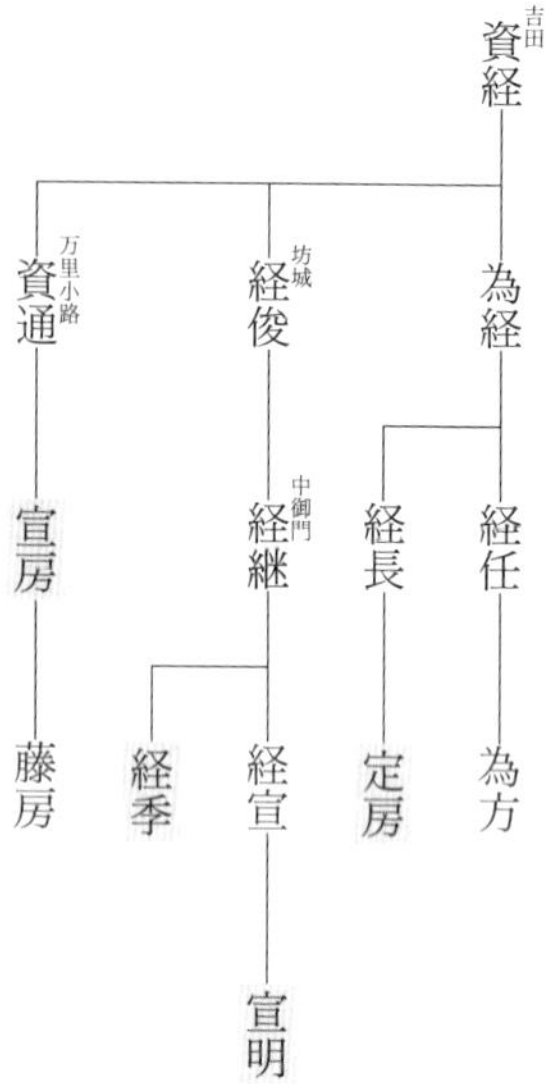

官職は左中弁・宮内卿・蔵人頭で（『公卿補任二』）、とても「輔大納言」と称される柄ではない。しかしながら、このことは「輔大納言」を万里小路宣房とみなすための積極的理由とはならない。

　そこで参考になるのは、さきに（一）で述べた、三河国の知行は西園寺実衡に任せられたが、背後でその祖父たる実兼が深く関与していたという事実である。つまり近親者による共同管理である。これを長門国にあてはめて考えると、建前上では「輔大納言」が国主であったが、実質的には中御門経季がその機能を果たしていたのではないか。このように中御門経季の側から考えると、「輔大納言」を経季の近親である万里小路宣房とみなす方がより自然であろう（宣房の父資通と経季の祖父経俊とは兄弟の関係にある。右掲略系図参照）。

ちなみに、経季の近親という点から考えれば、吉田定房説も浮上しよう。もしこの考えに立てば、定房は文保二年以降建武元年に至るまで継続して長門国主に在任したことになる。しかし定房は元弘三年の時点では前権大納言であるから、どちらかといえば現職の大納言の宣房をあてるのが妥当と思われる。

　ここで注意すべきは、建武新政の開始とともに、長門国主のポストは吉田定房から万里小路宣房に移ったらしいことが知られるが、この移行は決して剥奪によるものではなく、あくまで同族間の受け継ぎであったと考えられることである。何故なら、定房に長門国主を剥奪される理由がないからである。吉田定房と万里小路宣房が、ともに後醍醐天皇の建武政権を内側から支える、同天皇の信任あつき近臣であったことは言うまでもない。

　以上をまとめると、文保二年（一三一八）二月に長門国主のポストを獲得した吉田定房はこれを鎌倉幕府滅亡時まで保ったこと、建武新政の開始とともに長門国主のポストはおそらく一門の万里小路宣房に渡されたが、実際にはその近親の中御門経季によって、少なくとも元弘三年七月までは運用されたと考えられること、の二点に整理される。

三　建武元年の長門国宣

さらに、建武元年（一三三四）に入ると、これまでとは違った形状の袖判を備えた長門国宣が登場してくる。まず以下に全四点の実例をあげるが、主として袖判に注目し、長門国主の沿革の問題をさらに追究してみよう。

④「柳川古文書館寄託文書」筑後　建武元年二月一〇日　長門国宣[21]（図3）

（花押）

薭田大進房経弁申長門国八幡宮領内窪井田以下幷恒富名内田畠等事、当知行不可有相違之旨、可被下知経弁者、国宣如此、仍執達如件、

建武元年二月十日　　左近将監（安清）（花押）

謹上　対馬左衛門尉殿

越前法橋御房

⑤山口県厚狭郡山陽町立厚狭図書館「正法寺文書」長門　（建武元年）四月一一日　長門国宣[22]（図4）

（花押）

長門国松嶽寺院主賢円申、当国厚保（美祢郡）前地頭尚種・政忠等寺領濫妨事、解状副具書如此、如訴状者、前国司雖被加下知、不叙用云々、然者任御事書之旨、守護方相共、可令致沙汰給之由、国宣所候也、仍執達如件、

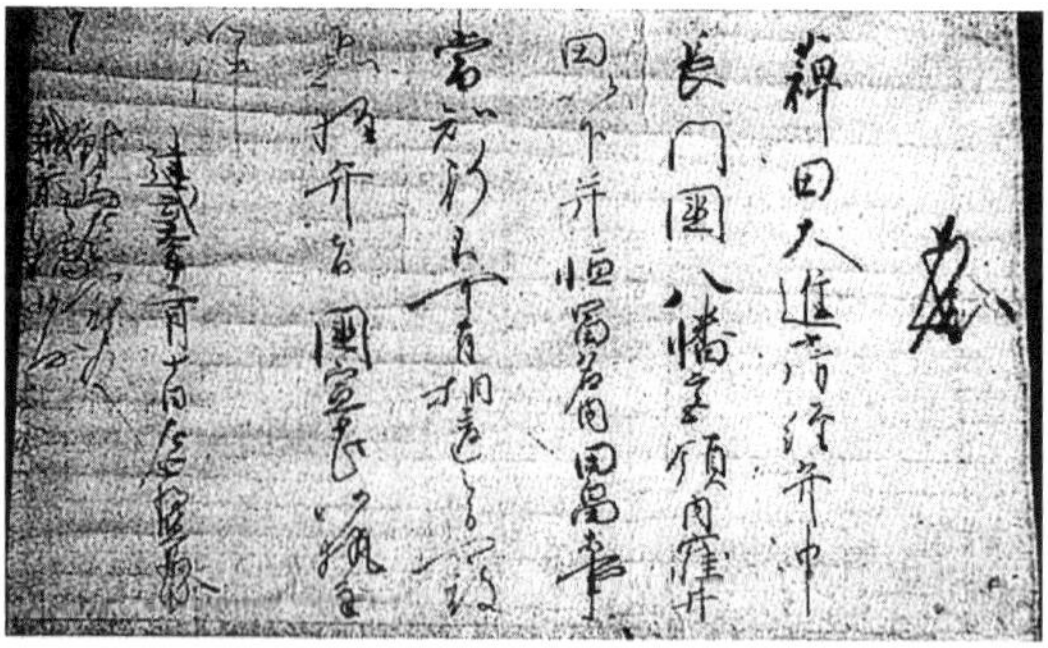

図３　建武１年２月10日　長門国宣（「柳川古文書館寄託古賀一夫氏所蔵文書」柳川市）　30.3cm × 48.6cm

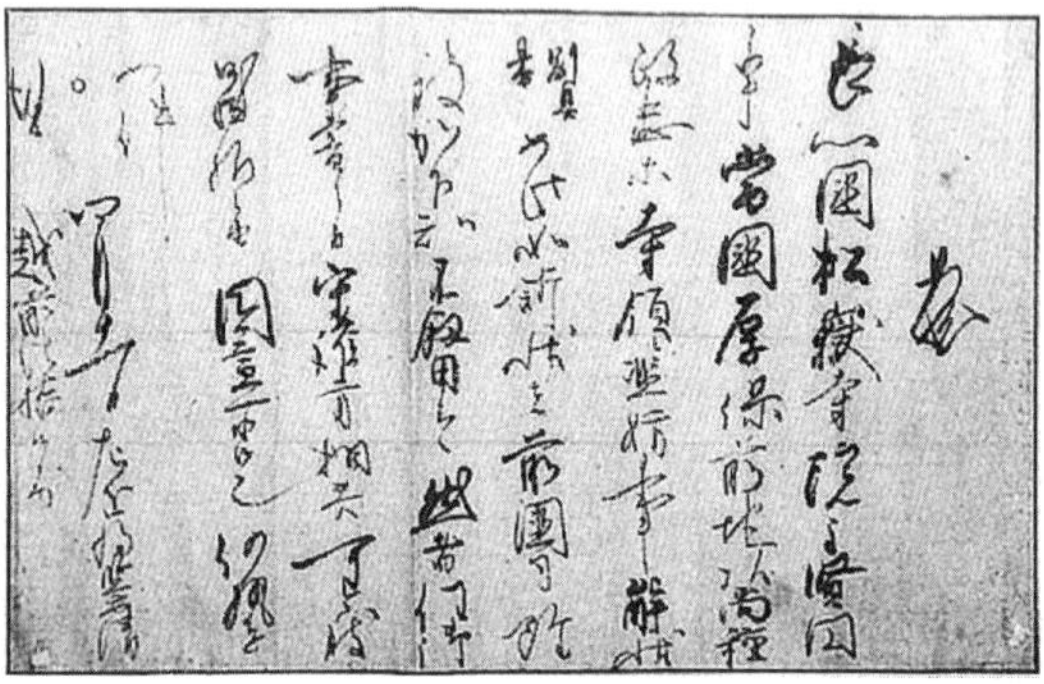

図４　（建武１年）４月11日　長門国宣（「正法寺文書」山口県厚狭郡山陽町、山陽町立厚狭図書館）　30.8cm × 49.8cm　山口県環境生活部県史編さん室・写真提供

（建武元年）四月十一日　　左近将監安清

謹上　越前法橋御房

（花押）

⑥下関市忌宮神社「忌宮神社文書」長門　建武元年七月四日　長門国宣㉓（図５）

長門国二宮神事料内国衙下行物等事、毎年沙汰渡其足条、有事煩之間、及神事違乱之由、社家依令申、以山井別符正税、宛一年中之下行物等、所被付社家也、但御更衣幷八月一日鎮祭以下之在庁役等者、如元可有其

沙汰也、向後止国衙之使、社家致其沙汰、可全神用之由、可被下知大宮司者、国宣如此、仍執達如件、

建武元年七月四日　　　左近将監（安清）（花押）

謹上　越前法橋御房

⑦下関市立長府博物館「功山寺文書」長門　建武元年八月九日　長門国宣[24]（図6）

（花押）

当寺当知行地事、被聞食畢之由、被成下　綸旨云々、早可被全管領者、国宣如此、仍執達如件、

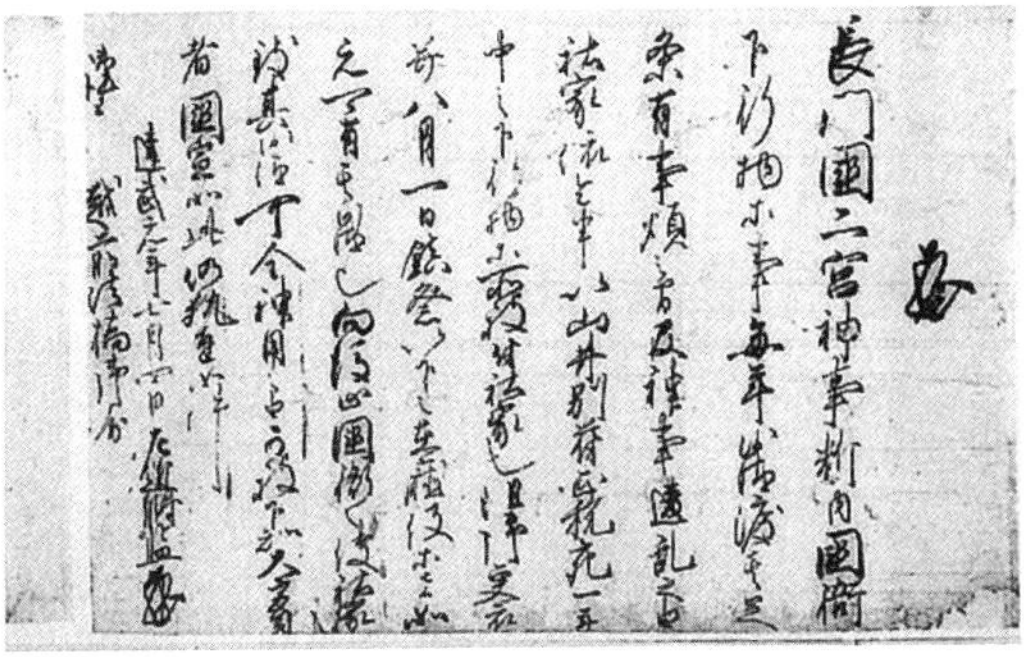

図5　建武1年7月4日　長門国宣（「忌宮神社文書」下関市、忌宮神社）　34.8cm × 53.5cm　山口県環境生活部県史編さん室・写真提供

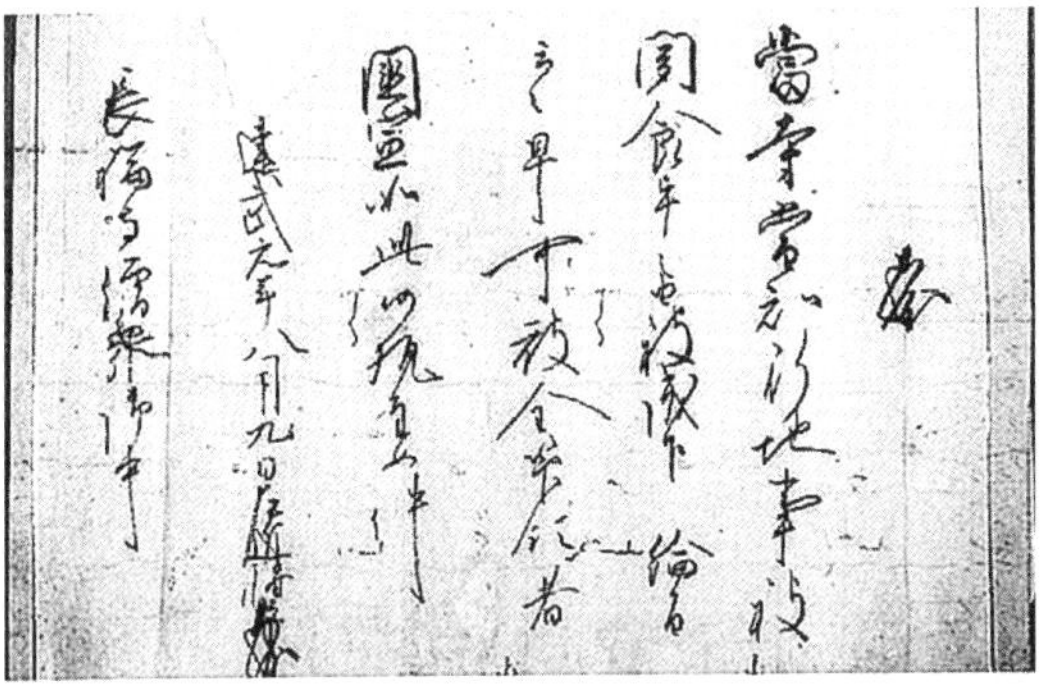

図6　建武1年8月9日　長門国宣（「功山寺文書」下関市、下関市立長府博物館）　33.0cm × 49.9cm　山口県環境生活部県史編さん室・写真提供

建武元年八月九日　　左近将監（安清）（花押）

長福寺僧衆御中

右記④~⑦の四点の文書はいずれも長門国宣である。特に④は新出の文書で、内容はすこぶる興味深い。最初に各文書の概要を示しておこう。

まず④は、薭田大進房経弁に長門国八幡宮領内窪井田以下恒富名内田畠等を安堵することを経弁に下知せよとの長門国主の意思を対馬左衛門尉・越前法橋房に伝えるものである。⑤は、長門国主が同国松岳寺院主賢円が訴える同国厚保前地頭尚種・政忠等による寺領濫妨について、前国司の下知のように「守護方相共に」この濫妨を排除せよと越前法橋房に命じたもの。⑥は、長門国主が同国二宮神事料内国衙下行物等のことに関して大宮司に下知せよと越前法橋房に命じたもの。そして⑦は、長門国主が同国長福寺（現、功山寺）僧衆にあてて、後醍醐天皇綸旨を承けて、同寺当知行地を安堵したものである。

国宣の奉者はいずれも「左近将監（安清）」となっており、この人物は国主の家司クラスの者と考えられる。また宛所についてみると、「越前法橋御房」は長門国目代と目される。延慶三年（一三一〇）段階で長門国目代が「浄恵法眼」という名の僧侶[25]だったこともここで想起されよう。④で「越前法橋御房」と並んでいる「対馬左衛門尉」も同クラスの在地の有力者と思われる。

四点とも建武元年（一三三四）の文書であるが、書式において⑤だけ他の三点と比べて相違する点が認められる。まず年次の記載であるが、⑤だけにこれがない。次に差出書であるが、⑤には「左近将監」という官名に実名「安清」が付いている反面、花押が据えられていない。さらに本文についてみると、他では「国宣如此」の文言が使用されているのに、⑤では「国宣所候也」となっている。こうした相違をもたらした理由は明確ではないが、発給の際の礼式の上で何らかの差異があったものとみられる。

行論上、もっとも肝心なのは袖判の主、つまり当時の長門国主は誰かということである。四点の国宣の袖判の形状が同一であることは、本章末尾に掲載した図版によって確認される。要するに、この花押の主が、少なくとも建武元年二〜八月の約半年間、長門国主であったということは事実である。

結論的に言って、この国主の名は現段階では、明らかにすることはできない。しかし、ある程度の推測は可能である。まず④〜⑦の袖判の形状は、先にみた③の袖判に比較的近い。そうみることができるならば、当該花押も勧修寺流の吉田一門の誰かに想定できそうである。つまり、前段からのつながりでいうと、③の袖判の主と考えられる中御門経季は建武元年に入って同門の別人と長門国主を交替したのではあるまいか。しかし、「輔大納言」（万里小路宣房と推定）は依然として、経季の代と同様の係わりを長門国に対して持ち続けたことも考えられる。[26]この袖判の人物がいつまで長門国主であったか不明である。現時点では前述のように、建武元年八月までしか確認できない。

一方、②にみるように、建武元年五月には厚東武実（崇西）が長門国守護として入部している（補任は同年三月以前）。それまで国主（国司）・守護兼帯であった「輔大納言」は、厚東武実の補任以降守護としての職務から解放されたものと考えられる。

では、中御門経季のその後について一言しておこう。ここでも結論的にいうと、経季は安芸国主に転じたものと思われる。『熊谷家文書』に建武元年七月の安芸国宣が三点収められており、[27]このうち同年七月二二日付と同年七月二六日付の二点は正文であるので、袖判の形状を確認することが可能である。[28]この袖判は、奉者が「前豊後守忠量」であることからみて、前述の③の袖判と同一であると考えてよい。つまり、③④との関連でいうと、元弘三年七月まで長門国主としての足跡を残す中御門経季は遅くとも建武元年二月には長門国主を去り、同年七月の時点ではすでに安芸国主として姿をあらわすのである。[29]長門国の場合と同様に、経季の背後に万里小路宣房の存在の可能性を完全に否定することはできまい。この中御門経季の動向については、吉原弘道氏の教示に負う。

四　長門国と勧修寺流藤原氏

最後にまとめよう。長門国主のポストは文保二年（一三一八）二月の第二次後宇多院政開始以降、少なくとも建武元年（一三三四）八月までの一六年余りの期間、勧修寺流吉田一門の手中にあったとみられる。最初吉田定房がこのポストを獲得し、鎌倉幕府滅亡まで在任したらしい。続いて建武政権が樹立されると、「輔大納言」と呼ばれた一門の万里小路宣房が長門国主に就くが、実際の国主の仕事は一門の中御門経季によって果たされたと考えられる。

中御門経季の長門国主としての足跡は元弘三年（一三三三）を中心とし、翌建武元年（一三三四）には安芸国主に転出したものらしい。長門国主の仕事は、建武元年二〜八月の長門国宣に袖判をとどめる別の一門公家に受け継がれたものと思われるが、国主「輔大納言」万里小路宣房の名目上のかかわりは依然として続いたものと思われる。建武二年以降の長門国主の沿革は、関係史料がみつからず、現時点では不明というしかない。今後の課題である。

注

（1）　遠藤基郎「鎌倉後期の知行国制」（「国史談話会雑誌」32、一九九一年九月）、上島享「国司制度の変遷と知行国制の形成」（『日本国家の史的特質　古代・中世』思文閣出版、一九九七年五月）、黒川高明「知行国充行に関する文書二題」（『日本歴史』五八九、一九九七年六月）、白川哲郎「鎌倉後期の国衙・知行国主・幕府」（『古代

中世の社会と国家』清文堂、一九九八年一二月）など。
（2）筆者は、以前、南北朝期の知行国主の任免に関する史料所見を整理したことがある。拙著『南北朝期公武関係史の研究』（文献出版、一九八四年六月）一三三五―一三三六頁。
（3）史料纂集『花園天皇宸記　第二』一五二頁。
（4）拙著『鎌倉時代の朝幕関係』（思文閣出版、一九九一年六月）九九―一〇三頁参照。
（5）古くは藤本健「建武中興に於ける国司及守護の研究」（『日本史学』八、一九四三年四月）、菊池武雄「建武政府国司守護表」（『日本史料集成』平凡社、一九五六年一月、一九五―二〇二頁）があったが、近年になって、吉井功兒『建武政権期の国司と守護』（近代文藝社、一九九三年八月）が出て、建武政権期の国司と守護任免の実態が総合的に明らかにされた。
（6）『下関市史　資料編Ⅴ』（下関市、一九九一年三月）四六九―四七〇頁。
（7）拙稿「鎌倉末期・建武新政期の長門国分寺」（『山口県史研究』2、一九九四年三月）二七・三八頁。小著『後醍醐天皇』（中央公論新社、二〇〇〇年二月）一〇三頁。また前者において、後宇多院政開始に伴い日野俊光と替わった「吉田前中納言」を吉田定資とみなしたが、これは吉田定房と訂正したい。文保二年段階で定房も「前中納言」であり、『花園天皇宸記』正慶元年（一三三二）一一月一一日条の記載「長門国定房卿」は明らかに吉田定房の同国主在任を証している。この間継続して定房が同国主であったと考える方が自然であるからである。なお小著『後醍醐天皇』においてはそのように訂正した（同書、一〇九頁）。
（8）史料纂集『花園天皇宸記　第三』二九八頁。
（9）『山口県史　史料編　中世1』六〇二頁
（10）『鎌倉遺文』第四一巻、三二四二四号文書。東京大学史料編纂所の影写本では「根津嘉一郎氏所蔵文書　三」に収録されている。なお本文中で後述するように、この国宣の袖判と同じ花押が、「熊谷家文書」所収の、（建武元年）七月二二日安芸国宣、（同年）七月二六日安芸国宣にも見られ（埼玉県史料集　第三集『熊谷家文書』埼玉県立図書館、一九七〇年二月、一一三―一一四頁）、奉者はいずれも「前豊後守忠量」となっている。『鎌倉遺文』では奉者を「前豊後守忠遠」とするが、写真版をみると「忠量」が正しいと思われるので、上掲史料では「忠量」と記した。

一方、東京大学史料編纂所の影写本「古文書纂　四」（原本は京都大学所蔵）所収の元弘三年七月三〇日長門国宣は、右述の「根津嘉一郎氏所蔵文書」の同日付長門国宣と全く同じもので、「古文書纂」所収の写の原本がもともと根津氏の所蔵であったことは疑いない。当該文書は、京都大学影写本では「古文書纂　八」に収められている。

なお本文書の所蔵については、『鎌倉遺文』では「根津美術館所蔵文書」となっているので、東京都港区南青山の根津美術館にうかがったところ、同館学芸部安田治樹氏の御返事では、現在同館に本文書は所蔵されていないとのことである（平成一三年一〇月一四日付書簡）。このことを御教示下さった安田氏に謝意を表したい。

(11)「鎌倉年代記裏書」元徳三年四月二九日条（『増補　続史料大成51』六四頁）。

(12)『花園天皇宸記』元弘元年一二月二八日条裏書。鎌倉幕府は「吉田《（定房）》一品事、為累家之仁、可被召仕歟云々」「因幡・越前・長門等事、追可言上云々」などと光厳朝に返事している。

(13) 小川信『中世都市「府中」の展開』（思文閣出版、二〇〇一年五月）三一二―三一三頁参照。初出は「中世の長門府中と守護館・守護代所」（『国史学』一二七、一九八五年一〇月）。

(14)「太宰府天満宮文書」に、天満宮安楽寺領筑後国三毛南北郷書生職を大鳥居法眼に安堵する内容の、元弘三年一〇月二〇日輔大納言家御教書が収まっており（『大宰府・太宰府天満宮史料　巻一〇』四五七―四五八頁。『鎌倉遺文』四二巻、三二六三二号文書）、その中に「輔大納言殿御気色所候也」との文言が認められる。吉井功兒は、これによって「輔大納言」を筑後国主とみている（同『建武政権期の国司と守護』一九九三年八月、近代文藝社、一九七頁）。他方、「輔」の個所を「帥」と読んで「帥大納言」と解し、大宰権帥二条師基をあてる根拠とするむきもあろうが、文字のくずしから「帥」と読むのは難かしかろう。『鎌倉遺文』では「権」に作るが、これは誤り。

(15) 注（13）小川著書三一二頁。

(16)『日本史料集成』二〇〇頁。

(17) 佐藤『日本の歴史9　南北朝の動乱』（中央公論社、一九六五年一〇月）三三頁の「新国司人事」表。

(18) 注（13）小川著書二七四―二七五頁。小川は、「長門国守護職次第」が「輔大納言」を守護とするのは国務の誤りではないかとされる。

(19) 同「花押」一覧での番号でいうと、万里小路宣房の花押の実例は一一五七・一一五八の両番、また二条師基のそれは一一二八番である。

(20) 同右、一一一六番。③と同じ文書が「古文書纂　四」にも収められていることを注(10)で触れた。③の袖判と「古文書纂　四」収録文書の袖判とは本来同一でなければならない。しかし、筆者が影写本を実見した限りでは(平成一四年二月一四日於東京大学史料編纂所)、両者の書き順(筆の運び)は微妙に違っており、『国史大辞典3』所収の花押はどちらかといえば「古文書纂　四」のそれに近いように思われる。

(21) 本文書は、現在、柳川古文書館(柳川市隅町七一―二)に寄託されているもので、所蔵者古賀一夫氏による収集文書である。法量は、縦三〇・三センチ、横四八・六センチ。原本を検するに、真偽についての問題はないが、年次記載の「元年」の部分は上からなぞった形跡がみとめられる。元年であることにも問題はない。
　筆者は、平成一三年一一月四日にこの文書原本を閲覧させて頂いた。そのさい、同館学芸員田渕義樹氏の手を煩わせた。また中野等・吉原弘道両氏の好意がなかったら、おそらくその存在さえ知り得なかったであろう。文書の所蔵者に対してはむろんのこと、これらの方々に謝意を表したい。

(22) 『防長寺社由来　四』五一八頁。『南北朝遺文　中国・四国編　第一巻』二二号文書。

(23) 『忌宮神社文書』五八頁。『南北朝遺文　中国・四国編　第一巻』四〇号文書。ともに奉者「左近将監」を北条時益に比定するが、これは誤り。

(24) 『南北朝遺文　中国・四国編　第一巻』五八号文書。

(25) 注(6)『下関市史　資料編V』四七七―四七八頁所掲、長門国々分寺住持沙門良顕申状。小著『後醍醐天皇』一〇三頁参照。

(26) 伯耆よりの「詔命」によって元弘三年五月一七日大納言に復任した万里小路宣房は、翌建武元年七月九日には大納言を辞し、従一位に叙された。さらに翌建武二年四月七日に還任、同年七月辞任。同三年正月に出家している(『公卿補任　二』)。

(27) 『南北朝遺文　中国・四国編　第一巻』三九号(写)、四九号(正文)、五一号(正文)の全三点。『大日本古文書』の熊谷家文書にも収録される。なお『南北朝遺文』はこの袖判を中御門宣明かとする(四九号)。

(28) 埼玉県史料集　第三集『熊谷家文書』(埼玉県立図書館、一九七〇年二月)一一三―一一四頁。

（29）筆者は以前、建武元年七月日熊谷直経申状幷具書案（注（28）史料集一一〇頁）の紙継目裏に据えられた花押を中御門宣明とみなし、同時期の安芸国司を中御門宣明と考えたことがあった（拙著『南北朝期公武関係史の研究』文献出版、一九八四年六月、九〇頁。初出は「建武政権の法制」「史淵」一一六、一九七九年三月）。この花押は、『国史大辞典3』（吉川弘文館、一九八二年一二月）「花押」一覧に一一一七―一一二〇番として掲載されている中御門宣明の花押に一見似てはいる。しかし、この紙継目裏花押は『大日本古文書　熊谷家文書 三浦家文書 平賀家文書』七四頁に掲載されており、その形状は注（10）（28）の安芸国宣の袖判と同一である。よって本章では、安芸国主（国司）をしばらく新たに中御門経季と考えておくことにしたい。この花押の類似は同門であることによろう。

付記一　六点の図版の掲載にあたっては、各所に掲載のための許可を頂き、また山口県環境生活部県史編さん室から写真三点の提供を受けた。関係の各位に対し、記して謝意を表する次第である。

付記二　本文中で、元弘三年七月三〇日付、中御門経季の袖判を有する長門国宣を紹介したが、その後、あらたに筑前国関係ではあるが、左記の同人袖判の下文に気づいたので、その本文のみを紹介しておきたい。今後、これを含めた検討が必要となろう。その史料とは、「皇學館大学所蔵文書」に収められた、元弘二年二月日付、中御門経季袖判下文である。

（花押）（中御門経季）
下　筑前国赤馬庄（宗像郡）名主職事、
　　惟宗氏女
右、以人、所被宛行当庄内久吉・
刀祢丸・武丸名主職也、有限御
年貢・御公事等、無懈怠可致
其沙汰者、庄家宜承知、敢勿
違失、故下、
　元弘二年二月　日

（岡野友彦・皇學館大学文学部編『皇學館大学所蔵の中世文書』二〇一七年三月、科研成果報告書）

この文書は、恵良宏「皇學館大学所蔵の中世文書」（『創設十周年記念　皇學館大学史料編纂所論集』皇學館大学史料編纂所編、一九八九年三月、所収）において、「某袖判下文」と命名されて画像とともに紹介された（第四号文書）。その後、「某」が、中御門経季であることが岡野友彦によって比定された。（二〇二四・六・一七）

第四章　建武政権と九州

はじめに

建武政権の成立が九州中世史の展開の上にいかなる意義を持ったか、これが本章の主題である。九州中世史研究の現状をみれば、荘園の構造や対外関係史をはじめ、鎌倉幕府体制の形成・確立に伴う諸事象、九州ブロックにおいて幕府体制を支えた御家人と守護の制度、鎌倉後期の歴史過程の方向を決定付けた蒙古襲来とその政治・社会的影響などが鎌倉期研究の主要部分を占め、これに続いて南北朝内乱と領国制の形成過程に照準をあてた研究が蓄積している。しかし鎌倉後期と南北朝初期とを結ぶ建武期の研究成果は皆無に等しい(1)。本章で建武政権と九州との関係をとりあげるのは、短期間ながらもこの空白部に照明をあてることによって建武期の歴史的位置付けを行いたいからである。

一　鎮西探題の滅亡

鎌倉幕府の倒壊劇は元弘三年五月七日の六波羅探題陥落、同二二日の鎌倉瓦解を経て同二五日の鎮西探題滅亡をもって幕切れとなる。『太平記』巻第一一がこの様子を「六十余州悉符ヲ合タル如ク、同時ニ軍起テ、纔ニ四十三日ノ中ニ皆滅ビヌル業ノ程コソ不思議ナレ」と描くように、約一五〇年間の長期に亘り不動の地位を築き上げた幕府にしてみれば、この東西相呼応した終末劇は、一朝にしての倒壊の感を免れない。このことは、鎌倉最末期の政治状況が極めて緊迫した空気に包まれ、その中で全国規模での倒幕エネルギーが一挙に燃焼したことを示していよう。京都・鎌倉の異変はたちまちに九州へ波及した。鎮西探題の倒壊過程を窺うために、まず九州における軍事史の展開の仕方を段階的にみておこう。

(一) 正中の変と九州

京都における討幕運動はまず元亨四年九月の正中の変(2)で表面化する。計画を事前に察知した六波羅探題が日野資朝・同俊基を捕え、土岐頼員・多治見国長を誅戮したのが九月一九日のことである。幕府が「朝憲ニ憚テ御沙汰緩カリシニ依テ」(『太平記』巻第二)、処分はおおむね穏便であった。後醍醐天皇の寵臣・日野資朝は「関東執政不可然、又運已似衰、朝威太盛、豈可敵乎、仍可被誅」なる綸言を承け、これにもとづいて軍勢をあつめたが、帝は「主上頗令迷惑給」(3)とこの件との連累を否定、重臣・万里小路宣房を陳謝勅使として東下させること(4)で一件は落着したのであるが、幕府側も対抗措置を怠ってはいない。京都朝廷の動向を重大視した幕府は六波羅南方探題大仏維貞の後任に金沢貞顕の子貞将を任命、貞将は正中元年一一月一六日「超過于先例」した五千騎許の軍勢を率いて上洛(5)、厳戒態勢をとった。

一方、鎮西探題を中核にして幕府の地方統治体制に包摂されていた九州の在地御家人層はこの異変にいかなる対応をみせたか。軍事関係の残存史料を整理しよう（表1）。

まず、「京都御事」「禁裏御事」の言葉で表現された正中の変勃発の情報はいかなる経路を通して九州へ到達したか。元亨四年九月一九日の政変の報はまず六波羅から関東に伝達された。4の着到状に「依　禁裏御事、就去九月廿三日関東御教書・同御事書」いて馳参し着到に入ったと述べられていることから推測すれば、政変の報に

表1　元亨四年の探題館着到

	年月日	文書名	内容	備考	出典
1	元亨4・10・18	深堀政綱着到状	肥前国戸町浦内高浜地頭深堀弥五郎政綱、京都御事により今月八日探題館に馳参す、	探題北条英時の証判あり	深堀家文書
2	元亨4・10・18	藤原高継着到状	肥前国御家人青方八郎高継、関東早馬の事により、今月十五日馳参す、	〃	青方文書
3	元亨4・10・19	都甲妙仏惟遠着到状	豊後国御家人都甲妙仏、博多に参着す、	〃	都甲文書
4	元亨4・10・20	武雄社大宮司藤原頼門代藤原安門着到状	肥前国御家人兼武雄大宮司藤原頼門の代官安門、馳参す、	〃	武雄神社文書
5	元亨4・10・20	大蔵家久着到状	薩摩国市来院河上家久、関東早馬の事により馳参す、	〃	薩藩旧記
6	元亨4・10・21	平忠種着到状	薩摩国御家人延時忠種、関東早打下着の間、馳参す、	〃	延時文書
7	元亨4・10・21	橘政泰着到状	薩摩国邪答院一分地頭斑目政泰、子息政行と共に、馳参す、	〃	斑目文書
8	元亨4・10・21	僧慶恵着到状	薩摩国御家人宮里郷一分領主智門房慶恵、着到す、	〃	有馬家文書
9	元亨4・10・25	大河幸蓮着到状	肥前国御家人大河幸蓮、関東早馬により博多に参着す、	〃	大川文書
10		安富氏重書目録	「一〻(通)就京都御事、令参対由被聞召御外題」とあり、		深江家文書
11	元亨4・11・10	島津貞久書下	島津貞久、比志島忠範の参津を証す、		比志島文書
12	元亨4・11・10	島津貞久書下	島津貞久、新田宮権執印良暹代官子息俊正の参津を証す、		薩藩旧記

接した鎌倉幕府は変後四日目の九月二三日に鎮西に向けて「関東御教書・同御事書」を発し、これを関東から持参した急使（関東早馬、関東早打）の鎮西到着が一〇月五日であったことが知られる。使者の到着時と所要時間についてみれば、肥前（9）と薩摩（6・8）に同日到達、しかも平忠種へは五日亥の刻（午後一〇時頃）に伝達されていること、また使者が京都─鎌倉間を四日間、鎌倉─薩摩間を一一日間で急行（当時鎌倉から京都に派遣される東使の事例によれば、片道七日程かかるのが普通）したことを考慮すれば、幕府の対応が極めて敏速であったことを知り得る。

現存史料による限り、軍士の博多参集は一〇月八日─同月末にかけてなされたとみてよいが、地域の上からみれば、肥前五、薩摩六、豊後一と偏在している。肥前の事例が多いのは当国が探題兼補の守護管国であったことによろうが、薩摩（守護＝島津貞久）、豊後（守護＝大友貞宗）に至ってはその理由が判然としない（7・8の二通には、「当参之間」「為当参」の文言がみられ、薩摩国御家人橘政泰・僧慶恵は何らかの事情、例えば軍役勤仕や訴訟などのために在津していたものであろう）。現存する着到状は以上のように三ケ国分にすぎないが、実際には九州全域から召集された軍士が博多に集結したと思われる。

ここで、この臨戦措置に対する探題府の主帥北条英時の立場について着目せねばならない。鎮西統治機関としての鎮西探題は蒙古襲来を契機に創設され、九州管内の所務沙汰所轄権を確立したが、鎌倉末期には、その運営の上に関東の介入が目立ってくることから窺われるように、得宗専制の深化は、探題がその一分枝たる以上に逸脱することを警戒・抑止した。先にみた博多参集の指令は関東から直接的に在地武士に対してなされ、探題英時はこれにかかわっておらず、着到状に証判を加えているにすぎない。鎌倉期の鎮西探題の軍事指揮権は、社会状勢を反映して顕在化していない。

この権限は幕府の専掌するところであったと思われる。一方南北朝期の鎮西管領は逆に軍事指揮権をその中核としている。(6)従って英時の証判行為は採題の全史からみた時、軍事指揮権のはしりと理解できよう。

いま一つ、11・12に掲出した島津貞久書下について。この二通はいずれも守護管国内の軍士の参津を証するという内容であるが、島津氏の被官掌握、更には領国制への傾斜を示唆する格好の史料である。

（二）元弘の乱と九州

正中の変の七年後の元徳三年四月、二度目の討幕計画が発覚、五月に入って得宗北条高時は被官長崎高貞・南条高直(7)を京都に派遣し、日野俊基・文観・円観らを捕えた。(8)続いて八月密議の主謀者後醍醐天皇はにわかに神器を奉じて南都へ行幸、いわゆる元弘の変である。(9)この事件は正中の変との脈絡を有していようが、鎌倉幕府の支配体制の矛盾を相乗的に激化させ、幕府の倒壊を結果した点にその歴史的特質がある。二年間に亘るこの乱の進展過程を段階的にとらえるならば、討幕の主導者後醍醐天皇の置かれた立場を指標にして、次の三期に分けることができよう。

第一期（発覚元徳三年四月～拘禁元弘元年九月）

この期の関係史料は管見の限り表2のとおりである。まず1が守護代あてとなっていることから、これを施行した2の発給者平某は鎮西探題の守護管国肥前の守護代であること、3の施行状に対応する同日付の鎮西御教書が存在したことが判明する。関東祈禱命令の実例は以上のように肥前武雄社と豊後柞原社の分しか残存しないけれども、同様のことを内容とする鎮西御教書は九州各地の有力神社に対して広く発給されたと推測される。1～3では実際の軍事行動ではなく、宗教的範疇での奉公＝祈禱の要請にとどまっている。

次に4～12にみる軍士の博多集結は、八月～九月にかけての後醍醐天皇の帝都脱出、拘禁に伴う政治・軍事

表2　九州における元弘の変

	年月日	文書名	内容	備考	出典
1	元弘1・9・4	鎮西御教書	北条英時、京都騒乱により、肥前国武雄社をして関東祈禱を致さしむ、	守護代あて	武雄神社文書
2	元弘1・9・9	肥前国守護代平某施行状	右を施行	武雄大宮司あて	武雄神社文書
3	元弘1・9・9	豊後国守護大友貞宗施行状	京都騒乱により、豊後柞原八幡宮に関東祈禱を致すべきの、同日付鎮西御教書を施行す、	同宮主御房あて	柞原八幡宮文書
4	元徳3・10・17	宇佐諸利着到状	京都御事により、豊前国稲男・稲富両名惣領主屋形宗智子息諸利、探題館へ着到す、	北条英時の証判あり、	屋形文書
5	元徳3・10・17	宇佐諸利着到状	京都騒動により、関東・六波羅御教書到来する間、宇佐諸利着到す、	〃	時枝文書
6	元徳3・10・17	紀俊正着到状	薩摩国御家人宮里郷一分領主権執印良暹子息俊正、着到す、	〃	新田神社文書
7	元徳3・10・19	河上導乗着到状	薩摩国市来院河上導乗、着到す、	〃	薩藩旧記
8	元徳3・10・19	上原尚友着到状	薩摩国御家人日置一方領主上原尚友、着到す、	〃	薩藩旧記
9	元徳3・10・19	橘行恵着到状	薩摩国一分地頭邪答院斑目行恵、着到す、	〃	斑目文書
10	元徳3・10・20	建部別当丸着到状	大隅国御家人禰寝清種子息別当丸、着到す、	〃	禰寝文書
11	元徳3・10・23	斑島納着到状	肥前国松浦庄斑島納、着到す、	〃	斑島文書
12	元徳3・10・29	薩摩国守護代酒匂本性書下	薩摩国比志島義範の馳参を公方に挙申す、	比志島彦太郎（義範）あて	比志島文書

的緊迫の高まりに対応している。従ってこれらの史料は第一期に含めて論じてよい。国別に整理すれば、薩摩五、豊前二、肥前・大隅各一となる。いずれも一〇月に集中していること、年号が元弘から元徳へ逆戻りしていることが注意される。

ではこの集結命令はどこから発せられたか。5に掲出した次の史料によってそのことを知ることができる。

依京都騒動、関東・六波羅御教書到来之間、豊前国御家人屋形三郎入道宗智子息又五郎諸利、則馳参、令付御著到候、以此旨可有御披露候、恐惶謹言、

元徳三年十月十七日　宇佐諸利上

進上　御奉行所

（証判）「承了（北条英時）（花押影）」

（「時枝文書」）

宇佐諸利は「関東・六波羅御教書」に応じている。他の将士への誘引も同様の形でなされたであろう。「関東・六波羅御教書」の意味するところはおそらく関東御教書并六波羅御施行だと解される。(10) つまり、博多へ参集し探題府を警備せよという関東の指令は六波羅の施行を経て九州の将士に伝達されたと考えられる。鎮西探題北条英時は着到状証判を残してはいるものの、積極的な軍事指揮権をふるっていない。

今一つ次のことを指摘しよう。12は薩摩国御家人比志島義範の馳参を守護代が「公方」に対して注進したものであるが、この場合「公方」とは鎮西探題を指そう（川添昭二氏の御教示による）。

第二期（拘禁元弘元年一〇月～脱出正慶二年閏二月）

この時期は後醍醐天皇の六波羅拘禁、隠岐配流の期間である。帝の隠岐遷幸中の討幕運動は護良親王によって継続され、赤坂に拠った楠木正成と連繋し、畿内近国の悪党的土豪層を組織する形で展開した。両人に対する幕府側の苦慮は正慶元年一二月、追捕のために得宗被官尾藤弾正左衛門尉資広が上洛したこと、(11) 両人を誅伐した者にはその身分を問わず、近江国麻生庄・丹（マヽ）後国船井庄を給付するという関東事書を発した点に明瞭であろう(12)（護良についてみれば、前回の「可奉捕」が「須奉誅罰」に書きかえられている）。

護良親王の討幕構想は畿内周辺のみにとどまるものではなく、「太山寺文書」元弘三年二月二一日大塔宮護良親王

令旨に「且為加征伐、且為奉成　還幸、所被召集西海道十五箇国内群（軍）勢也」と記されているように、広い視野に立つものであった。いま鎮西に向けて発せられた二通の令旨を引用する。

①為追討東夷、所被召軍勢也、早相率勇健之士馳参、可致合戦之忠節、於勲功者、可被宛行牛屎院地頭職也
者、大塔宮親王令旨如此、仍執達如件、
元弘三年二月六日　左少将隆貞（四条）(13)奉
牛屎郡司入道舘(14)

②高時法師一族凶徒等過分之余、奉軽　朝威之条、太以奇恠、仍所被加征伐也、早追討英時（北条）・師頼（桜田）以下之輩、
可馳参者、二品親王令旨如此、仍状如件、
元弘三年二月七日　左少将隆□（貞カ）
原田大夫種直跡（種昭）人々中(15)

地域の上からみれば①は薩摩、②は筑後に属する。護良によるこの種の軍勢催促は二氏に限られたのか否か、その範囲が判然としない。牛屎氏は系譜によれば、先祖薩摩四郎元衡が京都より薩摩へ下り牛屎院郡司職に補され牛屎を家号とした(16)。家蔵文書から察してさほど有力な在地領主とはいえない牛屎氏に対して「於勲功者、可被宛行牛屎院地頭職也」はこの上もなく魅力的な誘い文句であったろう。一方、三原（原田）氏もまた種直以降、鎌倉体制下で雌伏を余儀なくされた大蔵氏の末裔である。つまり牛屎・三原両氏がめざす領主制の維持・拡大の志向は幕府体制の動揺・崩壊によって実現されるべき性質のものであった。その意味で、いちはやく二氏にもたらされた軍勢催促の令旨はたとえ単発的であったにせよ時宜にかなっていたのである。

また菊池氏に対しては、弘和四年七月菊池武朝申状に、

後醍醐天皇御時、元弘三年春、曾祖父武時入道寂阿忝奉勅詔、同三月十三日打入凶徒平英時之陣(17)、

と記されていることから、この時同趣旨の令旨が菊池氏にももたらされたことが想定されている。[18] この点については首肯できる。しかし『太平記』に拠って、これ以前に天皇からの討幕命令が出ており、菊池武時・阿蘇惟直の挙兵はその勅詔によったと説くむきがあるが、[19] むしろ直接的には護良親王令旨を奉ずる形でなされたとみる方が実態に即している。[21]

建武政権を誕生させた討幕運動の組織化は、九州規模でみた場合護良親王によってその先鞭が付けられたといえよう。この時点に開始された護良の九州の軍事情勢へのかかわりは、軍士の着到状への証判行為を通して以降も継続している（このことについては後述）。

第三期（再挙 正慶二年三月～探題滅亡 同五月）

後醍醐天皇は護良・楠木正成・赤松則村らの奮戦に支えられて正慶二年閏二月二八日隠岐を脱出、名和長年に奉戴されて伯耆船上山に本拠を構え、幕府討伐の大号令を発した。第三期は「博多合戦」へと終結する、元弘の乱の最終場面である。

京都東福寺の僧良覚が書き残した「博多日記」は第三期前半の政治・軍事状況を活写した一等史料である。正慶二年三月一一日より同四月七日に至る二六日分が現存する。記事の特徴は次の二点に要約できよう。

(一)鎮西探題滅亡までの全過程からみれば、前半部に相当する時期の記事であり、探題の権勢はいまだ保たれている。

(二)内容では元弘一統後、楠木正成が「忠厚尤為第一歟」[22]と激賞した菊池武時の探題攻めの奮戦をハイライトとして、山陰方面から除々に勢力圏を拡大してゆく後醍醐天皇軍の様子、長門探題と鎮西探題との軍事的関係、鎮西探題の管内情勢への対処の仕方を実によく描き出している。

表3　「博多日記」の登場人物

区分		登場人物
探題派	北条一門・被官	北条英時（鎮西探題）（匠作） 糸田貞義（豊前守護） 桜田師頼（大隅守護） 規矩高政（肥後守護） 乙隈㉓ 武蔵四郎㉔ 下広田久義㉕ 饗場兵庫允㉖ 周防政国㉗ 弾正次郎兵衛尉（藤原光政）㉘
探題派	守護級武士	少弐貞経（筑前守護） 大友貞宗（豊後守護） 日田肥前権守入道㉙
探題派	武士	〈筑前〉 宗像大宮司（氏俊） 〈筑後?〉 竹井孫七、同舎弟孫八㉚ 〈豊前〉 宇佐・築城・上津妻毛・下津毛ノ四郡人々 〈肥前〉
反探題派	筑後	清水又大郎入道父子三人幷若党二人㉝ 赤自弥次郎
反探題派	肥前	平戸峰藤五（定・貞） 江串三郎入道 江串甥砥上四郎 江串入道子息三郎 弥次刑部房明慶 明慶子息又五郎・六郎七郎 明慶嫡子安芸殿幷舎弟二人 明慶甥円林房 明慶甥了本房
反探題派	肥後	菊池武時 菊池武重 菊池頼隆 菊池覚勝 菊池加江入道 菊池若党宮崎大郎兵衛入道 阿蘇惟直
反探題派	薩摩	大隅式部小三郎㉞ 野辺八郎

行論の都合上、「博多日記」における登場人物をその動向に即して探題派・反探題派に分類したうえで（表3）、戦乱の経過に従い、軍事動員の状況をみよう。菊池合戦では北条一門武蔵四郎（鎮西評定衆・引付衆）が鎮定軍の中心的役割を果している。豊前守護糸田貞義は残党追捕を行ったが、少弐・大友に至ってはさほど積極的な行動をとっていない。合戦終了後、一味の阿蘇氏討伐に赴いたのも肥後守護規矩高政と配下の同国御家人であった。長門探題援軍の構成内容も大隅守護桜田師頼とその管国御家人、糸田貞義の守護国豊前四郡の御家人、それに北条一門と目される乙隈が主力を占め、日田肥前権守入道と宗像大宮司が付随的に加わったにすぎない。いま一つ、尊良親王を奉じた肥前国彼杵方面の反乱に対してはどうか。この時も探題の守護任国肥前の松浦党を中心とする御家人が発遣されている。以上のことから菊池合戦を嚆矢とする局地的戦乱の鎮定軍の主力は探題を中心とする北条一門及びその配下の御家人とみてよい。このことを少弐・大友の驚くほどの沈着・冷静さ（島津貞久に至っては当初から

	安富左近将監(31)		野辺八郎親父六郎左衛門尉(35)
	多久大郎		渋谷大郎左衛門尉
	高木伯耆大郎(32)		
	佐志二郎		
	値賀二郎		
	波多源太		
	松浦党		
	大村永岡三郎入道		
	〈肥後〉		
	肥後国地頭御家人		
	〈日向〉		
	柴原・桑原		
	〈大隅〉		
	大隅国御家人		
	〈不明〉		
	武田八郎		

探題軍に加わっていないと思われる）と比較するとき、北条一門の強硬路線を見限り、新たな発展の方向を模索していた九州三雄の政治的立場をはっきりと認めることができよう。

　次に反乱を起した側の動きについてみよう。各々時と場を異にした謀反が互いに連繋したか否か不明である。「博多日記」にみる限り、九州において反探題行為をとった者たちを、①菊池・阿蘇、②肥前国彼杵に拠った江串・明慶房一派、③薩摩の大隅式部小三郎・野辺・渋谷、以上三グループに大別できよう。挙兵の理由について推測すれば、幕府体制の桎梏からの脱却（菊池氏は源平合戦・承久の変に際し敗軍に与同したため所領を大幅削減される憂き目にあっており、より直接的には柞原宮領に対する濫妨行為発覚を危惧していた。また阿蘇社は得宗領である）が最大の誘因であったと考えられるが、総じて動乱を自らの領主制的発展のための千載一遇の好機ととらえたためであろう(36)。反乱の素地はこのような場所に限らず、もっと広範な中小武士団の間で醸成されつつあったが、その決起を促す上で、護良親王令旨は重要な役割を果した。後醍醐天皇の九州へのかかわりについて言えば、いまだ政治情勢に対する直接的介入はなされていない。「博多日記」によれば正慶二年三月二〇日、「先帝院宣」（後醍醐天皇綸旨）を九州に持ち運んだ八幡弥四郎宗安（『太平記』は菊池の使とする）が探題によって捕えられた(37)。「院宣六通」の名宛人は、大友（貞宗）・筑州（少弐貞経）・菊池（武時）・平戸（貞カ）・日田・三窪であったというが、これによって後醍醐天皇の九州に向けての討幕構想の基幹部分がある程度うかがわれる。
以上の「博多日記」の軍事記事に対応する文書史料は乏少である。いま掲出する。

①青方覚性申状案

肥前国五嶋青方孫八郎入道（高継）覚性謹言上、

欲謀反人蜂起長州由承及上者、蒙御免馳向彼所、抽《欲》軍忠子細事、

右、謀反人蜂起長州之由、就承□承及之上、五《高》嶋人々大略可罷向之旨、被《所》重申也、適覚性居住于当嶋之上者、同為蒙御免言上如件、

正慶二年三月日(38)

②鎮西御教書幷島津貞久書下案

(a)九州士卒事、宜随分国守護人催促之処、或捨役所、馳向他国、或分遣子息親類由候、有其聞、於如然之輩者、可被処罪科之旨、可被相触薩摩国地頭御家人、至違犯輩者、可被注進交名候、不蒙免許、有帰国之輩云々、不日可被催進也、仍執達如件、

正慶二年四月一日　修理亮（北条英時）御判

島津上総（貞久）入道殿

(b)九州士卒事、随分国守護人之催促、可警固役所之由、御教書如此、然早可被存知其旨也、仍執達如件、

正慶二年四月一日　沙彌（島津貞久）在判

薩摩国地頭御家人御中(39)

③大隅守護桜田師頼軍勢催促状

先帝御事、今年三月十七日関東御教書今月廿六日子刻到来、案文如此、為凶徒等誅伐、相催大隅国地頭御家

人、可発向伯耆国云々、早相具庶子等、可被致軍忠、仍執達如件、

正慶二年四月廿七日　　　前参河守（桜田師頼）（花押）

禰寝弥次郎殿(40)

①は青方覚性が長州謀反人誅伐のために馳参したき旨を言上したものであるが、御免を蒙る相手は肥前守護・探題北条英時であろう。謀反とは「博多日記」にしるされた高津道性や厚東氏の反幕行動を指そう。同日記における松浦党は江串一派の追捕に発遣されたり（正慶2・3・17条、佐志二郎・値賀二郎・波多源太みゆ）、薩摩国大隅式部小三郎・野辺八郎・渋谷大郎左衛門尉の追討に向う（同26条）などの場面にあらわれており、探題との関係は概して密接である。①の「五嶋人々大略可罷向之旨、所重申也」の文言に注目すれば、五島を拠点とする松浦党は上記の佐志、値賀、波多などの一派とは別行動をとったものと推測される。なお南北朝動乱期における松浦党の存在形態を究明した瀬野精一郎は「現実の政治的・軍事的行動の面では全く各家々が主体性を有する別個の行動を示している」ことを指摘した(41)。

②の(a)(b)が同日付であることから薩摩守護島津貞久が在津していたことが知られる。(a)は探題が九州管内諸国の守護を通して、地頭御家人を博多に集め非常事態に処する臨戦態勢をとっていたことを裏付けるもので、薩摩国地頭御家人が担当区域（役所）の警備義務を怠ることを戒めたものである。「博多日記」による島津貞久の政治的立場から推測すれば、(a)を施行した(b)の意味は極めて微妙なものがある。

③は正慶二年三月一三日博多へ到達し、以後長門探題援軍として活躍した大隅守護桜田師頼の施行状（内容は軍勢催促）である。師頼はすでに探題へ赴く際、相当数の管内御家人を率いていたが、ここで管国内に残留した地頭御家人に対し伯耆発向の命令を伝えている。

鎮西探題滅亡の最終場面はこれ以降に属する。当時「博多合戦(42)」「鎮西合戦(43)」と呼ばれた北条英時討伐戦は正慶二年五月二五日のことである。この段階では九州規模で諸国の軍勢が跳梁するため、合戦の様子を鳥瞰する直接史料が急増する。中央戦局における幕府軍の濃厚な敗色はたちまちに鎮西の状勢に影響を与えた。『歴代鎮西要略』（以下『要略』と略す）は探題の最期を次のように伝えている。

> 五月廿二日、太宰少弐妙恵、帥一万向探題城、原田・秋月・三原・草野・味坂・神代・江上・小田・高木・国分・龍造寺・千葉・綾部等郡吏従之、大友入道具鑑帥師五千会之、戸次・臼杵・田原・新開・佐伯・吉弘・竹堀・紀井・長野等従之、幷二軍一万五千、急進討囲探題之城、主客相挑、折鏃穿骨、松浦党・草野・山鹿・宗像等属探題在城、延敵倒戈、卒爾討探題克之、
>
> 同廿五日、探題武蔵修理亮平英時自尽了北條武蔵守久時子也、義時子重時ヨリ五代、一属臣従死者三百四十人也、

『要略』における鎌倉末期の政治・軍事情勢の描写は概して『太平記』をもとにしたと思われるが、上掲記事についてはこれにみえず、おそらく『要略』の編者が自らの手で関係史料を収集した上でしるしたものらしい。しかし、他の正確な史料に照らせば、合戦が五月二五日に行われたこと確実であるから、『要略』がこれを二二日にかけたのは時間的経過を盛り込むための作為であろう（この点『北肥戦史』の記述は正しい）。本書によればおおむね、少弐貞経は筑前・筑後・肥前の、大友貞宗は豊前・豊後の武士を率いたとみてよいが、島津貞久の動向はここでも欠落している点は注意される。「属探題在城」と記されている松浦党・草野・山鹿・宗像各氏は既往の北条氏との関係から、比較的遅くまで探題側にとどまったと思われるが、松浦党・草野・宗像氏には二五日合戦の着到状が残っているし、朝敵与同人の所領没収の方針に立った建武政権が草野・宗像氏に対して知行安堵の綸旨を発している点から考えて、これらの武士も最終場面ではほとんど探題を見限ったのであろう(44)。『太平記』の「只今マデ付順ツル筑紫九箇国ノ兵共モ、恩ヲ忘テ落失セ、名ヲモ惜マデ翻ケル」という表記は、作者の道義的

憤懣を含みつつも、まさに真実を伝えている。この合戦で自刃・討死した「一属臣従（『太平記』には一族郎従とあり）三百四十人」は文字どおり探題北条英時を主帥とあおぐ一門・被官によって占められたであろう。このことは「博多日記」に垣間みた、探題の軍事行動における北条一門の孤立的状況の結末とみてよい。むろん少弐・大友・島津三氏の決起は、六波羅・鎌倉陥落を見きわめたうえでの慎重な行動であった。

二　博多合戦前後

鎮西探題の滅亡後、支配の中軸を失った九州に新たな支配権が形成され始める。その端緒は博多合戦への諸権力の介入・かかわりに求められよう。それらはかなり錯綜してはいるが、これをときほぐすことによって九州三雄（少弐・大友・島津）の勢力圏の形成過程、公武の九州への政治工作について考え、建武政権期―南北朝期の九州政治史を一貫してとらえる手がかりとしたい。

（一）関係史料の整理

博多合戦の政治・軍事的意味での余波は、建武元年正月に勃発する規矩高政・糸田貞義の乱によって急激にかき消される。従って本項では元弘三年中に限り、在地系の守護権力、中央系の公武権力各々の行使の実態を究明する。

(イ) 守護

合戦後、守護に補任される少弐貞経（筑前・豊前）、大友貞宗（豊後・肥前・肥後）、島津貞久（日向・大隅・薩摩）、宇都宮冬綱（筑後）の各々について、博多合戦における軍事指揮の実態をみるため関係史料を整理する。

表4　少弐貞経発給文書・証判

〈発給文書〉

	年月日	種類	内容	名宛人の所属国	出典
1	元弘3・6・4	施行状	「令旨元弘三年六月二日高時法師一族等可誅伐事」の施行(45)	肥後	相良家文書
2	元弘3・(7・7カ)	書下	斑島源次の軍忠についての申状を受理す、	肥前	斑島文書
3	元弘3・7・10	書下	田口信連の軍忠についての申状を受理す、	豊前	田口文書
4	元弘3・7・24	書下	青方高直の軍忠についての申状を受理す、	肥前	青方文書
5	元弘3・7・27	覆勘状	中村栄永の、尊良親王の宿直（大宰府原山）に勤仕するを証す、	筑前	広瀬文書
6	元弘3・8・30	安堵状	大隈右衛門佐に本領を安堵せしむ、	筑後	大隈文書

〈証判〉

	年月日	文書名	所属国	出典
1	元弘3・6・14	相良頼広着到状（二通）	肥後	相良家文書
2	元弘3・6・14	相良朝氏・祐長連署着到状	肥後	相良家文書
3	元弘3・6・24	中村栄永着到状	筑前	広瀬文書
4	元弘3・6・	宮野教心着到状	筑後	上妻文書
5	元弘3・6・	藤原資定着到状	筑後	近藤文書
6	元弘3・7・19	中村栄永着到状	筑前	広瀬文書
7	元弘3・7・20	草野円心着到状	筑後	草野文書
8	元弘3・7・20	宮野教心着到状	筑後	上妻文書
9	元弘3・7・20	建部清武着到状	大隅	禰寝文書
10	元弘3・7・22	龍造寺善智着到状	肥前	龍造寺文書
11	元弘3・7・27	藤原氏女代幸門着到状	肥前	武雄神社文書
12	元弘3・7・	深堀正綱着到状	肥前	深堀文書
13	元弘3・7・	清原朝通着到状	豊後	福本文書

表5　大友貞宗発給文書・証判
〈発給文書〉

	年月日	種類	内容	名宛人の所属国	出典
1	(元弘3・5・28カ) □	書下	田口信連の軍忠についての申状を受理す、	豊前	田口文書
2	元弘3・6・8	書下	山田宗久の軍忠についての申状を受理す、	薩摩	山田文書
3	元弘3・7・8	書下	三原左衛門太郎入道の軍忠についての申状を受理す、	筑後	三原文書
4	元弘3・7・8	書下	斑島源次の軍忠についての申状を受理す、	肥前	斑島文書
5	元弘3・7・13	書下	安富泰治の軍忠についての申状を受理す、	肥前	深江文書
6	(元弘3)・7・28	書下	揖宿忠篤の軍忠についての申状を受理す、	薩摩	揖宿文書

〈証判〉

	年月日	文書名	所属国	出典
1	元弘3・6・2	宗像土都丸着到状	肥前	宗像文書
2	元弘3・7・22	清原朝通着到状	豊後	保坂潤治氏所蔵文書
3	元弘3・7・28	深堀政綱着到状	肥前	深堀文書
4	元弘3・7・	光岡道円着到状	筑前	中村文書
5	元弘3・7・	建部清武着到状	大隅	禰寝文書
6	元弘3・8・3	武雄大宮司代某着到状	肥前	武雄神社文書

表6　島津貞久発給文書・証判
〈発給文書〉

	年月日	種類	内容	名宛人の所属国	出典
1	元弘3・5・27	書下	揖宿忠篤の軍忠を見知す、	薩摩	揖宿文書
2		外題	元弘3年7月の山田宗久の軍忠を、「以早打之便宜」て注進する旨を報ず、	薩摩	薩藩旧記
3	元弘3・8・10	挙状	二階堂行久の軍功を上申す、	薩摩	二階堂文書

〈証判〉

	年月日	文書名	所属国	出典
1	元弘3・6・	二階堂行久軍忠状	薩摩	二階堂文書
2	元弘3・8・	白浜某軍忠状	薩摩	薩藩旧記

表7　宇都宮高房（冬綱）発給文書

	年月日	種類	内容	名宛人の所属国	出典
1	（元弘3）□・5・28	書下	田口信連の舎弟重貞の手負を見知す、	豊前	田口文書
2	元弘3・6・13	施行状	宮野教心にあてて、五月廿三日綸旨・四月廿七日御教書に任せ軍勢を召す、	筑後	上妻文書

以上の表から次のことがらを導けよう。

㈠少弐貞経は元弘三年六～八月にかけ、肥後武士に対する令旨の施行、筑前武士に対する覆勘状、筑後武士の本領安堵、肥前・豊前武士の提出した申状の受理、さらに筑前・筑後・豊後・肥前・肥後・大隅に亘る広範囲の武士の着到状証判などを行っている。

㈡大友貞宗は元弘三年五～八月にかけ、筑後・豊前・肥前・薩摩の武士が提出した申状を受理し、筑前・豊後・肥前・大隅に亘る武士の着到状に証判を加えている。

㈢島津貞久は元弘三年五～八月にかけ、薩摩武士の軍忠見知、上申、証判を行っている。

㈣宇都宮高房（冬綱）は元弘三年五月、豊前武士の手負を見知し、同六月筑後武士に対し綸旨・御教書を施行し、兵を招いている。(46)

㈤同一人が複数の軍事指揮者に対して申状を提出し、また証判を受けているのは、(47)少弐・大友両氏の九州全域に対する特殊権限による(48)。

（ロ）尊良親王

九州の討幕運動に多大の影響を与えた護良親王の九州への直接的なかかわりは先に掲げた元弘三年二月の令旨にとどまり、代って現地に登場するのが後醍醐天皇の一宮尊良親王である。尊良の来歴について、『系図纂要』第一冊によれば、

元弘元年八月従帝入笠置遷入河内東条城、十月二《（マヽ）》自出就囚、二年三月八《（マヽ）》配流土佐国畑、三年八月帰洛、（下略）

とみえ、笠置落ちとともに土佐国へ配流された経歴を持つ。その後、「博多日記」にみる様に、配流地から九州へ渡り、討幕運動に加担することになる(49)。同親王の土佐脱出及びその後の行動が後醍醐天皇・護良親王のそれと連繋するかははっきりしない。まず関係史料を整理しよう。

尊良は「一品親王自去月《（五月）》廿六日臨幸大宰府原山」（表4　証判3・4）の文言から窺れるように元弘三年五月には大宰府に到着している。一方表8　4～7、「入来院文書」元弘三年八月日渋谷典重申状（本文は後掲）から考えて同八月までの滞在は確実であり、先に掲げた『系図纂要』の記事「三年《（元弘）》八月帰洛」とも合致する。「博多日記」の到着時期を信頼すれば、尊良の九州滞在期間は元弘二年冬(50)～三年八月といえる。

尊良の行使した権限はどうか。令旨二通の存在は尊良の軍事指揮権を示し（大神盛栄が奉者となったいきさつについては後考に待つ）、側近の証判は軍功認定権の存在を意味する（筑前・筑後・肥前に亘る）。ここで問題とされるべきは、尊良の権限の実効性である。彼の政治的位置を明瞭にするためにもこのことを検討せねばならない。次の史料に注目したい。

表8　尊良親王関係史料

〈令旨〉

	年月日	内容	奉者	名宛人の所属国	出典
1	元弘3・6・15	禰寝清武の兵を召す、	大神盛栄	大隅	禰寝文書
2	元弘3・6・16	相良長氏の兵を召す、	大神盛栄	肥後	相良家文書

〈側近(同一人、氏名不詳)の証判〉

	年月日	文書名	所属国	出典
1	元弘3・6・	三原仏見申状	筑後	三原文書
2	元弘3・7・20	藤原光景着到状	肥前	橘中村文書
3	元弘3・7・	樒《しきみ》禅性申状(51)	肥前	姉崎正義氏所蔵文書
4	元弘3・8・	中村栄永申状	筑前	中村文書
5	元弘3・8・	三原種昭申状	筑後	三原文書
6	元弘3・8・	三原覚種申状	筑後	三原文書
7	元弘3・8・	宮野教心申状	筑後	上妻文書

渋谷九郎平典重謹言上、

欲早且依傍例、且任忠功、申賜身暇、令参洛、令言上子細、今年五月廿五日合戦、抽忠勤子細事、

右、合戦之時、於所々戦場、励随分忠勤之条、武藤筑後孫次郎并対馬左近将監具被見知畢、仍雖可令参訴、当所(尊良親王)御下向之間、為令言上事由、参洛于今所令延引也、早依傍例、任忠功、下賜身暇、為令上洛、恐々言上如件、

元弘三年八月日　(52)

(傍線筆者)

この文書は、「今年五月廿五日合戦」(「博多合戦」)での軍功をひっさげ、中央政府からの恩賞に預かろうと上洛

を企てるため、身の暇を賜わらんとした薩摩国渋谷典重申状である。提出先は、差出人の直接的軍事指揮者薩摩守護島津貞久であろうか。まず「当所御下向之間、為令言上事由」の文言は文脈から考えて、重典の上洛・参訴が延引した理由として理解されねばなるまい。つまり、重典は上洛・参訴の準備段階として大宰府へ赴き尊良側近の証判を得たと推測される。樒禅性や中村栄永が現地軍事指揮者少弐貞経・大友貞宗の書下をそえ、「然早預御一行、企参洛為浴恩賞」め尊良に申状を提出した（表8の3・4）のも同様である。また元弘三年七月日橘薩摩聖空軍忠状（「南又祐氏所蔵文書」）は尊良に対して提出されたものと思われるが、ここでは明瞭に「願京都御注進、且欲浴恩賞」と書きしるしている。すでに掲出した元弘三年六〜八月に亘る七点の証判の在地武士に対して持つ意味はここにあったのである。

諸国から恩賞を求めて参訴する軍功の士に対して給付の実質を保証するのは証判者の政治力であることが多かろう。その意味で尊良側近の証判の実効性は尊良自身の政治力にかかるわけである。しかし、証判と対応する恩賞給付の実例は管見の限り見い出せない（この点、後述のように護良側近の証判は恩賞給付の実例を伴う）。九州における尊良はかなり広範囲に亘る組織力を発揮し、軍勢を中央政府につなぎとめる上で一定度の役割を果してはいるが、肝心の恩賞を直接的に引き出すには力不足であった。証判を加えた尊良側近は現在のところ一名のみしか検出できないことも、政治勢力の小規模さをうかがわせる。以下にみるように、九州の軍士が続々と上洛を遂げ護良親王側近の証判を求めたのは、尊良親王の政治的限界を熟知した上で、段階をふんだ恩賞要求の方法をとったからであろう。

いま一つ、尊良親王と少弐貞経との関係について述べておこう。尊良の大宰府滞在中、貞経は同親王と密接な関係をとり結んでいる。

都督（尊良親王）御下向之間、門宿（大宰府原山）直事、一日一夜被勤仕候了、仍執達如件、

元弘三七月廿七日　　　　妙恵（少弐貞経）（花押）

中村孫四郎（栄永）入道殿(53)

この文書は、大宰府原山に滞在した尊良の宿直警固を管内御家人中村栄永が勤仕したことを証する少弐貞経覆勘状である。これは筑前守護としての行為である。また表4の貞経証判1～5によって、筑前・筑後・肥後の将士が原山の尊良のもとに参集し（六月中）、貞経は彼らに証判を与えていることが知られるし、更には尊良親王令旨を施行した形跡もある(54)。貞経の広域に亘る証判は、尊良が筑前の大宰府に拠ったという場所的理由、前代からの特殊権限にもよろう。貞経がいち早く尊良との間にとり結んだ軍事的連携を槓杆にして勢力の増強をはかったと思われる点は注目してよい(55)。

（八）護良親王

護良親王と九州との関係は、先にみた元弘三年二月の令旨をもって始まるが、彼は九州へ下向したわけではない。当該期の関係史料は側近による証判のみである。

表9　護良親王側近の証判(56)

	年月日	文書名	所属国	出典
1	元弘3・7・8	松浦蓮賀軍忠状	肥前	松浦文書
2	元弘3・7・	藤原親章着到状	豊前	松本雅明氏所蔵文書
3	元弘3・7・	山田宗久申状(57)	薩摩	山田文書
4	元弘3・7・	松浦亀鶴丸着到状	肥前	松浦山代文書
5	元弘3・8・	藤原氏女代家秀着到状	筑後	近藤文書
6	元弘3・8・	下総親胤着到状	豊前	門司文書
7	元弘3・10・25	三原種昭着到状	筑後	三原文書
8	元弘3・11・20	志賀寂性着到状	豊後	志賀文書

これらの着到状には「令馳参、在京仕候」などとみえ、証判はいずれも上洛して得られたものである。護良の着到に入った事例は筑後・豊前・豊後・肥前・薩摩に亘っており、おそらく全九州に及んだであろうこと、尊良の着到に入った三原種昭（表8の5）はここでも証判を得ていること、護良側近の証判が恩賞を引き出した実例が存在すること(58)などが注意される。

以上のことから推測すれば、護良は論功行賞のための政府機関＝恩賞方に対してかなり強力な影響力を持ったと思われ、ためにその政治力をたのむ九州武士の間に相当の支持を得たものとみることも可能であろう。周知のとおり護良は建武政権成立後、足利尊氏（本章では一貫して尊字を使用する）との対立を引きおこし、建武元年一〇月武者所の手により捕縛される（『梅松論』・『太平記』）。尊氏の動向については次項でみるが、両人が対立した原因の一端は九州に対する軍事指揮権をめぐる角逐に求められそうである。管見の限り、護良親王の令旨発給(59)は元弘三年一〇月でとまっており、この頃より彼は漸次追いつめられたものと推測される。護良の失脚は公家の系統を引く支配権の、九州からの大幅撤退を意味した。

（二）足利尊氏

建武政権を樹立する重要な柱となった足利尊氏の鎌倉末期の動向を知るための史料は少ない。周知のとおり幕府との訣別は伯耆攻めに向う途中の正慶二年（元弘三）四月であるが、これより先、楠木正成の赤坂攻めが終了した元弘元年一一月頃にはすでに心中ひそかに決するところがあったことが、次の史料によってある程度推測できる。

陸奥守（大仏）貞直明暁下向之由、以西園寺大納言（公宗）申入之、仍被引御馬、足利高氏先日下向、不給馬、非一門之上、不申暇之故也、

（『花園天皇宸記』元弘元・11・5条）

今夕小除目、（中略）源高氏叙従五位上、是関東申之故也、（同右、元弘2・6・8条）

東帰の際、大仏貞直は下向の由を持明院朝廷に申し入れ、馬を賜わったが、尊氏はこれをなさなかった。尊氏が王朝によって「非一門」と認識されている点、得宗専制と後伏見院政体制との関係を示唆して興味深い。尊氏の行動についてうがった見方をすれば、彼の反幕志向はこの頃より顕在化したと思われる。翌年六月関東の計いによって尊氏を従五位上に昇進させた(60)のも慰撫策として理解される事実である。同記における尊氏の所見は以上の二箇所に尽きる。

以上のように考えれば尊氏の幕府離反は突発的行動ではなく、それなりの理由と経緯を持ちあわせたと考えられる。こうして尊氏は建武政権の樹立に大きな役割を果し、政権の中で特異な地位を占めることになる。

当該期の尊氏関係史料を整理しよう。

表10　足利尊氏発給文書・証判
〈発給文書〉

	年月日	種類	内容	名宛人の所属国	出典
1	（元弘3）・4・29	書状	島津貞久をして、勅命により合力せしむ、	薩摩	薩藩旧記
2	（元弘3）・4・29	書状	大友貞宗の与同するを聞き、これを褒す、	豊後	大友文書
3	（元弘3）・4・29	書状	阿蘇惟時をして、勅命により合力せしむ、	肥後	阿蘇文書
4	元弘3・6・10	書状	島津貞久の告ぐる鎮西合戦の静謐を悦び、その注進状を奏聞せるを報ず、	薩摩	薩藩旧記
5	（元弘3）・6・10	書状	大友貞宗の告ぐる鎮西合戦の静謐を悦び、その注進状を奏聞せるを報ず、	豊後	大友文書
6	元弘3・6・13	書下	大友貞宗をして、鎮西の降人・捕虜等を処分せしむ、	豊後	大友文書

〈証判〉

	所属国	年月日	文書名	出典
1	筑前	元弘3・8・18	阿闍梨円海着到状	大悲王院文書
2		元弘3・12・10	青木盛能着到状	窪文書
3	筑後	元弘3・8・5	宮野教心着到状	上妻文書
4	豊前	元弘3・7・29	尾形諸利着到状	西行雑録
5		元弘3・8・3	薬丸有世着到状	宇佐益永文書
6		元弘3・8・10	栗田基貞着到状	宇佐中島文書
7		元弘3・8・13	宇佐盈輔着到状	宇佐益永家証文
8		元弘3・8・21	清原盛清着到状	上杉文書
9		元弘3・8・	下総親胤着到状	門司文書
10	豊後	元弘3・9・11	木付貞重軍忠状	真玉氏系譜
11		元弘3・9・	藤原直致軍忠状	志手文書
12		元弘3・10・25	都甲惟世着到状	都甲文書
13	肥前	元弘3・8・20	深堀時継着到状	深堀文書
14		元弘3・8・	深堀明願着到状	深堀文書
15		元弘3・8・	深堀正綱着到状	深堀文書
16		元弘3・8・	深堀光仲着到状	深堀文書
17		元弘3・8・	松浦亀鶴丸着到状	松浦山代文書
18		元弘3・8・	本告執行季持着到状	高志神社文書
19		元弘3・10・15	武藤経清着到状	横岳家文書
20		元弘3・10・17	青方高直着到状	青方文書
21		元弘3・10・20	龍造寺善智着到状	龍造寺文書
22	肥後	元弘3・7・10	上島惟頼着到状	阿蘇文書
23		元弘3・10・29	相良祐長着到状	相良家文書
24		元弘3・10・29	相良経員着到状	相良家文書
25	日向	元弘3・10・11	草部盛連着到状	郡司文書

26	薩摩	元弘3・7・23	篠原道国着到状	篠原文書
27		元弘3・7・29	萩崎浄窓着到状	薩藩旧記
28		元弘3・8・20	山田宗久着到状	山田文書
29		元弘3・8・23	僧慶寿着到状	有馬家文書
30		「元弘3」・9・25	沙弥静心着到状	山口文書
31	壱岐	元弘3・7・10	吉永定着到状	吉永文書

ひとまずこの表について整理しておこう。

㈠尊氏が直接に九州へ下した六通の文書の内訳は、書状五（「恐々謹言」の書止め）、書下一（「状如件」の書止め）。
内容からみれば、（イ）後醍醐の討幕命令の伝達[61]三、（ロ）注進状を奏聞したことを報知するもの二、（ハ）鎮西の降人・捕虜の処分に関するもの一、と区分される。

㈡宛所には肥後・阿蘇惟時、豊後・大友貞宗、薩摩・島津貞久といった各国のトップクラスの武将がならんでいる。

㈢尊氏の証判は、元弘三年七月〜一二月の間に集中し、ほぼ九州全域に亘っている。

九州の討幕運動を推進する上で大塔宮令旨の役割が大きいことを前述したが、菊池武時の挙兵失敗後、少弐・大友・島津を離反に踏み切らせ、「博多合戦」の勝利を決定的なものにしたのはやはり㈠で分類したうちの（イ）であると言わねばなるまい。（ロ）にみえる注進状の提出先は「奏聞」という文字から推測されるように建武政権の恩賞方であったろう。即ち尊氏は、大友・島津に対して恩賞獲得の仲介をしている。また尊氏証判の残りぐあいは、少弐・大友・島津によるそれを承け継ぐ格好を呈している。

就中（ハ）は尊氏の鎮西に対する支配権と関連させて論じねばならない。ここで想起されるのは先年網野善彦が指摘した、建武政権下の尊氏の地位と権限である。[62]氏の所説の起点は建武政権下で尊氏が疎外されたという定説に対する疑問であるが、論証に使用された次の二史料をみよう。

①後醍醐天皇綸旨（『島津家文書』一）

鎮西警固事、於日向・薩摩両国者、致御沙汰、殊可抽忠節者、天気如此、悉之以状、

九月十日《建武元年》　左衛門権佐《岡崎範国》（花押）

嶋津上総《貞久》入道館

②足利尊氏施行状（同前）

鎮西警固幷日向・薩摩両国事、任　綸旨可致其沙汰之状如件、

建武元年九月十二日（花押《足利尊氏》）

嶋津上総《貞久》入道殿(63)

結論として次のことを指摘した。

㈠この綸旨は文面からみて、鎮西諸国のすべてについて、しかも各国守護宛に発せられたであろうこと。

㈡これを施行した尊氏は鎮西警固を統括する公式の立場に立ち、鎮西軍事指揮権を掌握していたであろうこと。

建武三年鎮西敗走後まで見通された以上の指摘はすこぶる興味深い。これを指針として、尊氏の鎮西における権限の形成過程を当時の政治・軍事状況のなかにみよう。尊氏の発給文書を段階的に示せば、（イ）↓（ロ）↓（ハ）の順となりこの後に施行状②が位置する。問題は網野の言う鎮西軍事指揮権がどの時点で獲得されたかにある。この点、氏は明確な指摘をしていない。しかし「すでに前月《建武元年八月》、雑訴決断所には尊氏の家人が大量に進出し(64)ており、尊氏にこうした権限が与えられても決して不自然ではない」と述べている点から推測すれば、建武元年九月を一応の目安にしているようにみうけられる。しかしこの権限は（イ）（ロ）（ハ）の延長線上にとらえなければならない。行論の都合上、（ハ）の文書（「大友文書」）を引用しよう。

召人幷降人等事、一ム預人云警固、可被致計沙汰之状如件、

元弘三年六月十三日　　源（高氏）朝臣（花押）

大友（貞宗）入道殿

足利尊氏が博多合戦における「召人幷降人」[65]に対する処分と警固とを大友貞宗に命じたものであるが、文書の形式からみた場合、書下である点にも注意を要する。同様の検断権はおそらく少弐・島津、更には宇都宮にも付与されたであろう。前述の鎮西軍事指揮権は系譜的にみればこれにつながると考えられる。以上のように尊氏の権限の形成過程を遡ってゆけば、伯耆から蒙った勅命に帰着せざるをえない。つまり鎮西の軍勢を催促し、大友・島津の注進状を奏聞し、大友に検断権を付与するなど一連の行為を統一的に理解するためには、この勅命が一定度の鎮西軍事指揮権を伴ったと理解せねばなるまい。九州全域からの着到はこの権限の確立過程に随伴しよう。元弘の変以来、九州武士の間に幅広い支持をあつめていた護良親王との衝突はこの線で表面化した。護良の失脚は尊氏の九州へのかかわりを必然的に強化したが、逆に元弘二年以来護良・尊良を通じて行ってきた公家側のそれは同時に消滅することになる。網野の指摘した鎮西軍事指揮権はこのような過程を通して獲得されたものと考えたい。

(二) 守護任国

(1)

以上、九州の政治状勢に対して直接・間接にかかわった軍事指揮者の関係史料を個別に掲出し、その特徴を探ってみた。次に建武政権の守護政策の一端を、博多合戦における軍事指揮とのかかわりで検討したい。南北朝期九州の守護についての研究は山口隼正によって体系的に推し進められ、ほぼ全域に亘る豊かな研究成果が結実

している。[66] 建武政権期の守護についても山口の研究の中でふれられてはいるが、いますこし掘り下げて考えることとしたい。まず参考のために、（一）において掲出した少弐貞経・大友貞宗・宇都宮冬綱について各人の関係

表11　元弘三年の発給文書・証判の分布

Ⓐ　時期別

年	元弘3				計
月	5	6	7	8	
少弐貞経		5 (1)	8 (4)		13 (6)
大友貞宗	(1)	1 (1)	4(4)	1	6 (6)
島津貞久	(1)	1		1 (1)	2 (2)
宇都宮高房（冬綱）	(1)				(2)
計	(3)	7 (3)	12 (8)	2 (2)	21 (16)

※上段の数字は証判、下段の（　）内は発給文書。
※※下段の数字の合計で、AがBより一つ少ないのは、表6の2の外題を年記不明により除外したため。

Ⓑ　国別（□は建武政権成立後の守護任国）

人名＼国名	筑前	筑後	豊前	豊後	肥前	肥後	日向	大隅	薩摩	計
少弐貞経	2 (1)	4 (1)	(1)	1	3 (2)	2 (1)		1		13 (16)
大友貞宗	1	(1)	(1)	1	3 (2)			1	(2)	6 (6)
島津貞久									2 (3)	2 (3)
宇都宮高房（冬綱）		(1)	(1)							(2)
計	3 (1)	4 (3)	(3)	2	6 (4)	2 (1)		2	2 (5)	21 (17)

文書を発給の時期と受給者の所属国に即した分類を行う。

守護職の任免権は後醍醐天皇にあった。同天皇綸旨による守護職補任の実例を九州に限れば次のものがある。[67]

表12　後醍醐天皇綸旨による九州守護の補任

	年月日	守護職	被補任者	奉者	出典
1	元弘3・2・3	日向国	島津貞久	勘解由次官(高倉光守)	薩藩旧記
2	元弘3・4・28	大隅国	島津貞久	勘解由次官(高倉光守)	薩藩旧記
3	元弘3・6・15	日向国	島津貞久	左衛門権佐(岡崎範国)	薩藩旧記
4	建武1・4・28	大隅国	島津貞久	勘解由次官(高倉光守)	薩藩旧記
5	建武1・4・28	大隅国	島津貞久	右衛門佐(高倉光守)	薩藩旧記
6	建武2・3・17	大隅国	島津貞久	左衛門権佐(岡崎範国)	島津文書
7	建武2・11・17	大隅国	島津貞久	左衛門権佐(岡崎範国)	薩藩旧記
8	延元1・3・20	薩摩国	宇治惟時	左少弁(甘露寺藤長)	阿蘇文書

このうち1は後醍醐をめぐる政治状況を考えれば、『大日本史料』の編者の言[68]のように時期的にみて早すぎる点で疑問が残るし、島津貞久を大隅守護に任ずるというものが五通存在するのも頷けない。日付・奉者からみても、何らかの事情で文書が変造されたとしか考えられない。いま2〜7の真偽を弁別することによって島津貞久の日向・大隅守護補任の時期を確定したい。まず綸旨の文言からみれば、2・4・5、3、6・7の三類に区分される。複数個のものはそのうちの一つから派生した可能性が強い。次に決め手となるのは奉者についての考証である。高倉光守、岡崎範国の官歴を左に示そう。

表13　高倉光守・岡崎範国の官歴

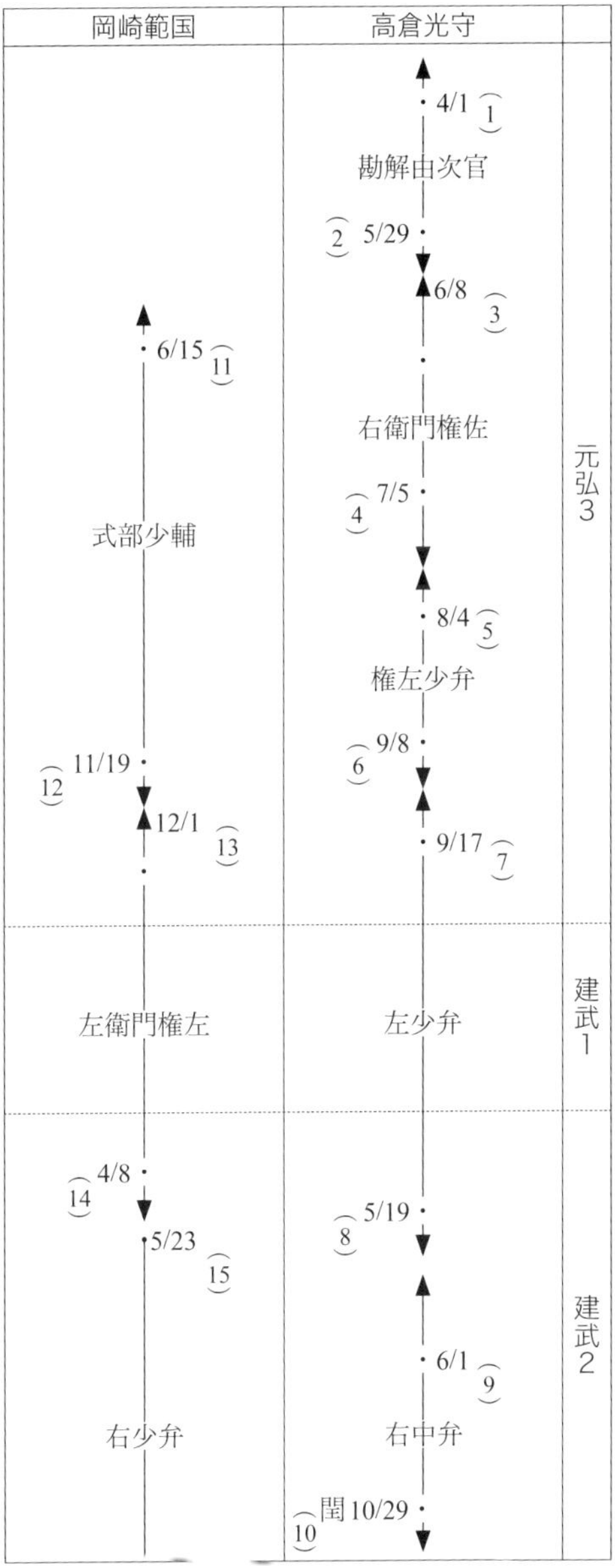

注

(1)「白河証古文書」元弘3・4・1後醍醐天皇綸旨
(2)「壬生文書」元弘3・5・29同前
(3)「醍醐寺文書」元弘3・6・8同前
(4)「伊達家文書」元弘3・7・5同前
(5)「小笠原文書」元弘3・8・4同前
(6)「仁和寺文書」(元弘3)9・8同前
(7)「宗像文書」元弘3・9・17同前
(8)「大悲王院文書」建武2・5・19雑訴決断所牒
(9)「詫摩文書」建武2・6・1同前
(10)「大悲王院文書」建武2・閏10・29同前
(11)「大徳寺文書」元弘3・16・15綸旨
(12)「八坂神社文書」元弘3・11・19同前
(13)「大徳寺文書」元弘3・12・1同前
(14)「宗像神社文書」建武2・4・8雑訴決断所牒
(15)「職事補任」

この表によって、各々の綸旨の発給日と奉者を対応させてみれば、3・4・5・7に疑いが存することがわかる。このうち3のみは文言が他と異なり、しかも日向国関係であるから一考を要する。3については奉者「左衛門権佐」（岡崎範国）を「右衛門権佐」（高倉光守）の誤写とみなし、これを生かしたい。つまり、2〜7のうち信頼のおける綸旨は2・3・6にすぎない。4・5は2をもとに作成され（5の奉者については3を模倣）、7は6をもとに変造されたと推測される。以上によって、島津貞久の大隅守護補任は元弘三年四月二八日、日向守護補任は同年六月一五日であると考えられる。

建武政権成立後に現出する守護分布は、少弐貞経―筑前・豊前、大友貞宗―豊後・肥前・肥後、島津貞久―日向・大隅・薩摩、宇都宮高房（冬綱）―筑後の格好をとることが山口の研究により明らかにされた。島津の例から推せば、守護職補任の時期は博多合戦を挟んで前後に分けて考えてよかろう。つまり、鎌倉以来の本国及びこれに準ずる国については元弘三年四月末、北条一門から召し放たれた国々については同六月以降ではなかったろうか。後者の場合、佐藤進一の研究（『増訂鎌倉幕府守護制度の研究』）によってみれば、多くは北条氏領となる以前の在職者[69]に返付されているが、大友に帰すところとなった肥前・肥後は趣を異にしている。肥前守護職は以前少弐が領掌したことがある[70]。所領についてみれば、大友一族詫磨氏は蒙古合戦勲功賞として肥前国神埼荘の所々を配分されているが[71]、大友氏宗家は当国に所領・所職を有していない[72]。肥後国においては大友能直が広大な散在する所領・所職を持っている[73]。一方少弐氏も両国に権益を有しており、肥前国与賀荘、肥後国永吉荘・山鹿荘はその代表である[74]。もとの所有者に返付するという基本方針に立つならばむしろ少弐が有利であるのに、両国共に大友の手に握られたのは何らかの政策的なもの（例えば少弐の牽制）が介在したとみなければなるまい。大友の肥前守護補任が元弘三年末ごろまで遅引した理由はおそらくここにあろう[75]。

これらの守護職補任が博多合戦及び以降の軍事指揮の実績をふまえていることは言うまでもない。その上で本主への返付を基本方針とした補任は後醍醐天皇の勅令によったが、鎮西に対し強力な影響力を及ぼしていた足利尊氏の発言力は大きかったであろう。現に表12の2の補任状は表10の1の書状とともに島津貞久にもたらされたのではあるまいか。

（2）

守護制度史における建武期の意義を考えるために守護の闕所地への関与と使節遵行の権限について検討しよう。「山田文書」建武二年二月日島津道恵代道慶目安[76]に次の記述がみえている。

本主志田三郎左衛門尉者、関東両国司(北条守時)・右馬権頭持時(北条茂時)重代祗候人也、仍彼跡(筑後国小家庄地頭職)守護人度々闕所注進之間、（中略）依彼賞令拝領之上者、（上下略）（傍線筆者）

関東両国司は執権北条守時（在任嘉暦二年四月～元弘三年五月）、右馬権頭持時は連署北条茂時（連署在任は元徳二年七月～元弘三年五月、任右馬権頭は嘉暦元年九月四日）である。[77]つまり志田は鎌倉最末期の執権・連署の祗候人であったわけで、その所領は朝敵領として没収された。注目すべきは守護がその闕所地を政府（恩賞方か）に注進している点、いわば守護の闕所地注進権である。[78]その前段階として鎌倉期の場合を瀬野精一郎編『鎌倉幕府裁許状集』によって検索してみよう。次に掲出する史料はいずれも鎌倉末期に属している。

①……如性者依殺害不実、先年被収公所帯、菊池三郎以下為勲功賞令拝領畢、而於当村(薩摩郡内石上村)者、守護令勘落干闕所注文之間、漏御下文之刻、新給人就訴申、……（「入来院文書」元亨4・12・16　鎮西下知状）

②……被収公当村(豊前国安心院内上松井村)之処、両方依進覆勘状、被止闕所注進儀之間、……（「溝口文書」正中2・7・29　鎮西下知状）

③……検校名者、四隈弥次郎入道了種依下知違背之咎、被収公之、被注進関東訖、（「大悲王院文書」嘉暦2・閏9・17　鎮西下知状）（傍線筆者）

闕所地は所領宛行権を専掌する幕府に対して注進される。しかし闕所地と認定し、これを関東に注進する側に着目せねばならない。①においては守護が闕所注文を作成・注進しているが、②③は文脈から判断して鎮西探題の所為とみなされる。この二とおりの注進の仕方は収公された事情によろう。つまり収公の法的根拠についてみれば、①の場合「殺害不実」が守護の職権たる大犯三ヶ条の一だったからであり、また②③では武家の民事訴訟法上の罰則にふれたからであろう。

守護に即してみれば、すでに鎌倉末期に一定の闕所地注進権が守護に付与されており（その形成過程については別途検討を要す）、地方統治に占める守護の役割は漸次重みを加えていた。佐藤進一氏はこの点について「もともと鎌倉時代の末期には主として社会情勢の変化に対応して守護の検断権は漸次強化される傾向にあり、裁判手続上の職権も強化される傾向を示しつつあった」と述べられている。(79)鎌倉幕府の滅亡を経て、建武政府が樹立されると守護は遵行機能をとおして公的に地方行政の重要部分を担い、体制的発展の道を切り開いてゆく。

上掲目安の中で志田の所領を闕所地として度々注進した筑後守護宇都宮冬綱の権限は以上のような守護権の発展過程の上において考えねばならない。ここでみた注進権は南北朝期になると闕所地処分権へと質的変化をみせる。(80)建武政権の守護政策は守護の画期的成長を促し、(81)領国形成への跳躍台の役割を果したといえよう。

次に、以上述べた闕所地処分権とともに守護制度の進展に拍車をかけた使節遵行権について検討しよう。建武政権下の使節遵行方式の特質を考えるためには、鎌倉期に遡って事例を検索する必要がある。ここではひとまず地域を九州に限り、鎮西探題の遵行機構についてみよう。使節に関する研究はほとんどなされておらず、ただ鎌倉期北部九州の使節の特質を幕府支配の矛盾との関係で論じられた佐藤鉄太郎の研究(82)があるのみ。同研究では使節選任の仕方についても詳述されている。当面の問題は守護が探題の遵行方式に対していかにかかわったかである。そこで鎮西探題の関係史料を機能論のための配慮をもって網羅的に収集・整理された川添昭二編『鎮西探題史料集』（上）（下）によって使節の任務を検索すれば、下地遵行、訴訟手続き（当知行の実否、支障の有無、訴の真偽などについての尋究）、裁許の伝達などが挙げられる。使節遵行を命ずる鎮西御教書の書式には幾とおりかがあるが、任命される使節は通例一、二名である。下地遵行の場合二名、それ以外の場合一名の事例が多い。受命者の階層からみれば（イ）御家人一―二名、（ロ）当該国の守護の二とおりがあり、実例では（イ）が圧倒的に多数である。使節遵行は御家人役であるから、探題の遵行機構は原則的にみて御家人制によって支えられたとみてよい。（ロ）の場合、守護自身が遵行に赴くのではなく、守護代・守護使に指令してその責を果たすのであるが、次にあげる「深江家文書」所収の二通の鎮西御教書はその転換期の一事例として注目される。

①安富左近将監貞泰申肥後国大野別符岩崎村内田屋敷事、重申状三通如此、早任下知状等、菊池次郎入道相共、差遣使者、可被沙汰付貞泰候、仍執達如件、

嘉暦三年三月九日　修理亮（北条英時）（花押）

上総掃部助（規矩高政）殿

②安富左近将監貞泰申肥後国大野別符岩崎村内田屋敷事、重申状三通如此、早任下知状等、守護使相共可被沙汰付貞泰、仍執達如件、

嘉暦三年三月九日　修理亮（北条英時）（花押）

菊池次郎（武時、寂阿）入道殿

探題が肥後国大野別符岩崎村内田屋敷を安富貞泰に渡付するよう命じたものである。①の名宛人上総掃部助は肥後守護規矩高政、②の菊池次郎入道は「博多日記」にみえる菊池合戦の主人公、肥後国御家人菊池武時である。従って、守護（↓守護使）と御家人との組み合わせは（イ）と（ロ）の折衷型とみなされる。中央政府↓守護↓守護使という南北朝期に一般化する遵行方式は（イ）の消滅と反比例して隆盛となってゆく。つまり鎌倉時代か

ら南北朝時代への推移は遵行機能の荷担基盤を御家人制度から守護制度へと移行させたのである。その画期が建武政権の守護政策にあることは言うまでもあるまい。

三　建武政権の九州統治

(一)国司と守護

建武政権は国司と守護をとおした、二本立ての地方行政策を採用した。本章では当該期の国衙と守護所の活動を通して九州統治の特質を探りたい。陸奥の北畠氏、上野の新田氏などを除けば国司関係の史料は概して乏少であり、国司補任の沿革さえ十分にはたどれない。建武政権の国司制度の研究が遅れているのもこのためである。『世界歴史事典』第22巻(平凡社、一九五五年三月)に掲載された「建武政府国司守護表」(以下「表」と略称)は今後の研究によって補訂すべき点が少なくないが、一応のめやすにはなりうる。

〈筑前〉

筑前の知行国主が、正応三年に安楽寺造営料所として当国々衙職を寄進された同寺領家菅原氏長者であること、建武政権期の知行国主は菅原在登であること、菅原氏は建武期以降も寺領支配のみならず、知行国主として当国一般に関する権限も発動していたことなどが山口隼正によって指摘されている。(83) 国衙・守護所の活動を窺う史料は極めて乏少である。まず国衙の遵行機能の一面を以下の史料(84)によってみよう。

①「御牒《(異筆)》」

雑訴決断所牒　筑前国衙

大友詫磨別当太郎宗直申、当国志登社地頭職事、
右、宗直当知行、不可有相違之由、可令下知者、以牒、
建武元年三（六カ）月廿五日（署名者二名略）

②
（異筆）「目代宛行」
当国志登社地頭職、詫磨別当大（太）郎宗直当知行不可有相違之由、綸旨幷決断所牒如此、可被存知之由、国宣所候也、仍執達如件、
（建武元年）十一月十八日　左衛門尉盛昌奉
謹上　筑前国御目代殿

③筑前国志登社地頭職、当知行由事、綸旨・国宣令拝見訖、宜存知候也、仍執達如件、
（建武元年）十二月廿一日　法眼（花押）
詫摩別当大（太）郎殿

①は当知行安堵の雑訴決断所牒、②は①を遵行すべく目代に命じた筑前国々宣、③は②を受けた目代の遵行状である。この事例について言えば、政府の指令は国司ルートを通して当事者に下達されている。

律令制下、九州統治の所轄機関であった大宰府が建武政権成立とともに何らかの構造的変化をみせたか否か史料がなくて判明しない。おそらくさしたる変化はなかったであろうが、元弘三年七月末いわゆる諸国平均知行安堵法の官宣旨が大宰府にあてられている点、律令制国家以来の伝統が固守されており興味深い。

一方守護関係の史料もさして残らず、その動向はほとんどわからない。規矩・糸田の反乱の際軍事指揮をとっていること、「大悲王院文書」建武二年九月二九日雑訴決断所下文によれば、雷山千如寺衆徒が御坂村を当知行地として安堵牒状を望み申したところ、決断所は「当国守護人大宰少弐頼尚」に対し、当知行の実否を尋問して

いることぐらいしか知られない。なお当国守護職は建武元年八月―一一月の間に、少弐貞経から子頼尚へと移る。(85)

〈筑後〉

筑後における関係史料も少ない。次の史料に注目したい。

天満宮安楽寺領筑後国三宅南北郷書生職事、為神領相伝知行無相違候上者、雖向後更無一塵之煩可令領掌、
全神用由、輔大納言殿御気色候也、仍執達如件、
　元弘三年十月廿日　（花押）
大鳥居法眼（信高）(86)御房

この文書は安楽寺領筑後国三宅南北郷書生職を大鳥居信高に対して安堵せしめた輔大納言家御教書である。安楽寺領の支配にかかわる文書であるが当該地が筑後国であるから、ひとまずここで取り扱いたい。最大の問題は「輔大納言」が何者かである。そこで他の史料所見を求めれば、「長門国守護職次第」(87)に次の記事をみいだせる。

廿三　上野殿（北条時直）　廿四　輔大納言殿　廿五　厚東大郎（武実）(88)入道殿法名崇西、建武元五十四当府入部、

この史料によって、「長門・周防探題上野前司時直（北条）(89)」が幕府滅亡とともに失脚してより以降、建武元年五月厚東武実が着任するまでの一年間、まさに「輔大納言」が長門国守護の立場にいたことが知られる。官位からみておそらく彼は守護の役割りを兼ねた国主であったろう。従って先の御教書の「輔大納言」とは当時の長門国主であった可能性が強い。いっぽう「表」は元弘三年七月卅日長門国宣（「古文書纂」四）(90)によって長門国司を万里小路宣房にあてている。いまこの国宣の袖判を検するに、その形状は確かに宣房のものと思われる。(補注)つまり「輔大納言」とは元弘三年五月一七日、本職に復した万里小路宣房のことであろう。また短期間の在任ではあれ、公卿をもって守護に補する発想は成立直後の建武政権のものに相違ない。以上の推測をふまえて「輔大納言」万里小

路宣房の、当該所職に対するかかわりを考えれば、従前の領家菅原氏の安楽寺領支配のうえに一時的ながらも重大な変化が生じたものとみなくてはなるまい。これも建武政権の寺社権門対策の一環とみなすことができよう。

次に国衙の機能をみよう。

庁宣

草野孫次郎入道円真申、質券筑後国竹野東郷惣公文職事、

右就今年五月三日検非違使庁牒・同六日国宣、以使節八町嶋四郎入道道西尋下之処、如道西八月十五日請文者、宇土唯覚房女子不応催促云々起請詞略之者、此上令違背国命之条、其科叵遁、然則於彼職者、可被返付于円真之状如件、以宣、

建武元年九月二日　　目代源（花押）(91)

この文書は建武元年五月に発布された、いわゆる建武徳政令の在地における適用を示すものである(92)。徳政令の眼目の一つ、質券地半倍取り戻しの実質審理と強制執行とが国衙に負荷された実態を如実にあらわしている。またこの庁宣の用途にも注意せねばならない。佐藤進一は庁宣について国司遙任制の発生を背景とした見解を示し、「中央からの令達その他の国務事項について、在京の国司から在庁官人に宛てて発する文書(93)」と規定した。平安時代の国司文書の成立と展開について体系的な研究を提示された富田正弘も基本的にはこれに同意している(94)。むろんこの理解は平安時代に限ったものであるからそのまま建武元年の庁宣と比較するわけにはゆかないが、この間に庁宣の性格がかなり変化したことは否めない。質券地（武家訴訟制度の範疇でいえば雑務沙汰）について国司庁の指令を受け、実情調査を行った目代は、論人が催促に応じないという理由で惣公文職の訴人への返付を決定したのである。この庁宣は指令伝達文書ではなく、現地目代の裁許状とでも言うべきものである。地方行政の基盤として国衙機構の再編成を企図した建武政権の政策がこのような性格の庁宣を生んだと考えられよう(95)。

一方少弐氏は筑後守を歴任した(96)。しかしこの官途が国衙支配機構の中でいかなる実質を伴ったか全く不明である。建武政権下の当国守護は宇都宮高房（冬綱）であったが、この守護の動きも史料不足で判然としない。「上妻文書」元弘三年六月一三日施行状（宮野教心に上洛を促す）は当国守護としての初見文書である(97)。彼は鎮西警固のための下向命令を受けるまで（おそらく建武元年八月）は在京していたと思われる(98)。鎮西下向後の冬綱は同文書建武二年正月二四日宮野寂恵着到状（規矩・糸田の乱の余燼）に証判を加えている(99)。建武二年二月二〇日には、雷山千如寺造営用途の究済についての決断所牒が冬綱に発せられた（「大悲王院文書」）。当該期、宇都宮冬綱の所見史料はほぼ以上につきる。なお当国武士の着到状に少弐貞経妙恵も証判を加えた事実(100)には注意してよい。

〈豊前〉

豊前守護は少弐氏、また「表」では建武二年の国司として坂上明清（明法博士）が載せられている(101)。以下の史料によって国司と守護の活動を垣間みよう。

〈国衙関係〉

①豊前国萱津又三郎跡五分壱、任綸旨可被知行之由、国宣所候也、仍執達如件、

建武元年十二月十七日　弾正忠時行（花押）

謹上　上島彦八郎（惟頼）殿

（「阿蘇文書」）

②豊前国高木村松田□（平内カ）左衛門入道性秀跡、任綸旨・御牒・国宣之□（旨可）被知行候也、仍執達如件、

建武二年七月十三日　加賀大掾□□□（盛綱奉）（加賀大掾の人名比定は山口隼正氏の御教示による。姓は藤原。）

謹上　住吉神主（政忠）殿

（「住吉神社文書」）

〈守護所関係〉

③狭間大炊四郎入道正供申、豊前国御沓村地頭職泰家（北条）法師跡事、ⓐ年十一月廿五日　綸旨・ⓑ同十二月十二日御牒如此、早如法寺六郎（信勝）相共、沙汰居正供於彼跡、載起請之詞、可被注申也、仍執達如件、

建武二年二月廿九日　太宰少弐（少弐頼尚）在判

深見新五郎（盛顕）殿　（○如法寺六郎あての同文いま一通あり）

（「大友文書」）

④狭間大炊四郎入道正供申、豊前国御沓村地頭職泰家法師跡事、任去年十一月廿五日綸旨・同十二月十二日御牒ⓒ幷去二月廿九日御教書、以去月廿七日如法寺六郎相共、沙汰居正供於彼跡候畢、若此条偽申候者、八幡大菩薩之御罰於可罷蒙候、以此旨可有御披露候、恐々謹言、

建武弐年卯月三日　宇佐盛顕（請文）□□（裏判）（○如法寺六郎の請文あれども略す）

（「大友文書」）

①は勲功地宛行の後醍醐天皇綸旨を施行した豊前国々宣、②は筑前住吉神主をして豊前国高木村松田性秀跡(102)を管せしめる内容であるが、国宣を経ている点からみて、この遵行状を発した加賀大掾藤原盛綱は豊前国目代であろう。③は狭間正供に対し豊前国御沓村地頭職を渡付すべく遵行使に命じた守護少弐頼尚施行状である。ⓑはⓐを施行したもので、綸旨の遵行には決断所牒を要するという当時の規定による。またⓑは守護所あての決断所牒と考えられ(103)、名宛人深見新五郎（いま一方の如法寺六郎も）は守護の配下とみられる。④は守護からの命を受けた一方の遵行使深見新五郎の請文である。ⓒから知られるように、守護施行状③をここでは「御教書」と称した事実は注意される。

以上を要するに、中央政府の命令は国衙と守護所の二系統を別個に経由して執行されたことが知られる。所管上の区分が存在したか否かは不明である。

〈豊後〉

豊後国の場合は関係史料が比較的多く残存している。建武政権期、当国々司は「左大弁三位家在登卿」[104]であった。そのことは散位長兼の奉ずる数通の国宣の存在によって確認される。つまり菅原在登は筑前国主と豊後国司を兼任していたのである。[105] 一方守護職は大友貞宗の手中にあったが、元弘三年一二月貞宗が没すると家督氏泰（守護）の名代大友貞載（氏泰の兄）が当国守護職を代行した。建武政権期の豊後についての専論として外山幹夫の研究がある。[106] 氏泰段階における国司と守護との関係に論及した外山が使用した史料は次の（ア）～（ウ）である。

（ア）豊後国香賀地庄地頭職三分弐河越安芸入道跡、為勲功賞可令知行者、天気如此、悉之以状、

建武元年十一月廿五日　左衛門権佐（岡崎範国）（花押）

大友豊前六郎（田原貞広）館

（増補訂正編年大友史料5／148）

（イ）当国香賀地庄地頭職三分弐河越安芸入道跡同三分壱同跡、豊前六郎貞広并七郎貞挙等、為勲功賞拝領、任綸旨之趣、早莅彼所、可令沙汰居貞広・貞挙等於庄家給之由、国宣所候也、仍執達如件、

建武元年十一月卅日　散位長兼奉（花押）

竹田津諸次郎入道殿

（同前5／152）

（ウ）豊前六郎貞広申、勲功地豊後国香賀地庄地頭職参分弐河越安芸入道之跡事、任今月廿五日綸旨、都甲弥次郎入道相共、可被沙汰付之也、仍執達如件、

建武元年十一月廿八日　左近将監（大友貞載）判

竹田津諸次郎入道殿

（同前5／150）

（ア）～（ウ）において綸旨の施行経路に着目した氏は、後醍醐天皇による所領給与の方式を次のように図示している。

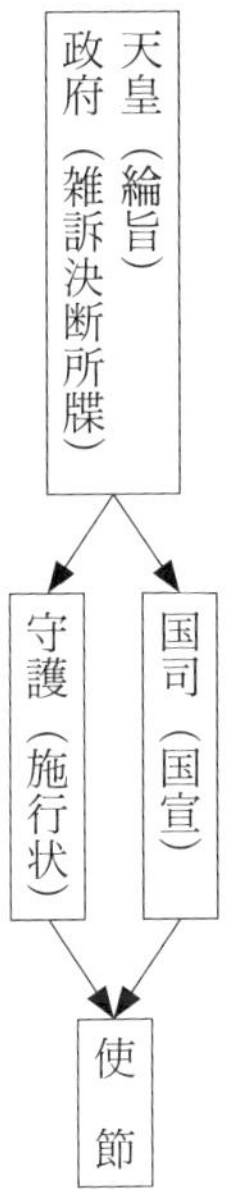

そのうえで、「同一天皇・政府下にあっても、元弘三年の貞宗段階と、建武元年以後の氏泰段階では、かかる所領給与を内容としてみる時、守護（大友氏）の権が、漸次国司の権に迫り、拡大されつつあるらしい微妙な変化が感知される」と結んだ(107)。しかし、綸旨による所領宛行の施行方式の特徴を把握するには、国司・守護双方から任命された二人の使節の動きまで含めて考えねばならない。次にあげるのは一方の使節竹田津道景の請文である。

（包紙）「竹田津諸次郎入道請文」

豊後国香賀地荘地頭職参分弐〈河越安芸入道跡〉豊前六郎貞広勲功事、去年十一月廿五日綸旨・同月廿八日任御施行之旨、一方御使相共都甲弥次郎入道、去年正月十六日莅彼所、貞広沙汰付候畢、以此旨可有御披露候、恐惶謹言、

建武二年三月廿六日　沙弥道景請文（裏判）

（同前5／153）

この史料によって、竹田津諸次郎道景が遵行した文書は豊後国宣（イ）ではなく、大友貞載施行状（ウ）であることが明らかとなる。つまり使節は双方からの指令を受けながら、実は守護配下として、守護の遵行機構の中で動いているのである。この現象についてはもう少し堀り下げて検討したい。関係史料は次のとおり。

表14　豊後国々宣

	年月日	内容	奉者	宛所	出典
1	元久（マヽ）2・2・28	勲功地の渡付（綸旨の施行）	長兼	工藤九郎	豊後工藤文書[108]
2	□（元カ）弘2・12・16	当知行地安堵	散位長兼	豊後国目代	豊後工藤文書[109]
3	元弘3・11・14	当知行地安堵	散位長兼	豊後国目代	野上文書
4	建武1・3・7	当知行地安堵（綸旨の施行）			立花大友文書
5	建武1・11・30	勲功地の渡付（綸旨の施行）	散位長兼	都甲弥次郎入道	豊後草野文書
6	建武1・11・30	勲功地の渡付（綸旨の施行）	散位長兼	竹田津諸次郎入道	竹田津文書
7	建武2・9・12	係争地の渡付（決断所牒の施行）	散位長兼	賀来五郎入道（守護代） 伊美五郎四郎	永弘文書
8	建武2・10・13	謀書人の召進	散位長兼	竹田津諸次郎入道	森文書

表15　大友貞載発給文書（豊後・所務関係）

	年月日	種類	内容	宛所	表14との対応関係	出典
1	建武1・11・28	施行状	勲功地の渡付（綸旨の施行）	竹田津諸次郎入道	6	竹田津文書
2	建武1・11・28	施行状	勲功地の渡付（綸旨の施行）	竹田津諸次郎入道	6	豊後草野文書
3	建武2・9・28	施行状	係争地の渡付（決断所牒の施行）	守護代	7	永弘文書
4	建武2・10・15	書下	所務濫妨の停止	竹田津諸次郎入道	8	竹田津文書
5	建武2・10・15	書下	所務濫妨の停止	守護代	8	竹田津文書
6	建武2・10・17	奉書カ	屋敷等の渡付	武蔵郷御代官水永□		永弘文書

以上の表から次のことを導ける。

㈠国宣の宛所についてみれば、元弘三年中は目代宛であったものが、建武元年に入って消滅、以降は直接に使節に宛てられている。大友貞載施行状は後段と同時に出現し、しかも国宣と同様の機能を果している。

㈡大友貞載の、香賀地庄を渡付するための文書形式についてみれば、施行状形式（1・2）から書下形式（4・5）に変化している。

以上をふまえて、遵行のシステムに着目しよう。本来の国司↓目代↓使節のルートは漸次閉却され、守護↓使節（守護代が含まれる場合もある）のルートがこれにかわる。使節あての国宣はなおも出されるが、実効力を伴わない形式的文書と化する。建武政権の地方行政が守護の支配機構に依存した事実をはっきり認めることができよう。[110]

〈肥前〉

内乱初期の肥前国守護は大友氏泰であり（貞和四年ごろまで）、建武政権下では惣領名代大友貞載が守護としての役割を果した。[111] 諸権限の性格を帰納的に考えるために、まず関係史料を整理しよう。

表16　建武政権下の国司と守護（肥前国）

（ⅰ）国司ⓐ

（イ）花押のみ

	年月日	所見	出典
1	元弘3・7・26	官宣旨案の袖に花押	深堀家文書
2	元弘3・7・26	官宣旨案の奥に花押	深堀家文書

（ロ）国宣

	年月日	宛所	内容	備考	出典
	（元弘4）・1・29	正法護国寺僧衆中	当知行地安堵	aの袖判あり 奉者・前出雲守職幸	正法寺文書

（ハ）外題安堵

	年月日	所見	出典
1	建武1・3・	河上別所山衆徒申状に外題安堵	河上神社文書
2	建武1・6・	深堀政綱申状に外題安堵	深堀家文書
3	建武1・6・	深堀明願申状に外題安堵	深堀家文書

国司ⓑ

	年月日	種類	備考	出典
1	建武1・6・18	左衛門尉康清奉書	bの袖判あり、	河上神社文書
2	（建武1）・6・18	左衛門尉康清奉書	佐賀荘公文田所中あて、bの袖判あり、	河上神社文書
3	建武2・2・21	左衛門尉康清奉書	bの袖判あり、	河上神社文書

国司ⓒ（肥前守源朝臣）

	年月日	種類	宛所	内容	出典
1	建武2・7・8	下知状	—	本物返に関する訴訟	河上神社文書
2	建武2・11・19	下知状	—	所領安堵	河上神社文書

（ⅱ）目代処英関係文書

	年月日	種類	宛所	内容	備考	出典
1	建武1・8・3	書下		濫妨停止	安堵綸旨にもとづく、	円通寺文書
2	建武1・8・4	召文	塚崎後藤彦三郎	召喚	本物返地に関する訴訟	後藤文書
3	建武1・8・5	召文	塚崎後藤彦三郎	召喚	本物返地に関する訴訟	小鹿島文書
4	建武1・8・17	書下	正法寺長老	濫妨停止		正法寺文書
5	建武1・8・	禁制		乱入狼藉停止	勅願寺たるによる、	高城寺文書
6	建武1・8・	書下		国衙の綺を停止するものか、	勅願寺たるによる、	高城寺文書
7	建武1・9・7	外題安堵		河上山に山田東郷を安堵せしむ、		河上神社文書

（ⅲ）留守所下文

年月日	内容	出典
建武2・10・	国司初任勘料を河上社に課す、	河上神社文書

（ⅳ）吉田内大臣家定房御教書

年月日	内容	備考	出典
建武1・11・12	当知行地安堵	別に打渡状あり	高城寺文書

（ⅴ）大友貞載関係文書

	年月日	種類	宛所	内容	備考	出典
1	元弘4・2・3	施行状	正法護国寺僧衆御中	当知行地安堵	綸旨・国宣の施行	正法寺文書
2	元弘4・2・3	施行状	当寺僧衆御中	当知行地安堵	綸旨・国宣の施行	正法寺文書

3	建武1・3・7	施行状	本告執行	当知行地安堵	綸旨の施行	櫛田神社文書
4	建武1・4・14	施行状	東妙・々法両寺方丈	当知行地安堵	綸旨の施行	東妙寺文書
5	建武1・7・7	書下	守護代（正遍）	罪科人の召喚		深堀家文書
6	建武1・9・17	書下	青方高直	行幸の辻固を命ず、	後醍醐天皇の石清水行幸	青方文書
7	建武3（1カ）・9・30	覆勘状	青方高直	辻固勤仕を証す、		青方文書
8	建武1・10・17	書下	守護代（正遍）	濫妨人の逮捕		深堀家文書
9	建武1・10・17	書下	守護代（正遍）	濫妨人の逮捕		深堀家文書
10	建武1・12・22	施行状	板部六郎（成尚）	所領の領掌	決断所下知状の施行	光浄寺文書
11	建武2・8・20	施行状		軍勢の召集	綸旨御事書にもとづく、	宗像文書

以上の表から次のことがらを導けよう。

㈠建武政権期、国司は少なくとも ⓐ→ⓑ→ⓒ と三人交替している。姓名はいずれも不詳[112]。

㈡目代処英は建武元年八月―九月にかけて活動の跡を残しており、これは時期的にみて国司ⓑの目代とみられる。

建武元年五月発布の徳政令に関係した動き（(ⅱ)の2・3）や外題安堵（(ⅱ)の7）などまさに国衙機能の一端を代行しているが、中央政府の指令を施行した徴証はない（(ⅲ)の留守所下文に署判を加えた目代はその花押の形状からみて、処英ではない）。

㈢当国守護の役割を果した大友貞載の場合をみれば、おおむね中央政府の指令を施行している。この点目代とは対照的である。書下を発するなど守護本来の動きもみせている。

以上によって当国の国司と守護の政務関係をみれば、かなり明確に所轄が区分されていることが判る。一同宣旨に任せた所領安堵・本物返地訴訟は国司系統、綸旨・決断所牒の施行は守護系統を通して各々行われている。

いま一つ、次の文書に注目しよう。

勅願寺肥前国高城寺領同国河副南北庄内極楽寺免田漆町伍段弁江上薬師堂免田壱町、河上仁王講免田五段北方分米津土居外旱潟荒野壱所見四至寄進状等南方分事、当知行不可有相違之由、内大臣（吉田定房）殿御気色所候也、仍執達如件、

建武元年十一月十二日　　前伯耆守（源重泰）（花押）

高城寺方丈

（「高城寺文書」）

高城寺の当知行地を安堵した内大臣家《吉田定房》御教書である。[113]この文書の発給主体＝吉田定房の立場をいかにみるか、彼が後醍醐天皇の有力な片腕である以上一考の余地があろう。時期の上からみて、国司ⓑの在任期間に含まれるので、吉田定房を知行国主、ⓑをその家司とみることも可能であろう。しかし定房の当国へのかかわりの上下限が全く不明であるため、この様な状況の時間的幅についても判断が下せない。ともかくも、時の内大臣が一定期間肥前国の知行国主であったとみられることは、建武政権の地方統治方式の特質を考える上で特筆してよい。

〈肥後〉

肥後国の国司は菊池氏の惣領武重、守護は大友氏泰である。[114]当国における関係史料も乏少。次の史料は国司菊池武重が中央政権の命令を施行した実例である。

当国寿勝寺当知行地事、任去九月廿九日綸旨、可令知行領掌候、仍執達如件、

元弘三年十月八日　　肥後守

東明和尚

（「寿勝寺誌」）

続いて次の雑訴決断所牒をみよう。

①雑訴決断所牒　肥後国衙
詫磨別当太郎宗直申、当国大浦皆代地頭職高政跡事、
　解状具書
牒、彼地頭職任去年十一月廿六日綸旨、可沙汰居宗直之状、牒送如件、以牒、
　建武二年六月一日　（署名者八名略之）　（「詫摩文書」）

②雑訴決断所牒　大友千代松丸（氏泰）
　詫磨別当太郎宗直申、肥後国大浦皆代地頭職高政跡事、
牒、件地頭職事、先度被仰武重（菊池）候処、不事行□（云々、於事）実者、太不可然、早任綸旨、可沙汰居於下地之状、
牒送如件、以牒、
　　建武二年九月卅日　（署名者八名略之）　（「詫摩文書」）

詫磨宗直に大浦皆代地頭職を渡付せよという国衙あての①の決断所牒が完遂されなかったため、再び今度は守護あてに②が下されている。山口隼正は牒の執行を妨げた在地勢力が武重自身かもしれぬと推測している。要するにここでも国司は中央政府の指令を全うしておらず、守護依存の状況を生み出している。①②を比較すれば、牒は必ずしも当該国の国司・守護双方に発されるとは限らず、場合によったと考えられる。

〈日向〉

日向守護は島津貞久。[115]「表」によれば国司として権大外記中原康綱が掲出されている（『外記補任』[116]に拠る）。国司側の動きを知るための史料はほんどない。建武政権と日向の関係を考える上で、後醍醐天皇側近の千種忠顕が同国新納院・救仁郷に所領を有した事実は重要である（『島津家文書』「延元元」八月四日後醍醐天皇綸旨）。このことにつ

いては早く山口、(117)五味克夫が着目し、五味は両所が建武政府の誕生とともに、いち早く千種忠顕の所領となったらしいこと、同地方に勢力を伸ばした肝付氏の与力輩が新領主忠顕の雑掌の沙汰を妨害していたこと、などを指摘した。(118)

『日向古文書集成』に収める「比志島文書」の中に次の後欠文書が載せられている。

中宮御領日向国櫛間院雑掌弘成申、野辺六郎左衛門尉久盛子息盛忠、背度々綸旨・御牒、不去渡唐院(当)下地、致濫妨由事、決断所重御牒幷足利殿御教書今年七月一日（後欠）

この断簡は内部徴証・関係史料(119)から考えて建武二年中、しかも七月以降のもの、おそらく当国守護島津貞久の発給文書の冒頭であろう。島津庄の寄郡櫛間院がいつ後醍醐天皇の中宮（珣子内親王）に給付されたか明証を欠くが、地頭職についてみれば鎌倉幕府滅亡と共に北条守時領島津庄日向方が没収され、(120)足利尊氏に与えられている。また「櫛間院地頭職相伝系図」(121)によれば野辺久盛(122)の尻付に、「先朝御代申披本領之由緒、建武元年三月廿　日為勲功之賞令拝領之」とみえている。野辺氏の経歴について五味克夫は「はじめ島津庄日向方惣地頭、北条氏の代官として下向し、櫛間院の地頭職を手中に入れたのではあるまいか」(123)と推測している。つまり中宮雑掌が朝敵没収地たるにことよせて下地支配を企図した結果、野辺氏と衝突したのであろう。以上をふまえて前掲史料をみれば、盛忠の濫妨を停止し雑掌に下地を渡付せよという後醍醐天皇綸旨、これを施行した決断所牒は「足利殿御教書」を伴って守護のもとにもたらされたとみることができる。「足利殿御教書」は以上を施行せしめるものだと考えられる。足利殿とは言うまでもなく尊氏のことであり、このような施行状を発給した彼の権限に注目せねばならない。おそらく足利氏の勢力は日向国内に相当及んでいたのであろう。先にのべた千種忠顕の新納院・救仁郷もその様な状況に対抗して設定されたとみても不自然ではあるまい。

〈大隅〉

当該期、大隅国守護は島津貞久、(124)「表」によれば国司として建武元〜二年頃二条良基が掲げられている。しかし二条良基国司説は確証がない。「表」の記載は「薩藩旧記」所収の（イ）「時建武元」四月四日大隅国々宣、(125)（ロ）建武二年二月二四日大隅国々宣に着目し、(126)（イ）の袖判と（イ）（ロ）に付された注記「二条殿御（下）状」に基づくものであるが、（イ）の袖判は九州大学所蔵写本でみる限りとても二条良基のものと断定できないし、注記にしても例えば建武二年四月二〇日大隅国目代施行状(127)に対して「関東御下知之状」などという注記をほどこすなど、注記自体が信頼性に欠けることから速断はさけねばなるまい。結局国司が誰たるかは不明。

建武政権期、当国における国司・守護の動きは史料が残らないため全くわからない。ただ国衙関係について、当国調所書生弁主神司職補任、本物返訴訟手続きが国宣によって行われ、苅田狼藉に関する訴訟が目代によって指揮されている事実を指摘できるにとどまる。当国における中央政府の命令下達経路も史料がなくて判明しない。

〈薩摩〉

当該期、薩摩国守護は島津貞久、(128)「表」によれば国司として大外記中原師右があげられている。貞久が建武元年九月、後醍醐天皇綸旨・足利尊氏施行状をもって鎮西警固を命ぜられたことについては前述した。国司中原師右は王朝の伝統的法曹家、局務中原の出身で、同時期中央政府の訴訟事務に専念しているので、在地への支配力は薄弱であったにちがいない。

中央政府の命令下達経路において国衙がかかわりを有した徴証は皆無であり、国レベルでのこの機能は守護島津貞久によってになわれている。

①薩摩国牛屎院篠原平九郎高国申、当院内別符村地頭職、為勲功賞被宛行由事、綸旨如此、早山門弥次郎入道相共、可被沙汰付当村地頭職於高国也、仍執達如件、

建武元年四月八日　沙弥（島津道鑑、貞久）（花押）

在国司入道殿

（「薩藩旧記」）

②薩摩国揖宿郡司彦次郎入□（道成）栄申、山口三郎入道了一跡□（輩同カ）国揖宿郡秋富名内中河幷荻迫事以下抑留事、御牒案幷□（御教カ）書如此、早任被仰下之旨、急速可参洛之旨、矢上左衛門五郎相共、相触了一跡輩、可被執進請文、若不叙用者、載起請之詞、可被注進也、仍執達如件、

建武二年五月廿五日　沙弥（島津道鑑、貞久）（花押）

伊集院弥五郎入道殿

（「薩藩旧記」）

①は勲功地宛行の綸旨を遵行すべく、使節に対して発した島津道鑑貞久施行状、②は抑留についての訴訟のため山口了一跡輩の参訴を命ずる「御牒案幷□（御教カ）書」の旨を伝える島津道鑑貞久の施行状である。「揖宿文書」には田畠在家押領についての揖宿成栄の訴に依って論人智覧善通を決断所へ召喚した、建武二年四月一四日決断所牒が収められている(129)。②の施行状にみえる「御牒」とは、この牒と同時に発された、山口了一跡輩に対して召喚を命ずる決断所牒とみなして差支えない。従って守護はこのような内容の牒を施行したわけであるが、この牒と守護施行状との間に介在する「□（御教カ）書」に着目せねばならない。豊前国の項でみたように、施行状を御教書と称した事例が存在すること、また日向国の項でみたように「足利殿御教書」が決断所牒を施行していることなどを併考すれば、この「□（御教カ）書」もまた上述の決断所牒を施行した足利尊氏施行状と考えられよう。この推測が許されれば足利氏は日向と同様、当国に対しても影響力を及ぼしていたことになる（綸旨を施行した前述の『島津家文書』建武元年九月十二日足利尊氏施行状も一傍証となろう）。以上を要するに、中央政府の当国への指令は守護ルート経由し

て執行されたが、建武二年初頭にはすでに足利氏がこのルートに重要なかかわりを持ってきており、同氏の薩摩国への介入を示唆している（「□書」の箇所は「御奉書」ともとれるが、文脈のうえから「御教書」とみなすのが妥当であろう）。

しかし国衙の存在意義が消滅し去ったわけではない。現に形式的ではあれ決断所牒が国衙あてに下された実例が残っているし、就中、本物返・質券地関係の訴訟を所轄する国衙の役割に注目せねばならない。(130) この訴訟は負債の半分を返済すれば本物返・質券地を取り戻し得るとする建武元年五月の徳政令に準拠するものであることは言うまでもない。次の史料をみよう。

③島津式部孫五郎入道々慶（宗久）謹言上、
　欲早任国宣、賜御施行、被止大隅五郎太郎入道々智子息助三郎入道々助今者死去并同女子藤原氏今者死去等跡輩知行、薩摩国伊集院内嶋廻田地・古江園・源太迫・桑迫・三小山原・馬渡田・世戸口田地并福山村内山下田・古葉田薗等事、
　副進　一通　国宣案
右、田薗等者、道慶相伝之地、入置質券本銭返等之間、任傍例就訴申、被成下国宣畢、早任彼状、賜御施行、如元欲全知行、仍恐々言上如件、(131)
　建武二年二月　日

④目安　大隅式部孫五郎入道々慶子息忠能申、薩摩国伊集院地頭御代官非法条々事、
一、当院内土橋村内嶋廻田一町道慶本領也、然依有要用、為大隅助三郎入道々助、入置本物返質券之処、去々年建武二依諸国一同法、被成下決断所御牒并国宣・守護施行等、被返付之処、（以下略）
　建武四年三月　日　（傍線筆者）(132)

③④ともに島津道慶（山田宗久）の質券地訴訟に関する史料である。ここでは道慶の返付申請認可から返付ま

での手続きに注目しよう。③において道慶は返付認可の国宣を添えて（④の傍線部の書き方からみて、決断所牒も得ていたと思われるが、副進文書としては国宣のみしか提出していない）、守護の施行状を申請している。つまり本物返地・質券地返付のためにはまず国宣を得、次に守護施行状を獲得する手続きが存在したかにみえる（本件は「決断所牒」によって裁許され、(133)「国宣」はこれを施行したものであろうが、③にみえるように在地において執行々為を引き出す文書が「国宣」であった点注目される）。ここにはまだ国衙の存在意義と役割が認められる。しかし、守護の権限拡大はこの種の訴訟をその所轄内に接収してゆく（「有馬家文書」建武二年八月二七日島津貞久書下）。一方、島津氏の領国制への傾斜の側面からは、本田久兼を薩摩国山門院内本田左衛門次郎親兼跡半分の代官職に補任した建武二年三月一一日島津貞久下文（「入来本田氏文書」）が注目される。

(二)所領政策

建武政権関係の現存史料を九州の分に即してみれば、残存の偶然性によるのかもしれないが、いくつかの特色がある。後醍醐天皇綸旨による守護職補任、諸国一・二宮本所停廃、徳政令への対応などに関する史料はほぼ九州に偏在しており、また法制や訴訟制度を研究するうえでも貴重な史料に恵まれている。また所務沙汰裁許文書としての雑訴決断所牒・下文についてみれば、現在のところ一二七通を検出しえたが、(134)このうち五三通（四二％）が九州関係のものである。しかも八通の決断所下文は一通を除き、(135)ことごとく九州にあてられている。(136)これらのことは、九州の政治・社会的特質に起因することは勿論、建武政権の成立に九州在地の諸勢力が強い期待と関心をよせたことを物語っている。ここでは両者の対応関係を訴訟の側面から検討したい。(137)

「二条河原落書」（「建武記」）の「本領ハナル、訴訟人、文書入タル細葛」という言葉に象徴されるように、鎌倉以来の未決訴訟の多くは建武政府の法廷に持ち込まれたであろう。つまり建武政府の成立を実現させた広範な領主層の目的の一つは所領問題の有利な解決にあった。畿内・近国に顕著な寺社権門対在地領主の相論事例は九州では目につかない。宗像社、河上社など地方大社の関係分も含めて、現存史料にみる係争は九州在地者同士でなされている。

建武政権の所領政策の基本方針は当地行地の安堵であった。当然ながら決断所の裁許原理も当知行の有無に力点が置かれていた。鎌倉期以来長期化していた薩摩国谷山郡内山田・上別府の地頭所務をめぐる地頭山田氏と郡司の系譜を引く谷山氏との相論において、建武元年九月山田氏が安堵綸旨を受けたのも（「山田文書」）、宇佐若宮権擬神主宣基が豊後国田染庄内永正名を法光（田原盛直）の濫妨から守りえたのも（「宇佐永弘文書」建武二年九月一〇日決断所牒）、政府が当該地をその当知行地と認定したからに他ならない。建武政権の所領問題への対応を九州に限って言えば、当知行地を認定・保障することによって、在地領主の支配の現状を維持・固定化する方策をとったと思われる。当知行地安堵と本主権の主張との矛盾が顕在化する理由はここにあったと考える。

次に本主権に対する建武政府の対応をみよう。「志賀文書」建武二年後一〇月日志賀忠能代貞幸申状案は、志賀忠能が正和二年神領興行法によって小野秀直に掠奪された豊後国武蔵郷久末名内田地屋敷を回復すべく新政府に提訴したものである。忠能は秀直の語らいを得て「非勘未尽之下知状」を出した東使の沙汰を不服とし越訴を申し立てたが、その審理途中で鎌倉幕府が滅亡した。[138]「凡当名者、雖為宇佐宮領、任所務旧例、於下地者、令開発地頭相伝進止、至有限社役者済之、知行無相違」と述べた点から考えれば、忠能は久末名の開発領主とみられる。即ち忠能は当名に対する本主権を主張したわけである。

笠松宏至は「建武記」所収建武二年条々の立法の意義を「没収領を被没収者以前の知行者に返還すべき旨を[139]（個々の場合についてではなく）、元弘収公地という大量の闕所地を対象として一元的に法制化したもの」と評価したのであるが、建武政府が前の志賀忠能にみた本主権の主張、旧領地の回復の要求に対していかなる姿勢と対応の仕方をみせたか、具体的に検討する必要がある。

建武二年二月、島津道恵に代って同道慶は筑後国小家荘地頭職の渡付を決断所に要請した。[140] 当荘地頭職は道恵が博多合戦の恩賞として建武元年一一月二六日に拝領した、朝敵与同人志田三郎左衛門尉跡であったが、同二年正月志田三郎兵衛尉なる者が当荘の本主と号し、安堵綸旨を取得したためである。この目安の中で道慶は次のように述べている。

（上略）朝敵与同之族落遁之後、経年月不蒙　勅免、号本主掠給安堵　綸旨、於令濫妨勲功地者、恩賞拝領之輩争可全知行哉、其上安堵　綸旨事、去々年（元弘三年）十月以後一向止之、被与御牒之処、如此党類、以不知行之地掠給御牒、令濫妨所々之間、是又去年（建武元年）十月以後于今被閣之、敢無御沙汰、何況　綸旨哉、尤不可有之歟、将又本領幷由緒地所望事、無別功者不及御沙汰云々、（下略）

この個所は建武政権の土地政策史上極めて重要な内容を持つと言わねばならない。史料にみる様に、道慶の主張は志田のかかげる本主権の否定に向けられているから、ここでいう安堵停止とは安堵一般を行わないということではなく、本主権に基づく旧領回復の訴訟を受理しないという意味であろう。つまり文面どおりに解釈すれば、

㈠本主権に基づく旧領回復の認可は元弘三年一〇月以降、綸旨をもって行うことをやめ、決断所牒によって代行する。[141]

㈡それでも不知行地をもって安堵の牒を掠める者がいるので、建武元年一〇月以降決断所牒による方式も打ち切る。

㈢本領並びに由緒地を回復するためには「別功」が要求される。

以上三点を導けよう。要するに本主権の主張による旧領回復の訴訟は建武元年一〇月以降停止され、勲功が唯一の再審への道となった。[142] 次に示す『青方文書』所収建武元年六月二七日某沙汰事書案（前欠）の一ケ条も以上

と同じ根から発した規定とみなされる。

一、諸人本領事、

近年依関東非拠之沙汰、無謬所領多収公之由有其聞之間、就証文之実、可被返付之旨沙汰之処、奸訴之輩或誘取他人証文、称相承、或隠蜜没収之罪科、致謀訴、不直改裁断煩也、近来之牢籠及募申勲功之外者、暫可閣之、

この規定について佐藤進一は「誤判再審令」の適用範囲を大幅に制限したものと理解されたが、[143]妥当な見解であろう。中央政府は旧幕府によって本領を召し放たれた旧領主に対し、回復手段を講じていたが、奸訴・謀訴の続出により公正な裁許が困難となり、裁判上の煩いとなったため、「近来之牢籠及募申勲功」の場合を除き、この種の訴訟を受理しないこととしたのである。この建武元年六月の規定を先述の同二年二月島津道慶目安にあらわれた法改変と比較すれば、六月段階での例外規定のうち「近来之牢籠」が一〇月には除去されていることがわかる。言うならば、建武政府は旧領回復の訴訟受理を段階的に閉却する方策を打ち出していったのである。元弘三年七月発布のいわゆる諸国平均知行安堵法＝一同の法も以上の文脈の中において考えればその性格をはっきりととらえることができる。

建武政府が本主権の主張に消極的姿勢しか示さなかったのは、当知行安堵を優先させたこと、軍事体制維持のため将士の軍功にたのむところが大きかったことによろう。この方針が徹底されれば、北条氏に与同した咎で所領収公の憂き目にあった者たちをはじめ各層における本主の旧領回復の途はほぼ遮断された格好となり、新政府に対する不満は必然的に高まったであろう。建武二年一一月に建武政権を離反した足利尊氏は敵対勢力を切り崩し、自らの勢力基盤を構築しようとした時、この点を鋭くとらえたと思われる。即ち建武三年二月から同年末にかけて実施されたいわゆる「元弘没収地返付令」[144]はまさに尊氏のすぐれた政治感覚から生まれたとみてよい。

（三）規矩・糸田の乱

九州南北朝史の展開過程を考える上で、北条一門の規矩高政・糸田貞義[145]の反乱の歴史的性格について理解しておく必要がある。簡単に言えばこの乱は足利氏の九州進出にこの上もない足がかりを提供することになる。このことを中央政府と九州守護の、乱に対する対応の仕方をとおして考えることにしたい。乱の戦史的叙述は『歴代鎮西志』に詳しい。同書によれば、建武元年正月に開始されたこの反乱において北条方に与したのは長野・柚板・門司・山鹿・弓削・宗・佐杉・原・府付等筑前・豊前の将士[146]（以上高政に与同）と黒木・星野・問注所等筑後の将士（以上貞義に与同）であった。挙兵の直接的動機として同書は「九州諸士有好於北条輩、阿党高政・貞義、議討少弐・大友等報其仇」と述べている。同年三月に入って追討軍が派遣される。少弐頼尚は筑前・肥前の軍士（原田・秋月・宗像・松浦）を率い、一方大友貞載は豊後の兵を率いて各々発向した。この乱は建武二年正月頃まで続いており、最終場面は北部九州から長門へ移っている。以上が同書による規矩・糸田の乱の概要である。高政、貞義は幕府滅亡期まで各々肥後、豊前の守護で、いずれも豊前国北部（規矩郡、田河郡糸田荘）を本拠としていた[147]。

この乱の様相を具体的にとらえるために、当時の関係文書を軍士の所属国に即して整理する。

表17　規矩・糸田の乱関係文書

	年月日	文書名	内容	所属国	出典
1	「建武1」11・20	少弐頼尚書下	中村孫四郎入道（栄永）の軍忠申状を受理し、注進を約す、	筑前	中村文書
2	建武1・7・22	宮野寂恵着到状	（少弐貞経代官の証判あり）	筑後	上妻文書
3	建武1・7・26	藤原家有着到状	（少弐貞経代官の証判あり）	〃	近藤文書
4	建武2・1・24	宮野寂恵着到状	（宇都宮冬綱の証判あり）	〃	上妻文書
5	建武1・7・28	藤原頼広着到状	（少弐貞経代官の証判あり）	豊前	相良家文書
6	建武1・7・28	藤原頼広着到状	（某の証判あり）	〃	相良家文書

7	「建武1」8・12	少弐妙恵貞経書下	田口信連をして下国せしめ、合戦の忠を致さしむ、	〃	田口文書
8	「建武1」11・29	少弐頼尚書下	某（武藤頼景・景村ならん）の軍忠申状を受理し、注進を約す、	〃	多田神社文書(148)
9	「建武2」2・11	少弐頼尚書下	田口信連の軍忠申状を受理し、注進を約す、	〃	田口文書
10	建武2・閏10・	吉田宗智庭中申状	副進文書の中に、 ①頼尚一見状案高政・貞義謀叛之時、致軍忠事 ②同前長州佐加利山合戦事、 ③妙恵催促状案可馳向長門国由事、	〃	土佐国蠹簡集残編
11	（建武1・3　?）	系図	松浦定、少弐頼尚の帆柱城攻めに従い先登をなす、	肥前	松浦家譜
12	建武1・7・15	源停着到状	（少弐貞経代官の証判あり）	〃	白井文書
13	建武1・7・17	源停着到状	（沙弥正遍の証判あり）	〃	有浦文書
14	建武1・7・18	大江通秀着到状	（少弐貞経代官の証判あり）	〃	来島文書
15	建武1・7・21	深堀明意着到状	（少弐貞経代官の証判あり）	〃	深堀文書
16	建武1・7・23	深堀明意着到状	（沙弥正遍の証判あり）	〃	深堀文書
17	建武1・7・28	深堀時広着到状	（沙弥正遍の証判あり）	〃	深堀文書
18	建武1・7・24	龍造寺善智着到状	（少弐貞経代官の証判あり）	〃	龍造寺文書
19	建武1・7・24	龍造寺善智着到状	（沙弥正遍の証判あり）	〃	龍造寺文書
20	建武1・7・28	深堀時継着到状	（沙弥正遍の証判あり）	〃	深堀文書
21	建武2・1・23	龍造寺善智着到状	（少弐頼尚の証判あり）	〃	龍造寺文書
22	建武2・1・	沙弥性空着到状	（沙弥遍雄の証判あり）	〃	橘中村文書
23	建武1・7・28	藤原祐長着到状	（少弐貞経代官の証判あり）	肥後	相良家文書

この表によって鎮定軍の沿革を探れば、次のようになろう。

㈠軍事動員の徴証は、筑前・筑後・豊前・肥前・肥後に亘って確認される。

㈡軍事指揮の上からみれば、少弐氏（貞経代官と頼尚）は筑前・筑後・豊前・肥前・肥後、宇都宮冬綱は筑後、大友氏（肥前守護代正遍・遍雄）(149)は肥前において各々軍功の認定などを行っている（家督名代大友貞載は在京中か。なお6の証判者は不詳）。

㈢反乱の場所に最も関係が深かった少弐氏の活躍はめざましく、守護管国以外の筑後・肥前・肥後の軍士の着到を付けている。特に肥後国軍士の着到状への少弐貞経代官の証判(150)は、同国守護職が大友から少弐へ移るきざしとして注目される。

㈣先に述べた『歴代鎮西志』の描写は残存文書によって組み立てた像とややくいちがう面があり、同書に全面的信頼をおくことはできない。

次に追討の指令がどこから発されたか。この事件の性格を窺うために一考の必要があろう。以下の史料に注目したい。

①上総掃部助高雅（政）・同左近大夫貞義已下輩与党事、ⓐ相催当国地頭等可対治云々、早任被仰下之旨、来廿九日出京之間、致用意、同令下国、可被致合戦之忠候、仍執達如件、

建武元八月十二日　妙恵（花押）

田口孫三郎（信連）殿　（「田口文書」）

②筑前国雷山千如寺衆徒申、当山造営用途兵粮米代銭未進弐拾陸貫百文事、正員宇都宮常陸前司冬綱為ⓑ警固可令下向鎮西之由、被仰下之間、既令下国候畢、所詮候、件銭貨者於国任員数可令究済候、以此旨可有御披露候、恐惶謹言、

建武元年十月十七日　沙弥善覚請文　（「大悲王院文書」）

①は規矩・糸田の乱鎮定の指令を受けた筑前・豊前守護少弐妙恵（貞経）が下国するに際して、同じく在京中の豊前

武士の田口信連を誘引した書下、②は決断所より筑前国雷山千如寺造営用途兵粮米代銭の究済を命ぜられた筑後守護宇都宮冬綱の代官善覚が提出した請文である。(151)冬綱下向の契機も妙恵の場合と同様であったろう。傍線部ⓐⓑに着目しよう。妙恵に対し「相催当国地頭等、可対治」と、一方冬綱へは「為警固可令下向鎮西」と命じた主体は誰であったか。このことを直接的に示す史料はみあたらず、状況から判断するしかない。そのためにまず乱の展開状況を一瞥しよう。前述のとおりこの乱は掃討戦まで含めると一年間に亘り断続的にではあれ継続している。表17に示した残存史料から推せば鎮定戦のピークは建武元年七月とみられ、それ以降は言わば余燼である。どの時点で中央政府が鎮定にのりだしたかが問題となる。『歴代鎮西志』が「議討少弐・大友等報其仇」とするように、この反乱は私戦的な一面を持っている。在京守護（妙恵・冬綱）に対し鎮定のための下向を命じたのが同年八月初めと考えられること、軍士の申状を受理し上申を約した少弐頼尚書下が同年一一月になって出現していること、などから推測すれば、中央政府は合戦が七月の峠を越した後の段階で鎮定にのりだしたと考えられる。(152)

結論的に言えば、この時点で鎮西に対しこのような軍事指揮権をふるえるのは足利尊氏を除いて外にはいまい(153)（尊氏の鎮西軍事指揮権の形成過程については第二章で既述）。要するにⓐⓑの下国命令は建武政府から出される形をとったが、その実質は足利尊氏の権限に発したとみてよかろう。筑前・豊前守護少弐頼尚が将士から受理した軍忠申状は尊氏に向けて注進されたと思われる（表17の1・8・9参照）。建武政権下で鎮西に対する軍事指揮権をつちかっていた足利氏にとってみれば、規矩・糸田の乱はその権限を強化するための絶好のチャンスとなった。

おわりに

最後に以上述べてきたことを整理する。

㈠九州における討幕勢力の組織化はまず大塔宮護良親王によって着手された。現地へ下向した尊良親王の動向、さらには菊池合戦も基本的にはこの線に沿っている。しかし探題を滅亡に追い込む上で決定的役割を演じたのは足利尊氏であった。このため建武政権成立後の九州に公武二系統の軍事指揮権が併存した。

㈡討幕側にまわった尊氏はその当初より鎮西に対する軍事指揮権を与えられたと思われる。尊氏はこの権限を軸に、九州の守護をはじめ広範な地域に亘る武士をその軍事的統制下に入れる。この点において護良親王との抗争に勝利したことの持つ意味は大きい。建武元年に入って間もなく勃発する北条氏残党規矩・糸田の乱も結果的には足利氏の鎮西軍事指揮権を強化させた。南北朝期以降の九州における足利氏の勢力基盤はこのような過程を通して形成される。

㈢博多合戦後の守護分布は少弐・大友・島津三氏の隆盛時の状況に戻っている。三氏の合戦への参加は往時の守護職の奪回を一つの目標にしたと思われ、中央政府がこれを許容したことによって、守護権の強化、領国制への志向は必然的となった。

㈣建武政権の存立は国司・守護の遵行機能に負うところが大きく、国衙・守護所機構の再編がはかられた。九州においてこのことを検証する場合、乏少な史料残存とその不均等性からくる制約が大きい。衆知のとおり建武政権の地方統治の仕方は国衙と守護所の二本立てであり、政府の指令の遵行も当然このルートを経由した。国衙と守護所は程度の差こそあれ、対抗と協調との振幅をゆれ動きながら遵行機能を荷担したが、漸次その実質は軍事力を握る守護に担われる形勢を呈した。中央政府が守護に分与した公的な遵行機能は南北朝期守護の使節遵行権へと発展的に継承される。

㈤九国全部の国司が判明したわけではないので、建武政権の国司配置の特色を明確に論断するのは困難であるけれども、わかっている分についていえば在地土豪の既得権化したもの（筑後・肥後）を除いて、ほぼ王朝の吏僚が在京のままで任ぜられている。これは後醍醐天皇の専制体制を支える官僚制の性格に根ざすものと考えられる。

㈥建武政権の所領政策は領有の現状を維持し固定化する当知行地安堵の原則に立ったため本主権との矛盾など多方面に問題をひきおこした。

㈦足利尊氏の九州へのかかわりは軍事的側面に限らず、中央政府の指令を当該国守護へ施行するという面においても垣間みることができた。

注

（1）豊後田染氏の動向に着目した研究に野田秋生「豊後田染庄における建武内乱前後——田染神主宇佐氏の田染氏への転化をめぐって」（『大分県地方史』17～20合併号、一九五九年一月）がある。

（2）正中改元は元亨四年一二月九日であるから、正確には元亨の変と称すべきところであろう。

（3）『花園天皇宸記』元亨四年九月一九日条。彼は一〇月三〇日に大納言へ昇任したが、『増鏡』はこれを「御使ひの賞」としるしている。

（4）同右、同二三日条。宣房が関東へ出発したこの日のうちに、後述する鎮西あて関東御教書・同御事書がしたためられている。

（5）『花園天皇宸記』同日条。

（6）川添昭二「『鎮西管領』考」（『日本歴史』205、206号、一九六五年六、七月）。

（7）『鎌倉年代記裏書』に拠る。『太平記』巻第二、『南方紀伝』は二階堂下野判官・長井遠江守に作る。

（8）この時捕えられた五人の僧（円観・文観・知教・教円・忠円）の処置について『太平記』は次のように描いている。

五人ノ僧達ノ事ハ、元来関東へ召下シテ、沙汰有ベキ事ナレバ、六波羅ニテ尋窮ニ及バズ、為明《（二条）》卿ノ事ニ於テハ、先京都ニテ尋沙汰有テ、白状アラバ、関東へ注進スベシトテ、検断ニ仰テ、已嗷問ノ沙汰ニ及ントス、つまり、現地六波羅で取り調べを受け、場合によっては関東へ送検される者と、直接関東へ送検される者とに区別されている。むろんこの区別は罪の軽重によったであろうが、重罪人については六波羅の尋究を排除し、関東で検問するやり方は、幕府支配権の中枢が鎌倉に集中していた事情を示唆するであろう。日野俊基は当然ながら、関東直送組に属した。

（9）元弘改元は元徳三年八月九日である。

（10）在地では施行状を御教書と受け取る場合があったようである。「大友文書」建武二年卯月三日宇佐盛顕請文によれば、豊前国御沓村地頭職を狭間正供に渡付せよという当国守護少弐頼尚施行状を「去二月廿九日御教書」と称している。

（11）「隅田文書」正慶元年一二月五日六波羅御教書案（『神奈川県史』資料編2、一〇〇一頁）。なお尾藤氏の性格については岡田精一「御内人〝尾藤氏〟に就いて」（『武蔵野』五二―二、一九七四年三月）参照。

（12）「楠木合戦注文」（『中世法制史料集』第一巻三六〇―一頁）。佐藤進一はこの事書の発布時期を元弘三年正月～二月の間と推定した（同書補注104）。

（13）護良親王の側近四条隆貞の系譜関係については「楠木合戦注文」によれば「大将軍四条少将隆貞（資）中納言隆亮子」とみえ、後醍醐天皇の近臣四条隆資（建武政権下、恩賞方・伝奏・決断所衆を歴任し、南朝において一品に叙せらる。正平七年五月、赤松則祐のために討たる。『園太暦』同一三日条）の子と表記されている。また『尊卑分脈』第二篇三七一頁によれば、隆資の子隆定（貞）の尻付に「従四上、左少将、兵部卿（護良）親王祇候、打死」としるされている（『系図纂要』三巻一三〇頁では隆重がこれに該当する。定を重に誤っているが、尻付の内容は同一）。以上によって四条隆貞は隆資の子息であることが明確となる。

（14）「牛屎院文書」（『熊本県史料』中世篇第五、六八頁）。

（15）「三原文書」（『福岡県史資料』第九巻、二四五頁）。

（16）『熊本県史料』中世編第五、解題（二頁）。なお、牛屎氏に関する研究には五味克夫「薩摩国御家人牛屎・篠原氏について」（『鹿児島大学文学科論集』第3号、一九六七年一二月）がある。

（17）「菊池家古文書」（『増補訂正編年大友史料』第八、一三一頁）。

（18）杉本尚雄『菊池氏三代』（一九六六年四月）五九頁。

(19) 藤田明『征西将軍宮』(一九一五年六月)一三頁、平泉澄『菊池勤王史』(一九四一年四月)二八―三〇頁。綸旨と錦旗は、藤田によれば船上山より、平泉によれば隠岐より賜わったと解されている。

(20) 村松剛『帝王後醍醐』(一九七八年六月)二九六頁。

(21) 武時の挙兵は正慶二年三月一三日、「先帝院宣所持人八幡弥四郎宗安」が所期の目的をとげぬまま捕縛されたのが三月二〇日である(「博多日記」)から藤田の説は成り立たない。この点を考慮し隠岐から発されたと解するのが平泉説であるがやや検討の余地がある。平泉はその根拠として、①武時が挙兵の際、錦旗を捧げたこと（『博多日記』）、②菊池武朝申状、葉室親善申状に各々の祖先たる武時、高善が勅定を奉じたと記されていること、をあげている。しかし、管見の限り隠岐遷幸後の綸旨の初見は、杵築社をして王道再興を祈らしめた元弘三年三月一四日付(「千家文書」)であり、討幕志向の具体化の順序から考えて、この綸旨に先んじた英時追討命令はおそらくありえまい。後醍醐天皇の討幕運動を継承した護良親王の軍事命令が勅定と受けとられるのもあながち不自然ではない。②に掲げられた申状は事件後、かなり時の経過をみており、その蓋然性は高い。以上の考え方は①の解釈にやや問題を残すが、大局的にみればさほどの支障を伴わない(同日記三月一七日条によれば、肥前国彼杵に謀反を起こした江串は本庄の八幡宮の錦の戸帳をおろして旗に仕立てたことがしるされている。)。

(22) 注(17)と同じ。

(23) 乙限を北条一門とみたのは川添昭二氏の御教示による。

(24) 川添昭二「鎮西評定衆及び同引付衆・引付奉行人」(『九州中世史研究』第一輯、一九七八年一一月)一七三、二二三頁参照。

(25) 注(24)所引川添論文二二二―三頁参照。

(26) 川添「南北朝時代における少弐氏の守護代について」(上)(『九州史学』24号、一九六三年七月)一二―三頁参照。

(27) 注(24)所引川添論文二一五―六頁参照。

(28) 注(24)所引川添論文二二六―七頁参照。

(29) 川添「豊後日田氏について」(『九州天領の研究』、一九七六年二月)一一七―八頁参照。

(30) 注(24)所引川添論文二一八―二〇頁参照。

(31) この時期の安富左近将監は「深江家文書」嘉暦三年三月九日鎮西御教書などにみえる貞泰であろう（『佐賀県史料集成』古文書編第四巻二七八頁）。

(32) 高木伯耆大郎の実名は不明であるが、「高城寺文書」建武三年一二月一一日大友正全請文にみえる高木伯耆三郎の兄にあたろう。高木氏の動向については、森本正憲「肥前高木氏について」（『九州史学』49、一九七二年九月）参照。

(33) 赤自弥次郎の出自・実名等不明。九州における赤自氏の史料所見をあげておこう。「河上神社文書」元応元年一〇月一六日鎮西下知状によれば、河上社雑掌は赤自三郎蔵人法師法名善願女子藤原氏と相論をしており（『佐賀県史料集成』古文書編第一巻八三頁）、また南北朝末期・戦国期になれば、「草野文書」に「赤自（司）備前入道宗祐」「赤司土佐入道性淳」、あるいは「筑後国之内赤司跡参拾町分之事」などとみえるが、相互の系譜関係は不明。「武雄鍋島家文書」暦応三年十月日後藤遠明着到状には「赤司城」がみえている。

(34) その名乗りから推して、島津（山田）一族か。たとえば山田宗久は大隅式部孫五郎と名乗っている。

(35) 「野辺氏系図」によれば、

久盛 同六郎左衛門尉
元弘三年五月七日於鎮□為英時被召捕、被預
上総掃部助高雅畢、

├ 盛忠 同孫七 （尻付略）

└ 久邦 八郎
親父久盛同時被召捕、被預置釜利屋上総
介師政、同五月廿五日於住吉被誅畢、

と記されている。野辺八郎は久邦、その親父六郎左衛門尉は久盛である。

(36) 川添昭二『菊池武光』（一九六六年六月）四一、四三―八頁。

(37) 『太平記』によれば、「菊池ガ使」宗安は武時の挙兵以前に少弐によって捕えられ刎首されたと描かれており、時間的に錯誤している。これは、武時の挙兵が後醍醐天皇の綸旨をうけてなされたという同書の筋書きから生じた作為であろう。宗安を菊池武時の使者と描いた点については、「挙兵に当って使者を上方にのぼせ、各地の官

軍、殊には河内の楠木氏と連絡を取らせたと思はるゝ」（平泉『菊池勤王史』六八頁）ことから、その可能性がないわけではない。

(38)『青方文書』第一、二二〇―一頁。

(39)『新田神社文書』（二）八三頁。

(40)「薩藩旧記前編第十七」（『鹿児島県史料旧記雑録前編一』六一一頁、以下『鹿旧』と略称）。

(41)『鎮西御家人の研究』（一九七五年二月）四九三頁。

(42)「姉崎正義氏所蔵文書」元弘三年七月日櫁禅《しきみ》性軍忠状案。

(43)「大友文書」（元弘三年）六月一〇日足利高氏書状、「豊後古文章」建武元年三月三日大友貞載挙状。

(44)探題与同人の一例をあげよう。「武雄神社文書」建武三年三月日武雄安知申状（『佐賀県史料集成』古文書編二、一三三―四頁）によれば、武雄安知は弘安役の恩賞として獲得し、四〇余年間当知行の神埼荘内加摩多村田畠等を「依洞院家御計」り（洞院実世が上卿であった設置当初の恩賞方における審理をいったものであろう）、没収されたので、建武三年になって足利尊氏が発布した元弘没収地返付令に依拠して、これの返付を要請し、認められている。この史料によって安知は博多合戦で探題側に与同し、ために所領を没収されたことが知られる。

(45)「相良家文書」元弘四年正月日相良長氏代頼広申状の中に副進文書としてしるされたもの（『大日本史料』第六編之一、四三〇―一頁）。注（54）参照。

(46)この「（元弘三年）四月廿七日御教書」は伯耆の後醍醐天皇の命を受けて足利尊氏が発した書状の一であること疑ない。つまりこの種の尊氏書状を宇都宮高房も受けた事実が判明する。注（61）後段参照。

(47)このことについて、具体的に表示しよう。護良・尊良両親王の側近、足利尊氏による同様の行為については後述するが、いま便宜上それらも含めることとする。なお表中の番号は時間的順序（？は日付が明記されず順序不明のもの）。

	申請者＼指揮者	少弐貞経	大友貞宗	島津貞久	宇都宮高房	尊良側近	護良側近	足利尊氏
申状提出	斑島源次（肥前）	①	②					
	田口信連（豊前）	②	①					
	山田宗久（薩摩）		①	②				
証判獲得	中村栄永（筑前）	①				②		
	宮野教心（筑後）	①				③？		②？
	三原種昭（筑後）					①	②	
	下総親胤（豊前）						①	①
	松浦亀鶴丸（肥前）						①	②
	深堀正綱（肥前）	①？	②？					③
	龍造寺善智（肥前）	①						②
	相良祐長（肥後）	①						②
	建部清武（大隅）	？	？					
	山田宗久（薩摩）						？	？

(48) 山口隼正「南北朝期の筑前国守護について」（『国史学』95号、一九七五年三月）二頁。
(49) 平泉澄は同親王の渡海について、菊池武時の介在を推定している（『菊池勤王史』八｜九頁、三〇頁）。妥当な見解であろう。
(50) 注（54）参照。
(51) この文書の袖には「都督御判」としるされている。当時尊良は都督と呼ばれていることから考えて、おそらく尊良側近の袖判を意味しよう。
(52) 「薩藩旧記」（『鹿旧』六一六頁）。

(53)「広瀬文書」(『増補訂正編年大友史料』五、一二〇頁)。

(54) 注(45)で掲げた申状の中に、副進文書として「一ゝ《(通)》 令旨案元弘三年六月二日、高時法師一族等可誅伐事、一ゝ 筑後入道妙恵施行状写同月四日」とみえ、また本文に、

爰頼広等在国之地、依為遠国之境、雖不馳会英時誅罰合戦於鎮西、就令旨幷筑後入道妙恵施行、致忠節之条、妙恵之一見状等分明也、　　　　(傍線筆者)

としるされている。時期・状況の両面から考えて、この令旨は尊良親王のものであろう。

(55) 平泉澄はこの様子を次のように述べている。「而して尊良親王迎へられて太宰府の原山におはしまし、少弐貞経宮を奉じて参勤の諸家を統べ、九州の号令従来博多の探題より出でしもの、再び太宰府に復した」(『菊池勤王史』二七頁)。

(56) 花押の形状からみて、以下八点の証判は二人によってなされている(これを側近A・Bとする)。4のみはAの証判、他はすべてBの証判である。この他に、Bは元弘三年六月五日護良親王令旨(「小松文書」『大日本史料』第六編之一、八九頁)を奉じ、Aは元弘三年六月五日地頭代超円軍忠状(「相馬文書」『大日本史料』第六編之一、一二三頁)、元弘三年八月十日須郷了心着到状(「洲河家文書」)に証判を加えている。一方、護良親王令旨の奉者としては四条隆貞(注(13)参照)、吉田定恒が確認されるが、A・Bとの対応関係はいまだ検証しえていない。

(57) この文書は『鹿旧』六一三頁に全文が掲載されている。それによれば、山田宗久申状に続けて、島津貞久外題(「此事、以早打之便、宜令注進候了、可被存知旨候、道鑑(花押)」)が記され、更にその奥に一つの花押が据えられている。同書の校訂者はこの花押に「高越後守」(師泰)と注記されていることから「一六五三号文書(山田宗久着到状)ノ袖判ノ混入ト推定」された。しかしこの花押は決して高師泰のものではなく、まがうことなく護良側近Bのものである。従ってこの文書は(1)宗久申状に対し、貞久が上申する旨の外題を書き加え返付した、(2)宗久は同申状を直接護良に提出し、側近Bの証判を得た、以上二段階を経て成立したものと考えられる。

(58)「松浦文書」建武元年三月二一日後醍醐天皇綸旨(松浦蓮賀の勲功を賞し、筑後国下宇治村地頭職の半分を賜う)。即ち、この綸旨は軍忠状1に対応する。なお「山田文書」建武元年一一月二六日綸旨(山田宗久の勲功を

賞し、豊前国草美彦三郎入道跡を賜う）は規矩・糸田の反乱の際の没収地給付に関するものと考えられるが、これは申状3に対応している（宗久は一方では元弘三年八月二〇日付の着到状を提出し、足利尊氏の証判を受けた）。

(59) 茨木一成「令旨の世界」（『中世社会の成立と展開』一九七六年一月）において現存の令旨（趣意文を含めて）全五六点が編年体で掲出されている。参考までに管見に及んだ遺漏分を左に記す。

①　元弘3・1・20　令旨　三浦和田三郎館あて、「中条家文書」『奥山庄史料集』一一〇頁
②　元弘3・2・6　令旨　牛屎郡司入道あて、「牛屎院文書」『熊本県史料』史料編中世五、六五頁
③　元弘3・4・1　令旨　能登国永光寺あて、「永光寺文書」『曹洞宗古文書』（上）一三〇頁
④　元弘3・卯・16　令旨　少輔律師御房あて、「八幡古文書」『唐招提寺史料』一、二七六頁
⑤　元弘3・4・21　令旨　岡本観勝房あて、「岡本文書」『福島県史』七、二一九頁
⑥　元弘3・5・8　令旨　備後国因嶋本主治部法橋幸賀館あて、「村上文書」『日本塩業大系』史料編古代中世一、四三〇頁
⑦　元弘3・6・15　令旨　一山住侶等中あて、「八幡古文書」『唐招提寺史料』一、二七七頁
⑧　元弘3・7・13　令旨　主税頭あて、『壬生家文書』一、一四九頁
⑨　？　1・11　令旨　粉河寺行人等中あて、『高野山文書』九、四頁
⑩　？　円応寺雑掌慈哲申状の副進文書　「金鼓山金光明寺古文書」『日本塩業大系』史料編・古代中世二、八〇六頁

（⑧は後醍醐天皇綸旨を施行した点で特に注目される）

(60) 尊氏の位階は元応元年一〇月以来従五位下であった（『公卿補任』二、五五〇頁）。

(61) 上島有「丹波・丹後の中世文書」（『南北朝時代の丹波・丹後』、一九七八年）二―四頁参照。上島は同論文の中で、（元弘三年）四月二七日高氏軍勢催促状（形式からみれば書状）四通と、同二九日のもの三通（表10の1～3）を掲出され、両者を比較することによって次の二点を指摘されている。

㈠二九日付のものは小さな絹布に書かれ、九州の武将に宛てられている。

㈡二七日付のものは普通の料紙に書かれ、畿内近国の武士に宛てられたと考えられる。

極めて興味深い指摘であるが、いま一つ付け加えるべきことがある。「上妻文書」に次の文書が収められている。

今年五月廿三日　綸旨、同四月廿七日御教書如此、早任被仰下旨、急速可被上洛也、仍執達如件、
元弘三年六月十三日　　前常陸介（花押）
宮野四郎（教心）入道殿
（傍線筆者）

この文書についてはすでに山口隼正が守護研究の中で解説をほどこし、発給者「前常陸介」に宇都宮冬綱が比定されること、これは冬綱の明確な発給文書の初見で、同時に彼の筑後守護としての活動を示す史料所見であることを指摘した（「南北朝期の筑後国守護について」（上）、一九六九年三月、二〇―二一頁）。大概は以上に尽きるが、「同四月廿七日御教書」に注目すれば、これが大友・阿蘇・島津に勅命を伝えた高氏書状と同様のものと考えられるから、以上の三氏以外に宇都宮冬綱にも高氏からの誘引があったことが確認されよう。従ってこれは、二七日付の九州武士にあてられた一事例と考えたくなるが、二七日段階で冬綱がどこにいたかを勘案せねばなるまい。

(62) 「建武新政府における足利尊氏」（『年報中世史研究』第三号、一九七八年五月）五五、七八頁。

(63) 建武元年三月十二日綸旨（『鹿旧』六二二頁）は全くこれと同文である。九月を三月に誤写したものであろう。

(64) 建武元年八月に改組された八番制雑訴決断所の職員は全一〇七名にのぼるが、そのうち明らかに尊氏の家人と認められる者は上杉道勲と高師直の二名にすぎない。

(65) 表現の技法、言葉の配置からみて、史料中の「召人」は「預人」と、「降人」は「警固」と対応しよう。武家法上、「預」は、（一）未決囚の拘禁、（二）判決の執行としての拘禁、を意味する（『中世政治社会思想』（上）、七七頁頭注）から、ここの「召人」は「預人」によって拘禁される未決囚と理解される（鎌倉幕府法四〇七条参照）。一方「降人」は例えば「異国降人」（同四八七条）の用例から察知されるように、文字どおりの合戦投降者、つまりは捕虜であるので、まさに「警固」の対象となったのであろう。

(66) ①「南北朝期の筑前国守護について」（『国史学』95号、一九七五年三月）。
②「南北朝期の筑後国守護について」（上）（下）（『日本歴史』250、251号、一九六九年三、四月）。
③「南北朝期の豊前国守護について」（『東京大学史料編纂所報』13号、一九七九年三月）。
④「南北朝期の肥前国守護について」（『鹿大史学』15号、一九六七年一一月）。
⑤「南北朝期の肥後国守護について」（『東京大学史料編纂所報』6号、一九七二年三月）。
⑥「南北朝期の日向国守護について」（上）（『豊日史学』34巻2号、一九六六年一二月）。

⑦「南北朝期の大隅国守護について」(『史創』9号、一九六六年三月)。同題にて(上)(中)(下)(『九州史学』35、36、41号、一九六六年九、一二月、一九六七年一〇月)。
⑧「南北朝期の薩摩国守護について」(『史学雑誌』76編6号、一九六七年六月)。
(67) 全国的にみてもこの種の綸旨はさほど多くは残存していない。管見の限り、以下に掲げる九州分の外には、岩松経家を飛騨国守護に任じた一例(「集古文書」元弘三年七月一九日綸旨)しか検出しえていない。
(68)『大日本史料』六編之一、一一一頁。
(69) 筑後：大友(↑建永二年―承久三年↓、文永九年?……建治三年)、少弐(↑弘安九年――正応元年↓)、宇都宮(↑永仁三年―正和三年↓)。
豊前：少弐(↑正治二年―文永一〇年)。
日向：島津(建久八年以後―建仁三年)。
大隅：島津(建久八年―建仁三年)、千葉(↑弘安六年―正応四年↓)。
(70) ↑建久六年―弘安四年↓
(71) 注(41)所引瀬野著書二五三頁。
(72) 注(66)所引山口論文④、一七頁。
(73) 瀬野前掲書二六〇―一頁。
(74) 川添「鎌倉・南北朝時代における少弐氏の所領」(『九州文化史研究所紀要』11号、一九六六年三月)、瀬野氏前掲書参照。
(75) 注(72)に同じ。
(76)『鹿旧』六三一頁。
(77) 東京大学史料編纂所架蔵影写本「北条時政以来後見次第」。
(78)「山田文書」建武二年三月日島津忠能重申状(『鹿旧』六三四―五頁)によれば、薩摩国谷山郡内山田・上別符両村の「以前抑留得分物」をめぐって忠能と谷山郡司覚信とは係争中であったが、「覚信他界間、其子細守護所進上者」の表記から知られるように薩摩守護島津貞久は当事者の一方の覚信が卒去したことを中央政府に注進している。訴訟進行への守護のかかわりを示すものとして注意される。

(79)「守護領国制の展開」（新日本史大系　第三巻『中世社会』、一九五四年一月）一一〇頁。
(80) 南北朝期の守護の闕所地処分権の実態については、笠松宏至「中世闕所地給与に関する一考察」（『中世の法と国家』、一九六〇年三月）四六三頁以下参照。
(81) 清水三男『日本中世の村落』（昭和四九年一〇月復刊）第三部第四、「建武中興と村落」。
(82)「鎌倉時代北部九州の使節について」（『筑紫女学園短期大学紀要』11号、一九七六年三月）。
(83) 注（66）所引山口論文①、三頁。
(84)「詫摩文書」（『増補訂正編年大友史料』五、六〇頁）。
(85) 注（66）所引山口論文①、二頁。
(86)「太宰府天満宮文書」。
(87)『続群書類従』第四輯三六五頁。
(88) 長門守護厚東武実については川副博『長門国守護厚東氏の研究及び史料』（一九五四年三月）一三一―三四頁参照。
(89)「忽那文書」元弘三年三月二八日藤原重清軍忠状（『栃木県史史料編中世四』二六二頁）。
(90) 東京大学史料編纂所架蔵影写本による。
(91)「草野文書」。同文書には筑後国山本郷内山渋田畠屋敷を草野円真に還付する同日付の庁宣あり。
(92) 注（66）所引山口論文②一八頁。拙稿「建武政権の構成と機能」（二）（『九州史学』67号）参照。なお徳政令の解釈については黒田俊雄「建武政権の所領安堵政策について――一同の法および徳政令の解釈を中心に」（赤松俊秀教授退官記念『国史論集』、一九七二年一二月）参照。
(93)『古文書学入門』（一九七一年九月）一〇〇頁。
(94)「平安時代における国司文書について」（『資料館紀要』四、一九七五年七月）。
(95)「詫摩文書」建武二年二月二九日詫磨秀貞文書請取状によれば、「二通　しとのやしろ《（志登社）》のこくせん《（国宣）》、同ちやうせん《（庁宣）》」と記されており、これらが筑前国の項に引用した②筑前国々宣、③筑前国目代遵行状の二つに相当すること疑いない。目代遵行状が庁宣と呼ばれたことが注意される。遙任国司の国司庁に対する現地の国衙留守所の地位が上昇し、目代の役割りが重くなった様子がうかがえよう。

(96) 「光浄寺文書」所収「少弐氏歴世次第書」（『佐賀県史料集成』古文書編五巻一一〇頁）。
(97) 注（61）参照。
(98) 「大悲王院文書」建武元年一〇月一七日沙弥善覚請文に「正員宇都宮常陸前司冬綱為警国司令下向鎮西之由、被仰下之間、既令下国候了」と記されている。「警固」とはおそらくこの年正月より北部九州で始まっていた規矩・糸田の乱への対処を言ったものであろう。「田口文書」建武元八月一二日少弐妙恵書下によれば、妙恵（貞経）も下国命令を受けており、しかも規矩・糸田対治という目的が明記されている。冬綱も妙恵と同時に同じ目的で下向したと考えて誤りあるまい。
(99) この証判が冬綱のものであることは山口が指摘した（注（66）所引論文②、二二頁）。
(100) 「上妻文書」建武元年七月二二日宮野寂恵着到状、「近藤文書」同年七月二六日藤原家有着到状。
(101) その根拠の一つは「大徳寺文書」建武二年八月二八日雑訴決断所牒の署名者の中に、「豊前守坂上大宿禰」とみえることにある。いま一つの根拠とされる、「大友文書」同年二月三日の文書については、これを検出できなかった。
(102) 拙稿「建武政権の法制」（『史淵』116輯、一九七九年三月）参照。
(103) 「大友文書」に豊前国衙あての決断所牒は現存している。しかし豊前の場合守護所にも同様の牒が下されたはずである。「大分県史料」(26)二八一頁に載せる決断所牒の前欠断簡がそれに当るのではあるまいか。
(104) 「大友文書」建武二年三月日山城三聖寺嘉祥庵院主処英紛失状にみえる具書文書案のうちの一通（建武元年三月七日豊後国々宣）。しかしこの史料によってこう言い切ってしまうには問題がある。後掲表14に書き出した八通の国宣のうち袖判を持つのは2・3であるが、少なくとも3の袖判の形状は菅原在登の確かな花押と異なっている（たとえば、「住吉神社文書」（年次欠）十二月廿一日筑前国々宣の袖判と比較）。しかし奉者（長兼）は共通しているから建武政権期の当国々司が菅原氏であることは動かない。つまり3の袖判を改変以前の在登のものとみて彼の在任が終始一貫したと解するか、或いは一門の別人とみて3と4の間に国司を交替したと解するか以上二様の見方が成り立とう。筆者は前者を想定したい。
(105) 「郡文書」建武三年二月八日大友寂応申状によれば、豊後国石垣弁分は国司の所領であった。この地は元弘没収地として在登に給付されたものであるが、国司の経済基盤の一つとして注目される。

(106) 「建武政府・室町幕府初の守護について――大友氏の場合」(『日本歴史』282号、一九七一年一一月)。

(107) 同前外山論文四二頁。

(108) この文書は『鎌倉遺文』第三巻一五二三号文書として収められているが、石井進は「年号は明らかに誤りであって、文書の変造、追筆があることは否定できない」と述べている(「九州諸国における北条氏所領の研究」『荘園制と武家社会』所収、三四七頁)。北条氏の没収地に関するこの文書が建武政権期のものであることは疑いない。

(109) この文書も年紀に加筆の疑いがある。

(110) 「永弘文書」建武二年九月一〇日雑訴決断所牒によれば、法光(田原盛直)の濫妨を停止すべく提訴した宇佐若宮権擬神主宣基の当知行の有無について、決断所は大友貞載に尋究を命じた。裁判手続き上の主導権もすでに守護側に掌握されたことが知られる。

(111) 注(66)所引山口論文④、一七―八頁。

(112) 『佐賀県史料集成』の編者は花押ⓐに二条師基を推定するが(古文書編第四巻七、九五―六頁)、元弘三年五月二五日後醍醐天皇綸旨(「熊谷家文書」)を奉じた大宰師(二条師基)の花押とは明らかに相違している(埼玉県史料集第三集。『熊谷家文書』所載写真による)。私はこの花押を官務小槻氏のものと推測している。
参考までに二条師基について一言しよう。『太平記』一一に「九国探題英時ヲ攻ラルヘシトテ、二条大納言師基卿ヲ太宰帥ニ成サレテ、既ニ下シ奉ラントセラレケル処ニ……」とみえており、又『公卿補任』によれば、建武政権成立直後、平惟継と交替して大宰権帥となり、建武三年兵部卿へ転任するまで在任したとみられる。

また花押ⓒについて、『大日本史料』第六編之二、『増補訂正編年大友史料』五の編者は、大友貞載を比定されているが花押の形状、官途、本姓などからみてそうではない。

(113) 『佐賀県史料集成』古文書編第二巻二四〇頁。同文書建武三年一一月日高城寺衆徒申状の副進文書の中にみえている「吉田前内大臣家安堵御教書案建□」はまさにこの文書に相当する。同文書建武二年一〇月日行覚・忍秀連署打渡状は関連文書である。

(114) 注(66)所引山口論文⑤、三四―五頁。

(115) 同前⑥、三頁。

（116）『続群書類従』第四輯上、三三〇頁。彼の名は『徒然草』百一段にもみえている。

（117）注（66）所引山口論文⑧、（上）二一―二頁。

（118）「島津庄日向方救仁院と救仁郷」（『日本社会経済史研究』古代中世編、一九六七年一〇月）四三一―三頁。

（119）同文書建武二年五月一一日決断所牒。

（120）注（108）所引石井論文三六四頁。

（121）五味克夫編『志布志都城野辺文書』（鹿児島県史料拾遺Ⅵ）一三―四頁。

（122）野辺久盛は「博多日記」正慶二年四月一日条にみえる「野辺八郎《（久邦）》親父六郎左衛門尉」である。ここでは久盛は探題に対し叛意なき旨を誓っている。

（123）五味編『野辺文書』はしがき（一九六六年一〇月）。

（124）注（66）所引山口論文⑦、一五頁。

（125）『鹿旧』六二二頁。

（126）同前六三二頁。

（127）同前六三三頁。

（128）注（66）所引山口論文⑧、三八頁。

（129）『大日本史料』六編之二、三八五頁。

（130）注（92）参照。

（131）「薩藩旧記」（『鹿旧』六三二頁）。

（132）同前六八三頁。

（133）このことは決断所も本銭返・質券地訴訟を取り扱ったことを示している。「新田神社文書」建武二年八月一一日決断所牒参照。

（134）「宇佐到津文書」建武元年一〇月二四日付文書は現在、決断所牒とみなされているが（『大分県史料』（1）五四頁）、文書形式から牒とは考えられない。同文書建武元年一一月日宇佐公右重中状案の文中に「云九月八日、云同《（建武元年）》十月廿四日、両度雖被成下御廻文」とみえることから判明するように、本文書は宇佐宮社務職をめぐる公右と公連との相論の過程で、公連に対して発せられた雑訴決断所廻文とするのが正しい。

（135）『東寺百合文書』め41〜50建武二年六月一六日雑訴決断所下文（『大日本史料』第六編之二、四三三頁）。

（136）九州に関する決断所発給文書の残存上の特色については、すでに池上直敏の指摘がある（一九六七年三月九州大学文学部卒業論文「建武政権の政治機構についての一考察——雑訴決断所の運営と機能」）。

（137）あくまでも参考までに、九州に関する決断所牒・下文五三通を内容と当該地の所属国に即して分類すれば次のようになる。表の総数が五八となったのは、複数国に散在する所領を一括安堵した下記三通の牒においては、その遂一について掲出したからである。①「禰寝文書」建武元年六月一六日牒（大隅・筑前）、②「大友文書」同日牒（豊後・筑後・筑前）二通。

国別＼内容	所務濫妨	所領安堵	綸旨の施行	訴訟手続き	その他	計
筑前	5	5		4	2	16
筑後	1	2	1			4
豊前			4			4
豊後	2	2		2		6
肥前	3	1	2	4	1	11
肥後		3	2			5
日向	1					1
大隅		3			1	4
薩摩	2	3		2		7
計	14	19	9	12	4	58

(138) 川添は神領興行法の歴史的意義についての研究の中でこの申状に触れ、「神領興行法施行時の在地の混乱と鎮西地頭御家人層の深い怒りとを遺憾なく吐露したもの」と指摘した（「鎮西探題と神領興行法」『社会経済史学』28巻3号、一九六三年二月、二六頁）。

(139) 注（80）所引笠松論文四二四―五頁。

(140) 建武二年二月日島津道恵代道慶目安（『鹿旧』六三二頁）。

(141) 拙稿「建武政権の法制」（『史淵』116）において、「建武記」冒頭の「建武二年条々」の第一、二条の成立を建武元年正月の時点まで遡らせうると推測したが、この目安の史料所見によればさらに元弘三年一〇月まで押し上げることができよう。

(142) 『青方文書』二、一頁。

(143) 『南北朝の動乱』五四頁。また笠松も同様の見解に立っておられる（「中世の『古文書』」『史学雑誌』87編7号、一九七八年七月）。

(144) 具体例は枚挙にいとまないが、管見における初見は建武三年二月七日小早河祐景申状（「小早川文書」）、建武三年二月日院林了法申状（「醍醐寺文書」）に各々書き加えられた同二月七日付足利尊氏外題安堵である。一方九州においては、建武三年二月八日大友寂応申状（「郡文書」）の裏にしるされた同日付の安堵文言が初見である。

(145) 石井進は高政・貞義の系譜関係を考究し、両人ともに北条政顕の子とみなした（注（108）所引石井論文三四二頁）。なお翌年正月、長門国府城に拠った上野四郎とは『大日本史料』第六編之二の編者の推測のとおり、長門探題北条時直の子であろう（二四五頁）。

(146) 『土佐国蠹簡集残編』建武二年閏十月日吉田宗智庭中申状によれば、舎兄崇観が高政与同の咎により先祖開発私領豊前国吉田村惣領職を収公されたことが知られる。つまり武藤氏支流の吉田崇観は北条氏との好で反乱軍に走ったわけである。北九州市小倉南区中吉田、綿都美神社所蔵「平野家文書」の中に崇観の寄進状が二通収められている。このうち元弘四年正月廿五日付のものは、神田として竜王宮・八幡宮・氏社に寄進する所領を書き出したものであるが、本文の最後に「右依宿願、所奉寄進之状如件」と記されている。吉田崇観が祈念した「宿願」とはまさに規矩・糸田の乱の成功であった。この史料は乱勃発直前の反乱者側のはりつめた雰囲気をただよわせている。

(147) 注(66)所引山口論文③、一頁。

(148) 『川西市史』第四巻三二六頁。

(149) 注(66)所引山口論文④、一八頁参照。

(150) 表17の2・3・5・12・14・15・18・23の証判の主を少弐貞経の代官とみなしたのは次の理由による。(イ)、元弘三年中の正確な貞経の花押と比較してその形状が異なること(「田口文書」建武元八月十二日少弐妙恵貞経書下に据えられた貞経の花押は元弘三年中のものと同一。従って花押の形を変えたとは考えられない)。(ロ)、(イ)にあげた書下にみるように貞経は少なくとも建武元年八月までは在京していること(博多合戦後の元弘三年九月ころ上京したものか)。(ハ)、貞経の子頼尚も建武元年七月では在京中であること。(ニ)、着到状の分布状況を地域的にみれば、少弐氏の勢力圏とほぼ重なりあっていること。

(151) 大悲王院現蔵のこの請文の裏には花押が記入されている。この花押は決断所奉行人中原職政のものと認められ、当件が西海道(八番)関係であったため、担当部局の職政がこれにかかわったとみてよい。善覚請文は決断所奉行人によって裏を封じられたうえで千如寺に付されたのである。このような事例は管見の限り他に数点検出されるが、決断所の訴訟手続きを具体的に窺う上で貴重な史料といえる。

(152) 『歴代鎮西志』によれば、建武元年三月少弐・大友は詔を得て鎮定に向ったと記されているが信憑性は低い。

(153) 現に尊氏は元弘三年四月二七日、宇都宮冬綱に対し、伯耆からの勅命を伝えたこともある。注(61)参照。

付記　本章を草するにあたり、佐賀県立図書館所蔵の古文書を閲覧させていただき、東京大学史料編纂所山口隼正氏にはひとかたならぬ手数をおかけした。厚く御礼を申し上げる。

補注(一〇六頁)　この花押は、実は一門の中御門経季のものである(東京大学史料編纂所編纂・発行『花押かがみ五』二〇〇二年三月、二五六頁)。本書五四四頁参照)。

付　山科家関係文書の紹介
――「内蔵寮領等目録」・「御厨子所関係文書」――

ここで紹介する史料は、宮内庁書陵部所蔵「内蔵寮領等目録」（一巻　架蔵番号五一二―一〇七）と国立歴史民俗博物館所蔵「御厨子所関係文書」（一巻　架蔵番号H―七四三―三八〇―一―一）である。『鎌倉遺文』にはともに収録されていないが、前者は『香川県史　第八巻』（一九八六年三月）に「小河家古文書」として収録されている。

「内蔵寮領等目録」は、中世以後とくに宮中装束の調進を任務とする令制官司の一である内蔵寮の職員貞有（姓不詳。年預か）が鎌倉時代最末期の寮領経営の実態を、おそらく新政権樹立直前の後醍醐天皇に対して報告したもので、建武政権成立直前の内廷経済の一角を明示する史料としてきわめて貴重なものである（小著『建武政権』教育社歴史新書、一九八〇年一一月）。注進者の貞有は中原職政とともに内蔵寮経営に重きを占める年預、もしくはそれに近い地位にあったと考えられる。のち建武政権の雑訴決断所の職員として名を連ねるところからみると、ともに後醍醐天皇の近臣であった可能性が高い。後醍醐に気脈を通ずる者は、こういうところにもいたのである。この文書は、すでに小野晃嗣「内蔵寮経済と供御人（上）」（『史学雑誌』四九―八、一九三八年八月）においてあらまし紹介されており、日本歴史学会編『演習古文書選　荘園編　下』（吉川弘文館、一九八一年八月）でほぼ半分が写真掲載されたうえに釈文・解説が施された（第七五号）。「内蔵寮領等目録」という名は端裏書の文言によったものだが、この文書は「右、大略注進如件、元弘三年五月廿四日　貞有」という表記で終わっているので、『演習古文書選　荘園編　下』では、文書名を内蔵寮内侍所供神物月充国々等注進状としている。吉川弘文館『国史大辞典　第四巻』所収の項目「内蔵寮」(橋本義彦執筆、一九八四年二月)等においても取り上げられ、同じく「山科家文書」(飯倉晴武執筆、一九九三年四月)ではこの文書について「確証はないが、山科家伝来といわれる」(第一四巻一五一頁)とされている。むろん、内廷経済を取り扱った個々の研究論文でも、この史料はときおり使用されている。このように割とよく知られた史料ではあり、前述のとおり『香川県史　第八巻』が全文収録するが、同書にはほんの少しだが訂正を要する個所も認められるし、継目裏花押や合点については着目されていないので、ここであらためて翻刻することにした。なお本文書は宮内庁書陵部『和漢図書分類目録』(同部編、一九五三年三月)によると原本とされているが(下巻、一九五三年三月、九九〇頁。函号は五一二―一〇七)、以下述べるように検討の余地がある。

筆者は、昭和五〇年ころ初めて宮内庁書陵部を訪れたときに、この史料を真っ先に閲覧した記憶がある。このとき、この史料の内容に深い興味を覚えたことはむろんだが、一つ気になることがあった。それは全一一紙から成るこの文書の紙継目裏に据えられた一一個の花押(同一人のもの。最末尾第一一紙の左端の一つは完全形で紙端より内側にある)、いわゆる紙継目裏花押がいったい誰のものかということである。この疑問はその後気にかかりながらも、解決されぬまま放置されていた。

さて、昨年(平成一〇年)八月末、千葉県佐倉市の国立歴史民俗博物館に「田中穣氏旧蔵典籍古文書」を閲覧するため赴いたとき、同館所蔵「山科家旧蔵文書」のなかの「御厨子所関係文書(写)」(一巻二〇通)をひもといてみて驚いた。なんとこの継紙の数ヶ所の継ぎ目にくだんの花押が据えられているではないか。

問題は、当然にその花押の主は誰かということである。当初、室町幕府奉行人かもしれないと思い、同奉行人奉書の花押を調べてみた。しかし該当するものは見あたらない。そこで当の「御厨子所関係文書」をよくみてみると、所収文書は内容的に三つのグループに分かれることがわかる。以下に掲載した各文書には文書名と、通し番号①〜⑳とを便宜的に付けておいたが、この文書番号でいうと、①〜⑥、⑦〜⑯、⑰〜⑳の三グループである。

しかも、①〜⑥の部分の三ヶ所の紙継目裏に花押（これを花押Aとする）があり、⑦〜⑯の部分の五ヶ所の紙継目裏にまた別の花押（これを花押Bとする）がある。⑰〜⑳の部分の二ヶ所の紙継目裏に花押はない。このうち花押Aが『教言卿記』（史料纂集で活字化）の記主である山科教言《のりとき》であることは調べればすぐわかる（例えば『国史大辞典』第一四巻一五二頁「山科教言」の項に載せられた花押、あるいは『大日本史料』第七編の一三、四七一頁参照）。かの「内蔵寮領等目録」の継目裏花押は、花押Bと一致するのであるが、この花押もあるいは山科家にゆかりのある者のものかもしれないので『教言卿記』をくってみると、応永一二年（一四〇五）九月一六日条の日記本文中に書かれている花押がくだんの裏花押Bと一致し、日記本文の意味をとれば、この日記中の花押が山科教言その人のものであることがわかる。この花押Bは一般に知られている教言の花押Aより早い時期に使用されたものと思われる。なお花押Bは『教言卿記』応永一五年（一四〇八）四月九日条にみる「左衛門尉《（大沢）》重能」（同一六年一二月七日条では「目代《（内蔵寮目代）》重能」とみえる）の花押（ともに教言が写したもの）ともよく似ているが、それが大沢重能の花押である可能性は低い。

かくして「内蔵寮領等目録」と「御厨子所関係文書」とはもともと一具であった可能性が高くなってくるし（両者の筆跡もよく似ている）、また問題の花押の主は山科教言であろうということがわかった。書陵部の目録は「内蔵寮領等目録」を原本だとするが、教言の生年は嘉暦三年（一三二八）〔没年は応永一七年（一四一〇）〕であるから、「内蔵寮領等目録」原本が成立した元弘三年（一三三三）当時教言の年齢は数え六歳ということになり、原本説は成立しがたい。案文とみる方がよかろう。

では、いつ何の目的でこのような文書案文が作成されたのだろうか。このことについては、内蔵頭の山科家が御厨子所別当を兼任したこと（『国史大辞典第四巻』七四一頁「公家領」脇田晴子執筆）、文書⑦～⑯の内容がいずれも御厨子所の権利関係のものであること、しかも年次的にもっとも新しいのは⑭の建武三年（一三三六）二月三〇日後醍醐天皇綸旨であること、そして山科教言が内蔵頭に任じられるのは貞和二年（一三四六）一二月一二日であること（『新訂増補国史大系　公卿補任』第二編六六六頁）、などから考えて、文書作成の動機は、新しく樹立された北朝＝室町幕府体制の保護を得るためになされた山科家の権益の主張ではあるまいか。教言は関係文書の案文を作成、紙継目裏に花押をすえて幕府あたりに提出したものと考えられる。時期的には、貞和二年をさほど下らない頃であろう。「内蔵寮領等目録」も同じ頃に作成されたであろう。このように考えれば、同目録が山科家に伝来するものであったことはまず間違いあるまい。

以上が本史料を紹介しようと思うに至った経緯と若干のコメントである。直接に言及しなかった文書も多いが、内容的にはすべて供御人関係のことがらである。御厨子所が供御人を管轄したから、山科家にこのような文書が伝存したわけであるが、なかでも「索餅供御人」の存在（②～⑥）は注目されるし、諸供御人たちが「廻船交易の業」を営んでいたこと（⑩）は当然予想されることではあるが、これによって船をあやつる供御人たちの活動範囲の広さをあらためてうかがうことができる。索餅《さくべい》とは、小麦粉と米粉を練って縄の形によじって油で揚げた菓子で、節会の晴れの御膳に供された。

なお、冒頭にあげた小野晃嗣の論文には六角供御人に関する記述があり、書陵部所蔵「六角供御人ニ関スル文書」を翻刻・紹介している。そのなかには「御厨子所関係文書」所収文書と重複するものがあり、両者の近い関係を示唆している。近年供御人研究は盛んであるが、これらの史料を総合的に検討することによって、供御人たちの活動を通じた中世の内廷経済の実態をいっそう深く掘り下げることが可能となろう。

図1　「内蔵寮領等目録」の紙継目裏花押

図3　「御厨子所関係文書」の紙継目裏花押B

図2　「御厨子所関係文書」の紙継目裏花押A

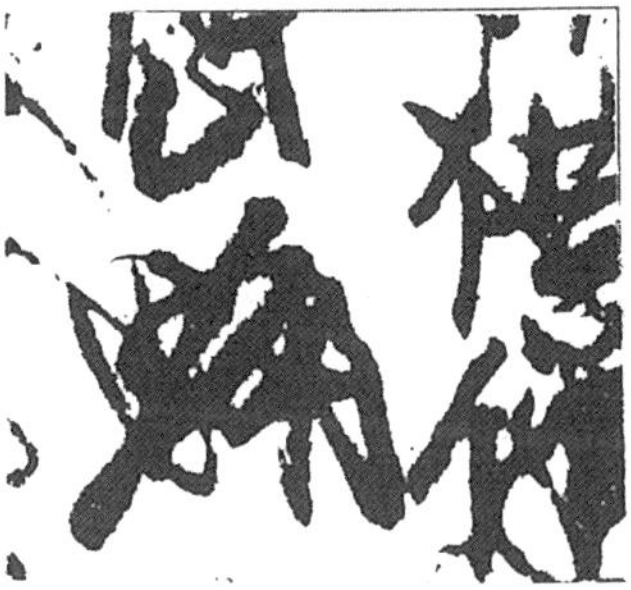

図4　『教言卿記』応永12年9月16日条にみえる山科教言の花押

筆者は平成一一年三月一九日、宮内庁書陵部に赴き、「内蔵寮領等目録」および「教言卿記」の原本を閲覧し、くだんの花押を精査することができた。さらに「教言卿記」にみる山科教言の筆跡を検するに、前述の「内蔵寮領等目録」や「御厨子所関係文書」のそれと似ている感じもする。むろん速断は避けねばならないが、後二者も教言の筆である可能性は否定できない。

最後に、関係史料の閲覧、翻刻・掲載の許可などでたいへんお世話になった宮内庁書陵部および国立歴史民俗博物館の方々に感謝の意を表したい。

一　宮内庁書陵部所蔵「内蔵寮領等目録」（」は行替）○東京都千代田区

（端裏書）「内蔵寮領等目六」

内蔵寮

注進毎月朔日　内侍所供神物幷御服御殿」油等月宛国々事、

一　内侍所毎月朔日供神物月宛国々

正月　若狭国米十石近年代銭三貫文」　二月　丹波国十石近年代銭三貫文」

（三）□月　播磨国十石近年代銭三貫文」

四月　伊賀国十一石印代郷内以岩松名四町六段被定便補」保之處、近年或為地頭押領、或為土民抑留之」間、有名無実之間、毎年令闕如、

五月　伊豫国十石近年代銭三貫五百文」　六月　越前国十石近年代銭三貫文」

七月　阿波国十石近年代銭三貫五百文」　八月　摂津国五ケ保

九月　備前国十石近年代銭三貫文」　十月　近江国十石近年代銭三貫五百文」

（十一月）□□□和泉国為大嶋・八田・深井幷泉郡内弾正田等役、自地下五貫文」致沙汰、於去年者称兵乱米雖一立（粒）不及其沙汰、

十二月　河内国廿石近年代銭四貫五百文」　潤月分能登国役十石代銭三貫文」

……………（紙継目裏花押）……………

一　御服月料国

但馬国卅五疋近年代銭卅四貫五百文」此内卅貫文上分三貫文目代得分」一貫五百文奉行」寮官得分

元三御服被宛之、於不足分者、随時被付他足、

伊勢国絹十疋代十二貫文、内一貫文目代得分、一貫文寮官得分、近年一向顚倒、二月分也、」

越前国絹廿疋代銭廿四貫文、此内目代二貫分、寮官得分二貫文、」近年一向無之、三月分也、
河内国河俣御厨三千疋三月分、
丹後国石丸保為寮領代銭卅三貫四百文、内二貫文目代得分、」一貫四百文寮官得分、職政(中原)令知行之、」近年令進済十貫文云々、地下土貢三百」余貫云々、不交地頭、一円進止地也、四月分也、」御更衣之時不足分仁被副他足者也、
美濃国金澤保蔵寮(「職」字あり)領田代九町大廿歩、代銭廿貫文、目代得分」二貫文、貞有為預所之間、特分十八貫文、」為在廳吹和次郎左衛門入道沙汰、十一・」十二両月之間、沙汰上之、
参河国料絹廿五疋近年一向無之、
尾張国花正保為蔵寮領近年海東備前々司令押領、代銭十」貫文内一貫文寮官得分、致其沙汰之」處、此七八ケ年一向抑留之、
丹波国夜久郷為蔵寮領安東平次右衛門入道称得宗領押領之、」代銭十五貫六百文進済之、此内十五貫」文上分、一貫文目代得分、四貫六百文」寮官得分、但此六七ケ年一向抑留之、〻

……………（紙継目裏花押）……………

紀伊国絹十疋代銭十四貫文、内目代三貫文、一貫文」寮官得分、近年一向無之、
阿波国絹四十疋代銭四十二貫文、内二貫文寮官得分、十月」御更衣之時沙汰之、不足分被副他足、
石見国呉綿二百二十屯、内上分二百屯、二十屯目代得分」自余雑物寮官得分此外鹿皮三枚・干飯袋三・弓三張・タカシコ(竹矢籠)」
　三腰致沙汰之處、去弘安已後寄事於異国、無沙汰之」間、永仁之比、重々有其沙汰、代銭三十貫文令
治」定畢、此内目代得分二貫文、寮官得分一貫文、」而近年十一貫文減之、此内二貫文目代得分、一貫
　文」寮官得分、爰去年去々年両年一向顚倒、

一　御殿油月宛国々
正月　伊豫国二石二斗　　二月　播磨国二石二斗
三月　備前国二石二斗　　四月　讃岐国二石二斗
五月　阿波国二石二斗
六月　安藝国多地比保為蔵寮領之間、為寮官」知行之處、寮官景親去文永年中寄附主君」菅二位(菅原長成)家之間、号

別相伝四条三位隆久被相伝、」其時地頭等以公田等対地頭一円被買得之間、」（紙継目裏花押）子息四条少将隆定時依無
公事足、六月御殿」油幷　内侍所供神物令闕如畢、仍元徳三年」六月九日為頭弁殿冬長（吉田）御奉行被返付
于寮家」畢、而地頭依為買得之地、武家被成下知之」上者、寮家進止不可用之由申之、不致其沙汰、
仍」来月御殿油等無足也、

七月　丹波国栗作保油二石近年為助法師論員数器物」、連々闕如之、

八月　因幡国二石二斗

九月　摂津国五ケ保村々已上早米百十八石被定」置、為寮領之間、貞有知行之、但於下地者、一所」者仁和
寺御室御進止、百姓等号住吉神人」五ケ保役・国衙所当米追年令抑留之間」有名無実、一所橘御園浄
土寺僧正御房」領不進止下地、為保司之間、百姓等追年抑留」之、（紙継目裏花押）一所西桑津者西西（醍醐）寺越後僧都房
家」人糟屋南河法橋押領下地、神物米一向」抑留之、一所泉部庄下司四条坊門堀川篝」近年一向押領
之間、或訴武家、或於　公家」有御沙汰最中也、

十月　紀伊国二石

十一月　近江国押立保為蔵寮領、五節以前」御殿油幷賀茂臨時祭々一□御馬」飼料・庭座饗膳・冬季除目饗膳」
酒肴等料所也、職政（中原）令知行之、

潤月　伊賀国二石二斗

一　御服紅花国々

甲斐国二百斤　上野国九十斤
美作国五十斤　備中国五十斤
讃岐国五十斤　備前国四十斤

伊豫国卅五斤
　　　已上皆顛倒
一　三河国犬頭糸三百四十五両幷袋絹一疋、此内」(紙継目裏花押)卅両目代得分、十五両袋絹寮官得分、近年」一向顛倒、
　　同国碧海庄犬頭糸七十七両、用途二百文、此内」七十両上御分、七両目代得分、二百文寮官得分、」持明
　　院中納言家知行之、
一　寮領
　　河内国大江御厨田代二百余町可為寮家一円進」止之處、於供御米者御厨子所預直納之、至大□(草)米」者寮家
　　御得分、爰伺長官御遷替之隙、或地下」土民等募武威掠之、或憐(隣)郷地頭押領之間、長官」御得分四石七斗
　　弁之由、沙汰人等令注進之間、去」徳治年中大覚寺(後宇多上皇)御治世之時、如此寮領等遷」替、寮務家人等就令知行
　　令顛倒者也、奉行」寮官令知行可致興行沙汰之由被下　院宣畢、」仍於　公家・武家致其沙汰最中也、而
　　号御家」人輩歎申之、十石仁令加増、憐(隣)郷地頭幷殿」下御領玉串土民等押領分未落居、
一　同御厨摂津国渡部被補惣官、任料百五十貫」文、此外目代得分十五貫文、(紙継目裏花押)毎年御年貢五」十貫文、此外目
　　代得分五貫文、将又被補預所」大草米在之、近年無之云々、浮津料毎月一貫文、」地下仁向預所請之、
一　同御厨内津村郷去正応之比、隆政(四条)寄進于山門」之由被成下知之間、毎度寮領之時、保作面於山門」廿貫文
　　沙汰進、而於近年者一向不弁之、
一　河内国岸御薗田代三十余町、地下押領之米五六石弁之、
一　伊勢国丹生山地頭押領之用途四五貫文進済云々、
一　尾張国花正保、先段御服注文注畢、
一　美濃国金澤保、先段御服注文注畢、

一　丹波国夜久郷、先段御服注文注了、

一　丹後国石丸保、先段注進畢、職政（中原）知行之、

一　越中国蟹谷保、打殿料所、寮領御初任之」時、任料二十貫文進之、

一　山城国精進御薗、惣官職女従（儒）猪熊見参料二十貫文弁之、

一　山城国□御薗、一向顚倒、

一　壱岐嶋物部郷、御服料所也、職政（中原）知行、

……（紙継目裏花押）……

一　近江国信楽郷、雑器随時備進于寮家、職政（中原）」知行之、

同国押立保、先段注進、

同国菅浦、鯉三十隻・大豆一石・小豆二斗・小麦」一石、但近年沙汰分不存知、

一　伊勢国池田別符田代十四町、内侍所毎月散」米料所、地頭関東一門下総四郎押領之間、自去」正安年中已来於関東有沙汰最中也、貞有」知行之、

一　信濃国小長田保、至于永仁之比、十余貫沙汰之、」近年不存知之、

一　遠江国小池保毎年用途十一貫文、為地頭沙汰」運上、一年中御神事御湯帷料所也、雖令」不□（足カ）令懃仕之処、此両三年寄事於兵乱、」一向不沙汰之、

……（紙継目裏花押）……

一　和泉国近木保、六月十一日御櫛廿束、十二月十一日」御櫛廿束、此内方々到来之時、可進注文者也、将又月別荒巻用途在之、

一　上野国白井河田山保、近代曾無其沙汰、

一　大和国黄瓜御薗御瓜、六月卅日供御人等企上洛備」進之、但此内於三ヶ日者、進内侍所以下方々之間、」

御得分無之、残廿七ケ日毎日寮頭瓜廿、代」銭十三文宛目代得分、子細同前、貞有奉行、
同国内侍原庄、二季春日祭料所、南都」衆徒令相伝之、不随寮家所勘、長官春日」社御参詣之時、一代仁
一度進之、近年毎度」可随仰之由、雖申之、動申子細、
一　東口四宮川原率分、沙汰人等初任見参料」三貫文、毎月御公事一貫五百文・御薪三百把、
一　長坂口率分毎月二貫五百文、見参料三貫文、」但為武家近年被止之畢、
一　御倉町地子、寮官奉行、
雖為十貫文、或堂敷或官史生等御免之間、」夏冬六貫沙汰、動乱以後随執沙汰進上之、御倉」焼失之後、
免員数減少之、

（紙継目裏花押）

一　菓子供御人毎年六貫文御厨子所沙汰人等」被進之、
一　大和座供御人毎年二貫文、但依沙汰人所望、」員数随時増之、
一　六角町生魚供御人毎月人別鯉一隻、」人数十余人在之云々、将又見参料人別百五十文、
一　姉小路町生魚供御人毎月鯉十隻、見参料」一貫文、不依人数増減進之定使得分在之云々、員数不存知、
一　鳥供御人毎年四十鳥、
一　上桂供御人自三月三日水鮎卜之、又自五□（月）」五日続鮎員数等委細不存知之間、不注進之、
一　今宮供御人上洛之時、蛤一鉢進之、貞有」奉行、
一　蓮根供御人毎月三十本、但町面不見之」時者、不進之、貞有奉行、
一　奈良火鉢十、京都商人役也、貞有奉行、

（紙継目裏花押）

一　町面折敷・瓦気以下、伊勢タナ《（店）》随時相副」定使於貞有使者沙汰之、
一　大魚到来之時、自所々タナ《（店）》、大魚一用途二百文」弁之、大魚者上分用途二百文内百文目代、百文貞有、
一　切売タナ《（店）》、自一所五十文宛取之、目代幷貞有」両分得分、
一　散在売買鳥、随問答被召之、御目代一円」進止之、貞有不相交、
一　大和国内侍原内小南供御人作料田」金輪政事、御火鉢・土器等進之、職政奉行、
一　深草瓦気、職政《（中原）》奉行、
一　御殿油、毎月長官五升、目代三升已上八升、
一（朱）「可有長官御懃仕寮役事、
一　正月御ハカタメ《（歯固）》打敷絹代一貫文被渡内膳、
一　クスタマ《（薬玉）》ノ糸、々所女官ニ代二百文被渡之、以参川国」犬頭糸被渡者也、
一　七月七夕糸、子細同前、
一　九月菊キせ《（着）》綿、以石見国呉綿、沙汰之、
一　佛名カツケ《（被）》綿、子細同前、
一　朝干飯御座畳二帖・御莚《（筵）》一枚・御几帳帷一帖、

右、大略注進如件、

元弘三年五月廿四日　（裏花押。紙継目ではない）　貞有

二　国立歴史民俗博物館所蔵「御厨子所関係文書」（」は行替）○千葉県佐倉市

（モト端裏書カ）「御厨子所　索餅魚鳥以下事」

（異筆）「正校了」

〔①伏見天皇綸旨案〕

御厨子所申魚鳥菓子以下売買業事、於□□（駕輿）」丁等交易者、被停止了、存此旨可令下知供御人等者」、天気如
此、悉之以状、
（永仁五）六月三日　　兵部卿（藤原光泰）判
豊前々司殿
追仰、」駕輿丁商売業事、於所被下官之去四月七日」綸旨者、被召返了、可被存其旨也、

〔②伏見上皇院宣案〕

索餅供御人間事、先度被仰下了、」於難渋之輩者、早可止其業之由、所被」仰下也、以此旨可被下知之状如
件、
（正安二）七月四日　……………（紙継目裏花押A）……………　参議在判
豊前々司殿

〔③後宇多上皇院宣案〕

索餅供御人間事、先度被仰下了、於」難渋之輩者、早可止其業之由、所被仰下」也、以此旨、可被下知番衆之状如件、

正安三
十月廿四日　　兵部大輔在判

安芸前司殿

〔④伏見上皇院宣案〕

索餅供御人等募権威対捍所役云々、太」不可然、且交易輩不可募他方之威之由、」被載文永御牒早、早止権門号、可相従」有限供御役之由、可被下知之旨、被仰下之」状如件、

延慶三
三月十五日　　故高倉前中納言家(高倉経守カ)判

安芸前司殿

（紙継目裏花押A）

〔⑤後伏見上皇院宣案〕

御厨子所番衆等事、索餅供御人等所役」難渋事、奏聞之処、有限課役対」捍、不可然、任先例、致其沙汰、於難渋之」輩者、厳蜜(密)可令催促之由、被仰下之状」如件、

正慶元
七月五日　　木工権頭在判

備前々司殿

〔⑥後光厳天皇綸旨案〕

御厨子所申索餅供御人等」課役難渋事、奏聞之処、」任先例、厳蜜(密)加下知可被」全所役者、」天気如此、悉之
以状、

……………（紙継目裏花押A）……………

延文四
十二月三日　　　右大弁(平親顕)在判

左馬助殿

（余白）

……………（紙継目、裏花押なし）……………

「御牒等(モト端裏書カ)　勅裁案　代々」

〔⑦蔵人所牒案〕

御牒案
蔵人所牒　御厨所(子脱)

応今以三條以南市厘(廛カ)幷洛中辺土五畿七道」諸国往反魚鳥菓子精進類交易輩供御人」備進元三九節供臨
時供御事、
牒、得所預、、、、、寺〔〈〉〕(朱)社権門庄牧等」威勢、動令闕怠、、、洛〔〈〉〕(朱)中辺土四方八口五畿」七道、
各就其色、令備進也、、、
建久四年八月二日　　　出納、、

〇網野善彦『日本中世の非農業民と天皇』（岩波書店、一九八四年二月）四六―四八頁所載の「蔵人所牒一覧」に未収録

別当左大臣藤原朝臣（実房）
頭　右近中将藤原（中脱カ）朝臣判
右大弁兼宮亮藤原（宗頼）朝臣判

〔⑧伏見天皇綸旨案〕

綸旨案　伏見院御代
御厨子所申三条以南井都鄙」交易供御人等事、近年募神」（朱）社仏寺等権門勢家威、不備進上分、」不従所勘
……（紙継目裏花押B）……
云々、自由之至、太不可然、早」（朱）任文永蔵人所牒旨、可有尋沙汰、若」令難渋対捍者、永可停止其業之由、」
可令下知給之旨、」御気色所候也、仍執達如件、

正応三
三月九日　春宮亮雅藤（藤原）

謹上　内蔵頭殿

〔⑨伏見上皇院宣案〕

院宣案　伏見院御代
番衆竈原申為権門寺社甲乙人等」（朱）輩代々牒旨、或妨供御人売買業、或」乍致交易対捍有限課役等事、」
奏聞之処、事実者、太不可然、早」（朱）任先例、止口々関々煩、可備進供御之」由、可被下知之旨、被仰下之状
如件、

延慶元
十二月廿九日　前平中納言経親卿　在判
……（紙継目裏花押B）……
安芸前司殿

〔⑩伏見上皇院宣案〕

（院宣案　同御代）
諸供御人等背代々　勅裁、乍致廻」船交易之業、忽諸奉行対捍課役之」条、太不可然、早任先例、可令備進
有限」供御上「ヽ」（朱）分、於難渋之輩者、可被処罪科」之由、厳蜜（密）可被下知之旨、被仰下之状如件、

延慶二
七月廿六日　前藤中納言俊光卿（日野）
在判

安芸前司殿

〔⑪伏見上皇院宣案〕

（院宣案　同御代）
三条以南弁都鄙散在交易輩、不弁」供御上分、及狼籍（藉）云々、太不可然、早任先」例、可勤仕其役之由、可
被下知之旨、」被仰下之状如件、

延慶三
八月廿三日　　　（紙継目裏花押B）　高倉前中納言経守卿
在判

安芸前司殿

〔⑫後醍醐天皇綸旨案〕

（綸旨案　後醍醐院御代）
御厨子所預宗基申本供御人事、」奏聞之処、於彼者元来無停止之儀、」可存其旨之由、可令下知之旨、」天
気所候也、仍執達如件、

嘉歴（暦）元
六月十五日　左少弁季房（万里小路）

謹上　内蔵頭殿（三条実治）

〔⑬後醍醐天皇綸旨案〕
綸旨案　同御代
御厨子所申供御人等課役対捍事、」奏聞之処、厳蜜(密)加下知、可令全供御役」給之旨、被仰下候也、仍執達如件、
元弘三
九月八日　左兵衛督長光(葉室)
謹上　内蔵頭殿
（紙継目裏花押B）

〔⑭後醍醐天皇綸旨案〕
院宣案　光厳院殿御代
御厨子所本供御人等課役対捍事、」奏聞之処、事実者、太不可然、厳蜜(密)」加下知、可令全供御役之由、被仰下之状」如件、
建武三
二月卅日　吉田前中納言国俊卿　右少弁　判
加賀権守殿
（紙継目裏花押B）

〔⑮伏見天皇綸旨案〕
綸旨案　伏見院御代(朱)「ヽ」
御厨子所申味曾(噌)供御人□国清訴」事、奏聞之処、早止諸方新儀妨、任」(朱)「ヽ」文永御牒、可備進供御之由、可被下知之旨、」被仰下之状如件、
永仁五
六月七日　堀川宰相光藤卿(藤原光泰の誤カ)　兵部卿　在判
豊前々司殿

〔⑯伏見天皇綸旨案〕

綸旨案
御厨子所申魚鳥菓子以下売買業事、(朱)〔」〕於駕輿丁等交易者、被停止畢、存此」旨、可令下知供御人等者、」天
気如此、悉之以状、

永仁五
六月三日　　兵部卿(藤原光泰カ)　判

豊前々司殿

追仰、」駕輿丁(朱)〔」〕商売業事、於所被下官之」去四月七日　綸旨者、被召返畢、可被存其旨」也、

……（紙継目、裏花押なし）……

〔⑰後小松天皇綸旨案〕

勅裁案　鳥事
御厨子所魚鳥供御人申駕輿丁」以下新儀商業事、藤六・平三郎」男等不叙用先度　綸旨、於路次」至狼藉
之条、太不可然、教興(山科)朝臣」状副申状具書如此、子細見状候哉、厳密」可致誡沙汰之旨、被仰下之状如件、

明徳五
二月廿四日　　左中弁(日野西資国)　判

大判事殿

〔⑱後円融天皇綸旨案〕

綸旨　鳥事
御厨子所申(マヽ)鳥供御人課役難渋事、」奏聞之処、事実者、太不可然、厳密」加催促可全公事之由、可令下知
之旨、」天気所候也、仍執達如件、

……（紙継目、裏花押なし）……

永和二
八月廿一日　　右大弁資康(裏松)

謹上　内蔵頭殿(山科教藤カ)

〔⑲後円融天皇綸旨案〕

勅裁案
味曾（噌）事
御厨子所申八幡神人等味曾（噌）課役」難渋事、申状副具書如此、相副使庁」下部、可致催促之由、可令下知給之
旨、」天気所候也、仍上啓如件、

永和二
四月八日　右大弁資康（裏松）

謹上　別当殿（万里小路嗣房）

……………（紙継目、裏花押なし）……………

〔⑳後円融天皇綸旨案〕

勅裁案
味曾（噌）事
御厨子所申八幡神人等味曾（噌）課役」難渋事、綸旨如此、可令申沙汰給」之由、仰所候也、仍執達如件、

永和二
四月廿日　中務権少輔忠頼

謹上　櫛笥大夫判官殿

○以下、文字なし。

第二部　南北朝時代

第一章　法勝寺領美濃国船木荘只越郷をめぐる惣庶の対立と南北朝の争乱

はじめに

宮内庁書陵部の所蔵史料の中に「法勝寺領美濃国船木荘訴訟文書」という一巻に成巻された古文書がある。内容は表題どおり、法勝寺（白河天皇の御願寺。六勝寺の筆頭）領美濃国船木荘只越郷の領有をめぐる一連の訴訟関係の文書であるが、当該の訴訟は南北朝時代初期の同郷領家職をめぐる一門内部の惣領と庶子とを直接の当事者とするもので、よく言われるところの、南北朝争乱の構成要因の一つとしての、所領相続をめぐる一門内部の惣庶の対立という普遍的な問題をすぐれて具体的に描き出していて貴重である。ここで注目する所以である。

昭和二八年三月、宮内庁書陵部から刊行された『和漢図書分類目録』下巻では、本文書は南北朝期の写しされているが(1)、筆者は全一六点の文書のうち冒頭の一点は訴状の正本、あとの一五点はそれに副進文書として貼り継がれた具書案であろうと考えている(2)。この継紙の最末尾は後欠文書のような形状をなしているが、冒頭の訴状の具書案としては完備しており、脱落した文書案の存在は想定しがたい。

なお、「法勝寺領美濃国船木荘訴訟文書」に入っている全一六点の文書は、『岐阜県史史料編古代中世四』に「壬生文書」としてすべて収録・翻刻されている。この活字本は、ほんの少しの誤脱を含むものの翻刻の正確性においいて信頼に足りるが(3)、しかし全七紙からなる継紙の原状をうかがわせていない。しかも同書は現在のところ稀覯本に属し、容易に手にすることができない状況にある。そこで本章では、こうした点に配慮して修正版を作成し、【史料】として全部の史料を本章の末尾に付載した。ちなみに、宮内庁書陵部が編集した図書寮叢刊『壬生家文書』全一〇巻（明治書院刊）には収められていない。

本章で取り扱う訴訟問題についてふれた文章としてはいくつか認められるが、まず各種地名辞典や荘園辞典等が「船木荘」「只越郷」を立項して簡単な説明を加えており、また『岐阜県史通史編中世』が寺領荘園の一つとして「船木荘」に簡潔な解説を施しているが、関係史料を見落としたために、肝心の訴訟問題は「不明」として扱っていない。それらのなかで本史料の内容に多少ふみこんだ論稿としては、早く田沼睦「〈史料紹介〉南北朝内乱期の一訴状」があり、筆者もこれに導かれて本史料に少しふれたことがある(4)。

本章では、「法勝寺領美濃国船木荘訴訟文書」に残された古文書によって、船木荘只越郷領家職の知行をめぐる惣領家（経意の子息清定）と庶子家（経意の弟盛祐とその子息説光）との争奪戦、その争いと当時の全国的な軍事的・戦時的な状況との直接的な関わり、また将軍権力の国別執行人たる守護（美濃守護土岐頼貞）のこうした在地の抗争への関与の仕方、さらに朝敵人領として収公された所領・所職の取り扱いなどのことがらについて具体的に検討し、もって南北朝の争乱を推進した原動力の一つとしての在地勢力のありようについて考えてみることにしたい。なお、関係史料によって読みとれることがらを末尾の付表「美濃国船木荘只越郷をめぐる訴訟年表」に整理し、事件と訴訟の展開過程が俯瞰できるようにした。

一　法勝寺領美濃国船木荘只越郷

美濃国船木荘は、本巣郡に所在した。東は糸貫川と長良川、西は犀川によって区画される。現在地名でいえば、岐阜県本巣市および瑞穂市の市域にあたる。船木荘の歴史については本文書のなかの一通、元久元年三月一〇日船木荘只越郷文書紛失状案に詳しい。ここで美濃国船木荘開発相承系図を参考に考えると、以下のようなことがわかる。当荘は本主高階肥後入道基実（法名寂法）の先祖相伝の私領であったが、平安時代の嘉応年中（一一六九～七一）、基実は当荘の本家職を山城国法勝寺に寄進し、同時に領家職は保留したまま、郷単位に割分して七人の子らに相伝させた。それらの郷とは本田・只越・別府・十四条・十六条・十八条・十九条の全七郷である。

このうちくだんの只越郷（現在の瑞穂市只越）は基実から「嫡女高階氏女」に譲られ、高階氏女はこれを「嫡女菅原信子」に伝領し、信子はさらに「嫡男」菅原資高に譲与した。『尊卑分脈第四篇』に収める菅原系図と右の「相承系図」とを比較すると、双方に共通して認められるのは資高―為俊の部分のみであり[5]、他の部分は重ならない。『尊卑分脈』の記載で注目されるのは、「為俊」に「宜秋門院蔵人」「早世」の記事がかけられていることで、菅原為俊が宜秋門院（後鳥羽上皇后藤原仁子）の蔵人であったこと、つまり中央権門とのパイプを有したことが知られ、また「早世」の文字からは為俊が十分な社会的活動をしていないことが想定される。

しかるに所労で存命不定を危ぶんだ菅原資高は、文治三年（一一八七）四月一〇日、譲状をしたため「長男小童丸」に「私領一所」を譲与した[6]。この「私領一所」とは只越郷とみられるが、資高はなおも存世して依然支配を続けたと考えられる[7]。こののち資高は、元久元年（一二〇四）三月三日の居所武者小路室町の火事によって只越郷に関する相伝文書を焼失したため、同年三月一〇日には周辺郷々の領主たちの署判を得て文書紛失状を作成し、本家法勝寺政所の下文を申請している[8]。

その翌年の元久二年一一月九日、資高は再び譲状をしたため「長男為俊」に只越郷を譲ったが、それは田畠所当の半分を取り分として与えるだけで、残り半分と雑公事とは従来どおり資高が取得するという条件がついていた。

かくして正嘉元年（一二五七）一二月七日、為俊の子覚俊は「亡父文治三年譲状」（＝文治三年四月一〇日菅原資高譲状）を得て相伝知行してきた只越郷領家職を子息静全に譲った。(9) 系図上では為俊―覚俊は父子の関係だが、所領の相続をめぐる経緯は不明である。

静全は只越郷領家職の譲をうけて三〇年ののちの、正応二年（一二八八）九月一〇日に経章という人物と連署するかたちで譲状をしたため、只越郷領家職を二分し、半分を「嫡男」経意（惣領）に、残り半分を「次男」盛祐（庶子）に譲与した。このとき、「代々手継正文」は経意に渡され、盛祐には「書案文」つまり案文が渡された。(10) 経意・盛祐の父静全は二人の息子に只越郷領家職を折半して与え、所領をめぐる兄弟間の争いを未然に防ごうとしたものと察せられる。父静全の企図はまずは奏功し、経意が生きているうちは一族内でのトラブルは起きなかった。盛祐が暦応二年（一三三八）三月にしたためた申状は、その前後の様子を「経意存生程者、曾無確執、而経意死後、就清定濫妨云々」(11) と記している。

ちなみに、経意が没する一二年前の元応二年（一三二〇）、禅林寺僧の禅観という者が只越郷を掠め取るという事件が起こっている。この時には経意と盛祐とが一致協力して事に当たり、元応二年一二月二九日には「惣領経意」にあてて、もとの如く知行を認める後宇多上皇院宣が出されて、経意・盛祐は只越郷奪還に成功している。(12) そこには経意生前期における両人の所領保全のための親密な協力関係がうかがえる。

かくして経意が没する。正慶元年（一三三二）四月のことであった。没日については同じ文書のなかで二三日と二七日の両方がある。惣領家と庶子家との所領争いの開始はこうした一門内の状況の変化を背景にしていた。

二　只越郷領家職をめぐる惣庶対立の発端と経過

惣領家と庶子家との間の融和的な関係を一変させたのは、亡き惣領経意の一男菅原清定（のち坊門大夫清定と改め、さらに在定と改名）がたちまち「父祖の遺誡」に背き、叔父にあたる盛祐を只越郷から追い出し、盛祐の住宅を焼き払うという正慶元年九月二一日の事件であった(13)。経意の死去からわずか五か月も経っていなかった。不意を突かれた格好の盛祐は、子息兵衛蔵人説光をもって只越郷相伝の子細を申し抜き、やっとのことで静全（経意・盛祐両人の父）の譲与に任せて只越郷を知行すべしという内容の正慶二年（一三三三）後二月一六日後伏見上皇院宣を獲得することができた。

ここで注意すべきは、正応二年（一二八八）九月一〇日経章・静全連署譲状案にみる領家職折半のとりきめは一切問題にされておらず、一円的な支配権をめぐる抗争に終始していることである。右の正慶二年後二月一六日後伏見上皇院宣を具書案として法廷に提出した盛祐はその文書の肩に「院宣当郷一円拝領所見」と注記している。こうした在地における所領抗争が支配領域の拡大をめざした運動を震源としていることがわかる。

菅原清定の狼藉行為が父経意の没後たちまちに表面化した背景として、当時の特別な政治・社会的な事情を考慮しなければなるまい。正慶元年（一三三二）とは時の京都の光厳天皇朝廷が使用した年号であり、この年三月に隠岐に配流されたもう一人の天皇後醍醐が使用した年号では元弘二年に当たった。つまり、鎌倉幕府を倒そうとする後醍醐派勢力と逆に幕府の支持によって成立した光厳天皇派勢力とが対峙するという時代であり、いわば社会的集団的勢力の結集のための中核が分裂した状況にあったのである。こうした政治的状況は社会の規範力を弱体化させ、多くの人々に社会的に発言するチャンスを与えた。そうした幾多の権利関係の調整は訴訟という形で法廷に持ち込まれ、場合によっては武力衝突を引き起こすこともあった。こうした大小のトラブルはやがて南北朝争乱という全国的な動乱に収斂される。菅原清定と叔父盛祐との抗争も基本的にはそのような大きな流れの上に置いて考えてよいであろう。

「法勝寺領美濃国船木荘訴訟文書」には以下の文書が収められている。(14)

将軍家一行
法勝寺領美濃国舟木庄只越郷領家弁法眼盛祐、今月十五日馳参御方候、向後無二心可致合戦之忠候、以此旨可有御披露候、恐惶謹言、

元弘三年五月　日　　法眼盛祐状

進上　御奉行所

承了　在御判

この法眼盛祐着到状は、盛祐が「今月」すなわち元弘三年五月一五日に「御方」に馳参したこと、今後二心なく合戦を致すという決意を披露してもらうために「奉行所」に進めたものであるが、他の文書のなかに「元弘三年五月廿五日、盛祐依馳参御方、当将軍家被出証判畢」とあることによって(15)、着到そのものは五月一五日のことであったが、着到状証判は実際には五月二五日に得られたことが知られる。文書の肩に書きつけられた「将軍家一行」や、先の「当将軍家被出証判畢」（副進文書目録では「将軍家証判状」）などの文言によっても、証判が足利尊氏のそれであったことは間違いない。とすれば、「御方」とは足利勢をさし、盛祐は足利尊氏のもとに着到し、尊氏の証判を得たということになる。

この時期の足利尊氏周辺の動静を調べると、元弘三年四月二九日丹波篠村での旗揚げから、同年五月七日の六波羅探題攻撃・陥落、五月九日の近江番場での六波羅勢の壊滅を経て、尊氏は京都で強力な軍事的結集を試み、後醍醐天皇が京都に帰還する以前に武士たちの提出する着到状に証判を加えるということを行っている。盛祐の

五月一五日馳参は、五月二日に馳参した丹波の片山虎熊丸[16]や五月六日に馳参した丹後の丹治末清[17]、それに五月七日に馳参した長井貞頼[18]のように殊更早い時期のものではないが、六波羅探題滅亡後の馳参としてはさして遅いケースではない。盛祐はいち早く足利勢力に与することによって清定への対抗手段を講じようとしたものと看取される。盛祐がこの時に得た足利尊氏の証判を「当知行の支証」[19]つまり只越郷が盛祐の知行地であることを裏付ける証拠と見なしている点も、尊氏への接近が盛祐にとって一体何であったかを考える場合のヒントとなる。

しかるに、清定は意外な方法をとって盛祐に対抗してきた。暦応二年三月日盛祐申状案は以下のように述べる[20]。

爰清定為散彼宿意、成右大弁清忠幷坊門三位清房卿之養子、捨菅原姓、令改名坊門大夫清定、以養兄坊門少将雅輔西岡大将、清房実子之権、令濫妨当郷、

すなわち、清定は只越郷奪取の宿意を果たそうとして、時の右大弁坊門清忠・坊門清房の養子となって、菅原の本姓を捨て坊門大夫清定と改名、養兄坊門少将雅輔（清房実子）の権威をもって只越郷を濫妨してきた、と。清定が坊門氏の養子になってまで盛祐と抗争しようとした理由を知るためには、養父坊門清忠および坊門清房がいかなる人物であるかを調べなければならない。

坊門家は、藤原北家道隆流の庶家で、道隆の子孫信隆の子信清と隆清がそれぞれ一流を起こし、坊門を称した。坊門の名は、信隆が七条坊門小路ぞいに邸宅を構えていたことによる。特に信清の娘たちを媒介にした閨閥関係によって後鳥羽院政期に一門は院近臣として栄えたが、承久の乱にさいして信清の子忠信が京方の重要メンバーであったため処罰を受け、これを契機に一門は衰え始めた[21]。

「法勝寺領美濃国船木荘訴訟文書」に登場する坊門一族は、坊門清房およびその子孫、それに清忠であるが、系譜関係をみるとこのうち清房は右に述べた坊門信隆の二人の子息のうちの信清の流れを引き、他方の清忠は隆清の流れを引いている（新訂増補国史大系『尊卑分脈』第一篇、『系図纂要第六冊』参照）。前者の清房およびその子孫につい

図　坊門家略系図（尊卑分脈などより、傍点筆者）

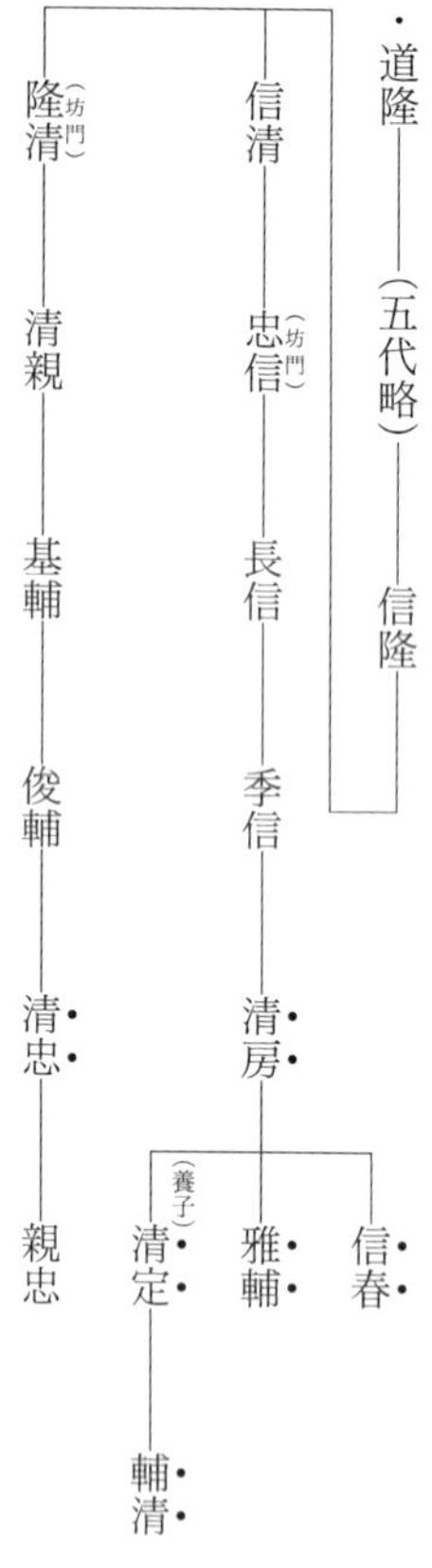

ては本件訴訟とのかかわりで後にみるが、後者の清忠といえば言わずと知れた後醍醐天皇の股肱の臣の一人である。清忠が吉野で死去したのは延元三年（暦応元一三三八）三月二一日であるが（『公卿補任』二）、そのころ吉野の後醍醐は清忠や吉田定房（同年一月二三日没）を哀悼する歌を詠んでいる（『新葉和歌集』一三七〇号）。後醍醐の坊門清忠に対する信頼のあつさをよく示している。官位昇進の面で清忠と清房とを比較するとさほどの大差はないが、『尊卑分脈』によれば、元徳二年（一三三〇）の初見から暦応二年（一三三九）の終見までの九年間終始非参議・従三位にとどまった清房に比べ、嘉暦二年（一三二七）非参議・従三位でスタートしたものの暦応元年に没するまでに参議・従二位に登った清忠の経歴はやはり清房をしのぐといわねばなるまい。[22] むろん後醍醐の庇護によるところが大きかろう。『太平記』でも要所々々で坊門清忠が登場して一端の意見を具申するなど（例えば巻十四「新田・足利確執奏状事」、巻一六「正成下向兵庫事」）、後醍醐政権内部での存在感をうかがわせている。

さてここで当面の問題は、菅原清定がなぜ「右大弁清忠弁坊門三位清房卿」の養子になったかである。暦応二年三月日法眼盛祐申状案にみる盛祐の主張によると、菅原清定が「彼の宿意を散ぜんがために」坊門家の養子となり坊門大夫清定と改名し、養兄坊門少将雅輔の権をもって只越郷を濫坊するようになったのは、元弘三年（一三三三）五月から建武二年（一三三五）一一月の間とみなされる。この間における坊門家（特に清忠）は後醍醐政権中枢にあって得意の絶頂にあった。なぜ坊門家を養子先に選んだかは不明であるが、只越郷の支配権をめぐって叔父盛祐と厳しく対立した清定がその権威を借りるために坊門家を養子先に選んだとしても一向に不自然ではない。右の盛祐の申状には、清定の養子入りや改名のことに続けて以下のような記事がある。

建武二年十一月、清定為中山道大将東国発向之刻、又焼払盛祐住宅、奪取資財物畢、而盛祐老躰之間、進説光（盛祐子息）於御方致合戦（証判状、分明也）

建武二年一一月坊門清定が「中山道大将(23)」として東国に発向した時、また清定は盛祐の住宅を焼き払い、貧財物を奪い取った。しかるに、このところ盛祐は老いぼれたので子息説光を進めて御方（足利方）として合戦の忠に励んでいる。盛祐はそのようなことを述べている。問題となるのは、建武二年一一月清定が中山道大将として東国に発向したのはどのような事情によったかであるが、当時の政治・軍事的な状況を勘案すると、やはり建武二年七月の中先代の乱を鎮定した足利尊氏が鎌倉にそのまま居座り、京都の後醍醐政権との対決を決意した事実との関連を無視するわけにはゆかない。関係史料を網羅する『大日本史料第六編之二』によると、後醍醐が鎌倉の足利尊氏・直義に対して京都から追討兵を発遣したのは建武二年一一月一九日とされている(24)。これよりさきの足利氏と新田氏との抗争の段階で、建武二年一一月二日には足利直義は新田義貞を伐つと称して檄を諸国にとばし、将士を招集しているのである(25)。

こうして両者は戦端を開くことになるが、さきの清定の立場を考えると、建武二年一一月の清定東国発向は鎌倉の足利勢を討つために招集・発遣された京都（後醍醐）軍の一角を構成するものであったろう。こうして美濃国船木荘只越郷の支配権をめぐる清定と盛祐の抗争は、一方の清定が後醍醐側に付き他方の盛祐が足利方に与することによって、やがて南北朝の争乱へと展開してゆく大きな社会変革の波にのみこまれることとなる。すでに早く「法勝寺領美濃国船木荘訴訟文書」に着目した田沼睦は、「南北朝の内乱は諸階層に諸々の可能性を選択させる場でもあった」とし、そこにみる盛祐や清定たちの行動について「内乱にある明確な意図をもって主体的に参与していった」とみたが、この評価はまことに卓見と言ってよい[26]。

三　只越郷の建武三年

美濃国只越郷は、建武三年（一三三六）に入るとまた新たな展開を迎える。その新たな展開は南北朝の争乱という時代状況に強く規定されたものである。建武三年正月には鎌倉から進軍してきた足利軍が入洛し、京都やその周辺で新田氏を主力とした後醍醐軍との間で激しい戦闘が繰り広げられ、兵火で富小路内裏は焼失、同年二月に足利軍は兵庫より西下し九州へ移動、後醍醐は同月末に建武年号を止め延元と改める。足利尊氏はこののち三月二日の筑前多々良浜の戦いの勝利を契機に九州において態勢を建て直し、一転して京都への進撃を開始する。尊氏は同年五月二五日には摂津湊川で楠木正成を撃破し、六月一四日に入京、八月一五日には軍事的優勢のなかで光明天皇を擁立し、北朝を誕生させた。すでに比叡山に難を避けていた後醍醐はやがて皇位の一本化交渉に応じて帰京するが、一時的な融和は破綻して一二月後醍醐は大和吉野に出奔、ここに南朝が成立して、「一天両帝」の南北朝時代が到来する。このように建武三年という年は、時代の展開方向を決定づける重大事件がたてつづけに起きた一年であった。

このような時代背景を踏まえて、只越郷の建武三年に注目しよう。世相を反映してか当然ながら、いくさ関係の記事が急増する。建武三年正月一六日には京都で足利軍と後醍醐軍（新田軍）との間で激しい合戦がなされた。関係史料は『大日本史料第六編之四』に網羅されているが[27]、そこにあげられた「梅松論」の記事に、新田義貞が「白河の常住院の前、中御門河原口」の辺で奮戦した様子が描かれている[28]。この建武三年正月一六日の合戦に、清定の子輔清および養兄雅輔が新田軍に与する形で参戦したものとみられる。暦応二年三月日盛祐申状案には以

下の記事がみられる。(29)

就中、雅輔（副進された「朝敵人系図」によると清房子息）幷清定子息輔清号雅輔養子共以建武三年正月十六日、於常住院四足前討死、其頸被懸六条河原之条、公家・武家無其隠、雅輔子息坊門侍従国清、又為若州大将、去ゝ年（建武四）七月四日被生捕畢、

以下のような意味である。建武三年正月一六日に清房子息の雅輔と清定子息の輔清が常住院の四足（四足門のことか）前において討ち死にし、その頸は京都の処刑地として著名な六条河原に懸けられた。そのことは公武ともに明白である。また雅輔の子息で坊門侍従・若州大将と称される国清は、建武四年七月四日に生け捕られている。(30)

先にふれた「梅松論」の記事と考え合わせると、雅輔と輔清が討ち死にしたのは建武三年正月一六日の京都合戦においてであり、場所は「白河の常住院」四足門前であったことが知られる。両人の討ち死にとさらし首のことは「公家・武家無其隠」であるし、状況から考えると、両人は後醍醐軍（新田軍）として足利軍と戦い、討ち死にしたものと考えられる。建武三年から俄然本格化する後醍醐軍と足利軍との熾烈な戦闘のなかで、雅清・輔清・国清といった清定側の主要人物が一族紛争から脱落してゆくのである。

こうした長期的かつ広範囲な戦時状況のなかで、武力・軍事力を有する美濃守護の力が只越郷という在地社会に及び始める。南北朝時代の美濃守護としては、まず建武三年（一三三六）八月より土岐頼貞（法名存孝）が登場する（典拠は当該記事）。頼貞はこれより暦応二年（一三三九）二月二二日の死没まで在任するが、就任時点がいつかは明瞭でない。その美濃守護土岐頼貞の代官、すなわち美濃守護代の道忍は建武三年八月二〇日に書状をしたためる。以下に示すのはその美濃守護代道忍書状案である。(31)

美濃守護存考（孝）代道忍状　当知行所見

御敵少別符新左衛門尉幷坊門大夫等、於只越地頭方可構城墩（郭）之旨、其聞候、御分為只越領家、御在郷上者、

さ様時者、忩〻可被注申候、不然者、賜御状可申入京都候也、恐〻謹言、

（建武三年）八月廿日　道忍判

只越左衛門蔵人殿

この文書には年号がなくまず年次を推測しなければならないが、さきの暦応二年三月日盛祐申状に「同（建武）三年六月以来当知行之条、守護代道忍状明白也当知行、支証依之同四年二月十八日、…」とみえ、また副進文書目録に「一通　守護人存考（孝）代道忍書状建武三年八月　日同前」とあるところから、本書状の年次が建武三年であることはまず間違いない。また宛名の「只越左衛門蔵人」とは文中の「御分為只越領家、御在郷」を踏まえると、只越郷に居住する領家たる説光（盛祐子息）と見なせるであろう。だとすれば、本書状によって知られることは、建武三年八月二〇日、美濃守護土岐頼貞の代官道忍が只越郷に居住する領家説光に書状を送り、説光の敵である少別符新左衛門尉および坊門大夫（清定）たちが只越地頭方に城郭を構えるとの聞こえがある。貴殿（説光）は只越領家として在郷しているのだから（情報を得やすかろう）、そのような場合は、私（道忍）に急いで報告して下さいと要請していることである。末尾あたりの「不然者、賜御状可申入京都候也」という部分の解釈が問題であるが、構文のうえから「不然者」は「さ様候者」に対応する語であるから、もし清定たちが城郭を構えるという動きを見せないならばと解され、その場合は、私（道忍）は「御状」すなわち説光の状を頂戴してそのことを「京都」に報告します、と伝えたものとみられる。ここにいう「京都」とは、美濃守護代道忍の主である在京の守護土岐頼貞を直接的には指すであろうが、間接的には守護の背後をなす幕府や朝廷の要路をも包み込んだ言い方であろう。盛祐が、この建武三年八月二〇日美濃守護代道忍書状を「当知行支証」とみなしている点は盛祐の武家依存の姿勢をうかがう上で注意してよい。

四　只越郷をめぐる訴訟の新段階

只越郷をめぐる訴訟は、さきの「同（建武）三年六月以来当知行之条、守護代道忍状明白也」という盛祐の言葉のように、盛祐側有利のうちに進行し、建武四年二月一八日には盛祐子息説光は、権中納言日野資明を奉行として光厳上皇から只越郷の知行を安堵する「安堵院宣」を獲得した。具書として提出された以下のような院宣である。前年の建武三年一二月、後醍醐天皇は京都内裏をのがれ大和の吉野に拠点を構えていた。世はすでに名実ともなる南北朝並立の時代に突入していたのである。

安堵院宣
法勝寺領美濃国船木荘内只越郷知行不可有相違者、院宣如此、悉之、以状、
　　建武四年二月十八日　　権中納言（日野資明）在判
　　（説光）兵衛蔵人殿

こうして盛祐・説光の勝訴が確定したかにみえた。しかし、清定はここで破天荒な方法でもって盛祐・説光に戦いを挑んできた。押され気味の清定にとっては起死回生の大勝負だったに相違ない。その清房の破天荒な方法とは、盛祐の言葉を借りると以下のようなものであった(32)。

同（建武四年）七月三日号菅原氏女《幸増》代、定家申子細云〻、就之、同十三日盛祐雑掌「彼定家者、清定年来家人也、於幸増者、清定所変無躰作名仁也、下賜訴状可捧巨細陳状之由、」再三言上之処、不及下賜謀訴状、同八月十八日被下勅裁於作名幸増云〻、（「」内は盛祐雑掌の言葉）

つまり、建武四年七月三日に清定は「菅原幸増女」という架空の人物を作名し、清定の年来の家人である定家という者を「菅原幸増女」の代理として提訴した。盛祐は幸増の訴状を自分に下してくれれば大いに反駁しようと再三言上したけれども、幸増の「謀訴状」を下されることなく（盛祐に反駁の機会を与えないままに）、建武四年八

月一八日には「作名」幸増勝訴の勅裁（光厳上皇院宣）が下された。この幸増に下された院宣は、盛祐の訴状のなかに引かれている。以下のような内容である。(33)

抑建武四年八月十八日幸増如所賜院宣者、「只越郷事、説光捧正慶院宣、当知行之由、雖諍申之、元応　勅裁以後、経意余流領掌之由、寺家注進上、元弘三年以来寺用請取分明之間、被下説光　院宣被召返畢、此上知行不可有相違之由、可被伝仰菅原氏女之旨、院御気色候也、坊門三位殿云〻」、（「　」内は院宣の本文部分）

この光厳上皇院宣は、「元応勅裁」以降、只越郷は「経意余流」が領掌してきたと本家の法勝寺が注進しているし、元弘三年以来の寺用請取も分明であるから、説光に下した建武四年二月一八日院宣を召し返し、経意余流である幸増女の知行を認めるということを「坊門三位」に伝えさせたものである。「坊門三位」とは坊門清房と考えられる。坊門清房は清定の養父である。

ここで確認しておくべきは「元応勅裁」（後宇多上皇院宣）の内容である。「元応勅裁」の内容を盛祐言上状から抜き出してみよう。(34)

同年（元応二）十二月廿九日為左中弁藤房《万里小路》朝臣奉行、当郷如元可知行之由、宛惣領経意、下賜院宣畢、

この院宣は、只越郷の知行を「惣領経意」に宛てて安堵したもので、庶子盛祐の権益については何の記載もない。清定が「菅原幸増女」を作名したのはまさにこの点を突いたもので、経意余流としての幸増を作名し、この「元応勅裁」を法的根拠として只越郷を奪取しようと計ったに相違ない。清定の目論見はみごとに成功したのである。

こういうとき、また新たな事態が展開しようとしていた。奥州鎮撫のために陸奥に下っていた鎮守府大将軍北畠顕家（親房の子息）が救援のために奥州勢（盛祐の申状には「奥勢」と表現）を率いて二度目の上洛を決行、建武五年（暦応元、一三三八）の春、美濃を通過するという出来事が起こった。(35)清定のこの出来事に対する対応の仕方と

その後のいきさつについて、盛祐は暦応二年三月に提出した申状の事実書きのなかで以下のように述べている。(36)

去年（暦応元）二月奥勢上洛之時、清定自当郷加彼勢、落自吉野、又令隠居郷内之間、同八月日被召捕之、被籠舎之時、清房父子同被召捕畢、

さらに同じ申状の事書の部分には、同件についてのもう少し詳しい記事が認められる。右記の記事を補うために、その部分を以下に抜き出してみる。(37)

去々年（建武四）八月十八日、氏女（菅原幸増女）雖預勅裁、於郷務者、清定致在庄管領間、去年（建武五・暦応元）春顕家（北畠）卿率奥勢上洛時、件清定自当郷馳加彼勢、就致合戦、同八月塩屋五郎・同卿房・業田卿汴記等、於当郷、召捕清定幷坊門三位清房父子間、土岐伯耆入道存孝（頼貞）今者死去於当郷者宛賜捕手三人畢、彼等至今所令知行也、

同じことは暦応二年八月日盛祐重申状に「清定致郷務之間、守護人召捕之、召預当郷於軍□（勢カ）畢」と述べられるが、(38)それらの記事を総合すれば、新しい事態の展開は以下のように整理されよう。建武四年八月の勝訴以来、只越郷を知行していた清定は（史料には「然間清定令知行当郷」とあり）、翌建武五年（暦応元）春北畠顕家が奥州軍を率いて上洛したとき、南朝との関係強化を企図して美濃国只越郷から顕家軍に馳参し、南朝軍として転戦しつつ吉野に到った。しかし清定はやがて吉野より落ちて当郷に戻り郷内に隠居していたところを、父清房とともに美濃守護土岐頼貞配下の国人によって捕縛された。土岐頼貞は朝敵人領として当郷を没収し、三人の捕手（塩屋五郎・同卿房・業田卿注記）に預け置き、只越郷はいまに彼らが知行している。美濃守護による只越郷没収と捕手への預け置き行為は、戦乱の真最中の当時、守護クラスの軍事指揮者がふつうに採用した軍勢への勲功賞の一で、あって、兵粮料所としての預け置きであった。軍事面で守護勢力を頼みの綱とする室町幕府はそうした守護たちの違法行為を黙認せざるを得なかったのであるが、室町幕府が発した追加法にみられるように、寺社本所勢力の

要請によって幕府は度々それら没収領をもとの持ち主へ返付せよと命じている(39)。けれども、幕府の一片の法令でもってかかる時代的な趨勢を阻止するのは至難であったろう。

盛祐にとって訴訟の目的は、この没収領の回復にあった。しかし、武家権力によって没収され軍士に兵粮料所として預け置かれた所領を奪還するには、公武双方にわたる面倒な交渉・調整が必要であろうし、盛祐の前途には幾多の困難が待ち受けていたに相違ない。

おわりに

こうした状況のなかで、盛祐は没収された只越郷回復のための訴訟に着手する。訴訟の相手つまり論人に名指しされたのは、清定の養兄弟の一人「坊門侍従」信春であった。建武四年八月清定が勝訴したときに受けた光厳上皇院宣の宛所となった「坊門三位」清房の子息である。信春はこれまでの訴訟文書にその名を現さなかった人物であるが、清房・清定父子が召し捕られた以上、当事者としての責任能力を有する関係者としては、養兄弟の信春以外にいなかったものと考えられる。

暦応二年三月、盛祐はさっそく信春を相手どって異議を申し立て只越郷の返付を北朝の法廷に提訴する（暦応二年三月日盛祐申状案）。この申状にみられる盛祐の反論は多岐にわたるが、なかでも注目されるのは、清定勝訴のもとになった「寺用請取」（本家法勝寺の寺用請取書）が信用に足りない理由の一つにあげられた建武三年分年貢の納入事情についての申し立てである。盛祐は以下のように述べる。

自建武三年者盛祐当知行之条、守護人書状分明也、但於彼年〻貢者就院宣出武家之間、不及進納、

つまり建武三年には只越郷は盛祐の知行のもとにあったが、この年の年貢（本来ならば本家法勝寺に納入すべきも

の）は「院宣」に就いて「武家」（もう一か所の所見「武家召捕之」と同様に、この場合の「武家」は直接的には守護土岐氏をさそう）に出したので寺家には進納していない、という。そのことを踏まえて、盛祐は「元弘三年以来寺用請取分明」（建武四年八月一八日光厳上皇院宣のなかの文言）という法廷の認定が誤りであることを主張するが、「院宣」に就いて年貢を守護に出したという盛祐の言葉は興味ふかい。動乱のなかにあって守護がどのようにしていくさを継続するための戦費を調達していたかを考える手掛かりとなるからである。幕府は光厳上皇の院宣を法的根拠にして（北朝の許可を得て）、在地領主から年貢を守護に進納させる戦費調達のシステムをもっていた。

この訴状をうけて同年六月九日に信春に下された光厳上皇の「問状院宣」（〈暦応二年〉六月九日光厳上皇院宣）に対して、信春は「此事曾不存知」と言い訳をし（〈暦応二年〉六月一五日坊門信春書状案）、二か月経っても陳状を出さなかった。そこで盛祐は再び京都北朝の法廷に申状を提出し、北朝の法廷に「自当御奉行、被下重院宣於坊門侍従信春朝臣、被召出請文、任相伝道理、預安堵勅裁、全知行当郷間事」（暦応二年八月日盛祐重申状）を訴えた。この二度目の盛祐の申状に対して、論人坊門信春がどのように対応したかは史料が欠けていて不明という他はないが、一旦朝敵人所領として没収され勲功の武士に恩給された只越郷の返還を実現することは至難であったに相違あるまい。おそらく盛祐の思惑とは程遠い結果に終わった可能性は高い。一四世紀長期間にわたって全国津津浦浦に波及した南北朝の争乱は実にさまざまな原因と側面とを有している。それらを総合的に分析することによって南北朝動乱が起きた理由を解明することが可能となるが、本章でみた美濃国只越郷をめぐる訴訟問題の展開過程から知られたように、所領の支配権をめぐる惣庶の争いが南北朝争乱の一要因であったことは明らかで、こうした訴訟問題は社会の広い範囲に敵味方に分かれての抗争を生起させる土壌を醸成したものと考えられる。

注

（1）宮内庁書陵部刊『和漢図書分類目録』下（一九五三年三月）一〇一七頁。函号は五一二―一一三。

（2）本史料は全七紙からなる継紙であるが、六か所の紙継目裏には花押が据えられている。しかし冒頭の第一紙の端裏には継目裏花押など認められず、それが継紙全体の先頭に置かれた申状（正確には重申状）正本であったことがわかる。第二紙以下の文書案は、第一紙に貼り継がれた具書案だったのである。第一紙の端裏には墨痕があり、何らかの端裏書が存在したらしいが、それがどういう字句であったかは摩滅のため読みとれない。

（3）『岐阜県史史料編古代中世四』（一九七三年三月岐阜県）は「壬生文書」として全二五点の文書を掲載する（同書八八一―一〇五頁）。このうち第一号「寛和三年正月廿四日太政官符案」（この文書は只越郷をめぐる本訴訟と内容的に関係がない）および第一八号以降の八点を除く一六点の文書が「法勝寺美濃国船木荘訴訟文書」におさまるすべてである。『岐阜県史』の翻刻は文書名の付け方（光明上皇院宣とするのは正しくは光厳上皇院宣）、年次表記の誤植（「経章・静全連署領家職譲状」〈【史料】五号〉の日付「正慶二年九月十日」は正しくは「正応二年九月十日」）、人名比定（「光明上皇院宣」〈【史料】一五号〉の宛所「坊門侍従」は国清ではなく信春）などほんのいくつかの瑕瑾を除けばほぼ完璧に近いものであり、利用価値は高い。なお、注（4）にあげる田沼睦論稿にも若干の文書が翻刻紹介されているし、また全一六点の文書のうち文治三年四月十日菅原資高譲状（【史料】十号）は『鎌倉遺文』第一巻二二六号、元久元年三月十日美濃国船木荘只越郷文書紛失状（【史料】十一号）は『鎌倉遺文』第三巻一四四〇号、元久二年十一月九日菅原資高譲状（【史料】五号）は『鎌倉遺文』第三巻一五八七号としてそれぞれ活字化されている。

（4）早くに、田沼睦「南北朝動乱期の一訴状」（「月刊歴史（中世）」第34号、一九七一年七月）がある。拙著『南北朝期公武関係史の研究』（文献出版、一九八四年六月）一六四―一六八頁では、訴訟制度の面から少しふれたところがある。現時点で比較的まとまった文章としては、日本歴史地名大系二一『岐阜県の地名』（平凡社、一九八九年七月）に立項された「船木荘」の解説文が挙げられる。講座日本荘園史5『東北・関東・東海地方の荘園』（吉川弘文館、一九九〇五月）は「船木荘」の解説を収める。しかしいずれにしても、「法勝寺領美濃国船木荘訴訟文書」はもっと活用することのできる文書群である。

（5）新訂増補国史大系『尊卑分脈第四篇』（吉川弘文館）六九頁。

（6）「法勝寺領美濃国船木荘訴訟文書」のうちの文治三年四月十日菅原資高譲状案（【史料】十号）。なお本文中の「長男小童丸」に『岐阜県史』が「覚俊」という校訂者注を付しているが、同文書中の「美濃国船木荘開発相承系図」（【史料】三号）によると覚俊は資高の孫として登載されており疑問が残る。しかし元久二年十一月九日菅原資高譲状案（【史料】十二号）によると只越郷は「長男為俊」に譲与されている（資高―為俊は親子関係）。また正嘉元年十二月七日覚俊譲状案（【史料】十三号）によると只越郷領家職が「静全」に譲られている。覚俊と静全は親子の関係にある。問題となるのは、この譲状のなかに「覚俊童名小童丸」とみえる点である。つまり覚俊＝小童丸とあるわけで、右の『岐阜県史』の校訂者注はこれに基づいて付されたのであろう。さらに同譲状には「得亡父文治三年譲状」とみえ、覚俊の譲状であるからここの「亡父」とは「相承系図」によれば為俊でなくてはならない。しかし「文治三年譲状」とは先にみた「文治三年四月十日菅原資高譲状」（【史料】十号）であることは動かない。そうすると「亡父」とは資高でなくてはならない。これらを総合して考えると、資高の長男は為俊であるが、文治三年段階では、何らかの理由で系図上では孫の覚俊を長男として遇していたとみざるを得ない。

（7）『岐阜県史通史編中世』（岐阜県、一九六九年三月）五五九頁。須磨千穎氏の執筆。

（8）元久元年三月十日船木荘只越郷文書紛失状案（【史料】十一号）。『岐阜県史史料編古代中世四』九六頁。

（9）正嘉元年十二月七日覚俊譲状案（【史料】十三号）。『岐阜県史史料編古代中世四』九七頁。

（10）正応二年九月十日経章・静全連署譲状案（【史料】五号）。『岐阜県史史料編古代中世四』九四頁。

（11）暦応元年三月日法眼盛祐申状案（【史料】二号）。『岐阜県史史料編古代中世四』九二頁。

（12）同右。『岐阜県史史料編古代中世四』九一頁。

（13）同右。

（14）『岐阜県史　史料編古代中世四』九四頁は「法眼盛祐軍忠状案」とするが、内容からみて着到状とみるべきであろう。

（15）暦応元年三月日法眼盛祐申状案（【史料】二号）。『岐阜県史史料編古代中世四』九一頁。

（16）元弘三年五月二日片山虎熊丸着到状（「片山文書」、上島有『足利尊氏文書の総合的研究写真編』〈国書刊行会、二〇〇一年二月〉二〇頁）。なおこの文書は、足利尊氏の証判のある着到状の「嚆矢をなすものとして注目すべきもの」とされている（上島有「室町幕府文書」『日本古文書学講座四』〈雄山閣出版、一九八〇年四月〉四四頁）。
（17）元弘三年五月六日丹治末清着到状（「百鳥講文書」、（『丹後郷土資料館報』3、一九八二年三月）。
（18）元弘三年五月九日長井貞頼着到状（「毛利家文書」、『大日本古文書毛利家文書』四三七五頁）。
（19）【史料】二号。『岐阜県史史料編古代中世四』九一頁。
（20）同右。
（21）『国史大辞典』（吉川弘文館）12所収の「坊門家」の項。
（22）坊門清忠と同清房の官歴は、新訂増補国史大系『公卿補任第二編』によってつぶさに知られる。ただし清房については、暦応二年（延元四）に「非参議・従三位」と見えるのを最後に所見がない。
（23）宮内庁書陵部所蔵原本の写真によると、「中山道大将」の「大」字が現在やや不明瞭であり、前掲の田沼睦「南北朝内乱期の一訴状」では「中山道□将」と翻刻されている。他方『岐阜県史史料編古代中世四』では「中山大道将」（同書九一頁）と文字の到が認められる。清定を「中山道大将」とみなすのにやや躊躇されるが、坊門家の養子としてであれば清定の役柄として、さしたる不釣り合いとはいえない。それよりもこの「中山道」の所見は中世の中山道研究にとって貴重である。ちなみに『太平記巻六』の「関東大勢上洛の事」の段にも「中山道」が登場する。
（24）『大日本史料第六編之二』七〇五—七一三頁。
（25）『大日本史料第六編之二』六八四—六八八頁。
（26）前掲田沼睦「南北朝内乱期の一訴状」。ただし、彼らを「内乱を真に押し進めた主導的勢力とは言えない」と断言する点についてはやや問題があろう。
（27）『大日本史料第六編之四』一〇〇四—一〇一五頁。
（28）同右一〇〇四頁。新撰日本古典文庫『梅松論・源威集』（現代思潮社、一九七五年八月）では八八頁。
（29）【史料】二号。『岐阜県史史料編古代中世四』九三頁。
（30）副進された「朝敵人系図」（【史料】四号）によると、「美作左近将監貞藤」が生け捕り、預かり人は「東入道」であるとの記載がある。国清は当時囚われの身だったのである。
（31）【史料】八号。『岐阜県史史料編古代中世四』九五頁。

(32)【史料】二号。『岐阜県史史料編古代中世四』九一頁。

(33)同右。『岐阜県史史料編古代中世四』九二頁。

(34)同右。『岐阜県史史料編古代中世四』九一頁。

(35)この度の、二回目の奥州北畠軍の上洛の模様については『太平記第十九巻』や「保暦間記」（『群書類従』第二十六輯）などに関係記事がある。以下に『太平記』に見える記事をあげる。

国司顕家《(北畠)》卿正月八日（延元三・暦応元一三三八）鎌倉ヲ立テ、夜ヲ日ニ継テ上洛シ給ヘハ、其勢都合五十万騎、前後五日路、左右四五里ヲ押テ通ルニ、元来無道不造《(善)》ノ夷共ナレハ、路次ノ民屋ヲ追補《(捕)》シ、神社仏閣ヲコホチタリ、惣而此勢ノ打過ケル跡塵ヲ払テ、海道二三里カ間ニハ家ノ一宇モ不残、草木ノ一本モナカリケリ、カクテ前陣既ニ尾張ノ熱田ニ着キケレハ、摂津大宮司入道源雄、五百余騎ニテ馳付ク、同日美濃国ノ根尾鳥籠山ヨリ堀口美濃守貞満、千余騎ニテ馳加ル、今ハ自是西京マテノ道ニハ、誰有共、此勢ヲ聊モ支ヘントスル物有カタシトソ見ヘタリケル、（『西源院本太平記』五七四頁）

右の記事によると、北畠顕家軍の前陣が尾張の熱田に到着したとき、摂津大宮司入道源雄が五百余騎で、また堀口美濃守貞満が千余騎で顕家軍に馳せ加わったとあるが、本章で述べる清定も、彼らと同じように、相当の軍勢でもって顕家の軍に馳せ加わったのであろう。

(36)【史料】二号。『岐阜県史史料編古代中世四』九一―九二頁。

(37)同右。『岐阜県史史料編古代中世四』九〇頁。

(38)【史料】一号。『岐阜県史史料編古代中世四』九〇頁。

(39)例えば、建武四年一〇月七日に幕府評定で成立した「一　寺社国衙領幷領家職事」と題する一条には「動乱之間、諸国大将守護人、就便宜預置軍勢云々、於今者、可沙汰居雑掌之旨、被定下之処、不遵行之由有其訴、甚招罪過歟、（下略）」という文言がみられる（『中世法制史料集第二巻室町幕府法』〈岩波書店、第三刷、一九六九年九月〉一一頁）。桑山浩然「南北朝期における半済」（『室町幕府の政治と経済』吉川弘文館、二〇〇六年五月）参照。

付記　史料の閲覧・翻刻の許可を頂いた宮内庁書陵部に謝意を表したい。

【史料】「法勝寺領美濃国船木荘訴訟文書」（宮内庁書陵部所蔵）

（一、法眼盛祐重申状）

（端裏書）「□」

法勝寺領美濃国□（船木庄内只越郷カ）領家法眼盛祐重言上、

欲早先奉行右中弁親（平）□（名）朝□（臣）重服上者、自当御奉行被下重院宣於坊門侍従信春朝臣、被召出請文、任相伝道理、預安堵　勅裁全知行当郷間事、

副進

一巻先進訴状并具書等案

五通　相伝証文案

一通　院宣案暦応二年六月九日 被尋下信春朝臣事

右当郷者、盛祐相伝知行之子細載本解状、先度具言上畢、爰坊門三位清房卿令造意、朝敵人清定清房養子構出無躰作名菅原氏幸増女、雖掠賜　院宣、清定致郷務之間、守護人召捕之、召預当郷於軍□（勢カ）畢、依之去三月四日盛祐庭中之処、可令越訴言上之由御沙汰之間、同九日越訴之処、如上卿日野中納言（資明）家御返答者、非庭中不可有越訴、書顕本理非之次第、可付行事弁云々、仍同十一日雖付申本解状於頭卿（蔵人頭・宮内卿中御門）為治朝臣、不及御披露、被与奪親名朝臣、去六月九日雖被下問状　院宣於信春朝臣、不及陳状経両月之処、親名朝臣重服之上者、自当御奉行重被尋下之、任相伝之道理、盛祐預安堵　勅裁、為全知行重言上如件、

暦応二年八月　日

……………（紙継目裏花押）……………

（二、法眼盛祐申状案）

法勝寺領美濃国船木庄内只越郷領家法眼盛祐謹言上、

欲早為　朝敵人坊門大夫清定本名在定無躰作名菅原氏女立面、或備清定所帯法勝寺役請取等於氏女当知行所見、或以寺家公文所非拠請文、為坊城中納言家御奉行去〻年八月十八日氏女雖預　勅裁、於郷務者清定致在庄管領間、去年(暦応元)春顕家(北畠)卿率奥勢上洛時、件清定自当郷馳加彼勢、就致合戦、同(暦応元)八月塩屋五郎・同卿房・業田卿注記等於当郷召捕清定并坊門三位清房父子間、土岐(頼貞)伯耆入道存考(孝)今者死去於当郷者宛賜捕手三人畢、彼等至今所令知行也、凡氏女者清定所変由、盛祐再三雖歎申、終以不被聞食入、果而及此沙汰上者、早任正慶・建武　勅裁、如元可全知行由預御裁断、弥専忠貞当郷領家職事、

副進

二通　系図并譲状

二通　院宣正慶二年後二月十六日盛祐子息説光一円賜之、建武四年二月十八日同預安堵　勅裁、

一通　将軍家証判状元弘三年五月廿五日盛祐当知行之支証

一通　守護人存考(孝)代道忍書状建武三年八月　日同前

右当郷者、自本主肥後守基実至亡父静全律師七代相伝、依無相違、正応二年九月十日静全譲与郷内半分惣領職於嫡男経意、譲賜残半分庶子分於次男盛祐状偁、若於妨此旨輩者可付知行於一方、其上可申行不孝罪科云〻、仍経意・盛祐任亡父行事令知行之処、元応二年禅林寺僧禅観掠賜当郷之間、経意・盛祐申披所存、同年十二月廿九日為左中弁藤房(万里小路)朝臣奉行、当郷如元可知行之由宛惣領経意下賜院宣畢、而正慶元年四月廿三日経意他界之後、同九月廿一日経意一男宮内大夫在定坊門大夫清定改名忽背父祖遺誡追出盛祐、焼払住宅之間、以盛祐子

息兵衛蔵人説光就申披相伝子細、同二年後二月十六日任静全譲可知行之由下賜　院宣当知行之間、元弘三年五月廿五日盛祐依馳参御方、当将軍家被出証判畢当知行、支証、爰清定為散彼宿意、成右大弁清忠幷坊門三位清房卿之養子、捨菅原姓令改名坊門大夫清定、以養兄坊門少将雅輔西岡大将清房実子之権、令濫妨当郷、建武二年十一月清定為中山道大将東国発向之刻、又焼払盛祐住宅奪取資財物畢、而盛祐老躰之間、進説光於御方致合戦証判状、分明也、同三年六月以来当知行之条、守護代道忍状明白也当知行、支証、依之同四年二月十八日為日野中納言（資明）家御奉行下賜安堵　院宣、弥全知行之処、同七月三日号菅原氏女幸増代、定家申子細云々、就之同十三日盛祐雑掌彼定家者清定年来家人也、於幸増者清定所変無躰作名仁也、下賜訴状可捧巨細陳状之由再三言上之処、不及下賜謀訴状、同八月十八日被下　勅裁於作名幸増云々、然間清定令知行当郷、去年二月奥勢上洛之時、清定自当郷加彼勢、落自吉野、又令隠居郷内之間、同八月日被召捕之、被籠舎之時、清房父子同被召捕畢、幸増者清定所変既露顕畢、爰説光重病之間、本人盛祐所令言上之也、抑建武四年八月十八日幸増如所賜　院宣者、只越郷事説光捧正慶　院宣当知行之由雖諍申之、元応　勅裁以後経意余流領掌之由、寺家注進上、元弘三年以来寺用請取分明之間、被下説光　院宣被召返畢、此上知行不可有相違之由可被伝仰菅原氏女之旨、院御気色候也、坊門三位殿云々、此条悉御沙汰参差也、其故者清定者清房卿養子之間、清定所変之氏女加就進挙状、被仰清房卿所見也、争可被下　勅裁於眼前之御敵哉、次元応　勅裁者、如先段言上、経意・盛祐兄弟合躰之時就□（他カ）人相論申披之、惣領経意返賜当郷　院宣也、不足氏女相伝指南、

（紙継目裏花押）

弥盛祐潤色也、次経意余流領掌之由事、経意他界者正慶元年四月廿三日也、経意存生程者曾無確執、而経意死後就清定濫妨、同二年二月（後二カ）盛祐代説光預一円　勅裁之条、厳重上者、何以寺家胸臆注進可被弃捐之哉、就中船木庄者十四・十六・十九・本田・只越・別符以上六郷也、彼領主等事、先立御尋之処、於只越郷者不知

領主之由乍捧寺家注進又経意余流知行之由令注進之条、一事両様眼前也、次元弘三年以来寺用請取事、是又於寺用等者全不直進之、下司公文令運送之取請取者也、其上元弘三・建武元二者清定濫妨之由盛祐自元言上畢、自建武三年者盛祐当知行之条、守護人書状分明也、但於彼年〻貢者就　院宣出武家之間、不及進納、争以彼非分知行之請取、忝可被対揚一円　勅裁哉、

以前條〻若斯、所詮於盛祐者任亡父静全行事之処、依清定悪行、正慶二年仁下賜一円　勅裁之訖、清定雖募武威、成　朝敵畢、仍盛祐代説光任正慶　勅裁、令知行当郷、同四年二月十八日賜安堵　院宣之条、更不背理致者哉、至氏女者清定所変無躰作名分明之上、云所持文書云召仕家人、皆以清定所持物也、清定　朝敵之段、武家召捕之、令収公当郷上者、任正慶・建武　勅裁、盛祐可返賜当郷之条、無子細者哉、就中雅輔幷清定子息輔清号雅輔養子共以建武三年正月十六日於常住院四足前討死、其頚被懸六条河原之条、公家・武家無其隠、雅輔子息坊門侍従国清又為若州大将去〻年七月四日被生捕畢、清定又加奥勢、令隠居当郷、同時被召捕被収公当郷上者、云子息孫子云養子養孫、皆以眼前　朝敵也、而不恐自科、清房卿造出養子清定所変幸増進拳状、果被召捕顕重科、然早於当郷者任代〻相伝道理、就正慶・建武後日　勅裁、如元盛祐返賜之、全知行為専寺用言上如件、

暦応二年三月日

……………………（紙継目裏花押）……………………

（三、船木荘開発相承系図）

美濃国船木庄開発相承系図

- 基実（本主肥後守、法名寂法）
  - 高階氏女（寂法嫡女）
    - 信子（氏女嫡女）
      - 資高（文章博士・正四位下）（菅原信子嫡男）
        - 為俊（宮内権少輔）
          - 覚俊（大弐法印）
            - 静全（大弐大律師）
              - 経意（正慶元四廿七死去、民部卿法印）
                - 清定（坊門大夫）（号清房子息、今召人）
                  - 輔清（建武三年）去〻年正月十六日討死、被懸六条河原頸、
              - 盛祐（弁法眼）
                - 説光（訴人　兵衛蔵人）
                - 祥円
                - 心祐（大夫阿闍梨）
                - 重喜（大弐律師）
              - 静意（尼）

（四、朝敵人系図）

朝敵人系図

- 清房（坊門三位、於只越郷被召捕了、）
  - 雅輔（同少将、西岡大将）（建武三年）去年正月十六日討死
    - 国清（同侍従、若州大将）美作左近将監貞藤生捕之、預人東入道
  - 清定（坊門大夫）
    - 輔清（同大夫）（建武三年）去年正月十六日討死

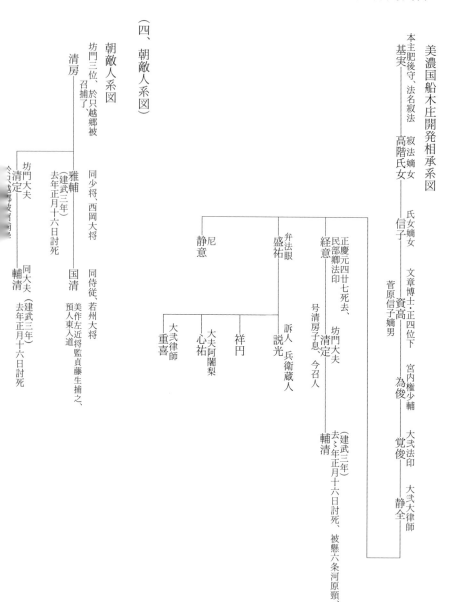

（五、静全・経章連署譲状案）

静全譲状
譲与

法勝寺領美濃國船木庄内只越郷領家職事、

右当郷者相承地也、依之半分者譲与経意、半分者譲与盛祐畢、代〻手継正文者雖付渡経意、書案文所渡盛祐也、若於妨此旨輩分者可付知行於一方、其上可申行不孝罪科、仍譲状如件、

正応二年九月十日　　経章判

静全判

……………………（紙継目裏花押）……………………

（六、後伏見上皇院宣案）

院宣　当郷一円拝領所見

美濃国船木庄内只越郷領主（ママ）職事、任静全并盛祐譲、知行不可有相違者、院宣如此、仍執達如件、

正慶二年後二月十六日　　勘解由次官在判

兵衛大夫（説光）殿

（七、盛祐着到状案）

将軍家一行

法勝寺領美濃国舟木庄只越郷領家弁法眼盛祐今月十五日馳参御方候、向後無二心可致合戦之忠候、以此旨可

有御披露候、恐惶謹言、

元弘三年五月　日　法眼盛祐状

進上　御奉行所

承了　在御判（足利尊氏カ）

（八、美濃守護土岐頼貞法名存孝代道忍書状案）

美濃守護存孝（孝）代道忍状　当知行所見

御敵少別符新左衛門尉幷坊門大夫等、於只越地頭方可構城墩（郭）之旨、其聞候、御分為只越領家、御在郷上者、さ様時者忩々可被注申候、不然者、賜御状可申入京都候也、恐ゝ謹言、

（建武三年）八月廿日　道忍判

只越左衛門蔵人殿

（九、光厳上皇院宣案）

安堵　院宣

法勝寺領美濃国船木庄内只越郷、知行不可有相違者、

院宣如此、悉之以状、

建武四年二月十八日　権中納言（日野資明）在判

兵衛蔵人（説光）殿

（一〇、菅原資高譲状案）

資高譲状
処分　私領一所事、
在美濃国法勝寺御領船木庄内東方只越郷
四至在本券
右件領者代ゝ相伝地也、而所労数日存命不定之間、相副代ゝ手次（継）文書等、所譲与長男小童（覚俊）丸也、若非道事出
来時者、擘次第譲状等、訴申寺家、
……………………（紙継目裏花押）……………………
可触申一家人ゝ也、仍後日沙汰処分如件、
文治三年四月十日　菅原朝臣（資高）在判

（一一、美濃国船木荘文書紛失状案）

紛失状案
法勝寺御領美濃国船木庄領寺（主等解カ）能申
請寺家政所裁事、
請殊蒙　恩恤、准傍例賜政所御下文、
備向後証文、当庄内東方只越郷文書紛失状、
右謹検案内、当庄者故肥後入道寂法先祖相伝之私領也、而去嘉暦（応）年中寄進当寺、割分一庄附属七人子族之内、
彼只越郷者女子高階氏之分也、高階氏譲長女藤原信子、ゝゝ譲嫡男菅原資高、多年領掌敢無他妨、然間去三
日武者小路室町居処焼失之時、文書幷寺家代ゝ返抄等紛失已早、若焼失歟、将又人之盗取歟、向後若有取出

件文書之輩者、処盗犯可被行罪科、且召彼文書可被返附于資高子孫伝領之者也、仍為備後代之証文、諸郷領主一同挙申、是則領家雖各別、御庄已一所之故也、且任傍例、賜本寺政所御下文、欲令備彼郷公験、仍勒在状以解、

元久元年三月十日

西方

十四条郷平氏在判

十六条郷比丘尼在判

十九条阿闍梨大法師在判

東方

本田郷藤原氏在判

只越郷散位従五位下菅原朝臣在判

別符郷阿闍梨大法師当山不知居所

（一二、菅原資高譲状案）

為俊譲状

譲与　私領壹処事、

在美濃国法勝寺御領船木庄内只越郷、四至見七郷惣処分案文、

右件領者累代相伝之地也、得悲母之譲領掌年久、西本寺常行堂中門廊造営事被宛早、用途雖不幾為相営私居所譲与於長男為俊、但存命之間、可分取田畠之所出半分、又自余雑事可進退之由約諸早、

……………………（紙継目裏花押）……………………

抑於本券者、去元久元年火事時引失了、仍触申寺家幷諸郷之領主、所立紛失状也、為後代亀鏡副彼状、譲与状如件、

元久二年十一月九日　散位菅原（資高）在判

（一三、覚俊譲状案）

覚俊譲状案

譲与　法勝寺領美濃国船木庄内只越郷領家職事、

右郷者覚俊童名小童丸得亡父文治三年譲状、領掌無相違、仍相具次第文書、永代譲状与静全早、方〻沙汰皆所得理也、於今者、無人于妨敢所務心安也、能〻可有管領、仍譲状如件、

正嘉元年十二月七日　覚俊在判

小野氏在判

（一四、小野せんしん譲状案）

小野氏譲状

たゝこし（只越）をハ、ことのあいともに、正かくわんねん（正嘉元年）に、しやうせん（静全）にゆつりわたしぬるうゑハ、いまさらしさい（子細）あるへからす、さていわう女しやうかくハ、たねはらかはらぬをとゝいなれは、かまへ（構）ていとを（愛）しくして、ふちす（扶持）へきなり、こゝろにかゝるゆゑニ、かく申おくなり、のちのためにかさね（重）て、しやう（状）くたん（件）のことし（如）、

こうあん《弘安》六ねん四月十日　　せん《小野》しん在判

（一五、光厳上皇院宣案）

問状　院宣

法勝寺領美濃国船木庄内只越郷事、盛祐法眼申状副具書如此、子細見状、何様事候乎由、
院御気色所候也、仍執達如件、

六《暦応二年》月九日　　右少弁親《平》名

謹上　坊門侍従《信春》殿

（一六、坊門信春請文案）

法勝寺領美濃国船木庄内只越郷事、盛祐法眼申状具書等謹給候了、此事曾不存知之上者、得御意、可有御披
露候哉、恐々謹言、

六《暦応二年》月十五日　　信春《坊門侍従》

【年表】美濃国船木荘只越郷をめぐる訴訟年表

年月日	（西暦）	盛祐側	坊門清定側	備考
文治三・四・一〇	一一八六	・菅原資高、美濃国法勝寺領船木荘内東方只越郷を「長男小童丸」（覚俊）に譲与する。		
元久一・三・三	一二〇四	・武者小路室町の居所焼失により、只越郷の文書・寺家代々返抄等を紛失する。		
〃　三・一〇	〃	・船木荘領主等、只越郷の文書紛失状を提出する。なかに只越郷相伝由緒についての記事あり。		

元久二・一一・九	一二〇五	・菅原資高、長男為俊に只越郷を譲与する（田畠所当の半分を収取する権利を与えるが、残り半分と雑公事はもと通り、資高が進退するという条件つき）。		
正嘉一・一二・七	一二五七	・覚俊、小野氏と連署して、只越郷領家職を子静全に譲与する。		
弘安六・四・一〇	一二八三	・小野せんしん、正嘉元年の静全への譲与をふまえたうえで、「いとをし」き「いわう女しやうかく」の扶持を申し置く。		
正応二・九・一〇	一二八八	・静全、経章と連署して、只越郷領家職半分を嫡男経意（惣領）に、半分を次男盛祐（庶子）に譲与する。		
元応二・	一三二〇	・禅林寺僧禅観、只越郷を掠め賜う。これにより、経意・盛祐所存を申し抜く。		
〃　一二・二九	〃	・後宇多上皇、惣領経意にあてて院宣（奉行は左中弁万里小路藤房）を下し、只越郷をもとの如く知行せしむ。		
正慶一・四・	一三三二	・経意、正慶元年四月二三〈二七とも〉日他界する。経意の在世中に只越郷領家職をめぐる確執なし。経意の没後清定の濫妨が始まる。		経意、没する。
〃　九・二一	〃		・経意一男菅原清定（のち坊門大夫清定、在定と改名）父祖の遺誡に背き、盛祐を追い出し、住宅を焼き払う。	
		・よって、盛祐子息説光をもって相伝の子細を申し抜く。		
正慶二・後二・一六	一三三三	・後伏見上皇、兵衛大夫（説光カ）にあてて院宣を下し、静全・盛祐の譲に任せて、只越郷領主職を安堵せしむ（「当郷一円拝領所見」）。		
元弘三・五	〃	・盛祐、元弘三年五月一五日に「御方」（足利方）に馳せ参ずる（「盛祐当知行支証」）。		
			・ここに、清定、かの宿意を散ぜんがため、右大弁坊門清忠・坊門三位清房卿の養子となり、菅原姓を捨て、坊門大夫清定と改名。養兄坊門少将雅輔（西岡大将。清房の子）の権勢をもって只越郷を濫妨する。	

建武二・一一・	一三三五	・しかるに、盛祐老体の間、説光を「御方」（足利方）に進めて合戦を致す。	・清定、中山道大将として東国発向の時、また盛祐の住宅を焼き払い、資財物を奪い取る。	
建武三・一・一六	一三三六		・坊門雅輔（清房子）、常住院四足前にて討ち死に（京都での新田―足利勢の合戦）。首は六条河原に懸けられる。 ・清定子息輔清（号雅輔養子）、常住院四足前にて討ち死に。首は六条河原に懸けられる。	
建武三・八・二〇	一三三六	・美濃国守護土岐頼貞代道忍、「只越左衛門蔵人」（説光ヵ）にあてて書状を出し、「御敵」少別府新左衛門尉・坊門大夫（清房）等が只越地頭方に城郭を構えるとの風聞を伝え、在只越郷の説光に現地での状況を注進するように指示する（「当知行所見」「当知行支証」）。		
建武四・二・一八	一三三七	・光厳上皇、「兵衛蔵人」（説光ヵ）にあてて院宣を下し、只越郷の知行を安堵せしむ（奉行は日野中納言資明）（「安堵勅裁」）。		
〃　七・三	〃		・「清定の年来家人」定家、「菅原氏幸増女代」と号して、子細を申す（「幸増」は「清定所変無躰作名の仁」）。	
〃　七・四	〃		・坊門侍従国清（雅輔の子。若州大将）、美作左近将監貞藤に生け捕られる。預人は東入道。	

〃　七・一三	〃	・盛祐雑掌、定家の提訴に対して激しく反論。		
建武四・八・一八	一三三七		・光厳上皇、菅原幸増女にあてて院宣を下して、説光への院宣を召し返し、只越郷を安堵せしむ。これにより、清定当郷を知行する（清定の勝訴）。	
暦応一・春	一三三八		・北畠顕家卿、「奥勢」（奥州の軍勢）を率いて上洛の時、清定は只越郷よりかの勢に馳せ加わり、合戦を致す（後醍醐天皇方に味方。足利方からは「朝敵」）。	
〃　八・	〃		・清定・坊門三位清房父子、吉野より落ち、また只越郷内に隠居していたところを塩屋五郎・同卿房・業田卿注記等（「武家」＝美濃守護土岐頼貞〈存孝〉配下の武士か）に召し捕られる。美濃守護土岐頼貞は当郷を収公し、捕手三人に「宛賜」わる。只越郷はいまだ彼らが知行（清定は「召人」＝捕らわれ人）。	
暦応二・二・二二	一三三九			美濃守護土岐頼貞、没す。
〃　三・四	〃	・盛祐が庭中に提訴したところ、越訴言上せよとの御沙汰あり。		
暦応二・三・九	一三三九	・越訴言上せよとの指示をうけ越訴したところ、上卿日野中納言資明は「庭中に非ずして越訴あるべからず。本理非の次第を書き顕わし、行事弁に付けよ」と指示する。		

〃　三・一一	〃	・そこで本解状（暦応二年三月日盛祐申状）を付け申したところ、頭卿中御門為治は御披露におよばず、奉行（先奉行）平親名に本件を与奪する。		
〃　三・六・九	〃		・光厳上皇、坊門侍従信春に盛祐の申状・具書を添えて問状院宣を遣わし、事情を尋ねる。	
〃　六・一五	〃		・坊門信春、問状院宣に対し、不存知の請文を提出する。	
〃　八・	〃	坊門信春、問状院宣のあと二か月も陳状を提出せず。盛祐、安堵勅裁を得んがために重ねての申状（暦応二年八月日盛祐重申状）を提出する。		

第二章　足利尊氏発給文書の研究——室町将軍発給文書体系の成立——

はじめに

足利尊氏の歴史的役割を一言でいい表すならば、鎌倉幕府を倒し第二の武家政権たる室町幕府を成立させた初代足利将軍ということになろう。日本歴史の大変革期たる南北朝の動乱を描く軍記物語『太平記』の登場人物を「太平記の群像」とよぶならば、足利尊氏はさしずめそのなかの中心的人物、いわゆる主人公である。しかし古来、足利尊氏は時代の波風をもろに被りつつさまざまに人口に膾炙した歴史的人物で、その評価は「逆賊」から「英雄」の間を揺れ動いた。(1)

そのようなわけで、足利尊氏についてはこれまで様々に言及されており、軽い評論の類から重厚な研究成果まで多くの学的蓄積があることは周知のところであるが、これまでの尊氏研究がほとんど目を向けなかった盲点の一つが、足利尊氏発給文書の網羅的収集による古文書学的な観点からのアプローチである。この観点からの検討がなされなかった最大の理由は、残存する尊氏発給文書が非常に多く、それらを網羅・可及的に収集することに多大の困難が伴うことであろう。しかしながら、発給文書がもっとも信頼のおける研究素材である以上、こうした観点からの考察を避けることはできない。

近年の足利尊氏研究の環境についてみると、各種活字史料集の刊行はめざましく、しかもひところに比べてその校訂の信頼度も格段にあがっている。しかも多くの尊氏発給文書のなかから重要なものを選び、しかも図版付きで解説を加えるという理想的な形での刊行がなされている。(2)こうした整った研究環境のなかで、現段階における足利尊氏の発給文書の収集・整理をとおして、足利尊氏の歴史的役割を古文書学的手法によって考察することは無意味なこととはいえないし、むしろそうした方法によってこそ、これまでの足利尊氏研究をさらに先に一歩進めることができると考える。

あくまで参考までに、筆者が現段階までに収集することのできた直接発給文書の総数について述べておくと、尊氏約一五〇〇通（うち下文《くだしぶみ》約二〇〇、御教書《みぎょうしょ》約九〇〇〈軍勢催促状・感状を含む〉）、直義約七〇〇通（うち下文約四〇、下知状約一〇〇、御教書約五〇〇〈軍勢催促状・感状を含む〉）、そして義詮約一〇五〇通（うち下文約七〇、下知状《げちじょう》約一〇、御教書約八〇〇〈軍勢催促状・感状を含む〉）である。

南北朝時代は変革の時代といわれるように社会を動かす各種文書の体系が大きく変容する時代でもあり、古文書学研究のうえで極めて興味深い題材を提供してくれる。なかでも、この時代の武家政治の中心たる幕府関係の、各種の文書に即した古文書学的研究としては、すでに上島有の「室町幕府文書」(3)、および「南北朝—戦国時代の武家文書」(4)があり、いずれも文書の様態論や機能論からの体系的研究である。こうした成果を踏まえて、さらに政治史と連動させることによって、いっそう立体的な理解が可能となるであろう。なお筆者には同様の方法で尊氏の実弟足利直義の発給文書に即して考察した論文がある。(5)

初期室町幕府の政治形態は「二頭政治」といわれるが、これについて佐藤進一はかつて以下のように述べたこ

とがある。(6)

もしも、いわれる如くに幕政が尊氏・直義の二頭政治であって、権力の分裂でないならば、尊氏と直義との間にはなんらかの政治権限の区分調整があったはずであり、幕府の官制はかかる権限区分とのなんらかの関連において体系化されたはずである。よってわれわれが上記の設問に立ち向かうためには、まず尊氏・直義間に権限区分が認められるかどうかを確かめなければならない。それには彼ら両人の権限を正確に表現ずる文書によって、権限を摘出し比較するのがもっとも捷径であろう。

右は実に的確な指摘といわねばならない。尊氏・直義の政治権限を措定するためには、両人が発給した文書を網羅的に収集し、それらを具体的に検討することによって、その文書を発することを可能とした政治権限を帰納的に析出することがもっとも効果的なのである。本章はこうした佐藤の提言にもとずき、発給文書の収集・整理・分析をとおした尊氏の政治的権限についての考察であるが、手法のうえで佐藤のそれと異なるのは御教書の採用である。

すでに述べたように、尊氏、直義、義詮の全発給文書のなかで御教書の占める割合は優に過半を超えている。こうした状況のなかで、各々の政治権限を検討するうえで御教書を埒外に置くことはできない。当然ながら御教書も有効な方法をとることによって検討の対象に含めるべきだと考える。筆者は、かつて以下のように述べたことがある。(7)

両者（尊氏と直義＝後注）の政治的関係を検討するためには御教書を含めた両者の直接発給文書全体の分析を通さねばならない。なぜなら、下文・下知状に限らず、御教書もその出た権限を遡及することの可能な文書と考えるからである。

以下、順次尊氏の発給文書の検討を行うが、その場合まず尊氏をめぐる政治状況に即していくつかの段階に時期区分しておく必要がある。それについては、同時期の政治史の展開に即して、以下のようなおおまかな区分をしておく。

Ⅰ　建武政権成立前後より政権からの離脱まで（元弘三年五、六月〜建武二年一一月）
Ⅱ　建武政権離脱から室町幕府の成立まで（建武二年一一月〜同三年一一月）
Ⅲ　幕府成立後、二頭政治の開始まで（建武三年一一月〜暦応元年八月）
Ⅳ　二頭政治の期間（暦応元年八月〜貞和五年九月）
Ⅴ　二頭政治破綻後、尊氏の没まで（貞和五年九月〜延文三年四月）

なお、以下に登場する各種残存文書の通数はあくまで筆者の現段階での収集の範囲でという限定付きのものであり、今後の新出によってその数は当然増えるものであること、また残存史料は原本とは限らないため、案や写については、花押の主を確定するのが困難な場合、推定によったことをあらかじめお断りしておく。また御内書・書状のたぐいは本章での検討対象から外した。

一　下文・下知状系

かつて室町幕府開創期の幕府権力のあり方、幕府官制の組織・構造を解明して、室町幕府論研究の骨格を作った佐藤進一は、古文書学についての深い造詣に立って、下文・下知状と御教書の性格の差異について、以下のように指摘したことがある(8)。

…周知のように、下文・下知状は公文書の上達下文書に由来する形式である。したがってこの形式は、発給者がかれの権限を行使することに限って使用され、この時代にはとくに、受取者に一定の利益を恒久的に保証する場合、および受取者を一定の事柄について拘束する場合に限って用いられた。換言すれば、この時代の下文・下知状は恒久的効力をもつ権限行使文書であった。これに対して、御教書はもともと私文書の一形式であり、ただ時代の下るに従って、公的機能を果たすために用いられるようになり、またそういう場合が次第に多くなったが、その場合でも、その用法は区々であった。幕府の公文書としても、恒久的効力をもつ文書の正式の文書形式としては採用されなかったという点で、下文・下知状と峻別されたのも、御教書が本来私文書の形式であるという性質が忘れられていなかったからにほかならぬ。大まかにいって、幕府の下文・下知状には、端的かつ明確に発給者の権限が表現されるのに対して、幕府の御教書にはそれが必ずしも表現されない。したがって、御教書から発給者の権限をうかがうことは、可能の場合と不可能の場合とがある。…

本章の目的は、現在の古文書学研究の水準に立ち、とくに足利尊氏の発給文書を中心とした将軍文書等の収集・分析を通じて、半世紀前に出されたこの佐藤の見解を再検討することである。そのさい、右述したように佐藤が検討素材からはずした御教書からの知見を積極的に取り入れることとしたい。

(一) 足利尊氏袖判下文

右で佐藤進一が、御教書とは違って「端的かつ明確に発給者の権限が表現される」とした下文・下知状のうちの、下文である(尊氏は直義とは異なり、裁許下知状は出していない)[9]。残存する足利尊氏下文は、すべて袖判下文である[10]。

足利尊氏袖判下文の分布範囲を最初に示しておくと、まず初見は「安保文書」元弘三年(一三三三)一二月二九日付で[11]、逆に終見は「佐々木文書」文和四年(一三五五)八月四日付であり[12]、この両時点の二二年間に、約二〇〇通の足利尊氏袖判下文を収集することができる。

まずⅠの時期である。Ⅰの二年半は、後醍醐天皇の主導する建武政権期にあたる。この間における所領宛行はむろん天皇の専権に属していたから、足利尊氏に所領宛行権のあろうはずはないが、前述のように尊氏袖判下文の初見たる元弘三年一二月二九日付は、建武政権内における尊氏の動向を占うに足る史料である。尊氏がたとえ水面下ではあっても武門の棟梁として配下の武士に所領宛行権を行使している事実をみのがすことはできない。

建武二年七月のいわゆる中先代の乱は、尊氏が建武政権と決別するきっかけとなった事件である。この争乱を鎮定するために東下した尊氏は平定した後も帰京せず、そのまま鎌倉に留まって同年一一月には建武政権から離脱する（後醍醐天皇が帰洛しない尊氏を解官したのは「足利家官位記」によると建武二年一一月二六日）(13)。現在のところ、建武二年七月以前の尊氏袖判下文は上記のものだけしか知られていないが、これ以降建武政権の政治的制約から解放された尊氏は、当然ながら俄然、袖判下文を多く出し始める。

建武二年七月から解官の同一一月までに限ってみると、この間に全一一通の尊氏袖判下文を収集することができた(14)。その中で特に注目すべきは、時期的に最も早い以下の一通である(15)。

（足利尊氏）
（花押）

下　　葦谷六郎義顕

　可令早領知越後国上田庄内秋丸村事、

右以人、為勲功之賞、所宛行也者、早守先例可領掌之状如件、

　建武二年七月廿日

この足利尊氏袖判下文は、足利尊氏が「（葦谷）義顕に対して勲功の恩賞として越後国（新潟県）上田庄秋丸村を宛て行ったもの」であり、名宛人の「義顕は上田庄近辺の武士であろうか」とされている(16)。注目されるのは以下の三点。

①日付の建武二年七月二〇日とは、中先代の乱開始直後というべき時点で、この時点ですでに足利尊氏は所領の宛行権を堂々と行使していること（建武政権との決別は先述のように建武二年一一月二六日のこと）。

②この尊氏の権限は武門の棟梁たる地位に随伴する性格のもので、系譜的には先述の元弘三年一二月の袖判下文と同根であること。換言すれば、建武二年七月まではこの尊氏の権限は封印されていたと考えられること。

③この尊氏の所領宛行は後醍醐の意志を忖度しないかたちでなされたであろうこと。

Ⅰに属する全一一通の足利尊氏袖判下文はすべて右例のように、「勲功之賞」或いは「合戦討死之賞」として勲功の武士に所領を宛行うというものであるが、なかには富樫介高家に対して「加賀国守護職幷遠江国西郷庄」を領知せしめた建武二年九月二七日付のように[17]、守護職を他の一般荘郷と一緒に括っている例もあり、尊氏にとっては比較的初期に任命した守護職（加賀のような）は荘郷と同等に扱っていたことが知られる。この建武二年九月二七日は尊氏にとっては生涯の一大転機となった日であったことは確実で、勲功の武士に対して恩賞地を給付する袖判下文がこの日付で九通も残存している。尊氏にとってこの日が後醍醐との実質的な決別のときであったことを意味している。

続いてⅡである。尊氏が建武政権を離脱して室町幕府開創を宣言（「建武式目」の制定）するまでの一ヵ年にあたる。この間に全二一通の尊氏袖判下文を収集した[18]。分布上の偏りはない。その内容・用途では、ほぼすべて勲功賞としての所領の宛行であり、例外的に長沼秀行を淡路国守護職に補したもの[19]、阿蘇孫熊丸を阿蘇社大宮司職に補任したもの[20]、小多田社神宮寺ならびに同寺社領に軍勢甲乙人の乱入狼藉を禁じたもの[21]（いわば禁制）も含まれている。わずか一年の間に二一通とはいかにも多数であるが、この時期は第二の武家政権を模索する尊氏にとっては最大の試練の時であったわけで、尊氏が配下の武士たちとの間に所領を媒介とした強固な主従関係をとり結ばうとしたために多くの袖判下文が出されたのである。

詳しくはのちの御教書の箇所で述べるが、Ⅱの時期においては、尊氏は幕府を支える新しい御家人体制の創設に腐心していた。とくに畿内周辺の在地領主をその荘園領主との荘園制的服属関係から切り離し、これを幕府の最高権力者のもとに組織化するための、御判御教書を精力的に発給している。右述の尊氏袖判下文の多数の残存がこのことと一体の関係にあったことは言うまでもない。

Ⅲは、幕府樹立後、試行錯誤を重ねてきた幕府がなんとか二頭政治という一つの到達段階にたどり着くまでの二年たらずの時期である。この間に全三七通の尊氏袖判下文を収集することができた(22)。分布上の偏りはない。その内容は、Ⅱと同様にすべて勲功賞としての所領の宛行である。その中には替地としての所領宛行(23)、「依参御方」という理由での所領宛行(24)のケースも含まれる。

続くⅣは、いわゆる二頭政治の時期である。その開始については建武五年八月の足利直義裁許状の出現を、終焉については貞和五年九月の直義一旦失脚を目安とすることができる。この正味一一年の間に四三通の尊氏袖判下文を収集することができた(25)。分布上の偏りはない。その内容は、Ⅰ～Ⅲと同様にすべて勲功賞としての所領宛行であるが、なかには宛行の具体的理由として「参御方(26)」、「軍忠抜群(27)」、「合戦討死之賞(28)」、「度々召取悪党之賞(29)」、「奉行事功之賞(30)」（幕府奉行人諏訪大進房円忠に対して）などもみられ、さらに替地として別の所領が宛行われたケース(31)もある。恩賞としての所領宛行は将士の軍功に対してだけではなく、幕府奉行人の功労（天龍寺造営奉行の功(32)）に対してもなされたわけで、そこには幕府の政治制度としての一定の達成度が感じ取られる。ちなみに、この時期の最後の段階で直義は一旦失脚する。

最後のⅤは、二頭政治の破綻ののち観応擾乱の期間を含めて尊氏の没時までの期間である。具体的には、直義の第一次失脚の貞和五年（一三四九）九月から、尊氏没の延文三年（一三五八）四月までの約一〇年の間。観応擾乱の結果として、二頭政治が解消することによって二元化されていた将軍権力が一元化されて、将軍の親裁権が強化される政治的環境の整った時期である。幕府支配の基礎を固めた尊氏が、その将軍としての権力を後継者たる義詮に移譲したのもこの時期であった。

幕府支配の飛躍的な展開期にあたるVの時期では、尊氏袖判下文の発給状況はどうであろうか。この約一〇年の間に収集できた尊氏袖判下文の総数は約七五通(33)。これをもとに尊氏のこの時期における所領宛行権の性格を考えてみよう。尊氏袖判下文の用途がほとんど将士への勲功賞としての所領宛行であることは従来と変わりない(34)。やや変わり種として、貞和六年二月尊氏袖判下文によって、河野通盛（法名善恵）を伊予守護に補した例がある(35)。また観応元年一二月五日尊氏袖判下文写は、赤松範資にあてて亡父円心遺領を安堵せしめるものである。本文書は写であるため発給者が明確でないが、他の事例から推していちおう尊氏のものとみておく。

Vの期間における尊氏袖判下文の残存に時期的な偏りはなく、コンスタントに発給されているが、この間の観応二年一一月より文和二年九月までの約二年間、尊氏は直義追討と関東統治の安定化の目的で東国に下向している。この東国下向期間においては、出張中の尊氏と京都の留守を預かる義詮との間で、列島の分割統治（尊氏＝東国以北、義詮＝それ以外の地域）がなされていたことが指摘されている(36)。

今一つ確認しておきたいのはその終見事例である。以下に引用する(37)。

（足利尊氏）
等持院殿様
御判

下　佐渡大夫判官法師（法名導誉）

可令早領知近江国馬渕庄北方地頭職（筑後守頼尚（少弐）跡）事、

右為勲功之賞常陸国信太下条替、且所宛行也者、早守先例可致沙汰之状如件、

文和四年八月四日

右の文書は、「御判」の主（「等持院殿様」という追記を信頼すれば足利尊氏）が、佐々木導誉に対して勲功の賞常陸国信太下条の替地として、近江国馬渕荘北方地頭職（少弐頼尚跡）を領知させるという内容の袖判下文である。「等持院殿様」とはあくまで後日の追記であるから絶対に正しいという保証はなく、足利義詮の可能性もあるが、ここでは一応追記を信頼して足利尊氏と見なしておきたい。

この文和四年八月の文書は、建武二年七月から継続して多数発給された尊氏袖判下文の終見であるから、尊氏は将軍としての所領宛行権をこの段階で行使することをやめ、それを嫡子で後継者の義詮に完全譲渡したものとみなすことができる。換言すれば、義詮の将軍見習い期間の終了は、尊氏没より二年八ヶ月前の文和四年八月とみられるのである。ここに義詮は実質的に将軍権力を掌中にしたものとみてよい（将軍宣下は延文三年一二月八日）。足利尊氏はこれ以降袖判下文を発給していないが、自身の花押を据えたいわゆる御判御教書は依然として多く発給し、さまざまの活動を展開している。これについては後述する。

以上述べてきた足利尊氏袖判下文の歴史的な性格を明確にするためには、その政治的・軍事的活動において重なりを有する実弟足利直義、および嫡子で二代将軍足利義詮の発した下文との関係についてふれねばならない。このうち直義については、従来の研究では、主従制的支配権を掌握した尊氏に対し、直義は統治権的支配権を握ったと説かれてきた。この直義もⅡ～Ⅳの時期に、尊氏同様多くの下文を発給した。したがって尊氏下文と直義下文とを比較検討することは、両人の権限内容の相違のみならず、両人の政治的立場の違いを考えるうえで重要である。(38) さらに義詮については、観応擾乱の終息後尊氏はその将軍としての権力を漸次譲渡したものとみられ、その具体的な状況は両人の下文を比較検討するによっておおよそ知ることができる。そのような理由から、ここで右の尊氏下文と比較検討するかたちで直義下文、および義詮下文の発給状況について略述しておく。

まず足利直義である。直義下文は、建武二年一一月から観応二年一二月にいたる一六年間に四〇通が知られている。(39) 先の時期区分ごとにいえば、Ⅰが一通、Ⅱが四通、Ⅲが九通、Ⅳが二四通、Ⅴが二通である。Ⅳの二頭政治期が抜群に多く、その前段Ⅲがこれに次ぐ。足利直義下文について、すでに半世紀前に笠松宏至が以下のように述べている。(40)

たとえば下文《くだしぶみ》という様式の文書がある。この形式は、最も重要な場合に出されると同時に、文書発給者の権限を端的に知ることのできる種類の文書であって、尊氏も直義も、みずから書き判を据えた下文を数多くいまにのこしている。ところが裁判の判決書や、所領の安堵《あんど》について出された下文は、一通のこらず直義のものであって、尊氏のものは一つもない。これに対して、恩賞として所領を新しく給与する、いわゆる新恩の下文はすべて尊氏発行の下文であって、直義のそれはただの一通ものこされてはいない。

この笠松の指摘は、尊氏と直義の権限の違いをまさにズバリと言い当てた至言であって、現在の研究段階においてもこの指摘は不動である。(41) 将軍と武士との間に主従関係を生起せしめる新恩給付権は、終始将軍の地位にあった尊氏によって掌握されていたわけで、いかに直義が裁判権＝統治権的支配権によって尊氏の地位を脅かそうとも、尊氏の幕府トップの地位は強固に守られていたとみられる。

次は義詮である。義詮は尊氏の嫡氏で後継者であるから、尊氏との関係は直義とは自ずから異なっている。まず義詮下文を尊氏のそれとの比較しつつ概観してみよう。

足利義詮の下文は「はじめに」で述べたように現在七〇通ほど収集することができるが、すべて父尊氏同様に袖判下文の形式をとっている。その初見は「久下文書」観応二年正月二〇日付、(42) 逆に終見は「前田家所蔵文書」貞治六年九月一五日付である。(43) それらの時期的な分布状況をみると、父尊氏との関係において明らかな特徴が認められる。先述のように、尊氏は観応二年一一月より文和二年九月までの約二年間、直義追討と関東統治の安定化の目的で東国に下向するのであるが、このいわば尊氏の留守中に全体の約半数三一通の義詮袖判下文が発給されているのである。(44)この間、尊氏・義詮父子のあいだで統治地域の分担（尊氏＝東国以北、義詮＝それ以外の地域）があったことは前述したが、(45)この短期間における多数の義詮袖判下文の発給状況をみると、何らかの特別の事情の存在を予感させる。その特別の事情とは京都に滞在する義詮にとってのそれであろう。尊氏の京都不在の間、留守を預かる義詮は幕府の周辺を政治的に安定させる必要からこのような政策に出たものと考えられる。逆に尊氏からみても、義詮の多くの袖判下文による恩賞宛行権の行使はその留守を預らせるためにも必要な措置であったろう。

いわば義詮の袖判下文は、結果的に尊氏不在の幕府運営を支え、ひいては尊氏の関東平定・統治の実現をもたらした最大の功労者とみるべきであり、次代将軍の地位を担う義詮の登場を全国にアピールする効果も随伴したものと考えられる。

(二) 足利尊氏寄進状

足利尊氏の寄進状については、上島有の指摘がある。(46)「武士に対する恩賞給付・所領充行に相当するものとして、寺社に対しては所領の寄進が行われた」とする上島の足利尊氏寄進状についての理解は以下のように整理される。(47)

①寄進状は下文の変形と考えることができる。

②配下の武士への下文の署判はすべて袖判であるが、寺社に対する場合はそれとは異なり、尊氏寄進状の署判の位置は、一部の例外を除いて、康永二年ころを境にして、日下署判から奥下署判に変わる。

③寺社に対する書札礼は配下の武士に対するそれより厚礼であるが、それでも日下から奥下へ署判の位置が変動したことには意味があり、それは幕府権力の安定度が増したことを示す。

④尊氏の寄進状は建武元年の初頭からみられるが、この寄進行為は幕府の祭祀権に関するものであり、武士への行賞権が尊氏固有の権限であったように、幕府の祭祀権は武家の棟梁たる尊氏に属し、直義の干渉を許さなかった。

右の指摘を参考につつ、実際の尊氏寄進状を具体的に検討してみよう。筆者が収集できた尊氏寄進状は元弘三年から文和四年までの二二年にわたる全一一四通(48)。その内訳を先の時期区分に即して言えば、Ⅰが一三通、Ⅱが一四通、Ⅲが二三通、Ⅳが四〇通、そしてⅤが二四通である。残存数を年平均でみれば、最も多いのがⅡで、続いてⅢ、Ⅰ、さらに少ないのがⅣ、Ⅴということになる。全般的にみて、特定の時期に特に多く集中するというようなことは認められない。尊氏はその活動期間においては寄進状をフリーハンドに発給できる立場にあったものと考えられる。

寺社に対して出された尊氏寄進状に記される所領寄進の願意はその時々の状況を直接的に反映するから、願意によって尊氏の身辺状況を推し量ることが可能である。その願意には様々な表現がみられるが、注目されるのは、以下の点である。

①特にⅡの時期に「天下泰平・所願成就」、「天下安全・当家長久之運」、「天下泰平・国家安寧」、「家内繁栄」などといった表現で軍事的・家門的な性格が顕著にあらわれていること。

②逆にⅣの二頭政治の時期には、幕府政治の相対的な安定を反映してか、①のような軍事的な色彩は影失せ、かわって「造営料所」や「修理料所」など幕府が支援する寺社の経済的基盤＝料所としての寄進のケースが多くなる。

③ところが、観応二年（正平六年）末の正平一統開始以降、尊氏の東国下向の時期には、ふたたび①でみたような「天下安全・武運長久」が頻出し、一挙に軍事的色彩が濃厚になる。

右に見た願意の特徴は、その時々の尊氏をとりまく政治的・軍事的な特殊事情を反映するであろう。特にⅡの時期が尊氏にとっては室町幕府開設に向けた正念場であったため、それだけ尊氏には神仏の加護に頼る気持ちが強かったのであろう。なお同じような状況が観応二年一一月以降の尊氏東国下向のさいにも生起したものとみたい。しかし寺社に対する寄進行為は追善料所の寄付など個人的かつ精神的・宗教的な理由によるものもあるし、そのような場合は右で述べたような政治的理由による寄進行為とは別に考えねばなるまい。

先に上島はその尊氏寄進状についての整理②のなかで、尊氏署判の位置は康永二年ころを境にして日下から奥下へと変化するとしたが、筆者の調査ではそのような変化は特に認められず、尊氏は終始日下署判と奥下署判の両様を使用して寄進状を発給したとみる方が実態に即している。④については、尊氏寄進状はすでに元弘三年一〇月から見られること(49)、尊氏の寄進行為をその専掌する主従制的支配権で割り切るのはやや武断的に過ぎるのではあるまいかということを述べるにとどめたい。

尊氏寄進状についての節を終えるにあたり、最後にいま一つ指摘しておきたいことがある。それは尊氏寄進状の終見が、尊氏袖判下文のそれと同じ年であることである。先述したように、尊氏の袖判下文の終見は「佐々木文書」文和四年八月四日付(50)であるが、一方尊氏寄進状の終見は「本願寺文書」文和四年正月二五日付(51)である。尊氏袖判下文の消滅は尊氏の政治の第一線からの引退、嫡子義詮との交替を意味していると考えたが、そのことは同時に寄進状にも影響したのである。つまり寄進行為はすべてではないにせよ、所領宛行行為（主従制的支配権）と近い関係にあったことは認めてよいと思われる。

ここで尊氏寄進状の特徴を明確にするためには、足利直義、さらには義詮のそれについてもふれておく必要がある。このうち約一〇点の寄進状を残している直義についてはすでに述べたことがあるので、以下の結論部分のみを記すにとどめる(52)。

寺社への恩賞給付・所領宛行としての寄進は、尊氏がこれをもっぱらに行い、直義の場合はとてもフリーハンドとはゆかず限定的であったものと考えられる。

では足利義詮の場合はどうか。筆者が収集できた義詮寄進状は、観応元年一二月から貞治六年九月の一七年間にわたる二六通。(53)尊氏の寄進状が消える文和四年より以前のものが九通、残り一七通はそれ以降ものである。つまり、義詮は観応元年の執政参画の時点から文和四年までは父尊氏とともに寄進状を発給したが、それ以降は一人義詮の専掌するところとなったものとみられる。

(三)その他——禁制・過所

(1)禁制

上島有は、かつて以下のように述べている。(54)

…直義の下知状は裁許状だけでなく、禁制あるいは過所としても用いられる。禁制とは禁止事項を一般に知らしめるためのものであるが、…

右の上島の指摘のように、禁制とは「禁止事項を一般に知らしめるためのもの」であるが、その様式にはいくつかのパターンがあり、下文や下知状の形式上の名残りも認められる。足利尊氏、直義、義詮の三者にもそれぞれの禁制が残存しており、その発給状況を検討することによって、各人のこの面における活動の特徴を知ることができる。

まず足利尊氏である。尊氏は、直義のような下知状形式の裁許状は一点も出していない。そこで尊氏が発給した禁制をみよう。尊氏禁制としては、「東福寺文書」元弘三年五月一八日付の、「東福寺并所々末寺及国々寺領等」を対象に軍勢并甲乙人等の濫妨狼藉を禁止したもの(55)を初見とし、「赤間神宮文書」文和五年二月二八日付の、長州赤間関阿弥陀寺にあててその寺内寺領への武士甲乙人の乱入狼藉を禁止したものを終見とする二三年間にわたる全二九通を収集することができた。(56)

それらの尊氏禁制すべてを見渡した上での全体的な様式上の特徴としては、まず文面は「禁制」の常套表現で始まり、続いて対象となる寺社名・地域名などが書かれ、本文では乱入狼藉を働いた者は重科に処すなどとの禁止事項が記されている例が多い。なかには通例の「禁制」の代わりに「制札」や「下」の文字で始まるものもあり、さらに先の常套表現をもたないものさえ存在している。また書き止め文言をみると、残存例ではほぼすべて「……之状如件」であり、(57)直義の場合に希にみられた下知状形式の「……之状下知如件」は尊氏の場合認められない。

次に、尊氏禁制を先の時期区分に即してその特徴を個々に探ってみよう。

まずⅠの時期では、初見たる先の「東福寺文書」元弘三年五月一八日付のほか、同日付の「丹後金剛心院蔵木札」(58)、それに「三島神社文書」元弘三年八月九日付(59)の全三通が認められる。これらのうち前二者は日下に「源朝臣（花押）」と署判し、特定寺院たる東福寺や金剛心院を保護の対象としているのに対し、後者の場合は袖に花押を据えたうえで（この事例での袖判方式はのち常例となる袖判禁制の初例）、「禁制海道路次幷宿々狼藉事」とあるように、不特定の海道中の濫妨狼藉行為を制禁するという内容。両者は同じ禁制でも署判の仕方と制禁の中味において異なっている。次に述べるⅡとの関係でいうと、右の元弘三年八月の事例のあと尊氏禁制はしばらく姿を消し、再登場するのは建武政権から離脱したあとの建武三年五月からである。Ⅰの時期の尊氏禁制について要約すると、元弘の乱の最終場面から建武政権期にあたっており、尊氏はさして禁制を発する場面は多くなかったものとみられる。

Ⅱの時期では、「古文書」建武三年五月二八日付(60)から、「紀伊続風土記付録」建武三年一〇月二七日付(61)までの全九通。室町幕府成立前史というべきⅡの時期においては、大山寺・金剛心院・西福寺といった寺院を対象とする事例のほか、公家の久我長通家領山城国久我荘・久世荘を対象とした事例もあり、禁制の恩恵を受ける対象の広がりがみてとれる。尊氏の署判の仕方はすべて袖判形式である。

こうした尊氏禁制の発給は、幕府成立ののち、尊氏・直義の二頭政治への傾斜とともに下火となってゆく。これはおそらく禁制発給が統治権的支配権を掌握する直義によって専掌されるようになることと無関係ではないと思われる。Ⅲでは直義禁制も実例は少ないが[62]、尊氏のそれも少ない[63]。このような状況はⅣの時期になると、突如明らかな差異をあらわにする。それはⅣの二頭政治の段階に入ると、尊氏の禁制がまったくみられなくなり、残存する禁制はすべて直義の発給になるという事実である[64]。このことはいわゆる二頭政治においては禁制は直義が担当したという前提に立たないと理解できない。

さて、最後のⅤの段階に入るとまた状況は変わってくる。二頭政治が破綻すると、「正平の一統」をはさんで、尊氏・義詮勢力と直義勢力との熾烈な抗争が再燃するが、尊氏発給の禁制は「妙顕寺文書」観応二年九月二二日付から[65]、先述の「赤間神宮文書」文和五年二月二八日付の終見まで推定分を含めた全一五通。対する直義の禁制は、「鞍馬寺文書」観応二年正月二〇日付より[66]、「円覚寺文書」観応二年一一月二三日付までの五通[67]。むろん直義は途中で倒れるけれども、尊氏―直義の戦いを反映して両人ともに最も多数の禁制を残した時期である。

最後に、義詮の禁制について少し触れておきたい。義詮禁制では、「高野山文書」観応元年六月一九日付を初見に[68]、「祇陀寺文書」延文四年六月日付までの全一〇通を収集した[69]。いずれも時期的にはⅤに属し、署判はすべて袖判、対象となった寺院は醍醐寺報恩院、妙顕寺、高野山金剛峰寺といった京都および畿内周辺の寺院が主で、それに尊氏のⅡでみたような久我家領山城国久我荘も含まれている点は注目される。

（2）過所

佐藤進一はかつて以下のように述べている。(70)

…下って鎌倉幕府では、過所は過書とよばれ、上記（ロ）式下知状（執事・管領署判下知状のこと＝筆者注）に執権・連署署判の様式が用いられた。この様式が、室町幕府ではまず足利直義署判、ついで将軍・管領・奉行各署判へと受け継がれた。この時代の関市は軍事警察的な意味だけでなく、経済的意味から関所料（関賃、関銭）の徴収を目的としても設置されたから、過所はこの関銭を払わずに通過できるという関所料免許証書を意味した。

右の佐藤の指摘のように、過所（過書）とは「関銭を払わずに通過できるという関所料免許証書」のことであるが、尊氏・直義・義詮それぞれに若干数の過所を残している。具体的には以下のとおり。

①「朴沢文書」元弘三年五月三〇日足利尊氏過所(71)　＊奥下判
②「萩藩閥閲録」建武三年正月二四日足利直義過所(72)　＊袖判
③尊経閣文庫所蔵「東福寺文書」建武四年一〇月一七日足利直義過所(73)　＊日下判
④同右、建武四年一〇月二一日足利直義過所(74)　＊日下判
⑤「高野山文書」暦応二年一二月一三日足利直義過所(75)　＊奥上判、下知状形式
⑥「温故古文抄」観応三年六月五日足利義詮過所(76)　＊日下判
⑦「大友文書」文和二年三月一〇日足利義詮過所(77)　＊日下判
⑧「前田家所蔵文書」文和四年三月一八日足利義詮過所(78)　＊日下判

右のうち尊氏の過所は①、②〜⑤は直義の過所、そして⑥〜⑧が義詮のものである。元弘の争乱期にあっては武門の棟梁としての足利尊氏が過所発給を行っていたが（①）、建武政権から離脱してのちは足利直義によって

担われ、直義の幕政における権力の上昇は、奥上署判の下文という文書形式によって過所を発給するに至ったとみることができる。尊氏発給の過所が室町幕府開設ののち見られないことは注意してよい。観応三年以降になると義詮の過所しかみられないことから(⑥〜⑧)、過所の発給権は義詮に掌握された可能性が高い。なお佐藤進一は先に奉行人連署下知状での過所についてふれたが、すでに南北朝期の暦応三年以降になると室町幕府奉行人連署奉書による過所があらわれている。(80)

右の過所の事例を文書形式からみると、⑤のみが下知状形式(書き出しは「下」、書き止めは「…之状下知如件」)であるが、その他の事例はすべて御教書形式(書き止めが「…之状如件」)である。これは趨勢としては過所が御教書に取り込まれつつあった状況を反映するであろう。

二　御教書系

新田英治はかつて以下のように述べている。(81)

室町幕府文書において注目すべき現象は、将軍自身が発給主体としてあらわれる文書、すなわち将軍の直状が見られ、それが幕政上もっとも権威あるものとして君臨するようになった点であろう。すなわち、室町幕府将軍は、執事もしくは管領に命じて発給させる御教書とならべて、みずから花押もしくは署判を加えた直状形式の文書を出すようになったのであり、これを将軍家御判御教書、もしくは将軍足利某御判御教書と称する。

つまり室町将軍の御判御教書は、室町幕府支配における将軍親裁権の表出であり、将軍の意志が表に出なかった鎌倉将軍のそれとの大きな違いを象徴する文書である。室町将軍の御判御教書、特に足利義詮段階のそれにおいて注目すべきことは、それまで下文や下知状といった恒久的内容を用途とする文書の機能を御判御教書が吸収するという傾向の急速な高まりである。象徴的な言い方をすれば、公的性格の下文・下知状にかわる、私的な性格の御教書の時代の本格的到来ということができよう。それはとりもなおさず、室町将軍の親裁権の強化という時代背景と密接に関係しており、つまるところ時代の色濃い反映ということになる。

以下この節では足利尊氏の御判御教書についての検討を行うが、下文・下知状を素材として尊氏と直義の公的権限の差異について分析した佐藤進一が、素材を「一応、下文・下知状に限った理由」についてはすでにふれたところである。

要するに、御教書は下文・下知状に比べて発給者の権限の所在を明瞭に表さない性格の文書形式であるから、特定の権限の有無を判断するための素材として使用するには適さないという趣旨である。確かに下文・下知状、御教書の本来の性格には、佐藤の指摘のように、公的・私的の差異のあることを認めなければならないけれども、南北朝時代という変革の時代における将軍文書の最大多数を誇る御教書を除外してこの時代の歴史を語ることはできない。この変革の時代の端々に御教書の性格を変化させた歴史的な要因が潜んでいるはずである。換言すれば、御教書が従来の下文・下知状の機能を取り込んでゆく過程のなかに、時代の変貌を見据える必要があろう。したがって、以下においては、右述の佐藤の指摘を十分に踏まえたうえで、御教書の公的性格への変身という側面に注意しつつ、多くの足利尊氏御教書を検討してみよう。

（一）足利尊氏御判御教書

ふつう文書に名前をつける場合は、その文書の性格をもっともよく表すために、文書形式による場合、および文書の内容によるという二つの方法がある。たとえば、足利尊氏軍勢催促状という名は内容に即して付けられたものであるが、それは同時に形式から名づけると足利尊氏御判御教書である、といった類である。

そこで、本節では、足利尊氏御判御教書のうち特に多い、寺社に対する祈要請のための御祈御教書、および合戦ほのさい軍勢を集めるために発給する軍勢催促状、および将士らの軍忠を褒めるための感状、この三つの用途をあとまわしにして、先に、①所領の宛行、②所領の預置、③所領の安堵、④所務沙汰の遵行、の四つについて先に検討しておくこととしたい。

(1) 所領の宛行

足利尊氏が将士に勲功賞として所領を宛行うとき、袖判下文が用いられることは前述した。では、尊氏が御教書によって所領を宛行った事実はないのであろうか。こういう時注目に値するのが、建武三年七月～同九月の間に尊氏によって発された、新しい御家人身分の創出を目的とした御教書六通(82)である。このうちの一例(83)を以下に引用する。他方、直義はこの種の御教書を出していない。

（足利尊氏）
御判

山城国深草郷以半分、所宛行下司公文赤塚左衛門三郎忠清也、随軍忠可配分郷民等、且於忠清者、為御家人、弥可致忠節之状如件、

建武三年八月十二日

第二の武家政権たる室町幕府を樹立しようとする足利尊氏にとって、喫緊の重要課題の一つが御家人身分の創出であったことは疑いない。御家人制度とは、惣領制のうえに鎌倉幕府が創始した幕府体制を支える仕組みであるが、尊氏は新しい幕府を開設するにあたって将軍に直接的に奉仕する御家人の増加を図って御家人身分の創出を考案したのであろう。一例としてあげた右の史料は、山城国深草郷の在地領主＝下司公文赤塚左衛門三郎忠清

の事例で、尊氏が深草郷の半分を忠清に宛行うことによって忠清と荘園領主との服属関係を断ち切り、忠清を尊氏のもとに引き寄せようとするものであったとみられる。尊氏は忠清に対して、今後は「御家人としていよいよ忠節を致すべし」といっているのであるから、在地領主を御家人として取り込むことを目的としたのは明白であろう。洛中での合戦の最中であった尊氏は、とくに京都近郊の在地領主層の自立にむけての運動を自己の陣営に取り込み、もって山城周辺に強力な軍事基盤を築こうとしたのである。尊氏が光明天皇（光厳上皇の弟）を践祚させ北朝を樹立したのは、右の史料の日付けより三日後の建武三年八月一五日のことであった。

先にみたように尊氏が将士に勲功賞として新恩を与える場合に使用するのは下文であるけれども、右の事例をみると、特殊な状況のもとでの政策的な目的からではあるが、所領の宛行に御教書が使用されている。この二つのケースを同一次元で扱うことはむろんできないが、すくなくとも所領の宛行を用途としている点では共通している。

尊氏の代に限っていえば、こうした尊氏御教書による所領宛行の事例は右の建武三年中の六例以外にみられない。次代の義詮も、所領宛行をほぼすべて袖判下文でもって行った点も変わりはない。しかし義詮が御教書によって所領を宛行った事例もまれながら認められる(84)ことも考慮すべきであろう。戦乱の時代の大きなうねりは文書の用途区分にも影響を与えずにはおかなかったのである。

（2）所領の預置

預置くという行為は、「中世武家社会で、所領の持主がその管理を配下の武士に委ねる」ことで、「所領を充行う（永代給付する）のではなく、一時的に管理・用益を委任する」が、「実際には給付と同様の効果を生ずることも多」く、その一形態として「室町将軍が料所を奉公衆などに預ける際の御判御教書や御内書」による場合があ

る。(85)

ここで注目するのは御判御教書による預置である。当該期において所領の預置は御判御教書の用途とするところであり、この種の足利尊氏御判御教書を整理すると以下のようになる。直義はこの種の御教書を出していない。

①「如意宝珠御修法日記紙背文書」建武四年卯月一一日足利尊氏御判御教書（富樫介（高家）あて。兵粮料所として北条旧領を預置く(86)）

②「東寺百合文書」建武五年正月一五日足利尊氏御判御教書（佐々木豊前入道あて。備前国稲岡荘内の地を預置く(87)）

③「南狩遺文」建武五年三月一一日足利尊氏御判御教書（熊野山新宮別当御房あて。兵粮料所として紀伊国冨安荘以下の地を預置く(88)）

④「上杉家文書」貞和元年一一月一九日足利尊氏袖判御教書（上杉憲顕に越後国五十公郷内闕所分を預置く(89)）

⑤「仁木文書」観応元年一二月一八日足利尊氏袖判御教書（仁木弥太郎（義有）あて。義有に舎弟等跡を預置く(90)）

右にみるように、建武四年より観応元年までは尊氏御判御教書が排他的に続いている点からして、この間にあっては所領の「預置」は尊氏の専管するところであったと推測することができよう。

しかし翌観応二年に入ると、義詮の御教書によってとって替わられる。その確実な初見は、「本郷文書」観応二年八月一五日足利義詮御教書（袖判。本郷左衛門大夫あて。三河国為任郷中条刑部少輔跡を預置く(91)）であり、以降「細川家文書」貞治四年七月一〇日足利義詮御判御教書（日下花押。宮下野入道氏信あて。備中国浅井郷内畠山丹波守跡を曽我兵庫助に預置く(92)）まで七通、排他的に続いている(93)。おそらく義詮は「預置」の権限を観応二年より以降、独占的に行使したものと思われる。

以上を要するに、兵粮料所や勲功賞として所領を預置く権限は、所領宛行権に准ずる重要な将軍権力の一つで、はじめこの権限は尊氏によって掌握されていたが、二頭政治の破綻を機に観応二年ころから後継者義詮に委任されたものとみたい。ここではこの権限が直義によって行使されていない点、注目される。

（3）所領の安堵

武士所領の安堵は専ら足利直義が下文という格式の高い文書によってこれを行ったことを前述したが、尊氏は下文とは異なる文書形式の御教書(94)で所領を安堵した。以下その類型を整理する。

①元弘没収地返付令（建武三年）

佐藤進一はその著『〈日本の歴史9〉南北朝の動乱』で以下のように述べている(95)。

> 尊氏が京都から丹波に退き、転じて兵庫に出ようとするころ、つまり、当面有利な籠城説を排して、兵庫に本陣を定めるほどに武士の去就が問題であり、再起の成否をそれに賭ける、といった状況のなかで、尊氏は「元弘没収地返付《へんぷ》令」を発布した。鎌倉幕府の滅亡直後に後醍醐の発布した北条氏与党の所領没収令によって取り上げられた所領、それを返付するという法令である。…これは文字どおり反新政、そして先代（鎌倉幕府）復帰の法令である。武士たちはその適用をもとめて尊氏のもとに集まり、かれは一々花押《かおう》を署《しる》して、これにこたえた。今日のこる数多くの安堵（返付）状は、元弘の没収がいかに広範におこなわれたか、そして尊氏の返付令がいかに歓迎されたかを、われわれに語ってくれる。

まことに「元弘没収地返付令」についての要を得た簡潔な解説であるが、いま少し関係史料をふまえて具体的に述べることにしたい。まず、この返付令によって武士たちの所領を安堵するという史料を整理する。その初見は、「小早川文書」建武三年二月七日小早川祐景申状(96)の裏に、

（足利尊氏）
（花押）

此所々元弘三年以来被収公云々、任相伝文書、知行不可有相違、若構不実者、可処罪科之状如件、

建武三年二月七日

と書き付けられているものである。内容は右の佐藤の指摘のように、後醍醐によって没収された所領の返付であるが、小早川祐景申状によれば、対象となった安芸国都宇・竹原荘について、「先年馳参篠村（丹波）依軍忠、去々年（建武元年）預御推挙、去々年（建武元年）八月四日　綸旨（後醍醐天皇綸旨）ヲ被進将軍家（足利尊氏）、則下給云々、知行無相違処、去年（建武二年）八月十六日召返云々、」とあるので、同荘は元弘三年の討幕戦での軍功により後醍醐天皇の綸旨によって小早川氏に与えられたが、建武二年八月一六日に収公されたことになる。収公の時点が中先代の乱後尊氏が反後醍醐行動をとった時期と同じ建武二年八月であることから、収公の理由は小早川氏のそうした尊氏の行動への与同と考えられる。さきの史料中の「…綸旨ヲ被進　将軍家、則下給云々、」の文言からは、小早川氏と足利尊氏との近い関係がうかがわれるし、そのことは同時に建武二年八月の収公の原因にもなり得たであろう。こう考えると、尊氏裏書にみる「元弘三年以来被収公」とは文字どおり、北条与党のみならず元弘三年より以降建武二年も含む数年の間に何らかの理由で後醍醐と敵対して収公された、という意味であろう。

御家人武士の申状の裏面に尊氏袖判で安堵文言が記された例としては、右の建武三年二月七日付を初見として、他に建武三年三月二九日付までの四点が知られるが(97)、加えて常套表現の「元弘三年以来」の箇所が「元徳以来」と書かれている一例もあり、この法令の恩恵に預かろうとした在地武士のなかには拡大解釈したケースのあったこと、尊氏も在地勢力の組織化という喫緊の目的のもとそれを許容したことが指摘されている(98)。

当初裏書安堵の様式をとっていた尊氏は、やがて独立した御判御教書でもってこれを行うようになる。その初見は建武三年二月一五日足利尊氏御判御教書(99)で、文面は以下のとおり。

元弘以来被収公所領事、如元可有知行之状如件、

建武三年二月十五日　　　　在判（足利尊氏）

河野九郎（通盛）左衛門尉殿

このような文面の尊氏御判御教書はこれ以降、建武三年三月二九日付[100]より同年一二月一七日付[101]まで一八通確認することができるが、それらの宛所はすべて南禅寺（山城）・東福寺（山城）・称名寺（相模）・高城寺（肥前）など寺院の長老であり、この文書形式での収公寺領の返付が基本的には一般武士ではなく、より格式の高い寺院あてであることが知られる。その意味では先の河野通盛あてのものはやや異例であるけれども、残存史料によっておおざっぱにいえば、尊氏は建武三年前半には、専ら御家人武士に対して申状への裏書安堵によって、また同年後半には、専ら寺院にあてて御判御教書によって、それぞれに収公所領の返付を実施したものと考えられる。それらがいずれも時期的に建武三年に限られる点からみると、本節（1）で述べた所領宛行の御教書の発給と同様に、開幕直前における支配基盤の安定化という喫緊の必要に迫られての時限立法であった可能性が高い。ちなみにこの種の文書は尊氏のみによって発給され、直義はこれに関与していない点も両人の支配権の違いを考える上で注目すべきである。

②足利尊氏安堵御教書（建武四年以降）

ここでいう安堵とは元弘没収地返付とは異なる一般所領の安堵である。①で述べたように建武三年中においては尊氏による元弘没収地返付の安堵御教書はかなりみられたが[102]、翌四年に入ると所領安堵の尊氏御教書は一転みられなくなり、その状況は観応二年ころまで続いている。つまり先の分類でいうと、Ⅱを中心とした時期（建武三年）には尊氏の安堵御教書はかなり多くみられるものの、Ⅲ～Ⅳの時期にはそれが一旦消滅し、観応擾乱後のⅤになって再び多く現れるということになる。

このことは、尊氏・直義の二頭政治を特徴とする室町幕府初期の政治過程をふまえると、二頭政治の本格化とともに尊氏は安堵御教書を発給しなくなり、かわって直義がこの権限を専ら行使したのではないかという想定をさせる。他方、直義の安堵御教書を集めてみると、直義はⅣの時期、特に寺社にあてて多数の安堵御教書を残しており、その蓋然性は高いといわねばならない。先述したように、足利直義はⅡ～Ⅳの時期（建武政権離脱から二頭政治の破綻まで）に多くの安堵下文を発給したが（他方尊氏の袖判下文は所領宛行）、直義は下文によって御家人武士領の安堵を担当するとともに、御教書によって寺社領の安堵も担当していたことが知られる。

Ⅴの観応擾乱以降は、直義失脚後の尊氏・義詮協同による幕府体制の再編成、義詮体制の始動の時期にあたっていることもあって、尊氏は義詮とともに寺社や御家人武士に対して多くの安堵御教書を残している。管見におけるⅤに属する尊氏安堵御教書の初見は「高野山文書」観応二年四月二五日付（高野山金剛峯寺領備国太田荘を安堵）(103)であり、逆に終見は「秋田藩採集文書」延文二年一一月八日付（陸奥岩崎掃部助に本領安堵。袖判）(104)である。ここで延文二年が尊氏没の前年にあたることを考慮すると、尊氏は最終段階まで幕府政治の第一線から引退していなかったことが知られる。

足利尊氏の安堵御教書について総括すると、二頭政治の開始とともに袖判下文による所領安堵を行わなかった尊氏は（基本的に直義に委任）、観応擾乱によって二頭政治が破綻すると御教書によって安堵行為に関わりを有したということになる。おそらく後継者義詮体制の補完的な役割であったと考えられる。

（4）所務沙汰の遵行

所務沙汰（所領をめぐる訴訟）の遵行とは(105)、「所領に関する相論において、係争地の押領を停止してこれを幕府が認定した正当な権利者に引き渡すこと」である。上島有は「室町幕府文書」の解説のなかで、「所務沙汰の遵行」について以下のように述べる(106)。

南北朝初期にあっては、所務沙汰の遵行命令は引付頭人奉書あるいは禅律方頭人奉書で行われたが、観応擾乱の影響で、観応二年六月、義詮は引付を廃止して、みずから遵行命令を出した。その初見は、観応二年八月一三日付のものであるが（神護寺文書）、これは袖判の御教書の形式をとっている。しかし以後は、（中略）すべて義詮の日下花押の御教書となる。

所務沙汰とは、中世特有の「沙汰付」（さたしつけ）という言葉で表現される法的行為である。「沙汰居」と言ったりもするが、その意味について現行の国語辞典は、「南北朝時代の訴訟手続で、論所（ろんしょ）を現に支配し、またその支配権を有する訴人が、有力な証文を提出して訴訟を提起した時、一応訴えの趣旨にまかせて、論所を守護または使節に命じて訴人に交付させること」(107)と説明している。この説明は、右の上島の文章と同様、佐藤進一の、足利義詮が設けた「特別訴訟手続き」＝「一種の簡易裁判」(108)という見解を踏まえている。簡単に言えば、足利義詮は引付方の機能を縮小して、所務沙汰の遵行をその親裁権のなかに取り込み、自らの御教書でもって発令したということである。

では翻って、右で上島が「所務沙汰の遵行命令は引付頭人奉書あるいは禅律方頭人奉書で行われた」とする南北朝初期において、尊氏は所務沙汰の遵行にどのような関わりを持ったのであろうか。

Ⅰの時期にあっては、尊氏は元弘三年中は独自の所務沙汰遵行権を行使した形跡があるが、(109)建武元年に入るとその支配圏たる武蔵・伊豆などの国々における所務沙汰の遵行を「任決断所牒」、「任綸旨并決断所牒」のかたちで行っている。(110)花押は日下。建武元年中のものは建武政権の裁許事項を遵行したものであるが、元弘三年中のものは文面にその明証がなく、先述した尊氏袖判下文の初見たる元弘三年一二月二九日付（「安保文書」）と照らし合わせて考えると、当時の尊氏の立場と動向を象徴しているように思われる。

さらにⅡ～Ⅲになると尊氏御教書による遵行の事例はほとんどみられない。むろん直義にもこの種の御教書はなく、Ⅳ以降になって以下の「忌宮神社文書」の直義御教書[111]がみられる。

長門国二宮太宮司国道申、同国富安名（豊浦郡）事、任貞和二年十一月二日寄進状（足利尊氏）、不日可被沙汰付下地於国道代之状
如件、
貞和五年七月十二日　（足利直義）（花押）
左兵衛佐殿（足利直冬）

これを経てⅤに入ると（観応擾乱以降）、先の上島の指摘のように義詮御教書による所務沙汰の遵行例が頻出するようになる。つまり、観応擾乱以前の南北朝初期にあっては、所務沙汰の遵行は引付頭人奉書などで行われたが、擾乱以降の義詮の時代の本格化にともなって、義詮御教書でもって行うという方式が強化されたものと思われる。要するに、足利尊氏の代にあってはその御教書の所務沙汰への関わりはいまだ本格的とはいえない。

（二）足利尊氏御祈御教書

御祈御教書とは、世俗の権力を持つ者が寺社に対して天下泰平や凶徒退治などを祈らせるために出した文書のことである。ことに密教祈の法験が兵力・武力以上の威力を持つと考えられた当時、幕府の最高権力者が寺社に対してこうした祈を要請するということはごく自然のことであって、祈は将軍たる主君に対する「僧の忠節」というべき性格の行為であった。この僧の忠節に報いるかたちで将軍は寺社や僧個人に所領を寄進した。それは、世俗的世界における将軍―御家人の御恩と奉公の関係に比して何ら変わるところはない。南北朝時代にはこうした御祈御教書が盛んに出されており、とくに足利直義に即してはすでに検討したところである[112]。

では足利尊氏の御祈御教書についてみよう。管見に及んだ[113]足利尊氏御祈御教書は、助法印あてて天下無為と家門繁昌を祈らせる「八坂神社文書」「元弘三（付年号）」一二月三日付より、東寺供僧にあてて天下静謐を祈らせる「東寺

文書」延文三年二月一八日付[114]までの二五年の間にわたる一一三通。署判の位置はすべて日下で、その仕方はほとんど「（花押）」のみ、ごくまれに「尊氏（花押）」となっている。祈に対する尊氏のスタンスを物語っている。

次に先の時期区分ごとにみてゆくと、まずⅠの時期では、右述の元弘三年の初見事例一例にすぎない。建武政権離脱から幕府開創までのⅡの一年間では、「熱田神宮文書」建武二年一二月二五日付[115]より、「美濃長瀧寺文書」建武三年一一月三日付[116]までの全二七通にのぼる。時期的にみて尊氏にとっては幕府創業にむけての艱難辛苦のときであったため神仏に頼るところが大きく、このような多数の御祈御教書を残す結果となったのであろう。宛先に即してみると、関東から京都を経て九州に下り、さらに東上するという、この間の尊氏の軍旅の行程を反映して、対象となった寺社が地域的なバラエティに富んでいることがわかる。他方、直義についてみると、直義もⅡの時期に尊氏と同様の御祈御教書を一〇余通残しており、Ⅱでは尊氏・直義ともにこの種の文書を少なからず発している。

ところがⅢ・Ⅳでは、尊氏と直義間の差異が明瞭となる。すなわちⅢでは、直義のものがすべてを占め[117]、尊氏のものはみられない。この傾向はⅣの二頭政治期になってますます顕著となり、尊氏のものは一点たりとも見られない[118]。これはおそらく二頭政治の開始およびその準備に伴う現象とみられ、すでに開幕の時期から尊氏は御祈御教書の発給を停止し、直義の専掌に委ねていたものと考えられる。

二頭政治が破綻後のⅤの時期では、尊氏と直義が御祈御教書の発給を自制・調整する必要はなくなり、直義の没落まではⅡの時期のように、ふたたび両人のものが入り交じるかたちで発給される。Ⅴでは、いまひとつ観応擾乱を機にデビューを遂げる尊氏後継者義詮の御祈御教書にふれておかねばならない。直義没落ののち、尊氏と義詮は協力関係のもとでともに多くの御祈御教書を残している。尊氏のそれは、「岩屋寺文書」観応元年二月二一日付[119]より、先述した延文三年二月の終見まで約一〇〇通。また義詮のそれも「東寺文書」貞和六年二月二一日付[120]より、「水戸彰考館蔵鶴岡八幡宮寺文書」貞治六年六月一七日付[121]までの約一〇〇通である。

（三）足利尊氏の軍事関係御教書

（1）軍勢催促状

南北朝時代には動乱の世相を反映して、合戦関係文書としての軍勢催促状・感状、軍忠状・着到状などの文書が多く残されている[122]。軍勢催促状とはふつう武将が合戦の味方の軍勢を招集するために出す文書であり、また感状とは招集に応じて合戦に参加した将士の軍功を賞するために出した文書である。したがって軍勢催促状と感状とは対応関係をもつ文書ということができる。ふたつとも軍事と密接な中世武家社会の運営にとって極めて重要な文書であることはいうまでもない。さらに寺院などの宗教勢力の場合も同様の範疇で捉えることが可能であり、寺院に対する御祈御教書と寄進状は、一般武士の場合の軍勢催促状と感状（所領充行の下文も含む）の関係に相当すると考えてよいであろう。

さて、まず足利尊氏の軍勢催促状の残存上の特徴を整理しておこう。筆者が収集できた御教書形式の足利尊氏軍勢催促状は、「有造館本結城古文書写」建武二年八月一〇日付[123]を初見とし、「平姓祢寝氏正統文献」延文二年二月一二日付[124]を終見とする、二二間にわたる約一六〇通である。宛所はすべてに備わっている。

尊氏の軍勢催促が本格化するのはⅡからである。「大友文書」建武二年一二月一三日付[125]がⅡの初見であり、これより「安芸田所文書」建武三年九月三日付[126]までの約七〇点が残存している。一年足らずの間にこれだけ多くの尊氏軍勢催促状の残存は、この間の軍事的状況が他に例をみない熾烈さを極めたことを裏付けている。これらの尊氏軍勢催促状の文面において誅伐の対象となっているのは新田義貞・肝付兼重・菊池武敏たち、なかでも極めつけは新田義貞である。それだけにこの時期における尊氏にとっての最大の敵手が新田義貞であったことが明確に知られる。

いま一つ直義との関係で、弟直義の軍勢催促状が尊氏のそれが出始める建武二年一二月より一ヵ月も早い一一月からすでに出始めている事実(127)に注目したい。なぜなら、軍記物にみられる、尊氏が後醍醐天皇との対決を躊躇しているとき直義は兄尊氏の逡巡を後目に軍事行動を起こしたというくだりが発給文書によって裏付けられるからである。

次にⅢ（幕府成立から二頭政治開始まで）、およびⅣ（二頭政治期）においては、現段階の刊本史料では尊氏軍勢催促状と命名された事例は残存するのであるが（Ⅲ＝七通、Ⅳ＝四通）、それらはすべて案文・写であり、原本にみる花押自体によって確認されたものではない。(128)したがってそれらは尊氏ではなく直義のものである可能性は否定できない。そこで多少武断的な言い方をすれば、室町幕府の草創期から二頭政治期にかけて尊氏は軍事指揮権をすっかり直義に委ねたのではないかとする先稿(129)の検討結果に引きつけて、Ⅲ・Ⅳの時期に属する軍勢催促状は尊氏のものではなく直義のそれとみなすことはできないであろうか。むしろそのように理解した方が当時の幕府の軍事指揮権のありようを考える場合無理が少ないといえよう。Ⅲの段階での最大の敵手は北畠顕家であった。

観応擾乱以降のⅤについて述べると、尊氏軍勢催促状は「三池文書」観応元年四月二七日付より、(130)先述の延文二年二月の終見(131)まで七年間に約八〇通を収集した。尊氏の没年は延文三年であるから、その前年まで出し続けたということになる。内訳でいえば、観応擾乱の間（観応元～三）が争乱の激しさを反映して最も多く、この三年間で六二通を占める。なかでも特徴的なのは、実子でありながら父に叛逆した直冬、および観応二年後半から再び戦うこととなる直義をそれぞれに誅伐せよというものである。対直冬については、観応元年四月二七日付（先述「三池文書」）から「岡山県立博物館所蔵河本家文書」同年一一月八日付(132)までの全一三通が残り、加えて五年後の文和四年二月にも同様の軍勢催促状が二通認められる。(133)さらに対直義については、観応二年二月一二日付(134)から、正平六年（観応二）一一月一三日付まで全九通認められる。Ⅱの新田義貞の場合と同様、観応元～二年の尊氏にとっての最大の敵手は実子足利直冬と実弟直義であったわけである。以降文和二～四年にも各年々に三～六通の残存例を認めることができるが、続く延文元はゼロ、延文二年の一通が終見となる。ここにも袖判下文・寄進状の場合と同様に、文和四年あたりが尊氏の軍勢催促にとっての重要な潮目であったことを反映している。

なお、直義の軍勢催促状との関係はどうであろうか。これについては先稿(136)で述べたので結論だけ述べておくと、室町幕府の草創期、特に二頭政治の時期には、尊氏は軍事指揮権をことさらに行使しておらず、もっぱら直義に委任していたのである。

最後に、義詮の軍勢催促状について付言しておこう。義詮の軍勢催促状は、「安宅文書」観応元年六月三日付(137)より、「毛利家文書」貞治五年九月二日付(138)までの全約六〇通を収集した。父尊氏の場合とは異なり、直義や直冬を討てという内容のものはない。分布上のピークは文和元年（観応三）であり、約半数がこの年に集中している。山城八幡や河内東条などでの南朝軍との戦いの激しさを物語る。この年を境目として義詮軍勢催促状の残存数は尊氏のそれとともに減少傾向に転じ、延文以降になるとほんの数通、年によっては〇通というのもある。幕府をめぐる軍事情勢の比較的な安定が背景にあるものと考えられる。なおこの間、尊氏・義詮父子のあいだで軍事指揮の面で何らかの分担と調整があったものか否か明瞭ではない。

（2）感状

続いて感状である。先述のように、感状とは、軍勢の指揮者が合戦における将士の軍功を賞するために出す文書であり、将士にとっては後日恩賞を獲得するための支証となる重要書類である。したがって感状は軍勢催促状と似たような残り方をなしている。

正平六年の一一月一三日付(135)

筆者が収集した足利尊氏感状は、「日御崎社文書」建武三年三月五日付を初見として、「門司文書」延文二年二月一二日付を終見とする、約二〇年間に総計約一五〇通であるが、分布上の最高のピークをなすのは建武三年（残存数約六〇点）、これに次ぐのが観応三年（文和元）（残存数約三〇点）であり、この二つの山は、当該年が一連の南北朝動乱のなかでも特に熾烈を極めた年であったことを直截に示している。[139][140]

足利尊氏感状の残り具合をみてゆくと、まず建武政権からの離脱までのⅠの時期にはまったくみられない。その後Ⅱに入ると、建武三年三月からは御家人武士に対する感状が数多く出始め、先述のとおり実に多くの事例が同年中に残っている。しかし二頭政治期の前段ともいえるⅢに入ると急激に減少、その傾向はそのまま継続しⅣではほぼ皆無の状態を迎える。このことは前稿で指摘したように、二頭政治期においては尊氏はことさらに軍事指揮権を行使していないことによるものと考えられる。[141]

最後に尊氏の感状で興味深いことを一つ付言したい。それは尊氏が建武三年に発給した感状で、宛所を欠く薄礼の書式のものが一時期に多数集中して残存していることである。具体的には、厳密にいうと先に初見としてあげた「日御崎社文書」建武三年三月五日付がそのさきがけなのであるが、「末吉文書」建武三年六月二一日付から、「門司文書」同年一〇月一七日付までの、約半年間に出された全約五〇通の尊氏感状は宛名が本文中に内包されて通常の独立した場所にない。それらの名宛人の名前をみれば、おおざっぱにいって九州や中国地方を中心とした西日本地域の中小の御家人武士が多い。かれらに対して宛名の内包された簡易な方式での感状が発給された事情を推測すると、九州から上洛し京都を占拠した直後の尊氏のもとに群集する味方の中小御家人武士に対して、尊氏はこうした簡便な感状でもって倉卒ながらもかれらの要望を受け止め、かれらを支持勢力として繫ぎとめようとしたものと察せられる。当該期の尊氏の特異な立場と多端な身辺状況を彷彿させる。[142][143]

（四）その他

（1）綸旨・院宣の一見

足利尊氏の文書のなかには、「…院宣（綸旨）加一見候了」などという表現がみられる。直義や義詮の文書も同様で、王朝の勅裁たる院宣・綸旨に対して、かれらが一見を加えてその効果を保証するというもので、いわば勅裁を幕府権力でもって施行する役割を果たしている。冒頭に「武家施行」との注記をもつものもあり（後掲一覧⑥⑩）、機能的には施行状の役割を果たしたと考えられる。尊氏および直義のものでは以下の一五通を収集した。

① 「勧修寺文書」「建武三」八月一五日足利尊氏院宣一見状（山科中将入道教行あて。書き止め「謹言」）[144]
② 「久我文書」「建武三」九月一八日足利尊氏院宣一見状（民部権大輔あて。書き止め「謹言」）[145]
③ 「天龍寺文書」「建武三」一一月二三日足利尊氏院宣一見状（臨川寺方丈あて。書き止め「恐惶謹言」）[146]
④ 「前田氏所蔵文書」「建武三」一一月二九日足利直義院宣一見状（南禅寺長老あて。書き止め「恐々謹言」）[147]
⑤ 「海蔵院文書」（建武三）一二月二日足利尊氏院宣一見状（室町殿（近衛基嗣）あて。書き止め「恐惶謹言」）[148]
⑥ 「根岸文書」（貼紙）「建武四」二月八日足利直義院宣一見状（宛所なし。書き止め「状如件」）[149]
⑦ 「東寺文書」建武四年三月四日足利直義院宣一見状（大勧進教覚房あて。書き止め「状如件」）[150]
⑧ 「続左丞抄紙背」「建武四」五月一日足利直義院宣一見状（宛名欠。書き止め「状如件」）[151]
⑨ 「阿波国徴古雑抄所収文書」（建武四カ）九月一一日足利尊氏院宣一見状（民部権大輔あて。書き止め「謹言」）[152]
⑩ 「東寺文書」康永元年一二月二一日足利直義院宣一見状（三宝院大僧正（賢俊）御房あて。書き止め「恐惶謹言」）[153]
⑪ 「東寺文書」康永二年一〇月三〇日足利直義院宣一見状（三宝院大僧正（賢俊）御房あて。書き止め「謹言」）[154]
⑫ 「桂文書」康永三年一〇月二九日足利直義院宣一見状（泉涌寺長老（玄勇）あて。書き止め「状如件」）[155]
⑬ 「東寺百合文書」（貞和四カ）八月一一日足利直義院宣一見状（東寺長者僧正（賢俊）御房あて。書き止め「恐惶謹言」）[156]

⑭「東寺百合文書」文和四年一二月三日足利尊氏綸旨一見状（泉涌寺長老《全皎》あて。書き止め「状如件」）[157]

⑮「実相院文書」延文元年五月二五日足利尊氏綸旨一見状（南瀧院僧正《増仁》御房あて。書き止め「状如件」）[158]

これらの実例のうち、尊氏のものは①～③、⑤⑨、⑭⑮の全七例、他は直義のものである。総じて言えるのは、宛所がすべて公家・高僧であり、差出者尊氏・直義の花押の位置もすべて日下。無年号のものや書き止めに「謹言」使用が多く、概して一見状は厚礼でしかも書状に近い私的な文書の形式をとっている。勅裁たる院宣・綸旨を一見するという行為の性格を物語っているが、こうした行為が幕府と朝廷との政務上の連携関係の一端を表していることは言うまでもない。

さらにこれらを政治史のうえに置いてみよう。時期的にみると、①②がⅡに、③～⑨がⅢに、⑩～⑬がⅣに、⑭⑮がⅤにそれぞれ属する。二頭政治期のⅣに属する⑩～⑬のすべて直義のものであるから、まず二頭政治期においてはこうした一見状の発給は直義の専掌するところであったことがいえよう。よく言われる直義と公家政権との親密な関係もこの想定を支える。またⅣに隣接するⅢ・Ⅱについて言うと、Ⅲになると直義の関与がみられるが、Ⅱでは直義の関与は確認されず、武家政権の代表者たる尊氏の所管事項だと察せられる。

逆に観応擾乱後のⅤでは、事例自体が多くはないが、直義失脚後では一見状の発給は将軍たる尊氏の専管事項となったものと見たい。なお⑬⑭ではそれまでの「院宣」にかわって「綸旨」が登場するが、これは観応擾乱を境にそれまでの光厳上皇院政が終わり、かわって観応三年（文和元）八月一七日より後光厳天皇親政が始まったことによるものである。

ちなみに、尊氏一見状の終見⑮以降、こうした一見状は嫡子で後継者の義詮によって発給されている。その初見は尊氏没（延文三年四月三〇日）に先立つ「実相院文書」延文元年七月一〇日付であり、以降そのまま継続して将軍足利義詮の専管するところとなる。[159]

（2）祈願所の指定

祈願所（祈禱所とも）とは、密教修法の効験によって世俗権力を精神的に支えるために指定された特定寺院のことをいうが、室町幕府も鎌倉幕府同様にこれを設定した。初期室町幕府の祈願所については、直義に即して述べた前稿で以下のように指摘した。(160)

祈願所の指定は初め尊氏よってなされていたものの、遅くとも暦応三年ころ以降は直義の行うところとなり、二頭政治の時期には直義の専権となっていたものと考えられる。このことは二頭政治における直義の宗教政策面での主導権と関連づけて理解すべきであろう。

いま少し尊氏に即して付言しよう。尊氏が祈願所を指定した実例では（可能性も含めて）、①「円覚寺文書」建武三年八月一三日足利尊氏御教書（武蔵国金陸寺を祈願所となす）(161)、②「西行雑録」暦応元年一一月一六日足利尊氏ヵ御教書（日向ヵ大慈寺を祈願所となす）(162)しか管見に入らず明確なことは言うことができない。

しかるに、以降残存史料による限り暦応三年三月二七日にはすでに足利直義の祈願所指定の御教書（鎌倉保寧寺を祈願所に指定）(163)が出ており、以降直義は、貞和四年一一月七日御教書（粟飯原清胤の申請に任せて近江長楽寺を祈願所に指定）(164)、にいたるまで約一〇通の祈願所指定の御教書を独占的に発給している。このことを踏まえて、右の拙稿引用文では「二頭政治の時期には直義の専権となっていたものと考えられる」とした。

ちなみに、観応擾乱で直義が失脚した後どうなったか。結論からいえば明瞭ではない。すくなくとも観応三年には尊氏御教書による祈願所指定の事例が二つだけ見られるものの、(165)それ以降は関係史料がなく不明というしかない（義詮のものは管見におよばない）。

三　足利尊氏文書をめぐる若干の論点

(一) 守護職の補任

守護職は武家政権の全国支配を支える制度的基盤であって、守護とはいわば幕府命令の国別執行人であったから、幕府が守護の選任に多大の意を用いたことは言うまでもない。守護の補任権は将軍の掌中の、守護統率のための最大の権限であった。そのようなことから守護職は当然ながら勲功賞の対象ともなった。将軍の広域支配を可能としたのもこの守護の制度と言ってよい。

足利尊氏による守護職補任関係の文書を整理すると左のようになる。

①「如意宝珠御修法日記紙背文書」建武二年九月二七日足利尊氏袖判下文（袖判脱ヵ。富樫介高家を加賀国守護に補す）(166)

②「皆川文書」建武三年正月二二日足利尊氏下文（袖判ヵ。長沼秀行を淡路国守護に補す）(167)

③「上杉家書」建武四年卯月二一日足利尊氏袖判補任状（上杉朝貞を丹後国守護に補す）(168)

④「佐々木文書二」建武五年卯月一四日足利尊氏袖判補任状（佐々木導誉を近江国守護に補す）(169)

⑤「佐々木文書二」康永二年八月二〇日足利尊氏御判御教書（佐々木導誉を出雲国守護に補す）(170)

⑥「予陽河野家譜」貞和六年二月一七日足利尊氏下文（判位置不明。河野善恵を伊予国守護に補す）(171)

⑦「今川家古文章写」観応元年七月二八日足利尊氏御判御教書（判位置不明。今川頼貞を但馬国守護に補す）(172)

⑧「今川家古文章写」文和二年八月一一日足利尊氏御判御教書（今川範氏を駿河国守護に補す）(173)

右にみるように、守護職の補任はⅠ～Ⅴの全時期において、すべて尊氏の手によってなされており、尊氏の専管するところであった。いかに強大な権力者とはいえ直義はこれに関与できなかった。(174) その補任文書は、袖判下文、その変形たる補任状、あるいは御判御教書の様式をとっている。

尊氏による守護職補任の最後は右の⑧であるが、以降の守護補任は嫡氏義詮の行うところとなっている。その初見は「佐々木文書二」文和四年五月八日足利義詮御教書（日下判。佐々木導誉を上総国守護に補す）(175)で、終見は「佐々木文書二」貞治五年八月一〇日足利義詮御教書（日下判。佐々木導誉を元のごとく出雲国守護に補す）(176)である。一一年にわたるこの間に、全一一通の義詮の守護職補任状を収集することができた。それらに共通する特徴は、「〇〇国守護職事」で始まり「状如件」で書き止められる御教書形式であること、それに義詮の花押は日下にあること。尊氏存命中の文和四年五月からすでに発給が始まっていることも守護職補任権の委譲を考えるうえで注意されるが（義詮の所領宛行の袖判下文初見はもっと早く観応二年正月）、尊氏段階では下文形式の補任状が存在したことを併考すると、次代の義詮の段階では将軍権力の強化に伴って守護補任の文書様式が御教書に統一された模様で、そこには幕府による意志的な文書体系の整備の進捗状況がうかがわれよう。

（二）官途の推挙

筆者は先に足利直義の官途推挙状の検討を行ったとき、二頭政治開始以前のⅠ～Ⅲの時期には事例がなく、二頭政治期のⅣに三例、破綻後のⅤに一例がみられること、これに対し尊氏の場合は、観応二年になって初めて出始めること、この二つのことがらを踏まえて、二頭政治期にあっては官途推挙状は直義が寺院造営などに功績のあった御家人武士への「成功」として専ら推挙したこと、その直義の官途推挙権は特別便宜的なものであって限定性を伴ったことなどを指摘した。(177)

そこでは直義を直接の対象としたため、Ⅴの尊氏についてはは詳しくはふれていない。そこで以下においては義詮との関係において尊氏の官途推挙状について述べたい。まず関係文書の残存数についていえば、尊氏については、初見である観応二年正月二四日受領書出（「入江文書」）より以降文和二年九月九日推挙状（「蠹簡集残篇」）までの一四例（受領書出、証判を含む）[178]を確認することができる。他方義詮については、「東北大学図書館蔵米原文書」観応二年二月一五日大槻光秀申状（蔵人への推挙を申請）の袖に加えた証判を初見として全七例が確認される。[179]さらに尊氏没の延文三年四月以降義詮没の貞治六年一二月までの義詮治世九年間に義詮の御教書形式の推挙状二通[180]が確認される。つまり、尊氏の存命中、官途推挙権は少なくとも文和二年までは、尊氏・義詮父子によって分掌されたことになる。

右のうち推挙の対象となった官位を列挙すれば、尊氏の場合、「豊前守」・「隼人佑」・「左衛門尉」・「右近将監」・「修理亮」・「弾正忠」・「右京亮」・「周防守」・「靭負尉」・「左兵衛尉」・「掃部助」・「刑部大輔」・「右京亮」などがある。また義詮の場合は、「蔵人」・「廷尉」（検非違使尉）・「刑部大輔」・「左兵衛尉」・「名国司」・任遷などがある。いずれも配下の御家人武士の所望により公家に「挙申」（推挙）したものである。行賞の対象として推挙されたかかる受領クラスの官職はその相対的なレベルからみたとき、さほど高いものとはいえない。注目すべきは、右でふれた観応二年二月一五日大槻光秀申状（「米原文書」）の袖に加えられた義詮証判（前期型花押）[181]であって、三日前の同月一二日付で尊氏が同様のことを行っていることから推せば[182]、尊氏のこうした形での官途吹挙権の一部が義詮によって分掌されたものとみられる。

ここで官途推挙権の推移についていえば、二頭政治の開始とともに官途推挙権は条件付きで直義が握っていたが、観応擾乱以降になると将軍尊氏・義詮父子によって分掌され、延文三年の尊氏没後は将軍に就任した義詮の専掌するところとなった。尊氏・義詮の場合は直義のような「成功」の限定性はなかったであろう。

ちなみに、「冷泉家文書」には歌道の大御所冷泉為秀（前参議）を中納言に推挙する内容の、（貞治六年）一一月一六日足利義詮書状が収められている。[183]これは将軍義詮が為秀の歌道の門弟であり、為秀が義詮の威光を借りて昇進しようと企てたことによるが、[184]義詮推挙状が「状如件」で書き止められる御教書ではなく、「恐々謹言」の書状（御内書）である点も注意すべきである。

(三) 勅裁の移管先

鎌倉時代はもとより南北朝時代においては、自らの力で処理できない王朝の裁許（勅裁）は幕府の執行システムにのせることによって執行された。そのため関係文書として、①勅裁（院宣・綸旨）、②公家施行状（鎌倉時代には関東申次、南北朝時代には武家執奏の施行状）、③武家施行状（受理した幕府側の施行状）の三点がセットとして出されることになる。もとより現時点でその三点とも揃って残存しているとは限らない。ここで着目するのは②の宛名である。幕府との交渉において公家側の正式な窓口である関東申次・武家執奏が幕府に向けて発する②の宛名は、当該期の幕府側の交渉の正式窓口であるからである。

このうち南北朝時代については、建武四年から永徳二年までの四五年の間にそうした事例の残存が知られている。では具体的にみてゆくと、尊氏・直義の時代にはどのように行われたであろうか。すでに「少なくとも貞和二年〜五年の間は②の公家施行状は直接に直義に充てられた可能性が十分にある」[185]と指摘したことがあるが、すでに二頭政治の期間に含まれる暦応二〜四年において高師直（将軍執事）にあてられた実例があるので、[186]二頭政治の開始後直ちに直義にあてられたとは考えにくい。康永三〜貞和四年の間高師直は引付頭人であった明証[187]もあるし、貞和五年の最終段階まで直義と師直とは呉越同舟とはゆかないまでも、なんとか協調姿勢を保ったとみるべきであろう。

そこで問題となるのは尊氏の立場である。おそくとも貞和六年（観応元）二月には義詮にあてられるようになる②は（以降この方式が貞治六年の義詮没まで継続）、建武四年の初見事例を含めて尊氏にあてられた証跡はない。なぜ将軍たる尊氏にあてられなかったのであろうか。結論から先にいうと、筆者は鎌倉時代の公武交渉のルールを踏襲したためと考えている。鎌倉時代の公武交渉のルールを具体的な関係文書についてみると、②のあて先は鎌倉幕府と六波羅探題との二つのケースがあるが、幕府むけ（残存する実例は六波羅あてに比べて少ない）は将軍ではなく執権にあてた関東申次西園寺某の直状の形をとり、他方六波羅むけは探題にあてた家司の奉書の形をとっている。(188)

室町幕府創立当初の公武関係では、右に述べたような鎌倉時代以来の公武交渉の枠組み、簡単にいえば関東申次から幕府執権へという方式がそのまま採用されたため、②の公家施行状は、将軍家（尊氏の正式な将軍就任は建武五年八月）執事あての武家執奏西園寺家の家司奉書の形をとったものとみられる。なぜ対六波羅方式が採用されたかは明確ではないが、室町幕府が京都に置かれたことと無関係ではあるまい。このようにみると、公武関係において室町幕府の執事は鎌倉幕府の執権と同格ということになる。

むろん鎌倉時代に関東申次のポストを世襲した西園寺家の家督実俊（公宗の嫡子）がいまだ幼少で武家執奏の任にたえないという事情もあったろう。(189) そのような方式が二頭政治期の半ばまで続き、やがて政治権力を掌握した直義と王朝との間でとりきめがなされ、②は武家執奏の直状のかたちで足利直義にあてて出されるようになったものと察せられる。こうした新たな方式は、王朝側の窓口武家執奏本人と幕府側の最高権力者（将軍）とを直接的につなぐ正式ルートとして定着し、永徳二年のその終焉まで運用された。その意味ではそれは鎌倉時代以来の朝廷と幕府の関係を再編成した、新しい時代の到来を象徴するできごとであったといえる。

では将軍尊氏がこの間いかなる立ち位置にいたかというと、尊氏は前述したように恩賞宛行の袖判下文を出し続けているので、政治の世界から身を引いたとは到底考えられず、依然として幕府の最高権力者の座にとどまっていたとみるべきであろう。②の公家施行状が尊氏に充てられなかったのはそのような理由による。尊氏は公武交渉の埒外にあったのではなく、政務を直義に委任していたため史料のうえに姿を現さなかっただけのことで、幕府運営のおおもとは執事高師直を介してきちんと抑えていたものとみられる。

（四）禅寺の列次、住持職の補任

（1）五山・十刹・諸山

室町幕府は全国に散在する有力禅寺を官寺として統制するため、五山・十刹・諸山の三種のランクに格付けし、その僧録を置いてそれらを管轄させた。いわゆる五山・十刹の制である。この室町幕府の寺院制度が確立して、その文化的所産としての五山文化が開花するのは幕府が公武統一政権としての力量を蓄え、あわせて日明間の対外交流の果実を享受した三代将軍義満以降のことである。したがって本章で扱う尊氏の時代はその前史ともいうべき段階にあたり、義満以降の全盛期を考えるうえでないがしろにすることはできない。

問題は、足利尊氏が五山・十刹・諸山にどのような関わりを有したか、特にそれらの列次指定にいかに関与したかということである。このことについては公家政権＝北朝との関係、とくに光厳上皇院宣との関係に留意する必要があるが、いまは尊氏の関わりのみに限定することとしたい。

まず三者のなかで最高位の五山であるが、尊氏が五山の列次に関わった証跡はみあたらない。次に十刹である。「天龍寺文書」に次の足利尊氏の自筆御判御教書が収められている。[190]

嵯峨臨川寺事、
後醍醐院　勅願、夢窓（疎石）国師寂場也、禅宗再興之聖跡、君臣帰依之霊地、信仰異他、仍雖為門徒寺、任東福寺之先例、所准十刹之列也、宜為散在諸山之最頂、弥専開山行道之宗風之状如件、
文和二年十二月廿六日

尊氏（足利）（花押）

門徒御中

右史料にみるように、尊氏は京都西郊の臨川寺を「後醍醐院勅願、夢窓国師寂場也、禅宗再興之聖跡、君臣帰依之霊地、信仰異他」という理由で、「任東福寺之先例、所准十刹之列」であり、「宜為散在諸山之最頂、弥専開山行道之宗風」らにせよと下命している。要するに、尊氏は文和二年一二月、臨川寺を十刹の列に准じたのである。

実はその翌文和三年正月二六日には、後継者の義詮が同様の御教書を残している。[191] 右掲の尊氏のものと比較して異なるのは、「任東福寺之先例」より以下の部分が、「可准十刹之由、被仰門徒了、存其旨可被執務之状如件」となっていることで、宛名も「当寺長老」と異なっている。

この二つの御教書の時間的な懸隔はわずか一ヵ月、前者は「門徒」にあて、後者は「当寺長老」あてであるので、二文書はそれぞれの宛先に別々の目的で発せられている。尊氏・義詮父子は、本件に対して役割を分担する格好で関わっているのである。なお義詮が独自で十刹指定に関わった史料は管見に入らない。

ではさらに諸山ではどうであろうか。尊氏の諸山関係の史料はいくらか残っている。直義・義詮の分も含めて関係史料を整理すると以下のようになる。

① 「相州文書」建武三年八月二九日足利尊氏御判御教書（長寿寺長老あて。相模長寿寺を諸山の列となす）[192]

② 「高城寺文書」建武三年九月一三日足利尊氏御判御教書（宛所欠。肥前高城寺を諸山の列となす）[193]

③ 「蔭凉軒日録」暦応元年（建武五）七月一七日足利直義御教書（清拙和尚あて。信濃開善寺を諸山の列となす）[194]

④ 「万寿寺文書」文和三年九月八日足利義詮御教書（当寺長老あて。山城三聖寺を諸山の列となす）[195]

⑤ 「善応寺文書」貞治三年五月三日足利義詮御判御教書（当寺長老あて。河野通盛の申請に任せて伊予善応寺を諸山

の列となす(196)）

⑥「妙興寺文書」貞治三年六月一九日足利義詮御判御教書（当寺長老あて。尾張妙興寺を諸山の列となす(197)）

⑦「伊勢安養寺所蔵印信」貞治五年九月二〇日足利義詮御判御教書（当寺長老あて。伊勢安養寺を諸山の列となす(198)）

これらによってみると①②はⅡ、③がⅢ（これはⅣに近接する）、④～⑥はⅤに属する。事例自体が豊富ではないので断定は避けねばならないが、おおざっぱにいうと、二頭政治期以前は専ら尊氏がこれに関わっていたが（①②）、二頭政治期Ⅳに近くなると直義の専掌するところとなっている（③）。二頭政治最中における直義の関わりについては以下の史料が参考となる。「天龍寺造営記録」に収める直義書状である(199)。

禅院諸山座位事、事書如此、就院宣其沙汰了、於当寺者、准円覚寺、可為両寺均等之儀也、会合之時者、随京都・鎌倉之所在、相互可為賓主之礼歟、恐惶謹言、

康永元年十二月廿三日　左兵衛督（足利直義）　御判

天龍寺長老（夢窓疎石）

二頭政治真っ最中の康永元年一二月、直義が天龍寺長老夢窓疎石に対して、天龍寺を円覚寺に准じて「均等之儀」つまり同格の処遇とすることを通達した書状である。こうした「諸山座位」についての裁量権を有する直義はおそらく幕府における禅院の所轄者であったとみて大過あるまい。逆にいうと、Ⅳの時期には尊氏はこのような案件にはタッチしなかったものとみられる。

観応擾乱以降のⅤにあっては、④のように尊氏存命中にもかかわらず、すでに文和三年には義詮の行使するところとなり晩年の⑥まで継続している。

（2）住持職

このためそれらの禅院の住職はいちいち室町将軍の辞令によって任命された。その任命のための辞令を「公《こう》帖《じょう》」という。文書形式は日下花押の御教書である。公帖については玉村竹二の古典的研究があり[200]、室町時代の禅宗官寺制度全般にわたる包括的な記述がなされ、今日でも当該研究の指針となっている。むろん室町将軍が住持職を任命したのは禅院のみではない。まず尊氏終見の文和三年分までに限り関係史料を左に整理しよう。

① 「安国寺文書」建武元年卯月一〇日足利尊氏御教書（受西堂あて。受西堂を関東万寿寺住持職となす）[201]
② 「武州文書」建武元年一一月一六日足利直義御教書（金沢称名寺長老釼阿あて。釼阿を武蔵称名寺住持職となす）[202]
③ 「島原図書館所蔵寺院証文二」建武元年一一月二四日足利直義御教書（相模浄光明寺長老あて。浄光明寺長老を当寺住持職となす）[203]
④ 「宝戒寺文書」建武四年一〇月一六日足利直義御教書（円観恵鎮上人あて。円観を相模宝戒寺住持職となす）[204]
⑤ 「武州文書」暦応二年三月六日足利直義御教書（本如上人湛睿あて。本如上人を武蔵称名寺住持職なす）[205]
⑥ 「称名寺文書」貞和三年四月一九日足利直義御教書（観蓮上人御房あて。観蓮を武蔵称名寺住持職となす）[206]
⑦ 「永源寺文書」観応元年七月九日足利義詮御教書（公帖）（元光侍者寂室あて。元光侍者を相模長勝寺住持となす）[207]
⑧ 「相州文書」観応三年九月二〇日足利尊氏御判御教書（当寺長老あて。相模東林寺長老を同寺住持職となす）[208]
⑨ 「前田家所蔵文書」文和元年一二月二七日足利義詮御教書（元光西堂和尚あて。元光西堂を豊後万寿寺住持職となす）[209]
⑩ 「金沢文庫古文書」文和三年一一月六日足利尊氏御判御教書（玄寥御房あて。元寥を武蔵称名寺住持職となす）[210]

○以降延文三年六月二三日付[211]から以降はすべて義詮の発給となる。

右に編年配列した事例から考えると、対象となった寺院は⑨の豊後万寿寺以外はすべて関東地域に属している。したがって尊氏・直義の段階では住持職の補任対象は基本的には関東に限定され、その範囲内において二頭政治期Ⅳを中心に（⑤⑥）直義がその任免権を行使していたものと思われる。二頭政治の終焉後は、しばし尊氏・義詮父子の共同行使のかたちをとり、⑩を最後に尊氏の事例は見えなくなり、以降は義詮の専掌するところとなったものと考えられる。他方義詮の場合は⑨のように九州まで及んでいる事例のある点は注意してよい。

室町将軍がその補任をおこなった寺社の役職は右だけにとどまらない。具体的にいうと、別当職・御師職・寺務職など種々の役職があるが、その補任権の推移をうかがうだけの直接関係史料が残っていない。よってこれらについては本章では割愛することにしたい。

おわりに

室町幕府の文書体系が、その支配体制としての特質を直接的に反映することは言うまでもない。換言すれば、幕府支配はその文書体系よって支えられたのである。鎌倉幕府には鎌倉幕府独特の文書体系があったし、室町幕府には、またその支配体制にみあった独自の文書体系があったはずである。その幕府文書の中核にあるのは、言うまでもなく将軍の発給文書である。室町将軍は、鎌倉将軍とは異なって親裁権を有したので、その親裁権が社会的に増幅されて「御教書の時代」が到来する。その意味では、室町将軍の権力はより広範かつ簡便に発給される御教書によって強力に支えられたといって過言ではない。それは別の表現をとると、私的文書の系譜を引く御教書が公的な性格を強く帯びる過程でもあった。

本章は、室町幕府の初代将軍足利尊氏の発給文書を可及・網羅的に収集し、その多様な用途に即して整理・分析することによって、政治史との関わりにおいて将軍尊氏権力の伸張過程、および次代への継承過程を検討しようとしたものである。権力の所在を帰納的に導くための素材史料が不足して、隔靴搔痒の感ありの箇所もあったが、その結果、明らかとなったことがらを簡潔に要約すると以下のようになろう。

南北朝の動乱のなかで誕生した室町幕府は、当初旧鎌倉幕府の文書体系の強い影響をうけていたものの、その新しい支配体制を支えるにふさわしい独自の文書体系を成立させた。その新しい文書体系とは、室町将軍を中核とした幕府の政治制度の特質を直接的に反映したものであった。初代将軍足利尊氏の発給文書の特色は、以前には公的性格の強かった下文・下知状形式の文書が漸次減少し、かわってそれまで私的性格の強かった御教書がいわば市民権を獲得したことであった。このことは鎌倉将軍とはちがって室町将軍は将軍としての実質的な独裁権を持ったことの裏返しである。足利尊氏は、御家人武士との個別的な御恩―奉公の関係を支える主従制的支配権に関わることがら（恩賞地の宛行）には伝統的で格式高い袖判下文の様式を固守したが、それよりやや軽度というべき場面――例えば所領の特殊的宛行・安堵・預置――では御判御教書を採用することもあった。それは動乱の時代の副産物といえるが、そうした御判御教書の用途の拡大は将軍権力の飛躍的な強化を反映するものであった。

さらに尊氏から義詮への将軍職継承という観点からは、尊氏は観応擾乱以降周到かつ段階的に自身の将軍権力を後継者義詮と分掌する形で移行させ、義詮が将軍職を襲う前段階から次期将軍としての実質を備えさせ、観応擾乱後の文和四年ころにはその実質をほぼ義詮に移譲したことが両者の発給文書の比較検討によって知られた。二頭政治で二元化していた将軍権力はこのようにして一元化の方向をたどることになるが、義詮の代での将軍権力の飛躍的伸長はこうした歴史的背景のもとに達成されたと言うことができる。

注

（1）小川信「足利尊氏――逆賊説と実状――」（『日本史の謎と発見7南朝と北朝』毎日新聞社、一九七九年二月）。

のち佐藤和彦編『論集足利尊氏』東京堂出版、一九九一年九月に収録）に詳しい。
（2）小松茂美『足利尊氏文書の研究』全四冊（Ⅰ研究篇Ⅱ図版篇Ⅲ解説篇Ⅳ目録・資料篇、旺文社、一九九七年九月）。上島有『足利尊氏文書の総合的研究』全二冊（本文編・写真編、国書刊行会、二〇〇一年二月）。なお前者の小松著書に対する上島の批評は後者の上島著書第四章第一節「小松茂美著『足利尊氏文書の研究』について」の他に、「古文書研究」五〇（一九九九年一一月）に載せられた「小松茂美著『足利尊氏文書の研究』全四冊」がある。
（3）『日本古文書学講座4　中世編Ⅰ』第三章（雄山閣出版、一九八〇年四月）。
（4）『概説古文書学古代・中世編』第五（吉川弘文館、一九八三年五月）。
（5）拙稿「足利直義発給文書の研究」（『福岡大学人文論叢』四五―四、二〇一四年三月）→本書第七章。
（6）佐藤進一「室町幕府開創期の官制体系」（岩波書店『日本中世史論集』一九九〇年一二月、二〇三頁。初出は一九六〇年三月）。
（7）拙稿「室町幕府成立期における将軍権力の推移」（上島有編『日本古文書学論集7　中世Ⅲ』吉川弘文館、一九八六年一一月〈初出は一九七五年〉、四四頁）。
（8）注（6）佐藤著書、二〇四頁。
（9）直義の裁許下知状の発給権は、観応擾乱の後、義詮に継承される。詳細は省略するが、義詮は観応元年三月～延文元年一〇月の間に全九通の裁許下知状を残している（一九八〇年四月に公表された上島有「室町幕府文書」『日本古文書学講座4』、雄山閣出版、七五頁によると、確認できた残存例は六通とある）。さらにこの義詮の裁許行為はやがて御教書によるようになってゆく（一例をあげると、「石清水文書」貞治二年一一月六日足利義詮御判御教書、『大日本史料』六編二五、二四六頁）。
（10）現存する足利尊氏袖判下文案・写のなかには、本来袖にあった判が日下に移動されたとおぼしい例がわずかながら認められる（例えば「今川家古文章写」建武四年九月二六日足利尊氏下文、『南北朝遺文　関東編一』七五四号など）。
（11）『南北朝遺文　関東編一』二〇号。相田二郎『日本の古文書上』（岩波書店、一九四九年一二月）二九七頁には当該文書について「尊氏の用いたこの式の下文の初見」と指摘されている。

(12)『南北朝遺文　関東編四』二六六五号。本章二一五頁に引用している。
(13)『群書類従第四輯』二七〇頁。
(14)『思文閣古書資料目録233』(二〇一三年七月)43号、建武二年七月二〇日付より、「佐々木文書二」同二年九月二七日付(『南北朝遺文　関東編一』二九二号)まで。
(15)注(14)所掲『思文閣古書資料目録233』一三五頁。簡単な解説とともに、同文書の写真が掲載されている。
(16)注(14)所掲『思文閣古書資料目録233』一三五頁。
(17)「摂津天王寺旧蔵如意宝珠御修法日記紙背文書」、『南北朝遺文　関東編一』二九六号。
(18)「薩藩旧記」建武二年一二月一一日付(『大日本史料』六編二、八〇八頁。『南北朝遺文　九州編一』三五三号)から、「遠山文書」建武三年一〇月日付(『大日本史料』六編三、八四六頁)まで。なお『大日本史料』六編二、六一二頁に収める「御代々御墨付写」建武二年一一月二八日下文写については、奥上署判の「源朝臣」に『大日本史料』は「足利尊氏ナルヘシ」と傍注するが、用途が地頭職の安堵であること、この時期奥上に「源朝臣」と位署するのは足利直義であること(「長門毛利家文書」建武二年一二月二六日足利直義下文、『南北朝遺文　中国・四国編一』二二〇号参照)、の二点から直義のものと判断した。
(19)「皆川文書」建武三年正月二三日付(『栃木県史　史料編中世一』一五七頁。『南北朝遺文　関東編一』三八三号)。本来は袖判か。
(20)「阿蘇文書」建武三年四月五日付(『大日本史料』六編三、二九二頁。『南北朝遺文　九州編一』五六一号)。
(21)「辻文書」建武三年九月三日付(『大日本史料』六編三、七二二頁)。
(22)「佐々木文書二」建武四年正月四日付(東京大学史料編纂所影写本)より、「士林証文」建武五年八月一〇日付(『大日本史料』六編五、一一頁。『南北朝遺文　関東編一』八七三号)まで。
(23)「萩藩譜録阿曾沼宮内」建武五年正月一九日付(『南北朝遺文　中国・四国編一』七〇七号)、「士林証文」建武五年八月一〇日付(『大日本史料』六編五、一一頁。『南北朝遺文　関東編一』八七三号)。
(24)「伊達文書」建武五年後七月二六日付(『大日本史料』六編八、補遺六頁。『大日本古文書　伊達家一』一一頁。『南北朝遺文　東北編一』四一五号)。「秋田藩家蔵文書五」建武五年八月三日付(『南北朝遺文　東北編一』四一九号)。

(25) 「毛利家文書」暦応二年六月二八日付(『大日本古文書毛利四』二七六頁。『大日本史料』六編五、五八八頁。『南北朝遺文　中国・四国編一』八七一号)より、「出羽小林文書」貞和五年八月二八日付(『南北朝遺文　関東編三』一八四八号)まで。なお「栃木県庁採集文書」暦応元年戊寅一一月付(『南北朝遺文　関東編一』九〇二号)はその文書形式に疑いがあるため、ひとまず除外した。

(26) 「讃岐三木家大野文書」暦応二年一二月二一日付(『南北朝遺文　中国・四国編一』九一四号)。「詫摩文書」貞和四年一二月七日付(『大日本史料』六編一二、一七二頁。『大分県史料』一二、一九三頁)。

(27) 「真壁文書」康永三年七月二日付(『大日本史料』六編八、三〇九頁。『南北朝遺文　関東編二』一五〇六号)。

(28) 「斉藤元宣氏所蔵文書」貞和二年閏九月二一日付(小松茂美『足利尊氏文書の研究Ⅱ』旺文社、八六頁。「正閏史料」『大日本史料』六編一〇、一四八頁)。

(29) 「入江文書」暦応三年三月四日付(『大日本史料』六編六、七三頁。『史料纂集入江文書』八頁。『南北朝遺文　中国・四国編一』九四六号)。

(30) 「臨川寺重書案文」暦応三年八月一二日付(『大日本史料』六編六、二九七頁。『南北朝遺文　関東編二』一一三九号)。

(31) 諏訪大進房円忠については、小松茂美『足利尊氏文書の研究Ⅰ研究編』(一九九七年九月、旺文社)第二章第五節「奉行人諏訪法眼円忠」、および林譲「諏訪大進房円忠とその筆跡――幕府奉行人の一軌跡」(皆川完一編『古代中世史料学研究下巻』吉川弘文館、一九九八年一〇月)参照。

(32) 「如意宝珠御修法日記紙背文書」貞和元年一二月二九日付(『南北朝遺文　関東編三』一六〇八号)。

(33) 「予陽河野家譜」貞和六年二月一七日付(『南北朝遺文　中国・四国編二』一七八九号)より、「佐々木文書二」(東京大学史料編纂所影写本)文和四年八月四日付(『南北朝遺文　関東編四』二六六五号)まで。

(34) 注(33)に掲げた二通の文書のうちの前者。

(35) 「森川文書」(『大日本史料』六編一四、七九頁)。足利義詮袖判下文の確実な初見は、「久下文書」観応二年正月二〇日付(『大日本史料』六編一四、六六九頁。『岐阜県史　史料編古代中世四』一〇三一頁)であるから、「森川文書」の「御判」は義詮である可能性も皆無ではない。このためか『大日本史料』の編者は人名注記をしていない。

(36) 小要博「発給文書よりみたる足利義詮の地位と権限」(日本古文書学会編『日本古文書学論集7　中世Ⅲ』吉川弘文館、一九八六年一一月)七六頁。初出は一九七六年三月。
(37) 「佐々木文書二」(東京大学史料編纂所影写本)、『南北朝遺文　関東編四』二六六五号。
(38) 足利直義下文の検討については、拙稿「足利直義発給文書の研究」(『福岡大学人文論叢』四五―四、二〇一四年三月)、亀田俊和「足利直義下文の基礎的研究」(『鎌倉遺文研究』34、二〇一四年一〇月)、拙著『足利直義』(角川選書、二〇一五年二月)がある。
(39) 注(38)所掲亀田論文、五九―六一頁。
(40) 笠松宏至「足利直義」(豊田武編『人物・日本の歴史5　内乱の時代』読売新聞社、一九六六年一〇月)七五頁。
(41) 観応擾乱の以降では、「赤堀文書」文和二年七月一三日足利尊氏袖判下文(『大日本史料』六編一八、二二二頁)のように、宛行でなく安堵を内容とする尊氏袖判下文もまれながら登場するようである。なお本文書の写真版が『群馬県史　史料編6』の図版に掲載されており、袖判の主は紛うことなく尊氏である。ちなみに『大日本史料』の「十二日」は「十三日」の誤り。
(42) 『大日本史料』六編一四、六六九頁。『岐阜県史　史料編古代中世四』一〇三一頁。
(43) 『大日本史料』六編二八、四四五頁。
(44) 「皆川文書」正平六年一二月一五日付(『南北朝遺文　関東編三』二一二二号。『栃木県史　史料編中世一』一五八頁)より、「蒲生文書」文和二年六月三日付(『大日本史料』六編一八、一〇一頁)まで。
(45) 注(36)参照。
(46) 上島有・新田英治・高木昭作「南北朝――戦国時代の武家文書」(日本歴史学会編『概説古文書学　古代・中世編』吉川弘文館、一九八三年五月)九一頁。
(47) 拙稿「足利直義発給文書の研究」(『福岡大学人文論叢』四五―四、二〇一四年三月)五九〇―五九三頁において整理した。
(48) 「石清水八幡宮旧記　下」元弘三年一〇月二二日付(『松雲公採集遺編類纂66』、山口隼正「肥後国豊田荘・佐土原郷のことども」『鹿大史学』三三、一九八六年一月で紹介)より、「本願寺文書」文和四年正月二五日付

(『大日本史料』六編一九、六四九頁)まで。

(49) 注(48)参照。

(50) 注(37)参照。

(51) 注(48)参照。

(52) 注(47)拙稿五九二頁。

(53) 「菊大路文書」観応元年一二月二三日付(『大日本史料』六編一四、一三〇頁。『大日本古文書　石清水六』一三〇頁)より、「古簡雑纂」貞治六年九月二九日付(『南北朝遺文　関東編五』三四三二号)まで。なお「勢州社家文書」観応元年三月二四日付(『新訂増補国史大系　後鏡一』三七一頁)は写であり、「義詮」と添書された発給者「源」は実は尊氏の可能性が高い。この時期義詮の署判は「左馬頭(花押)」である。よってこれは採らない。

(54) 注(46)所掲上島論文、九七頁。

(55) 『大日本古文書　東福寺一』一二七頁。なおこの文書の写が肥前高城寺文書に収められているが(『佐賀県史料集成二』一二三四頁)、これは高城寺が本文書にいう「東福寺所々末寺」のなかの一つであったことによろう。

(56) 『大日本史料』六編二〇、三五〇頁。『山口県史　史料編中世4』一一九頁。

(57) 「金地院文書」建武四年八月日足利尊氏禁制(『大日本史料』六編四、三七一頁)は「…乱入狼藉、不可有之者也」と書き止められ、これだけが他と異なっている。それはこの禁制の対象が南禅寺という高格の禅宗寺院であることと関係するのかもしれない。

(58) 『鎌倉遺文』四一巻三二一七二号。注(2)所掲小松茂美『足利尊氏文書の研究II』二八頁。

(59) 『大日本史料』六編一、一八三頁。

(60) 『大日本史料』六編三、四六二頁。『尼崎市史四』(一九七三年三月)一三七頁参照。

(61) 『大日本史料』六編三、八四三頁。

(62) 「大通寺文書」建武四年一一月一八日付、『大日本史料』六編四、四四〇頁。「高野山文書」建武四年一一月一八日付、『大日本史料』六編四、四四〇頁。

(63) 「金地院文書」建武四年八月日付、『大日本史料』六編四、三七一頁。「丹生文書」建武五年八月三日付、『大日本史料』六編五、二一頁。

(64) 注(47)所掲拙稿、五九四頁参照。
(65) 『大日本史料』六編一五、三〇〇頁。
(66) 『大日本史料』六編一四、六六八頁。
(67) 『大日本史料』六編一五、六〇八頁。　『南北朝遺文　関東編三』二一〇〇号。
(68) 『大日本史料』六編一三、七〇二頁。
(69) 『大日本史料』六編二二、五九二頁。
(70) 『〔新版〕古文書学入門』(法政大学出版局、一九九七年四月)一五一―一五二頁。
(71) 東北大学所蔵。「古文書研究」三(一九七〇年二月)所載「東北大学所蔵の中世文書」一〇二頁。
(72) 『大日本史料』六編三、五頁。『南北朝遺文　中国・四国編一』二三〇号。この過所の袖に据えられた花押は、紛れもなく足利直義がこのころ使用していた花押の形状(東京大学史料編纂所編『花押かがみ六』一〇九―一一〇頁あたり参照)であることを、山口県文書館所蔵「内藤家文書」原本写真によって確認した。確認にさいして和田秀作氏の手を煩わした。
(73) 『尼崎市史四』一九七三年三月、一三九頁。
(74) 注(73)と同じ。
(75) 『大日本史料』六編五、八一五頁。
(76) 『大日本史料』六編一六、五七〇頁。
(77) 『大日本史料』六編一七、七四五頁。
(78) 『大日本史料』六編一九、七五六頁。『尼崎市史　四』一五八頁。
(79) 右の事例のうち②建武三年正月二四日過所の袖判の主については、『大日本史料』が(尊氏ヵ)とし、他方『南北朝遺文　中国・四国編一』は(直義)とするが、注(72)で述べたようにこのたびこの花押が直義のものであることを原本写真によって確認しえたので、このように記述した。
(80) 例えば、「熊谷家文書」暦応三年八月二日付(『大日本古文書熊谷家』八九頁)、「春日神社文書」延文二年二月晦日付(『春日神社文書一』六七〇頁、同二、二一〇頁)、「臨川寺重書案文」貞治元年一〇月二三日付(『大日本史料』六編二四、五一三頁、原田正俊編『天龍寺文書の研究』思文閣出版、六〇頁)。

(81)　注(46)論文、一一四頁。

(82)　現時点で収集することのできた足利尊氏袖判御教書六点は以下のとおり。①「東寺百合文書」建武三年七月一一日付(『大日本史料』六編三、六〇〇頁)、②「諸家文書纂」建武三年八月一一日付(京都府立総合資料館『〈重要文化財指定記念〉革嶋家文書展』二〇〇三年一〇月、一二頁)、④「山科家文書　下」建武三年八月二二日付(内閣文庫所蔵、未活字)、⑤「東寺百合文書」建武三年九月五日付(『大日本史料』六編三、七二六頁、思文閣出版『東寺百合文書　一』七三頁)、⑥「東寺百合文書」建武三年九月一〇日付(『大日本史料』六編三、七二七頁、思文閣出版『東寺百合文書　八』三五六頁)。

六〇一頁)、③「革嶋家文書」建武三年八月一一日付

(83)　注(82)のなかの④である。なおこの文書の写真版は、拙著『〈戦争の日本史8〉南北朝の動乱』吉川弘文館、二〇〇七年九月、六六頁に掲載されている。

(84)　例えばやや特殊かもしれないが、「鹿王院文書」に以下のような事例がある(鹿王院文書研究会『鹿王院文書の研究』思文閣出版、二〇〇〇年二月、六四号)。

(花押)(足利義詮)

山城国(紀伊郡)伏見庄内金松名伊藤九郎跡事、所宛行也者、早守先例可致沙汰之状如件、

文和元年十月六日

細河局

(85)　『国史大辞典一一』吉川弘文館、二〇八頁の「あずけじょう預状」(執筆は羽下徳彦)の項参照。

(86)　杉橋隆夫「四天王寺所蔵『如意宝珠御修法日記』・『同』紙背(富樫氏関係)文書について」(『史林』五三巻二号、一九七〇年五月)。

(87)　『大日本史料』六編四、六九〇頁。『南北朝遺文　中国・四国編一』七〇五号。

(88)　『大日本史料』六編四、七五四頁。

(89)　『大日本古文書　上杉家一』七三、七七頁。『大日本史料』六編九、四五〇頁。『南北朝遺文　関東編三』二六〇〇号。なお『大日本古文書　上杉家一』七七頁に載せる案文では、袖の「御判」の肩に「等持寺殿(尊氏)御判」との押紙が付いており、これに信をおけば足利尊氏御判御教書ということになる。

(90)『大日本史料』六編一四、一二二頁。
(91)東京大学史料編纂所影写本、本郷文書。
(92)『大日本史料』六編二六、九五八頁。『永青文庫所蔵細川家文書』(吉川弘文館、二〇一〇年五月)二六頁。
(93)この間に登場する①「坐右集」観応二年八月朔日足利某御判御教書(日下花押。曾我左衛門尉あて。兵粮料所として近江国守山郷地頭方を預置く)(『大日本史料』六編一五、一六一頁)、②「如意宝珠御修法日記紙背文書」文和三年一二月晦日足利某御判御教書(袖判。富樫介〈氏春〉あて。勲功賞として越中国野尻荘を預置く)(『南北朝遺文　関東編四』二六二六号)、③「萩藩閥閲録」文和四年四月二九日足利某御判御教書(袖判。小早川四郎三郎あて。安芸国下竹仁郷を預置く)(『大日本史料』六編一九、八一六頁。『南北朝遺文　中国・四国編三』二七二八号)の写し三通は、所収刊本では足利尊氏のものと考えられているようだが、これらは義詮とみたほうがより自然である。
(94)後注(97)所掲の①院林了法申状において、申請者了法は「…賜安堵御教書全知行、弥欲抽軍忠…」(『大日本古文書醍醐寺二』三四五頁)と述べている。了法は尊氏の「安堵御教書」を求め、これに対して尊氏は了法申状の裏に安堵文言を書き付けたのであるから、この裏書は足利尊氏「安堵御教書」の役割を果たしていることになる。
(95)中央公論新社刊、二〇〇五年一月、一四一―一四二頁。
(96)『大日本古文書　小早川家二』四一頁。
(97)他の四点を以下にあげる。①「醍醐寺文書」建武三年二月日院林了法申状の裏に、建武三年二月七日足利尊氏安堵裏書(『大日本古文書醍醐寺二』三四五頁)、②「郡文書」建武三年二月八日大友寂応申状の裏に、建武三年二月八日足利尊氏安堵裏書(『大日本史料』六編三、七〇頁。『南北朝遺文　九州編一』四〇九号)、③「士林証文」建武三年二月八日八木秀清申状の裏に、建武三年二月八日足利尊氏安堵裏書(『大日本史料』六編三、七一頁)、④「武雄神社文書」建武三年三月日武雄安知申状(端裏書の「建武三　三　十二」はこの日の受理を意味するか)の裏に、建武三年三月二九日足利尊氏安堵裏書(『大日本史料』六編三、二四一頁。『佐賀県史料集成二』一三三頁)。
(98)「高浜巳所蔵文書」建武三年三月日藤吉光童丸申状。この文書は、工藤敬一「藤吉光童丸言上状幷足利尊氏安

堵書下」（『日本歴史』四八七号、一九八八年一二月）によって紹介された。文書の釈文と写真版が載せられ、解説が施されている。

(99)「河野家文書」、景浦勉編『伊予史料集成３　河野家文書』伊予史料集成刊行会、一九八〇年九月、一四八頁。本書が文書名を「足利直義安堵御教書」とするは誤り。なおこの文書は内閣文庫所蔵「古文書」（架蔵番号159―393）に収録され、差出書が「沙弥恵源　判」となっているが、これも誤り。

(100)「武雄神社文書」、『佐賀県史料集成二』一三三頁。『大日本史料』六編三、二四一頁。

(101)「三宝院文書」、『大日本古文書　醍醐寺一』一二頁。『大日本史料』六編三、六一五頁。

(102) 建武三年中には元弘没収地返付以外の、一般所領の安堵御教書はまったくと言っていいほどみられない。わずかに「南禅寺文書」建武三年一二月五日付、当寺長老あて足利尊氏御判御教書がみられるにすぎない（『南禅寺文書　上』一九四頁、『大日本史料』六編三、九〇一頁）。ただし本文書は案文であるので尊氏の確証はない。

(103)『大日本史料』六編一四、九七三頁。『南北朝遺文　中国・四国編三』二〇二六号。

(104)『大日本史料』六編二一、五一一頁。『南北朝遺文　東北編二』一三六五号。

(105) 上島「室町幕府文書」（『日本古文書学講座４』雄山閣、一九八〇年四月）六八頁。

(106) 注(105)所掲上島論文、七六頁。

(107) 小学館『日本国語大辞典第二版六』（二〇〇一年六月）八二頁。

(108) 佐藤進一『〈日本の歴史９〉南北朝の動乱』（中公文庫、中央公論新社、二〇〇五年一月）三五六―三五七頁参照。

(109)「冷泉家時雨亭文庫蔵文書」元弘三年一一月一一日付（朝日新聞社『冷泉家古文書』一九九三年六月、二三八頁）。「熊谷家文書」元弘三年一二月二〇日付（『大日本古文書　熊谷家』六三頁。『南北朝遺文　関東編一』一三号）。

(110)「熊谷家文書」建武元年七月一四日付（『大日本古文書　熊谷家』七五頁。『南北朝遺文中国・四国編　』四五号）。「三島神社文書」建武元年八月一五日付（『大日本史料』六編一、七二六頁。『南北朝遺文　関東編一』一二六号）。

(111)『山口県史　史料編中世４』（二〇〇八年一〇月）一九七頁。

（112）注（47）所掲拙稿、六〇一—六〇三頁。

（113）『八坂神社記録　下』五三四頁。注（105）上島論文四八頁に写真掲載。

（114）『大日本史料』六編二一、七五〇頁。

（115）『大日本史料』六編二、八四一頁。

（116）『大日本史料』六編三、八五五頁。

（117）ただ一点、摂津の「満願寺文書」建武五年二月二六日付（満願寺衆徒御中あて）の文書名については、中川啓史校定『満願寺文書〈北摂郷土史学叢書第一編〉』四六頁、および『川西市史　四』四九五頁が「足利尊氏御判御教書写」とするが、これは差出書に「在御判」とあるだけの案文で、発給者が尊氏である確証はない。一方、この時期に直義が多数の御祈御教書を発給している事実に照らすと、右の満願寺文書のそれも直義の蓋然性が高い。なおⅢの時期に御祈御教書が原本や写の形で全一五点ほど知られるが、一〇点ほどの原本はすべて直義、残りの写もすべて直義のものとみて不自然ではない。

なお注（47）所掲拙稿六〇三頁で当該期における尊氏御祈御教書の残存を「三通」と記したが、これは①「清和院文書」建武三年一一月一日付（『大日本史料』六編三、七二三頁）、②「美濃長瀧寺文書」同三日付（『大日本史料』六編三、八五五頁）、および右で触れた③「満願寺文書」建武五年二月二六日付を尊氏のものと判断してⅠの時期に含めたためである。これらのうち①②は建武式目成立以前であるから範疇的にはⅠ以前に区分すべきであったし、残りの③は右に述べたように尊氏とするには確証がなくむしろ直義のそれとみなすべきである。よってこれら三通は除外されることとなる。

（118）「中興雑記」貞和二年八月二日付（『大日本史料』六編一〇、一頁）は写であり、発給人が明確でない。『大日本史料』は発給人を尊氏とみて綱文を立てているけれども、この時期に尊氏のものはみられないことからこれは直義とみるべきと思われる。

（119）『大日本史料』六編一三、四三九頁。

（120）注（119）と同じ。

（121）『大日本史料』六編二八、一〇五頁。『南北朝遺文　関東編五』三四〇五号。

（122）漆原徹『中世軍忠状とその世界』（吉川弘文館、一九九八年七月）は、軍忠状を中心に合戦関係文書を素材として、複雑極まりない南北朝動乱初期の軍事史を詳細に考察したものである。
(123)『南北朝遺文　関東編一』二六四号。
(124)『大日本史料』六編二一、二〇九頁。
(125)『大日本史料』六編二、八一六頁。『南北朝遺文　九州編一』三五六号。
(126)『南北朝遺文　中国・四国編一』四六六号。
(127)「結城古文書写」建武二年一一月二日付以下、多くの同日付の直義軍勢催促状が『大日本史料』六編二、六八四頁以下に収載されている。
(128)例えば「土佐国蠧簡集竹頭所収高知原文書」貞和四年卯月一六日軍勢催促状についてみると、その差出人の花押影に『大日本史料』六編一一、五一〇頁は（直義）と傍注し、かたや『南北朝遺文　中国・四国編二』一六二九号は（足利尊氏）と傍注している。そこで東京大学史料編纂所影写本・謄写本で確認したところ、直義の花押であることが判明した。
(129)注（47）所掲拙稿、六〇〇頁。
(130)「三池文書」（『大日本史料』六編一三、六三七頁）。
(131)注（124）と同じ。
(132)『大日本史料』六編一四、一八頁。『南北朝遺文　中国・四国編二』一八九〇号。
(133)「前田子爵所蔵文書」文和四年二月一六日付（『大日本史料』六編一九、七一〇頁）。「碩田叢史」文和四年二月一九日付（『大日本史料』六編一九、七一一頁）。
(134)「磐城野文書」観応二年二月一二日付（『大日本史料』六編一四、七二二頁。『南北朝遺文　東北編二』一〇四一号）。
(135)「薩藩旧記前集17」正平六年一一月一三日付（『大日本史料』六編一五、五八五頁。『南北朝遺文　関東編三』二〇九一号）。
(136)注（47）所掲拙稿、五九九―六〇〇頁。
(137)『大日本史料』六編一三、六八一頁。『南北朝遺文　中国・四国編二』一八一九号。
(138)『大日本史料』六編一七、四一八頁。『南北朝遺文　中国・四国編四』三四八八号。

(139)『大日本史料』六編三、一七八頁。『南北朝遺文　九州編一』四三四号。
(140)『南北朝遺文　中国・四国編三』二八七三号。
(141)注(47)拙稿、六〇〇頁。
(142)「末吉文書」、『西宮市史　第四巻資料編一』一九〇頁。
(143)「門司文書」、北九州市立自然史・歴史博物館『門司文書』(二〇〇五年三月)一四頁。
(144)『大日本史料』六編三、六五〇頁。
(145)『南北朝遺文　中国・四国編一』四八七号。
(146)『大日本史料』六編三、七四七頁。
(147)『大日本史料』六編三、八九四頁。
(148)『岐阜県史　史料編古代中世一』二五九頁。『富山県史史料編Ⅱ中世』二一五頁。
(149)『国立国会図書館所蔵　貴重書解題　第四巻――古文書の部　第一――』三頁。同書口絵9に写真掲載。『南北朝遺文　中国・四国編四』三六二五号文書「応安元年東寺雑掌陳状具書案」はこの文書の案を具書として掲載する。その差出書「在判」についた「尊氏」の傍書は直義の誤り。
(150)『大日本史料』六編三、九四〇頁。『南北朝遺文　中国・四国編一』五八五号。
(151)『南北朝遺文　中国・四国編一』五七二号。
(152)『南北朝遺文　中国・四国編一』六〇八号。
(153)『南北朝遺文　中国・四国編一』六五七号。
(154)『大日本史料』六編七、七四九頁。
(155)『大日本史料』六編八、四〇五頁。『南北朝遺文　関東編二』一五一八号
(156)『大日本史料』六編一一、七二九頁。思文閣出版刊『東寺百合文書八』一六九頁。
(157)『大日本史料』六編二〇、八七頁。
(158)『大日本史料』六編二〇、五九二頁。
(159)義詮一見状の初見は本文で述べた「実相院文書」延文元年七月一〇日御教書(『大日本史料』六編二〇、五九二頁)で、終見は「石清水文書」貞治六年九月八日御教書(『大日本古文書石清水六』一三三頁)である。この

間の一〇年間に全九通（うち二通は書状）を収集した。書式をみるとほとんど「状如件」の御教書形式であり、「恐々（惶）謹言」の書状形式はわずか二通しか確認できなかった（先の「実相院文書」延文元年七月一〇日御教書、「三宝院文書」延文三年二月一二日足利義詮書状〈三宝院僧正御房（光済）あて〉、『大日本史料』六編二一、七四五頁）。このことによってみると、一見状は義詮の代になると書状ではなく御教書の書式をとるのが普通になったものと推察される。

(160) 注（47）所引拙稿、六〇七頁。

(161) 『大日本史料』六編三、四〇七頁。『鎌倉市史　史料編二』一四九頁。『南北朝遺文　関東編一』五一六号。

(162) 『大日本史料』六編五、一三〇頁。ただしこの文書は写しで、差出書は「尊氏　判」とあるにすぎない。『大日本史料』の編者はこの文書によって「尊氏、日向大慈寺を祈願所と為す」との綱文を立てているが、写しである以上可能性はあるものの尊氏の発給するところと断言することはできない。

(163) 「反町英作氏所蔵文書」、『南北朝遺文　関東編二』一一〇二号。

(164) 「慶応大学図書館所蔵　反町文書」、『南北朝遺文　関東編三』一七九四号。

(165) 「阿部文書」観応三年五月一二日足利尊氏御判御教書（『大日本史料』六編一六、五四二頁）。「前田家所蔵文書」観応三年八月一日足利尊氏御判御教書（『大日本史料』六編一六、七〇六頁。『南北朝遺文　関東編三』二三一九号）。この二通は尊氏が関東へ遠征中に発したものと考えられる。

(166) 「摂津天王寺旧蔵如意宝珠御修法日記紙背文書」、『南北朝遺文　関東編一』二九六号）。

(167) 「皆川文書」、『南北朝遺文　関東編一』三八三号。『栃木県史　史料編中世一』一五七頁。

(168) 『大日本古文書　上杉家三』二三一頁。

(169) 東京大学史料編纂所影写本。

(170) 東京大学史料編纂所影写本。活字本では『大日本史料』六編七、七〇八頁。『南北朝遺文　中国・四国編二』一二八五号。

(171) 『南北朝遺文　中国・四国編二』一七八九号。

(172) 東京大学史料編纂所影写本。

(173) 東京大学史料編纂所影写本。活字本では『南北朝遺文　関東編四』二四八五号。

(174) 注（47）所引拙稿、六一三頁。

(175) 東京大学史料編纂所影写本。活字本では『大日本史料』六編一九、八一八頁。『南北朝遺文　関東編四』二六四九号。

(176) 東京大学史料編纂所影写本。活字本では『大日本史料』六編二七、三五八頁。『南北朝遺文　中国・四国編四』三四七七号。

(177) 注（47）所引拙稿、六〇四―六〇六頁。

(178) 「入江文書」観応二年正月二四日足利尊氏受領書出（史料纂集『入江文書』一〇〇頁。『大日本史料』六編一四、六七七頁）より、「蠹簡集残篇」文和二年九月九日足利尊氏推挙状（『大日本史料』六編一八、三三〇頁。『南北朝遺文　中国・四国編三』二五一一号）まで。なお「薩藩旧記」延文元年一二月三日足利尊氏推挙状（『大日本史料』六編二一、一頁。『鹿児島県史料旧記雑録一』八八八頁）は、既刊本では差出書「御判」を尊氏とされるが、他の事例からみて義詮と考えられる。よってこれは除外した。

(179) 先述の観応二年二月一五日大槻光秀申状への義詮証判（「米原文書」）より、「相良家文書」延文二年九月二五日足利義詮推挙状（『大日本史料』六編二一、五三四頁。『大日本古文書　相良家一』二〇〇頁）まで。なお、このうち前者の観応二年二月一五日の義詮証判の事例は、金子拓『中世武家政権と政治秩序』（吉川弘文館、一九九八年一二月）四八―四九頁所掲「官途挙状一覧」のなかの5にあたる。

(180) 「磐城相馬文書」康安元年八月一〇日足利義詮推挙状（『大日本史料』六編二三、七〇九頁。『南北朝遺文　関東編四』二九七〇号）、および「師守記」貞治六年八月三〇日条裏、貞治四年一二月二七日足利義詮推挙状（『史料纂集　師守記一〇』一二六頁）。

(181) 足利義詮は観応二年二～四月の間に花押の形状を変える。それらを各々前期型、後期型と称するならば、当該花押は前期型である。拙著『足利直義』（角川書店、二〇一五年二月）一〇〇頁参照。

(182) 「尾張水野文書」観応二年二月一二日水野致国申状に尊氏が証判を加えている（『大日本史料』六編一四、七二二頁）。なお太田正弘「尾張水野文書の研究」（『日本歴史』二八四、一九七二年一月に写真掲載。

(183) 『冷泉家文書』朝日新聞社、一九九三年六月、三八四頁。

(184) 拙著『〈人物叢書〉佐々木導誉』（吉川弘文館、一九九四年九月）一九〇頁参照。その効果は忽ちにあらわれ、同年一二月七日には為秀は権中納言に昇進している（『公卿補任二』六八七頁）。

(185) 注（47）拙稿、六一二頁。

(186) 拙著『増補改訂南北朝期公武関係史の研究』（思文閣出版、二〇〇八年七月）三六九—三七〇頁。

(187) 佐藤進一「室町幕府開創期の官制体系」（『日本中世史論集』岩波書店、一九九〇年一二月）二〇〇—二〇一頁。

(188) 拙著『鎌倉時代の朝幕関係』（思文閣出版、一九九一年六月）一覧表「朝廷より幕府・六波羅探題への文書伝達」の「関東申次の施行状」の列を見よ。

(189) この当時の西園寺実俊については「園太暦」貞和元年三月一六日条の記事が興味深い（『園太暦一』続群書類従完成会、二四七頁）。この記事はこの日の「上皇褻御幸始《けのごこうはじめ》」（光厳上皇の新年最初の略儀による内々の出行）に際してのものであるが、実俊は「今年十一歳也、年少出現雖非無斟酌、掌一流正統、相待成人籠居、非無事恐之上、上皇（光厳）・広義門院（西園寺家子）頻可出仕之旨被仰」とある。これによると当時一一才の実俊は建武二年の生まれとなり、その成人を公家社会が期待していた様子がうかがえる。

(190) 『大日本史料』六編一八、五一四頁。原田正俊編『天龍寺文書の研究』（思文閣出版、二〇一一年三月）一三六号。写真版は小松茂美『足利尊氏文書の研究Ⅱ』（旺文社、一九九七年九月）一四〇頁、上島有『足利尊氏文書の総合的研究　写真編』（国書刊行会、二〇〇一年二月）九八頁に載せる。

(191) 「天龍寺文書」、『大日本史料』六編一八、五一四頁。原田『天龍寺文書の研究』一四〇号。写真は上島『足利尊氏文書の総合的研究　写真編』九九頁。

(192) 『大日本史料』六編三、七一〇頁。『南北朝遺文　関東編一』五二九号。

(193) 『佐賀県史料集成三』二五一頁。

(194) 『大日本史料』六編四、八九五頁。『南北朝遺文　関東編一』八五七号。

(195) 『大日本史料』六編一九、一五〇頁。

(196) 『大日本史料』六編二五、七五三頁。『南北朝遺文　中国・四国編四』三二八七号。

(197) 『大日本史料』六編二五、八四二頁。

(198) 東京大学史料編纂所写真帳。山口隼正「明叟彦洞住伊勢神応寺のことども」「三重県史研究12」（一九九六年三月）で紹介。

(199)『大日本史料』六編七、四六〇頁。『南北朝遺文　関東編二』一三七六号。
(200)玉村「公帖考」(『日本禅宗史論集　下之二』思文閣出版、一九八一年一月。初出は一九七五年四月)。
(201)『大日本史料』六編一、五一六頁。写真は、小松茂美『足利尊氏文書の研究Ⅱ』旺文社、三六頁、上島『足利尊氏文書の総合的研究　写真編』二五頁に掲載。
(202)『大日本史料』六編二、一三二頁。『南北朝遺文　関東編一』一六二号。
(203)『南北朝遺文　関東編一』一七〇号。
(204)『大日本史料』六編四、四一〇頁。『南北朝遺文　関東編一』七五八号。
(205)『大日本史料』六編五、四三五頁。『南北朝遺文　関東編二』九三三号。
(206)『大日本史料』六編一〇、六二九頁。『南北朝遺文　関東編三』一六九八号。
(207)『大日本史料』六編一三、七二七頁。『南北朝遺文　関東編三』一九〇一号。
(208)『大日本史料』六編一七、三九頁。『南北朝遺文　関東編三』二三四一号。
(209)『大日本史料』六編一七、三三二頁。
(210)『大日本史料』六編三八、一七四頁。『南北朝遺文　関東編四』二六〇六号。なおこの文書の端裏には「玄寥御房尊氏」との文字があり、差出書の「御判」は尊氏のものと判断してよいと思われる(「御判」の文字の肩には異筆で「尊氏」とあり)。
(211)「神田孝平氏所蔵文書」、『大日本史料』六編二一、九一〇頁。『南北朝遺文　関東編四』二八一二号。

付記　本章を草するにあたり東北大学図書館および東京大学史料編纂所の井上聡氏にお世話をかけた。記して謝意を表する。

第三章　足利直義発給文書の研究――いわゆる「二頭政治」の構造――

はじめに

南北朝時代の政治史研究にとって、室町幕府初代将軍足利尊氏およびその弟直義、さらに尊氏嫡子で第二代将軍となる足利義詮の役割はこの上もなく重要であり、彼らの政治・軍事的な動向を考察することによって、初期室町幕府支配構築の道筋を解明することが可能である。

しかも本章で注目する足利直義については、彼が「天下執権人」「三条左武衛大将軍」「日ノ本之将軍」「下御所」などと呼ばれ、南北朝時代を理解するうえで極めて重要なキーマンであることが自明なのにもかかわらず、これまでなぜか十分な研究の光が当てられなかった。ひとつの理由としては、直義が政治のみならず思想・文化の面においても光彩を放ち、とても一筋縄ではとらえることができない人物であることによろう。

足利直義のプロフィールを簡潔に示す史料記事をあげるとすれば、戦国時代の大永年間（一五二一―二八）に冷泉為広が書写したとされる「公武補任次第」に、以下のようなものがある[(1)]。

大休寺殿　直義

等持院〇《殿》御弟。号錦小路殿。又申坊門殿。為大樹(足利尊氏)御代、被成御下知畢。観応三年二月廿六日卒去。法名恵源。雅字古山。贈三品。

直義の歴史的役割を端的に表現しているのは、「為大樹(足利尊氏)御代、被成御下知畢」(直義が将軍尊氏に代わって諸事を親裁したという意)の個所である。まさにこの記事に象徴されるように、南北朝時代の立役者たる足利直義ぬきではこの時代は語れない。南北朝時代初期の幕府政治が足利尊氏と弟直義による二頭政治の形をとったことはつとに知られている。たとえば、佐藤進一の言葉を借りると、以下のごとくである(2)。

室町幕府草創の約十五年間は、尊氏・直義兄弟の二頭政治であったことは前述したが、その二頭政治とは、簡単にいえば、武士の統率は尊氏、裁判その他の政務は直義が担当した。幕府の文書についていえば、武士に恩賞を与えるときの充行の下文は尊氏が発給し、訴訟裁決の下知状は直義が発給したのである(3)。

ここまでは多くの研究者によって言い古されてきた。しかし今日、足利尊氏と一歳年下の弟直義による二頭政治、あるいは二元的支配と簡単に呼ぶけれども、それがいったいどのような政治・思想的契機や背景のもとに、いつから始まりいつまで続いたとみてよいか、また幕府政治の中心に位置する尊氏・直義の権限上の相互関係はどうであったか、直義の政道に重心をおく権力が極点に達したのはどの時期か、さらに尊氏の嫡子で後継者の義詮との政治的な関係はどうであったか、それは何故に破綻したのかなどという、いわば二頭政治の中身を具体的に考えるためのキーポイントの検討が十分になされているとはいいがたい。

本章はこうした点に留意し、足利直義の発給文書の考察(4)を通して、室町幕府開設から観応の擾乱に至る室町幕府政治過程の理解に資そうとするものであるが(5)、眼目のひとつは、くだんの二頭政治がどのような政治的・思想的な背景のもとに開始されたかといういわば二頭政治の成立をめぐる問題の検討である。このことを考えるときまずヒントになるのは、室町幕府に近い者の述作とされる『梅松論』にみる以下の記事である(6)。

一、三條殿《(足利直義)》は六十六ヶ国に寺を一宇づゝ建立し、各安国寺と号し、同塔婆一基を造立して所願を寄られ、御身の振舞廉直にして、げに〳〵敷いつはれる御色なし。此故に御政道の事を将軍《(足利尊氏)》より御譲ありしに、固く御辞退再三にをよぶといへども、上御所《(足利尊氏)》御懇望ありしほどに御領状あり。其後は政務の事におひては、一塵も将軍より御口入の儀なし。

足利直義は（元弘以来の戦死者の遺霊を弔い、仏教の教えをベースにした平和国家を樹立しようとして）、日本全土に安国寺と利生塔を設置、全身全霊をこめて誠実にこの国家事業を推進した。[7]「この故に」つまりその事業を推進するために、将軍尊氏は「御政道」、つまり政務をとる権限を直義に委託しようとした。当初直義はこれを固辞したが、尊氏が懇望するので直義はついにこれを受諾した。そういうわけで将軍尊氏は直義の政務には一切口出しすることがなかった。右の記事はそういうことを語っている。

ここにいう政道とは主として所領裁判であって、直義がその権限を専掌したことは今日多く残存する直義裁許状によって容易に知られる。しかし直義はいかに強大な権勢を誇ろうとも新恩給与の権限だけは持たなかった。それもそのはず、新恩給与は武門の棟梁たる将軍尊氏の専権事項であったからである。尊氏はこの専権事項を除外した政務の権限を直義に委託したのであった。尊氏が何故政務の権限を直義に委託したかというと、それは右の『梅松論』の記事にみるように、全国への安国寺・利生塔の設置を通しての平和国家、いわば「仏国土」建設のためであったろう。ならば委託した尊氏も直義のそうした考えに共鳴していたとみなければならない。

では直義主導の「政道」は彼のどのような固有の政治思想によって支えられていたのであろうか。そのことを考える上で、「疾疫大起」「衆庶不安」などの自然災厄や社会不安は自分の政道に欠あるゆえかと自問し、「三宝の加被」つまり仏教の力でもって「衆人の艱難」を救わんと祈願した康永二年六月七日足利直義諷誦文案（『大日本古文書醍醐寺文書十』二三二三号）はことに興味深い史料である。以下で述べる直義の平和な仏国土建設構想の基盤はここに求めることができる。直義にとって「政道」は仏国土建設のための手段であったわけで、この構想に共鳴する尊氏がその構想実現のために「政道」の権限を直義に委譲したと考えることによって二頭政治成立の条件が整ったとみなすことができる。

そこで本章では、事象の経過を段階的にみるために検討対象の時期を以下のようにおおまかに三区分することとした。この場合、幕府の開設をいつとみるか、また二頭政治の期間をどうとるかが問題となる。ひとまず幕府開設については建武三年一一月（建武式目の成立）とみなし(8)、また二頭政治の期間については暦応元年八月〜貞和五年九月とみたい(9)。筆者が二頭政治の期間をそのようにみる理由は、直義の裁許権の開始が暦応元年八月の任左兵衛督(10)に、またその終焉が貞和五年九月の辞左兵衛督(11)に象徴されると考えるからである。

Ⅰ　幕府開設後、二頭政治の開始まで（建武三年〈一三三六〉一一月〜暦応元〈一三三八〉年八月）

Ⅱ　二頭政治の期間（暦応元年八月〜貞和五年〈一三四九〉九月）

Ⅲ　二頭政治破綻後、直義の死没まで（貞和五年九月〜観応三年〈一三五二〉二月）(12)

筆者は、これまでに無年号のものを含めて約七百点の足利直義発給文書を収集することができた（無年号は書状を中心に約一〇点）。これらの文書のうち年次がわかるものに限ると、元弘四年〈建武元〉二月五日足利直義御教書（上杉左近蔵人あて、『大日本古文書上杉家文書一』六頁）を初見とし、観応二年（一三五一）一二月二七日足利直義御祈御教書（「金蓮寺文書」『大日本史料』六編一五、七一三頁。「藤沢市文書館紀要二」八二頁）を終見としている。このなかにはむろん直義の鎌倉将軍府在職時代の発給文書（一一点）が含まれる。尊氏や直義の文書の中には案文や写が少なくなく、「御判」などとあるだけではどちらのものか判別はつかないし、また花押を模写した花押影では両者よく似ていてなかなか判別がむずかしい。したがってこの数字は若干変動する可能性があり、あくまで参考用にすぎない。ともあれ本章で検討の対象とするのは主として発給文書に限ることとし、データベースを作成してそれらを編年整理した。なお、書状・消息の類についてはひとまず割愛した。

一　下文・下知状系

（一）足利直義下文

まず下文である。上島有の指摘のように、「下文は下知状とともに、鎌倉幕府の発給文書としては最も重要なものであったが、室町幕府においても、ひきつづきその基本的な文書として用いられた」(13)。この指摘をふまえたうえで、足利直義が発給した下文についてみよう。下文は尊氏も多数発給しているので、直義下文の特質を考えるには尊氏下文との比較検討が必須である。

足利直義の下文については、上島の指摘がある。そこで上島は具体事例として、直義が、島津宗久に亡父久長の譲にまかせて、信濃国太田荘内神代郷以下の地頭職を安堵した（これを譲与安堵という）暦応三年（一三四〇）一一月二一日足利直義下文（奥上署判。島津家文書）を引き、次のように整理している(14)。

①直義は武士の所領安堵のために下文を用いた。安堵とは所領の所有権を確認することである。武士の所領の安堵する権限は直義に属した。

②直義下文の署判形式である奥上署判は、康永二年（一三四三）ころを境にして袖判に変わる（書式が尊大になる）。

③直義の下文はすべて武士に対する所領安堵に関するもので、他を内容とするものは見当たらない。

おおむね妥当な指摘であるが、実際の直義下文をもとに以下検討することとしたい。

最初は、Ⅰより以前の時期である。この時期の直義下文は、以下に示す〔史料1〕を初見として室町幕府の開設（建武三年一一月）までの間に次の二点を見いだせた。

〔史料1〕[15]

下　畠山上野孫太郎貞康

可令早領知信濃国市村八郎左衛門入道跡事、

右人、為勲功之賞、所宛行也者、守先例、可致沙汰之状如件、

建武二年十一月十日

源朝臣《（足利直義）》（花押）

〔史料2〕[16]

下　長井弾正蔵人貞頼

可令早領知播磨国浦上荘地頭職事、

右人、如元可令領掌之状如件、

建武二年十二月廿六日

源朝臣《（足利直義）》（花押）

内容面で見ると、〔史料1〕は勲功賞として所領を宛行うというもので、いわば新恩給付の下文、これに対して〔史料2〕は所領安堵の下文である。こののち現れる所領宛行の直義下文は観応二年二月一九日付[17]まで下る。同時期に尊氏は建武二年以来所領宛行の下文を直義よりもはるかに多く出しているので[18]、所領の宛行権はもっぱら尊氏が握っていたものらしい。

このあとⅠの時期に入って状況が変わってくる。Ⅰの約二年間に、建武三年（一三三六）一二月一一日付（「安保文書」[19]）より建武四年一二月二一日付（「長福寺文書」[20]）まで計九点の足利直義下文を探すことができた。内容はすべて所領安

堵、譲与安堵であり、所領の宛行はなく、署判の仕方はすべて「源朝臣（花押）」で、奥上にある。

さらにIIの時期では、暦応二年二月一八日付（「武家雲箋」）(21)から貞和四年一一月七日付（「倉持文書」）(22)まで二四点を検出できたが、それらは内容的にはIと同様に所領安堵関係であり（ほとんどは譲与安堵、他には過所が一点）(23)、純粋な新恩の給付は一例もない(24)。直義発給の下文は、右掲の貞和四年一一月のもの以降観応二年までの間、しばらくみられないのも少し気になるところである（下知状や御教書はみられる）。IIの時期の最終場面では、直義は主従関係を表象する下文を出せない状況に追い込まれていた可能性はある。

IIの時期において、直義下文の形式上の変化で注目すべき事実がひとつある。それは安堵権保持者としての直義の署判の仕方で、当初より使用してきた奥上署判(25)が、暦応四年（一三四一）一〇月二三日付（『吉川家文書』）(26)を最後に、康永四年（一三四五）四月七日付（「真如寺所蔵能勢家文書」）(27)を初見として袖判形式に転じている事実である(28)。

上島有は右の整理②において、直義の下文における署判の位置が奥上から袖へと変わるのは「康永二年ころ」としたが(29)、現存実例としてはもう少し下る。この変化がどの時点から恒常的に始まるか明確なところが知りたいのであるが、しかし直義下文の残存は、暦応四年一〇月〜康永四年四月の三年半の間実例を欠くために明瞭ではない。このさい参考となるのは、のちに述べる下知状（裁許状）についての検討結果である。詳細は後段に譲るとして骨子のみ述べると、直義の下知状発給における署判の仕方で一つの転換点は暦応四年一〇月で、それまで奥上に「源朝臣（花押）」と署判していたものが、この時期を境にして奥上に「左兵衛督源朝臣（花押）」と署判するようになる（この方式はその終焉まで継続）。下知状による裁許行為はひとり御家人武士を当事者とするのではなく、本所領家と称される本来武家の権力になじまない社会的勢力をも当事者とするから、彼らの訴訟を調停する裁判権者たる足利直義の地位と権力はより高次元でなくてはならない。直義の立場の基本的性格の成立をここに見据える所以である。

ここで併考すべきは、直義の御家人武士に対する外題安堵・裏書安堵である。直義による外題安堵・裏書安堵は、建武四年二月から暦応四年八月までの全六例を検出することができたが、直義の外題・裏書安堵の消滅と直義下文における袖判様式の登場とが軌を一にしていることは偶然ではなく、おそらく外題安堵が下文へ吸収されたのもおなじこの時期であった可能性が高い。ちなみに建武四年以降尊氏に外題安堵の実例はみあたらない。(30)

では、この変化（直義下文における袖判の登場）はいったい何によるのであろうか。おそらくこの変化は直義自身の身辺状況の変動に起因するもので、直義の権勢の急上昇およびその身分表象としての叙位任官であったろう。現に直義は康永三年（一三四四）九月二三日にはついに非参議・従三位として公卿の末席に列されている。(31) 直義が「天下執権人」と畏怖されたのはこの時である。(32) 直義にとって度々の昇任は政治家としての自信を深める契機となったろう。直義の下文（下知状もふくめて）における署判様式の変化の背景には、こうした政治的事情が横たわっている。

最後に、Ⅲの時期ではどうか。この時期に属する直義下文は、

①観応二年二月一九日付（八木秀清に勲功賞として遠江北山郷を宛行う。日下署判。「八木文書」『大日本史料』六編一四、七六五頁）

②観応二年五月二一日付（高師氏の女尼心妙に譲与安堵。袖判。「三河総持尼寺文書」『大日本史料』六編一五、二七頁。『南北朝遺文　関東編3』二〇〇八号）

③観応二年一二月一六日付（田代顕綱に勲功賞として和泉大鳥荘下條地頭職を宛行う。袖判。「田代文書」『大日本史料』六編一五、六六六頁）

くらいしか検出できず、内容的には二頭政治期のそれに比して外れているといわねばならない。二頭政治が破綻したことの証である。

ちなみに整理③について言うと、確かに現存の直義下文の用途としては、所領安堵がほとんどではあるが、『高野山文書』暦応二年一二月一三日足利直義過所[33]は「下」で書き始められ、下文の形式を踏んでいる。しかし書止めは「…之状下知如件」となっているので上島はこれを下文ではなく、下知状とすべきだとする[34]。

足利直義下文の顕著な特徴の一つは、ⅠおよびⅡの時期に属する現存実例のほぼすべての用途が所領安堵、ことに譲与安堵である点である。これはⅠ～Ⅲの全期間にわたって数多く発せられた兄尊氏の袖判下文の用途がほぼすべて所領宛行などの新恩給与であることと好対照をなしており[35]、同時期における尊氏・直義の地位と権限の違いを明瞭に窺うことができる。なお直義はおなじ安堵であっても、譲与安堵の場合下文で行い、他方紛失安堵や買得地安堵の場合は下知状で行っている（後段下知状の項、及び注（42）参照）。

（二）足利直義下知状——特に裁許状

近年古文書研究の応用編というべきか、古文書を成立させたさまざまの背景的事情に着目して中世社会のいろいろな情報を引きだそうという研究傾向が生まれ、注目すべき研究成果を生み出しているが、そのなかの一つが「裁許状」である[36]。裁許状とは簡単にいうと、所領裁判の判決文である。文書形式としては下知状が通例である。裁許状はあくまで裁判所の判決書にすぎず、それが直ちに強制執行される仕組みにはなっていないから、これのみでは訴訟は確定せず、さらに判決内容の強制執行は別の手続き文書に委ねられたことはいうまでもない[37]。ここでまず念頭に置くべきは、足利直義発給文書の代表格というべき下知状の最大の特徴は、それが最終的に直義の判断と責任に基づいて発される点であって、この点鎌倉幕府の関東下知状とは基本的に異なるものである。

足利直義およびその発給文書についての研究では若干の蓄積があるが（注（4）参照）、かつて、佐藤進一は鎌倉幕府の下知状を解説するくだりで以下のように述べている[38]。

もともとその（下知状＝引用者注）用途は明確でなかったが、だんだんとその範囲が確定し、さらにその幅を次第に広げて逆に下文の用途を狭めるようになった。すなわち、だいたい幕府政務上の裁決文書であって永続的効力の期待されるものに用いられるようになった。具体的にいえば、諸種の特権免許状、一般に周知させるための制札、禁制、訴訟の判決などがその主なものである。とくに判決は今日残存する下知状の大半を占めるほどである。当時、判決を与えることを裁許といい、判決文を裁許状といった。

また上島有は足利直義下知状について以下のように述べる。[39]

室町幕府の初政約十三年間は、尊氏・直義兄弟が相並んで幕政をみたが、直義の管掌した統治権的支配権は武士に関する民事裁判権（所務相論の裁許権）と所領安堵権を内容とするものであった。後者はすでに述べたように直義の下文で処理されたが、前者すなわち所務相論の裁許を取扱ったのが、直義の下知状である。所務の相論とは所領関係の訴訟のことである。これは鎌倉時代以来、引付方が担当してきたが、室町幕府においてもそれを復活し、直義がそれを管轄した。この引付における裁判の判決書が直義の下知状の形で出された。この裁許状は建武五年八月二七日付（石清水八幡宮記録所収）のものを最初とし、貞和五年閏六月二七日付（若王子神社文書および東寺百合文書）のものに至る約七〇点が現存する。[40]

右の記事中では、当時確認されている足利直義裁許状は約七〇点とされたが、それより三〇年後の今日では、建武五年から貞和五年までの一一年間に年次不詳のもの二点を含めて、総計九二点が知られている。[41]すべて足利直義の発給するところで、それらはⅡの時期に属する。ここで少し注意しておきたいのは、右は裁許を内容とする直義下知状の現存総数であって、実はそれ以外にその他の用途、例えば紛失安堵、買得地安堵、祈禱所指定などの事例がわずかながら存在することである。[42]

以上のようなことを前置きとして、「南北朝初期の幕府文書のうちで、はなやかな存在をほこる[43]」直義下知状について検討してゆきたいが、足利直義裁許状の機能やその背後の制度的側面などの諸問題についての検討は別稿に譲り、本章では、特に訴訟関係文書としての文書形式の問題に焦点をしぼることとしたい。

足利直義裁許状については、羽下徳彦の研究[44]が岩元修一によって以下のように整理され、これに批判的検討が加えられている[45]。いま岩元による整理のうち関係部分だけを引用する。

①裁許状はすべて直義署判の下知状であり、その書止文言は「下知如件」である。

②署判の位置は、原則として奥上（日付次行上部）である。

③署判は、建武五年（一三三八）から暦応四年（一三四一）九月までは「源朝臣（花押）」と署し、同年（一三四一）一〇月からは「左兵衛督源朝臣（花押）」である。

④暦応四年（一三四一）一〇月からは、相論の訴論両当事者が共に御家人武士の場合は（奥上署判ではなく）袖判である。

⑤右の③の方式の変化は、官途記載の方が権威ある方式であるとすれば、その方式採用と共に④の御家人武士に対しては袖判（尊大なやり方である）を用いるよ

表　足利直義の叙任と文書形式（時期は＝）

時期	叙任	下文	裁許状
1	・建武5・8・11 左兵衛督・従四位上	・暦応3・11・21 奥上「源朝臣（花押）」の終見	・建武5・8・27 裁許状の初見奥上「源朝臣（花押）」
2		・暦応4・10・23 奥上「左兵衛督源朝臣（花押）」の初見	・暦応4・10・21 奥上「左兵衛督源朝臣（花押）」の初見
3	・康永3・9・23 非参議・従三位 ・貞和5・9・ 辞左兵衛督	・康永4・4・7 袖判の初見	・康永3・9・17 袖判の初見 ・貞和5・閏6・27 裁許状の終見

うになったことは、それだけ直義の地位の向上を示すものであろう。

右の整理は、直義裁許状の網羅的収集と厳密な検討作業の成果をおおまかに要約したもので、直義裁許状の形式的な特徴としてほぼ首肯できることがらである。

ひとつ小さなコメントをしておくと、岩元は、右の整理①のなかの「書止文言は『下知如件』である」という意見に対し「…状如件」のケースの存在することを指摘した[46]。これはよい着眼であるが、さらに書止文言に目をこらすと「…、仍下知如件」というものもあり[47]、以上の三つのタイプの書止文言と内容との間に、何らかの相関関係があるかどうかは、なお検討を要する問題である。

また直義の裁許下知状の初見が建武五年（八月二八日に暦応と改元）八月二七日であることに関連して、直義の下知状発給、換言すれば裁許権の掌握はどの時点でなされ、何が契機となったかについて考えると、この年八月一一日に直義は兄尊氏の新田義貞追討賞を譲られて左兵衛督・従四位上に叙任されたことに着目しないわけにはゆかない[48]。左兵衛督が武家にとっては名誉ある官職であることは言うまでもない。先に述べたように、直義下文に袖判が登場するのは直義が康永三年九月非参議・従三位に叙されたことと無関係ではなかったことを併考すると、直義の裁許下知状の登場は任左兵衛督に象徴される地位の上昇を契機としたと考えて一向に不思議ではない。

すでに指摘されているように、いわゆる二頭政治の時期における尊氏と直義の権限区分のうち、直義が担ったものは民事裁判権と所領安堵権であったし、それが直義下知状によって独占的に行使されたことも疑いのないところである。残された問題は、こうした直義の権限が以降どのように推移したかということ、またその直義固有の権限が当該期の政治をどのように規定したかということ、換言すれば直義の歴史的役割の、政治史の文脈のなかでの位置づけである。

(三) 足利直義寄進状

上島有は「武士に対する恩賞給付・所領充行に相当するものとして、寺社に対しては所領の寄進が行われた」として、足利尊氏寄進状について考察を加える(49)。そこで上島は以下のように指摘する。

①寄進状は下文の変形と考えることができる。

②配下の武士への下文の署判はすべて袖判であるが、寺社に対する場合はそれとは異なり、尊氏寄進状の署判の位置は、一部の例外を除いて、康永二年（一三四三）ころを境にして、日下署判から奥下署判（年月日の次行の下に署判すること）にかわる。

③寺社に対する書札礼は配下の武士に対するそれより厚礼であるが、それでも日下から奥下へ署判の位置が変動したことには意味があり、それは幕府権力の安定度が増したことを示す。

④尊氏の寄進状は建武元年の初頭からみられるが、この寄進行為は幕府の祭祀権に関するものであり、武士への行賞権が尊氏固有の権限であったように、幕府の祭祀権は武家の棟梁たる尊氏に専属し、直義の干渉を許さなかった。

おおむね首肯できる指摘であるが、ただ④については、寺社に対する寄進は追善料所の寄付など精神的・宗教的な側面も加味しなくてはならないし、尊氏の主従制的な支配権はこうした精神的・宗教的な側面にまで果たしてストレートに及びえたかという疑問を拭いきれないので、尊氏の寄進状発給と幕府の祭祀権の所在とを直接的に結びつけて論ずることはできまい。この場合参考となるのは、後述する直義主催の貞和二年（一三四六）九月の五壇法会である。五壇法という国家的な修法を直義が主催しているのであるから、幕府の祭祀権が尊氏の専権に属したと簡単には言えないのではないか。いずれにしても、固定的な主従関係の原理を持ち込むのは避けねばなるまい。また署判の置が康永二年ころを境として日下から奥上に移るという指摘については、先述した直義下文の署判の位置が奥上から袖判へと移るのが康永二年ころとの指摘と呼応するものと思われる。

さて肝心の直義寄進状である。筆者は広義の直義寄進状として、鎌倉将軍府在職時代の建武元年八月二九日付（円覚寺文書）[51]を初見として、観応二年一〇月二〇日付（天龍寺文書）[52]まで総計一一点を収集している。しかし内容は同じ寄進であっても、寄進の事情によって採用された文書形式は一様ではない。たとえば、書止めが「敬白」の書状形式で、署判の仕方が「従三位行左兵衛督兼相模守源朝臣直義在御判」などとすこぶる厚礼なものもある。[53]したがって、下文系文書としての寄進状を扱う本章では、こうした書状形式の寄進状は一応除外すべきであろう。

このように考えて実質一〇点の直義寄進状を時期ごとに分類すると、Ⅰ以前が三点、Ⅰがなく、Ⅱが五点、Ⅲが二点となる。それらはすべて寺社に対するもので、文書の形式としては下文の変形で、「寄進」・「寄附」・「奉寄」などの文言で書き出されるものがほとんどであるが、いきなり寄進地が記されるものもある。また書止めはほぼ「…状如件」である。

一方足利尊氏についてみると、尊氏寄進状は直義の場合と同じように寺社に対して発せられており、直義の生存期間に限定しても建武政権期より間断なく約一〇〇点の寄進状を残している。数的には直義の比ではない。寺社への恩賞給付・所領宛行としての寄進は、尊氏がこれをもっぱらに行い、直義の場合はとてもフリーハンドとはゆかず限定的であったものと考えられる。

先に下文の項で、直義の下文は配下の武士に対する所領安堵に限定され、恩賞給付を行うためにはまったく出されなかったことを述べたが、この寄進状についてもこれに類似したことがいえるわけであり、ここにも直義の尊氏との権限上の相違が認められることになる。

（四）足利直義禁制

足利直義禁制については、上島有の簡略な解説がある。(54)禁制とは「禁止事項を一般にしらしめるためのもの」で、書止めは「…之状下知如件」、「…之状如件」のあることを指摘した。足利直義の禁制として、建武三年七月一日付から(55)観応二年一一月二三日付まで(56)総計一六通を集めたが、それらに即していうと「…之状下知如件」はわずか二例に(57)過ぎず、他はすべて「…之状如件」で書止められている。禁制も過所と形式のうえで似ているところがある。

足利直義の禁制は、すべて寺院・寺院領への軍勢・甲乙人等の乱入狼藉を禁止した内容であり、署判の仕方は多くが袖判であるけれども、細かく見ると違いも認められる。はっきりしているのは、Ⅰ以前（建武三年後半期）のものは袖判で、まず冒頭に対象の寺院名を書き（「禁制」と書き出さず）、乱入狼藉を禁止するというものであること、またⅢに属するものは袖判で、冒頭に「禁制」と書き出し、そのあと寺院名、禁止文言という順となっている。問題はⅠ、Ⅱの時期である。この時期に属するものでは、文面において右記の二様が認められるが、特徴的なことは署判が「左馬頭源朝臣（花押）」「左兵衛督源朝臣（花押）」となっており（他の時期には認められない）、署判もすべて日下や奥にあって、袖判に比べて厚礼であるといえる。

ちなみに、こうした直義禁制の発給状況に対して尊氏のそれはどうであったか。尊氏の禁制として、元弘三年五月から直義没時の間に二〇点ほどの実例（ほぼすべて袖判）を検出したが、それらはⅠ以前、およびⅠ・Ⅲの時期のものがほとんどで、Ⅱの時期つまり二頭政治期のものはほとんど見いだせない。(58)こうした点から考えると、二頭政治の期間、禁制発給はおそらく直義の主管するところであったと思われる。

（五）足利直義過所

過所とは「関銭を払わずに通過できるという関所料免許証書」[59]のことであるが、南北朝・室町期の過所発給権の所在について調べた小林保夫の指摘によると、「室町幕府発給の過所の最も早いものは（中略）、建武四年（一三三七）十月十七日と二十一日の二度にわたって東福寺に出された足利直義の発給によるものであ」り、「以後、師直・義詮発給の下知状に受けつがれ、文和以降は御判御教書（或いは御判下知状）に解消されていったと思われる」[60]とされる。小林が指摘した右二通の直義の過所はともに御教書の形式である。これに対して右述の暦応二年一二月一三日足利直義過所（『高野山文書』[61]）は左のように下文形式をとっている。

下　西海道関渡沙汰人
可令早勘過高野山金剛三昧院領筑前国粥田上下（庄脱カ）諸人幷運送船事、
右任　院宣・関東代々下知状、関々浦々、更不致其煩可令勘過之状、下知如件、
暦応二年十二月十三日
左兵衛督（足利直義）在御判

ここで鎌倉幕府の崩壊から二頭政治の破綻までの間に限って、過所の実例を整理してみると以下のようなものがある。

①元弘三年五月三〇日足利尊氏過所（東北大学所蔵「朴沢文書」。「古文書研究」3、「東北大学所蔵の中世文書」参照）、②建武三年正月二四日足利尊氏カ過所（「萩藩閥閲録」『大日本史料』六編三、五頁。『萩藩閥閲録二』四三五頁）、③建武四年一〇月一七日足利直義過所（尊経閣所蔵「東福寺文書」、『尼崎市史四』一三九頁）、④建武四年一〇月二一日足利直義過所（同前）、⑤暦応二年一二月一三日足利直義過所（前掲）

形式的に見ると、①～④は御教書で、⑤のみ下文である（ただし書止めは下知状形式）。時期的にみると、①②は

Ⅰ以前、③④がⅠに、⑤のみⅡに属している。署判の仕方をみると、①は奥下に「源朝臣（足利尊氏）（花押）」、②は袖に「御判」とのみあり[62]、③④は「…中…事」の事書風文言を内包し、日下に直義の花押がすえられ、また⑤は右に掲載したように奥上に「左兵衛督（足利直義）在御判」とある。

　これによってみると、室町幕府成立前にあっては武門の棟梁としての足利尊氏が過所発給の権限を有していたが（①②）、幕府の成立後は足利直義によって担われ、直義の幕府内における権力の上昇は、奥上署判の下文という文書形式によって過所を発給するに至ったことを知ることができる。尊氏発給の過所が室町幕府開設ののち見られないことは注意してよい。

二　御教書系

　室町幕府の将軍が出した御判御教書についても、佐藤進一の簡潔な解説がある[63]。

　これは（＝御判御教書、中略）奉書形式の御教書とはちがって、将軍自ら花押もしくは署判を加えて、彼自身が差出者たることを明示する文言（書止めに「状如件」）を含むものであって、様式からいえば直状に属するといわなければならない。当時、これを将軍家御判御教書と称したのは、御教書が本来、奉書形式文書の一種であったという歴史が閑却されて、将軍の発給文書に対する敬称の意味に転用されたからと考えられる。

　右の文章は足利将軍の場合を想定したもので、直接足利直義を念頭においたものではない。直義は二頭政治期には「日本ノ副将軍」[64]格の地位にいたからか、今日直義の場合も「御判御教書」と称することが時折行われているが[65]、右の佐藤の言に照らしてみると、直義は正式に将軍に就任していないから、それは厳密には正確ではないことになる。

直義の発給文書の中核をなすものはすでに述べた下文および下知状であることはいうまでもないが、御教書もまた重要な役割を果たした文書である。下文や下知状の用途は厳しく限定されていたため、それ以外の種々のことがらについて御教書が広く自由に使用された。それゆえ御教書の用途は多岐にわたる。

直義についてみても、その残存する全発給文書のうち御教書が格段に多く、下文や下知状をはるかに上回っている。直義の立場を考慮すると、御教書が系譜的にみて「本来、書状の系統に属して私文書の性格をもつ」[66]直状の形式をふむものであっても、直義御教書は公的な性格を強く帯びており、直義研究にとって御教書の検討が避けて通れない所以である。以下、種類ごとに分けて検討を加える。

(一) 足利直義軍勢催促状・感状

古文書学では形式的には御教書であっても、用途や内容に即して個別の名称を与えることがある。軍事関係文書としての軍勢催促状および感状などがそれである。軍勢催促状と感状とを峻別するのは困難であり、両方を兼ねるものも少なくない。

動乱の世相を反映して最も多く残存する軍勢催促状、およびこれと対応関係にある感状について述べよう。軍勢催促状とは、ふつう武将が「合戦の場合、軍勢に出陣を命令する為に」[67]出す文書であり、また感状とは、「合戦に参加した将士の戦功を賞するために出した文書」[68]をいう。双方とも文言には多少のバラエティがある。当該研究の主なものではこれまでに、中世の合戦関係文書としての軍勢催促状・感状、さらに軍忠状・着到状などを素材として南北朝動乱期の軍事社会の実相を明らかにした漆原徹[69]、特に初期室町幕府における足利直義の軍事的な立場についての羽下徳彦の研究[70]などがあるが、直義の軍事面での問題はまだ論ずべきが少なくない。羽下の指摘のように、軍勢催促状の文言には若干のバリエーションがあり、決まった文型はない。また軍勢催促状を受けるのは、当時の時代相を反映して、御家人武士だけではなく寺院の場合も少なからずあることを見逃すことはできない(71)。

羽下は、足利尊氏と直義の軍勢催促状と感状の分布と内容的な特徴を分析して、①制度上恩賞給付の最終決定権を尊氏が掌握していたが、②建武三年後半から同四年前半のある時点で軍勢の総指揮権が直義に与えられ、直義が実質的に尊氏の全権限を代行するに至った、と結論づけた(72)。この指摘にいう、軍勢の総指揮権が与られた建武三年後半から同四年前半のある時点が二頭政治の開始を含意しているようにも受け取れるが、筆者は前述したように、民事裁判権の獲得を重視する立場から、二頭政治の開始については直義裁許状の登場する建武五年（暦応元年）を目安としている。

軍勢催促状や感状といった文書には、戦時か平時かの時期的な問題を考慮しなければならないが、直義と尊氏の軍勢催促状を編年に並べて比較検討してみると、以下のことがいえる。

筆者が収集した足利直義軍勢催促状は、建武二年三月五日付(73)を初見として観応二年一二月二五日付(74)まで総計一五六点であるが、内訳でいえば、Ⅰ以前が四一点、Ⅰが四二点、Ⅱが三八点、そしてⅢが三五点である。時間的にみるとⅢを除けば、新田義貞との抗争で御家人武士にあてて建武二年一一月(75)から俄然出始める直義の軍勢催促状は、初度失脚前の貞和四年七月(76)までだいたい間断なく残存するが、おそらく失脚する貞和五年九月まで続いたとみられる。

他方、足利直義の感状についてみると、筆者は建武三年三月一五日付(77)から観応二年一二月九日付(78)までの八一点を収集している。内訳でいえば、Ⅰ以前が一四点、Ⅰが三四点、Ⅱが一八点、そしてⅢが一五点である。時間的にみて同様にⅢを除けば、建武三年三月を嚆矢として貞和三年三月(79)までは確実に継続して認められる。軍勢催促状の場合と同じく、失脚するまで感状は発給されたであろう。

直義の感状で特に興味深いことの一つは、「於恩賞者、追可有其沙汰之状如件」、つまり「恩賞については追って措置されるだろう」という意味の文言が、現存史料によれば建武三年七月八日[80]から建武五年五月二五日[81]の間において二〇余例みられることである。[82]建武四年五月からはこういう文言が消えて、「…殊以神妙也、弥可励忠節之状如件」や「尤以神妙也、可抽賞之状如件」などの通常型に変わっている。この時期、直義がその感状に特に「追可有其沙汰」と記したのは、軍勢催促と恩賞給付とのセット行為のうち、恩賞の給付は最高指導者たる兄尊氏固有の役割であるという意識がこの時期にことさら強く働いたためではないか（この間に尊氏も軍勢催促状を発給している）。

となると、この文言が消えて以降は直義にそういう意識が薄れたという事態を想定せねばならない。建武四年五月ころから直義は先の羽下の指摘のように、次第に軍勢の総指揮という固有の任務を委ねられたため、これまでの恩賞をちらつかせての軍勢催促を改め、通常の感状の文言に戻ったものと察せられる。

こうした直義の軍勢催促状と感状の特徴は、兄尊氏との比較検討によってさらに明瞭となる。筆者は直義没の観応三年二月までに限ると尊氏軍勢催促状を一一〇点収集した。内訳でいうと、Ⅰ以前に六五点、ⅠおよびⅡが〇点[83]、そしてⅢが四五点である。

また尊氏感状では同様に九〇点、このうちⅠ以前に五三点、Ⅰが九点、Ⅱが〇点[84]、そしてⅢが二八点である。こうしたことから考えると、尊氏の軍事関係文書はⅠ以前においてはかなり見られるものの、Ⅰになると急激に減少し、Ⅱでは皆無に近くなり、Ⅲになって復活すると見通すことができる。つまり、室町幕府の草創期にあたるⅠ・Ⅱ、特にⅡの二頭政治期には、尊氏はことさらに軍事指揮権を行使していないことが知られるのである。

他方、軍勢催促された側の武士たちが後日の恩賞申請のために作成する軍忠状・着到状に据えられた、軍功の中間的認定としての証判についてみると、尊氏証判は元弘三年には多くの残存例があり建武三年にも散見されるものの、それより以降については観応の擾乱まで関係史料が極端に少なく、ほとんど証判を残していない直義とどのように関わったかは明瞭にしがたい。総じて軍功認定としての証判の問題は、守護クラスの軍功認定権を含めた室町幕府の軍事制度全体のなかで検討すべき課題である。

(二) 足利直義御祈御教書

次は、御祈御教書である。この名称はいまだ一般化しているとは言い難いけれども、「祇園社記続録二」に以下の文書が収録されている。[85]

〔同(傍書)云、御合体時分御祈御教書〕
天下静謐祈禱事、転読大般若経一部、可被致精誠之状如件、

正平七年二月十八日　御判(足利義詮カ)

祇園執行(顕詮)御房

右は足利義詮がいわゆる正平一統の最中、祇園社執行顕詮に天下静謐を祈らせた御教書であるが、傍書にみるようにこの文書が「御祈御教書」と呼ばれたことに注目したい。むろんこの傍書がいつのものか明らかではないが、こうした寺社に対して天下泰平や凶徒退治などを祈らせるために権力者が出した文書を「御祈御教書」と呼んだことが知られる。なぜ権力者がこのような文書を寺社に出して祈禱させたかというと、祈禱によってあらわれる効験が武力や兵力以上の威力をもつものとして畏怖されていたからである。その意味で祈禱はいわば寺社による軍忠にほかならず、祈禱修法の法力が権力者の期待するものであったことは疑いない。

他方、寺社の祈禱行為に対する権力者側からの行賞は、前述したように寺社あての寄進状によると考えてよいが、特定の僧侶による祈禱に対する行賞はその特定個人あての書状によった実例もある。[86]

御祈御教書はこのような時代背景のもとに登場するが、残存史料によると、祈禱という行為が明確に「忠功」「忠節」と認識されるうえでいわゆる観応の擾乱がその画期となった模様である。その証拠として観応二年の足

利尊氏・直義の御教書に、「祈禱」を「忠節」の一つの形とみなすような表記が俄然多くみられる。[87] かつて笠松宏至が、「僧の忠節」と題して三宝院賢俊に即して、中世の僧侶たちの宗教意識の変化を興味深く論じたのはこうした局面においてであった。[88]

こうした幕府権力者と顕密宗教権門のトップとの祈禱を媒介とした癒着は、いわゆる王法と仏法との相依関係に発展し、三宝院賢俊などといった密教の高僧が幕府政治の枢機に深く関与するための土壌となる。平安時代以来の伝統をもつ国家的修法＝「五壇法」の主催権を貞和二年に初めて公家から幕府へと移動させたのは足利直義で、しかもその全盛期においてであった（「五大成」「五壇法記」）。中世に展開した独特の祈禱修法というべき五壇法はこの後、継続して武家政権の中核＝幕府の主催権のもとで運営された。[89]

さてそうしたことを前置きとして、肝心の足利直義御祈御教書についてみよう。一口に御祈御教書といっても、祈禱依頼のケースによってその文言は若干のバリエーションがみられ、祈禱依頼のほかに他の要素が加わることもあるが、[90]「祈禱事、殊可被致精誠」のような表現をもつものに絞ってみると、筆者は建武二年一一月から観応二年一二月までの間に約六〇点を収集したが、[91] その時期的分布の特徴は尊氏の場合と好対照をなしている。すなわち、Ⅰ以前の段階では尊氏・直義はともに御祈御教書を多く発給しているが、Ⅰに入ると直義のそれが尊氏のそれを陵駕し（直義七、尊氏三）、さらにⅡではその傾向は一層顕著となり（直義一八、尊氏〇）、Ⅲになると再び両人のものが入り交じるという状況になる（直義一三、尊氏四）。[92]

右のことから考えられるのは、特にⅡの二頭政治期においては、寺社に対する軍勢催促というべき御祈御教書の発給は直義の専権事項であったこと、その傾向はすでにⅠの時期から現れ始めていたこと、二頭政治の破綻とともに、両人が再び競うように出し始めることである。この尊氏と直義の御祈御教書の残存分布の特徴は、おおよそ軍勢催促状・感状のそれに似ている。[93]

(三) その他の用途

前述したように御教書は、下文や下知状とは異なり、比較的にバラエティに富む用途に使用されるから、以上に述べた軍勢催促状・感状・御祈御教書を除いた、その他の足利直義御教書についていくつかの用途に分類したうえで略述しておこう。

1　官途の推挙

官途の推挙とは、配下の御家人武士の要請を受けて、その要望する官途への任命を任命権者たる公家に推挙することである。一種の行賞の意味があり、御家人武士を掌握するための手法のひとつである。足利直義がこうした目的で発給した官途推挙状では四点を収集することができた。

①康永三年一一月二五日足利直義御教書（「萩藩閥閲録66」『萩藩閥閲録二』五六二頁）

②貞和三年七月三日足利直義御教書（「国立歴史民俗博物館所蔵　反町茂雄旧蔵典籍古文書」、歴博企画展『中世の古文書――機能と形――』二〇一三年一〇月、八二号）

③貞和五年五月一三日足利直義御教書（「三浦和田文書」『南北朝遺文　関東編3』一八二三号）

④観応二年四月一三日足利直義御教書（「東福寺文書」『大日本史料』六編一四、九五五―九五六頁）

右の直義推挙状のうち、①は伊藤頼明を「天龍寺造営召功内」として「弾正忠」に、②は蒲池久家を「東福寺造営召功内」として「左右近将監」に、③は三浦和田茂実を「高山寺修造召功内」として「下野権守」に、また④は宇都宮氏綱を「東福寺造営召功内」として「修理亮」に挙申するものである。時期的にみると、Ⅰに属するものはなく、①②③がⅡに、④がⅢに属する。いずれも寺院造営の功績に対する褒賞として推挙された点が共通している。直義の署判の仕方でいえば、①は日下、②③④は袖判である。

他方、尊氏の推挙状についてみると、Ⅰ・Ⅱに全くみられず、Ⅲの観応二年になって初めて登場するが(94)、Ⅲではは尊氏のそれが最多ではあるものの、直義、さらにわずかながら義詮のものもあり、Ⅲの時期には三者がそれぞれに推挙状を出せたらしい。こうみてくると、もとより実例が少なく断定は避けねばならないが、Ⅱの時期にあっては推挙状は専ら寺院の造営や修造に積極的であった直義が、成功としてこれを行っていたものとみたい。二頭政治が破綻したⅢになると、役割の分担は廃棄され、尊氏・義詮も配下の御家人武士の要請に応じて官途の推挙を行ったのであろう。

同じ推挙状でも、直義のものには推挙の理由が明記されているのに、尊氏のものにはそれがなく、ただ「所挙中公家也」と記されているのも見過ごせない(95)。そもそも官途推挙は御家人武士に対する一種の行賞と考えられるので、推挙権者のもとには主従制的支配権の存在がいちおう想定される。しかし直義の官途推挙権は、尊氏による公家政権とのつながりの強い直義への特別便宜的な措置と見るべきであろう。そのため直義はその官途推挙がことさら公家への「召功」によるものであることを明記し、もってその権能の限定性を確認したものと考えられる。このように考えると直義官途推挙状があるからといって直ちに直義に主従制的支配権の存在を認めるわけにはゆかない。このことについて、武士の「官位の観念」が変容する画期を南北朝期に求める金子拓は、直義の官途推挙権は成功（鎌倉以来の観念では〈公〉への奉仕）を介してのみ行使される権限と解し、その権限としての限界性を指摘している（注（95）所掲金子論文四五、五七頁）。

2　祈願所の指定

祈願所とは、密教修法によって世俗権力を精神的に支えるために指定された特定寺院のことをいうが、室町幕府もまた鎌倉幕府と同様にこれを宗教政策の一環として設定した。問題は初期室町幕府においてそれを誰が行なったか、それが二頭政治とどう関わるかである。史料における表現では「祈願所」が通例であるが、「祈禱所」の例もある(96)。

祈願所指定の御教書はふつう寺院にあてて「為祈願所、可被致精誠之状如件」などといった表現をとる。こうした御教書が初期室町幕府において誰によって発せられたかというと、暦応元年一一月までは(主としてⅠ以前)尊氏によってなされているが(97)、暦応三年三月の鎌倉保寧寺の例(98)以降貞和四年一一月の近江長楽寺の例(99)まで(つまりⅡ)に、全八点の該当事例を見いだすが、すべて直義によってなされている。ちなみにⅢでは事例が見いだせない。

このように考えると、祈願所の指定は初め尊氏によってなされていたものの、遅くとも暦応三年ころ以降は直義の行うところとなり、二頭政治の時期には直義の専権となっていたものと考えられる。このことは二頭政治期における直義の宗教政策面での主導権と関連づけて理解すべきであろう。

3　諸山の列次

諸山とは、禅宗の官寺制度で、五山・十刹に次ぐ第三の寺格のことをいうが、この諸山の列次において尊氏と直義は、どのように関わったであろうか。関係史料は必ずしも多く残されているわけではないが、おおよそ以下のような文書を見いだすことができる。

①建武三年八月二九日足利尊氏御教書(「相州文書」(100))○足利尊氏、相模長寿寺を「諸山之列」となす。
②建武三年九月一三日足利尊氏御教書(「高城寺文書」(101))○足利尊氏、肥前高城寺を「諸山之列」となす。
③建武五年(暦応元)七月一七日足利直義御教書(「蔭涼軒日録」(102))○足利直義、信濃開善寺を「諸山之列」となす。
④康永元年一二月二三日足利直義書状(「天龍寺造営記録」(103))○足利直義、天龍寺長老夢窓疎石に、「禅院諸山坐

位」のことを伝える。

右に列挙した関係文書を総合すると、諸山の列次は当初（本章での時期区分でいえばⅠ以前）においては足利尊氏の沙汰するところであったが、だいたいⅡの時期、つまり二頭政治の時期には足利直義の所轄に属していたと考えられる。

4　安国寺・利生塔の設置

安国寺・利生塔の研究はこれまで今枝愛真(104)や松尾剛次(105)らによって推進されてきた。今枝は、足利直義の役割について「等持寺の剏立、五山十刹制度の改訂、さらに、天竜寺造営の撰進など、開幕当初における幕府の宗教行政は直義によって実施されていたのであり、安国寺・利生塔に関する文書の大半が直義から出されている点などからみても、実際に安国寺・利生塔の発案企劃から設立の衝にあたっていたのは、直義にほかならなかったことはあきらかであろう」と述べ、また「尊氏もまた、この企画に賛同していたことは疑いないであろう」と、尊氏の関与も想定した(106)。要するに、安国寺・利生塔の設置における直義の役割を高く評価する立場である。安国寺・利生塔の設置関係では、以下のようなことが指摘されている。

①安国寺・利生塔はすでに建武四年に計画され、ついで同五年ころから貞和年間にかけて、各国ごとに設置された。

②利生塔は初め「六十六基」「一国一基之塔婆」と、また安国寺は「六十六ヶ寺」とよばれ、利生塔造畢関係の文書史料は建武五年五月（和泉国久米多寺塔婆、「久米田寺文書」(107)）から、安国寺は暦応三年五月（豊前国天目寺、「豊前興国寺文書」(108)）からそれぞれ見え始める。

③安国寺・利生塔の通号は康永四年二月六日光厳上皇院宣(109)によるもので、この院宣の発給以降に右の「六十

六ヶ寺」は安国寺と、また「六十六基」は利生塔と改称された。

ここでとくに注目したいのは、発給文書に見る足利直義のこうした幕府の宗教政策への具体的な関わりである。十数点残っている関係の直義御教書によると、直義は利生塔を指定するさい、勅願として各々の利生塔に東寺仏舎利二粒を納めること、その願意として「皇祚悠久、衆心悦怡、仏法紹隆、利益平等」を高らかに謳っている。こうした直義の精神世界は、仏教の教えをふまえた政治思想を強く反映するものとしか考えられない。安国寺の設置も同様の政治思想のうえに立つものであろう。

安国寺・利生塔の設置に関わる内容の指令は、すべて直義の御教書によって出されており、しかも時期的にみると、それらはほぼすべてⅡの時期、つまり二頭政治の存続期間になされている。(110) 先にふれたように、今枝が直義の企画に賛同したとみた尊氏の関わり方は、安国寺や利生塔に指定された寺院や塔婆に所領を寄進するというような行為の範疇を出ていない。(111) 尊氏の関わりは明らかに後方支援に留まるものである。このように見てくると、安国寺・利生塔の設置は、足利直義の専権のもとに推進されたものとみて一向に不自然ではない。

5　院宣との関係

院宣との関係とは、尊氏・直義の発給文書のなかに、「院宣（之趣）加一見」「所被下院宣」「院宣如此」などとあって、尊氏や直義が光厳上皇の発した院宣と何らかの関係を有したことをいう。

まず「院宣加一見」は、実際には「…事、院宣加一見候畢…」などとあることからわかるように、光厳上皇が発した勅裁（院宣）に対して尊氏、或いは直義が一見を加えて、その内容を保証するというものであって、いわば勅裁を幕府の力でもって権威づけたのである。幕府と朝廷との政務上の連携関係をうかがうための一素材であるといえる。こうした文言をもつ尊氏と直義の発給文書をあわせて十数点見いだせた。それらの特徴は、①文書形式としては多くが書状であり、御教書は少ないこと、②書き下し年号をもつのはほとんど御教書で、[112]書状の場合は無年号であること、[113]③つまり院宣に一見を加えるという行為はどちらかというと私的なことであったと考えられること、④時期的にみると、Ⅰおよびそれ以前では尊氏と直義とがともに院宣に一見を加えているが、Ⅱになると直義の実例しか残っていないことである（Ⅲでは実例をみない）。Ⅱの時期に直義の事例しか残っていないということは、『太平記巻二三』の、光厳上皇が暦応五年（一三四二）二月直義の病気平癒を石清水八幡に祈願したというエピソードのように、ことに直義が光厳上皇を中心とする王朝勢力と昵懇の関係にあったことによろう。

次に「所被下院宣也」「院宣如此」についてみよう。尊氏や直義の発給文書にはこうした文言によって、特に軍事行動をとる時などに院宣を自らの行動の大義名分とする表現がままみられる。王朝勢力との接近の度合いを測るバロメーターと考えられるが、こうした表記を尊氏および直義に即して時期に留意しつつ調べてみると興味深いことが知られる。それは、尊氏についてみると建武三年中に限定されること、他方直義についてみると建武三年から貞和四年後半までほぼ間断なく継続していることである。このことは、さきに「院宣加一見」の文言を通しての検討結果と通じるものがあり、要するに王朝勢力との関係は直義が尊氏より深く、直義が王朝勢力から強く支持されていたことの証だとみることができよう。[114]

三　足利直義文書に関する二、三の問題

(一) 勅裁の施行――武家施行状

南北朝時代にあっては、自らの裁定事項、つまり勅裁を執行する能力を欠いた北朝は勅裁を室町幕府に移管し、幕府の遵行（具体的な執行処置をとること）の機構にのせてこれを執行した。その時期的な実態と歴史的背景につい

てはすでに述べるところがあったが(115)、足利直義に即してみると、ある一時期においてこのシステムに深く関与した形跡がある。特に観応の擾乱直前における直義の政治的地位や役割を評価するうえで重要であるから、この点に少しふれておくことにしたい。

こうしたケースでの関係文書としては、①勅裁（光厳上皇院宣）、②公家施行状、③武家施行状の三点セットが一組となるが、この三点セットの各文書がすべて現存しているわけではなく、②③が具体的にどのような文書であったかも明確でない。このうち②は勅裁を幕府に移管するための手続き文書であって、②を発給するのは当該時点で朝廷側の窓口を担当する公卿（武家執奏）である。政治史的にみると、②の文書の宛所が誰であるかによって、勅裁が幕府側の誰を頼って託されたかがわかるし、また③によって実際にその勅裁が幕府内のどの人物によって施行されたかが知られるから、勅裁の遵行システムの具体的な運用をとおして幕府内部の政務面での力関係を推し量ることができる。

こういう観点から足利直義の関わりを見てゆくと、早く③では暦応二年二月、および同年一二月に直義が武家施行をなしているが、これらに対応する②ではその宛所は直義ではなく、将軍執事の高師直であると考えられる(116)。さらに以降の直義の関与について見てゆけば、すでに貞和二年六月になると②の公家施行状が「左兵衛督」直義に充てられるケースが残存している(117)。同様のケースがいつから始まるか関係文書の不残存によって明確に知ることはできないが、貞和五年三月、および同年四月の直義あて公家施行状が残存していることから(118)、少なくとも貞和二～五年の間は②の公家施行状は直接に直義に充てられた可能性が十分にある。本章が強調したいのは、この時期に公家勢力と結ぶかたちで形成された直義の地位と権力は極点に達し、公家施行状が直義自身に直接に充てられるようになったのはその証左ではないかということである。その意味で直義の失脚はまさに青天の霹靂《へきれき》だったといって過言でない。

(二) 守護職の補任

次は守護職の補任である。守護職とは室町幕府を支える制度的基盤であって、守護とはいわば幕府命令の国別執行者であったから、幕府は守護の選任に多大の意を用いたことはいうまでもない。将軍が守護を統率するための唯一の権限であるといえる。

初期室町幕府における守護職補任は足利尊氏によってなされた。その用いた文書形式や文言は時期によって異なるが、尊氏の下文・補任状[119]、もしくは尊氏の御判御教書[120]である。守護職の任免は二頭政治の時期も含めて一貫して将軍尊氏の専権に属していたものと考えられ、直義がこれをおこなった形跡は認められない。ただ、Ⅲの時期に属する二頭政治破綻後の観応元年一二月、直義が高師直・師泰を討とうとして伊予守護職に補任することを餌に河野通盛を誘ったことはあるが[121]、それは逆に守護職補任権が直義に属しなかったことを傍証する事実でもある。(補注)

(三) 花押の変遷と巨大花押

花押はその人物の認証のための記号であるから、それがその人の立場や地位を反映することは当然にありえる。足利直義はそうしたことに殊更敏感であったようで、その地位と権力の消長とともに花押の変遷の跡が明瞭である。幸いに東京大学史料編纂所編『花押かがみ南北朝時代二』(吉川弘文館、二〇〇四年三月)が直義の花押をあらかた収録しており、これによって直義花押の変遷を把握することができる。

足利直義の多くの花押を編年に並べてみると、微妙な自然的変遷をたどっていて明確な形状の変化を画するのは難しいが、比較的に特徴的な事例をいくつか拾って並べてみると、割とその変遷の過程がとらえやすい。いまとりあえず、おおまかにA～Eの五つの類型に整理し(いずれも右記の『花押かがみ』より)、その変遷と立場との関係が果たして認められるかどうかについて考えることにしたい。

A…元弘四年（建武元）の初見文書より、建武五年（暦応元）ころまで

〔富士文書〕（乾）○静岡県立美術館蔵

建武二年十一月十日足利直義寄進状

源頼臣（花押）○三十歳

B…暦応元年ころより、暦応四年ころまで

〔熊谷文書〕（一）○山口

暦応三年七月十日足利直義御判御教書○三十五歳

C…暦応四年ころより、貞和五年五月ころまで

〔久我文書〕（一）○東京　国学院大学所蔵

康永三年七月十七日足利直義下知状

左兵衛督源頼臣（花押）○三十九歳

D…貞和五年閏六月ころより、同年七月ころまで

〔東寺百合文書〕せ足利将軍家下文三
○京都府立総合資料館所蔵

貞和五年閏六月廿七日足利直義下知状

左兵衛督源頼臣（花押）○四十四歳

E…観応元年一一月ころより、同二年一二月ころまで

〔広島大学文学部所蔵文書〕武家文書其一
（猪熊信男氏所蔵文書二）

観応二年十二月廿五日沙弥恵源足利直義御判御教書○四十六歳

直義花押の変遷を段階的に見るためにいちおう五つに時期区分したが、これはあくまで便宜的なものであり、明確な線引きをすることはできない。五つの類型に区分したものの、それぞれの造形の基本型は不変であり、いわば枝葉の部分が多少異なるとみるべきである。このうち最も目立つのは巨大な花押を特徴とするDであるが、現時点では四例しか知られていない。(122) 使用期間も極めて短く、何らかの劇的な理由が存在するように思われる。

さて、発給文書によって推測される直義の地位と立場の変動と、花押の形状の変遷とを関係づけることができないものであろうか。冒頭において直義の活動時期をI～IIIの三つに区分したが、この時期区分と右の花押形状区分A～Eとは相関関係がないのであろうか。

まず右のAは、だいたいⅠ以前、およびⅠの時期に相当する。直義署判の裁許状が現れるまでの時期にあたる。Bの時期は、はじめ直義裁許状の署判は奥上に「源朝臣（花押）」と記されたが、暦応四年一〇月からは同じ奥上に「左兵衛督源朝臣（花押）」と書かれるようになった。またCの時期には下文の署判の仕方に変化が現れた。それは下文の署判の位置が当初の奥上から袖へと移ったことである（奥上の現存終見は暦応四年一〇月）。袖判の現存初見は康永四年四月であるが、袖判方式がいつから始まったかは明確でない。この間に直義の勢威は一層高まったものらしく、康永三年九月には非参議・従三位に叙任され、公卿の末席に列することとなった。こうした方向の極点にDが到来する。直義権勢の絶頂はここに極まったとみられる。[123]このようにみると、筆者のいう二頭政治の時期＝Ⅱは花押の形状でいうB〜Dとなる。そして最後のEは二頭政治の破綻後のⅢということになる。

以上のようにみてくると、直義の花押の形状は彼の立場や権勢を直接的に反映しているということができる。このようなことは直義の息のかかった養子直冬についてもいえるのかどうか、興味深いところである。[124]

おわりに

本章は足利直義の発給文書の検討を通して、その地位と権限を考えようとするものであるが、それがすぐれて直義の強靭な政治思想に支えられていることが明らかとなった。その宗教的実践を象徴するものが安国寺・利生塔の設置であった。このように考えると、天龍寺の造営をめぐる諸問題を避けて通れないのであるが、それらについては別稿を用意したい。

ではさらに大きく、こうした直義の政治思想はいったいどこに芽生えたのかという視点で考えるとき、「はじめに」で康永二年六月七日足利直義諷誦文（『醍醐寺文書』）によってその輪郭を粗々述べたけれども、さらに注目すべき史料が『梅松論』にみられる。それは、先に引いた安国寺・利生塔に関係する『梅松論』の記事の直前に置かれている。[125]

一、聖徳太子は四十九院を作置、天下に齋日を禁戒し、聖武天皇の東大寺・国分寺を立、淡海公の興福寺を建立し給ひしは、上古といひ、皆応化の所変なり、今の両将（尊氏・直義）もたゞ人とは申べきにあらず。殊に仏法に帰し、夢窓国師を開山として天龍寺を造立し、一切経書写の御願を発し、みづから図絵し、自讃・御判あり。又御大飲酒の後も、一坐数刻の工夫をなしたまひしなり。

ここでは直義の仏国土建設のモデルとでもいうべき、聖徳太子を初めとする偉大な先人の仏教的大事業が挙げられ、今また同様の事業にたずさわろうとする尊氏および直義の宗教的な資質を賛美している。この記事の述べるところや、先の安国寺・利生塔の設置をめぐる事情を勘案すると、初期室町幕府体制下で現出した二頭政治なるものは、戦乱のなかの日本に仏国土を建設しようとする足利直義に対し、将軍尊氏が協力を惜しまず、さらにその実現のために本来将軍が具有する権限の一半を移譲した結果、二頭政治まがいの政治体制が生み出されたものと考えられる。しかしその二頭政治は双頭の鷲の様相を呈したのではなく、権限の棲み分けによって他方を冒すことなくおおよそ調和的に運営された。幕府政治の頂点で君臨したのはあくまでも将軍尊氏であり、直義は特命大臣のような存在であった。現に尊氏・直義両人の文書発給の仕方はそうした独特な形での幕府政治のありように強く規定されている。そうなると二頭政治の破綻の直接的な原因は、そうした二人の政治上の権限区分を乱した幕府内部の抗争（やがてそれは観応擾乱に発展する）にあったとみなければなるまい。

最後にふれておかねばならないのは、佐藤進一が提唱した古典的学説、いわゆる「主従制的支配権」と「統治権的支配権」との関係である。前者は武士に対する軍事指揮権と行賞権を、後者は民事裁判権と所領安堵権とを具体的な内容とする。これについては若干の議論がなされているが、[126]いまここで詳しく検討する余裕はない。ただいえることは、古く石井進が指摘した「①主従制的支配権と②統治権的支配権とはいったいどちらがより基本的か、②を基礎づけるものは何なのか」という本質的な問題に関して、本章で述べたことを踏まえると、直義が行使した②は安国寺・利生塔の設置をとおした仏国土建設の大事業を推進させる目的で将軍尊氏が付与した権限であること、つまり②は尊氏によって委託されたものであることである。さらに②の性格を明らかにするためには、新田一郎が指摘するように、なぜ直義に特有の「安堵」行為がこの時期において主従制的支配権ではなく統治権的支配権に属するのか、その理由を説得的に解明しなければならない。

注

（1）冷泉家時雨亭叢書第四十八巻『簾中抄　中世辞典・年代記』（朝日新聞社、二〇〇〇年六月）五五二―五五三頁。「公武補任次第」の成立・筆者については、同書巻末の解題二九頁を参照。

（2）佐藤進一『［新版］古文書学入門』（法政大学出版局、一九九七年四月）、一四五頁。なお佐藤のこの記述のもとになったのは、「室町幕府開創期の官制体系」（同『日本中世史論集』岩波書店、一九九〇年二月、所収。初出は一九六〇年三月）である。この佐藤論文はこうした視点から初期室町幕府の官制史を体系的に究明したもので、今日の当該分野研究隆盛のいしずえとなったものであるが、新出文書が少なからず出現した現段階では再検証の必要がある

（3）足利直義の生年については『新訂増補国史大系　公卿補任　二』などによってふつう徳治元年（一三〇六）とされているが、他方徳治二年（一三〇七）とする史料もある。東京大学史料編纂所蔵「賢俊僧正日記」暦応五年二月条に「三条殿卅六丑未」とあるのがそれで（山家浩樹「本所所蔵『賢俊僧正日記』暦応五年条について」「東京大学史料編纂所研究紀要」九、一九九九年三月、七七頁）、さらに『新訂増補国史大系　尊卑分脈　三』二五三頁に登載される直義記事のなかに「観応三年（一三五二）二廿六薨於鎌倉四十六才」とあるのも同様である。これらの史料によると、直義の兄尊氏との年齢差は二歳ということになる。

（4）足利直義の発給文書に即した研究成果としては、羽下徳彦「足利直義の立場」一、二、三（順に「古文書研究」六、一九七三年。「史論」二六・二七合併号、一九七三年。羽下編『中世の政治と宗教』吉川弘文館、一九九四年。のち同『中世日本の政治と史料』吉川弘文館、一九九五年五月に収録）、および岩元修一「足利直義裁許状の再検討」一、二（「宇部工業高等専門学校研究報告」四〇、一九九四年。のち『初期室町幕府訴訟制度の研究』吉川弘文館、二〇〇七年九月に収録）などがあげられる。

（5）こうした視点からの研究では、上島有「室町幕府草創期の権力のあり方について」（「古文書研究」一一、一九七七年一一月）がある。この論文は文書の料紙・用墨・筆跡・花押などの形態論的な観点も視野に入れて発給者の権力の実質を考えようとするもので、文書の様式論の限界をこえ、さらに本章との関係からは、尊氏と直義の間には歴然した地位の差のあることを指摘したことは注目される。しかし直義の思想的特質をふまえたうえで直義発給文書全体を考察の対象としたものではない。

（6）『新撰日本古典文庫3 梅松論・源威集』（現代思潮社、一九七五年八月）一三八―一三九頁。

（7）直義のこうした構想のヒントについては、玉村竹二に以下のような記述がある（同『夢窓国師――中世禅林主流の系譜――』平楽寺書店〈サーラ叢書10〉、一九五八年一〇月、六九―七〇頁）。

これは古くは日本の国分寺の設置、中国では唐の開元寺、宋の天寧寺・報恩光孝寺などが州毎に置かれたのに範をとったもので、（中略）、この計画は中国の天寧寺の制などを知っていたかと思われる足利直義が主体となって発起されたもので、国師（夢窓疎石＝筆者注）はまんざら関係しなかった訳でもあるまいが、ただそれに賛意を表しているにすぎないような観が強い。

（8）室町幕府の成立時期については、近年新しい考え方が提示されているが、ここでは通説としての建武三年一一月説に立つことにする（佐藤進一『日本の歴史9南北朝の動乱』中公文庫、一九七四年二月〈初出は一九六五年〉一六九頁。および前掲「室町幕府開創期の官制体系」二〇七頁）。

（9）二頭政治の期間については議論の余地がある。前掲の佐藤は「約十五年間」とし、上島有は「約十三年間位」（上島有「南北朝――戦国時代の武家文書」吉川弘文館『概説古文書学 古代・中世編』一九八三年五月、八九頁）とする。両者とも二頭政治の終わりは観応二年（一三五一）七月末の直義敗走との考えであるようなので、逆算すると、二頭政治の開始について、佐藤は建武三年（一三三六）、他方上島は暦応元年（一三三八）と考えていると察せられる。筆者は、以下本文で述べるように、二頭政治の開始は民事裁判権の掌握を重視する立場から、暦応元年説に立つこととしたい。

(10)『新訂増補国史大系 公卿補任 二』六〇一頁。この昇任の理由が、兄尊氏の「新田義貞追討賞」の譲りであったことは、二頭政治の開始が尊氏の意志でもあったことを傍証しているとみてよい。室町期以降における武家の「衛門・兵衛督」任官に道を開いたのが足利氏であり、その嚆矢となったのが足利尊氏・直義兄弟の任左兵衛督である。ちなみに尊氏の左兵衛督在職は元弘三年六月〜建武二年一一月の間で（すなわち後醍醐政権期）である。木下聡『中世武家官位の研究』（吉川弘文館、二〇一一年一一月）五〇、五八頁参照。

(11)『新訂増補国史大系 公卿補任 二』六二五頁。直義は暦応元年八月の任左兵衛督から貞和五年九月の同辞任までの一一年のなかで、わずか四ヵ月の間であるが左兵衛督を離任した時期がある。それは康永元年一二月二三日の母上杉清子の死去に伴う服喪のために同日より職を解かれ、翌康永二年四月二三日に復任している（典拠は注(10)）。この四ヵ月の間、直義に替わって左兵衛督に在任したのは、権中納言・従三位三条実継であった（『新訂増補国史大系 公卿補任 二』五九二頁）。

(12)直義の没は観応三年二月二六日である。『大日本史料』六編一六、一二二―一四四頁の足利直義の没日条に、関係史料が網羅されている。

(13)上島有「南北朝――戦国時代の武家文書」（『概説古文書学 古代・中世編』吉川弘文館、一九八三年五月）八九頁。

(14)注(13)上島論文九二頁。

(15)「帰源院文書」建武二年一一月一〇日足利直義下文（『鎌倉市史 史料編第二』四五〇―四五一頁、『南北朝遺文 関東編1』三三〇号）。

(16)「毛利家文書」建武二年一二月二六日足利直義下文（『大日本古文書毛利家文書』四、二七五頁）。

(17)「八木文書」、『大日本史料』六編一四、七六五頁。

(18)足利尊氏下文の初見は元弘三年一二月二九日付（袖判。「安保文書」『南北朝遺文 関東編1』二〇号）といわれているが（相田二郎『日本の古文書 上』岩波書店、二九七頁、一九四九年一二月）、尊氏は後醍醐政権から実質的に離脱した建武二年七月以降、勲功賞として所領を御家人武士に宛行う袖判下文を多く発給し、主従制的な支配権の確立による御家人武士の組織化を積極化させた。その初見は建武二年七月二〇日付で勲功賞として葦谷六郎義顕に越後上田荘内秋丸村を宛行った足利尊氏袖判下文（『思文閣古書資料目録』二三三号、二〇一三年七月、一三五頁）と思われるが、本章でいうⅠ以前の時期にあっては、筆者はこれを嚆矢として建武三年一〇月日付（「遠山文書」『大日本史料』六編三、八四六頁）までの間に二五点ほどの所領宛行の尊氏袖判下文を収集している。

(19) 『大日本史料』六編三、九〇七頁。『南北朝遺文　東北編1』二六一号。『南北朝遺文　関東編1』六一二号。

(20) 石井進編『長福寺文書の研究』（山川出版社、一九九二年一月）、二四〇号。『大日本史料』六編四、四六三頁。

(21) 『大日本史料』六編五、四二三頁。

(22) 東北大学附属図書館所蔵。『栃木県史史料編中世三』一三頁。『南北朝遺文　東北編2』九九四号。同関東編3、一七九二号。

(23) 「高野山文書」暦応二年一二月一三日足利直義下文。『大日本史料』六編五、八一五頁。

(24) ⅠおよびⅡの間に①建武四年九月二三日足利直義下文（「浅井文書」『南北朝遺文　九州編1』一〇四八号）、および②貞和四年九月一七日足利直義袖判下文（「詫摩文書」『大日本史料』六編一一、八二四頁。『熊本県史料　五』五四〇頁）があるが、それらは①が「…如元所充行也、任相伝文書、可領掌之状如件」、また②が「…依参御方、所宛行也、如元可領掌之状如件」なる文言をもつことからうかがわれるように、純然たる新恩給与とはいえない。

(25) 建武五年八月の任左兵衛督から袖判方式に移行するまでの期間の直義下文は、①奥上に「左兵衛督（花押）」のケースと、②従来どおりの奥上に「源朝臣（花押）」のケースとの二様がみられる。具体例では、①として、「高野山文書」暦応二年一二月一三日付（『大日本史料』六編五、八一五頁）、および「吉川家文書」暦応四年一〇月二三日付（『大日本古文書 吉川家文書二』一六八頁、『大日本史料』六編六、九六二頁）があり、また②として、「豊後古文章」暦応二年一一月八日付（『大日本史料』六編五、七九五頁）、および「島津家文書」暦応三年一一月二一日付（『大日本古文書 島津家文書一』二〇六頁、『大日本史料』六編六、四〇二頁。写真版が東京大学史料編纂所影印叢書1『島津家文書歴代亀鑑・宝鑑』一五七頁に掲載）がある。

(26) 「吉川家文書」（『大日本史料』六編六、九六二頁。大日本古文書『吉川家文書二』一六八頁）。

(27) 村井祐樹・末柄豊編『真如寺所蔵 能勢家文書』（東京大学史料編纂所研究成果報告二〇一〇―一、二〇一〇

年一〇月）五頁。この文書は、足利直義袖判下文の初見ということになる。この文書を収録する『大日本史料』（六編八、九一九頁）は袖判を尊氏のものとするが、これは直義の誤りである。これ以降袖判下文における直義の袖判は、通常より低い位置に据えられている。

(28)　しかし細かくみると、直義袖判としてはこの康永四年四月七日下文が初見ではない。これより半年ほど前の康永三年九月一七日直義下知状（内容は裁許。「大徳寺文書」、『大日本古文書　大徳寺文書四』一〇八―一〇九頁）があり、おそらくこれが二頭政治開始後では下文・下知状に据えられた直義袖判としては初見と思われる（御教書を含めると「阿蘇文書」に康永二年四月の袖判の例がある。注（29）参照）。

(29)　この上島の指摘の根拠は、「阿蘇文書」康永二年四月二八日足利直義袖判御教書（『大日本古文書　阿蘇文書一』二〇〇頁、『大日本史料』六編七、六二一頁。なお熊本大学・熊本県立美術館『阿蘇家文書修復完成記念　阿蘇の文化遺産』二〇〇六年九月、三四頁に写真あり）と考えられる。しかし、この事例は確かに直義の袖判と思われるが、下文における事例ではないし単発的であるので、本事例をもって直義下文署判における奥上から袖判への「境」とするのは無理のように思われる。なお上島は、直義下文における袖判の使用の開始について別稿「室町幕府文書」では「康永年間」とする（雄山閣出版『日本古文書学講座4中世編Ⅰ』〈一九八〇年四月、六四頁〉）。

(30)　この六例とは以下のものである。いずれも奥上署判。①「毛利家文書」建武四年二月二三日付の三通（いずれも裏書。『大日本古文書毛利家文書四』一三七二、一三七三、一三七四号）、②「佐草文書」暦応三年一二月三日付（裏書。吉川弘文館『早稲田大学所蔵荻野研究室収集文書下巻』三四頁）、③山口県文書館所蔵「譜録」暦応四年閏四月一一日付（毛利家文庫23）、④「士林証文」暦応四年八月一二日付（『大日本史料』六編六、八八一頁）。

(31)　『新訂増補国史大系　公卿補任二』六〇一頁。

(32)　「園太暦」康永三年（一三四四）九月二三日条（史料纂集『園太暦一』一八七頁）。同じ表現が同年一二月二二日条にも見える（同二一二頁）。なお関連する史料として「太平記」巻二三に、「其比（暦応五年〈康永元、一三四二〉九月の美濃守護土岐頼遠狼藉事件の頃）ハ直義朝臣、尊氏卿ノ政務ニ代テ天下ノ権柄ヲ執給ヒシカバ、…」、「…皆人恐怖シテ、直義ノ政道ヲゾ感ジケル」とあり、直義が尊氏に代わって天下の政務を親裁していた様子を伝え、さらに光厳上皇に狼藉を働いた土岐頼遠を断罪に処した直義の政道に、衆人が畏怖と称賛の声をあげたという記事がある。

(33) 総本山金剛峯寺編『高野山文書第二巻』金剛三昧院文書一四二号。『大日本史料』六編五、八一五頁にも収録。

(34) 注(13)上島論文九八頁。

(35) 現行の刊本史料では、実は足利直義袖判下文の案や写であるものを、その「判」を尊氏のものとする後世の誤注記に引きずられて、尊氏の袖判下文とみなしている事例が少なくないと思われる。実例を挙げると、①暦応二年二月一八日袖判下文（「武家雲箋」『大日本史料』六編五、四二三頁）、②康永四年一〇月二七日袖判下文（「正閏史料」『大日本史料』六編九、四一九頁）、③貞和元年一二月一七日袖判下文（「正閏史料」『大日本史料』六編九、四七七頁）、④貞和四年五月二七日袖判下文（「豊西説話」『大日本史料』六編一一、五六九頁）。これらはいずれも足利直義袖判下文とみたほうがはるかに合理的でしかも活きてくる。

(36) そうした方向での研究成果として、大山喬平編『中世裁許状の研究』塙書房、二〇〇八年一〇月、熊谷隆之「鎌倉幕府の裁許状と安堵状――安堵と裁許のあいだ――」（「立命館文学」六二四、二〇一二年一月）などがあげられるが、これらは室町幕府の裁許状を扱ったものではない。

(37) 直義の裁許状が引付奉書によって施行された一事例をあげると、貞和五年閏六月二七日足利直義裁許状（東寺雑掌光信の申す播磨国矢野荘例名内那波・佐方両浦領家職の事についての判決。「東寺百合文書せ」、『大日本史料』六編一二、七七四―七七五頁）が出た直後、使節粟生田又次郎にあてて、もう一人の使節志水左衛門尉と相共に、判決内容の遵行を命ずる同五年七月四日引付頭人上杉重能奉書（「東寺百合文書せ」、『大日本史料』六編一二、七八三―七八四頁）が発された事実がある。

(38) 注(2)佐藤著書一三六―一三七頁。

(39) 注(13)上島論文九五―九六頁。

(40) なお、参考までに初見と終見の所在を明記しておく。初見の建武五年八月二七日裁許状（「石清水八幡宮記録」）は『大日本史料』六編五、二二一―二二三頁、また終見の貞和五年閏六月二七日裁許状（「若王子神社文書」および「東寺百合文書せ」）二点は、『大日本史料』六編一二、七七三―七七五頁に収録される。また終見文書二通のうち、「若王子神社文書」所収のそれは、東洋文庫「淡路古文書」に写を収め、他方の「東寺百合文書せ」所収のそれは、『大日本古文書 東寺文書一三』、二〇七頁にも活字版が、『図録 東寺百合文書』（京都府立総合資料館、一九七〇年一二月、四九号）に図版が収録されている。

（41）岩元修一「足利直義裁許状の再検討」（『初期室町幕府訴訟制度の研究』吉川弘文館、二〇〇七年九月。初出は一九九四年三月）二二七―二三〇頁に一覧表あり。ここでは表示分八八点、および年次不詳のもの二点（備考欄）を加えて全九〇点書き出しているが、それらのほかにいま二点、①「浄土寺文書」（備後）貞和四年七月九日直義下知状（『広島県史　古代中世資料編Ⅳ』五九一頁。小林一岳『元寇と南北朝の動乱』吉川弘文館、二〇〇九年九月、一八七頁に写真あり）、および②最近古書目録に掲載された、神護寺関係の暦応四年九月一一日足利直義下知状写（『思文閣古書資料目録』二三五号、二〇一三年一二月、一六頁。これは新出文書）。これらを追加すると、総計九二点となる。

（42）この数字は直義下知状のうち裁許（所領訴訟の判決）を内容とするものに限ったもので、それ以外の用途の直義下知状として、以下の五点をあげることができる。①暦応三年五月一七日付（紛失安堵）、「田代文書」『大日本史料』六編六、一五八―一六二頁、②暦応三年六月一〇日付（祈禱所指定）、「東妙寺文書」『大日本史料』六編六、一八一頁、③暦応四年四月二三日付（紛失安堵）、「萩藩閥閲録58」『萩藩閥閲録二』四三〇―四三二頁、④暦応四年閏四月一七日付（地頭職安堵）、「前田家所蔵文書」『大日本史料』六編六、七七五頁、⑤康永二年一一月二〇日付（買得地安堵）、「岡本文書」『福島県史七』二二五頁。これらの存在によって、直義下知状の用途が裁許に限らず、実例は多くはないものの、紛失安堵や買得安堵などの所領安堵関係、それに祈禱所指定にあったことも認められ、さらに加えて直義下知状は、以下に述べるように禁制にも使用されている。

（43）注（13）上島論文九五頁。

（44）注（4）羽下論文、とくに「足利直義の立場」二。

（45）注（41）岩元著書。引用は同書二三一頁。

（46）注（41）岩元著書二三二頁。

（47）注（41）岩元著書二二七―二三〇頁所載の「表18　足利直義裁許状一覧」の番号でいうと、19・25・29・33・61・85の六例、さらに同表に掲載されなかった二例（①「田代文書」暦応三年五月一七日付、『大日本史料』六編六、一五八頁、②「萩藩閥閲録58」暦応四年四月二三日付、『萩藩閥閲録二』四三〇―四三二頁）がある。あとの二例は紛失安堵を内容としており、同表の収録対象とはならなかったと思われる。そのほかにもう一例、（注41）でふれた『思文閣古書資料目録』二三五号所載の暦応四年九月一一日足利直義下知状写が「仍下知如件」で書止められている。

（48）注（10）と同じ。

（49）注（13）上島論文九一頁。

（50）「臨川寺重書案文」観応二年四月八日足利直義寄進状（『大日本史料』六編一四、九四〇頁）は、直義が観応二年二月二五日に五歳で夭折した子息如意王丸の追善料所として臨川寺三会院に但馬国太田荘内秦守を寄附したものである。

（51）『南北朝遺文　関東編1』一三三号。なおこの文書は『鎌倉市史 史料編二』「円覚寺文書」には収録されていない。

（52）『大日本史料』六編一五、五二六頁。原田正俊編『天龍寺文書の研究』思文閣出版、二〇〇一年三月、四二頁。

（53）「高野山文書」貞和二年六月二三日足利直義書状（『大日本史料』六編九、九五九頁）。これは直義が高野山金剛三昧院に釈迦三尊像を施入するという内容。書き止めは「敬白」となっており、かかる寄進状は通常の下文様のものと別扱いすべきであろう。

（54）注（13）上島論文九七頁。

（55）「観念寺文書」『大日本史料』六編三、五九八頁。

（56）「円覚寺文書」『大日本史料』六編一五、六〇八頁。『鎌倉市史 史料編 第二』一八四頁。『南北朝遺文　関東編3』三一〇〇号。

（57）建武四年一一月一八日足利直義禁制（形式は下知状。「大通寺文書」『大日本史料』六編四、四四〇頁。なお上島有「室町幕府文書」『日本古文書学講座4 中世編Ⅰ』雄山閣、一九八〇年四月、六二頁に写真あり）、および同日付禁制（「高野山文書」『大日本史料』六編四、四四〇頁）。

（58）かろうじて、「丹生文書」建武五年八月三日付禁制（『大日本史料』六編五、二頁）が検討の俎上に載せられるが、これには日下に「在御判」とあるのみで、尊氏か直義か即断できない。『大日本史料』もその綱文において判断を留保しているけれども、直義の可能性が高い。

(59) 注（2）佐藤著書一五二頁。
(60) 小林保夫「南北朝・室町期の過所発給について――室町幕府職制史の基礎的考察――」（『名古屋大学日本史論集 上』吉川弘文館、一九七五年七月）三九三頁。ここで小林が指摘した建武四年一〇月一七日および同年一〇月二一日足利直義過所は、ともに『尼崎市史 第四巻』（尼崎市役所、一九七三年三月）一三九頁に、「尊経閣文庫所蔵 東福寺文書」として収録されている。いずれも日下書判、御教書の形式をとっている。
(61) 『大日本史料』六編五、八一五頁。
(62) この「御判」の主について、『大日本史料』は「尊氏カ」とし、他方『萩藩閥閲録』は直義とする。どちらを採用するかであるが、室町幕府成立以前の過所は足利尊氏によって出されたとみなし、この文書の発給主体はひとまず尊氏とみておくことにしたい。
(63) 注（2）佐藤著書一六七―一六八頁。
(64) 岩波・日本古典文学大系『太平記二』二七五頁。
(65) 例えば、奈良文化財研究所編『仁和寺史料 古文書編一』（吉川弘文館、二〇一三年六月）一四四頁。
(66) 注（13）上島論文一一五頁。
(67) 相田二郎『日本の古文書 上』（岩波書店、一九四九年一二月）四八三頁。
(68) 注（67）相田著書四八五頁。
(69) 漆原徹『中世軍忠状とその世界』（吉川弘文館、一九九八年七月）。
(70) 注（4）羽下論文、特に「足利直義の立場」一。
(71) 高野山衆徒中と根来寺衆徒中に別々にあてた、建武三年七月五日足利尊氏軍勢催促状（「宝簡集」「三宝院文書」、ともに『大日本史料』六編三、六一三頁）。園城寺衆徒中あて観応二年八月一九日足利尊氏軍勢催促状（「円徳寺文書」『岐阜県史史料編古代中世一』一一頁）。高尾寺衆徒中と梅尾寺寺僧中に別々にあてた建武三年六月一〇日足利直義軍勢催促状（「神護寺文書」、ともに『大日本史料』六編三、五一七―五一八頁）。鰐淵寺北谷衆徒にあてた暦応四年三月二四日足利直義軍勢催促状（「鰐淵寺文書」『大日本史料』六編六、六九五頁）。走湯山上常行堂衆徒にあてた観応二年一二月二五日足利直義軍勢催促状（「猪熊文書」『大日本史料』六編一五、七〇九頁、福武書店『猪熊文書一』一三四頁）など。

(72) 注（70）羽下論文一三一頁。

(73) 「合編白河文書」（『大日本史料』六編二、三二一頁。『南北朝遺文　東北編1』一三四号）。

(74) 「猪熊文書」（福武書店『猪熊文書一』一三四頁、「士林証文」『大日本史料』六編一五、七〇九頁、『南北朝遺文　関東編3』二一三六号）。

(75) 「結城古文書写」建武二年一一月二日付のもの以下、多くの同日の軍勢催促状が『大日本史料』六編二、六八四頁以下に収録されている。

(76) 「木村文書」貞和四年七月八日付（『大日本史料』六編一一、六二七頁）

(77) 「薩藩旧記」（『大日本史料』六編三、一五一頁、『鹿児島県史料　旧記雑録前編一』六五三頁）。

(78) 「相馬文書」（『大日本史料』六編一五、六四六頁、『南北朝遺文　東北編2』一一〇六号）。

(79) 「阿蘇文書」貞和三年二月九日足利直義感状（『大日本史料』六編一〇、五五四頁。『阿蘇の文化遺産』三五頁に写真）。
なお右より以降のものとして、「萩藩閥閲録」貞和四年一〇月九日付（『大日本史料』六編一一、八八九頁。『萩藩閥閲録三』五四七頁）、および「古文書」（内閣文庫所蔵、架蔵番号一五九―三九三）に、貞和五年正月九日付があるが、これらは写で日下に「判」とあるのみであるから、発給主体が明確でない。可能性では尊氏より直義の方が高いと思われるが断定はできないので、ここではこれらをいちおう除外した。

(80) 「小早川文書」（『大日本史料』六編三、五四六頁）。

(81) 「長門益田家文書」（『南北朝遺文　中国・四国編1』六一三号）。

(82) この文言が、「阿曽沼文書」建武三年二月一六日足利直義軍勢催促状（『大日本史料』六編三、八八頁。『南北朝遺文　関東編1』四〇二号）にみえる「…於恩賞者、就注進、殊可有其沙汰之状如件」や、「新編禰寝氏世録正統系図」同年四月一七日足利直義軍勢催促状（『大日本史料』六編三、二三〇頁）にみえる「…於恩賞者、忩可有其沙汰之状如件」をひきずった表現であることは間違いない。

(83) 刊本史料では尊氏の軍勢催促状とされている案文・写が、実は直義である可能性の高いものも少なくない。区分のⅠ・Ⅱに属する以下の六点がそれである。これらはひとまずカウントしていない。
①建武三年一二月二三日付（「萩藩閥閲録」『大日本史料』六編三、三六〇頁）、②建武四年卯月二七日付（「薩藩

旧記一』『鹿児島県史料旧記雑録一』六八九頁）、③建武五年二月二二日付（『蠹簡集残編』『大日本史料』六編四、七一四頁）、④暦応二年八月一八日付（『萩藩閥閲録』『大日本史料』六編五、六八八頁）、⑤暦応三年六月二三《（一五カ）》日付（『祐清私記』『大日本史料』六編六、二〇三頁）、⑥貞和三年一一月二八日付（『得田文書』『加能古文書』一八二頁）。

(84) 内閣文庫所蔵「古文書」（架蔵番号159―393）のなかの貞和五年正月九日付感状（本郷文書）は差出書に「御判」とのみあり、これが尊氏か直義が不明であるが、ここでは状況から判断して直義とみた。

(85)『大日本史料』六編一六、一〇二―一〇三頁。

(86)「三宝院文書」三宝院賢俊あて正平六年一二月二三日足利尊氏書状（『大日本史料』六編一五、七〇四頁）。

(87) 例えば、「八坂神社文書」観応二年八月二五日足利尊氏御判御教書（『大日本史料』六編一五、二四〇頁）、「祇園社記続録」観応二年九月八日足利直義御教書（『大日本史料』六編一五、二六三頁）、「松井文庫〈熊本市〉」正平七年二月七日足利尊氏御判御教書（小松茂美『足利尊氏文書の研究Ⅱ図版篇』旺文社、一九九七年九月、一二〇頁）。むろん建武三、四年の時点でもこれに類した表現はある（『大日本史料』六編三、五一三頁。同六編四、三二頁。同六編七、補遺九頁）。

(88) 笠松「僧の忠節」（平凡社『法と言葉の中世史』一九八四年九月。初出は同年一月）。拙著『戦争の日本史8　南北朝の動乱』吉川弘文館、二〇〇七年九月、一三一―一三四頁参照。

(89) 五壇法については拙稿「五壇法の史的研究」（『中世日本の政治と文化』思文閣出版、二〇〇六年一〇月。初出は一九九四年三月）参照。また直義主催の五壇法については併載した「五壇法修法一覧」の387の事例を参照。なお、同一覧表の389のケースの「場所（道場）」の欄において、「三条坊門典厩亭」を足利直義亭とみたのは誤りで、正しくは足利義詮亭である。この場を借りて訂正しておく。

(90)「醍醐寺文書」建武二年一一月一〇日足利直義御祈御教書（『大日本古文書　醍醐寺文書二』三五六頁、『大日本史料』六編二、六九一頁）。

(91)「鐵舟寺文書」観応二年一二月一八日足利直義御祈御教書（『大日本史料』六編一五、六八八頁、『南北朝遺文　関東編3』二一二七号）。なお「金蓮寺文書」観応二年一二月二七日足利直義御祈御教書（『大日本史料』六編一五、七一三頁、「藤沢市文書館紀要二」八二頁に写真あり）の文面は「当寺造営事、早専興隆、可抽祈禱精誠

之状如件」であるが、これを採用すれば、その終見はもう少し下がることになる。
(92) 尊氏の嫡子義詮の御祈御教書も、「東寺文書射」貞和六年二月二一日付（『大日本史料』六編一三、四三九頁）を初めとして約三〇点収集したが、それらはすべてⅢに属する。
(93) 直義が、天下静謐・凶徒退治・五穀豊穣など天下万民の招福のためには密教祈禱修法の法力・効験に大きな期待をかけたことは「醍醐寺文書」に収める直義の賢俊あての書状に明白である（『大日本古文書醍醐寺文書十』二三三二四号）。一方、禅宗信仰では、無学祖元の仏光派に連なる足利直義が、その個人的な信仰において祈禱などといった現世利益とつながるものと相容れない性格を有したことはすでに玉村竹二によって指摘されている（玉村「足利直義禅宗信仰の性格」『日本禅宗史論集下之二』思文閣出版、一九八一年一月、一〇五頁）。
(94) 「伊達文書」正平六年（観応二）一二月二一日足利尊氏官途推挙状（『大日本史料』六編一五、六九二頁。思文閣出版『博物館の古文書5』一九八九年一一月、一一頁に写真）。観応二年には御家人武士の官途申状の袖に尊氏が証判を据えた事例がみえ（『大日本史料』六編一四、七二二、八五四頁）、また足利義詮の官途推挙状も登場する（「島津家文書」正平六年一一月一五日足利義詮官途推挙状、『大日本古文書 島津家文書二』一頁、『大日本史料』六編一五、五八八頁）。
(95) 金子拓「初期室町幕府・御家人と官位」（同『中世武家政権と政治秩序』吉川弘文館、一九九八年一二月）は、当該期における尊氏・直義・義詮三者の官途推挙権の特質を政治史的な文脈のなかで論じたもので、直義のそれについても興味深い指摘がなされている（同書四四—七二頁）。
(96) 「東妙寺文書」暦応三年六月一〇日足利直義下知状（『大日本史料』六編六、一八一頁）。なお、「将軍家御祈禱所」とある「吸江寺文書」康永二年七月一二日寄進状（『大日本史料』六編七、六七六頁）は存疑の写で、『大日本史料』の綱文は発給者を尊氏とする。
(97) 「円覚寺文書」建武三年八月一三日足利尊氏御教書（『大日本史料』六編三、四〇七頁。『鎌倉市史 史料編二』一四九—一五〇頁）、「西行雑録」暦応元年一一月一六日足利尊氏御判御教書（『大日本史料』六編五、一三〇—一三一頁）。ただしこれは写で、署判部分は「尊氏　判」となっている。
(98) 「反町英作氏所蔵文書」暦応三年三月二七日足利直義御教書（『南北朝遺文　関東編2』一一〇二号）。
(99) 「慶応義塾大学図書館所蔵反町文書」貞和四年一一月七日足利直義御教書（『南北朝遺文　関東編3』一七九四

号）。

(100)『大日本史料』六編三、七一〇頁、『南北朝遺文　関東編1』五二九号。小松茂美『足利尊氏文書の研究Ⅱ図版篇』（旺文社、一九九七年九月）六〇頁に写真。

(101)『佐賀県史料集成二』二五一頁。

(102)『大日本史料』六編四、八九五頁、『増補続史料大成 蔭涼軒日録二』二四六頁、『南北朝遺文　関東編1』八五七号。

(103)『大日本史料』六編七、四六〇頁、『南北朝遺文　関東編2』一三七六号。

(104)今枝愛真『中世禅宗史の研究』東京大学出版会、一九七〇年八月。

(105)松尾剛次『日本中世の律と禅』吉川弘文館、二〇〇三年一〇月。

(106)注(104)今枝著書八〇―八一頁。

(107)「久米田寺文書」建武五年五月一七日足利直義御教書（『大日本史料』六編五、五九一頁）。

(108)「豊前興国寺文書」暦応三年五月一〇日足利直義御教書、『南北朝遺文　九州編2』一五一三号）。

(109)「神田孝平所蔵文書」貞和元年一一月一九日足利直義御教書（『大日本史料』六編八、七二八頁。六編九、四五〇頁）、「三国地志」貞和二年六月六日足利直義御教書（『大日本史料』六編九、九四九頁）などの文中に見える。なお「安国寺」「利生塔」という「通号」決定をめぐる公武の折衝過程の一齣が『園太暦』康永三年七月二五日条によって知られる（史料纂集『園太暦巻二』一四七―一四九頁）。そこでは、それが「武家申詞」という方法で公家に申し入れられ（申し入れを受けた勧修寺経顕は当時武家執奏）、しかも幕府が「可為勅裁」と認識していること、「通号」たることが「後代大切」と申し添えていることは本件に対する幕府の姿勢をうかがううえで注意してよい。

(110)ただ一点、注(107)の直義御教書のみわずかに外れるが、おおまかにみればこれも含めて何ら問題は生じない。

(111)「法観寺文書」暦応元年九月一六日足利尊氏寄進状（『大日本史料』六編五、六二頁）、「最御崎寺文書」暦応四年一一月二九日同寄進状（『大日本史料』六編六、九八〇頁）、「相良家文書」同年一二月二〇日同寄進状（『大日本史料』六編六、九九五頁）、「太宰管内志」康永元年九月二日同寄進状（『大日本史料』六編七、三一四頁）、貞和元年一二月三日同寄進状（『大日本史料』六編九、四七二頁）、「安国寺文書〈綾部市〉」貞和二年一二月二八日同寄進状（『大日本史料』六編一〇、三二一頁）。
(112)「国立国会図書館所蔵文書」（「建武四」）二月八日足利直義御教書（『国立国会図書館所蔵貴重書解題四』九号、口絵写真あり）だけは御教書形式でありながら元来無年号である（「建武四」は貼紙）。
(113)「東寺文書射」康永二年一〇月三〇日足利直義書状（『大日本史料』六編七、七四九頁）は書状でありながら、書き下し年号を持つ。
(114)当該期の公武中枢の政治的関係をうかがううえで、田中奈保「貞和年間の公武徳政構想とその挫折」（阿部猛編『中世政治史の研究』日本史史料研究会企画部、二〇一〇年九月）が有益である。この論考は、光厳上皇と足利直義との政治的連携関係をとおして、公武呼応した徳政構想の展開から挫折に至る経緯を史料に即して具体的に考察し、さらに観応擾乱生起の原因にまで説き及んだものである。
(115)拙著『増補改訂南北朝期公武関係史の研究』（思文閣出版、二〇〇八年七月、初出は一九八四年六月）三六一―四一三頁。
(116)注（115）拙著三六八―三六九頁掲載の表番号9と12。
(117)同右、三七一頁の25。
(118)同右、三七二頁の29。および「妙心寺文書」（貞和五年ヵ）四月二四日勧修寺経顕消息案。この文書は、二〇〇八年一〇月五日、敦賀市プラザ萬象で開催された第四一回日本古文書学会大会において、田中奈保が「室町幕府開創期における朝幕関係――勧修寺経顕の活動を中心に――」と題する報告で使用した資料レジュメに掲載されたものである。
(119)①「如意宝珠御修法日記紙背文書」建武二年九月二七日足利尊氏下文（『南北朝遺文　関東編1』二九六号）、②「皆川文書」建武三年正月二二日足利尊氏下文（『栃木県史史料編中世一』一五七頁、『南北朝遺文　関東編1』三八三号）、③「上杉家文書」建武四年卯月二一日足利尊氏補任状（『大日本古文書 上杉家文書三』二三〇―二三一頁）、④「佐々木文書」建武五年卯月一四日足利尊氏補任状（東京大学史料編纂所影写本「佐々木文書二」）。
(120)「佐々木文書」康永二年八月二〇日足利尊氏御判御教書（『大日本史料』六編七、七〇八頁）。
(121)「改姓築山河野家之譜」（観応元年）一二月二四日足利直義御教書（『大日本史料』六編一四、一三六頁）。

(122) 以下の四点である。①「若王子神社文書」貞和五年閏六月二七日足利直義裁許状（『大日本史料』六編一二、七七三頁、東洋文庫「淡路古文書」に写あり）、②「東寺百合文書せ」同日付足利直義裁許状（『大日本史料』六編一二、七七四頁、京都府立総合資料館編『図録東寺百合文書』一九七〇年一二月、四九号）、③「忌宮神社文書」貞和五年七月一二日足利直義御教書（『山口県史 史料編中世四』一九七頁、『大日本史料』六編一二、七九八頁）、④同文書、同日付足利直義御教書（同一五〇頁）。なお花押の大きさについては、⑤の奥上に据えられた直義の花押は「実に堂々としており、幅も一〇・五センチと、この時代の武家の花押としては最大のものである」（注（13）所掲上島論文九六―九七頁）。また署判の位置を見ると、①②では奥上であったものが、③④になると日下に移っているが、これは裁許状と御教書という文書形式のちがいによろう。

(123) 花押の巨大化の理由としてはこれまで直義の政治的自信の高まりとみてきたが、近年黒田日出男は、貞和三年六月八日に誕生した直義の子息如意王丸（『大日本史料』六編一〇、六九一―六九七頁に関係史料を網羅）に注目し、「『政務』（政道）をみる自分（直義のこと＝筆者注）の地位・立場をわが子へ継承させたいという願望が絡んでいると思うのだ。あの直義も、愛児を思う一人の父であった」と述べ、如意王丸の関わりをクローズアップさせた（『国宝神護寺三像とは何か』角川書店、二〇一二年六月、三一九頁）。この意見は大変魅力的なもので、傾聴に値する。

(124) 足利直冬の花押については、藤原良章「花押が語る足利直冬」、「付　足利直冬の花押」（『中世的思惟とその社会』吉川弘文館、一九九七年五月、初出は一九八六年、一九八八年）に詳しい。

(125)『新撰日本古典文庫3梅松論・源威集』（現代思潮社、一九七五年八月）一三八頁。

(126) 古くは石井進「統治権的支配権（将軍権力の二元性）」（『中世史ハンドブック』近藤出版社、一九七三年六月、一四九頁）、近年では新田一郎「統治権的支配権」（『日本歴史』七〇〇、二〇〇六年九月）。

付記　本章執筆のための史料収集において、本多博之氏・井上聡氏のお手をわずらわせた。記して謝意を表したい。

補注（三〇〇頁）　なお、二頭政治の破綻ののち、一旦失脚した足利直義は、南朝に下って足利尊氏・高師直勢に反撃、観応二年（一三五一）二月には摂津国打出浜の戦いで宿敵高師直・師泰兄弟に勝利した。こののち直義は、短期間ながら尊氏と講和して再び勢力を盛り返し、幕政運営に参画することとなるのであるが、同年七月までの半年にも満たない講和期間のうちの、観応二年五月一二日、直義が一族の畠山義深を尾張守護に任じた（史料表現は「任先例、可致沙汰」）ことが、最近、江田郁夫によって明らかにされた（江田「観応の擾乱期の尾張国守護職と足利直義」、「日本歴史」八七八、二〇二一年七月）。この新発見は注目すべきものである。『園太暦』にみるように、同時期直義は「扶佐」すべき甥の足利義詮（尊氏の嫡子。次期将軍見習い）との間に厳しい軋轢を生じさせており、観応二年五月一二日当時の直義の立場を知るためには、尊氏や義詮との関係をなお深く検討する必要があろう。

第四章　中院通冬とその時代
――南北朝動乱に翻弄された一北朝公家――

はじめに

今日の南北朝時代についての研究、とりわけ政治史や軍事史の方面についての研究は、その広さと深さの両面において、ひところに比べて格段の進歩を遂げた。この時代の歴史的な特質がさまざまに解明され、なおも諸分野においてめざましい進展を刻しているといって過言ではない。南北朝時代の最大の特徴は、それが時代の大きな変り目であることである。今更いうまでもないが、この時代を境として日本の歴史は大きく変わった。その変革期を理解するためのキーワードの一つが、「対立」であることもまたいうまでもない。この「対立」は、公家や武家といった当時の支配的階層、およびこれに連なる社会階層にとっては、その様態はさまざまであれ、不可避の社会的現象であった。

一口に「対立」と言っても、その中味には、深刻かつ長期的なものから逆に便宜かつ一時的なものまで幅広いものがあったはずである。しかし南北朝の「対立」については、これまで『太平記巻二一』の後醍醐天皇臨終の場面で語られる著名な、「…玉骨はたとひ南山の苔に埋もるとも、魂魄は常に北闕の天を望まんと思ふ」という後醍醐の悲壮な遺言に引きずられて、おしなべて厳しいタイプのそれとみなしてきたように思う。
　公家社会にとって南北朝時代が艱難辛苦の六〇年であったことを直截に示す史料記事として、以下のようなものがある。一つは、南北朝時代の北朝公家洞院公賢の日記『園太暦』文和四年（一三五五）四月一六日条にみえるもので（公賢ときに前太政大臣、六五歳）、「家門頗る不快」をかこつ前関白一条経通から届いた書状のなかの一文である。

〔史料1〕⑴
　凡西《(両カ)》朝相撑之時節、諸家之安否可任天命之条雖勿論候、当座辛酸頗難堪忍候、

　ここには、南北両朝対立して諸家がしのぎを削るという当時の社会状況のなかでは、家門の安否は天命に任せるしかないという一条経通の諦観と慨嘆が表現されている。もう一つは、室町時代の公家万里小路《までのこうじ》時房の日記『建内記《けんないき》』嘉吉元年（一四四一）九月一七日条にみえるもので、左衛門督三条実雅のもとを訪問した時房が、当時の社会情勢のなかで諸家所領を順調に経営することの困難さを実雅に対して「密々」に語る場面に登場する。

〔史料2〕⑵
　近日諸家所領違乱事、所驚存也、元弘・建武大乱已来庄園、或不知行、或半済、或代官職競望、致少分之沙汰、其内猶不済・未済等、近年之作法如此、而適無為之地、今又違乱無勿躰次第也、諸家半者参南朝削跡了、相残人々家領如此之間、追日衰微、朝用闕如之基、歎而有余哉、

　時房の述懐は、南北朝内乱の始点ともいうべき「元弘・建武之大乱」までさかのぼり、諸家領経営の困難さは、元弘・建武から打ちつづく長くて熾烈な内乱と、これに伴う社会変動に起因しているとの認識に立つものであった。南北朝時代の終結からすでに半世紀も経過した一五世紀半ばの時期に、万里小路時房は往時の南北朝時代を総括したわけである。

しかしこうしたハードの側面がある反面、南北の間をかなり自由に往来するいわばソフトの側面のあったことを見逃してはならない。いわば「進退不落居」（『後愚昧記』貞治二年閏正月二五日条）と称すべき公家たちは少なくなかったはずであるけれども、その生涯を見通すに足る史料を残している公家はといえば決して多くはない。その意味において本章で取り上げる中院通冬《なかのいんみちふゆ》は、こうした公家の典型的な事例であるとともに、その足跡を知るための史料をわりと多く残している点で希有の存在といえる。通冬を通して当時の公家たちの動向を伺おうとする所以である。(3)

なお、中院通冬の日記として『中院一品記《いっぽんき》』がある（原本・写本。原本は主として東京大学史料編纂所の所蔵）。この名は通冬が従一位に叙せられたことによるが、現在は散逸して本来の完全形を知ることはできない。現存する記事は、建武三年（一三三六）から貞和五年（一三四九）までの足かけ一四年にわたり（通冬の年令は二一〜三五歳）、この間欠落分も少なくない。この日記の最大の特徴は、公家日記の残存が極端に少ない南北朝時代初頭期の記事を多く含み、この時期の公武社会の動向をうかがうための重要史料であることである。

一　中院家とは

末尾に付した村上源氏系図にみるように、通冬が属する中院家とは、村上天皇の皇子具平親王より出た村上源氏で、内大臣通親の子通方を始祖とする堂上公家。鎌倉時代以降、大臣家の一として朝廷内で重きをなし、二代通成・四代通重・五代通顕・八代通守などは勅撰集に入集するほどの有力歌人でもあった。(4)しかしながら、当の六代通冬が勅撰集に入集した形跡はない。(5)

中院家の歴史にとって最大の出来事は、後嵯峨天皇（諱は邦仁）の践祚であった。後嵯峨天皇の登場のいきさつについては『神皇正統記』に詳しい(6)。中院通方と天皇家との血縁関係についていえば、通方の姉在子（承明門院）が後鳥羽天皇の後宮であり、姪通子が土御門天皇妃で邦仁親王の母という間柄であったが、何といっても中院家にとっての最大の僥倖は、通方没の暦仁元年（一二三八）一二月より三年ほど後の仁治三年（一二四二）一月、中院家が承久の乱ののち扶養・後見していた不遇の土御門天皇の皇子たちのなかの一人、邦仁が大方の予想に反して天皇の座に就いたことであった（即ち後嵯峨天皇）。この偶然的な幸運に恵まれて中院家は俄然家運を上向かせるのである。

村上源氏の一流たる中院家の同門には、通方以外の他の兄弟たちがそれぞれに起こした家々、たとえば土御門、堀川、久我《こが》、後土御門などの諸家があった。なかでも鎌倉―南北朝期にあってもっとも隆盛を誇ったのは通光に始まる久我家であるが、通親から枝分れしたこれらの諸家は、大きな時代の潮流に身を任せつつ、それぞれに特徴的な足跡を歴史に刻していった。

中院家は通方の嫡子通成の子孫によって継がれるが、通成の弟雅家は分家して北畠家を起こし、その一流からは後醍醐天皇―南朝に関係の深い北畠親房が出て、その子息たちとともに南朝勢力の有力な支柱をなすこととなる。

この他、鎌倉後期から南北朝期にかけて活躍した中院家出身の人物として特筆すべきは、鎌倉最末期後醍醐天皇に代わって討幕活動を牽引した皇子護良親王（大塔宮）の側近として、元弘三年（一三三三）前半には同親王令旨を奉じ、また同年後半には九州武士よりの着到状に証判を加えた中院定平(7)、室町幕府の内紛たる観応擾乱の最終場面に現出した、半年に満たない南朝による京都制圧（正平の一統）において、南朝天皇後村上の特使として京都の幕府との交渉に活躍した中院具忠(8)、さらに南北朝期九州支配に従事した懐良親王（征西将軍宮）の側近として活動した中院義定(9)などである。このように、動乱期の中院家には政治的な立場を越えてさまざまな活動の跡を残した人物たちが少なからずおり、彼らは中院家の族的特質を考える場合、興味深い素材を提供してくれる。

二　鎌倉後期の中院通冬

(一) 検非違使別当となるまで

中院通冬が初めて同時代史料に現れるのは「花園天皇日記」元徳元年（一三二九）一二月二八日条であり、この日行われた量仁親王（のちの光厳天皇）の加冠（元服）の礼において通冬が供奉の公卿の一人として登場する。そこで通冬は「三位中将通冬」と表記されているが、[10]この時の通冬の年齢は、「後愚昧記」（三条公忠の日記）貞治二年（一三六三）閏正月二五日条によってその生年が正和四年（一三一五）とみなされるので、[11]一五歳ということになる。元徳元年前後の通冬の官歴については、公卿の官位簿というべき「公卿補任」によって次のように整理される。[12]

正和五年（一三一六）正月五日、叙爵（従五位下）／同年閏一〇月四日、従五位上／文保二年（一三一八）三月二五日、正五位下／元亨二年（一三二二）一二月二五日、左少将／同四年正月五日、従四位下／正中三年（一三二六）三月八日、転左中将／嘉暦二年（一三二七）七月一六日、正四位下

このの ち、右にみた「花園天皇日記」元徳元年一二月二八日条での登場以前の所見として、元徳元年正月五日に非参議・従三位（左中将如元）に叙されたこと、同年六月二八日には右中将に転じたこと、がある。[13]さらにその後の通冬の官歴を辿ってみよう。元徳二年（一三三〇）二月一一日に右中将のままで参議に列した通冬は、[14]翌元徳三年（八月九日に元弘と改元）正月五日には正三位に昇叙、齢一七にして正式に参議・正三位の地位に格付けされ、公卿としての登竜門に到達した。

これまでの通冬の官歴をみると、昇進の時期はほぼ後醍醐天皇の治世と重なっており、おおまかにみると通冬は後醍醐天皇とともにあったといえよう。ただ通冬の父通顕の動向を「花園天皇日記」等当時の記録にみると、必ずしも後醍醐一辺倒とはいえないので、幼時の通冬の政治的環境はその家門の特質を反映して、特に一党一派に偏しなかったものとみたい。

しかしその通冬の身辺にまもなく事変が生起する。ちょうどこの年元弘元年八月に起こった後醍醐天皇による第二次の討幕クーデター、いわゆる元弘の変である。決起したもののその後の展開は後醍醐に利なく、本拠笠置山はまもなく落城、同九月末には後醍醐は捕われ、翌二年三月の隠岐配流へとつながってゆく。

(二)検非違使別当時代

こういうとき、通冬は初めて政治との本格的な関わりを有することになる。後醍醐の笠置出奔後の元弘元年(一三三一)九月二〇日鎌倉幕府の支持を得て践祚した光厳天皇のもと、まもなくの一〇月五日に行われた朝儀としての小除目で、通冬は「左衛門督」に任じられ、あわせて「検非違使別当」(以下、使別当と略称)に補された(15)。検非違使庁とは洛中の治安警察と所領訴訟を担当する朝廷の機関であり、洛中に制度的な拠点をもつ公家政権にとってはまさに屋台骨というべき役所であった。その役所の長官が使別当であるから、その任務は決して軽いものではない。翌元弘二年三月一二日には参議から権中納言に昇進する(16)。

通冬の使別当は、やがて鎌倉幕府倒壊の直前、隠岐から伯耆に脱出した後醍醐天皇によって解かれるわけであるが、その典拠は次に示す「公卿補任」(正慶二年・元弘三年)の記事である。

〔史料3〕(17)

権中納言　正二位　中院源通冬　(元弘三年)五月十七日復本職。止左衛門督・使別当・春宮権大夫。

右史料にみる「五月（元弘三年）十七日」とは、「伯州詔命」つまり在伯耆の後醍醐天皇の朝廷人事に関する命令が出された日であるから、通冬の使別当解任が後醍醐の意志によってなされたことは疑いない。つまり光厳朝下での通冬の使別当在任は、元弘年一〇月五日より元弘三年五月一七日までの一年半余りの間ということになる。通冬ときに、一七〜一九歳。

では、次に通冬の使別当としての活動を具体的にみてみよう。しかし関係史料をほとんど集めることはできず、管見に及んだ関係史料としてはわずかに以下の二点にすぎない。

〔史料4〕(18)

使庁廻

　知足院地事、

源氏女雑掌　奉

知足院中将（実種）入道後室雑掌

右、来十二日評定可有其沙汰、各帯文書正文、如法辰一点可令参決、且源氏女所進事書・具書如此、可被存知之状、依（中院通冬）別当宣、所廻如件、

　　正慶元年九月五日

〔史料5〕(19)

証円申、兵庫嶋（摂津）升米事、官人章香（中原）状副具書如此、子細見状之状如件、

　九月五日（正慶元年ヵ）　左衛門督通冬（中院）

伯殿（資継王ヵ）

このうち〔史料4〕は、知足院（もと平安末期の関白藤原忠実の隠居寺。今の京都市北区紫竹東栗栖町の常徳寺か）の地

をめぐる源氏女雑掌と知足院中将入道後室雑掌を当事者とする訴訟において、来る一二日に使庁評定を行うので、辰一点（午前八時）きっかりに文書正文を持って参決するようにと、双方に使庁が出廷を告知する廻文《かいぶん》（回覧状）である。先に源氏女雑掌のほうに回された模様で、了解のサインである「奉」（うけたまわる）の文字が書き付けられている。また「源氏女所進事書・具書如此」とあるところをみると、あとに回された知足院中将入道後室雑掌には源氏女雑掌から提出された関係文書に目を通しておくように使庁から指示されていることもわかる。結びの「依別当宣」の箇所から、この指示が使別当中院通冬から発せられたことが知られるのである。

　また〔史料5〕は、摂津国兵庫嶋升米をめぐる証円（醍醐寺僧ヵ）と鷲林寺（摂津ヵ）僧等との間の訴訟において、使庁官人中原章香の九月五日請文（具書案にみえる）を添付して「伯殿」（神祇伯資継王ヵ）に宛てた使別当中院通冬の文書である。兵庫嶋升米をめぐる本訴訟については若干の関係史料が『醍醐寺文書一』に収められており、訴訟自体の検討も必要かと思われるが、ここでは立ち入らない。右に見た〔史料4・5〕によって、中院通冬が後伏見院政下[20]における使別当として活動していた事実を確認しうる。問題はこの通冬の使別当在任がいかなる政治的意味を持ったかであるが、それまでの使別当が後醍醐親政下にあって同天皇の反幕府的な政治志向を強力に反映した動きをとっていたのに比べ、通冬にさしたる政治性・党派性を感じとることはできない。使別当の職務が治天下の京都支配と不可分であることを前述したが、鎌倉時代後期における歴代別当の使庁運営への関わりの度合を具体的に検討した中井裕子の研究[21]は、「両政権（持明院統・大覚寺統＝筆者注）下の別当の使庁運営姿勢の差異が窺え」、大覚寺統の後醍醐政権では「別当が使庁の運営に積極的に関わっていた」のに対して、持明院統政権下ではそうではないと指摘している[22]。

　右の中井論文に付載された「鎌倉後期の検非違使別当一覧」は、中御門経任（文永一〇年就任）から中院通冬（元弘元年就任）に至る歴代使別当各々についてその任免時点、時の治世など必要な情報を収載して至便であるが、本章で取り上げる中院通冬については特に掘り下げられてはいない。この中井の指摘を援用すれば、鎌倉最末期に使別当に一年半余の間在任した中院通冬の立場は、持明院統下の使別当の一例と見なすことが可能で、使庁の運営に特に積極的に関わってはいない。一覧表をみると、祖父通重・大叔父通時・父通顕も使別当の在職歴があることが知られ、通冬の就任はこうした父祖の先例を襲ったものであったろう。いずれにせよ、通冬が持明院統の後伏見院政下で使別当という重職に就いたことにより、持明院統に近い公家として認識されたであろうが、年齢的にも未だ二〇歳に達しない若年の通冬が巧みな政治的な手腕を持ちあわせていたとも思えないので、通冬の使別当在任に格別の強い政治性を求めることは困難であろう。

三　建武政権下の中院通冬

元弘三年（一三三三）閏二月隠岐から脱出した後醍醐天皇は、同年五月一七日の勅令によって光厳天皇朝廷の政治機構の中枢部分を総入れ替えした。通冬も〔史料3〕にみたようにその例に漏れず、「本職」に復し、左衛門督・使別当・春宮権大夫の官職を解任された。その「本職」とは、正三位・参議・右中将・備後権守であり(23)、要するに、元弘元年九月二〇日以降の光厳朝での叙位・任官が否定され、もとの後醍醐朝での官位に戻された格好である。

光厳朝時代の権中納言から「本職」の参議に戻った通冬の、建武政権下での動きは明瞭でない。もとよりこの時期の記録史料が殆ど残存しないという史料的問題もあるが、基本的には通冬にとって建武政権期が雌伏の時代、いわば冬の時代だったことによると思われる。わずかに通冬の官歴が伺える『公卿補任』によってみると、建武元—三年の項に、以下のようにある。

〔史料6〕[24]
参議　正三位　中院源通冬二十　右中将。備後権守。(建武元年)十月三日喪母。不復任。
前参議　正三位　中院源通冬二十

〔史料7〕[25]
参議　正三位　中院源通冬　(建武二年)十一月廿六日還任（尊氏辞替）。同日兼任左中将。

〔史料8〕[26]
参議　正三位　中院源通冬　左中将。美作権守。(建武三年)八月十五日辞。
前参議　正三位　中院源通冬　八月十五日止三木。

これらの史料によってみると、建武元年（一三三四）一〇月三日に母の喪にあった中院通冬は服喪のために参議を辞し、そのまま復任しなかった。翌二年になると、足利尊氏が後醍醐に反旗を翻して天皇の勅勘をかい参議の地位を剝奪されたので、通冬はその空きポストに就き、参議に還任した。このとき通冬は左中将を兼任した。ところが、建武二年（一三三五）から翌三年にかけての後醍醐との激しい京都争奪戦に勝利した足利尊氏が、同年八月一五日に光明天皇を擁立して北朝を建てると、通冬は後醍醐政権での参議の地位、左中将・美作権守のポストを辞した。

このようにみると、中院通冬は建武政権下にあっては、持明院統に属する公家として後醍醐による明確な排斥の対象になったのではなく、それなりの政権よりの配慮を被りつつも積極的に政権中枢に参画することなく、むしろ隠忍自重していたと考えたほうが実態に近いと思われる。やがて北朝の成立とともに後醍醐政権を去っている点からすると、通冬はやはり本質的には持明院統に近い公家の一人であったとみてよかろう。通冬が後伏見院政下で使別当の地位にあったにもかかわらず、後醍醐政権から微温的な待遇を受けているのは、むろん家職上の理由も考えられるが、通冬が政治的立場を明確にせず、権力闘争の場としての政治の局面に積極的に関わらなかったことによろう。

四　南北朝期の中院通冬

(一) 北朝時代

(i) 転機の到来

建武四年（一三三七）は二三歳の中院通冬にとって無官の一年であった。『公卿補任』をみるとただ一箇所、以下のような記事があるのみである。

〔史料9〕[27]

前参議　正三位　中院源通冬二十三

建武四年に中院通冬がしかるべき地位に就いていなかったのは、室町幕府と北朝との協力関係を中軸とした政治体制がいまだ建設途上にあったことによろう。翌建武五年（暦応元、一三三八）になると、そういう状況は克服され、新たな気運が到来し、通冬の身辺状況は変貌する。関係史料をあげよう。

〔史料10〕[28]

「院宣案」
上野国可令知行給之由、（光厳上皇）院御気色所候也、経顕恐惶謹言、
建武五年七月廿日　（勧修寺経顕）按察使　判
進上　（中院通顕）三条坊門殿

この光厳上皇院宣は、中院通冬の日記「中院一品記」に写しとられたもので、『大日本史料』の綱文に「是ヨ

リ先キ、尊氏、武家知行ノ国衙ヲ朝廷ノ進止ニ復セシコトヲ奏ス。是日、光厳上皇、中院通冬ヲシテ上野国ヲ知行セシメ給フ」とあるように、通冬への上野国返還は室町幕府と北朝との経済的政策の一環として実現したのであり、北朝が幕府の施政方針を受け入れたことによっている。「中院一品記」の同箇所には、中院家と上野国との関係、建武政権による没収の経緯などについても語るところがある。左はそのくだり。

…上野国事、家君《(中院通顕)》被申之処、入夜院宣到来、当国自土御門大納言通〜《(方)》殿、五代相続重任之国也、而先御代《(後醍醐天皇)》国家草創之後、不可有相伝之由、及其沙汰之間、連々雖被歎申、替地事、如形被進之、終不被返付之処、今度及此御沙汰、自愛無極者也、

右の記事には、上野国は土御門通方より通顕（通冬父）まで五代の間継続して知行国であったのに、後醍醐天皇の建武政権の成立に際して相伝を停止されてしまったこと、中院家がそのことを歎いても返付されることはなかったこと、それがこの度返付されることになって大変喜ばしいこと、などが述べられている。この一連の記事によって、中院家の経済基盤は室町幕府の経済的政策の一環として建武政権以前の状態に戻されたことを知ることができる。かくして、前参議の地位に甘んじていた中院通冬は建武五年が暦応元年に改まってまもなくの九月一九日に権中納言に昇進（時に二四歳）、同一二月二九日には勅旨により帯剣が聴された[29]。こうして北朝公卿としての本格的な一歩をふみ出した通冬の身辺を探ってみよう。

(ii) 武家政権との関係

まず武家政権との関係である。この年暦応元年の九月二八日、父通顕にあてて、将軍になったばかりの足利尊氏より一通の書状が到来する（尊氏の将軍就任は同年八月一一日）。以下にこれを示す。

〔史料11〕[30]

尾張国徳重保事、任先例、可有御管領候、恐惶謹言、

暦応元年九月廿八日　尊氏《足利》（花押）

中院内大臣《通顕》入道殿

この足利尊氏書状は、将軍足利尊氏が尾張国徳重保（源在の名古屋市緑区鳴海町徳重）の管領を中院通顕に安堵せしめたもので、足利将軍から中院家に出された一番最初の現存文書である。この書状によって、中院家はその所領支配の安定を足利将軍の力に委ねたことが知られる。このののちの武家政権と中院通冬との直接的関係を示す史料としては、以下の康永三年（一三四四）四月の文書がある。

〔史料12〕[31]

尾張国徳重保事、御相伝之由承候訖、恐々謹言、

「康永三」四月廿七日　尊氏《足利》（花押）

按察《中院通冬》大納言殿

右の足利尊氏書状は〔史料11〕で安堵した尾張国徳重保の領有[32]を再確認したもので、それは〔史料11〕の宛名中院通顕が康永二年（一三四三）一二月二〇日五三歳で没したことによる。通冬はこの間の暦応三年（一三四〇）一一月二〇日には按察使を兼任した[33]。

北朝が成立して以降、家督の地位を父と交替するこの時点までの間に、中院通冬と武家政権との直接的関係を示す文書として「中院文書」には〔史料11〕と〔史料12〕の二点しか残っておらず、細かなことはわからない。しかし、通冬が武家政権との間に緊密な信頼関係を取り結んでいたとはとてもいえない。このことは同門の久我家の場合と比較すると一目瞭然である。

（iii）公家政権との関係

次に公家政権との関わりについてみよう。前述のように暦応元年（一三三八）九月に権中納言に昇進した通冬は、翌二年二月二日には左衛門督を兼ね(34)、翌三年四月一日叙従二位(35)。この年六月二九日、光厳上皇は通冬に以下の院宣を下した。

〔史料13(36)〕

淳和院領丹波国三井庄事、止別相伝之儀、可令知行給之由、院御〔光厳上皇〕気色所候也、仍執啓如件、

暦応三年六月廿九日　大蔵卿（高階雅仲）判

謹上　左衛門督殿（中院通冬）

此院宣文章、猶追可申直也、

右の史料は、光厳上皇が淳和院領丹波三井荘を中院通冬に領知させたものであるが、通冬がすでに淳和院別当の地位にあったこともあわせて知られる(37)。北朝の治天下光厳上皇が通冬を殊更に冷遇したような形跡は明確には認められないが、他方通冬は現職の権中納言から権大納言へと昇進したいという希望を強く持っていたらしい。「中院一品記」の紙背文書を検討した藤原重雄の指摘によると、（暦応三年）七月一六日通冬は関白一条経通を通して大納言昇進の希望を光厳上皇に奏上するも、ただちには認められるところとならなかった(38)。

こうした労が功を奏して通冬の大納言昇進の切望はやがて実現する。先述のように、暦応三年一一月二〇日には按察使を兼任し、同一二月二七日には権大納言に昇任する（按察使は如元。位階は従二位。ときに二六歳）。ここに念願の大納言昇任を果たした通冬ではあったが、推測するに、通冬の満足感は十分ではなかったと思われる。そのわけは同門の久我家の存在であった。すでに六二歳に達していた久我長通はこの年一二月には太政大臣に任じられているし、その嗣子通相は一五歳で父長通と同時に権中納言に昇格した(39)。村上源氏の名門中院家にとって決

して家格の面で同門久我家の後塵を拝するわけにはゆかなかったからである。

この時期の中院通冬の北朝公家としての役割とある程度の存在感を伺うためのエピソードが『太平記』にみえる。通冬の『太平記』における所見はわずか二箇所にすぎないが、以下はそのうちの一つである。『太平記』は言うまでもなく南北朝の動乱を主題とした軍記物語であるが、その個々の話題のニュースソースは歴史的事実に基づくものも少なくなく、以下の話題も事実を反映しているように思う。

『太平記巻二五』には「天龍寺事」という一話がある。(40) 内容は「康永四年（貞和元）ニ成風功終テ、此寺（天龍寺）ヲ五山第一ニ列セシカハ、惣シテハ公家之勅願寺、別而ハ武家之御祈禱所トシテ、千人之禅衆ヲ置カル。同八月ニ上皇（光厳）臨幸ナリテ、供養ヲ可被遂ト聞ヘシカハ」という段階になって、鎮護国家を自らの任務と自負する比叡山延暦寺が人反対して嗷訴し、天龍寺の落慶供養の挙行に横槍をいれたときのことである。延暦寺が提出した款状をまえに、苦慮した北朝では対応策を案出するための公卿僉議が開かれた。このときなかなかまとまらない議論のなかで、中院通冬は「山門申ス処多ト云共、肝要ハ只正法邪法論ナリ。然ラハ禅ト聖道ヲ召合セラレテ、宗論可有トコソ存候へ、是和漢ノ間ニ其例多ク候歟」と述べて、禅と聖道（天台）とで宗論（宗派間の論争）をさせてみたらどうかと提言している。この意見は最終的には採用されなかったが、ここには北朝公家社会でのオピニオンリーダーのような通冬の立場がみてとれる。村上源氏諸家の嫡流のシンボルというべき淳和奨学両院別当・源氏長者のポストをめぐる諸問題については次項で詳しくふれるが、康永四年（貞和元）についてみると、この年の正月六日三一歳の通冬はこのポストを奪還しており、(41) ひとまずこの面では北朝公卿としてある程度の面目を保っている。

右にみるように、この時期の中院通冬の公家社会における動向を見渡してみると、決して冷遇されていたとは言えないけれども、かといって特に優遇されていたわけでもない。名誉欲が人並み以上で、上昇志向の強い通冬にとっては思うに任せない場面が多々あったに違いない。いわば「鳴かず飛ばず」の状態にあった中院家にとって、起死回生とまではゆかないまでも何らかのチャンスが到来すれば、家門の飛躍的な繁栄を期して大きく舵を切る可能性は十分にあったといって過言ではない。

(iv) 久我家との関係

通冬にとって最も気がかりなのは同門の久我家との間で取り沙汰される嫡庶の問題であったことは想像に難くない。両者はまさにライバルというべき関係にあった。先にみたように武家政権や公家政権との関係を調べるとき、中院家には関係史料がほとんど残存しておらず、詳しいことは不明というしかない。他方久我家には『久我家文書』[42]という家文書が残存しているので、久我家についてはある程度のところまでわかる。いちいち詳細を述べないが、これによって所領の保全・安堵など家領経営において久我家が武家・公家両政権によって手厚く庇護されていることが知られるが、翻って、中院家がこうした面において久我家の下風に立っていたであろうことは想像に難くない。通冬がその待遇の面において両政権に不満を抱く理由として十分であろう。

ここでは中院家と久我家とが同門の嫡流の地位を競うとき、そのシンボルとしての奨学院・淳和院別当のポスト、それに源氏長者の地位の変動を追跡することによって、中院—久我両家の主導権争いについて考えてみたい。

まず中世前期の奨学院別当・淳和院別当・源氏長者、及び相互の関係については岡野友彦らのまとまった研究があるが[43]、特に南北朝期、ことに中院通冬に焦点を当てたものではない。今問題としている南北朝期の奨学院別当・淳和院別当、それに源氏長者について考える場合は、この三者をセットとして考えるよりも、一応別々のものとして扱うほうがよい。それらが個々に任命されるからである。

いまそれらの補任状況を『公卿補任』によって関係時期に限って調べてみよう。まず淳和院別当と奨学院別当である。

淳和院別当
〈中院通冬〉暦応2・12・27任――康永3・8・9辞（暦応4・1・14に一旦辞、翌康永1には復任）
〈六条有光〉康永3・9・5任（通冬替）――同年12・29辞
〈中院通冬〉康永4・1・6任――文和3・閏10・25辞
〈久我通相〉文和3・11・12任――延文1・7・21辞
〈堀川具信〉延文1・8・5任――同年11・7辞
〈久我具通〉延文1?任――延文2?

奨学院別当
〈中院通冬〉暦応3・7・18任――暦応4・1・14辞
〈久我長通〉暦応4・1・18任――暦応5・2・29辞
〈中院通冬〉暦応5・3・28任――康永3・8・9辞
〈六条有光〉康永3・9・5任（通冬替）――同年12・29辞
〈中院通冬〉康永4・1・6任――文和3・閏10・25辞
〈久我通相〉文和3・11・12任――延文2?辞

他方、岡野は源氏長者の一覧表は特別には作成していないが、同様に『公卿補任』等に所見する源氏長者の任免記事をかきあつめると、源氏長者の任免についてはとりあえず以下のように整理することができる。

源氏長者
〈久我長通〉暦応4・1・18任――暦応5・2・29辞
〈中院通冬〉暦応5・3・28任――康永2?辞

康永4・1・6任――貞和2?辞
〈久我通相〉文和3・11・12任――文和4?辞
文和5・8・10任――延文2?辞

三つの職の南北朝期における性格については個々に検討する必要があるが、いまは立ち入らない。三つの職が常にセットでなかったことは、六条有光が両院別当であった時期に彼は源氏長者ではなかったことに明らかである。ここで注目すべきは、この三つの職が基本的には中院通冬と久我長通・通相父子との間で頻繁に交代している点であって、そのことは同時に中院家と久我家との間で同職が激しく争奪されたことを物語っている。互いにライバル関係にあった中院―久我両家はこうした争奪戦を日常的に行っていたのである（康永三年後半期に庶家の六条有光が「通冬の替」として両院別当に就任した背景については別途考察の余地あり）。こうした中院―久我両家の主導権争いの激化は、公武政権と緊密な関係を取り結んだ久我家に対抗する立場にある中院通冬を南朝に走らせる誘因となったものと考えられる。

(二) 南朝時代

(i) 南朝への転身の契機

中院通冬が南朝に走ったのは観応二年（一三五一）一二月のことである。そのときの通冬の官位は、大納言・正二位であった。「公卿補任」の観応二年の項に以下のようにみえる。

〔史料144(44)〕

大納言　正二位　中院源通冬三十七　十二月廿六日（観応二年）参南方。

通冬が南朝に参じたのには理由があった。正平の一統である。正平の一統とは、正平六年（観応二、一三五一）

一〇月末より翌七年閏二月にかけての半年たらずの期間、南朝が北朝を廃し、京都を制圧したことをいう。足利尊氏・義詮父子は後村上天皇に降伏して南朝に帰順する形をとったが、それはあくまで観応擾乱の余波というべき事態であり、足利父子の目的は政敵足利直義を追討するための便宜的措置にすぎなかった。それでも北朝に不満の公家たちがこうした事態を自らの劣勢挽回のためのまたとない絶好のチャンスとみたとしても一向に不自然ではない。彼らは家督・嫡流の地位をめぐって一門内で骨肉の争いを演じていたのである。大和賀名生に本拠をおく南朝は、北朝の叙位・任官を廃止する一方で、南朝に参じた公家に盛んに官位を与えたので、これを契機に南朝に鞍替えする北朝公家もかなりの数にのぼる。正平六年一二月に北朝から南朝へ参じた公卿として以下のような面々を史料から拾うことができる。

①中院通冬（大納言）②洞院公泰（前権大納言）③洞院実守（前権大納言）④西園寺実長（権中納言）⑤今出川公冬（参議）⑥中院親光（前参議）⑦冷泉定親（前参議）⑧中御門宗重（前参議）⑨御子左為明（非参議）

この時期に南朝に走った北朝公家には、こうした公卿と呼ばれるような上級公家ばかりでなく、参議以下の中下流の公家、さらには法曹や儀礼などを家職とする文筆系の吏僚たち、さらには僧侶や神官など宗教界に身をおく者も含まれていたに相違なく、全体のなかでみると右掲の面々はいわば「氷山の一角」にすぎない。こうした多くの北朝所属者たちの南朝への鞍替えは、北朝はもとより室町幕府にとっても支配体制上の大きな危機と捉えられたろう。こと中院通冬についてみると、すでに南朝の重鎮としてその舵取りをしていた同門の北畠親房（当時五九歳）や後村上天皇の側近として正平の一統で重要な役回りを演じていた中院具忠の誘いもあったかもしれない。

(ii) 南朝時代

次に、通冬にとって果たして南朝は居心地のよい楽天地であったかどうかについてみよう。『太平記巻三〇』に「一吉野殿与義詮朝臣御和睦事、并諸卿被参事」というくだりがあり、後村上天皇と足利義詮との和睦のこと(つまり正平の一統)およびそのさい南朝に参じた公卿たちに関する記事がある。いま必要最低限の範囲で引用する。

〔史料155(45)〕

(大和賀名生に参じた多くの公家・僧侶・神官たちの名を連ねたのち)我前ニト馳セ参リケル間、サシモアサマシク、イヤシケナル賀名生ノ山中、花ノ如ニ隠映シテ、イカナル辻堂温室風呂ニモ、幔幕ヲ引ヌ所ハナシ、今参候スル諸卿ノ叙位転任ハ、悉ク持明院殿ヨリナサレタル官途ナレハトテ、各一級一官ヲ貶セラレケルニ、三条源大納言通冬卿ト御子左中納言為定計ハ、本ノ官位ニ復セラレケル、是ハ吉野殿へ内々音信ヲ申サレシニ依テ也、

右の記事は、その中に二条良基・近衛道嗣・久我通相らも吉野へ参じたと記されているなど誤記も認められて、そのまま信用することはできないが、注意すべきは、多く官位を貶せられた多くの公家たちのなかで、通冬は北朝が与えた「本ノ官位」を認められたと記されている点である。その理由として『太平記』は通冬が吉野殿、つまり後村上天皇と内々に通じていたからだと記している。

ここで本官のままという措置が事実かどうかを確認してみよう。洞院公賢の日記「園太暦」観応三年(正平七、一三五二)正月五日条に、以下の記事がみえる。

〔史料164(46)〕

五日、(中略)、

南方御所叙位事
今日於南方御所、被行叙位云々、但非御前儀、無聞書、後日局務大外記師（中原）言送之、
（中略）
従二位　源通冬
（中略）
正平七年正月五日

これによって通冬が叙されたのは「従二位」であったことがわかる。南朝に参ずる前の位は「正二位」であったから、先の『太平記』のいう「本ノ官位」のうち、位については明らかに誤りということになる。では北朝での「大納言」の官はどうなったであろうか。実は通冬が南朝で任ぜられた官職が「権中納言」であったことは次に示す『園太暦』観応三年正月一七日条の記事によって知られる。

〔史料174〕[47]

十七日、天晴、入夜通冬卿（中院）入来、謁之、窮冬廿六日参著南方御所、今月五日退出、被任権中納言歟者、其間山中式談之、所詮於不参之輩者、可断官位望歟、預種々勅定、剰可議奏之旨、以前勅定云々者、彼御所快然體也、

この日、通冬は京都の洞院公賢のもとを訪れ、南朝に帰して間もない身辺状況を公賢に語っており、そこで南朝から補された官職は「権中納言」であったことを明言している。要するに総じていうと、南朝に参じた通冬を待ち受けていたものは、「大納言・正二位」から「権中納言・従二位」への明らかな格下げという予想外の厳しい処遇であった。南朝では優遇されるものと意気揚々と鞍替えした通冬には、まさに出鼻をくじかれた格好である。こうした待遇に甘んじざるを得なかった通冬にとって南朝は居心地のよい政治空間であったはずはあるまい。
この記事ではいま一つ、通冬が京都の洞院公賢を訪問していることからみて、南山―京都間の往来は表むき誡め

られていたにもかかわらず、わりと自由にできたことに留意すべきであろう（このことは洞院実守についてもいえる）。

観応二年（一三五一）一二月に南朝に移った中院通冬の、京都の北朝―室町幕府の政治社会における扱われ方には注目すべきものがある。一つは、『公卿補任』によると、通冬は南朝に転じたのちも、位階は没する貞治二年（一三六三）まで「正二位」のままで（後述のように没前日に従一位に叙される）、官職は文三年（一三五四）閏一〇月二五日に「辞退」(48)するまでの間「大納言」のまま、辞退ののち死没までの間「前大納言」と記載されている点である。この措置は北朝側の通冬に対するある種の優遇と考えられるので、あるいは北朝はいつの日かの通冬の北朝復帰を想定したうえで、こうした措置をとったのかもしれない。要するに、通冬の南朝への転身は北朝にさほど深刻に受け止められていないのである。

もう一つは、室町幕府の法廷にかけられた中院家関係の土地訴訟にかかわることであるが、関係史料は次に示す足利義詮御教書である。

〔史料18〕(49)

源大納言家雑掌申尾張国徳重保五箇郷地頭職事、申状遣之、渡部三郎左衛門入道幷潮田已下輩濫妨云々、早停止彼妨、来月十五日以前一円可沙汰付雑掌、若令違犯者、任事書、可致沙汰之状如件、

観応三年七月廿七日　（足利義詮）（花押）

（尾張守護土岐頼康）土岐右馬権頭殿

中院通冬家の雑掌が、家領尾張国徳重保五箇郷地頭職を渡部左衛門入道と潮田已下輩が濫妨するのを足利義詮の指揮する法廷に提訴、これに関して足利義詮が渡部以下の濫妨停止と同地頭職の中院家雑掌への渡付を尾張守護土岐頼康に命じた御教書である。足利義詮がこうした御教書でもって所務沙汰権を中心的に振るようになるのは観応二年半ば以降であるが、右の文書もそうした義詮の所務沙汰権掌握過程のなかの一コマである。ここで

中院通冬に即して注目すべきは、この文書の日付が「観応三年七月廿七日」であること、つまり通冬はすでに南朝に鞍替えして以降のものであることである。中院の当主通冬の身は南朝にありながら、こうした所領訴訟が室町幕府の法廷で続けられているのである。通冬の子息通治（通氏）は当時七歳の幼児であり、この子息も南山に父と一緒に祇候していた可能性も高い。こうした一見珍妙な事実は、通冬の特殊な北朝における立ち位置を考慮しないと理解することはできない。このことは先に述べた『公卿補任』の、京都を離れていた時期における表記の問題と通底していると考えられる。

(iii)「新待賢門院七七忌御願文」

中院通冬の関係史料を編年に並べてみると、〔史料18〕（観応三年、一三五二）のすぐ次に来るのは、正平一四年（一三五九）六月一五日新待賢門院（阿野廉子）七七忌願文である。(50)この間の約七年にわたる期間における通冬の動静は全く不明で、通冬にとっては文字どおりの空白の時代と言ってよい（もともと南朝時代の通冬関係史料は乏少）。しかし北朝ではこの間の文和三年閏一〇月二五日に通冬は大納言・奨学淳和両院等別当を辞したことになっており（史料には「辞退」と表記されるが、実質的には解任であろう）、入れ替わって久我通相（長通の子）が同一一月一二日源氏長者・奨学淳和両院別当に就いている。(51)それまで北朝で許容的に扱われていた通冬の待遇に大きな変動があったに相違ない。さらに南朝では、正平九年（文和三）四月に強力な支柱北畠親房が没したとされる。こうしたことがらが通冬の動向に少なからざる影響を与えたことは十分に考えられる。

さて、中院通冬と阿野廉子との関係である。後醍醐天皇の寵妃で、後村上天皇の時代には南朝の運営に大きな影響力をもった新待賢門院阿野廉子が五九歳で没したのは、正平一四年（延文四、一三五九）四月二九日であったが、(52)その七七忌日にあたる同年六月一五日に中院通冬は、供養のための願文をしたためたのである。ここでの通冬の位置は「別当正二位行大納言兼右近衛大将」となっており、ここから当時通冬が南朝で、「別当」（通冬が所属する一品内親王家の別当か）・「大納言」・「右近衛大将」（右大将）のポストにあったことが知られる。

　この通冬の願文はかなりの長文なので引用を控えるが、要点だけ述べると、まず「一品内親王家」が両界曼荼羅や各種の経典を奉納したことを前置きして、廉子の菩提に資するためにこの七七忌仏事を勤修するとの趣旨を述べる。

　供養の本文を読むと、並んでいる供養のための美辞麗句の陰に、「万乗（後醍醐）之皇后、一人（後村上）之親母」である廉子が「正平十二之暦中秋九月之候」、つまり正平一二年（延文二、一三五七）九月に出家したこと、「不及耳順一年」、つまり六〇歳に一年及ばない五九歳でもって没したことなど、廉子の生涯を考える上での重要情報が秘められている。

　この史料についての解説によれば「一品内親王家（惟子内親王）の仰せを承って中院通冬が書いた奉書[53]」とされている。「一品内親王」はここでは惟子とみなされているが（『大日本史料』六編二二、五五八頁注も同様）、その根拠は明らかでない。そこで皇室系図たる「本朝皇胤紹運録[54]」をみると、確かに後醍醐の皇女の一人に「惟子」（その母は阿野廉子）がいるが、他方同じ後醍醐皇女に「宣政門院一品内親王懽子 母後京極院（藤原禧子）」と記載される「懽子」（その母は藤原禧子）もいるし、今のところ「一品内親王」の実名を確定することは困難というほかない。[補注]

　阿野廉子については、『園太暦』などによれば、廉子は南朝で「皇后宮」となり（「女院小伝」は興国年間とする）、正平六年（一三五一）一二月には新待賢門院という院号が贈られた。廉子は院号宣下ののち、正平七年から同九年にかけての時期に数点の令旨を残している。それらは山城の祇園社に祈禱を命じたり、大和の西大寺の所領を安堵するといったような内容のものであり、その姿は源頼朝なきあとの、かの尼将軍北条政子を彷彿とさせる。いわば廉子は南朝の女帝であった。

ここでの問題は、中院通冬と阿野廉子の関係である。通冬は廉子の七七忌願文を書くほどなので、むろん彼が文筆を得意としたこともあろうが、両者の関係には並々ならぬものがある。両者の年齢をみると、まず廉子は没年の正平一四年（一三五九）に五九歳ということから逆算すると、その生年は正安三年（一三〇一）であることがわかる。正和四年（一三一五）生まれの通冬との年齢差は一四歳となる。確たる裏付け史料はないけれども、通冬が南朝に走った観応二年末が廉子の活動期に含まれることから考えると、通冬の南朝帰参の背後に廉子の慫慂があったのではないかという推測も成り立とう。この推測をふくらませると、その後も廉子は南朝における通冬の一定度の後見人的存在であった可能性も十分に考えられ、要するに通冬の南朝における政治的立場は、新待賢門院廉子―一品内親王のラインで支えられていたのかもしれない。この論法でゆくと、逆に正平一四年（一三五九）四月の廉子の卒去は、通冬を支える後見人がいなくなったことを意味し、それが通冬の南朝退去、北朝復帰という新しい展開につながったという見方もあながち不自然ではない。通冬の南朝退去には、次に述べるような武家軍勢の南朝攻撃という軍事的要因も考慮しなければならないが、彼の退去が廉子亡きあとわずか半年後の正平一四年一〇月であったことを思うと、通冬の北帰は廉子の死去と連動しているとみて一向に不自然ではない。

なお、大阪府河内長野市の観心寺（宗派は真言宗）は一時後村上天皇の行宮となったほど南朝との関係が深い寺であるが、「観心寺文書」に右述の阿野廉子卒去後の墓所の設定に関わる通冬の発給文書が二点残存している(55)。いずれも正平一四年の、観心寺々僧中にあてた中院通冬御教書であるが、南朝における通冬の活動を具体的に知ることのできる希有の史料である。そこでは通冬は「右大将」と記され、内容的には、南朝と観心寺との深い関係をベースにした、楠木正儀（正成の子息）などと通冬との政治上の関係をうかがわせる。

（三）北朝への復帰とその後

（ⅰ）北朝への復帰の契機

阿野廉子が没して約半年後、新たな事態が持ち上がる。洞院公賢は、日記『園太暦』延文四年（一三五九）一一月一日条(56)に以下のような記事を書き付けている。

〔史料19〕

一日、天晴、今日聞、東国軍勢畠山入道《（国清）》以下数万騎上洛、国清入道去月廿三日到著尾張熱田宮、相待遅参軍勢云々、南方上下聞此事周章歟、卿相雲客望帰降人廿人許云々、就中源大納言通冬《（中院）》卿已上洛、有仁和寺辺云々、或又聞此事、南方主《（後村上）》可幸天王寺《（摂津）》、山名《（時氏）》・楠木《（正儀）》以下可発向京都之旨支度云々、両分紛紜之説、不能信用事歟、

関東地方を統括する幕府機関である鎌倉府の主帥足利基氏に近仕する関東管領畠山国清（法名国誓）が、東国の軍勢数万騎を率いて上洛し、前月にはすでに尾張熱田宮まで到達しているとの情報である。また南朝では上下が周章し、北朝へ帰降を望む南朝の卿相雲客が二〇人ばかりいるだとか、後村上天皇が摂津天王寺まで出向いており、山名時氏・楠木正儀らの南朝武将が京都攻撃の支度中だとか、種々の緊迫した軍事関係の情報が入り交じっていることが知られる。注目すべきは、中院通冬がすでに南朝を離れて上洛し、京都西郊の仁和寺辺に移っているとの情報である。日記の日付は一一月一日だから、通冬が南朝を離脱したのはおそらく一〇月末ころのことであったろう。

いったい関東管領畠山国清は何のために上洛したのであろうか。このことについては『太平記巻三四』のなかの「一畠山道誓禅門上落事」が、以下のように説明している。

〔史料20〕(57)

思ノ外ニ世ノ中ノ閑ナルニ付テモ、両雄ハ必ス争フト云習ナレハ、鎌倉左馬頭（鎌倉公方足利基氏）、宰相中将（将軍足利義詮）トノ御中、何様不快ナル事出来ヌト人皆危ク思ヘリ。之ヲ聞キ、畠山道誓（国清）禅門、左馬頭（基氏）ニ向テ申サレケルハ、「故左大臣（足利尊氏）殿御早逝ノ後、天下ノ人皆連枝（義詮・基氏兄弟）ノ御中、始終何様御不快ノ御事候ヌト怪シミ思テ候ナル、……、道誓誠ニ不肖ノ身ニ候ヘトモ、且ク大将ノ号ヲ御免有ヘキニテ候ハヽ、東国ノ勢ヲ引率シ京都ヘ罷上、南方ヘ発向シ、和田・楠木ヲ責落シ、天下ヲ一時ニ定テ、宰相中将殿ノ御疑ヲ散シ候ハヽヤ」ト申サレケレハ、左馬頭コノ儀誠ニ可然トテ、早ク東八ヶ国ノ勢ヲ催テ、南方ノ敵ニ発向スヘシトコソ宣ヒケル、……延文四年十月八日、畠山入道（道誓）、武蔵ノ入間河ヲ立テ上洛スルニ、……

要するに、畠山国清が上洛する目的は南朝征伐であった。そのわけは、鎌倉公方足利基氏が将軍足利義詮に対して異心を差し挟んでいるという噂を打ち消すためと説明している。国清は南方討伐のため大軍の将として「東八箇国の勢二十万騎」を率いて、京都に到着したのは延文四年一一月、翌月には幕府軍は南軍を攻撃した。国清の軍兵が神社仏閣を乱暴したこと、その悪行は前代未聞で高師泰の狼藉に百倍したと『太平記』は記す。

この畠山国清の大軍の上洛と南朝側での波紋については、右大臣（当時）近衛道嗣の日記「後深心院関白記」（愚管記）延文四年一一月五日条にも関係記事がある。注目すべき点があるので以下に引く。

〔史料21〕(58)

五日、雨晴、畠山修理権大夫入道俗名国清為征伐南方、引率東国大勢上洛、近日可入洛云々、此七八个年間参仕南方月卿雲客等、大略「可」（補入）帰洛云々、前源大納言通冬（中院）卿已入華云々、

この記事は内容的に〔史料20〕と大きな違いはなく、畠山国清の近日上洛と中院通冬のすでの帰洛とを伝えているが、注目すべきは「此七八个年間参仕南方月卿雲客等、大略「可」（補入）帰洛云々」の部分である。延文四年から

数えて「此七八个年間」というと、観応二―三年より以降のこととなり、となると、正平の一統で多く南朝に移籍した月卿雲客たちはこの機会に多くもとのサヤに納まるような気配であることを伝えている。「可」字の挿入はこれからそうなりそうだというニュアンスを含んでいるとみてよかろう。

要するに、中院通冬の北朝への復帰は、延文四年に生起した後見人たる阿野廉子の死没と、畠山国清の南方征伐とを契機としたみて大過ないように思われる。こうして、観応二年（一三五一）一二月から延文四年（一三五九）一〇月までの、正味八年足らずの中院通冬の南朝時代は終焉を迎える。

（ii）復帰後の動向

右にみたように、中院通冬の北朝への復帰は延文四年一〇月末頃のことと考えられるが、次に示す「園太暦」延文四年一二月一三日条によると、復帰後一カ月半ほど経ったこの日、通冬は前関白洞院公賢を訪問している。

〔史料22〕[59]

十三日、天晴、入夜前源大納言通冬卿来、去十月廿五日出洛、武家免状不経旬日相州(細川清氏)申沙汰送之、公家出仕事又預御免、而本領安堵事、雖申入候不及沙汰、無心元之由談之、

この日夜に入って洞院公賢を訪問した通冬は、以下のことを公賢に語っている。記事の語るところを箇条書きに整理しよう。

①京都に出て来たのは、延文四年（一三五九）一〇月二五日であること。

②「武家免状」とは武家政権による復帰の承諾書、赦免状であろうから、通冬の復帰は幕府の承認を受けていること（幕府管領の相州細川清氏がこの件に関与した点は注意してよい）。

③「公家出仕事」、つまり北朝への出仕についても「預御免」、許可を得たこと。

④ただし、「本領安堵」、つまり中院家の本領安堵については、すでにその申し入れはしているがご沙汰は下りておらず、ために心もとない思いでいる。この場合の沙汰権者は後光厳天皇であろう。同天皇の綸旨による本領安堵の申請をしたものと思われる。

この記事で最も興味深いことは、北朝・幕府は、通冬の古巣への復帰をともに表面的には認めてはいるけれども、「本領安堵事、雖申入候不及沙汰、無心元之由談之」と述べられるように、かといって完全に許容しているわけではない点である。通冬が南朝に走った前歴をすべて水に流しましょうとは言っていない。いみじくも近衛道嗣が発した言葉のように、北朝公家の「南北往来」は北朝首脳部の顰蹙を買っていた[60]。それは通冬にとっては一種のペナルティであったと言ってよい。

しかしこうした孤立同然の通冬に、やがて後光厳天皇は最小限の援助の手をさしのべている。「中院文書二」に以下の二通の後光厳天皇綸旨が残っている。

〔史料23〕[61]

加賀国額田庄幷加納八田庄、如元管領不可有相違之由、天気所候也、仍言上如件、

延文四年十二月十九日　右兵衛佐（万里小路嗣房）（花押）奉

進上　中院前大納言（通冬）殿

〔史料24〕[62]

上野国如元可令知行給之由、天気所候也、仍言上如件、行知（平）誠恐謹言、

康安元年九月二日　右中弁（平行知）（花押）

進上　中院前大納言（通冬）殿

〔史料23〕は、延文四年（一三五九）一二月、中院通冬に対して加賀国額田荘ならびに加納八田荘を安堵するも

の、また〔史料24〕は康安元年（一三六一）九月、同人に対して中院家が数代にわたって相伝してきた上野国の知行を安堵するもの（建武五年に光厳上皇が通冬に上野国の知行を安堵したことは前述。〔史料10〕参照）である。(63) 孤立無援の状況にあった通冬が次第に北朝社会に受容され始めたことを示していよう。

このような政治環境にあった通冬が、なお一層深く北朝社会に溶け込もうと考えたとしても一向に不思議ではない。通冬は次代を担う子息の将来に期待をかけ始めたと思われる。そのために通冬がまず考えたのは嫡子通治の改名であった。延文五年（一三六〇）正月のことで、時期的には先述の〔史料23〕と〔史料24〕の間に位置するのであるが、『園太暦』延文五年正月九日条に(64)以下のような記事がある。中院通冬は洞院公賢に書を遣わし、もと南朝祗候の息通治を通氏と改名させようとして公賢に諮った。通冬の言うところは、「通治」の文字について「反音字不宜候、曩祖通氏長男名字候、無子孫候、強不可有巨難歟之由存候」、つまり「治」字が反音でよろしくないし、中院家祖の通方の長男に「通氏」がいたが、(65) その子孫には同名はないので巨難はないのではないかという理由である。この嫡子改名の背後には、通冬の南朝との絶縁意識と自らの子孫への期待があったものと考えられよう。

かくして、中院通冬は人生の終焉の時を迎える。当時三九歳で前内大臣であった三条公忠の日記「後愚昧記」貞治二年（一三六三）閏正月二五日条である。

〔史料25〕(66)

廿五日、後聞、今夜亥刻許、前大納言源通冬（中院）卿卒去年卌九云々、自去年八月比煩虚気、終以入滅、丞相（大臣のこと）事款望、然而遂無　勅許、今朝叙一品宣下云々、此卿去文和（観応二年一二月）、年逃脱参南方ﾆ了、而先年此四五六年歟自京都無改（欲）（攻）南方之刻、又降参京都了、進退不落居、可謂無念、但於器用者、当時今程仁も可謂希有歟、聊嗜学之人也、丞相事無上首、然而自南方依降参、無其沙汰云々、後日、此卿一品　宣下事、相尋按察実継卿（三条）之処、返事云、閏正月廿五日　宣下到来、即他界了、実儀廿四日夜子刻也、仍贈位歟之由、有不審之輩之由風聞、事儀不可然之由、可被書上　宣旨日付之由申入了、其儀ニ治定歟之由所相存也、内記局所注置追猶可相尋之、実継為　宣下上卿者、

この記事は中院通冬の卒伝だけあって殊に興味深く、関係記事のなかでは質量ともに傑出していて、この記事だけからでも通冬の生涯の沿革を素描することができるほどである。内容を整理すると次のようになろう。

①前大納言中院通冬は貞治二年閏正月二五日亥刻（午後一〇時ころ）に没した（当初の情報）。享年四九歳。去年八月ころより「虚気」（体の衰弱する病気）を煩い、それが死につながった。

②通冬は「文和、年」（実は観応二年〈一三五一〉一二月）に南方へ離脱し、「先年」（実は延文四年）東国軍勢の吉野攻撃の直前に北朝に帰参した。

③通冬の「進退不落居」（南北を往来したこと）は無念というべきである。しかし通冬の器用（才能）には希有のものがあり、通冬は「嗜学之人」（学問好きの人）だ。

④「丞相（大臣のこと）事款望、然而遂無勅許」や「丞相事無上首、然而自南方依降参、無其沙汰云々」から知られるのは、通冬は頻りに「丞相」のポストを望んだが勅許されることはなかったこと、当時北朝の朝廷で丞相のポストには通冬を凌ぐような人材はいなかったのに、通冬の南朝参仕の履歴がネックとなって、ついに昇進させてもらえなかったということ。

⑤通冬は死去に際して「一品」（正確には従一位）に叙された。

⑥後日談によると、その一品宣旨の日付をどうするかで議論があったそうだ。宣下上三条実継のもとには「閏正月廿五日宣下」が届いたが、没時刻が実は「廿四日夜子刻」だったので、没後の二五日とはせず（つまり贈位の形はとらず）、一日繰り上げて二四日としたとのこと。

すでに他の史料によって知られた事実も含まれているが、通冬の生年を正和四年（一三一五）とみなす根拠である①、通冬の知的な人となりを彷彿させる③、通冬が北朝帰参後に大臣のポストを望んだが（つまり名誉欲の持ち主であったが）、許されなかったこと、その理由が南朝に参じた前歴だったことなどがわかる④はまことに興味ふかい。さらに⑤と⑥から窺われる一品宣下の微妙ないきさつは、その日付の繰り上げが北朝朝廷の、冥土へ旅立つ通冬に対するせめてもの「はなむけ」であったことを思わせる。

おわりに――中院通冬を通して知られること

以上、中院通冬という名の一人の公卿の歩みを通してみたように、日本の一四世紀史の大半を覆う動乱と社会変革の時代は、いろいろな社会階層に属する多くの人々の生き方を急展開させた。古代以来日本社会の支配階層の最高にして中核的な部分を担ってきた、主として京都に拠点をおく公家たちもその例外ではなく、多くの公家たちがこの一四世紀史のなかで生きるか死ぬかの厳しい選択を迫られたことは想像に難くない。

動乱の一四世紀史は、南北朝の動乱をその主たる内容としているが、この動乱は歴史の舞台にこれまでにない規模で多くの人々を登場させ、そのなかからこの時代を象徴するような個性的な人物が少なからず現れ、歴史上の重要な業績を残し、新しい時代を切り開いた。

本章では、この動乱のなかで大きく変貌した公家世界の一隅を照らすために、中院通冬という村上源氏の流れをくむ上級公家の人生をたどった。一口に公家といってもその階層はピンからキリまであるし、こと公家だけに限ったことではないけれども、公家の家はどこもそれなりに一門内部に家門や家督をめぐる抗争の種を抱えていた。その抗争の芽は、南北朝の争いを機に拡大化・表面化し、大きく二つの敵対勢力のいわば裾野を構成していた。そのさい南北対立への関わりも決して一様ではなく、多分に深刻なものから便宜的なものまで多種多様であったはずである。

本章でみた中院通冬の場合、どちらかといえば便宜的な関わりであったとみてよい。中院家は同じ村上源氏のなかで久我家との主導権争い、嫡流・正統をめぐる争いを演じてきており、通冬の南朝帰参はその勝利を得るための手段であったのである。

中院通冬の官歴をみると、その幼少時代はまだ両統（持明院統・大覚寺統）対立が顕著化する以前であったためか、さして昇進のさいにさしたる党派性が感じられない。しかし両統対立が顕著化すると、通冬の父祖はどちらかといえば持明院統（のちの北朝）に近い行動様式をとっている。通冬が光厳朝下の元弘元年に一七歳で検非違使別当に補され、公家政治の世界に初めて足を踏み入れたのはそういう事情からであろう。

南北朝時代になると、中院通冬は当初北朝公として行動したが、公武政権のなかでなかなか官位の上昇も思うにまかせず、ために一門のライバルというべき久我家との主導権争いでもはかばかしい成果が得られず、観応二年の南朝による天下統一＝「正平の一統」を千載一遇のチャンスとみた通冬は、南朝への転身を決断した。

しかし転身はしたものの、現実はそう甘いものではなく、年月が経つにつれての南朝勢力の衰退は覆うべくもなかった。そこで通冬は後見人的存在であったとおぼしい阿野廉子の死去と関東管領畠山国清軍の南方攻撃を機に、延文四年、再び古巣の北朝への帰参を決意した。これまで北朝朝廷は離脱後の通冬に許容的な態度をとり、在南朝時代もその官爵を削らずにいたが、久我家の手前、無期限にというわけには行くまい。通冬にとって北朝朝廷で久我家に水をあけられるきっかけとなったのは、通冬が文和三年（一三五四）閏一〇月二五日に「大納言・奨学院淳和院等別当」を解任されたことであろう。[67] これを追うように同年一一月一二日権大納言久我通相（長通の嫡子）が「氏長者幷奨学淳和両院別当」となっている。[68] 久我家が「中院流正統」の地位を確立するのは文和三年久我通相の両院別当就任からだとされる所以である。(69)足利尊氏・義詮父子による共同執政体制の確立過程に照らしてみると、あるいは足利義詮の執政体制整備の進捗と関係するのかもしれない。

延文四年、北朝に復帰した通冬を待っていたのは、南北を渡り歩いたものに対する北朝重鎮たちの冷ややかなまなざしであった。通冬はこれを払拭しようと努めたが、さしたる効果はなかったようである。貞治二年（一三六三）閏正月二五日没、四九歳。この通冬の南走という判断は彼の人生にとって失敗だった模様である。通冬が期待した子孫による再興もその後の中院家の衰運をみると十分に果たせなかったようである。その象徴的なできごとが伏見宮貞成親王の日記『看聞日記』応永二五年（一四一八）三月八日条にみえる。(70)それは、通冬の孫通守が困窮のあまり春日祭の上卿の役目をつとめることができないという理由で小刀で喉元をかき切って自害したことである。前述したように、中世天皇史上の傑物後嵯峨院を世に出した中院家の、過去の輝かしい栄光と現実の度を過ぎた困窮ぶりとの大きなギャップが、この自刃の引き金となったことは疑いない。

最後に、中院通冬とは何かということで簡単にまとめると、鎌倉末期に村上源氏の名門中院家の嫡流に生まれたものの、動乱の南北朝時代に遭遇して、家門の繁栄を期して北朝から南朝に転身したが、思いを果たせず、やがて古巣への傷心の復帰を余儀なくされた、いわば時代に翻弄された悲運の公卿ということになろうか。

注

（1）史料纂集『園太暦五』一八頁。
（2）大日本古記録『建内記四』八二頁。
（3）昭和五〇年（一九七五）九月に角川書店から、「季刊論叢日本文化Ⅰ」として刊行された林屋辰三郎『内乱のなかの貴族――南北朝期『園太暦』の世界――』は同様な視点から、同時代人の洞院公賢を素材として論じたものである。なお同書は平成二七年（二〇一五）七月に、吉川弘文館から「読みなおす日本史」シリーズの一冊として、『内乱のなかの貴族――南北朝と『園太暦』の世界――』と題して復刊された。こと中院通冬に関連する研究では、その日記「中院一品記」の書誌に即した研究として、山本信吉「『中院一品記』原本の書誌的考察」（『日本歴史』641、二〇〇一年一〇月）があるにすぎない。

（4）吉川弘文館『国史大辞典10』六二六頁、川田貞夫執筆。

（5）『和歌文学大辞典』（明治書院、一九六二年一一月）に付録の「勅撰作者部類」。

（6）日本古典文学大系『神皇正統記』（岩波書店）一六一―一六二頁。中院祖の通方と後嵯峨天皇との関係について述べる『愚管抄』の一節に、以下のようなくだりがある。

第八十七代、第四十六世、後嵯峨院。諱ハ邦仁、土御門院第二ノ御子。御母贈皇太后源通子、贈左大臣通宗ノ女、内大臣通親ノ孫娘ナリ。承久ノミダレアリシ時、二歳ニナラセ給ケリ。通親ノ大臣ノ四男、大納言通方ハ父ノ院《（土御門院）》ニモ御傍親、贈皇后ニモ御ユカリナリシカバ、収養シ申テカクシヲキ《（隠置）》タテマツリキ。十八ノ御年ニヤ、大納言《（中院通方）》サヘ世ヲハヤクセシカバ、イトヾ無頼ニナリ給テ、御祖母承明門院《（源在子）》ニナムウツロヒマシ〳〵ケル。二十二歳ノ御年《（仁治三年）》、春正月十日、四条院俄ニ晏駕、皇胤モナシ。連枝ノミコモマシマサズ。（下略）

こうして邦仁の出番となるわけであるが、右の記事中の「大納言通方ハ父ノ院《（土御門院）》ニモ御傍親、贈皇后《（通子）》ニモ御ユカリナリシカバ、収養シ申テカクシヲキ《（隠置）》タテマツリキ」の部分は、たまたま血縁上の関係から中院通方がこの存在感のない皇子邦仁を密かに扶養していたことを意味している。

（7）護良親王令旨の奉者としての中院定平については、拙稿「大塔宮護良親王令旨について」（『中世日本の政治と文化』思文閣出版、二〇〇六年一〇月）一五―一七頁参照。他にも関係史料が散見し（例えば、『太平記巻一七』の「鬼切被進日吉事」のくだり。『西源院本太平記』（刀江書院、一九三六年六月）五〇〇頁。延元元年一〇月ころ）に「…此外、妙法院ノ宮（尊澄）ハ御舟ニ被召レテ、遠江国へ落サ給フ。阿曾宮ハ山臥ノ姿ニ成テ吉野ノ奥ニ忍バセ給フ。四条中納言隆資ハ紀伊国へ下リ、中院少将定平ハ河内国へ隠レ給フ」とみえ、また大日本古文書『観心寺文書』九四頁に延元三年正月七日中院定平自筆願文がみえる。また元弘三年後半期の、中院定平の評判活動については、拙稿「建武政権と九州」（『九州中世史研究2』一九八〇年一一月）一二一―一二三頁、および一七五頁注（56）参照。↓本書第一部第四章九〇―九一頁、一三八頁注（56）

（8）正平一統における中院具忠の活動は、例えば「園太暦」観応二年一一月五日条（『園太暦四』三九―四〇頁）あたりに詳しい。
（9）懐良親王側近としての中院義定については、三浦龍昭「征西府における人的基盤」（『征西将軍府の研究』青史出版、二〇〇九年一一月）四七―五三頁参照。
（10）史料纂集・村田正志校訂『花園天皇宸記一』一九〇頁。
（11）大日本古記録『後愚昧記一』五四頁。
（12）国史大系『公卿補任二』五二三頁。中院通冬は元徳元年（一三二九）正月五日に非参議・従三位に叙任され、「公卿補任」に初登場する。
（13）注（12）に同じ。なお左から右に転ずるのは通例からすると逆行といわざるを得ず、あるいはそこに何らかの事情があったのかもしれない。
（14）『公卿補任二』五二六頁、『尊卑分脈三』五一四頁。
（15）「花園天皇日記元弘元年十月別記」一〇月五日条。『花園天皇宸記三』二三〇頁。
（16）『公卿補任二』五四〇頁。
（17）『公卿補任二』五四五頁。
（18）「醍醐寺文書」。『鎌倉遺文41』三一八四四検非違使庁廻文案。『大日本古文書　醍醐寺文書二』（二三四頁）検非違使庁廻文案。
（19）「醍醐寺文書」。『鎌倉遺文41』三一八四二中院通冬副状案。『大日本古文書　醍醐寺文書一』（三九六頁）中院通冬副状案。
（20）元弘元年九月の光厳天皇践祚とともに始まる後伏見上皇院政については、筆者はかつて『花園天皇宸記』元弘二年二月二一日条などをふまえて、
四十歳代の半ばにさしかかって、ふってわいた治天下の地位を得た後伏見上皇は政務に対する旺盛な意欲をみせている。院評定・文殿の訴訟制度をはじめ、雑訴法・評定・越訴・庭中の式日などを整備することによって政道の刷新に尽力するとともに、神事の興行にも積極的に取り組むなど、後醍醐朝におとらぬ緊張感と政治意欲をうかがうことができる。

と評価したことがある（小著『建武政権』講談社学術文庫、二〇一二年六月、一一三頁）。
(21) 中井裕子「検非違使別当の人事からみる鎌倉後期の朝廷」（『日本史研究』528、二〇〇六年八月）。
(22) 注（21）中井論文四三頁。
(23) 『公卿補任二』五四六頁。
(24) 『公卿補任二』五五二、五五四頁。
(25) 『公卿補任二』五五六頁。
(26) 『公卿補任二』五六〇、五六二頁。
(27) 『公卿補任二』五六八頁。
(28) 関係史料は『大日本史料』六編四、八九七―八九八頁に掲載される。また、同様に貞和四年四月、甲斐国を洞院公賢の知行としたことについては「園太暦」貞和四年四月二二日条にみえる（『園太暦二』三四二頁）。
(29) 『公卿補任二』五七一頁。
(30) 東京大学史料編纂所影写本「中院文書二」。なおこの文書は『大日本史料』に収録されていない。
(31) 注（30）と同じ。
(32) 平凡社『日本歴史地名大系23愛知県の地名』（一九八一年一一月）二五〇頁「徳重保」項によると、中院家がもったのは地頭職とする。
(33) 通冬の按察使兼任時点については「師守記」康永三年六月二二日条裏書所載の「元亨四年□《(以)》来按察使事」の最末尾に（『師守記二』一七二頁）、「通《(冬)》―暦応三年十一月廿日兼按察使給于時権中納言左衛門督 従二位」とあり、これに従う。なお『公卿補任二』五七九頁が同年「五月廿日」とするは誤り。
(34) 『公卿補任二』五七五頁。
(35) 『尊卑分脈三』五一四頁。
(36) 「中院一品記」暦応三年七月一日条。『大日本史料』六編六、二〇八―二〇九頁。
(37) 暦応年間の初頭における通冬の淳和院別当就任時点については、『公卿補任二』五七五頁に「(暦応二年）十二月廿七日為淳和院別当」とある一方で、同書五七九頁では「(暦応三年）正月三日補淳和院別当」とあり、畢同ないし錯乱が認められる。

(38) 図録『特別企画展　中世の人と美術』(大和文華館、二〇一五年八月) 五五頁。
(39)『公卿補任二』五七九頁。
(40)『西源院本太平記』六八三―六九九頁。
(41)『公卿補任二』六〇二頁。
(42) 昭和五七年(一九八二) 一一月刊『久我家文書』(発行・国学院大学、発売・続群書類従完成会)。このうち本章に関係するのは第一巻。
(43) 岡野友彦『中世久我家と久我家領荘園』(続群書類従完成会、二〇〇二年一〇月) の第二章「中世前期の久我家と源氏長者」、『源氏と日本国王』(講談社、二〇〇三年一一月)、堅月基「鎌倉・南北朝期の源氏長者」(「日本歴史」610、一九九九年三月)、松永和浩『室町期公武関係と南北朝内乱』(吉川弘文館、二〇一三年二月) 第二章「源氏長者独占体制の成立過程」。
(44)『公卿補任二』六三一頁。
(45)『西源院本太平記』八五九頁。
(46)『園太暦四』九九頁。
(47)『園太暦四』一〇二頁。
(48)『公卿補任二』六四四頁。
(49) 東京大学史料編纂所影写本「中院文書二」
(50) 願文は『大日本史料』六編二二、五五八―五六〇頁。『群書類従29』三七六―三七七頁に収録。
(51)『公卿補任二』六四四頁。
(52) 関係史料は『大日本史料』六編二二、五五六―五六四頁に収録。この願文は現在一つの独立した文書として扱われているが(岩波書店『国書総目録四』七二四頁)、もともと「観心寺文書」に含まれていたとしても一向に不自然でない。
(53)『群書解題八』(続群書類従完成会、一九六一年四月) 一九三頁。
(54)『群書類従五』八六頁。
(55)『大日本古文書観心寺文書』九九、一〇〇(九九―一〇〇頁)。

(56)『園太暦六』三〇六頁。
(57)『西源院本太平記』九六六頁。
(58)『後深心院関白記一』三六九頁。
(59)『園太暦六』三三五頁。
(60)よい例として、近衛道嗣の洞院実守に対する批評が「後深心院関白記」応安元年三月六日条にみえる（『後深心院関白記三』二一二頁）。前関白近衛道嗣は、洞院公賢の弟実守が南朝に参じながら公賢の孫公頼（貞治六年五月一〇日没）、子実夏（貞治六年六月一日没）が没するたびに洞院家門を取得しようと南朝を離れ京都に出没したことに対して、「南北之往来、頗非忠貞之儀乎」と手厳しく批判した。
(61)東京大学史料編纂所影写本「中院文書二」。『加能史料南北朝II』一五三頁。
(62)東京大学史料編纂所影写本「中院文書二」。『南北朝遺文関東編四』二四四頁。
(63)〔史料23〕に関しては、関係文書が「中院文書二」にある。この綸旨の施行を命ずる内容の、鎌倉公方足利基氏あて康安元年一〇月三日足利義詮御判御教書である。『南北朝遺文関東編四』二四九頁に収録。
(64)『園太暦七』二三—二四頁。
(65)『尊卑分脈三』五一三頁に掲載されている。
(66)『後愚昧記一』五四頁。
(67)『公卿補任二』六四四頁。
(68)注（67）に同じ。
(69)松永和浩『室町期公武関係と南北朝内乱』（吉川弘文館、二〇一三年二月）二七〇頁。
(70)『図書寮叢刊　看聞日記一』一九九頁。『看聞御記上』一三二頁。

【年表】 中院通冬略年表

	年月日	西暦	月	日	事項	出典	備考
1	正和四年　月　日	一三一五			●誕生。父前権大納言正二位通顕、母白拍子明一。（一歳）叙爵。（一歳）	公卿補任二　五二三頁	光厳天皇一三一三年生、北畠顕家一三一八年生
2	正和五年一月五日	一三一六	一	五	叙爵。（二歳）	公卿補任二　五二三頁	
3	正和五年閏一〇月四日	一三一六	⑩	四	叙従五位上。	公卿補任二　五二三頁	
4	文保二年三月二五日	一三一八	三	二五	叙正五位下。＊後醍醐天皇の践祚は文保二年二月二六日、即位は同年三月二九日。	公卿補任二　五二三頁	
5	元亨二年一二月二五日	一三二二	一二	二五	任左少将。	公卿補任二　五二三頁	
6	元亨四年一月五日	一三二四	一	五	叙従四位下。（一〇歳）	公卿補任二　五二三頁	
7	正中三年三月八日	一三二六	三	八	転左中将。	公卿補任二　五二三頁	
8	嘉暦二年七月一六日	一三二七	七	一六	叙正四位下。	公卿補任二　五二三頁	
9	元徳一年一月五日	一三二九	一	五	叙従三位、左中将如元。（一五歳）	尊卑分脈三　五一四頁	
10	元徳一年六月二八日	一三二九	六	二八	渡右。	公卿補任二　五二三頁	
11	元徳一年一二月二八日	一三二九	一二	二八	○「花園天皇日記」同日条に「三位中将通冬」見ゆ（通冬の同時代史料上の初見）。	『花園天皇宸記三』一九〇頁	
12	元徳二年二月一一日	一三三〇	二	一一	任参議。（一六歳）	尊卑分脈三　五一四頁	
13	元徳三年一月五日	一三三一	一	五	叙正三位。	尊卑分脈三　五一四頁	
14	元徳三年一月一三日	一三三一	一	一三	備後権守を兼ねる。	公卿補任二　五三三頁	
15	元弘一年一〇月五日	一三三一	一〇	五	任左衛門督・検非違使別当。（一七歳）＊光厳天皇践祚は元弘一年九月二〇日、一〇月五日除目。	『花園天皇宸記三』一三〇頁、元弘一・一〇・五条、公卿補任二　五三三頁	
16	元弘二年三月一二日	一三三二	三	一二	任権中納言。左衛門督・使別当如元。（一八歳）	公卿補任二　五四〇頁	

17	正慶一（元弘二）年九月五日	一三三二	九	五	使別当中院通冬、検非違使庁廻文を源氏女雑掌と知足院中将入道（実種）後室雑掌に遣わし、知足院地の事につき来る一二日評定に参るべきことを伝える。	正慶一・九・五検非違使庁廻文案	『醍醐寺文書二』二三四頁
18	（正慶一ヵ）九月五日	一三三二	九	五	使別当左衛門督中院通冬、「伯殿」（資継王ヵ）にあてて「証円申兵庫嶋升米事」につき、「官人章香（中原）状〈副具書〉」を示す。	（元弘二ヵ）九・五中院通冬副状案	『醍醐寺文書一』三九六頁
19	元弘三年四月二三日	一三三三	四	二三	中院通顕（四三歳）、伊予忽那重義の忠勤を褒め、「天聴」に達せんことを告ぐ。	「伊予忽那文書」元弘三・四・二三　中院通顕感状	『鎌倉遺文四一』二四二頁。花押は中院通顕か
20	元弘三年四月二五日	一三三三	四	二五	中院通顕、伊予祝安親の忠勤を褒め、「天聴」に達せんことを告ぐ。	「伊予三島文書」元弘三・四・二五 中院通顕感状。『今治郷土史二』七四二頁に写真	『鎌倉遺文四一』二四二頁。花押は中院通顕か（平凡社『書の日本史九』二五八頁、花押五九五「中院通顕」と同一）
21	元弘三年五月一七日	一三三三	五	一七	権中納言を止め、本職（参議・右中将・備後権守）に復す。左衛門督・使別当・春宮権大夫を止む。（一九歳）	公卿補任二　五四五頁、五四六尊卑分脈三　五一四頁	「伯州詔命」（後醍醐天皇の命令）による
22	建武一年一〇月三日	一三三四	一〇	三	母の喪にあう。（復任せず）	公卿補任二　五五二頁	
23	建武二年一一月二六日	一三三五	一一	二六	参議に還任する（足利尊氏勅勘の替）。左中将を兼任する。（美作権守も兼任か）	公卿補任二　五五六、五六〇頁	
24	建武三年八月一五日	一三三六	八	一五	参議を止める。（左中将・美作権守も辞すか）◎光明天皇践祚（北朝の成立）	公卿補任二　五六〇、五六二頁	
25	建武五年七月二〇日	一三三八	七	二〇	光厳上皇院宣を中院通冬に下して上野国を知行させる。（二四歳）	中院一品記建武五・七・二〇	『大日史』六―四、八九七頁
26	暦応一年九月一九日	一三三八	九	一九	任権中納言。	公卿補任二　五七一頁	

27	暦応一年九月二八日	一三三八	九	二八	足利尊氏、「中院内大臣入道」（通顕。通冬父）に書状を遣し、先例に任せて「尾張国徳重保」（名古屋市緑区鳴海町徳重）を管領させる。	「中院文書」（東大史料影写本）	中院通顕は元弘三・五・八出家
28	暦応一年一二月二九日	一三三八	一二	二九	勅授帯剣。	公卿補任二　五七一頁	
29	暦応二年二月二日	一三三九	二	二	兼左衛門督。（二五歳）	尊卑分脈三　五一四頁	
30	（暦応二）六月二三日	一三三九	六	二三	光厳上皇、「左衛門督」中院通冬をして、来る二七日の御作文での御遊席に候させる。	「中院一品記」暦応二・六・二四	『大日史』六―五、五七三頁
31	暦応二年一二月二七日	一三三九	一二	二七	中院通冬を淳和院別当となす。	公卿補任二　五七五頁	
32	暦応三年一月三日	一三四〇	一	三	中院通冬を淳和院別当に補す。（尊卑分脈は暦応二・一二・二九とする）（二六歳）	公卿補任二　五七九頁	
33	暦応三年四月一日	一三四〇	四	一	叙従二位。	尊卑分脈三　五一四頁	
34	暦応三年六月二九日	一三四〇	六	二九	光厳上皇、「左衛門督」中院通冬をして、淳和院領丹波三井荘を領せしむ。	「中院一品記」暦応三・七・一	『大日史』六―六、二〇八頁
35	（暦応三）七月一六日	一三四〇	七	一六	関白一条経通、中院通冬の大納言昇進の要望を光厳院に奏上する（すぐには勅許されず）。	東京大学史料編纂所所蔵分巻五第二・一　紙背	『図録』五五頁で藤原重雄指摘
36	暦応三年七月一八日	一三四〇	七	一八	権中納言中院通冬を奨学院別当・源氏長者となす。	公卿補任二　五七九頁	『大日史』六―六、二四六頁
37	（暦応三）九月六日	一三四〇	九	六	北朝、勅命を「左衛門督」中院通冬に伝えて、重陽の御会に参候させる。	「中院一品記」暦応三・九・八	『大日史』六―六、三四〇頁
38	暦応三年一一月二〇日	一三四〇	一一	二〇	遷任按察使。（公卿補任が五月とするは誤り）	「師守記」康永三・六・二二『師守記二』一七一頁	『図録』五五頁で藤原重雄指摘
39	暦応三年一二月二七日	一三四〇	一二	二七	任権大納言。按察使如元。	尊卑分脈三　五一四頁	
40	（暦応四）一月三日	一三四一	一	三	光明天皇、「按察大納言」中院通冬をして、来る六日の叙位の儀に執筆として参候させる。	「中院一品記」暦応四・一・四	『大日史』六―六、五五四頁

41	暦応四年一月一八日	一三四一	一	一八	太政大臣従一位久我長通を奨学院別当・源氏長者となす。	公卿補任二　五八三頁	
42	暦応五年一月五日	一三四二	一	五	叙正二位。	尊卑分脈三　五一四頁	
43	暦応五年二月二九日	一三四二	二	二九	久我長通、辞職（奨学院別当も辞す）。	公卿補任二　五八七頁	
44	暦応五年三月二八日	一三四二	三	二八	権大納言中院通冬を奨学院別当・源氏長者となす。	公卿補任二　五八八頁	『大日史』六―し、八六頁
45	康永二年一二月二〇日	一三四三	一二	二〇	北朝前内大臣正二位中院通顕（通冬の父。五三歳）、薨ず。（通冬二九歳）	公卿補任等	『大日史』六―七、八二八頁
46	「康永三」四月二七日	一三四四	四	二七	足利尊氏、「按察大納言」中院通冬に書状を遣し、「尾張国徳重保」の相伝を了承する。	「中院文書」（東大史料影写本）	
47	康永四年一月六日	一三四五	一	六	中院通冬を奨学・淳和両院別当、源氏長者となす。	公卿補任二　六〇二頁	
48	康永四年七月ヵ	一三四五	七		天龍寺の創建につき延暦寺がクレームを付けたとき、中院通冬は「宗論アルベシ」と主張。	「太平記」二五	『西源院本太平記』六八九頁
49	貞和四年一一月一日	一三四八	一一	一	中院通冬、院司別当の一人に加補される。（三四歳）	「園太暦」貞和四・一一・一、『園太暦二』四九六頁	貞和四・一〇・二七譲位の光明院か
50	貞和五年九月一三日	一三四九	九	一三	大納言に転ず。奨学淳和両院別当。	公卿補任二　六二一頁	
51	観応二年一一月	一三五一	一一		北畠親房、准三后となる。	岡野友彦『北畠親房』二七五頁	
52	観応二年一二月二六日	一三五一	一二	二六	★中院通冬（大納言正二位）、南方に参ず。（三七歳）（「太平記三〇」では「本ノ官位ニ復セラレケル」とするが〈『西源院本太平記』八五九頁〉、実は降格）	公卿補任二　六三一頁（観応二年）	
53	観応三（正平七）年一月五日	一三五二	一	五	中院通冬、南朝において従二位に叙される。任権中納言も同時ならん（実は格下げ）。	「園太暦」観応三・一・五、『園太暦四』九九頁	

54	観応三年一月一七日	一三五二	一	一七	中院通冬、洞院公賢のもとを訪れ、窮冬二六日に南朝へ参着したこと、権中納言に任ぜられしことを談ず。	「園太暦」観応三・一・一七、『園太暦四』一〇二頁	
55	観応三年二月二一日	一三五二	二	二一	中院通冬（権中納言）、南朝において「新院（崇光院）々司・別当」の一人に補される。	「園太暦」文和一・二・二一、『園太暦四』一一四頁	崇光天皇は観応二・一一・七譲位
56	観応三年七月二七日	一三五二	七	二七	足利義詮、尾張守護土岐頼康に令して、源大納言家（中院通冬）雑掌の申す徳重保地頭職の事につき、渡部・潮田以下の濫妨を止め、雑掌に沙汰し居えしめる。	「中院文書」観応三・七・二七足利義詮御判御教書	通冬子息通氏は当時七歳
57	正平九（文和三）年四月一七日	一三五四	四	一七	北畠親房、没す。（六二歳）＊他に九・五没とする説、正平一四年没説あり。	岡野友彦『北畠親房』二七三頁	
58	文和三年閏一〇月二五日	一三五四	⑩	二五	中院通冬、大納言および奨学院・淳和院等別当を辞退する。	公卿補任二　六四四頁	
59	文和三年一一月一二日	一三五四	一一	一二	久我通相（長通の子）を源氏長者、奨学淳和両院別当となす。	公卿補任二　六四四頁	
60	正平一四（延文四）年四月二九日	一三五九	四	二九	阿野廉子（新待賢門院）、没す。（五九歳）	園太暦等	『大日史』六—二二、五五七頁
61	正平一四年六月一五日	一三五九	六	一五	「別当正二位行大納言兼右近衛大将」中院通冬、阿野廉子の七七忌にあたり、供養の願文を記す。＊すでに「別当」「正二位」「大納言」「右大将」	「新待賢門院七七忌御願文」『大日史』六—二二五五八—五六〇頁	…不及耳順一年…
62	（正平一四）七月一七日	一三五九	七	一七	中院通冬、観心寺に「（新待賢門院阿野廉子の）御墓所」河内国小高瀬荘を返付する。	「観心寺文書」七・一七中院通冬御教書、『観心寺文書』（大日本古文書）九九頁	通冬の官途は「右大将」

63	（正平一四）八月六日	一三五九	八	六	中院通冬、観心寺に新待賢門院河内国小高瀬荘「朝用分」を「御百日ヶ日以後」返付することを報ず。	「観心寺文書」七・一七 中院通冬御教書、『観心寺文書』（大日本古文書）一〇〇頁	通冬の官途は「右大将」
64	延文四年一〇月	一三五九	一〇		畠山国清東国の軍勢を率い上洛するとの風聞、南朝参仕の公卿多く帰洛するとの風聞あり。	「園太暦」延文四・一一・一、「後深心院関白記」（大日本古記録）延文四・一一・五	此七八年間参仕南方月雲客等、大略「可」帰洛云々、
65	延文四年一〇月二五日	一三五九	一〇	二五	★中院通冬帰洛し、仁和寺辺にありと云々（四五歳）。帰降幷に朝廷出仕を許される（武家・公家の御免あり）。ただ本領安堵の事は沙汰に及ばず、「心元無きの由を談ず」。	「園太暦」延文四・一一・一、同年一二・一三、「後深心院関白記」延文四・一一・五	
66	延文四年一二月一三日	一三五九	一二	一三	中院通冬、入夜洞院公賢を訪問する。	「園太暦」延文四・一二・一三	『園太暦六』三二五頁
67	延文四年一二月一九日	一三五九	一二	一九	後光厳天皇、中院通冬（前大納言）にあてて綸旨を下し、加賀国額田荘幷加納八田荘の領掌を元の如く安堵させる。	「中院文書」延文四・一二・一九後光厳天皇綸旨	『加能古文書』二三一頁
68	延文五年一月九日	一三六〇	一	九	中院通冬、洞院公賢に書を遣わし、もと南朝祇候の息通治を通氏と改名させようと諮る。	「園太暦」延文五・一・九	『園太暦七』二四頁
69	康安一年九月二日	一三六一	九	二	後光厳天皇、中院通冬（前大納言）にあてて綸旨を下し、上野国を元の如く知行させる。	「中院文書」康安一・九・二後光厳天皇綸旨	『南北朝遺文関東編四』二四四頁

70	康安一年一〇月三日	一三六一	一〇	三	足利義詮、鎌倉公方足利基氏に令して、中院通冬家雑掌良勝の申す上野国国衙の事につき、去月二日後光厳天皇綸旨に任せて雑掌に沙汰し居え、先例に任せて国務を全うさせる。	「中院文書」康安一・一〇・三　足利義詮御判御教書	『南北朝遺文関東編四』二九七七
71	貞治二年閏一月二四日	一三六三	①	二四	叙従一位。	公卿補任二　六七九頁	
72	貞治二年閏一月二五日	一三六三	①	二五	●中院通冬（前大納言）没す（四九歳）。	「後愚昧記」貞治二・閏一・二五、尊卑分脈三　五一四頁	大日本古記録で翻刻
73	貞治二年五月一九日	一三六三	五	一九	後光厳天皇、中院通氏（通冬息。中院少将）にあてて綸旨を下し、加賀国額田荘幷加納八田荘等の管領を「通冬　去後正月廿三日置文」に任せて、相違なからしむ。	「中院文書」貞治二・五・一九後光厳天皇綸旨	『大日史』六―二五、八九頁
74	貞治二年一二月一九日	一三六三	一二	一九	鎌倉公方足利基氏、関東管領・上野守護上杉憲顕に令して、中院少将家（通氏）家雑掌良勝の申す上野国国衙職を「康安元年九月二日綸旨」・「同年十月三日御施行」に任せて雑掌に渡付せしむ。	「中院文書」貞治二・一二・一九関東公方足利基氏御教書	『南北朝遺文関東編四』三一四三
75	貞治三年四月七日	一三六四	四	七	関東管領上杉憲顕、「御教書」に任せて、上野国国衙職を中院通氏家雑掌に渡付する。	「中院文書」貞治三・四・七関東管領上杉憲顕施行状	『南北朝遺文関東編五』三一六九
76	貞治三年一二月二四日	一三六四	一二	二四	後光厳天皇、中院通氏（中院中将）にあてて綸旨を下し、上野国を元の如く知行させる。	「中院文書」貞治三・一二・二四後光厳天皇綸旨	『南北朝遺文関東編五』三二三三
77	（貞治五）七月一二日	一三六六	七	一二	後光厳天皇、「通氏朝臣状〈副具書〉」を幕府に伝え、上野諸郷保地頭等の同国国衙正税を抑留するを停め、これを中院家雑掌良勝に交付させる。	「中院文書」（貞治五）七・一二後光厳天皇綸旨	『南北朝遺文関東編五』三三三九宛名の「民部大輔」は武家執奏西園寺実俊の家司

78	貞治五年九月一四日	一三六六	九	一四	将軍足利義詮、鎌倉公方足利基氏に令して、「今月七月十二日所被仰下綸旨」を施行させる。	「中院文書」貞治五・九・一四足利義詮御判御教書	『南北朝遺文関東編五』三三五一
79	〈参考〉応永二五年二月一〇日	一四一八	二	一〇	通冬の孫通守、「困窮過法」により「春日祭上卿事」勤め難きにより、「小刀を以て喉かき切」り自害すと云々。	「看聞日記」応永二五・三・八	『看聞日記一』一九九頁、『看聞御記下』一三二頁

※月欄の丸囲み数字は閏月を示し、備考欄の『図録』は注(38)でいう企画展図録をさす。

【系図】　村上源氏略系図（尊卑分脈三）

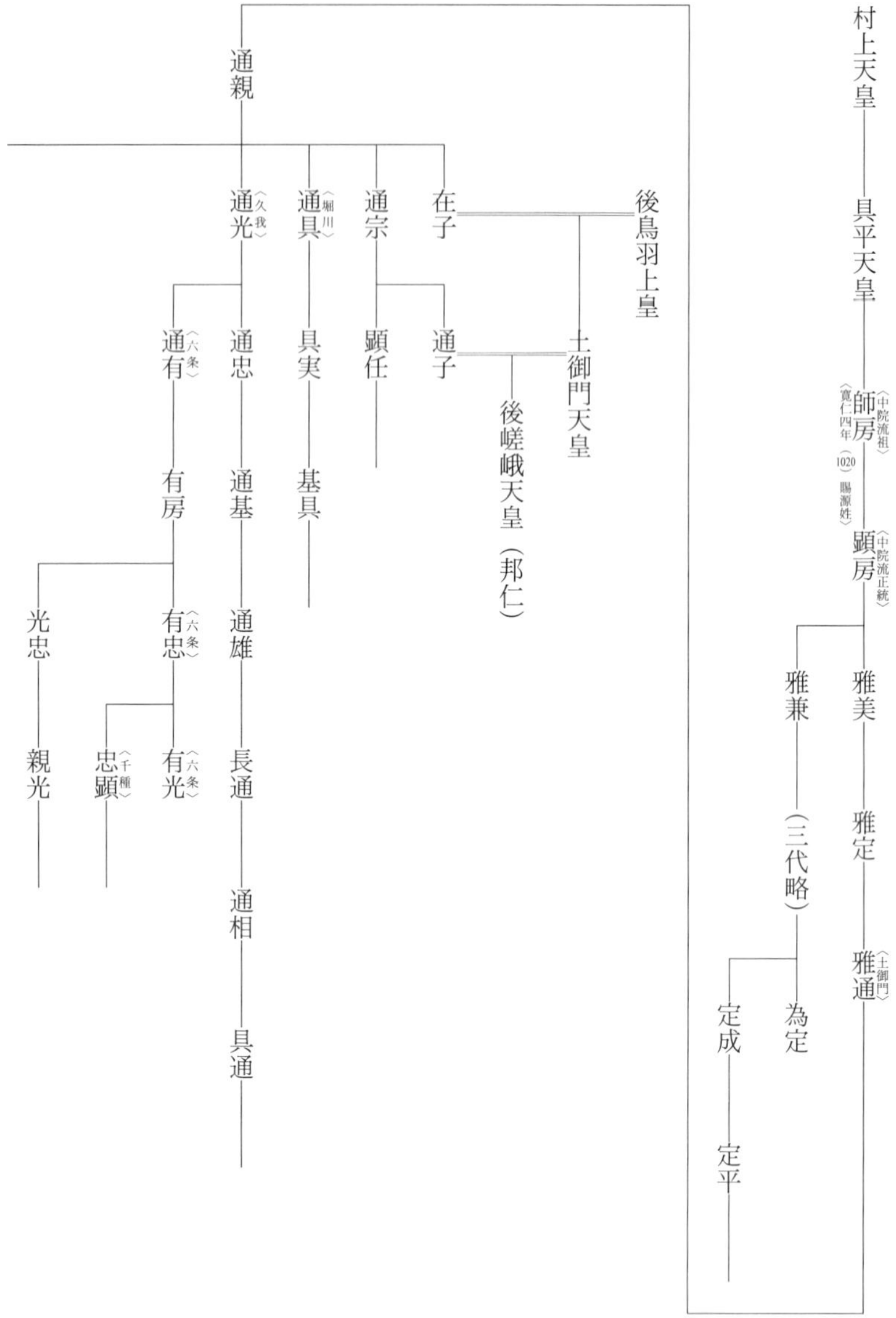

〈土御門〉定通――顕定――定実――雅房――

〈中院〉通方
- 通氏――具氏――具顕――具忠
- 〈中院〉通成――通頼――通重――通顕――通冬――通氏――通守――
- 〈北畠〉雅家――師親――師重――親房
  - 顕家――
  - 顕能――

付記　本章は、平成二七年（二〇一五）九月二〇日、奈良市の大和文華館講堂で行われたシンポジウム「文化財を守り、未来へ伝えるために――「中院一品記」修理事業から」（主催東京大学史料編纂所・大和文華館）における基調講演のための準備と併行して執筆したものである。東京大学史料編纂所の井上聡氏をはじめ、関係の方々には大変お世話になった。特に記して謝意を表したい。

補注（三四四頁）　この「一品内親王」が誰であるかについては、本章公表（平成二七年〈二〇一五〉一二月）の後、当時宮内庁書陵部編修課におられた石田実洋氏から以下のような御教示をメールで頂いた（平成二八年〈二〇一六〉二月一二日付）。たいへん貴重なご意見なので、謝意をこめて以下に掲出しておくことにしたい。

　なお、「一品内親王家」ですが、宣政門院は、院号宣下の後で、さらに暦応三年に出家した後でもありますから、彼女がそのように呼ばれたとは考えづらく、残る一品親王は惟子内親王のみ、というのが、旧来の説の考えられ得る論拠ではないでしょうか。また、そのように考えると、やはり惟子内親王の母は廉子とする史料もあるわけですので（為子とする史料もあり）、そのあたりの事情が理解しやすくなるのではないかと思われます。

付一　周防国分寺の中世文書——鎌倉時代・南北朝時代——

はじめに

防府市国分寺町に所在する周防国分寺は、その長い歴史とともに、絵画・彫刻・工芸品・古文書等の多くの重要な文化財を有する寺として著名である。それらが、単に同国分寺の歴史のみならず、日本の歴史・文化を研究するときの貴重な資料としての価値を持つことはいまさらいうまでもない。同寺の文化財については、昭和六三年（一九八八）三月に山口県教育委員会文化課が編集した『周防国分寺歴史資料目録』（山口県歴史資料調査報告書第五集）があり、その概要を把握することができる。

本章では、古文書に着目する。便宜的だが仮に、慶長五年（一六〇〇）の関ケ原の戦いまでを中世とみなすならば、周防国分寺には、同寺所蔵の「興隆寺文書」「験観寺文書」の分を含めて、全部で約二五〇点の中世文書が所蔵されているということになる。

周防国分寺文書の刊行状況について言えば、『防長風土注進案』第一〇巻（山口県文書館編修・山口県立山口図書館発行、一九六五年三月）、『萩藩閥閲録』第四巻所収「防長寺社証文」（山口県文書館編修・発行、一九六七年三月）、『防長

寺社由来』第三巻（山口県文書館、一九八三年二月）に一応収録されているが、個々の文書には文書名が付されていない。

同じ刊本史料でも『周防国分寺文書』一〜三（防府史料二二〜二四集、防府市教育委員会発行、一九七四〜一九七五年）は、文書の読み本に文書名を付けた点で他と異なっており、しかも文書を編年配列している点で重宝である。『中世民衆寺院の研究調査報告書Ⅱ』（元興寺文化財研究所発行、一九九一年三月）は、周防国分寺の項で同寺所蔵文書等の目録と主要な文書の読み本を掲載している。また『鎌倉遺文』（正編全四二巻・補遺全四巻）は同文書の鎌倉時代分を収めておらず、『南北朝遺文中国・四国編』（既刊全六巻）が南北朝時代分のあらかたを収録する。写本では、近藤清石編「防長古文書誌」巻六（山口県文書館近藤文庫）に収められる。これらの編纂された史料集の収録する文書点数はまちまちで、個々の史料集にそくして収録状況を細かく調べてみる必要があろう。

また現時点からみると、こうした刊本史料には不備や誤りが少なくない。特に比較的古い時代の文書にその傾向が強く、適切でない文書名が付けられたり、年次の比定が誤っていたりしているし、新たに年次の比定が可能な事例も認められる。右掲の『周防国分寺歴史資料目録』には詳しい古文書目録が掲載されていてまこと重宝であるが、若干の訂正すべき個所が認められる。

本章の目的は、このような誤りをただし、あわせていくらかの新知見を提供することによって、同文書の正しい理解に資そうという点にある。この作業はむろん同文書全体を対象としてなされねばならないが、ここでは紙幅の関係もあって、同文書の中の中世文書のうち比較的古いグループに属する鎌倉時代・南北朝時代（建武新政期は南北朝時代に含める）の計二六点に限定し、これ以降のものについては別稿に期したい。文書は編年に配列し、通し番号を付した。

一　鎌倉時代

鎌倉時代に属する文書から始めよう。現存する鎌倉時代分は以下の一一点である。

1　(正安~嘉元ヵ) 卯月八日　周防目代賢宗書状(1)(国分寺長老あて)
2　正中二年一二月二六日　周防国留守所下文写(2)
3　同　右　同　右(3)(元徳三年八月二七日　沙門興尊の奥書あり)
4　(嘉暦二年) 四月一九日　後醍醐天皇綸旨写(4)(清閑寺資房奉、西園寺公宗あて)
5　(嘉暦二年) 四月二三日　関東申次西園寺公宗施行状写(5)(相模守北条守時あて)
6　嘉暦二年七月一二日　周防目代覚順下文(6)(前欠)
7　(年次不明) 八月一一日　周防目代覚順書状(7)(周防国分寺長老あて)
8　元徳二年六月一〇日　周防国司本性上人俊海施行状(8)(防州国分寺住持あて)
9　元徳二年一一月六日　関東御教書写(9)(本正(性)上人御房あて)
10　正慶弐年卯月三日　沙弥浄観寄進状写(10)(暦応二年卯月一八日　周防目代満恵裏書あり)
11　(年月日不明) 周防国衙・地頭和与状写(11)(後欠)(暦応二年卯月一八日　周防目代満恵裏書あり)

これらの文書によって、鎌倉時代の周防国分寺の様相を略述すれば以下のようになろう。

周防国分寺の創建が他の国分寺と同様に天平年間の聖武天皇の詔に発端することはいうまでもないが、その経緯については史料が欠けていて不明である。同国分寺も他と同様に律令国家の衰退と歩みを共にし、やがて真言律宗の大和西大寺に寄進されることによって息を吹き返した。同国分寺が西大寺末寺となった時期を明確に示す史料は見当らないが、現存の史料による限りでは、長門国分寺と同様に鎌倉末期の段階と見られる。周防国は東大寺の造営料国であったから、同国分寺は西大寺と東大寺の双方から直接・間接の支配を受けたものと思われる。

周防国分寺の再興は、元亨二年東大寺造営料国周防国の国司上人に西大寺末極楽寺長老順忍が任命されてから本格化したとみてよい。2の周防国留守所下文写によると、その様子が、「爰関東極楽寺住持善願上人任国之時、目代覚顧如旧再興彼両寺（国分寺と国分尼寺のこと）、則居僧尼令致　天下泰平・国衙安全之祈禱、彼敷地院内者、自元寺家令進止」などと述べられている。東大寺造営料国周防国の国分寺が、鎌倉極楽寺住持善願上人順忍が国司であった頃の目代覚順の手によって再興されたことも述べられている。「周防国吏務代々過現名帳」（『山口県史料　中世編　上』所収）によると、覚順は極楽寺の善願上人順忍および次代の本性上人俊海が国司であった元亨二年（一三二二）から元弘三年（一三三三）まで目代の地位にあった。覚順とは覚順房覚恵のことだろう。しかし覚順を周防国分寺住職で興尊上人とみるむきもあるが、これはどうかと思われる。3の奥書によると、「沙門興尊」が「目代殿」の「仰」によって本文書を書写したというのだから、目代（覚順）と興尊が別人であることは明らかで、この興尊こそ当寺の住職クラスの僧であろう。また、2にみえる「（国分寺の）再興事、併可為国務繁昌之基也」という文言は、周防国衙と国分寺との関係を考える上で注目される。周防国分寺は国衙との間に密接な関係を取り結んでいたものと考えられる。同国分寺の運営は東大寺―国衙（目代）―国分寺、そして西大寺（極楽寺）―国分寺住職という二つの性格の異なったルートを経由して領導されたと考えられるが、東大寺が西大寺末極楽寺流の僧を国衙経営に参加させることによって、周防国分寺の再興は一元的に推進されたものと思われる。

2より以前の文書として、1がある。1の差出者賢宗とは、永仁六年（一二九八）末国司上人となった覚園寺長老道照上人の後半期に目代を勤めた空蓮房賢宗とみなせるから、(12) 1の年次はおおよそ正安～嘉元年間と考えられる。その内容は、周防国衙目代が同国佐波令小松河原荒野を周防国分寺の「興行資縁」として開発することを認めたもの。周防国分寺がその本格的な再興に乗り出す以前から、国衙の手厚い保護を受けていたことは注意される。そして3は、国衙による周防国分尼寺（法花寺）興行のための援助措置のひとつとみられる。

こうした周防国分寺の再興を大きく促進・充実させたのは、後醍醐天皇による強力な支援であった。元亨元年（一三二一）末に親政を開始した後醍醐天皇は、諸国国分寺の再興を国家の政策課題と位置付け、強大な援助の手をさしのべた。これによって新たな息を吹き返した国分寺も少なくない。4と5、それに9は、その関係史料である。本件が鎌倉幕府を経由したのは、本訴訟を提起した国司上人俊海が幕府との縁の深い鎌倉極楽寺長老だったためと思われる。

そして、6・7・8は、国衙関係者（国司・目代）による周防国分寺再興のための対応を具体的に示すものである。また10は差出者「沙弥浄観」が何者かは不明だが（或いは13にみえる「右田重貞親父浄観」か）、国分寺への所領寄進の仕方の具体例である。そして11の国衙と地頭との和与状は、国衙側から言うと、下地中分という形をとって國衙の一元的支配領域を確定したものである。

二　南北朝時代

同様に、南北朝時代分を列記しよう。同時期の現存文書は以下の一〇点である。

12　元弘参年八月　日　周防国法花寺領坪付帳[13]
13　暦応二年一二月二七日　室町幕府引付頭人摂津親秀奉書写[14]（周防守護大内豊前権守長弘あて）
14　暦応三年二月一二日　周防守護大内長弘遵行状写[15]（森五郎左衛門尉・土屋四郎左衛門尉あて）
15　康永元年六月　日　周防国分寺僧衆等申状写[16]
16　貞和五年一二月二五日　僧賢俊寄進状[17]

17　正平九年三月二六日　足利直冬寄進状写(18)
18　貞治二年三月　日　大内弘世禁制写(19)（応永二六年八月二五日　大内盛見裏書あり）
19　貞治二年三月　日　周防目代至源等禁制写(20)（応永二六年一一月一日　周防目代の証判あり）
20　貞治二年七月四日　西大寺沙門清算仏舎利施入状(21)
21（応安七年）一〇月一三日　武家執奏西園寺実俊施行状(22)（鎌倉宰相中将足利義満あて）

これらの文書から南北朝時代の周防国分寺の様相を探ってみよう。まず12はその作成の時期から考えて、建武新政府による諸国国分寺保護を契機として作成されたとみられる。署名者三人のうち、僧清尊（円観国司期の小目代）と僧教乗（国衙検非違使）はのちの敷山城の戦い（建武三年七月）で足利軍と戦って討ち死にしている。南北朝時代に入ると、周防国では大内氏の勢力が伸長した。室町幕府は大内（鷲頭）長弘を周防守護に任命したので、甥にあたる弘幸父子との間に主導権争いがおこったが、暦応段階では東大寺―周防国分寺は室町幕府の守護体制に順応した対応をみせている。13と14は、周防国雑掌が大内庶家右田重貞の「周防国下小野保寺社三職幷権現堂敷地免田等」に対する濫妨を室町幕府の法廷に提訴、幕府は周防国雑掌の主張を認めて下地の雑掌への渡付を周防守護大内長弘に命じたこと、大内長弘はこれを遵行したことを示している。また15は、周防国分寺僧衆等が寺経営の実態を国衙に愁訴し、援助を請うたものと思われる。国分寺を「国衙御崇敬之寺」と記している点は興味深い。16は、周防国分寺の所領・所職の集積のされ方と寄進者の願意とを知る上で貴重だが、寄進者の僧賢俊についてては不明。

そして17は、九州で隆盛をほこったのも束の間、文和元年（一三五二）一一月長門に転じて後の足利直冬の寄進状で、「天下擾乱」の軍陣で落命した輩の追善のために豊前国山香庄内日差村を周防国分寺に寄進するという内容。「正平」という南朝年号を使用している点からみて、この時直冬が南朝側だったことは確かだが、寄進を受けた周防国分寺も大内弘世（弘幸の子）との関係から南朝側に立っていた可能性は高い。18は、大内弘世が周防国分寺・法華（花）寺の散在寺領に守護使以下甲乙人が濫妨するのを禁じたもの。弘世はこれまで南朝側に立って「正平」という南朝年号を使用してきたのだが、ここに至って北朝＝幕府側の年号に転じている。この文書は弘世が転身して間もない頃のものである。弘世は転身するとき、国内主要寺院の掌握をすでにすませていたと考えられる。19は、惣端・円晴・至源が連署して出した禁制で、院内散在寺領等に対する国衙沙汰人等の違乱を禁止するという内容。文中で国分寺と法華寺を「東大寺領防州国衙一円進止」、「戒律清浄霊場」と記している点がまず注目される。国分寺が東大寺支配下の国衙への従属度を一層深めた様子が看取される。差出書の惣端・円晴・至源についてみれば、いずれも南北朝期から室町時代初にかけての時期に目代を経験しており（貞治二年段階での経験者は至源のみ）[23]、国衙支配に携わる有力な僧たちと考えられる。このうち至源は観応三年（一三五二）の周防国仁平寺の本堂供養の際に大内氏当主の弘幸・弘世父子らと並んで馬を進めている[24]。20は、興福寺円堂に出現した仏舎利のうち五粒を「懇請」「感夢」によって、周防国分寺の五重塔婆に施入するというものだが、施入者が西大寺長老清算であるところからみると、周防国分寺と興福寺―西大寺との関係の深まりを感じさせる[25]。

最後の21は、もともと周防国分寺文書の内ではないと考えられるが、所領関係の訴訟をめぐっての王朝と室町幕府との交渉を考える際の好個の素材である。ここで少し検討したいが、読み方がまだ確定していないようなのでまず読み本を掲出する。これは原本とみられる（図1参照）。

周防国仁保庄村々地頭濫妨事、仲光（広橋）奉書副具書如此、子細見状候歟、仍執達如件、

（応安七年）十月十三日　（西園寺実俊）（花押）

鎌倉宰相中将（足利義満）殿

この文書は、すでに述べた鎌倉時代の5と機能的には同じもので、勅裁（治天下の裁断）を執行させるべく、

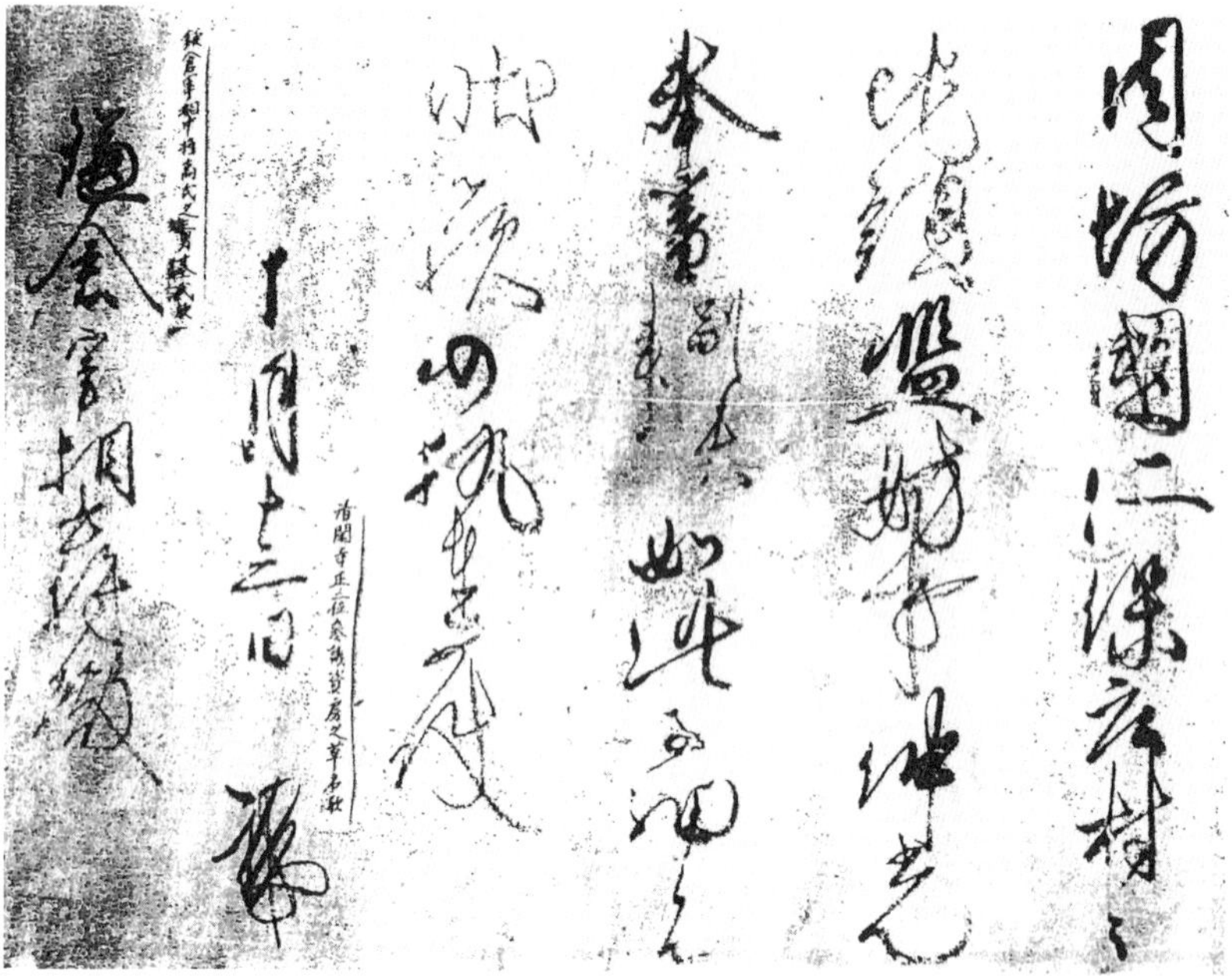

図1　武家執奏西園寺実俊施行状（周防国分寺文書）

れを幕府側に伝達する役割を持つ。本文中の「仲光奉書」とは広橋仲光の奉じる後円融天皇綸旨（勅裁）をいう。差出人は花押の形状から、まごうことなく西園寺実俊であることがわかる(26)（付箋に「清閑寺正三位参議資房之草名歟」とあるが、これは誤り）。差出人の西園寺実俊は南北朝時代に朝廷と幕府の間の連絡交渉を専管する武家執奏の職にあった。武家執奏が鎌倉時代に西園寺氏当主が世襲した関東申次の後身であることは言うまでもない。本文書の年次が応安七年とすれば、宛所の「鎌倉宰相中将」は将軍足利義満ということになる（付箋が足利基氏、或いは足利義詮とするは誤り）。したがって、この文書は朝廷から幕府に向けて出された文書であり、「周防国仁保庄村々地頭濫妨」にかかる本訴訟が、手続きの上で朝廷―幕府間のトップレベルのルートを経由したわけで、それだけに本訴訟の処理過程に注目しないわけにはゆかない。

じつは、右の文書中の「仲光奉書」、すな

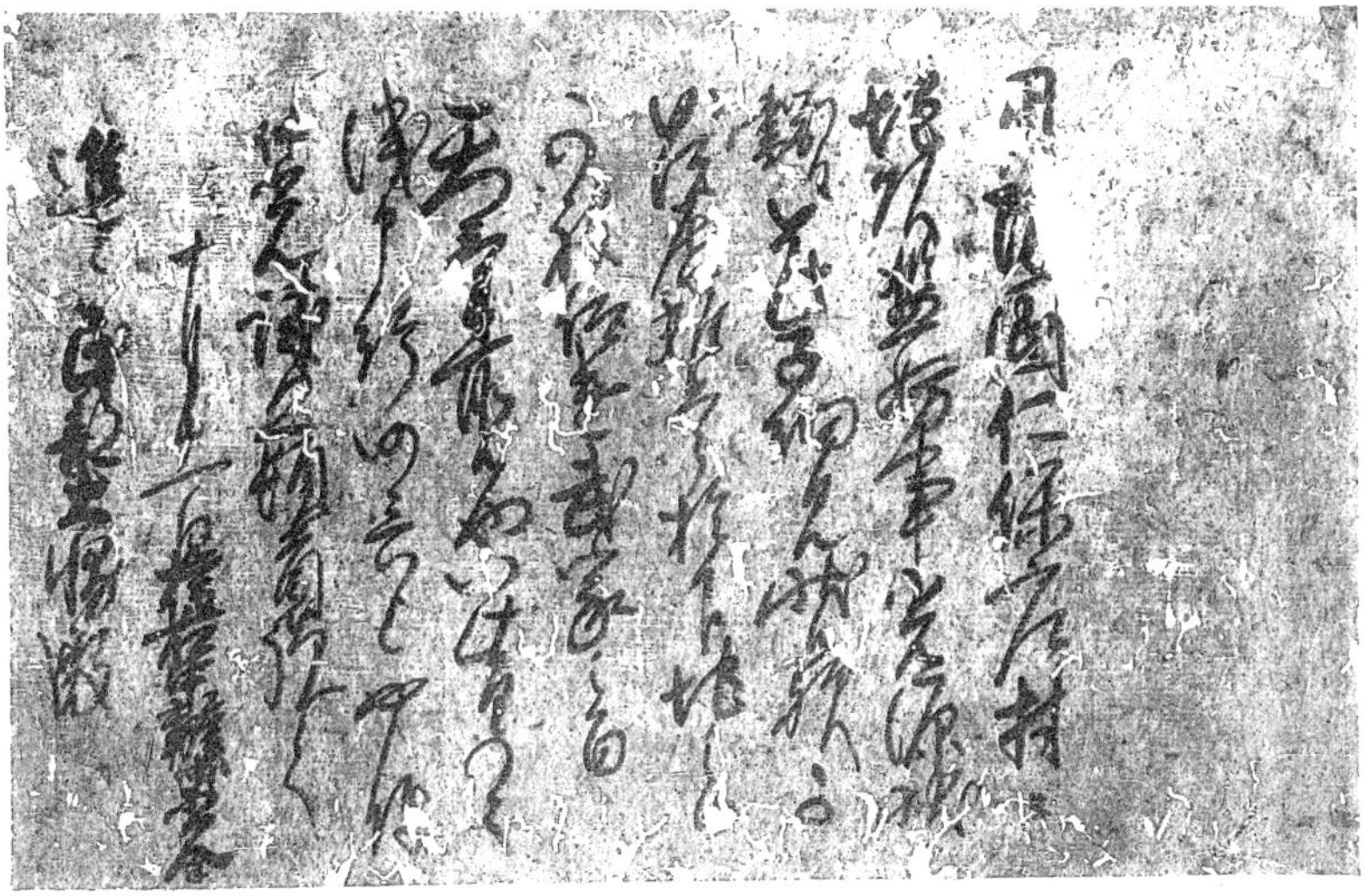

図2　後円融天皇綸旨（三浦家文書）

わち後円融天皇綸旨が「三浦家文書」に収められている（図2参照）。同文書は相模国の三浦氏一門で鎌倉時代に周防国仁保庄地頭職等を得た平子氏の家文書であり、『大日本古文書』家わけ第一四に入っている。当該の文書は、一〇月一一日付後円融天皇綸旨で、[27]これは原本。この文書の日付の肩に「广安七」という異筆が書き加えられているが、この年次は信頼できる。以下にこの綸旨を掲出しよう。

周防国仁保庄村々地頭濫妨事、光源状副具書如此、子
細見状候歟、可沙汰居雑掌於下地之由、可被仰遣武
家之旨、天気所候也、以此旨、可令洩申給、仍言上
如件、仲光誠恐頓首謹言、
〔广安七〕十月十一日　　権右中弁仲光（広橋）奉
進上　民部大輔殿

この綸旨については、すでに周防国仁保庄地頭平子（三浦）氏による庄支配の確立という視点から注目されている。[28]前掲の西園寺実俊施行状と比較すると、内容といい奉者といい、両者が関連するのは明瞭で、日付をみると綸旨をうけて施行状が出されたことは疑う余地がない。

これによって、かの施行状の年次が応安七年であることがわかるわけである。[29] 文中にみえる「光源」とは、この頃当庄地頭平子氏と下地をめぐって相論していた「領家中納言法橋光源」のことで、領家日野氏の族縁者[30]とみられる。

これらの文書発給の経緯について言えば、以下のようになろう。まず、仁保庄地頭平子氏による濫妨を領家光源が王朝の法廷に提訴した。これを受けて、下地を領家雑掌に渡付せよという勅裁を幕府に伝えよという応安七年一〇月一一日後円融天皇綸旨が、武家執奏西園寺実俊に出された。西園寺実俊は、これを幕府に伝達するため同月一三日に室町幕府の将軍足利義満あてに施行状を出した。これを受けた幕府からは、管領細川頼之の奉書という形をとって施行状が周防守護大内弘世に出されたに違いないが、[31] この文書は残っていない。応安七年より九年後の永徳三年にも同様の領家・地頭間の訴訟が起こっているから、[32] この係争は簡単に決着がつかなかったものと思われる。しかし最終的には、応永年間に領家光源は「契約」という形で領家職を平子氏に譲り渡すのである。[33]

こうして平子氏による仁保庄の一元的支配は合法的に確立することになった。「三浦家文書」に応安七年一〇月一一日の後円融天皇綸旨の原本が入っているのは、領家と平子氏との「契約」の成立を機にして、これまで勝訴してきた領家のもとにあった関係文書が一括して平子氏のもとに譲渡されたためであろう。このように考えると、同年一〇月一三日西園寺実俊施行状も「三浦家文書」の中にあってしかるべきなのに、なぜ「周防国分寺文書」に入っているのか、そのわけは不明というしかない。しかし、ここではこの施行状がもともと平子氏のもとにあったであろうことをおさえておけばよい。

ちなみに、周防国分寺文書のなかには同寺以外の文書の写が含まれている。いまその文書名によって示そう（南北朝時代以前の分のみ）。

22　観応元年四月六日　室町幕府禅律方頭人藤原有範奉書写[34]（長門守護厚東駿河権守武村あて）

23　文和二年九月二七日　長門守護厚東武直書下写(35)（長門国分寺長老あて）
24　永和四年三月十八日　周防守護大内弘世書下写(36)（興隆寺円乗坊あて）
25　永和四年三月二一日　興隆寺円乗坊寄進田畠坪付写(37)
26（永徳二年）二月十六日　後円融天皇綸旨写(38)（左少弁平知輔奉。民部大輔あて）

このうち、22・23・26は長門国分寺の文書で、22・23についてはその原本が、また26については写が「長門国分寺文書」に入っていた（東京大学史料編纂所架蔵影写本による）。また24・25は興隆寺の文書である。このような写がどのようなわけで周防国分寺に所蔵されているのか考察の余地があるが、ここでは26が、現在知られる武家執奏西園寺家を介して行われた所領訴訟をめぐる王朝―幕府間交渉の残存例のうち最後の事例に関するものだということだけを指摘しておきたい(39)。

なお、周防国分寺文書には、大内義興の代、しかも明応八年（一四九九）以降に作成された一点の什書日録写(40)が含まれている。現存文書と対応させて検討したいけれども、紙幅の関係で割愛する。

おわりに

以上、現存の周防国分寺文書の中の、鎌倉時代・南北朝時代に属する個々の文書について検討を加えてみた。年代的にいうと、一四世紀の初期から末期にいたる激動の時代に当る。この寺院にとって苦難の時期を周防国分寺がどのようにしのいだか、それがすなわち周防国分寺の歴史であるといえる。

同じ国分寺でも隣国の長門国分寺とは事情が異なっている。長門国分寺は鎌倉時代後期に西大寺に寄進され、西大寺の末寺として国家権力の後押しを受けて再興された。西大寺が長門国分寺の再興に着手したのは、延慶三年（一三一〇）のことであった。西大寺は現地の長門国分寺住持とともに復興のための懸命の努力を傾けた(41)。

これに比べて同じ西大寺末の周防国分寺の再興が成ったのは、2の正中二年周防国留守所下文写の「関東極楽寺住持善願上人任国之時、目代覚願如旧再興」という文言から知られるように、おおよそ正中段階（一三二〇年代半ば、後醍醐天皇の親政期）だったと考えられる。長門国分寺に少しおくれをとったものらしく、伏見・後伏見・後宇多三上皇の院政との係わりは認められない。しかも、極楽寺善願上人が国司だった頃の目代覚順が復興の功労者だったという点は長門国分寺の場合と異なり、注目される。

長門・周防両国分寺の復興事業にとってまたとない追い風となったのは、後醍醐天皇前期親政の開始であった。国分寺は後醍醐天皇による国分寺興行の国家政策に乗って、急速に復興を遂げたと考えられる。むろん、東大寺や国衙との関係も十分考慮しなければならない。しかし前期親政の発展形態である建武の新政が短期間で崩壊すると、よるべを失った周防国分寺は、東大寺—国衙や周防守護大内氏、それに律院としての本寺西大寺への依存度を深めつつ、生き延びるための道を模索してゆくことになる。

この周防国分寺が、こののち展開する大内氏の大領国経営のうえにどのような役割を果したのか、他の国内宗教施設との関係はどうだったか、興味深いところである。

注

（1）『防長風土注進案』第一〇巻（以下『風土』と略記）四二七頁、『萩藩閥閲録』第四巻（以下『萩藩』と略記）二九五頁、『周防国分寺文書』一（以下『国分寺』と略記）五六頁に収める。『山口県史料　中世編　上』（山口県文書館編集・発行、一九七九年三月）所収の「周防国吏務代々過現名帳」によると、賢宗は永仁六年（一二九八）より嘉元四年（一三〇六）ころまで周防国司に在任した鎌倉覚薗寺長老道照上人のもとで同国目代を勤めた

（五九五頁）。

（2）『風土』四一八―四一九頁、『萩藩』二九五―二九六頁、『国分寺』四五―四六頁、『防長寺社由来』第三巻六五―六六頁に収める。この文書の書き出しは「留守所下　周防国」となっているが、この「周防国」の文字は次行の「国分・法花両寺」にかかるとみるべきである。

（3）『風土』四一〇―四二〇頁、『萩藩』三三四―三三五頁、『国分寺』四六―四七頁に収める。

（4）『風土』四二六頁、『萩藩』二九五頁、『国分寺』四八頁に収める。この文書の年次について、上記三種の刊本史料はいずれも元徳二年と注記している。これは元徳二年の年記をもつ8と9に引きつけて同年のものとみなしたためと思われるが、奉者の清閑寺資房の「左少弁」在任期間から考えて嘉暦二年とみなすことができる（続群書類従完成会刊『辨官補任』第二、四三―四四頁参照）。なお、拙著『鎌倉時代の朝幕関係』（思文閣出版、一九九一年六月）一一六―一三二頁に掲出した「朝廷より幕府・六波羅探題への文書伝達」一覧表のうち、第63の事例がこれに該当する。

（5）『風土』四二七頁、『萩藩』二九五頁、『国分寺』四八頁に収める。この文書もこれまでの刊本史料では元徳二年と推定され、『国分寺』は「後醍醐天皇綸旨写」と命名している。この文書は関東申次西園寺公宗が4の後醍醐天皇綸旨を鎌倉幕府に伝達するために発した施行状で、年次については4に引きつけて嘉暦二年とみてよい。注（4）参照。

（6）『風土』四一九頁、『萩藩』二九五頁、『国分寺』四七―四八頁に収める。

（7）『風土』四二七頁、『萩藩』二九六頁、『国分寺』五一頁に収める。6との関係でここに置いた。

（8）『風土』四一九頁、『萩藩』二九五頁。『国分寺』は「俊海本正禁制」として四八頁に収める。

（9）『風土』四一九頁、『萩藩』二九五頁、『国分寺』四九頁に収める。この関東御教書は執権北条守時と連署北条茂時の二名によって奉じられている。注（4）所掲拙著表では執権を北条高時としているが、北条守時の誤りである。

（10）『風土』三九七頁、『国分寺』五〇頁に収める。

（11）『風土』三九八頁、『国分寺』五一―五二頁に収める。

（12）「周防国吏務代々過現名帳」（『山口県史料　中世編　上』五九五頁）。なお賢宗の房号「定蓮房」は「空蓮房」

の誤り。
(13)『風土』四二二―四二三頁、『萩藩』三三五―三三六頁、『国分寺』四九―五〇頁に収める。
(14)『風土』三九七頁、『国分寺』五二頁、『南北朝遺文中国・四国編』第一巻（以下『南北一』のように略記）三二一頁、九一六号文書。文書名については、『国分寺』が「掃部頭執達状」とするが、『南北一』の命名が適切である。
(15)『風土』三九七頁、『国分寺』五三頁、『南北一』三二九頁、九三四号文書。文書名は『南北一』のそれが適切である。
(16)『国分寺』五三～五四頁、『南北二』七五―七六頁、一一七六号文書。
(17)『風土』四二三頁、『国分寺』五四頁、『南北二』三二三頁、一七七六号文書。
(18)『風土』四二三頁、『萩藩』二九六―二九七頁、『国分寺』五四頁、『南北三』一九七頁、二五八八号文書。
(19)『風土』四二四頁、『萩藩』二九八頁、『国分寺』五七頁、『南北四』五八頁、三三二一号文書。
(20)『風土』四二三頁、『萩藩』二九七頁、『国分寺』五五頁、『南北四』五八頁、三三二二号文書。
(21)『風土』四二四頁、『萩藩』二九七頁、『南北四』六六頁、三三三七号文書。
(22)『風土』四二七頁、『萩藩』二九五頁、『国分寺』五六頁に収める。『国分寺』が文書名を「仲光訴状」とするが、これは適切でない。拙著『南北朝期公武関係史の研究』（文献出版、一九八四年六月）四〇二頁、表五の3の事例参照。なお『南北朝遺文中国・四国編』には収められていない。
(23)「周防国吏務代々過現名帳」（『山口県史料　中世編　上』五九六―五九七頁）。
(24)「氷上山興隆寺文書」周防国仁平寺本堂供養日記（山口県文書館所蔵）。
(25)この文書の日付は「貞治二年七月四日」となっているが、「西大寺代々長老名」（『西大寺関係史料（一）』奈良国立文化財研究所、一九六八年）によると、「第十清算和尚」は貞治元年一一月一四日、七五歳で寂したということになっている。「律苑僧宝伝　巻一四」（『大日本仏教全書』一〇五、仏書刊行会編纂、一九一五年二月）一五九頁でも同様。検討の余地を残している。
(26)西園寺実俊の花押については、『国史大辞典6』（吉川弘文館、一九八五年一一月）の「さいおんじさねとし」の項（一二七―一二八頁）参照。

(27)『大日本古文書』家わけ一四、三一七頁。『南北五』二八頁、四〇八九号文書。原本は山口県文書館所蔵。
(28)田中倫子「中世の仁保」（山口市埋蔵文化財調査報告　第二八集『瑠璃光寺跡遺跡』一九八八年）一八頁。
(29)応安七年は、他の条件である広橋仲光の権右中弁在任も満たしている。
(30)『大日本古文書』家わけ一四、三浦家文書、三一八頁。『尊卑分脈』（第二篇二一五頁）に日野氏族縁の「光源」という僧が掲載されていることは注（28）田中論文二五頁の注（25）で指摘されている。
(31)注（22）拙著四〇六頁参照。
(32)『大日本古文書』家わけ一四、三浦家文書、三一八頁。永徳三年一二月二五日室町幕府将軍家御教書。『南北六』二三頁、四八三七号文書。
(33)『大日本古文書』家わけ一四、三浦家文書、三二五頁。応永一八年五月一八日法印光源書状。
(34)『南北二』三三三頁、一八〇六号文書。
(35)『南北三』一七六頁、二五一九号文書。『防長寺社由来』第七巻五一四頁。
(36)『南北五』一九〇頁、四四一一号文書。
(37)『南北五』一九二―一九三頁、四四一九号文書。
(38)『南北朝遺文中国・四国編』に見当たらない。『長府史料』（長府史編纂会、一九〇九年四月）五一五頁に載せる。ただし後小松院代のものとするは誤り。角田文衛編『国分寺の研究』下巻（考古学研究会、一九三八年八月）一二七二―一二七三頁での扱いも同様。なお注（22）所引拙著四〇五―四〇六頁参照。この文書の年次が永徳二年をおいて他にないことは、注（4）所引拙著一〇七―一〇八頁の注（4）で指摘した。
(39)注（22）所引拙著四〇三頁表五の10。
(40)『風土』四〇二―四〇三頁。
(41)拙稿「鎌倉末期・建武新政期の長門国分寺」（『山口県史研究』2、一九九四年三月）↓本書第一部第二章。

付記　本章を草するにあたってお世話になった国分寺住職福山秀道氏、山口県文書館、山口県史編さん室、山口県文書館専門研究員吉積久年氏に謝意を表する。

付二　南北朝期の近衛家門について

南北朝の動乱は公家社会にも多大の影響を及ぼした。文和四年四月前関白一条経通は前太政大臣洞院公賢に消息を投じたが、その文中にみえる「凡西（両カ）朝相撲之時節、諸家之安否可任天命」なる経通の述懐は、南北両朝対立のあおりを受けて困惑する公家の胸中をよく表わしている（『園太暦』同十六日条）。

南北双方に分かれての抗争が公家社会に引き起こした最も深刻な問題の一つは、同族間の家門争奪であった。それは当該期の公家社会に広くみられた現象だと思われるが、現存史料の上で確認されるのは、摂家の近衛・一条・鷹司、清華では西園寺・洞院といった家々であり、名家においてもその例が認められる。まさに公家にとっては家門創立以来の一大危機の到来であったわけで、公家の家の政治的・経済的基盤が危うい状況になってきた。小稿では特に近衛家門について述べようと思う。『愚管記』を読むうえでの一助ともなれば幸いである。

近衛家の分裂は、いとこ同士の経忠と基嗣とが南北に分かれたことを直接の契機とした。経忠は家平の了で近衛家の正嫡、一方基嗣は『愚管記』の記主近衛道嗣の父である。建武四年四月経忠が吉野宮に出奔（『公卿補任』）

したため、家門は基嗣の管領するところとなり、観応二年二月には「就当管領」「不可有子細」ることが足利直義によって確認された（『園太暦』同二日条）。

経忠と基嗣の家門をめぐる争いは藤原氏の氏寺興福寺の門跡人事にも波及した。即ち観応二年五月一八日に頓滅した一乗院門跡覚実僧正（経忠の弟）の後任人事をめぐる両人の確執である。同二〇日基嗣は公賢のもとに使者を遣わし「彼（一乗院）門跡事、当家管領勿論也、而門跡輩招下堀河前関白（経忠）息（実玄）、一昨日即下向之由有其聞、存外事也、当家可管領之由、可被下院宣可申入」きことを要請した。しかし「門跡輩」の支持を得た経忠の子息実玄の一乗院門跡着任は手際よくはこんだものと思われ、二三日条に春日神主大中臣師俊が実玄を「一乗院新門主」と称した事実をみる。憤懣やる方ない基嗣は翌六月五日にも当件について公賢のもとに使者をやり挽回を図ったが、公賢も「沙汰之體落居、尤心苦事歟」と同情するほかなかった（『園太暦』による）。

正平六年（観応二）一〇月南朝主導のもとでいわゆる正平一統が実現すると、公家家門は多く南朝祗候の一門の者に移ったが、近衛家門もその例に漏れなかった。正平七年正月南方勅使葉室光資は鎧直垂のていで洞院公賢のもとを訪れ、近衛家門の処置について申し入れた。『園太暦』同一五日条によれば、その内容は「任元弘勅裁、所被付元（前イ）関白（経忠）、但子孫器用之由有其聞、仍十六箇所被残置」、つまり家門は経忠に付すが、基嗣の子孫に優秀な者がいるので、その活計のため所領一六ケ所を残し置くというものであった。公賢はこの措置を元弘度と比べて随分の「恩恕之儀」だと日記に書きしるしている。

この一統もつかの間にして、正平七年三月には破綻した。幕府軍が南朝軍を追い払い、再び京都を制圧するに及び、一統の間に南朝が施した措置はことごとく破棄された。近衛家門も当然経忠をはなれ基嗣に帰したが、経忠が同年八月に、また基嗣も翌文和二年四月に各々没したので、同家門をめぐる争いは経忠の子経家と、基嗣の子道嗣との間で引き継がれることとなった。

経家と道嗣との間での家門争いの経緯は、道嗣の日記『愚管記』によってある程度追うことができる。同日記は延文元年から始まるが、このとき道嗣は従一位・右大臣、一方の経家は従三位・非参議。同年齢（二五歳）の両人の公家社会における声望の差は歴然としていた。このため経家は次第に焦りの色を濃くし、起死回生のチャンスを狙っていたものと思われる。その延文元年七月二二日条に、

堀川故関白（近衛経忠）息（経家）本祗候南方、当時向背、被居住平田庄（大和国城下郡）云々、去月廿六日可令管領家門之由、称有武家之命、被違乱所々之間、相尋武家之處、無其儀云々、然者無存知之由可賜一行之由、此間申所存之處、今日彼一行到来、仁木左京大夫頼章令執達之、（下略）

とみえ、当時南朝を去って平田庄（大和国城下郡か）に居住していた経家は同年六月、幕府の命と称して家門と家領とを奪還しようと企てたが失敗したことが知られる。道嗣が一件を幕府に問い糺したため、その事実無根なることが判明したのである。実は『園太暦』同年七月一三日条に関係記事があり、これによって経家の謀計のもとになったのは引付頭人佐々木道誉の「有別忠者、可計申」なる「兼約」であったことも知られる。窮地に追い込まれていた経家の焦燥の様子が窺えよう。

その後、近衛家門は道嗣のもとでしばらく安定的に維持されたが、至徳四年三月道嗣が五六歳で没すると又々変動することとなった。時の権大納言三条実冬は道嗣逝去の報を聞き、日記同月一七日条に次の如きことを書きとめている。この記事はあまり広く知られていないようだし、『愚管記』の記主の良質の評伝でもあるので掲出した。宮内庁書陵部所蔵『実冬公記』（写本）である。（補注）

十七日、（至徳四年三月）「道嗣公薨事」近衛前関白「道嗣公」逝去之由有巷説、已実事也、去鷹司（冬家）花下鞠時病初萌云々、若世間病欤、又聞、自去月比少便血下、大略日来内損一者、室町准后（足利義満）昵近以来、得財産事雖多之、心労繁多、病初也云々、世説難知、先以卒尒之至、催悲者也、生年五十七、（六カ）於今者天宝遺民、尤可惜、詩歌等雖不達其道、於当代者数奇人也、又

手跡・蹴鞠携其芸、心性又無最悪之企、尤可悲、准后悲歎越尋常、昨日自晩頭已及閉眼之気云々、遺跡事、被申置室町准后云々、（下略）

道嗣が足利義満と昵懇となって以来財を得たこと、道嗣の訃報に接した義満の悲歎の度が尋常を越えていたことなど、道嗣と義満との親密な関係を窺わせて興味深いが、ここでは遺領の処置についての記事「遺跡事、被申置室町（足利義満）准后云々」に注目せねばならない。道嗣没後、遺領は将軍足利義満に預け置かれたのである。なぜそうなったのか。嗣子兼嗣は健康がすぐれなかったと思われること（翌年二八歳で没）、嫡孫良嗣は幼少（五歳）であったことも考慮さるべきであるが、なんといっても公家家門に対する将軍の強い影響力の存在を認めないわけにはゆかぬ。先にみた延文元年の経忠の、武家の名を騙《かた》った謀計自体、幕府の強力な発言力を下敷きにしている。当該期幕府がその保全に関与した家門としては、この近衛家のほかに一条家・三条西家が史料的に確認される。室町幕府は南北朝時代の末期には摂関家をはじめとする公家家門の行方を左右する力をつけていたのである。

補注（三八九頁）　この記事は、『大日本古記録　後愚昧記四、附実冬公記』（岩波書店、一九九一年三月）一四二頁、至徳四年（嘉慶元）三月一七日条に載せる。

第三部　室町時代

第一章　室町幕府管領斯波義将についての二、三の論点

はじめに

近年の南北朝・室町時代への読書界の関心の高まりによって、これまで比較的に手薄であった研究の分野ににわかに光が当たるようになった。そのひとつが南北朝・室町時代において歴史的な役割を果たした歴代足利将軍を初めとする武将たちの、列伝風にコンパクトにまとめられた評伝である。(1)これまでの同時代人の評伝としては、日本史を形作った有名人物については書かれることはあったものの、その選択の範囲は狭く、とても南北朝・室町時代をカバーできるものではなかった。また、足利一門守護に関する研究としては、史料残存の関係もあって、これまで細川・斯波・畠山の「三管領家」を中心にした「政治権力体系」の視点から行われてきたが、(2)最近になって吉良・石橋・渋川「御三家」の「儀礼権威体系」からの検討の重要性が提起され、(3)室町幕府政治史は新たな視点から見直されることとなった。

本章では管領に焦点をあてるが、室町幕府官制の発展史のうえからは、管領は執事の発展型とみなされている。(4)両者の関係については、「管領はいわば将軍の執事と政務の長官とを併せた地位である」という佐藤進一の古典

的な概念規定のほか、近年では「管領」という用語の語義や使用法にまで説き及ぶ論稿もある。(5)

初期室町幕府下に登場する重要な管領として、細川頼之と斯波義将を挙げることができる。(6)ともに足利三代将軍義満の時代に、室町幕府の管領として将軍に最も近く仕えたトップクラスの武将であり、将軍を輔佐して政務万般を統轄した。室町幕府は義満という破格の将軍のもとで、細川頼之と斯波義将という二人の有能な管領を得て、その最盛期を迎えたといって過言ではない。

そこで右の二人の管領についての研究史をひもとくと、細川頼之に関する研究としては、小川信『細川頼之〈人物叢書〉』（吉川弘文館、一九七二年九月。一九八九年一一月に新装版）を初めとして多くの成果が出されているのに対して、もう片方の斯波義将についてはこれに比肩するようなまとまった評伝はない。(7)このため、義満治世期後半の、まさに義満政治の本領発揮というべき時期において、管領斯波義将がこれにどう関わったか、二人の相違は何か、などについての言及はほとんどなされることはなかった。

筆者は先に『足利義満』（角川選書、二〇一二年四月）を刊行し、義満の全盛時代の登場の過程を総合的に考察してみたが、本章では以上のような問題意識のもとに、これまで細川頼之に比してわりと等閑視されてきた管領斯波義将の役割を、前著で触れなかった二、三の論点に即して考えようとするものである。

一　斯波義将の登場

室町幕府将軍に最も近く仕える重臣たる執事―管領の制度史的な研究はかなり早い時期から行われてきた。そこで得られたのは、管領制度は幕府政治機構の充実に伴い執事制度が進化して成立したものであること、具体的には、執事高師直・仁木頼章の時期を経て延文三年（一三五八）一〇月、将軍の代替わり（足利尊氏→義詮）を契機に登場する細川清氏をもって初代とする見方である。その重要な根拠の一つは『愚管記』延文三年一〇月一〇日条にみえる「武家管領号執事歟事、可為相模守源清氏(細川)云々」の記事である。(8) ここの「管領」の文字には職名のほか、「武家のことを管領する」という動詞的な意味が含まれていることを否定できないものの、幕府の管領制度の歩みのうえで細川清氏の登場が第一の成立の画期となったことは自体は認めてよい。

まもなく第二の画期が到来する。康安二年（一三六二）の越前国を地盤とする斯波高経・義将父子の幕政参画である。義将の執事在職は、康安二年七月二三日〜貞治五年（一三六六）八月八日の約四年間であった（一三〇五年生まれの父高経はこの間、六〇歳前後）。(9) この時、執事職には本来なら高経が就くべきであったが、当時五八歳の高経はすでに出家の身であったため、名目上一三歳の四男義将を（治部大輔に任じたうえで）執事職に立て、高経はその背後から後見したという。このころ高経が「家僕之専一、管領之器用」と称されていることも注目に値する。この時、高経は将軍義詮から「只天下ヲ管領シテ御計候へ」との仰せを受けていたので、その役割はそれまでの執事のそれとは格段の差があった（このときの高経の身の処し方は、これより三三年後の応永二年（一三九五）に法体のままで足利義満の管領職を続けた義将と対照的である）。この高経の執事後見役としての活動が「管領」の内実であり、これ以降の執事を「管領」と称した所以はここにあった。(10)

まさに幕府の政務万般を所轄する「政務の長官」というに似つかわしい。この新しいタイプの執事を管領と称することにしたのは、幕府官制トップの将軍が足利尊氏からその子義詮に代替わりしたことに伴い、幕府官制が一層整備されたこととも密接に関係しよう。

執事から管領への移行過程の背後には、将軍の意思決定を支える評議機関としての幕府評定制度の整備があり、管領は「政務の長官」として評定の会議を執り仕切った。その幕府評定の制度は「御評定着座次第」(11)（『群書類従29』収録）によってその一角を知りうるが、記事自体は評定の全容を把握するには十分ではない。

そこで斯波高経の義将後見時代の評定の運営の実態をうかがううえで、以下の史料は興味深い。「師守記」貞治元年（一三六二）一〇月一〇日条である。[12]

今日、武家評定始也、修理大夫入道（斯波高経）発向接（摂）州之時、被渡東寺、帰宅以後評定始也、修理大夫入道（斯波高経）執事（斯波義将）親父・左衛門佐入道（石橋和義）・佐渡判官入道々誉（佐々木高氏）・宇津参川入道□・波多野因幡入道、、、

武家評定始という幕府運営上の重要儀式が、東寺に出向いていた斯波高経の帰参を待って開始されたこと、換言すれば武家評定始は高経出席を必須としたことが知られる。つまり武家評定始は高経の主催するところだったのである。[13]しかも正式に「執事」に就任したばかりの子義将はこのときの評定始に参加した気配がないところから、開催に必要なのは執事職ではなく高経の人格だったと考えてよい。この人格は次代の細川頼之に受け継がれた。「御評定着座次第」にみる参加者列の冒頭に頻出する「御座」は室町殿の臨席を意味すると思われるから（応永八年には将軍義持が代替したからわざわざ「御方御所」と注記[14]）、評定の場には室町殿足利義満の臨席が原則であったものらしい。評定の制度は、室町殿臨席のもとでの政務の長官たる管領の主導する幕府政治の最高合議機関だったのである。

かつて小川信は、幕府官制としての執事が管領へと成長する過程を論じて、「清氏（細川清氏のこと＝筆者注）就任前後の時期に管領制の萌芽を求めることができる」[15]と指摘したが、細川清氏が執事となった義詮代の初頭の延文三年一二月にこの清氏が武家評定を主導した証跡があり、[16]「管領（執事）」が武家評定を職務的に主導するという方式は、義詮の代から登場するところからみて、この期間において「執事」が「管領」へと制度的に脱皮する過程で生まれたものと考えられる。[17]

かくして初代尊氏以来の「執事」制度は、細川清氏の執事時代という過渡期を経て、さらに斯波高経の執事義将後見期にさらなる発展を遂げる。[18]その延長線上において、「次の管領細川頼之の在任期間中に幕府制度として

の管領制が成立を見るに至った」[19]とされる。

二　斯波義将の管領奉書――細川頼之との比較

三代足利義満の時代に、将軍に近仕する管領のなかで幕府政治に最も大きな役割を果たしたのは、細川頼之と斯波義将の二人であることは論をまたない。二人は長期にわたって管領をつとめ（頼之は一期一一年半、義将は三期通算一七年）、ともに多くの奉書を残している。現在に残存する二人の奉書の数を比較すると、在職回数と年数の多い義将のほうが頼之を遥かに凌いでいる。これまでは、室町時代の管領研究というと対象となるのは細川頼之が定番であり、斯波義将については等閑視されてきた。その意味でも管領研究のうえで、義将に即しての知見を加味する必要に迫られていた。

近年になって山田徹によって、頼之や義将を筆頭として山名・土岐・京極といった有力守護たちの織りなす南北朝後期の幕府政治史を見直す試みが精力的に行われている[20]。そこで山田は、「どれほど管領奉書が多く発給されていようとも、それは管領斯波義将の裁量が大きいことを意味しない」し、義将の奉書が頼之以前と比べて格段に増加しているのは「それまで引付頭人奉書で処理されていた」案件が、「管領奉書で出されるようになった」からであると指摘している[21]。

そこで筆者は以下に述べるように別の観点から、義将の権限強化について考えてみたいのであるが、本論に入る前に、義将の管領奉書の全容を頼之のそれと比較するかたちで概観してみることにしたい。

〔細川頼之の管領奉書〕

まず細川頼之である。義満の父将軍義詮の指名によって、頼之が管領に就任したのは貞治六年（一三六七）一一月二五日である（義詮の没は同年一二月七日）。この時頼之三九歳、義満一〇歳。頼之の管領としての任務が、幕府運営を主導しつつ幼主義満を輔佐養育することにあったことは容易に推測される。この間、義満の年齢は一〇～二二歳、他方二九歳年上の頼之は三九～五一歳。

細川頼之の幕府の管領としての職務活動はここに開始されるのであるが（義満が将軍に補されるのは翌応安元年〈貞治七〉一二月三〇日）、筆者の収集によると左の①が最も早い。内容は、義詮の菩提を弔うために近江園城寺にあててその遺髪を納めた地蔵菩薩一体を奉納するというもので、義詮の遺命をうけて幕府運営の重責を担った頼之の基本的な政治姿勢をうかがわせる。奉者頼之の官途は「右馬頭」となっている(22)。

① 地蔵菩薩尊像一躰納先公(足利義詮)御鬢髪事、任正治(源頼朝)・延文(足利尊氏)之例、所奉渡納園城寺唐院也、早可被祈申□(抹消)菩提之状、依仰執達如件、

貞治七年正月廿二日　右馬頭(細川頼之)（花押）

当寺衆徒御中

（「園城寺文書」、『大日本史料六編二九』九八頁。「歴史と地理」一〇巻一号に画像）

翻って、頼之がいわゆる「康暦の政変」で失脚するのは、康暦元年（一三七九）閏四月一四日であり、反対に最も遅いものは、以下の②である。

② 近江国山中弾正忠入道跡事、任御寄進状之旨、可被沙汰付祇園社雑掌之状、依仰執達如件、

康暦元年閏四月十日　武蔵守(細川頼之)　判

佐々木亀寿殿(六角満高)

（「祇園社記」、増補続史料大成『八坂神社記録三』四四五頁）

内容は、近江国山中弾正忠入道跡を(23)「御寄進状の旨に任せて」祇園社雑掌に渡付せよと、近江守護六角満高に

命ずる管領細川頼之奉書（施行状）である。文中の寄進状は「御」字が付いているから将軍義満から祇園社へ出されたものであろう。

要するに時期的にみて①から②までの一一年半が頼之の管領在職期間である。この間に筆者は約三〇〇通の頼之の管領奉書を収集したが、その内訳をみると大半は種々の所務沙汰関係の案件を内容とする将軍家御教書であり、他に「〇〇に任せて」という形で将軍の下文や寄進状を伝達する施行状などが加わるが、おおまかにみて従来とほとんど変わらない。義満が一五歳で御判始を行った応安五年（一三七二）一一月二二日を契機にして、管領奉書の発給に将軍としての義満の意志が次第により強く反映するようになった可能性もあるが、それは文書の文面上から明確にうかがうことはできない。

〔斯波義将の管領奉書〕

他方、義満代における斯波義将の管領在職は二期にわたる（さらに義満没後、義持代の応永一六年六〜八月に二ヵ月ほど管領に在職する）。以下二つの期間にわけて概観する。

(一) 第一期

康暦元年（一三七九）閏四月二八日より明徳二年（一三九一）三月一二日までの、一一年弱の期間である（増補続史料大成「武家年代記」）。この間、義満の年齢は二二〜三四歳、義将は三〇〜四二歳。

第一期において斯波義将が発給した管領奉書の、筆者の収集の範囲での初見③と終見④とを参考までにあげておこう。

③　石清水八幡宮雑掌申、（以下欠）

康暦元年六月十五日　　左衛門佐（斯波義将）　判

佐々木亀寿殿

（「松雲公遺編類纂」所収「石清水八幡宮古文書目録」、史料纂集『尊経閣文庫所蔵石清水文書』四〇四頁）

④　祇園社雑掌申、備後国小童保（世羅郡）事、申状具書如此、石田一族幷広沢一加光清以下之輩押妨云々、太不可然、為厳重社領之上者、不日停止彼等濫妨、可被沙汰付社家雑掌之状、依仰執達如件、

明徳二年二月十九日　　左衛門佐（斯波義将）（花押）

武蔵入道（細川頼之）殿

（『祇園社記』五三二頁、『南北朝遺文中国四国編六』二三三二頁）

③から④までの間に筆者は約四〇〇通の義将の管領奉書を収集したが、その特徴については次項の（二）の時期を含めてのちに総括することにしたい。

（二）第二期

明徳四年（一三九三）六月五日より応永五年（一三九八）閏四月二三日までの、五年弱の期間である（『続群書類従四上』所収「執事補任次第」、および同二九下所収「東寺王代記」）。この間、義満の年齢は三六～四一歳、義将は四四～四九歳。

（一）と同様に、第二期において斯波義将が発給した管領奉書の初見⑤と終見⑥とを参考までにあげておこう。

⑤　東寺雑掌申、備中国新見庄領家職事、当国静謐之上者、不日一円可被避渡雑掌之状、依仰執達如件、

明徳四年七月八日　　左衛門佐（斯波義将）（花押）

細河兵部大輔（満之）殿

（「東寺百合文書」、『大日本史料七編一』二四八頁）

⑥　伊豆《施行》国密厳院別当職付寺院等事、早任御書之旨、関東寺領等、被沙汰付三宝院雑掌之様、可有申沙汰之由、所
被仰下也、仍執達如件、
応永五年閏四月十日　　沙弥（斯波義将・道将）在判
上杉中務少輔入道殿（朝宗・禅助）
（「三宝院文書」、『大日本史料七編三』一七四―五頁）

⑤から⑥までの間に、筆者は約一五〇通の義将の管領奉書を収集した。のちに指摘するように、この間の応永二年（一三九五）一〇月後半には義将の発給する管領奉書の書き止め文言が従来の「依仰執達如件」から新しい「仍執達如件」へと変化をとげる。

右で瞥見した斯波義将の管領奉書を全体的にみわたしたとき、むろん頼之時代と同様のかたちを基底に持ちつつも、新たに、年貢や材木などの輸送や海上警固、新関の停廃等の流通にかかることがら、借銭や質物など雑務沙汰にかかる案件、それに首都京都の寺社の諸役関係のことなどが加わり、全体的に従来とかなり異なった面も現れてきている。

また山門使節が登場するのも義将の管領時代からである。山門使節とは「延暦寺内において使節遵行権以下の諸権限を、幕府から認められていた山徒の組織」とされ、その創設は康暦元年と考えられている[24]。つまり将軍が補任権をもつ諸国守護同様の役割を比叡山内で行使する山門僧の組織体ということになる。管領義将は山門使節を通して幕命を比叡山側に伝えたのである。その実例が永徳～至徳年間に数点残っている[25]。

こうしたことは、室町幕府の支配体制の変容という大きな枠組みで考えるべき問題であり、義満の政権構想と不可分の関係にあるといわねばなるまい。

三　管領斯波義将文書の特異点

かつて林屋辰三郎は「古文書も亦歴史的社会の産物である」という基本的な考え方のもとに、「歴史上に於ける政治社会機構の変遷、更には経済的基礎構造の変革が、いかに古文書に反映するかを窺うと共に、逆に古文書の発達史を通じて、これらの機構乃至構造の発展を考えん」とし、『御教書の発生』は古文書の上に古代より中世への変革過程を具現したもの」と結論づけた(26)。

この考え方を援用すれば、古文書の文言や表現の変化もまた政治社会機構の変遷、ないしは支配の制度・機構の変容の一端を反映するものとみて差し支えあるまい。こうした考えのもとに、以下室町幕府の政務関係文書のなかで、特に管領斯波義将の発給文書の書き止め文言の変化に注目したい。

具体的には以下に述べるが、斯波義将の管領時代に、それも南北朝合体の年明徳三年（一三九二）を過ぎること数年のうちに、二種の管領発給文書の書き止め文言が変化をみせる。このことはさらに義将が出家の後の応永六年（一三九八）六月一五日付で、将軍の御判御教書まがいの文書を残していること(27)を踏まえると、南北朝合体以降の斯波義将の管領としての権限の強化を想定することもあながち困難ではあるまい。

（一）将軍家御教書――「依仰執達如件」から「仍執達如件」へ

ここでは、幕府管領が将軍（または室町殿）の意を承けて発給する将軍家御教書の書き止め文言が、応永二年（一三九五）一〇月二〇日あたりを境にして、「依仰執達如件」から「仍執達如件」へ変わるということを述べる。

南北朝時代の室町幕府管領の奉ずる将軍家御教書は、通常「…之状、依仰執達如件」という定型の書き止め文言でもって発給される。「仰」とは室町将軍の命令というほどの意味で、管領が将軍の意を受けて出すのだという上位下達の方向性を表している。斯波義将・細川頼之の発給した管領奉書も基本的にはその例にもれない。

とはいえ斯波義将に即していうと途中から書き止め文言に変化が現れる。先の第二期（明徳四年六月〜応永五年閏四月）において突然「所被仰下也、仍執達如件」へと変わる。(28) 具体的に史料をあげよう。

①　「（端裏書）御教書案応永二十□（十）七」

東寺実相寺造営要脚事、所被付伊予国段銭伍拾文也、早相副代官於両使布□□（施新右）衛門尉、清式部四郎（行定）左衛門尉可被致其沙汰之状、

依仰執達如件、

応永二年十月十七日　沙弥（道将斯波義将）御判

河野六郎（通之）殿

「表書　河野六郎殿　沙弥道光（斯波義将）（「光」の字を重ね書す）」

（大日本古文書『東寺文書一八』一〇八頁）

②　摂津多田院散在寺領事、甲乙人等盗興（恣）行山川殺生、伐取森林竹木云々、太濫吹之至也、向後堅可被停止、若有違乱之輩者、為処罪科、可被注申之由、所被仰下也、仍執達如件、

応永二年十月廿二日　沙弥（斯波義将）（花押）

当寺長老

（「多田院文書」、『大日本史料七編二』一四〇頁）

筆者の収集の限りではあるが、このうち①は「…之状、依仰執達如件」型の最終事例、また②は「所被仰下也、仍執達如件」型の最初事例である。両者の間の五ヵ日ほどの間に変わったわけで、それが何日か限定することはできないものの、中間をとっておおよそ応永二年一〇月二〇日頃と考えることができる。(29) これ以降の管領にあっても、書き止め文言「所被仰下也、仍執達如件」は変わることはない。

この応永二年十月の文言の変化は一体何に起因するのであろうか。このことについて前注（29）の上島有の解説では「応永二年六月二〇日には義満が出家しており、これは義満みずから法皇になることを意味したといわれ

るが、この段階で武家文書である「管領奉書」においても、その形式の公家文書化の傾向がみられるといえる」とされ、武家文書の公家化という説明がなされている。

しかし、室町幕府の支配体制下において九州統治を任された九州探題一色範氏が発給する書下に建武三年の当初から最終の文和四年まで「仍執達如件」が常用されること（子息直氏も同様）、そしてその幕府の九州探題を通した間接支配のありかたが一程度独自の裁量権を認めるものであったと考えられることなどを勘案すると、「その形式の公家文書化の傾向」という理由だけで片付けられるものではなく、そこに発給者（この場合は管領義将）のある程度の権限強化を想定することができるのではないか。近年では「仍執達如件」は直状の書き止め文言だと言い切る見解もある。[31] ちなみに注（28）で述べたように、細川頼之には、義満の御判始前の応安四、五年の段階で将軍代行として発給した将軍家御教書において、「仍執達如件」を用いた事例が一、二ある。[30]

日本古文書学の常識に照らすと、「依仰執達如件」の消滅は、鎌倉幕府が長期にわたって出した代表的な公文書の一つ、「関東御教書」で常用された書き止め文言の廃棄を意味し、鎌倉幕府の胎内から生まれた室町幕府がその独自性を打ち出したアピールの一つとみることも不可能ではあるまい。

（二）管領下知状――「依仰下知如件」から「仍下知如件」へ

佐藤進一『〔新版〕古文書学入門』では「執事・管領署判下知状」について次のように解説されている[32]（この文書はここで用いられている管領署判下知状という名称のほか、幕府下知状とも称されるが、本章では管領下知状に統一する）。

尊氏・直義の二頭政治期に、尊氏の執事高師直が尊氏の仰せを奉じて下知状を出した。これは鎌倉幕府のものと全く同じ形式といってよい。下って三代将軍義満の時代になると、将軍に何かの事故があって御判の下文や御教書を出せない場合に、管領（管領ははじめ執事といい、義満のころから管領という職名に変わる）が将軍の

仰せを奉じて下知状を出した。つまり将軍じきじきの下文・下知状の代用である。（以下略）

右の解説にあるように高師直も下知状をわずかに残しているものの、当該期で比較的多く出しているのは細川頼之[33]と斯波義将[34]である。下知状の用途としては、頼之の場合、所領宛行が圧倒的に多く、相論の裁許、所領の寄進・安堵、過所などがみられる。時期的にみて全一二通のうち一〇通が将軍義満の御判始以前のもので、それらはほとんど所領宛行であることは容易に納得することができる。義満は将軍に就任していたものの、判始前であったため袖判下文が出せなかったのである。

他方、義将の場合はどうか。義将の下知状の用途は、寄進・安堵・禁制・過所をはじめ、洛中土倉酒屋役・公事并土倉役に関するものなど雑多であり、頼之の時代とはかなり趣を異にする。この両人の管領下知状の用途面での違いが、将軍義満の社会的活動の状況や室町幕府をとりまく政治・社会状況の相違に起因することはいうまでもない。

ここで行論上注目すべきは、斯波義将の管領時代に管領下知状の書き止め文言が変わることである。細川頼之の管領下知状の書き止め文言は終始「…之状、依仰下知如件」であった。他方、斯波義将についてみると、少なくとも康応元年（一三八九）一一月二七日まで同様であった管領下知状[35]が、明徳四年（一三九三）一一月二六日[36]にはすでに「所被仰下也、仍下知如件」へと変わっているのである。

この斯波義将の管領下知状の書き止め文言の変化の契機が、前年明徳三年閏一〇月の、いわゆる「南北朝合一」であろうことは想像するに難くない[37]。

(三) 前管領義将の御判御教書

わずか一点だけだが、斯波義将には将軍さながらの立場から発給した特異な文書がある。注意しないし将軍の御判御教書と見紛う文書であるが、この時点の差出者「沙弥」が足利義満ではなく、出家して法名道将と名乗っていた斯波義将であると考えられることから、筆者は特異な義将文書と判断し、そのうえで簡単な検討を加えたことがある（注27参照）。参考までに史料そのものを再掲する。

九條禅閤（経教）家雑掌申、摂津国輪田庄事、雖為地頭請之地、年々令無沙汰之間、先度被仰之処、猶以不承引云々、太不可然、早止請所之儀、可沙汰（付脱カ）下地於雑掌之状如件、

応永五年六月十五日　　沙弥　判

細河右京大夫（満元）殿

内容は、応永五年（一三九五）六月一五日、室町幕府の「沙弥」某（斯波義将）が、前関白九条経教雑掌からの同家領摂津国輪田庄についての訴を受けて、同庄地頭の年貢無沙汰を咎め、同庄の請所としての措置を止めて下地を同雑掌に渡付せよと、摂津守護細川満元に命ずるというもの。通例、幕府がこのような所務沙汰関係の裁許を係争地に伝達するときには、まず当該国の守護に対して管領の奉ずる将軍家御教書が発され、次にこれを承けて守護は配下の守護代や国人に対して遵行状を出して旨を伝えるという手順をふむ。しかしこの文書は書止め文言からみて、将軍家御教書ではなく、室町殿の御判御教書の形式をとっている。

かくして、斯波義将の管領再任期間のうち明徳四年から応永五年までの期間（先の区分のうち第Ⅲ期）において、足利義満を頂点とした公武支配体制の飛躍的な展開のなかで、管領の地位が格段に強化されたのではないかと推測するわけである。

四　管領斯波義将の特質

足利義満期は、室町幕府の歴代将軍のなかでも最も安定した「『室町殿』の時代[38]」と認識されている。義満の時代に将軍義満に仕えた代表的な管領として、本章で述べた斯波義将のほかに細川頼之がいる。この二人の管領を比較してみると、いろいろな点で相違するところがある。

まず年齢である。義満は延文三年（一三五八）の生まれであるから、元徳元年（一三二九）の生まれとされる細川頼之との年齢差は二九歳。義満にとって頼之は「一父」であり（「細川系図」、『続群書類従五』所収）、父将軍義詮臨終の直前の貞治六年、頼之が管領に就任したとき、義満はわずか一〇歳。頼之は義詮亡きあとの教導者であった。頼之には「廉潔の誉れあり」（『後愚昧記一』）とする同時代史料もあり、義満にとって頼之はいわば高潔な保護者的立場にあった。しかも幕府の基盤はこの時期決して安定してはいなかった。

その点、義将はどうか。観応元年（一三五〇）生まれの斯波義将と義満との年齢差は八歳である。義満代に義将が初めて管領となった康暦元年（一三七九）に義満は二二歳、一方義将は三〇歳。将軍―管領の年齢関係としては理想的といえるかもしれない。しかも義将は公家から「優美をもつて先となす」（『荒暦』）と賞されるほどの文芸や芸術のセンスを持ち合わせた文化人でもあった[39]。

右のことを踏まえて二人の、幕府の重職としての管領の役割の相違についてみると、頼之の管領期（一一年半）が幼将軍義満のもとで幕府支配体制の基礎固め、換言すれば守備態勢に重心が置かれたのに対して、義将の管領期（一七年）は青壮年に成長した権力者義満のもとで室町幕府の支配体制が全面展開した積極攻勢の時代に当たっていた。

この二つの異なる時期の切り変えが、康暦元年（一三七九）閏四月のいわゆる「康暦の政変」によってなされたこと、それが永きに亘って幕府の基礎固めに尽くした細川頼之の追放という形でなされたことが、二つの時期の本質的な性格の相違を雄弁に物語っている。野心家義満は細川頼之を意図的に追放することによって、頼之の羈絆から脱することに成功し、新たな一層の展開の道を斯波義将に託することができたのである。

応永二年（一三九五）六月、足利義満が三八歳で出家（法名、道有・道義）したとき、現職の管領斯波義将も約一ヶ月遅れで出家（法名道将）することによって共に法体の身で在俗時代の関係をそのまま継続させた。(40)

付　「竹馬抄」について――作者は果たして斯波義将か

最後に、斯波義将の著作とされる「竹馬抄」にふれておきたい。同書が斯波義将の思想を考える場合の重要な史料とみなされているからである。同書が真に斯波義将の述作であるならば、南北朝期後半から室町時代初期にかけて時期の有力武将の、政治・教育思想の内実を具体的にうかがうための史料として、これほど貴重なものはない。

本書は原本ではなく近世の写本であり、『国書総目録　五』によると、一冊本で、国会図書館、内閣文庫、宮内庁書陵部などいくつかの機関に所蔵されているが、活字本では『群書類従27雑部』が「立原萬蔵本」（奥書による）を写したものを収録している。(41)

まず冒頭に二行書きで「竹馬抄　治部大輔義将朝臣」とある。この冊子の題名が「竹馬抄」で、その著者はさも「治部大輔義将朝臣」すなわち斯波義将であるように受け取れる。

次行から本文が、

よろづのことに、おほやけすがたといふと、眼《まなこ》といふことの侍るへき也。このごろのひとおほくは、それまで思ひわけて心がけたる人、すくなく侍るなり。

との書き出しで始まり、全十ヶ条にわたって武士たる者の心得をとくとくと諭している。最末に一行書きで「永徳三年二月七日　沙弥判」とあり、記載どおりにとれば、本書は南北朝末期の永徳三年（一三八三）二月七日に、斯波義将（当時室町幕府の管領）によって書かれたものということになる。

「竹馬抄」の成立についてはこれまでそのように解説されてきた。[42]なかでも第八条にみえる、「尋常しき人は、かならず光源氏の物がたり、清少納言が枕草子などを、目をとゞめていくかへりも覚え侍るべきなり」のくだりは、その内容が文芸好きの斯波義将の書いたものに似つかわしく、作者を義将に引き付けて考えたくなるのも決して不自然ではない。

ところが、「竹馬抄」を斯波義将の作とみるには大きな障害がある。それは何かというと、成立の年次及び作者としての「永徳三年二月七日　沙弥」という表記である。結論から先にいうと、「永徳三年（一三八三）二月七日」の時点で斯波義将は「沙弥」と称していないことである。先に述べたように、斯波義将が四六歳で出家するのは応永二年（一三九五）七月二四日のこと。主君足利義満が三八歳で出家した応永二年六月二〇日に遅れること約一ヵ月のことである。法名は道将。つまり「竹馬抄」が成立する「永徳三年二月七日」の時点では、斯波義将は自らを「沙弥」と称するはずはなく、いまだ現職の「左衛門佐」でなくてはならないのである。[43]要するに、成立の日付と当時在職の官途とが齟齬しているのである。そのようなわけで、「竹馬抄」の著者は斯波義将であるとするこれまでの説は再検討の余地がある。冒頭の「竹馬抄　治部大輔義将朝臣」の文字自体がのちに書き加えられた可能性も出てくる。

なお「竹馬抄」についての専論としては僅かに、布川尚志『竹馬抄』にあらわれたる斯波義将の思想――南北朝争乱期における軍人政治家の教育」という斯波義将の思想を探った論稿がある。[44]そこでは「室町幕府なる新国家建設の中枢的オルガナイザー」(45)たる斯波義将の政治理想を掲げたものという記述がなされているが、作者が斯波義将ではなくなると必ずしもそうとは言えなくなる。

おわりに

室町幕府の支配体制は、三代将軍足利義満の代四〇年間に最も隆盛な時期を迎えたと言ってよい。その支配体制は公家と武家とを合わせた公武統一政権と呼ばれている。この公武統一政権の隆盛の背後に義満を頂点とした国家の統治制度の整備があったことを見落としてはならない。その国家の統治制度を動かす肝心要の位置にあったのが管領という呼称を持つ幕府の「重職」であった。管領とは、ひとことでいうと冒頭に述べたように「将軍の執事と政務の長官とを併せた地位」であった。

細川頼之と斯波義将とは同じ管領の職にあっても、それぞれの時代状況は大きく異なるし、彼らが奉仕する将軍権力の性格もまた変貌する。彼らが発する管領奉書の用途や形式が変容するのは至極当然なことである。本章では、このうち斯波義将に注目し、とくに義満代第二期目の管領在職期（明徳四〜応永五）の約五年間に、それまでの管領とは一線を画するような権限の強化がなされたのではないかということを発給文書の文言の変化を通して検討した。この間に起きた歴史的事件としては応永二年六月の義満出家にまさるものはない。変化の淵源はおそらくここにあったに相違ない。

それにしても管領の制度が有効に機能したことが、義満の公武統一政権の登場に一役かったのではないかと考えてしまう。むろんその背景には、幕府が政治機関として高度に整備されるための必要条件としての、南北朝の合一という歴史事実が横たわっていることを見逃してはならない。

注

（1）日本史史料研究会監修・平野明夫編『室町幕府全将軍・管領列伝』（星海社、二〇一八年一〇月）。亀田俊和・生駒孝臣編『南北朝武将列伝 南朝編』（戎光祥出版、二〇二一年三月）。亀田俊和・杉山一弥編『南北朝武将列伝 北朝編』（戎光祥出版、二〇二一年六月）。

（2）小川信『足利一門守護発展史の研究〈新装版〉』（吉川弘文館、二〇一九年一〇月。初版は一九八〇年二月）。川岡勉『室町幕府と守護権力』（吉川弘文館、二〇〇二年七月）。

（3）谷口雄太『〈歴史文化ライブラリー〉足利将軍と御三家――吉良・石橋・渋川氏――』（吉川弘文館、二〇二二年一一月）。

（4）佐藤進一『日本中世史論集』（岩波書店、一九九〇年一二月。初出は一九六三年五月）一三七頁。

（5）「管領」の概念について検討した論文に、桃崎有一郎「中世前期における『管領』――鎌倉・室町幕府『管領』研究のための予備的考察――」（『年報三田中世史研究20』二〇一三年一〇月）がある。

（6）「義将」の訓みについては、近年では「ヨシユキ」説が有力である。その根拠は、『師守記』貞治四年四月二三日条に所見する義将甥「詮将」の肩に「アキユキ」というルビが振られていること（『師守記八』一九一頁）、また二条良基「雲井の御法」（『群書類従24』所収）康暦二年二月二日のくだりに「左衛門佐よしゆきのあそん」（斯波義将）とみえることなどである（金沢文庫発行『金沢文庫資料図録――書状編1――』（一九九二年三月、二五〇頁参照）。

（7）注（1）所掲の『室町幕府全将軍・管領列伝』に水野智之「管領 斯波義将」が、また『南北朝武将列伝 北朝編』に谷口雄太「斯波高経・義将」が収められていて、義将の事蹟についての骨子が簡潔に述べられている。このうち後者は、義将の父高経についての記述が中心であり、義将についての記述は少ない。

なお、斯波氏全般については『室町幕府守護職家辞典 下』（新人物往来社、一九八八年一一月）に収める「斯波氏」の項（遠藤巌執筆）があり、また木下聡編著『〈シリーズ・室町幕府の研究1〉管領斯波氏』（戎光祥出版、二〇一五年二月）では、鎌倉時代から戦国時代までの斯波氏研究論文のうち、その主たるものを集めている。

（8）大日本古記録『後深心院関白記（愚管記）一』二六八頁。

（9）斯波義将の父高経の卒去については、「師守記」貞治六年（一三六七）七月一三日条裏書に、
後聞、今暁寅剋入道修理大夫源高経《斯波》法名道朝、従四下　他界年六十三、痢病所労、於越前国杣山城他界云々、
とある（史料纂集『師守記十』二二二頁）。これによると高経の生年は嘉元三年（一三〇五）となり、足利尊氏と同年齢。また子息義将を執事に立てた康安二年（貞治元、一三六二）に五八歳ということになる。

（10）このへんの記述は以下二つの史料記事によっている。
①濱田敦・佐竹昭広・笹川祥生編『塵添壒嚢鈔・壒嚢鈔』（臨川書店、一九六八年三月）二二九頁。
…管領ト申ハ、近比ノ事也、本ハ執事ト云キ、大御所ノ御時、高師直ノ朝臣久ク此職ニアリシ、執事ト号ス、……近比、御一族ノ態《ワザ》ト成リテヨリ以来、管ト申也、鹿苑院殿ノ御代ノ初方斯波修理大夫高経号霊源院、法名道朝始テ此職ヲ承候時、再三固辞シ給シカバ、只天下ヲ管領シテ、御計候ヘト仰出サレシカハ、領状被申テ、四男治部大輔義将《ヨシユキ》ヲ以テ、此職ニ居《スヘ》給ト云々、
②「門葉記巻68（冥道供五）」（康安二年〈貞治元〉三月一二日条、『大正新脩大蔵経図像第一一巻』同経刊行会、一九三四年五月）五八三頁
抑、修理大夫入道（斯波高経）（俗カ）僧名高経旧冬（康安元年〈一三六一〉）天下鼓騒之時、率数十（千カ）之士卒馳参江州、以来為家僕之専一、管領之器用之由、世以謳歌、仍今度祈祷事等専執沙汰云々、但其身出家間、以子息（義将）為施主（義詮）代官之儀、今度臨齋場歟、為後昆之蒙故記其趣了、

（11）同書について『群書解題20』（続群書類従完成会、一九六一年八月）は、成立・作者ともに不詳、内容は「貞和五年（一三四九）より応永十年（一四〇三）に至る室町将軍家評定の度々における評定衆の順序などを記したもの」とし（同書七―八頁）、『日本史文献解題辞典』（吉川弘文館、二〇〇〇年五月）は「御前評定の全部を網羅したものではない」と補足する。同書に載せられた評定開催事例のほとんどは足利義満の治世期に含まれることから、本書は評定の制度と義満の時代との深い関係を示唆としていると見てよい。

（12）『大日本史料』六編二四、五〇六頁。この記事は史料纂集『師守記六』一六頁にも載せる。そこでは記事中の「修理大夫入道」を高師重、「執事」を高師直、さらに「左衛門佐入道」を斯波氏頼と比定するが、いずれも誤り。

（13）室町幕府の武家評定関係の史料は貞和年間から所見があるが（足利直義のもとでの評定か。『南北朝遺文関東編』三―一六一〇号、同七―四六九七号、「御評定著座次第」『群書類従』二九―一四九頁）、その参加者の顔ぶ

れや着座順からみて、いまだ執事主導とはいえない。これが初代将軍足利尊氏の代を経て、二代義詮の代の延文三年以降になると（執事は細川清氏）、着座人の筆頭に執事（管領）が記され、その主導ぶりが窺われるようになる（「御評定著座次第」）。つまり、管領が武家評定を主導するのは二代将軍義詮以降からと考えられる。すなわち、管領制度の成立と併行していると言うことができる。

（14）「御評定著座次第」（『群書類従29』一五〇頁）。

（15）注（2）小川著書、四二〇頁。

（16）「御評定著座次第」（『群書類従29』一四九―五〇頁）。

（17）とはいえこの呼称の問題は単純に割り切っては考えられない。「執事」も「管領」も同義に使用する場合があるからである。後代の史料には双方の使用例が認められる。例えば、万里小路時房は嘉吉元年（一四四一）八月の時点で、幕府管領細川持之を「武家執事細川右京大夫持之朝臣」と称しているし（「建内記」嘉吉元年八月一日条、日本古記録『建内記四』三頁）、他方、幕府中枢部と密接な関係を有する醍醐寺座主満済の日記『満済准后日記』にはすべて「管領」の表記で所見し、「執事」と称した例は一例もない。

（18）二代義詮末期の約四年間（康安二〈貞治元〉年～貞治五年）、斯波高経を後見として息義将が執事（管領）に在職したことを前述した。この間における義将の職務活動を記しておこう。筆者が収集できたのは、貞治元年一一月六日付（「大友文書」、『大日本史料六編二四』五一八頁）から貞治五年正月二八日付（「円覚寺文書」、『大日本史料六編二七』二四九頁）までの全一六通の管領奉書である（書き止めはすべて「依仰執達如件」）。用途では、義詮下文を施行するものが一通、他は所務沙汰関係の訴訟、伊勢神宮役夫工米徴収関係のこと等、である。なお、後見の立場にあった父高経は書状を数点残しているだけで、公的な内容の文書は一切残していない。高経と義将とがどのような関係にあったかを発給文書の側面からうかがわせる事実である。

（19）注（2）小川著書、四二一頁。

（20）山田徹「南北朝後期における室町幕府政治史の再検討（上）（中）（下）」（「文化学年報66～68」、二〇一七年二月～一九年三月）。

（21）注（20）山田論文（下）、二四八、二五〇頁。

（22）頼之が「武蔵守」に任ぜられるのは応安元年四月一五日のことである（「愚管記」同日条。大日本古記録『後深心院関白記（愚管記）三』二二二頁）。

(23) 近江国甲賀郡山中村の領主山中氏の家文書は、『水口町史 上』（一九五九年一月）に収録されるが、本文書に関係するものは見あたらない。

(24) 下坂守『中世寺院社会の研究』（思文閣出版、二〇〇一年一二月）参照。特に九、三九頁。

(25) 拙著『足利義満』（角川選書、二〇二三年四月）一六〇―一頁。

(26) 林屋辰三郎『古代国家の解体』（東京大学出版会、一九五五年一〇月）三五一―七八頁。

(27) 「九条家文書」、図書寮叢刊『九条家文書 二』（明治書院、一九七二年三月）四九頁。なおこの文書の性格については「斯波義将の特異な文書」（『日本歴史』九一二号、二〇二四年五月）において述べた。↓本書第三部第二章

(28) 細川頼之の管領時代には、例外的に「…之状（之由候也）、仍執達如件」が見られる。

①応安四年九月一七日付（「当寺長老」あて。「尊経閣古文書纂」『大日本史料六編四二』一〇頁）、②応安五年四月二日付（「円覚寺長老」あて、「古簡雑纂」『南北朝遺文関東編五』一六四頁）、③応安七年八月六日付（「東寺百合文書」『大日本史料六編四二』六頁）。このうち①②は、将軍足利義満の御判始（応安五年一一月二二日）より前のもので、管領頼之の将軍代行としての奉書である。

(29) このことについて、上島有「室町幕府文書」は以下のように解説する。

「管領奉書」を編年にならべてみると、「依仰執達如件」から「所被仰下也、仍執達如件」にかわるのは、だいたい応永二年六月頃と考えてよい。その後もしばらくは両形式が混用され、「所被仰下也、仍執達如件」に統一されるのは、応永二年の末頃と考えられる。応永二年六月二〇日には義満が出家しており、これは義満みずから法皇になることを意味したといわれるが、この段階で武家文書である「管領奉書」においても、その形式の公家文書化の傾向がみられるといえるのである。

（『日本古文書学講座 四』雄山閣、一九八〇年四月、一〇二頁）

しかし書き止め文言の変化についての筆者の検討ではこれとは異なる結果が出た。

(30) 「満済准后日記」永享四年三月一六条に、以下のようにみえる。

遠国事ヲハ少々事雖不如上意候、ヨキ程ニテ被閣之事ハ非当代《（足利義教）》計候、等持寺殿《（足利尊氏）》以来代々此御計ニテ候ケル由伝承様候、

（京都帝国大学文科大学叢書『満済准后日記 三』四一八―九頁）

（31）亀田俊和『室町幕府管領施行システムの研究』（思文閣出版、二〇一三年二月）三四八頁。

（32）佐藤進一『〔新版〕古文書学入門』（法政大学出版局、一九九七年四月）一四八頁。なおこの他、『概説日本古文書学』（吉川弘文館、一九八三年五月）九九－一〇一、一〇三頁も参照。

（33）筆者が収集したのは、応安元年六月二五日付（「善法寺文書」、史料纂集『石清水八幡宮社家文書』一〇頁）より永和元年八月一〇日付（「志渡寺文書」、『大日本史料六編四四』八八頁）までの全一四通である。

（34）筆者が収集したのは、康暦元年一一月二五日付（「南禅寺文書」、『南禅寺文書上』一四七頁）から、応永四年五月二六日付（「離宮八幡宮文書」、『大日本史料七編二』八二六頁）までの八通、それに義持代の応永一六年六月九日付（「東寺百合文書」、『大日本史料七編一一』四八〇頁）の一通を加えて、全九通である。

（35）「福山天野文書」、『静岡県史料四』八六七頁。

（36）「蜷川家文書」、大日本古文書『蜷川家文書一』一〇頁。

（37）なお義将には、さらにもう一度管領に在任した時期がある。それは応永一六年（一四〇九）六月七日～同年八月一〇日の約二ヵ月の間である。この間に、「仍下知如件」という書き止め文言を持つ義将発給の管領文書として一通、応永一六年六月九日管領下知状（東寺境内において公事の徴収を取ることを禁じる内容の禁制）があるが、これは義持代の事例であるから検討対象から除外した。

（38）久水俊和編『「室町殿」の時代――安定期室町幕府研究の最前線――』（山川出版社、二〇二二年一二月）という、「幕府がもっとも機能した4人の時代」として三代義満・四代義持・六代義教・八代義政の時代に焦点をあてたコンパクト本が登場した。

（39）拙著『足利義満』（角川選書、二〇二三年四月）一一三－一一五頁。

（40）義満の出家は応永二年六月二〇日、義将のそれは翌七月二四日のことである。この二つの時点の間に約一ヶ月の間隔があるが、この間にどのような形で義満－義将の関係が持たれたか、あるいは文書が出されたかは関係史料がなくて不明である。ちなみに、義将の出家日について、「柳原家記録」によった『大日本史料七編二』（五九頁）は「七月廿三日」とするが、国立歴史民俗博物館所蔵の「荒暦」原本によると「七月廿四日」となっている。よって本章では「廿四日」を採った。注（25）拙著二五〇、二九二頁参照。

（41）『群書類従27』所収　続群書類従完成会。

（42）『群書解題19』（続群書類従完成会、一九六一年四月）八二―三頁。『国史大辞典　九』（吉川弘文館、一九八八年九月）三九四―五頁。このうち前者は「まことに一言一句、足利幕府の武将として面目躍如たるものがうかがえる」と断言する（八三頁）。

（43）実例をあげると、直近の永徳三年正月二〇日将軍家御教書（「天龍寺文書」、原田正俊編『天龍寺文書の研究』思文閣出版、八七頁）、永徳三年二月一五日将軍家御教書（「善法寺家文書」、史料纂集『石清水八幡宮社家文書』七八頁）を奉じた斯波義将の官途は「左衛門佐」である。

（44）「政治経済史学189」、一九八二年二月。

（45）同右、六〇頁。

第二章　斯波義将の特異な文書——前管領が出した御判御教書——

はじめに

最近の室町時代史研究の飛躍的な進展に伴い、一般読者層を対象にした室町幕府全期の足利将軍（室町殿）や幕府管領に関する解説書が登場した(1)。

室町殿とは、元来三代将軍足利義満が永和四年（一三七八）に北小路室町に造営した邸宅にちなむ呼称で、やがて将軍在職の有無とは無関係に足利将軍家の家督の通称となった。他方管領とは、もともと鎌倉御家人足利家の家宰としての執事が足利将軍家のそれへと重職化して南北朝期に成立をみたもので、「いわば将軍の執事と政務の長官とを併わせた地位(2)」である。

つまり、室町殿と幕府管領は幕府の中心に位置し、管領は室町殿に近仕し輔佐して政務万般を総轄する。室町殿が欠員であったり年齢的に幼少で政務文書を出せないような危機的状況に遭遇しても、管領が代行することによって幕府は危機を切り抜けた。このように管領の役職は極めて重大であったといえる。

執事職から管領職へと発展する管領制度は、決して一朝にして完成したものではなく、管領が長い期間にわたって幼将軍義満の代行をつとめる過程を通して次第に整備・充実を遂げていった。

本章は、その管領制度の発展史のうえで、康暦元年（一三七九）閏四月のいわゆる「康暦の政変」によって失脚する細川頼之に替わって管領に就任する斯波義将の時代が、幕府職制としての管領制度の整備にとって本格的な画期となったのではないかということを、義将発給の一文書を通して検討しようとするものである。

一　応永五年六月一五日付の特異な文書

まず最初に問題となる当該の一点の文書を掲出しよう。史料本文の読みの正確さを期すために図版を併載しておいた（次頁参照）。

九條（経教）禅閤家雑掌申、摂津国輪田庄事、雖レ為二地頭請之地一、年々令二無沙汰一之間、先度被レ仰之処、猶以不二承引一云々、太不レ可レ然、早止二請所之儀一、可レ沙二汰下（付脱ヵ）地於雑掌一之状如レ件、

応永五年六月十五日　沙弥（斯波義将ヵ）判

細河右京大夫（満元）殿

右の文書は「九条家文書」所収のもので、刊本では図書寮叢刊『九条家文書二』（宮内庁書陵部編、明治書院、一九七二年、四九頁）に収載される[3]。かつ、文書は「室町将軍（足利義持）家御教書案」と命名された上で、差出書「沙弥」の横に「（斯波義将ヵ）」と傍注されている。

内容は、応永五年（一三九八）六月一五日、室町幕府の「沙弥」某が、前関白九条経教雑掌からの同家領摂津国輪田庄[4]についての訴を受けて、同庄地頭の年貢無沙汰を咎め、同庄の請所としての措置を止めて下地を同雑掌に渡付せよと、摂津守護細川満元に命ずるというもの。通例、幕府が所務沙汰関係の裁許を係争地の所在する国に

下達するときは、まず当該国の守護に対し管領の奉ずる将軍家御教書が発され、次にこれを受けた守護が配下の守護代や国人等に対して遵行状を発するという二段階の手続きを踏む（管領が未補のときは室町殿より御判御教書が直接守護あてに発給される）。

この文書の性格を考えるとき留意すべきは、一つに、これが所務沙汰関係の事柄を内容とし、室町殿の御判御教書とそれを施行する管領奉書とを合体させたような文書であること、しかも前管領で有力守護斯波義将の直状の形で、係争地の属する国の守護に対して下されていること、二つに、それが管領のポストが空いている期間に出されていること、である。

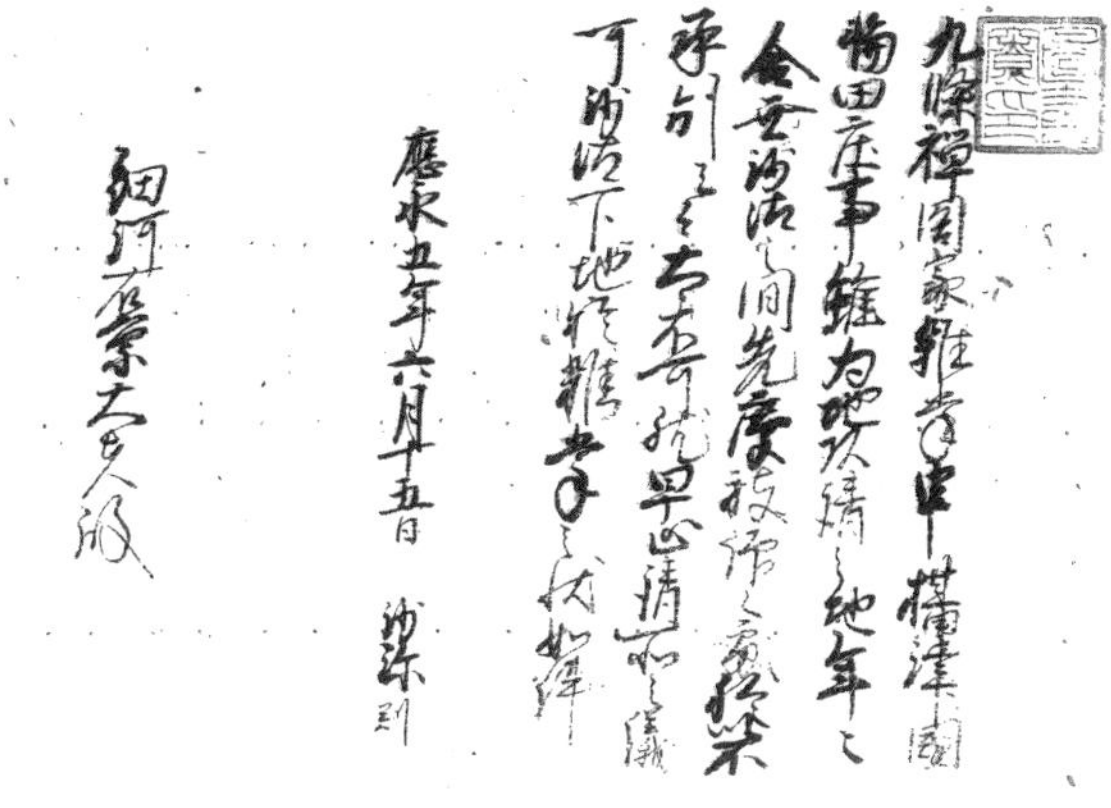

図　室町将軍足利義持《あしかがよしもち》家御教書案（九条家文書、宮内庁書陵部図書寮文庫蔵）

二　差出者「沙弥」は斯波義将か

右文書の差出人「沙弥」とは一体誰か。これが大きな問題点であり、これがわかると、右文書をめぐる問題はなおいっそうの広がりを見せてくる。次にこの点を考えよう。

まず第一に着目すべきは、文書の形式である。この文書は、その内容が摂津守護細川満元（頼元の子）に宛てた幕府の公文書であること、また書き止め文言の「状如件」からわかるように直状であることを踏まえると、やはり差出人は、通例では室町殿たる足利義満を措いてほかには考えられない。

そこで応永年間のこの時期、足利義満がその発給文書の差出書をどのように書くか、実例によって調べてみよう。結論的に言うと、義満は応永二年（一三九五）六月二〇日、三八歳で出家して法名を道有と名乗って（同年冬には道義と改名）以降も、御判御教書を発給するときその差出書には、終生「沙弥」と書くことなく、依然として公家様の花押を据え続けている。したがって義満が差出人であればこの案文が作成されたとき、正本の差出書の位置には花押が据えられていたのであるから、「御判」と書かれたはずで、まかりまちがっても「沙弥」と書かれることは考えられない。したがって右文書の「沙弥」は足利義満ではありえない。

こうなると、可能性が出てくるのは管領である。まず、職権の面から検討しよう。かつて細川頼之がそうであったように、将軍が幼少ゆえに未補であったりしたとき、管領が将軍を輔佐する立場から将軍の権能を代行したこともあった。それが昂じて、たとえ室町殿がいても、管領が幕府政務の長官として将軍文書の書式をとった政務文書を発給することも考えられないことではない。ただそこには幕府職制としての管領の権限の強化という新たな要素を想定する必要があるだろう。将軍の臨時的代行というよりも、幕府の制度的な「政務の長官」たる管領の性格が明確化したためではないかとも考えられる。

とはいえ、斯波義将は当時管領職から放れており前管領であった。調べてみると、斯波義将が五年間勤めた義満代二度目の管領を辞したのは応永五年閏四月二三日のことであったし、義将に替わって畠山基国（法名徳元）が後任の管領に就任するのは同年六月二〇日であるから、(5)右掲の文書は時期的にちょうどこの間に属するということになり、両者の間の六月一五日という時点では管領がいないということになる（応永五年当時、義将は四九歳、畠山基国は四七歳）。

次に検討すべきは「沙弥」表記の問題である。義満の出家に遅れること約一ヵ月後の応永二年七月二四日(6)に出家した斯波義将が、管領のポストに就いたまま、自らが発給する文書の差出書にどのように署判したか。(7)

このことについて結論的に言うと、義将は足利義満代初度の管領に康暦元年（一三七九）閏四月就任して以降、奉書などの公文書には間断はあるものの、一貫して「左衛門佐」と官途書きしている。義将は右述したように、この間の応永二年七月二四日に出家するわけであるが、出家後は「沙弥」と署判し、(8)二度目の管領を辞任する応永五年閏四月二三日まで将軍家御教書を出し続けたと考えられる。(9)

したがって「沙弥」は、ほかならぬ斯波義将（法名道将）であることが明確となった。図書寮叢刊本が「沙弥」の文字の横に「（斯波義将ヵ）」と注記したのは妥当な処置である。

だが、右のようなことから、右文書の文書名を「室町将軍足利義持家御教書案」とするのはやはり文書の形式からみて違和感がある。あくまで文書形式によってみると「前管領斯波義将法名道将が出した御判御教書」とみなすほうが実態に則している。(10)

この特異な文書によって、前管領斯波義将が室町殿（将軍）の壮年の時期において、その本来の輔佐役にとどまらず、むしろ室町殿と同等の役割を果たした一場面のあったことが知られ、この時点で斯波義将は従来の管領にみられなかった、室町殿と合体したような強大な権力を備えていたとみられる。のちに管領職は史料のうえで「重職」と表記されるようになる。(11)

三　参考となる他のケース

ここで右文書の性格をうかがうための手掛かりとなる文書の事例が残存しているので、それを参考にしてみよう。その文書は応永五年（一三九八）六月一一日付で、四ヵ日早いだけのほぼ同時期のものである。それは、戦国大名出雲尼子氏の伝える「佐々木文書」に収める次の二文書である。(12)

①足利義満袖判御教書案
「鹿苑院殿様（足利義満）」
御判
近江国伊香中庄事、所二返付一也、佐々木治部少輔入道浄高（高詮）如レ元可二領掌一之状如レ件、
応永五年六月十一日

②足利義満御判御教書案
近江国伊香中庄事、早任二安堵一、可レ沙二-汰-付佐々木治部少輔入道浄高（高詮）代一之状如レ件、
応永五年六月十一日　「鹿苑院殿様（足利義満）」御判
佐々木備中守殿（六角満高）

右の二文書のうち①は、応永五年六月一一日付の、足利義満が佐々木浄高(13)に対して近江国伊香中庄を安堵するという内容の袖判御教書である。また②は同じ義満が、同日付で①の施行を近江守護六角満高にあてて指令した御判御教書である。文中の「任安堵」とは、①の安堵行為を指している。

先述したように、この①②文書が発給された応永五年六月一一日の時点では、管領は未補の状況であった。②が足利義満によって出されたのも、本来②の施行状を出すべき管領がいなかったからである。

つまり、この近江国伊香中庄を佐々木浄高に領掌・安堵させるケースでは、室町殿＝足利義満が、同じ日付で安堵と施行を別々の文書①②で行っている。幕府の安堵とその施行は室町殿と管領とのセットで発するのが通例であった。ただ右のように管領のポストが空席のときは、室町殿が直接に当該国の守護あてに安堵を施行する御判御教書を発したのである。

ここで文書の内容・用途面に注目すると、先の同年六月一五日付の義将文書は所務沙汰関係のことがらを内容

としているのに対し、右の義満文書①②は所領安堵のことがらについてのものである。ほぼ同じ時期に、一方は義将の所管で、もう一方は義満の所管というふうに管轄が異なっている。これはなぜかといえば、室町殿と義将との所轄事項の違いに帰着する。要するに、義将は管領が未補のとき「幕府の政務の長官」として自らの職権において所務沙汰の裁許に関わることができたものの、こと所領安堵についてはこれができず、室町殿義満が自らこれを所轄するというルールが存在したものと思われる。

このため義満は①を発し、通常①は管領奉書によって施行されるようになっていたが、たまたま管領が空席であったため、義満自らが②を発給したのであろう。

四　なぜ斯波義将はかかる文書を出せたか

では、現職の管領ポストにいない斯波義将が、なぜこのような室町殿もどきの政務文書を出せたか。最後にこのことに触れたい。

問題は、応永五年六月一五日の時点で前管領の立場の斯波義将（当時四九歳）が、本来足利義満（当時四一歳）が出すような文書を、しかも直状の形で出せたか、である。問題の時点は、斯波義将が五年間に及ぶ義満代二度目の管領在任を終え、新任の畠山基国が任命されるまでの、わずか二ヵ月間の管領空席の期間に属している。

想像を逞しくすると、この管領空席の間に前管領斯波義将は自らを将軍に擬することがあったのかもしれない。はっきりしたことはこれからの検討に委ねねばならないけれども、室町殿の全盛時代の到来に大きく貢献した斯波義将が、その文化・思想面での室町殿との近親性を活用して、強大な権力を振るった時期があったのではなかろうか。先にのべた「宿老」はその延長上に現れると考えられる。

こうした状況はその後も長く続いたのではない。発給文書のうえでみる限り、次期管領畠山基国と室町殿との間には認められない。基国の管領期には、またもとのような状況に戻っている。応永五年六月一五日の時点でかの文書が出せたのは、これまでの事蹟を踏まえた義将の幕府における存在感の大きさ、つまり権勢の強大化と、現職管領の不在という特殊な事情のしからしむるところであったろう。このように、義将の周辺にはまだまだ検討すべき論点が少なからず残されている。

最後に一つ付加しておきたいのは、文芸を通した室町殿足利義満と斯波義将との親密な交流である。その両人の関係性は、義満—義将という君臣間の主従関係にも直接的な影響を及ぼしたであろう。

以下は「教言卿記」応永一二年八月一五日条にみえる、義満と義将との連歌張行の一コマである。(14) この日はこの年の中秋の名月の日にあたる。

月ノ名ノ　イツハリイワヌ　今夜哉　　北山殿〔足利義満〕〔義満四八才〕

何ヨリモ　名トイヒ月ノ　今夜カナ　　勘解由小路〔斯波義将・道将〕〔義将五六才〕

右の歌意〔澄んだ中秋の名月の美しさを人の心の純粋さに懸けたものか〕、および連歌会の情景は必ずしも明瞭ではないけれども、これは、場の文芸といわれる連歌会において、「北山殿」足利義満と「勘解由小路」斯波義将が月にかけて相呼応する形で句を詠みあっている場面である。そこには、連歌という文芸をとおした二人の親密な主従関係を読み取ることができるのではないか。

おわりに

室町幕府の歴史的な展開過程を制度史的側面からみるとき、足利家の家宰「執事」たるを基本的性格とし、やがて幕府の政務の長官としての役割を合わせ持つことによって成立する「管領」制度の展開の問題を避けて通ることはできない。

この室町幕府の管領制についての研究は、これまでその成立において名管領と称えられた細川頼之の時期を殊更に重視してきた。確かに細川頼之の、幼将軍足利義満の代行として室町幕府政治の基礎を固めた功績は甚大である。とはいえ、頼之の遺産を踏まえて、成人した足利義満のもとで長年管領のポストに在職して、公武統一政権樹立に大きく貢献した斯波義将こそ、「幕府の政務の長官」というにふさわしいのではあるまいか。

管領制度の成立時期についてはいくつかの学説があるが、以上述べたようなことを踏まえれば、管領制度は斯波義将の在職期に名実ともに本格的な成立を迎えたというのが実態に即していよう。

これからの室町幕府の政治史研究に欠かせない管領制度の究明のためには、従来のように細川頼之だけに偏向することなく、これに斯波義将も含めて総合的に検討する必要がある。

注

（1）『室町幕府全将軍・管領列伝』（日本史史料研究会編、星海社、二〇一八年）。本章で取り上げようとする足利義満時代の主だった管領では、前半期の細川頼之と後半期の斯波義将がいる。

このうち前者の細川頼之に即しては小川信の著書（『人物叢書細川頼之』吉川弘文館、一九七二年。『足利一門守護発展史の研究』同、一九八〇年、新装版二〇一九年）に代表される厚い研究史があるものの、後者の斯波義将については「名管領」頼之の陰に隠れてしまい、これといった研究がみられない。

しかし、足利義満時代の幕府政治の本格的な展開に深く関与した管領としてはむしろ斯波義将の功績が大きく、幕府政治史における義将の役割をきちんと評価しなければならない。この点については、最近の山田徹の研究（「南北朝後期における室町幕府政治史の再検討（上）（中）（下）」同志社大学文化学会『文化学年報』六六～

六八、二〇一七年～一九年）があり、視界が開けつつある。
　他方、近年の読書界における室町幕府研究ないし中世の武将研究の高まりのなかで、斯波義将も取り上げられて、ある程度の解説がなされてはいる。例えば本注の冒頭にあげた『室町幕府全将軍・管領列伝』には水野智之「管領　斯波義将」、また亀田俊和・杉山一弥編『南北朝武将列伝　北朝編』（戎光祥出版、二〇二一年）には谷口雄太「斯波高経・義将――室町幕府重職・三管領家筆頭への道――」という解説が収められている。このうち後者では、義将の父高経に重心が置かれ、義将にはほとんど触れられていない。
（2）佐藤進一『日本中世史論集』（岩波書店、一九九〇年。初出は一九六三年）一三七頁。
（3）同書の翻刻では文書冒頭の「九条禅閤」の文字が「九条禅閤」となっているが、「禅閤」は「禅閤」の誤植であろう。「禅閤」とは「摂政や関白などで、在家のままで剃髪した者。「九条禅閤」とは刊本の傍注のとおり、応永二年八月五日に六五歳で出家した九条経教であろう（『新訂増補国史大系　公卿補任三』三六頁）。
（4）摂津国輪田庄とは摂津国八部郡にあった庄園で、現在の兵庫県神戸市兵庫区南部の和田岬付近と推定されている。
（5）「東寺王代記」応永五年（『続群書類従二九輯下』九四頁）。
（6）斯波義将の出家日については「荒暦」に記載がある。『大日本史料』は「柳原家記録」を底本として「応永二年七月二十三日」とするが（七編二、五九頁）、国立歴史民俗博物館所蔵の「荒暦」原本は日にちを「二十四日」とする。後者を採用する。
（7）斯波義将の官途は、「治部大輔」から始まり、「左衛門佐」を経て（左衛門佐の使用期間がもっとも長い）、応永二年七月二五日「右衛門督」に昇格する（「荒暦」同二六日条。『大日本史料』七編二、七六頁）。しかし実際に義将が「右衛門督」を使用した実例は今のところ見つかっていない。
（8）斯波義将が出家後、差出を「沙弥」と記した初見は、応永二年一〇月一四日足利将軍家御教書（東京大学史料編纂所編刊『大日本古文書　醍醐寺文書一七』二〇二一年、一〇頁）である。
（9）斯波義将が「沙弥」と記した終見は、応永五年閏四月一〇日足利将軍家御教書（東京大学史料編纂所編刊『大日本古文書　醍醐寺文書一四』二〇〇七年、一六三頁）である。
（10）のち六代将軍足利義教の時代になると、家格の高い老練な有力守護という意味で「宿老」という用語が登場するが（「満済准后日記」永享四年二月一〇日条、京都帝国大学文科大学編『満済准后日記三』一九二〇年、二九一頁、「管領《（斯波義淳）》以下宿老両三人意見」とみえる）、この前管領斯波義将の立場はまさにこの宿老の萌芽のような様相を呈している。

（11）「満済准后日記」正長二年（一四二九）八月二一日、二四日条など（京都帝国大学文科大学編『満済准后日記二』一九二〇年、七一八、七二〇頁）。

（12）島根県古代文化センター編『戦国大名尼子氏の伝えた古文書――佐々木文書――』（一九九九年、本編四五頁〈七七、七六号文書〉、図版編三九頁）参照。

（13）佐々木一門と察せられる「佐々木治部少輔入道浄高」の佐々木系図上の位置をいまにわかに突き止めることはできないが、「治部少輔」という官途からみて、佐々木京極家の高秀（導誉の三男）の子息高詮と考えられる（『新訂増補国史大系　尊卑分脈三』四三四頁）。

（14）臼井信義・嗣永照校訂『史料纂集古記録編　教言卿記一』（続群書類従完成会、一九七〇年、三九頁）。

第三章　赤松満政小考——足利義教政権の一特質——

はじめに

日本中世の政治史を通観すると、播磨国出身の有力武将赤松氏が重要な関わりを有した大事件が少なからず見うけられる。具体的には、応永三四年（一四二七）一一月の赤松持貞の失脚事件、嘉吉元年（一四四一）六月の嘉吉の乱、嘉吉三年九月の禁闕の変、長禄元〜二年（一四五七〜五八）の長禄の変などである。しかもこれらの事件のそれぞれが、いずれも日本史の行方に決定的な影響を及ぼしたことから言えば、赤松氏は日本史を形づくった重要な家門の一つに数えてよいと思われる。

本章の目的は、室町前期の幕府政治史の流れのなかに赤松氏の動向、特に赤松満政の動向をきちんと位置づけ、もって室町時代政治史の研究にとって中核的な問題である幕府—守護体制の性格を具体的に考えることであるが、赤松氏の動向を考察するためには、何よりもまずこの一族の特徴的な血縁的結合形態を念頭に置く必要がある。

赤松一族の族的結合の特徴をよく示している史料記事が、万里小路時房の日記『建内記』嘉吉元年（一四四一）六月二四日条の、嘉吉の乱を書き留めた記事のなかにみられる（時房、当時権大納言）。以下、関係部分のみ引用する。

図1　赤松氏略系図

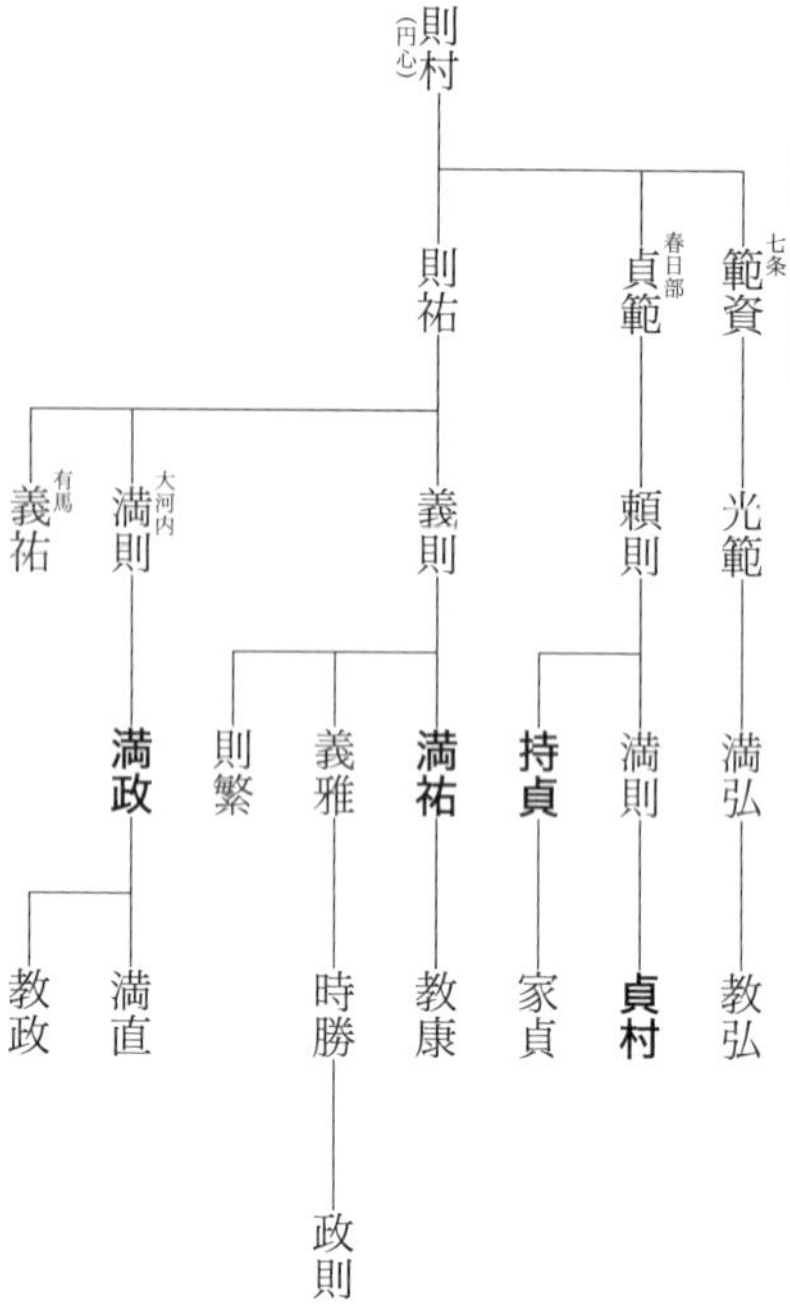

図2　山名氏略系図

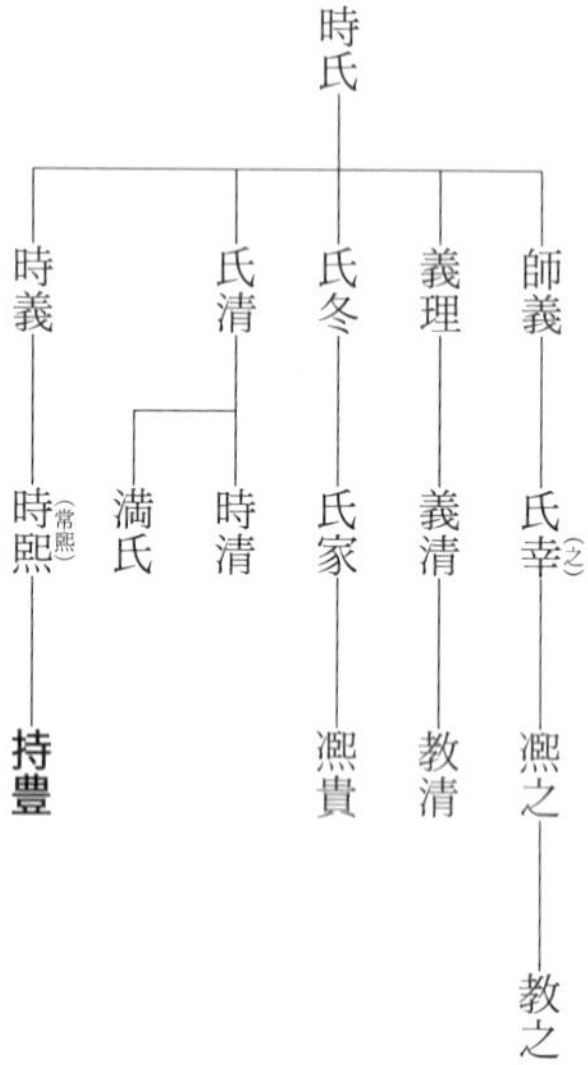

〔史料1〕『建内記』嘉吉元年六月二四日条(1)

今夜《夕》赤松宿所〻《自》自放火之後、又経程伊与守（赤松義雅）大膳大夫、入道弟也、一条以北町以西宿所自放火、又左馬助（赤松則繁）同弟也、宿所自放火、其外彼一族被管人多以放火逐電云々、於伊豆（赤松貞村）入道〻・播磨守（赤松満政）者、雖一族無《与》惣《惣》領《領》野心別心之間、当参無相違、有馬是又近日今日不供奉、

不快之分歟、無相違云々、

将軍足利義教の殺害を果たした後、赤松氏の一門では赤松満祐のほか弟の赤松義雅や赤松則繁がそれぞれ自らの宿所に火をかけ、「一族被管人」も多く放火逐電した様子を生々しく伝えているが、赤松氏の族的結合の特徴を考えるとき、右の記事で特に注目されるのは、「於伊豆（赤松貞村）入道〻・播磨守（赤松満政）者、雖一族無《与》惣《惣》領《領》野心別心」という個所である。

そこには惣領赤松満祐に対して、赤松貞村（春日部流）・赤松満政（大河内流）といった有力庶家が「別心」、つまり独立的なスタンスにあったと記されている。こうした有力庶家の惣領家に対する自立的傾向が赤松氏の族的展開にとっての原動力となっており、またそれは赤松氏と室町幕府政治との関係を考える場合の重要な手がかりとなることは疑いない。

では赤松庶家に何故そのような性格がうまれたか、その理由を考える時、赤松有力庶家と室町将軍家との間に形成された強固な、個別的で直接的な主従関係があるように思われる。赤松氏と将軍との軍功を介した強い結び付きは父祖赤松円心（則村）のころからみられるが、(2) その子孫の代でも同様であった。たとえば、赤松満政が属する赤松大河内家の系統でいうと、満政の父満則（円心の孫）は「内野合戦（明徳の乱のこと）ニ討死」して足利将軍家に軍忠を尽したし、(3) また赤松貞村が属する赤松春日部家の系統でいうと、貞村の曾祖父貞範（円心の子）は建武二年（一三三五）一二月の「竹下ノ合戦ニ貞範、比類ナキ忠戦ナレバ、建武二年十二月十二日貞範ニ播磨国并丹波国ノ内春日部ノ庄ヲ下シ賜フ御教書ヲ給ケリ」(4) とみえ、赤松春日部家と足利将軍家との間に御恩―奉公の関係に支えられた強固な主従関係が形成されたとみられる。赤松春日部家ではすでに赤松持貞が足利義持の近習として惣領赤松満祐に挑戦して敗れた先行ケースがある。(5) こうした家の伝統は家門の栄誉として代々受け継がれ、家門の独自性・独立性を保持するうえで役だったであろう。折りあらば惣領家にとって代わろうとする上昇志向が有力庶家に芽生えたであろうことはむしろ自然というべきである。

本章では、こうした赤松家の族的結合の特徴に留意しつつ、とくに庶家出身の赤松満政の動向をとおして、室町時代政治史における赤松氏の役割を考えてみたい。この分野における赤松満政の役割についてのまとまった研究はこれまで皆無に近く、近年になって竹内智宏「室町幕府と赤松氏――中次赤松満政の活動を中心として――」（『年報赤松氏研究』創刊号、二〇〇八年三月）が出た。

一　赤松満政の登場と足利義持

赤松大河内家の出身である満政が史料上に初めて登場するのは、足利義持の将軍在職期である。どのようにして義持に接近したかについては明らかでないが、一門の赤松持貞がそうであったように、将軍足利義持の身辺警護にあたる近臣の一人として用いられたと考えられる。むろん赤松氏と将軍家との間に取り結ばれた主従関係の伝統を踏まえるかたちでの任用であったろう。ここでは、満政の足利義持との関係を満政の官途ごとに時期区分して、具体的に追跡してみよう。

(一) 刑部少輔

赤松満政は、信頼のおける残存史料によるかぎり、まず最初に「刑部少輔」の官途で登場する。(6) 足利義満・義持・義量三代にわたる室町幕府の記録「花営三代記」の応永二九年(一四二二)九月一八日条(7)によると、足利義持の伊勢参宮の路次に随従した畠山・細川・赤松などの一門たちから構成される「十徳」(8)の一人として「赤松大河内刑部少輔満政」とみえる。この個所が赤松満政の史料上の初見である。(9) 同様の記事は、同じ「花営三代記」応永三〇年(一四二三)一一月一九日条(10)にもみえ、ここにも「赤松大河内刑部少輔満政」が「十徳」の一人として顔をみせている。(11) なお、この二年続き二度の足利義持の伊勢参宮に、同門春日部家の赤松持貞が「十徳」として赤松満政とともに随従している点は赤松一門の動向を考えるうえで注意してよい。要するに、赤松満政は足利義教の登場以前から、将軍足利義持が遠出する場合に供奉を務めるといった形で義持に仕え(この段階から「近習」の名で呼んでよいかは要検討)(12)、官途は「刑部少輔」を名乗っていた。

(二) 刑部大輔

次に赤松満政の官途として登場するのは「刑部大輔」である。「安養寺文書」応永三二年（一四二五）三月二一日赤松満政寄進状(13)は、赤松満政が「備前国新田庄日笠田土村内安養寺々畠二町内伍段 山王五節供料、壱町五段 八講供料」の土地を安養寺に対して寄進するという内容のものであるが、差出書きは「刑部大輔源満政」となっている。この史料によって、赤松満政が応永三〇年一一月から同三二年三月の間に、「刑部少輔」から「刑部大輔」に転任したことが知られる。この時期は足利義量が応永三〇年三月に父足利義持から将軍職を譲られてより同三二年二月に早世するまでの在職期間とほぼ重なっているが、この間の義量をめぐる政治的事情と赤松満政の官位昇進とが関連するかどうか明らかではない。義量への将軍職譲渡後、「室町殿」としてなお権力を保持した足利義持が没するのは応永三五年正月であるから、赤松満政が足利義持期において到達した官位は「刑部大輔」であるということになる。

以上を要するに、現存史料によってみる限り、赤松満政が足利義持に仕え始めたのは応永三〇年前後からということができる。満政の官途はやがて「刑部少輔」から「刑部大輔」へと上昇するが、この時期の満政の具体的動向は以上述べたこと以外知られない。足利義持晩年の応永三四年一一月には同門の赤松持貞を巻き込んだ大事件が生起するが、この事件に赤松満政がどのようにかかわったかも不明である。

二　足利義教期の赤松満政の動向

赤松満政にとって政治的進出への大きな契機になったのは、赤松一門の惣領義則の死去（応永三四年〈一四二七〉九月二一日）とこれに連動した赤松持貞の切腹事件（同年一一月一三日）、さらにこれに続く「室町殿」足利義持の死去（応永三五年〈一四二八〉正月一八日）、クジ引きによる新しい「室町殿」足利義教の登場（クジ引きによる後嗣決定は同日。還俗は同年三月一二日、元服は正長二年〈一四二九〉三月九日）であったことはまず疑いない。出自する赤松一門内の力関係の変動と、室町幕府体制内における各種勢力の主導権をめぐる争いとが結びあって、主として京都首都圏の政治・社会状況がこれまで以上に不安定かつ流動的になったことが一連の事件発生の背景をなしている。将軍独裁体制の樹立をめざした足利義教の登場が赤松満政にとって野望への大きな転機となったこともまた疑いない。以下、足利義教と赤松満政との関係をいくつかの面で探ってみよう。

（一）上総介

足利義教の治世に入ると、赤松満政は「上総介」の官途でまず登場する。足利義持期の「刑部大輔」から「上総介」に転じた時点はいつか明瞭ではない。「広峯文書」正長二年（一四二九）三月九日赤松満政下地寄進状案(14)は、赤松満政が「播磨国佐土郷内弐百石下地」を「所願成就・寿福増長・子孫繁昌祈」のために播磨国広峯社に寄進するという内容の文書であるが、この文書で赤松満政は「上総介源満政」と署名している。この文書が義教期における赤松満政文書の初見であり、この時点で、すでに満政は「上総介」の官途にあったことが知られる。注目すべきは文書の日付であって、その正長二年〈永享元〉三月九日とは足利義教が元服したその日なのである（義教は元服の直後の三月一五日には将軍宣下、任参議・左中将、義宣の名を義教と改む）。このことを考慮すると、広峯社への下地寄進は足利義教元服の当日に意図的にセットした可能性が高く、願意たる「所願成就」の中味は主人たる足利義教と共有されていたことも十分に考えられる。

さらにこの推測を支えるかのように、赤松満政は足利義教の晴れの行事に参加した形跡がある。元服を済ませた足利義教は、永享元年八月四日に右大将に叙任されるが(15)、翌永享二年七月二五日には右大将拝賀の儀式が公武社会からの多くの人々の参加のもとに大々的に挙行された(16)。その儀式の「供奉行列」の次第を子細にみると、侍所（時の頭人は赤松満祐）や小侍所（同様に畠山持永）など幕府関係の騎馬武者や多くの参仕の殿上人たちのなかの一角、赤松・伊勢・佐々木一門など総員二四名から編成された「御拝賀帯刀」グループのなかに「赤松上総介」（満政）がいるのに気づく。[17]「帯刀」（たちはき）とは「鎌倉・室町時代、将軍の参内・社参など晴れの時に、太刀を帯びて供をした役」[18]のことであるが、ここには赤松満政と足利義教との強固な個別身分的な結びつきを認めることができる。ちなみに「上総介」の官途は、満政と義教との関係の深まりに伴い、義教の力ぞえによって与えられたのであろう。「上総介」の官途は、満政の祖父で惣領の義則が嘉慶〜応永年間にかけて実際使用したものである。[19]憶測すると、父祖義則が名乗ったことのある「上総介」の官途を満政に与えた義教の心の片角には、満政流に赤松氏惣領の地位を移行させようという目論見が芽生えていたのかもしれない。

赤松満政の動向をよく伝える『満済准后日記』では、満政の初登場は永享二年正月一九日条（この日、室町殿新造御会所で「満政」〈但しこの個所では官途記載はなし〉を含めた僧俗・遁世者総員二一名の「参会人々」を集めて「御代初度」の連歌会を挙行）においてであるが、[20]満政が「上総介」の官途で登場する最後は永享三年正月一九日条である。[21]この間、満政は「満政」「（赤松）大河内」「（赤松）上総介（満政）」の表記で頻出し、義教の身辺で活動していることがわかる。

（二）播磨守

さてその赤松満政は、永享三年（一四三一）二月一二日にはすでに新しい官途「播磨守」を名乗っている。[22]つまり満政の「上総介」から「播磨守」への転任は、時期的には、永享三年正月一九日〜同年二月一二日の間しいうことになる。考えるべきは、満政の転任の理由と契機である。この時期の政治史面での背景的事情としては、足利義教の政治姿勢の転回がある。具体的には将軍への権力集中を意図した人事であり、永享二年正月の近習人館満信の政界からの失脚（大館満信は正長二年以降、将軍足利義教の権臣）はその一環とみなされている。[23]おそらく足利義教は、自らの政治構想を実現するための一階梯として、近習大館満信に替えて赤松満政を選び出した。その具体的表現として「播磨守」任命となったものとみたい。

ただ、赤松満政が「上総介」より「播磨守」に転任するのは大館満信失脚の約一年後であるので、両者の間には少し時間的懸隔があるが、将軍義教のそうした政治志向の高まりのなかでみれば、理解できないことではない。むしろ注意すべきは、赤松惣領家の満祐が応永三四年（一四二七）に父義則から譲り受けた父祖以来の「播磨守護」のポストに対抗するようなかっこうでの、庶家赤松満政の「播磨守」ポストへの任命であることである。そこに足利義教の満政への政治的なメッセージを読み取ることは不可能ではなかろう。

もうひとつあわせ考えるべきは、文芸面からの理由づけである。満政が『満済准后日記』に登場する最初は先述のように永享二年正月一九日条であるが、満政はこの初登場の当初から連歌好きの足利義教によって贔屓にされていた模様で、これより「上総介」として登場する最後の永享三年正月一九日条までの丸一年間に開催された四回の室町殿連歌会と一回の室町殿和歌会に参加している。[24]こうした文芸の会への参加メンバーは、たとえば永享二年正月一九日に集められた総勢二一人の「参会人数」は「兼内々被仰定了」と表記されているように、[25]会の主催者「室町殿」足利義教によってかねてより内々に厳選された面々と考えられ、「室町殿」と参加メンバーとの間には文芸好尚を介した緊密な人間関係がとり結ばれていたものと思われる。

つまり、赤松満政の「播磨守」への転任は、足利義教の満政に対する政治的メッセージをこめた文芸好尚がらみの政治的措置とみたい。満政の官途はこのあとずっと変わることなく、文安二年（一四四五）四月山名氏に敗れて播磨で敗死するまで継続する。

最後に付言したいのは、赤松満政が「播磨守」時代にも「帯刀」をつとめている事実である。先に本項「（一）

上総介」の個所で、赤松満政が上総介の官途にあった時期、永享二年七月の足利義教の右大将拝賀の儀式で満政が「帯刀」の役目をつとめたことを述べたが、しばらくの間断ののち、永享九・一〇年になって再び「帯刀」として登場している。「室町殿行幸記」(26)によると、永享九年一〇月二一日、後花園天皇が足利義教の邸宅「花の御所」を訪問したとき、内裏から「花の御所」への同天皇の移動にさいして「行幸御供奉帯刀十五番」に編成された全三〇名のなかに他の赤松一門、土岐一門、佐々木一門に混じって、「赤松播磨守満政」の名が認められる。さらに「石清水放生会記」(27)によると、永享一〇年八月一五日の「公方様（足利義教）御下向八幡」のとき、全一〇番に編成された「帯刀」のなかに同門他門に混じって「赤松播磨守満政」が名を連ねている(28)。

（三）播磨国佐土余部代官

赤松満政は、播磨国佐土余部の代官職をつとめている。佐土余部は平安時代成立の『和名類聚抄』にみる播磨国印南郡佐突（さつち）・余戸（あまりべ）郷の郷名を継承する地名で、室町期には伏見宮家が本家職を持つ国衙別納の所領であったとされている(29)。このため伏見宮貞成親王の日記『看聞日記』に佐土余部は散見するところとなり、ちょうど貞成の時期に赤松満政がこの所領の代官職をつとめていた。以下のような所見がある。

〔史料2〕『看聞日記』永享四年正月六日条

六日、隆富朝臣御恩佐土余部去年未進、赤松大河内（満政）今日究済、仍朝臣献賀酒、件地代官大河内無沙汰之間、
召放之処歎申間、為御料所如元補代官、仍慇懃致沙汰也、

〔史料3〕『看聞日記』永享四年八月二六日条

廿六日、（前略）抑赤松大河内（満政）公方御共申播州へ下向、於彼所死去云々、自兼病気、然而押而罷下死云々、
佐土余部代官也、不便々々、遺跡不可相替歟、但実説不審、（頭書）「後聞、大河内死事無其儀、例虚説不可説々々、病条ハ勿論也、」

〔史料4〕『看聞日記』嘉吉元年四月一〇、一一日条

十日、（中略）、抑播州佐土余部代官大河《赤松》内無沙汰事、三条へ以状申、重賢為使公方伺申、御左右可申之由被申、先珍重也、（下略）

十一日、（中略）、大河《赤松》内進使者、佐土（佐土余部のこと）事、無沙汰恐入、近日可致沙汰之由申、（下略）

右の史料によって、佐土余部をめぐる代官赤松満政と本家伏見宮家との関係が垣間見える。〔史料2〕によって、佐土余部は伏見宮家の家臣四条隆富の給地となっていたが、代官の赤松満政は年貢の進済を滞らせ、ために伏見宮家から代官職を改替するぞとおどされて究済していることが知られ、〔史料3〕は代官赤松満政の播州での死亡説を伝えている。また〔史料4〕によって、また代官赤松満政が無沙汰したので、伏見宮家は公方足利義教に訴えた。義教の注意をうけたのであろうか、翌日満政は陳謝のための使節を伏見宮家に遣わし、近日中の対応を約束していることが知られる。

以上によって、伏見宮家によって播磨国佐土余部の代官に任命されていた赤松満政は、代官職の改替をちらつかせたり、公方に訴えるというような強行手段をとらなければ、職務を十分に果たしていないことがわかり、伏見宮家にとっては決して忠実な家領経営の代官とは言えなかった模様である。

ちなみに佐土余部と同一か、もしくは極めて近い関係にある佐土郷については、「広峯文書」に収める正長二年三月九日赤松満政下地寄進状案[30]によると、「（赤松）上総介源満政」が「播磨国佐土郷内弐百石下地事」を広峯社に寄進している事実が知られる。この寄進状にみえる「佐土郷」と佐土余部との関係は検討の余地があるが、実体としてはほぼ同一のものと推測される。

（四）兵庫代官

『満済准后日記』永享六年二月二五日条に以下のような記事がある。(31)

〔史料5〕『満済准后日記』永享六年二月二五日条

廿五日、（中略）、兵庫事、可被仰付赤松播磨守（満政）歟、但猶可相尋管領（細川持之）之由被仰出、其子細ハ唐船粮米幷公方様渡御煩以下事ハ、為洛中土蔵約（役カ）、可致其沙汰之儀無子細云々、但諸土蔵者共同不置代官於兵庫者、只今沙汰之儀、定後々無足怖畏可相残歟、然者尤不便ニ思食也、如何云々、

この個所は、以下二つのことをうかがううえで重要なヒントを提供している。一つは、「唐船粮米」（遣明船乗員用の食糧米か）と「公方様渡御煩」（公方の渡御にともなう雑費か）を洛中土蔵が役儀として負担していることから推して、業務上唐物（中国からの舶来品）を扱う洛中土蔵は、唐物の荷揚げの場としての貿易港兵庫を営業上共同利用する特権を持っていたのではないかということ、もう一つは、足利義教は赤松満政を媒介にして、兵庫を直接支配しようと考えたのではないかということ。高坂好はこの満政のポストを「兵庫代官」と表現しているが(32)、妥当な見解である。高坂の指摘のように、兵庫は鎌倉期以来東大寺領であったから、義教が代官を置くということは兵庫を東大寺から召し上げ御料所とすることを意味している。高坂の指摘どおり、対明貿易のために重要になったからであろう。義教が兵庫にこのようなものを新たに置けば、洛中の諸土蔵は反発して「土蔵役」を負担してくれなくなり、その結果「無足怖畏」（収入がなくなるおそれ）が生じ、「不便」の事態が起こりかねない。だから足利義教は管領細川持之にそのへんのところをよく尋ねるよう満済に指示しているのである。

こうした義教の兵庫をめぐる貿易管理の政策がその後どのように展開したか明瞭ではないが、右の記事には、義教の貿易直接統制への積極的志向と、これに対する洛中土蔵のリアクションを懸念する義教の繊細な思慮とか交差している。ちなみに、『満済准后日記』によると、永享六年五月来朝した唐使一官人方へ「五色百籠・十荷」

いはこの行為は当時の満政の兵庫代官としての職務と関係するかもしれない。

を差し入れるために「赤松播磨守（満政）」が「伺申入」、つまり当局にお伺いを立てている所見があるが[33]、ある

(五) 将軍足利義教の近習・申次

赤松満政の室町幕府における基幹的な職務は「近習」であった。「近習」は将軍足利義教の信任を得て側近くに仕えるので、将軍に対して物事を伝えたり、逆に将軍の命令・指示を他者に伝達する仕事を行った。いわば将軍と他者との中継ぎ役である。こうした行為を当時の史料では「申次（もうしつぎ）」といった。その意味で「近習」と「申次」とは実質的には一体と考えてよい。なお、この場合の「申次」は、どちらかと言うと特定の役職名というより、そうした行為をさす普通名詞としての意味が強いように思われる[34]。

近習赤松満政が足利義教の使者として出向きその仰せを取り次ぐという記事は、満政の活動が活発かつ広範囲であっただけに諸史料に多々みられるが、初めて赤松満政の申次行為を本格的に追跡した竹内智宏は[35]、その史料的初見を永享二年正月[36]、その終見を嘉吉元年六月とする[37]。同氏が一覧表に整理したように満政の申次としての所見は多岐にわたるが[38]、満政の職務内容を大まかに分類すると以下のようになろう。

①足利義教の命令・意思の伝達

②足利義教への上申・披露の中継ぎ

③足利義教のための祈巻数の請取

④足利義教の指示による行動

⑤その他

右のそれぞれについて当時の記録にみえる典型的な具体事例をあげつつ解説したい。まず①②は近習・申次の

仕事内容として最も基本的なもので、それだけに実例は枚挙に遑ない。①ではたとえば、足利義教が「九州事」(39)や「駿河事」(40)など喫緊の政治・軍事的問題について幕府政治顧問としての満済の意見を求めようと招きたいときなど、赤松満政は満済にその旨を知らせるなどして連絡調整にあたっている。この手の実例は非常に多く、義教がいかに満済をこうした面で頼っていたかがうかがわれる。また②のケースでいうと、例えば満済が足利義教のご機嫌をうかがったり、九州探題の使節板倉が義教に面謁としたいというようなときには赤松満政をとおすというような場合(41)もあるが、ほかに「一色馬打次第事」のような大名間のもめごとのさい満済に届けられた「山名状」(山名常煕の見解)を満政を通して義教の上覧に備えるという実例もあるし(42)、また鎌倉公方の使節二階堂盛秀が使節として上洛しても義教が会ってくれないという状況のなかで、京都に届けられた関東管領上杉憲実の書状が満政をもって上覧に備えられた(43)。加えて、『九条家歴世記録二』に収録される、荘園経営の円滑化の目的で満政にあてられた永享三―四年ころの九条家よりの書状群(44)も義教への披露を要請しているから②に含めてよかろう。

③では、義教の「御風気御祈」の巻数を満済から満政に進めたり(45)、聖護院満意が巻数を満政に「付遣」したりしている(46)。むろん義教のための祈巻数以外は満政の請け取るところではない。

④では、大和国の問題で筒井を上洛させることになったとき、義教は筒井の到着先の畠山満家の宿所に満政と幕府奉行人飯尾肥前守(為種)を派遣し、委細談合させているし(47)、裏松義資の横死が義教の指示であるとの「不思議虚説」を流したとされる高倉永藤にその真偽を尋ねるために遣わされた「両使」の片方を満政がつとめている(48)。また義教より諸社に神馬が献納されることになったとき、満政が「諸社神馬奉行」をつとめたのも④に含めてよかろう(49)。さらに永享一一―一二年ころ満政が公方御倉の運営に重要な関わりを有していたことは別稿で述べた(50)。

以上に加えて⑤は、それら以外のやや趣の異なるケースである。たとえば、『満済准后日記』に以下の記事が見られる。

〔史料6〕『満済准后日記』永享二年一二月一四日条[51]

十四日、晴、自大内入道（盛見）方、筑前国御年貢二十万疋今日進之、以慶円法眼遣大河内（満政）方了、

幕府料国筑前国の代官大内盛見から永享二年分の年貢二十万疋が満済のもとに進められたので、満済は配下の慶円法眼（六条八幡宮小別当）をもって赤松満政方に遣わしてそのことを伝えたことが知られ、満政が職務上幕府の財政面に関与をしていたのではないかということはここからも窺える。

いまひとつ興味深い例を一二あげると、『満済准后日記』永享四年七月四日条に、摂政二条持基が自邸に足利義教の渡御を請うために自ら室町殿に隣接すると思われる「宝池院壇所」に出向いていたので、先例では使者が出向くものだと満済が尋ねると、摂政は「赤松播磨（満政）指南申故也」と答えたという記事がある[52]。この記事は当時の室町殿足利義教と公家との位置関係を象徴するものといえるが、同時に室町殿の近習としての赤松満政の権勢をうかがい知ることができる。もうひとつ、それは赤松満政が足利義教文書の草案を書いていることである。『満済准后日記』永享四年八月二九日条によると、義教の「富士御下向事」について関東管領上杉安房守憲実が義教にあてた「内々申入状」つまり内々の書状に対する返事を、義教は赤松満政に案文を書かせ、その案文に満済が意見を付けたということが記されている[53]。

（六）「赤松播磨（守）状」

『満済准后日記』には「赤松播磨（守）状」という表記で、赤松満政の発給文書を意味する言葉が六ヶ所に登場する[54]。いずれも義教の意を受けて出されたものであるが、しかしそれがどのような形式の文書であったかは明確でない。他方、「大日本古文書」は少なくとも四通の赤松満政文書を収録している。具体的には以下のとおり。

①（嘉吉元年）卯月一五日赤松満政副状（『島津家文書一』二七四号）
○島津陸奥守（忠国）あて○差出書は「播磨守満政」○足利義教、島津忠国ら五人の大覚寺義昭を討ちし功を褒す
②（嘉吉元年）四月一五日赤松満政書状（『島津家文書一』二七五号）
○島津陸奥守（忠国）あて○差出書は「満政」○島津忠国の義昭を討つを褒し、「今度儀」をたしなめ、なお円宗院をとらえしむ
③（嘉吉元年）卯月一六日赤松満政書状（『島津家文書一』二七六号）
○島津（忠国）あて○差出書は「満政」○野辺告文のこと
④（嘉吉元年ヵ）六月一三日赤松満政書状[55]（『上杉家文書一』一一三号）
○判門田あて○差出書は「満政」○上杉長棟子息一人越後に置くべきことを告げ、長棟の子息の人数・年齢を問う

このほかに『上杉家文書一』に収める（嘉吉二年ヵ）正月二〇日上杉長棟〈憲実〉書状（一一五号）に「就京都祇候之事、赤松播磨守（満政）証状下遣之候、簡要之証文候」とみえ、また同文書の（文安元年）九月二日上杉長棟〈憲実〉書状（一二〇号）に「可令致京都祇候之段、普広院殿（足利義教）御代令言上之処、上意無相違之旨、赤松播磨守書状在之」というくだりがあるのも参考になる。後者の「赤松播磨守書状」が「上意」つまり足利義教の意を受けた文書であったことは確実で、しかもそれは前者では「赤松播磨守証状」と呼ばれている。

右のことを踏まえて先の①〜④の満政文書を考えると、形式は書状であっても実質は奉書であったと思われ、『満済准后日記』に登場する「赤松播磨（守）状」とは書状形式の奉書であったと考えられる[56]。

（七）永享の山門騒擾

永享五年七〜閏七月には山門の嗷訴が起こり、三度にわたって要求事項を綴った山門牒状が京都幕府にもたら

された。具体的にいうと、①永享五年七月一九日に根本中堂で閉籠衆議されたもの、(57)②永享五年閏七月七日に同じく衆議されたもの、(58)③永享五年閏七月二〇日に大講堂三院宿老が集会して議したものである。(59)このうち、『看聞日記』と『醍醐寺文書』に収録された①の、全一二ヶ条のなかで赤松満政を糾弾した箇条のみを以下に掲出する。

〔史料7〕『看聞日記』永享五年七月二四日条

一　当御代殊政化超于前々、撫民勝于代々、是併継絶興廃為御政道之処、赤松播磨守（満政）奉掠上聞、偏猷秀贔屓之儀在之間、就毎事不恐公方不憚外聞、就賄賂属詑恣令許容、奉為公方為不忠族之間、速可被処遠流事、

この一連の事件の①に関しては、『満済准后日記』永享五年七月二三日条(60)にも記事があり、幕府側に対して山門が①をどのように提示したかが知られる。その意味でも貴重であるからこの記事を掲出する。

〔史料8〕『満済准后日記』永享五年七月二三日条

廿三日、（中略）、丑初刻歟自管領（細川持之）書状到来、今日晩頭山門事書到来間写進、明日早々御出京可宜云々、事書条目非殊題目也、猷秀（『看聞日記』等では「猷秀」）号光聚院云々、奸曲条々、赤松播磨守（満政）・飯尾肥前守（為種）猛悪無道次第等書載之了、於赤松播磨可被遠流、於飯尾肥前ハ渡賜衆徒手、可被其沙汰由申也、

これによってみると、①が幕府に届けられたのは七月二三日晩頭のことであることが知られ、赤松満政が山門から指弾されている理由についてみると、〔史料7〕では「奉掠上聞、偏猷秀贔屓之儀在之間、就毎事不恐公方不憚外聞、就賄賂属詑恣令許容、奉為公方為不忠族」であることで、罪刑は遠流、また〔史料8〕では、飯尾肥前守と一緒に「猛悪無道」の「奸曲」の咎で、満政は遠流、飯尾は山門衆徒に身柄引き渡しとなっている。

赤松満政は「近習」、飯尾肥前守は「奉行」であったから、二人がともに幕府政治に直接にかかわる立場にい

たことは疑いない。山門と彼らの間のトラブルが何によって引き起こされたか、そのトラブルの具体的内容はどうかなど肝心な部分が明瞭ではないが、飯尾肥前守が「土蔵」（公方御蔵か。金融業者）からの金銭の借り入れに職務上関わっていたこと[61]、土蔵は「山徒」によって営まれたとする下坂守の研究[62]をふまえると都市京都の経済活動をめぐる幕府と山徒との間の抗争、おおまかにいうと幕府と山門との経済面での利権争いに起因することは動くまい。

前述のように山門は三度にわたって牒状（事書）を出して幕府に厳しい対応を求めたが、結局のところ両者の間で妥協が成立し、かたちだけの処分しかなされていない。『満済准后日記』永享五年閏七月一一、一二日条によると[63]、将軍足利義教自身が管領細川持之以下有力大名たちの意見を聞き入れず、「以諸大名申詞、予（満済）披露之処、光聚院（猷秀）幷播磨守（赤松満政）・飯尾肥前守（為種）等流罪等事、不得其意由再三被仰了」（一二日条）とあるように、張本人と目された三人の流罪に難色を示している。しかし、結局、猷秀は土佐国畑に流罪、飯尾為種は尾張国へ流罪ということとなったが、それはかたちだけの処分にすぎなかった[64]。

当の赤松満政はどうかというと、前述の山門牒状①では「速可被処遠流」と、②では「永被放不反之遠島」とされていたが、③になると「猷秀法師幷為種男可賜衆徒手」とあるのみで満政の罪刑についての言及がない[65]。さらに『看聞日記』永享五年閏七月二六日条に「赤松大河内（満政）事、可被預宗領（赤松満祐）云々」とある点から推測すると、赤松満政の身柄は惣領満祐に預けられることになったものと察せられる[66]。しかし満政の処遇については幕府も特別に配慮した形跡がある。『満済准后日記』永享五年八月四日条に以下のような記事がある[67]。

〔史料9〕『満済准后日記』永享五年八月四日条

四日、自管領（細川持之）使者参申、重山門事書案写進了、只同篇申状也、於赤松播磨守（満政）事者、管領頻申入間、重訴訟可略之云々、坐禅以下山徒御免事堅申入計也、

このとき山門から示された「重山門事書」の案文が管領から満済に届けられた。その事書には、赤松満政については「重訴訟可略之」、つまり満政のことは提訴事項からはずすと記されていたのである。それは「管領頻中入間」とあるように、管領細川持之がしきりに山門と交渉した結果であった。さらに優免された「坐禅以下山徒」とは幕府によって指名手配されていた犯科人の山徒と考えられる。「坐禅」とは坐禅院のことで、「山門使節」の一人であろう。

要するに、幕府と山門は交渉を重ね、その結果赤松満政の罪を問わないかわりに、坐禅院以下を優免するということで、交渉が妥結したのである。

したがって、満政はこの事件で失脚するというようなことはなく、以降の満政の行動は従来と比べて変化は認められない。満政は幕府によって救済されたのである。換言すれば、満政という人物にはそこまでしても幕府に残しておくべき存在価値があったのである。

三　赤松満政の文芸活動

足利義教政権の性格を論ずるときには文芸面での検討を避けてとおれない。それは義教が文芸を一種の政治的装置として活用したからである。その意味で義教政権の理解のためには文芸を政治的な文脈で読むことが必要となる。その文芸とは主として連歌と和歌である。『満済准后日記』をよむと、足利義教が主催する連歌会・和歌会の開催記事が頻出する。個々の事例にそくし、特に参加したメンバー（「参会人々」などと表記）について注目すると、連歌会と和歌会双方に皆勤する者、あるいはどちらか片方に精勤する者などいくつかのパターンがあることに気づく。具体的にいうと、連歌会・和歌会双方にある程度長期的・固定的に参加しているのは、公家では、二条持基

（摂政・関白）・三条公保（按察大納言）・三条実雅（右中将・中納言。但し永享四年一月以降）、寺家では、満意（聖護院准后）・満済（三宝院准后）・義運（実相院僧正）、さらに武家では、山名常熙（右衛門督入道）・赤松満祐（左京大夫入道）・赤松満政（上総介・播磨守）、一色持信（兵部少輔・左京大夫。但し永享四年三月まで）、赤松義雅（伊予守。但し永享四年一月以前）、細川持之（右京大夫。永享四年一〇月より管領。但し会衆としてみえるのは管領就任後）といったようなメンバー総計一二人程度である。この他に連歌会・和歌会いずれか片方にのみ固定的に参加するメンバーがいる。彼らについては以下の関係個所でふれることにして、ここでは、そうした側面に秘められた政治的意味などについて考えてみたい。連歌、和歌の順に検討を加えることとする。

（一）連歌

「場の文芸」としての連歌は、南北朝時代の延文元年（一三五六）に成立した『菟玖波集』が翌年後光厳天皇から勅撰に准ぜられることにより文芸としての市民権を獲得したと言ってよいが、室町時代に入ると社会的に一層の支持を獲得して、さらなる隆盛期をむかえることになり、あわせて多面的な性格を帯びてきた。足利義教期の連歌については、従来の研究史を踏まえて新見解を提示した三角範子「足利義教邸月次連歌会について」[68]という専論がある。同論文の結論部分を引用しよう[69]。

> 義教邸月次連歌会は義教の政権運営と密接に関係している。月次連歌会は義教期の幕政の比較的な安定の上に成立したというよりむしろ、政権運営のための一つの装置であったとみてよい。連歌会と政治の場が相互作用を持つところに、義政の主導する文芸の特質の一つがあるといえる。

足利義教主催の連歌会の構造と性格については右の三角論文に任せることにして、本章の関心は赤松満政がこの連歌会でどのような役割を果たしたかである。会衆からみた開催の意味については三角論文にも言及があり、

「義教邸月次連歌会に加わることは会衆にとって喜ばしいことであり、その場での成功によって名誉が得られる。上層社会でさらに認められる機会でもある」としている。(70)妥当な見解と思われるが、いますこし立ち入った詮索はできないであろうか。

足利義教の連歌会・和歌会の会衆の参加状況には、いくつかのパターンがあると前述した。いま特に連歌についてみると、双方に固定的に登場するメンバーは前述のとおりであるが、和歌会には参加せず、連歌会のみにその名を見せる者たちがいる。具体的にいうと、公家では一条兼良（左大臣・摂政。但し永享四年三月以降）、寺家では認められず、また武家では石橋信乗（左衛門佐入道）、三上周通（近江入道。但し永享四年正月まで）、蜷川信水（周防入道。役目は執筆）、佐々木〈京極〉高数（加賀入道）、一色吉原入道、山名凞貴（中務大輔。但し永享四年正月まで）と細川基之（阿波入道。但し永享三年六月以降）、その他禅僧・時衆では重阿・玄阿・祖阿・承祐・瑞禅というぐあいである。むろん以上に挙げなかった者のなかには、これに準ずる参加回数のケースや、たとえば「非御連歌人数」の一人とされた畠山満家（法名道端、左衛門督、前管領。『満済准后日記』永享四年三月四日条）のようにもっと参加回数が少ないというケースもある。

連歌会の会衆構成の特徴の一つは、「禅僧瑞禅」については検討の余地を残すが、承祐（宗匠）、重阿・元阿・祖阿（時衆）といった「連歌の専門家」(71)がほぼ常に加わっている点であり、この点では和歌会の場合の専門家飛鳥井雅世（題者・読師）・同雅永（講師）が常に加わっていることと対応している。

足利義教主催の連歌会は「政権運営のための一つの装置」とする先の三角の指摘のように、すぐれて政治性が高いと思われる節がある。例えば、斯波義淳の連歌会における立場と処遇である。斯波義淳は応永二一年（一四一四）六月遁世し(72)同二五年八月に没した前管領・加賀前守護の斯波義重（義教）の嗣子で、(73)当時「宿老」(74)と重んぜられた幕府重臣の一人であった。斯波義淳が連歌会に参加した所見は管見の限りみいだせず、おそらく義淳は連歌会のメンバーではなかったのではないかと見られる。ちなみに、『満済准后日記』にみる足利義教和歌会に「斯波左衛門佐」という人物がよく登場する。(75) 義淳の官途は「左兵衛佐（武衛）」であるから、似ていて紛らわしいけれども、この「斯波左衛門佐」を義淳とみなすことはできない。(76) そこで注目すべきは、以下の記事である。

〔史料10〕『満済准后日記』永享二年三月一七日条

御連歌在之、摂政《二条持基》参会被申也、御発句将軍御沙汰、

とをく問ふかひある花のさかり哉

千代をなれ見ん松と桜木　三

池水の月もしつかに春すみて　二

執筆蜷川入道《信永》・御連歌人数、山名《常熙》・赤松《満祐》・一色吉原・京極加賀入道《高数》・赤松上総介《満政》・山名中務大輔《熙貴》・三上近江入道《周通》・玄阿・祖阿等也、管領《斯波義淳》以下余大名被召出、御盃被下之了、（下略）

意味するところはおおよそ次のようである。永享二年三月一七日花見のため足利義教が醍醐寺に入り、大名八人を交えて宴席が設けられた。ついで摂政二条持基も参加して連歌会が催された。発句は将軍足利義教が詠んだ。脇句は三宝院満済、第三句は二条持基が続けた。執筆の役は蜷川周防入道信水がつとめ、「御連歌人数」として山名常熙、赤松満祐、一色吉原入道、京極高数、赤松満政、山名熙貴、三上周通、それに時衆の玄阿・祖阿等が参加した。注目すべきはこのあとのくだりである。つまり管領斯波義淳以下余大名たちは「被召出、御盃被下」たものの、「御連歌人数」(77) に含まれていない事実である。山名常凞・赤松満祐といった有力大名は「御連歌人数」に含まれているのに、前述のように「宿老」として重んぜられた管領斯波義淳がなぜ「御連歌人数」から除外され、連歌会に会衆として参加した形跡がまったくないのか理解に苦しむところである。

しかし、さきの三角の「政権運営のための一つの装置」という理解を援用すれば、足利義教が、幕府中枢を構

成する有力大名を文芸を媒介にした政治力学によって相互牽制させる狙いがあった可能性も否定できまい。[78]むしろ斯波義淳自身の連歌・和歌といった文芸好尚の性癖も考慮せねばならないが、義淳の没後跡を継いだ斯波義郷[79]は、永享六年一〇月に足利義教より示された「玉津島御法楽人数交名」において伏見宮貞成親王以下全三七名に混じって「来月廿一日以前可詠進」と命じられている。つまり玉津島法楽として和歌の詠進を仰せつかっているのである。これを皮きりに、斯波義郷は義教主催の連歌会・和歌会に参加するようになっている。[80]斯波惣領家の一つの大きな転身であるといえよう。連歌会はこうしたところに「政権運営のための一つの装置」としての役割を果たしていたということができよう。

そこで、最後に連歌会における赤松満政の役割を概括的にいうと、まず満政がひとかどの文人であったことは認めねばならないし、そのことが足利義教に重用される一因であったこともまた事実であろう。しかし満政の政治的な基盤の第一は彼が足利義教の「近習」であったことであり、その点から考えると文芸面での満政の役割は足利義教の「政権運営のための一つの装置」を効果的に稼働させることにあったであろう。

(二) 和歌

後花園天皇の勅命で成立した最後の勅撰集『新続古今和歌集』（永享一一年〈一四三九〉撰進）には、赤松満政の歌が一首収められている。同和歌集の撰集は足利義教の発意を受けたものであったから、撰者飛鳥井雅世が赤松満政の歌を入集させたのは義教の意向を忖度した結果とも考えられる。[81]その歌とは、以下のようなものである。

左大臣家にて、池水久澄といふ事を　　源　満政

万代といはねをめぐるながれまでしづかにすめる庭の池水

まずこの歌がいつ詠まれたかである。そのことを知るために、さしあたり『満済准后日記』に「池水久澄」と

いう題で室町殿関係の詠草の所見があるか否か検索すると、以下二つの記事が認められる。

〔史料11〕『満済准后日記』正長二年三月二六日条[82]

廿六日、晴、自飛鳥井宰相（雅世）方、室町殿（足利義教）御月次題送賜、池水久澄云々、今度初御位署可被遊之間、一首題云々、

〔史料12〕『満済准后日記』正長二年四月二二日条[83]

廿二日、少雨、今日室町殿御所御月次、一首題池水久澄、出題飛鳥井宰相雅世卿、日比御月次兼日三首也、雖爾御位署等可被書載初度御会之間、一首云々、仍毎事厳重、御所様御狩衣、予重衣、飛鳥井兄弟雅世卿・雅永朝臣、冷泉中将為之朝臣等同狩衣、武家輩悉直垂也、堯孝重衣、袈裟織色青、読師雅世卿、講師雅永朝臣、披講了御一献在之、公方御沙汰云々、（下略）

右の二つの記事の間にはおよそ一ヶ月の隔りがあるが、ともに義教の「今度初御位署」、つまりこの年四月一五日の義教の判始[84]を意識した記事内容である。題がともに「池水久澄」であるが、前者は満済個人に詠草を求めたものであるから、先の満政の歌の入り込む余地はない。そうなると後者ということになるが、後者のケースでは正長二年四月二二日に室町殿御所で御月次和歌会が行われ、参加したメンバーの名とその服装について記されているが、注目すべきは「武家輩悉直垂也」の個所である。記事中にはその「武家輩」の名は具体的に挙げられていないけれども、そのなかに赤松満政が含まれており、先掲した『新続古今和歌集』に入集した一首がこの時赤松満政によって詠まれた可能性は高いといわねばならない。

このように考えると、先の満政の歌が詠まれた時期は正長二年四月ということになり、詞書に「左大臣（足利義教）家にて」とあるものの、足利義教は同年三月一五日に将軍宣下をうけ参議・左中将に任じられたばかりで（義宣から義教への改名もこの時）、左大臣にはまだなっていない[85]。そのような時期に詠まれたのであれば、満政の歌

の意味としては、待望の将軍宣下をすませて、これから新しい政治を開始しようとする足利義教の前途が長久で安泰であることを、義教の篤い信任をうける近習の一人としてことほいだものとみてよいと思われる。足利義教―赤松満政間の強い主従関係をさし示す歌である。

右の事例によって『満済准后日記』の室町殿和歌会関係記事に赤松満政の名が初めて登場するのが永享三年正月一三日条であるからといって、満政の同和歌会への参加の開始が同日とは限らないということが知られる。たとえば同日記、永享二年正月一三日条にみる室町殿月次和歌始に参加メンバーとして一括された「武家輩細川右京大夫持之・畠山阿波守（義忠）・赤松左京大夫入道性具（満祐）以下十余人歟」のなかに赤松満政が含まれていた可能性さえあるし、また「室町殿御月次今日云々、予不参」云々と記された正長二年五月晦（三〇）日条の和歌会には、満済は欠席したが赤松満政は参加したことさえありえる。つまり史料的な制約による不明の部分を含めて勘案すると、満政の室町殿和歌会参加は、義教主催の月次和歌会が開始される正長元年四月二九日以来継続した可能性も否定できないのである。

赤松満政の歌としては、勅撰集以外では、いくつかの神社に奉納された詠草のなかに数首が残っている。具体的にいうと、「永享十年石清水社奉納百首」に「瀬月」「古郷月」「月前鶉」を詠んだ歌計三首、「永享十一年石清水社奉納百首」に「鶉川」「遠恋」「寄獣恋」を詠んだ歌計三首さらに「永享十三年松尾社法楽百首」に「夏月」「旅」を詠んだ歌計二首、総計八首がさしあたり認められる。いずれも風月や叙情を詠んだもので、政治的な色あいはない。

他方、将軍足利義教が幕府行事として開催した室町殿和歌会において、赤松満政はどのような動きを示しているかについてみておこう。室町殿が主催する和歌会についてはすでに三角範子「足利義教とその和歌会」という専論があり、それによると以下のように簡潔に総括されている。

月次和歌会は正長元年四月二九日に始まり、その様式は段階的に確立される。政権初期の不安定なところ、義教が幕政の頂点に立つことを示す一連の武家儀礼や権門への御成がみられる。この時期に月次和歌会を始める意図は、義教が室町殿として相当の文化的容量を備えることを示し、将軍権威の確立および強化を目指すことにあると考えられる。月次和歌会の開始は、義教の政権運営の一環に位置づけられるのである。

和歌が古代以来の正統的な文芸として社会の上層部にもてはやされたことは多くの和歌史研究が明らかにしているが、足利義教の和歌会が基本的にはそういう伝統のうえにあったことは認めねばなるまい。義教の和歌会についてみると、連歌会の場合と同じ側面と異なる側面とがある。まず会衆の顔ぶれからいえば、前述のように和歌会・連歌会ともに参加するいわば常連たちがいる。これに加えて、和歌会のみに参加するメンバーには、公家では飛鳥井雅世（中納言。題者・読師）、同雅永（左中将。講師。雅世の弟）・同雅親（少将。雅世の子）・冷泉為之（左中将）が、武家では畠山義忠（阿波守）・斯波左衛門佐・細川持春（下野守）・同持賢（右馬助）・同満□（陸奥守）・同持之（右京大夫。但し永享三―四年）赤松義雅（伊予守。但し永享四年一〇月以降）が、また寺家では堯孝（権少僧都。その高祖父は頓阿であるという）[92]が挙げられる。飛鳥井家は和歌を家学としており、その一門の出である雅世・雅永兄弟それに雅親（雅世の子）はそうした専門的な立場から和歌会をリードしたに相違ない。

足利義教主催の和歌会も、連歌会と同様に「政権運営のための一つの装置」としての性格を持ったであろう。相違するのは、和歌と連歌の文芸としてそれぞれに持つ性格と歴史のちがいであったろう。したがって和歌会の会衆の一人としての赤松満政の役割は、既にのべた連歌会のそれと同様とみてよいであろう。

四　嘉吉の乱後の赤松満政

嘉吉元年（一四四一）六月二四日に生起した将軍謀殺事件、所謂嘉吉の乱は、伏見宮貞成親王によって「将軍如此犬死、古来不聞其例事也」（『看聞御記』同二五日条）と評されたが、この事件が多方面に与えた影響は甚大であった。赤松満政の身の上にはどのような影響がおよんだであろうか。注意すべきは、事件への幕府首脳部の対応の仕方である。『看聞御記』が「於御前無腹切人、赤松落行、追懸無討人、未練無謂量、諸大名同心歟」（同前）といぶかっているように、足利義教の亡骸の前で切腹する人もなかったし、播磨に落ち行く赤松を追いかけて討とうとする人もなかった。貞成は「諸大名同心歟」とまで言い切っている。

赤松満祐ら反乱分子への幕府当局の対応行動は敏速というにはほどとおく、満祐・教康父子追討を命ずる後花園天皇綸旨が管領細川持之にあててだされたのは、嘉吉元年八月一日のことである(93)。おそらく事件をめぐる有力大名たちの思惑が交錯し、対応に手間どったものと考えられる。

『看聞御記』嘉吉元年六月二六日条によると、義教の跡目は八歳の嫡子義勝が嗣ぐことになり、「若公（義勝）御成人之間ハ、管領政道可申沙汰云々、武家被突鼻人々皆管領免許云々」、つまり義勝が成人するまでは管領が政務を執り、足利義教に突鼻された面々は管領が赦免するという方針が示された(94)。嘉吉の乱を経て、将軍の専制権に掣肘を加えるという方向で幕府政治の運営方法が大きく軌道修正されると、将軍近習であった赤松満政をとりまく政治的環境は大転換を余儀なくされたものと考えられる。

(一) 赤松貞村のかかわり

先掲の〔史料1〕において、満政とともに赤松惣領家に対して「別心」だと記された貞村（伊豆守、赤松春日部）

は、嘉吉の乱とどのようなかかわりを持ったのだろうか（『看聞御記』によると事件当日「赤松伊豆（貞村）等ハ逃走」とある）。足利義持―義教と続けて室町殿に重く用いられた赤松貞村の(95)、嘉吉の乱後の動向は注意してよい。

播磨に落ちた赤松を追討するための幕府の軍勢派遣は遅々として進まなかった。『看聞御記』嘉吉元年六月二七日条では「赤松討手細川讃州（持常）・山名、、・赤松伊豆（貞村）・廷尉等諸大名可発向云々」といいつつも、『建内記』嘉吉元年七月六日条によると(96)、事件後一〇日以上もたったこの日に「赤松誅罰事、発向遅引慮外事也、今月中少々可進発云々」という状況であり、実際に討伐軍が京都を発ったのは同月一一日のことで、赤松貞村はその軍勢の一角をなしていた(97)。

赤松貞村と足利義教との関係については『建内記』嘉吉元年九月二四日条に興味深い記事がある(98)。

〔史料13〕『建内記』嘉吉元年九月二四日条

今度赤松播磨守護職、彼（赤松貞村）競望之間、普広院殿（足利義教）有御結構之企之由、有浮説、赤松不慮悪道（逆イ）存企了、仍人々悪厲階着致沙汰歟之由、是又浮説也、

ここには「浮説」としながらも、嘉吉の乱生起の契機が述べられている。それは赤松貞村が播磨守護職を競望したから、足利義教は貞村に同守護職を与えようと企んだ。そのため満祐ははからずも悪逆に走ってしまったのであると。事件発生の背景的事情として義教の赤松抑制の意図があったのは明らかであるから、義教が貞村のために播磨守護職を与えようと企てたとしても一向に不思議ではない(99)。

赤松貞村が追討軍に加わったのはそのような理由によると思われるが、貞村の幕府軍としての戦いぶりについては『建内記』嘉吉元年八月二一日条などに記されている。また卒去については同記、嘉吉元年九月二四日条に「伝聞、赤松伊豆入道（貞村）於播磨国陣敵陣滅忘（亡イ）之後諸陣未帰京、円寂云々、或落馬或夜討之由、其説不同也」とあり、その死去の伝聞を伝えているが、貞村の活動は少なくとも嘉吉三年ころまではたどれる(100)。

（二）播磨守護職の争奪戦

赤松満祐らが播磨に没落した後、これから追討軍を派遣しようとする嘉吉元年七月六日の時点において、満祐が帯びていた播磨・備前・美作三国の守護職の扱いについて幕府首脳部は次のように認識していた。

〔史料14〕『建内記』嘉吉元年七月六日条

備前・美作両国守護職事、依誅罰忠功之仁、可被充行之由評定在之、播磨国守護事、猶可被定人躰歟之由有沙汰、其猶可随軍功之由評定云々、共以可然事也、

つまり満祐から没収した三ヶ国のうち、備前と美作は今度の討伐戦での功績によって宛行う。残りの播磨についても軍功に従うが、なおよく人躰を見定めて沙汰するということを幕府評定によって申し合わせていたのである。三ヶ国のうち特に播磨は慎重に取り扱うという意思表明をしている様子がわかる。かくして嘉吉元年九月一〇日に赤松満祐が討ち捕られると、(101)播磨守護職を誰に与えるかという問題が急浮上してきた。『建内記』の嘉吉元年九月一二日条にはそのことが直截に記されている。

〔史料15〕『建内記』嘉吉元年九月一二日条

（満祐の頸を火中より探し出したあと）仍播磨守（赤松満政）与山名（持豊）可相論守護職（播磨守護職）歟云々、（下略）

播磨出身の赤松満政にとっては播磨守護の獲得は悲願であったし、また但馬守護山名持豊にとっては勢力拡大のための千載一遇のチャンスであった。しかも山名一族は赤松満祐追討軍の急先鋒であったし、(102)播磨守護職獲得は決して譲れない一線であった。史料は語らないけれども、幕府の首脳部をまきこんで両勢力の間で激しい争奪戦が繰り広げられたに相違ない。結局、播磨守護職を獲得したのは山名持豊であった。当時の幕府政局における存在の必要性、および力関係において赤松満政は山名持豊に敗れたというしかない。かつては強力な支援をおしまなかった足利義教の不在も影響したであろう。

ここで確認するべきことは、播磨守護が山名持豊に決まったのはいつかということである。そのことを知りうる史料が残っている。

〔史料16〕「足利将軍御内書幷奉書留」所収、細川持之書状

播磨国守護職事、被成御教書候、目出候、但明石・賀東（加東）・三木（美嚢）三郡事、被置御料所候、就中伊豆守（赤松貞村）・龍門寺左馬助等跡事、随軍忠之浅深、可被充行、方所（ママ）々可有御心得候、恐々、

（嘉吉元年）後九月五日　右〇細川持之

謹上　山名殿（持豊）

右の文書は時の管領細川持之が、播磨守護に決まった山名持豊に対して賀意を表したものである。これによって山名持豊が播磨守護になったのは嘉吉元年閏九月であったことがわかる。あわせて山名持豊の播磨守護職から明石・加東・三木《みき》（美嚢）の三郡が御料所として切り離され、持豊の管轄外に置かれることとなった[103]。この三郡は、播磨国の最東部地域として摂津国に隣接する区域である。のちに述べるように、この三郡は赤松満政の支配下に置かれたのである。実質的には分郡守護職である。二人が激しく播磨守護職を争奪したため、こうした折衷案が採用されたといえる。ちなみに赤松貞村の所領が闕所化され、軍功の対象地となっている点も注意される。

（三）「三郡守護」赤松満政

赤松満政自身が満祐追討に出陣したことは、『建内記』嘉吉元年九月一二日条[104]に「後聞、播州木山城巳初責落、赤松父子（父満祐法師、子教康、）於赤松播磨守満政陣、自殺了」とあることによって知られるが、その戦いの具体的様相については明瞭ではない。翌閏九月になると戦いは終息して、赤松満祐所領の再配分が公示された。「斎藤基恒日記」嘉吉元年閏九月条にはその公示内容が詳しく書き留められている[105]。

それは、「性具（赤松満祐）分国補任人数」として、播磨守護には山名右金吾（持豊）、備前守護には山名兵部少輔教之、美作守護には山名修理大夫入道常勝（教清）をあて、播磨国内三郡（明石・加東・美嚢）の分郡守護(106)に赤松播磨守満政を充てるというものである（加えて摂津国中嶋郡は細川右馬助持賢）。赤松満政にいわせれば自らに過少な配分であったろう。しかし見方を変えれば、それが嘉吉の乱後の幕府政治にしめる赤松満政の実力の程度であったということができる。

以上三つの分郡守護としての赤松満政は実際その職務を果たしている。『建内記』の嘉吉元年一〇月あたりの記事をみると、美嚢郡に属する吉川上庄、同重末・行恒名の所領経営に関して領主万里小路時房の要請に応じて手立てを講じている事実があるし、翌一一月には吉川庄内法光寺領に対する寺領安堵状、さらに翌一二月には東大寺戒壇院領大部庄（加東郡）の節季人夫役に関する書下などの発給文書も残している(107)。

また前後の脈絡がなくて背後関係が不明ではあるが、『看聞御記』嘉吉三年四月七日条によると、この日の天明の時分、赤松満政は「不当猛悪者」という理由で家人の大田を討ったことが知られ、また同年九月二二日条には、山名勢と市原野郷民とのこぜりあいの際山名側の合力者の一人としてその名を見せている(108)。

（四）赤松満政の失脚

しかし、播磨・但馬守護山名持豊の勢力はまもなく赤松満政を排除し、その三郡守護職を包摂することになる。それは当然ながら満政の没落を意味した。満政の三郡守護職没収に関する直接史料は以下のものである(109)。

〔史料17〕『建内記』文安元年（一四四四）正月二二日条

（補書）「後聞、播磨国内三郡、為御料所被宛行赤松播磨守（満政）入道之処、無相違 物□□（領守）護山名右衛門督入道持豊法名宗峯称軍功強望申之、年内已治定、今日管領（畠山持国）成御書下、三ヶ郡〇守護職 彼一具拝領云々、中々物謂、静謐之基歟、莫言々々、」

〔史料18〕『斎藤恒基日記』同日条

廿二日、播磨国三郡事、退赤松播州（満政）、給山名金吾（持豊）、奉行永祥（飯尾為種）、

要するに、文安元年（一四四四）正月、播磨守護山名持豊は「軍功」と称して満政の三郡守護職を強く要求した。すでに前年のうちに持豊の三郡守護職獲得は決定事項となり、文安元年正月二二日に管領畠山持国が「御書下」を成して、三郡はまとめて持豊に与えられることとなった。ここでいう「御書下」とは、管領畠山持国が奉ずる管領下知状と考えられる。赤松満政は嘉吉元年（一四四一）閏九月に得た三郡守護職を文安元年（一四四四）正月に没収されたわけである。

このののち、赤松満政は文安元年一〇月二五日に子息教政らとともに播磨国に没落、翌一一月に入ると山名持豊をはじめとする山名一族が赤松満政退治のため波状的に播磨国へ下向、国中は混乱した(110)。益田氏や毛利氏など山陽・山陰の有力国人たちも幕府によって動員されている(111)。文安二年正月二〇日の「播州合戦了(112)」を経て、同年二月九、一〇日にも播磨国で合戦があり(113)、同年四月四日には「赤松播磨入道（満政）父子」らの首が京都の五条河原にかけられた(114)。

おわりに

本章では、室町時代前期の「室町殿」足利義教に主として仕え、その近習として活動した赤松満政の足跡を通して、同時期の幕府政治史の一端を垣間見た。その結果、足利義教の「室町殿」としての権力の構築に赤松満政は大きく関わっていたことが明らかとなり、同時に赤松一門内における赤松満政の地位と権力が「室町殿」との

結びつきと深く関係することも知られた。特に足利義教主催の連歌会・和歌会における赤松満政の役割が、そうした文芸の会を政権運営のための装置として機能させるうえで無視することができないこともわかった。

幕府―守護体制を基軸とする室町幕府の運営のなかで、「室町殿」が政治手法のうえで専制的性格を持とうとするのは理の当然であろう。有力守護からなる重臣会議がそれにブレーキをかけるというのが普通のパターンなのであるが、有力守護赤松家に出自をもち、しかも惣領家に対して自立的な有力庶家出身の近習赤松持貞、同赤松満政はその時々の「室町殿」にとっては惣領家の勢力を掣肘するうえで格好の尖兵たりえた。しかし「室町殿」の目論見は双方の場合ともにはずれ、かえって墓穴を掘る結果を招いた。本章で述べた赤松満祐による足利義教謀殺事件、そしてこれに続く赤松満政の失脚と没落は、室町幕府体制の現状と行く末を象徴するものであった。

一門内の自立性が高いといわれる赤松家の、惣領家と有力庶家との対立抗争をエネルギー源の一つとする政治的世界への強い発言力は、当時の特有の社会的諸要因と連鎖することによって室町時代史を強力に牽引したということができる。なかでも、赤松家の歴史的役割の評価は、室町幕府や「室町殿」権力の性格を考えるうえだけではなく、室町時代史全体を理解するうえで重要である。

注

（1）　大日本古記録『建内記三』岩波書店、二四六頁。

（2）　赤松円心が足利尊氏の室町幕府樹立に果たした功績の大きさはいうまでもないが（高坂好『赤松円心・満祐』吉川弘文館、一九七〇年三月、四七―六〇頁参照）、子息則祐とその子義則（惣領）については赤松氏の興亡を書いた「赤松記」（奥書によると、一族の得平因幡守入道定阿が八四歳の天正一六年〈一五八八〉八月に書いたという『群書類従』二一輯所収）に記事がある。則祐については「将軍家につかへ大忠ありし人なり」（同書、三五七頁）と、また義則については詳しい武勇伝が記され、その功績によって足利将軍から「御恩賞」として因幡国知頭郡、但馬国朝来郡、摂津国中嶋をあてがわれた（同書、三五七―三五八頁）。

（3）赤松家の歴史を綴った「嘉吉記」（『群書類従』二〇輯所収）によると、文安二年（一四四五）の春に赤松教政（満政の子）が幕府との戦いに敗れたとき、幕府は「赤松播磨入道（満政）ガ子三郎（教政）ハ内野合戦ニ討死セシ満則ガ孫也。旧功思召ケルニヤ赦免アリ」（同書、三二一頁）として、教政を祖父満則の旧功に免じて赦免しようとした経緯がある。なお明徳二年一二月の「内野合戦」（明徳の乱）における、幕府側武将としての赤松満則の軍忠については『明徳記』（岩波文庫）に詳しい。

（4）「嘉吉記」（『群書類従』二〇輯、三一七頁）。

（5）赤松持貞をめぐる諸問題については、拙稿「赤松持貞小考――足利義持政権の一特質」（『中世日本の政治と文化』思文閣出版、二〇〇六年一〇月。初出は二〇〇一年九月）がある。

（6）『続群書類従』五輯下および『系図纂要第九冊』（名著出版）におさめる各種「赤松系図」によると、赤松満政の官途として、①右馬助②右京亮③右京大夫④左京大夫⑤大膳大夫⑥兵部少輔⑦刑部少輔⑧上総介⑨播磨守が拾える。さらに『朝日日本歴史人物事典』（朝日新聞社、一九九四年一一月）に収める「赤松満政」（榎原雅治執筆）によると、⑩「宮内少輔」も加えられている（同書、二五頁）。しかし、筆者は以下本文で述べるように、系図類を除いた文書・記録史料によるかぎり、①〜⑥、および⑩は確認できていない。他方、⑦〜⑨は文書・記録によって確認することができるが、本文で述べるように、満政は⑦から⑧へ移る間に⑪「刑部大輔」を名乗ったことがある（「安養寺文書」（備前）応永三二年三月二一日赤松満政寄進状、『岡山県古文書集第一輯』思文閣出版、一九八一年一二月〈初版は一九五三年三月〉、一八頁）。

（7）『群書類従』二六輯、一二一―一二三頁。

（8）「十徳」とは「広袖・垂領（たりくび）形の上衣で、衿はみごろの裾までついた半身衣」で「もともと武家服飾ではあるが、下級武士の旅装、あるいは犬追物の犬引、馬の口をとるような小者が着たもの」（『国史大辞典6』吉川弘文館、一九八五年一一月、八九三―八九四頁）。また「室町時代の脇縫いの小素襖（こすおう）。四幅袴（よのばかま）とあわせて用い、将軍供奉の走衆以下の召具（めしぐ）が着用した」（『日本国語大辞典6』小学館、二〇〇一年六月、八五七頁）とされる。ここでは義持の伊勢参宮に随従した者たちが旅装の「十徳」を着したので、「十徳」と呼ばれたのである。同時期の用例としては他に例えば『満済准后日記』正長二年六月六日条、同年六月一九日条、永享四年二月二三日条などに見られる。

（9）このことは、竹内智広「室町幕府と赤松氏――申次赤松満政の活動を中心として――」（『年報赤松氏研究』創刊号、二〇〇八年三月、五五―五六頁）で指摘されている。また同氏は「義持政権において満政が担当した『十徳』とは、奉公衆のこと」と解している（同氏論文、五六頁）。

（10）『群書類従』二六輯、一二九―一三〇頁。

（11）この応永三〇年一一月一九日条には、「御供事皆十徳」の記事のあとに、畠山持国以下全一一名の武将名を列挙し、続けて「以上十一騎、此外遁世七人参也」と記される。この記事で「十一騎」とは前掲の一一人の武将をさすことと明白であるから、「此外遁世七人参也」とはその他に七人の遁世者がいたことを意味している。この七人の遁世者の名は「十徳」として書き出されていない。このことを踏まえて前出の「花営三代記」応永二九年九月一八日条の記事と比較すると、九月一八日記事に書き出されている「畠山持国」以下「知阿弥」までの全一四人のうち、武将と認められない「薬師三位　允能」から「知阿弥」までの五人は「十徳」ではなく、一一月九日記事にいう「遁世」であった可能性が高い。ちなみに「薬師三位　允能」とは『満済准后日記』など当時の史料に散見する「医師三位　胤能」のことと考えられる。なお「医師胤能」の以降の動向については「師郷記」永享一一年四月二二日条（史料纂集『師郷記三』一四〇頁）参照。

（12）高橋修は、赤松満政は「義持の時代から近習として活動している」と述べ（同氏「足利義持・義教期における一色氏の一考察――一色義貫・持信兄弟を中心として――」『史学研究集録』8、一九八三年三月、四五頁）、義持期においても満政は義持の「近習」であったとしている。

（13）『岡山県古文書集第一輯』（思文閣出版、一九五三年三月）一八頁。

（14）『兵庫県史史料編中世二』（兵庫県、一九八七年三月）六二三頁。

（15）新訂増補国史大系『公卿補任三』一一七頁。

（16）「建内記」永享二年七月二五日条（大日本古記録『建内記二』一五一―一六七頁）。

（17）『建内記二』一六七―一六八頁。なお「普広院殿御元服記」（『群書類従』二二輯所収）の後半部「永享二年七

月廿五日大将拝賀」（同書一四三頁）の個所にも載せられているが、『建内記』所収本と『群書類従』所収本とを比較してみると、『群書類従』本では『建内記』本にみえる「佐々木黒田備前守高光」および「佐々木朽木五郎時綱」の二名を欠落させている。永享二年七月当時、幕府の侍所頭人には赤松惣領の満祐が就いており、赤松家からの「帯刀」出仕はそのことと関係するものと思われる。

(18)『日本国語大辞典8』（小学館、二〇〇一年一月）九六四頁。

(19) 例えば『八坂神社文書』下（名著出版、一九八四年五月）に収録される、幾多の「上総介」赤松義則あての幕府文書をみよ。

(20) 京都帝国大学文科大学叢書『満済准后日記巻三』二六頁。

(21) 同前、一六九頁。

(22) 同前、一七九頁。同記事中にみえる「赤松播磨守大河内事也」がそれである。

(23) 設楽薫「足利義教の嗣立と大館氏の動向」（『法政史学』三一、一九七九年三月）三六―三八頁。

(24) 四回の連歌会とは、永享二年正月一九日（『満済准后日記巻三』二五―二七頁）、同年二月七日（同、三四〜三五頁）、同年三月一七日（同、四二〜四三頁）、同三年正月一九日（同、一六九―一七〇頁）の各日条にみられる連歌会をさし、一回の和歌会とは、永享三年正月一三日条（同、一六四―一六五頁）にみる「御歌御会始」のことである。

(25)『満済准后日記巻三』二六頁。

(26)「室町殿行幸記」は『群書類従第三輯』に収められるが、同冊に同じ行幸のことを記す「永享九年十月二十一日行幸記」という記録も収められている。「帯刀」の部分に限って比較すると大きな違いは認められないが、ただ第一〇番に組まれている二人のうちの一人の名のみ両記録において異なっている。すなわち前者では「佐々木遠江守」、後者では「佐々木孫九郎教孝」であるという違いである。

(27)『続群書類従』二輯上に収録される。

(28) 以上の二つの「帯刀」記事について、赤松一門の参仕状況をみると、「行幸記」にみえる赤松義雅・赤松則繁・赤松満政・赤松持祐・赤松持忠・赤松持長・赤松持広・赤松持豊・赤松貞富・赤松貞雄の全一〇人で、全体の三分の一を占めている。また「石清水放生会記」については、赤松義雅・赤松則繁・赤松満政・赤松祐広・赤松持祐・赤松持忠の全六人で、ほぼ同程度の割合を占めている。顔ぶれを比較すると、後者の全六人のうち五人は前者一〇人のなかに含まれることも知られる。赤松一門から多くの「帯刀」を出しているが、この現象は赤松家の惣領満祐が幕府の侍所頭人をつとめていたことと関係するものと考えられる（赤松満祐は永享八年八月から同一一年一一月以降まで侍所頭人に在職）。

（29）『角川日本地名大辞典兵庫県』（角川書店、一九八八年一〇月）「さづち佐土〈姫路市〉」の項（同書、六七八頁）、『日本歴史地名大系兵庫県の地名』（平凡社、一九九九年一〇月）「佐土余部・佐土郷」の項（同書、五五二頁）。

（30）注（14）と同じ。

（31）『満済准后日記巻三』七六五―七六六頁。

（32）高坂好『赤松円心・満祐』（吉川弘文館、一九七〇年三月）二〇〇―二〇一頁。

（33）「満済准后日記」永享六年六月二八日条『満済准后日記巻三、八二〇頁）。

（34）赤松満政の「申次」行為の史料上の実例を一つ挙げよう。「満済准后日記」永享三年六月一二日条に「参室町殿、御対面、申次赤松播磨守（満政）」（『満済准后日記巻三』二四四頁）とあるが、満済が足利義教に対面するにあたっての申し次ぎを赤松満政が行ったという意味である。役職名というより行為を意味する普通名詞とみたほうが実態に即している。なお、満政は満済からの祈巻数を請け取った所見があるが、「満済准后日記」永享三年一二月二九日条では一色左京大夫（持信）が、また同六年正月二九日・同七年正月二九日条では伊勢貞国も同様に満済から巻数を請け取った所見がある。

（35）竹内智宏「室町幕府と赤松氏」（『年報赤松氏研究』創刊号、二〇〇八年三月）五五頁、および六七―六八頁。

（36）「満済准后日記」永享二年正月二六日条にみる「参御前、御使赤松大河内（満政）也、就大館入道（満信）事、被仰旨在之」（『満済准后日記巻三』三一頁）の記事。なお竹内はこれを二七日のこととするが、正しくは二六日である。

（37）（嘉吉元年ヵ）六月一三日赤松満政書状（大日本古文書『上杉家文書一』六四―六五頁。『新潟県史史料編3中世一』新潟県、一九八二年三月、五二七頁）。

（38）竹内智宏「室町幕府と赤松氏」七一―七四頁。

(39)「満済准后日記」永享三年五月二三日条（『満済准后日記巻三』二三〇頁）。
(40)「満済准后日記」永享五年六月二一日条、同年閏七月晦日条（『満済准后日記巻三』六二三、六五七頁）。
(41)「満済准后日記」永享二年一一月一四日条（『満済准后日記巻三』一三三頁）。
(42)「満済准后日記」永享二年七月一二日条（『満済准后日記巻三』八七頁）。
(43)「満済准后日記」永享三年三月一七日条（『満済准后日記巻三』一九〇頁）。
(44)図書寮叢刊『九条家歴世記録二』明治書院、一九九〇年三月。
(45)「満済准后日記」永享二年閏一一月二四日条（『満済准后日記巻三』一四四頁）。
(46)大日本古文書『醍醐寺文書別集二』一三二八―一三三〇号（永享三年）三月一九日准三后満意書状。
(47)「満済准后日記」永享四年一〇月一〇日条（『満済准后日記巻三』五二二―五二四頁）。
(48)「満済准后日記」永享六年六月一三日条（『満済准后日記巻三』八一二頁）。
(49)「満済准后日記」永享六年三月二二日条（『満済准后日記巻三』七七四頁）。
(50)拙稿「室町前期の国家祈禱と幕府財政――修法供料の支出における伊勢貞国・赤松満政の関与をめぐって――」（『福岡大学人文論叢』四二―二、二〇一〇年九月）。→本書第三部第四章。
(51)「満済准后日記」永享二年一二月一四日条（『満済准后日記巻三』一四九頁）。
(52)「満済准后日記」永享四年七月四日条（『満済准后日記巻三』四八六頁）。
(53)『満済准后日記巻三』五〇七―五〇八頁。
(54)永享三年一〇月一六日条、同四年正月二三日条、同年四月一四日条、同年一〇月七日条、同五年八月一二日条、同六年三月六日条。
(55)この文書は『新潟県史史料編3中世一』五二七頁に掲載される。大日本古文書『上杉家文書一』が「判留」に作る宛て名については、『新潟県史』は「判門田」とする。「判門田」と読むのがよいと考えるが、「判門田」とは『満済准后日記』に上杉安房守憲実の使節として散見する「羽田」のことで、上杉氏の被官と考えられる。竹内智宏は判留氏を「上杉憲実の京雑掌」とする（同論文六七頁注6）。
(56)このように考えれば、「赤松播磨（守）状」を「近習奉書」（高橋修「足利義持・義教期における一色氏の考察」「史学研究集録」八、一九八三年三月、五一頁）とか「申次奉書」（竹内智宏「室町幕府と赤松氏」「年報赤松氏研究」創刊号、二〇〇八年三月、六八頁）と呼んでさしつかえないと思われる。なお山家浩樹「中次の奉書」（『遥かなる中世』8、一九八七年九月）参照。

(57)「看聞日記」永享五年七月二四条に収める（『看聞日記四』一九二―一九四頁）。なお全一二条のうちの冒頭二ヶ条を欠いているが、大日本古文書『醍醐寺文書六』（一六三―一六五頁）にも収録する。

(58)「看聞日記」永享五年閏七月八日条に収める（『看聞日記四』一九八頁）。

(59)「看聞日記」永享五年閏七月二五日条に収める（『看聞日記四』二〇三―二〇四頁）。

(60)『満済准后日記巻三』六三九頁。

(61)「満済准后日記」永享五年閏七月一一日条（『満済准后日記巻三』六四九頁）。

(62) 下坂守『中世寺院社会の研究』（思文閣出版、二〇〇一年一二月）。とくに第三章「中世土蔵論」、初出は一九七八年七月。

(63)『満済准后日記巻三』六四九―六五〇頁。

(64) 飯尾肥前守為種については、「満済准后日記」永享五年閏七月二五日条に「…尾張国へ下国、強非流罪儀歟」とあるように（『満済准后日記巻三』六五六頁）、それはとても「流罪儀」といえるようなものではなかったし（「看聞日記」永享五年閏七月二六日条には「飯尾肥前、為上意逐電了」とある。『看聞日記四』二〇四頁）。さらに、飯尾為種はすでに翌永享六年四月二五日には幕府に復帰している（『満済准后日記巻三』七八二頁）。

　また猷秀についてみると、東京大学史料編纂所架蔵影写本「足利将軍御内書幷奉書留」に収める「（今川）遠江入道」あて、（永享五年）後七月二六日管領細川持之書状に、「光聚院猷秀、依山門訴訟、処流罪候、可然在所可被置候、此仁上意未相替候、然者前々流人ニ不可被准候、能々可被加扶持候、」とあるのが目にとまる。猷秀は山門の訴訟によって流罪に処されたが、足利義教の猷秀に対する覚えはかわっていないので、前々の流人に准じないでよくよく扶持を加えるようにとの要請で、要するに、猷秀は特別待遇を受けているのである。

(65)『看聞日記四』二〇四頁。

(66) 竹内智広はこの「赤松大河内事、可被預宗領（満祐）云々」の記事を根拠として、満祐と満政とが対立したとはいえないとし、「満祐が満政に反発していた記事は、管見の限り見られない」とするが（竹内「室町幕府と赤松氏」「年報赤松氏研究」創刊号、二〇〇八年三月、五九頁）、一般的にいって、進退に窮した一門庶家の身柄を惣領が預かることは当時の武家社会の慣行であったとみられることから、この記事をもって満祐と満政との人的関係を議論することは困難と思われる。やはり先に〔史料1〕で示したように、同族内で有力庶流の赤松満政・同貞村と惣領満祐との間には通説のように対抗関係があったと想定すべきであろう。

(67)『満済准后日記巻三』六五八頁。

(68)「九州史学」一二二、一九九九年五月。

(69)同右、一九頁。

(70)同右、一四頁。

(71)同右、八頁。

(72)斯波義重の遁世のことは「満済准后日記」応永二一年六月九日条にみえる（『満済准后日記巻一』九〇頁）。

(73)斯波義重の死去のことは「看聞日記」応永二五年八月一八日（没）、一九日条にみえる（『看聞日記一』二二六—二二七頁）。

(74)斯波義淳を「宿老」と称した実例としては、「満済准后日記」永享四年二月一〇日条に「宿老両三人大名」（左兵衛佐斯波義淳〈当時管領〉・左衛門督畠山満家〈前管領〉・右衛門督山名常煕をさす）とみえる。ちなみに各人の永享四年当時の年齢は、斯波義淳三六歳（『満済准后日記』永享五年一二月一日条によると、この日三七歳で没）、畠山満家が六二歳（『師郷記』永享五年九月一九日条によると、六三歳で没）、山名常煕は六六歳（『看聞日記』永享七年七月四日条によると、この日没。六九歳）。

(75)「斯波左衛門佐」が登場するのは、永享三年正月一三日条、同年二月二八日条、同四年正月一三日条、同年一〇月二九日条の全四ヵ所であり、いずれも足利義教主催の和歌会の場である。

(76)『満済准后日記巻三』四三頁。

(77)『満済准后日記』には「御連歌人数」という言葉が散見する。この言葉は足利義教主催の連歌会に常時参仕する固定したメンバーと考えられるが、その連歌会にはそれに属しない「非御連歌人数」（同日記、永享四年三月四日条。一色修理大夫・細川讃岐守持常）や「御連歌人数之外」（同日記、永享四年三月二九日条。畠山〈満家カ〉・細川・一色ら六人）が臨期に召し加えられることがあった。

(78)斯波義淳が管領職就任を渋ったことが「満済准后日記」正長二年八月二一日条（『満済准后日記巻二』七八

—七一九頁）や同日記、同年八月二四日条（同七二〇—七二二頁）などに見え、就任したのちも辞任の意志を表明していたことが同日記、永享二年一一月二八日条、同三年九月一二、一四日条（同一三八頁、三〇三—三〇五頁）などに見えるが、この管領職に対する非積極的意識は、連歌会・和歌会への不参加とは一脈のつながりのある可能性を否定できない。なお義淳の管領就任・辞任の経緯については、河村昭一「管領斯波義淳の就任・上表について」（『兵庫教育大学研究紀要』一八、一九九八年二月）がある。

(79) 斯波義郷は、『満済准后日記』永享五年一一月三〇日条によると、斯波義淳（永享五年一二月一日に没。『満済准后日記』同日条。『尊卑分脈三』二五八—二五九頁によると義淳—義郷の関係は父子とする）の跡をうけて、斯波家を嗣ぐことになる「相国寺僧瑞鳳蔵主左衛門佐兄也、」の還俗した後の名前である。ちなみに割注にみえる「左衛門佐」とは、先に述べた斯波一門で義教和歌会に参加した「斯波左衛門佐」のことであろう。注（75）参照。

(80) これ以降の斯波義郷の連歌会・和歌会への参加状況についていえば、永享七年正月一三日開催の足利義教主催「御歌御会」に斯波氏の嫡流では初参加しているし（『満済准后日記』同日条に「義郷斯波治部大輔当年初」とある）、永享七年三月二一日の義教主催「北野社一万句御連歌」では「治部大輔（斯波義郷）」で連歌を詠進している。

(81) 『新編国歌大観第一巻勅撰集編』（角川書店、一九八三年二月）七三九頁、八〇九番。

(82) 『満済准后日記巻二』六六〇頁。

(83) 『満済准后日記巻二』六七四頁。

(84) 『史料綜覧巻七』五六一頁。

(85) 足利義教が左大臣に在職するのは、『公卿補任第三篇』によると、永享四年八月二八日〜同一〇年八月二八日の間である（同書、一二三頁、および一三四頁）。

(86) 『満済准后日記巻三』二一頁。

(87) 『満済准后日記巻二』六八五頁。

(88) 井上宗雄『中世歌壇史の研究室町前期〔改訂新版〕』（風間書房、一九八四年六月〈初版は一九六一年一二月〉）、一〇三—一〇五頁。

(89) 『続群書類従一四輯下』六七八—六八〇頁。

(90) 『続群書類従一四輯下』六八二、六八四、六八五頁。

（91）「日本歴史」六四九号（二〇〇二年六月）二九頁。
（92）「満済准后日記」永享三年一〇月二五日条（『満済准后日記巻三』三三七頁）。
（93）この時の赤松治罰綸旨の文章が推敲を重ねて確定するまでのいきさつは「建内記」嘉吉元年七月三〇日条に詳述されている（『建内記三』三〇一―三〇四頁）。ちなみに「公名公記」嘉吉元年八月五日条にこの治罰綸旨が写し取られている。
（94）この時赦免された公卿、つまり「出仕御免」の「公家人々」の面々の名は「建内記」嘉吉元年七月一〇日条に載せられている（『建内記三』、二七六頁）。そのほかに陰陽師家の勘解由小路三位在方なども屏居から解放されており（「看聞日記」嘉吉元年六月二六日条『看聞御記下』六三二頁、「建内記」嘉吉元年六月二九日条『建内記三』二五一頁など）、多方面にわたる人々が義教の勘気を被って蟄居させられていた様子が知られる。
（95）足利義持との関係では、応永三四年九月の赤松義則死去直後にその守護管国の一つ美作国を赤松貞村に宛行ったこと（『満済准后日記』応永三四年一〇月二七日条）に明瞭であるし、義教との関係では、貞村の女が義教の側室であったことなど高坂好『赤松円心・満祐』（二〇一頁）に指摘がある。ちなみに、貞村の文芸活動についていえば、永享五年二月一一日に行われた「聖廟一万句御法楽」において「霞」という題で一句詠んでいる（『看聞日記四』一四六頁、『師郷記二』一六頁）。
（96）『建内記三』二七二頁。
（97）『建内記三』二七六頁。
（98）『建内記四』九一頁。
（99）義教と貞村との緊密な関係についての俗説としては「嘉吉記」の以下の記事がよく知られている。「翌正長元年正月十八日（足利義持が）薨逝シタマフ。翌永享元年義教将軍ニ任ジ、天下ノ諸大名、我モ我モト上洛シ賀シ奉ル。赤松入道性具（満祐）モ上洛シ、弥奉公ノ労ヲ勤ム。一門ノ内コレニ過タル器量ノ人ナケレバ、備前・播磨・美作ヲ性具父子ニ被下ケル。其後、赤松伊豆守貞村、男色ノ寵比類ナシ。イカニモシテコレヲ取立ント思召被仰ケルハ、兄ノ御所赤松家ノ嫡々ニ不被仰付、詮則（満則ヵ）ガ七番目ノ末子（貞村ヵ）ニ御目ヲカケラレ候事ソノ謂ナシ」。（「嘉吉記」〈『群書類従二〇輯』、三一八頁〉）。
（100）嘉吉三年六月一五日には貞村は浄花院において足利義教のための仏事の結願を迎えているし（『建内記六』八

〇頁）、同年九月には山名勢と市原野郷民とのこぜりあいに際して姿を見せている（『看聞御記下』六九六頁）。なお『朝日日本歴史人物事典』（朝日新聞社、一九九四年一一月）所収の「赤松貞村」項（榎原雅治執筆）によれば、「赤松諸家大系図」によると、貞村の没年は文安四年（一四四七）となっているという。

（101）「建内記」嘉吉元年九月一二日条に、播磨木山城陥落と赤松満祐の自殺について「後聞」として書き止めているが、「足利将軍御内書幷奉書留」に収める（嘉吉元年）九月二二日細川持之書状に「抑赤松大膳大夫入道（満祐）事、去十日於播州城山城討捕候」とあることによって、赤松満祐の死去は嘉元元年九月一〇日であることが知られる。

（102）『師郷記』嘉吉元年九月一〇日条に、「十日、後聞、今日播州赤松城木山城被攻破、赤松入道（満祐）自害、於彼頸者、山名兵部少輔伯耆守護（教之）手者取之」とみえ、山名氏の赤松追討における力の入れ方がわかる。

（103）この分郡守護職に関しては、依藤保「花押掲載の必要性について――二人の赤松満政――」（「鹿児」一一六・一一七号合併号、一九八六年一二月）にふれるところがある。

（104）『建内記四』七二頁。太田順三「『嘉吉の乱』と山名持豊の播磨進駐――『室町幕府――守護体制』のモノクローム」（「民衆史研究」九、一九七一年五月）参照。

（105）増補続史料大成『斎藤基恒日記』五五―五六頁。

（106）赤松満政に与えられたこの三ヶ郡の職務は、「建内記」嘉吉元年一〇月一三日条の表現を借りると「御料所御代官職」であった（『建内記四』一七三頁）。

（107）播磨国美嚢地区に所在する「法光寺文書」に収める嘉吉元年一一月七日赤松満政寺領安堵状（『兵庫県史史料編中世二』一二二頁）、および「東大寺文書」に収める嘉吉元一二月二九日播磨分郡守護赤松満政書下（大日本古文書『東大寺文書十八』二一二―二一三頁）。ちなみに、『兵庫県史史料編中世二』所収「報恩寺文書」一二月二八日赤松満政寺領安堵状（高坂好『赤松円心・満祐』二五八頁に写真あり）の発給者満政は、本章で扱う満政ではなく、赤松則房の別名である。注（103）所掲の依藤保論文参照。

（108）『看聞御記下』六六一頁、六九六頁。

（109）『建内記六』二〇九頁、『斎藤基恒日記』六一頁。

（110）『斎藤基恒日記』六二頁、「東寺執行日記六」嘉吉四年一〇～一一月。

（111）文安元年一一月二二日室町幕府御教書（大日本古文書『益田家文書一』一一二頁）、文安元年一二月二七日山名持豊感状（同『毛利家文書一』七三頁）など。
（112）「東寺執行日記七」同日条。
（113）『師郷記四』文安二年二月一四日条（同書、八頁）。
（114）『師郷記四』文安二年四月四日条（同書、一六頁）。赤松満政の最期については、辰田芳雄「『嘉吉記』にみられる文安の乱――赤松満政の播磨合戦――」（『季刊ぐんしょ』二六、一九九四年一〇月）参照。

第四章　室町前期の国家祈禱と幕府財政

――伊勢貞国・赤松満政のかかわり――

はじめに

東京大学史料編纂所架蔵の写真帳「醍醐寺文書」六九函第三冊に、以下のような文書が連続して収められている(1)。形状はいずれも折紙（」は行替え）。これらの文書は未刊のためかこれまで着目された形跡はないようであるが、中世国家権力の要請をうけて権門寺院が行った祈禱行為に対する供料（経費）が、どこから、どのような手続きを経由して支払われたかを知りうる好個の史料である。

〔史料A〕○折紙

（第一文書）
「此分可被進候、
貞国《伊勢》（花押）
満政《赤松》（花押）
禅住坊
」

（第一文書）
清滝宮護摩「理性院」供料千疋　臨時　可被」下行候也、」恐々謹言、
永享十一五月十日　定親
伊勢守殿（伊勢貞国）

〔史料B〕○折紙
若君様御祈禱」護摩御供料之」事、弐拾貫文可」被渡申理性院殿」御使之由候也、
恐々謹言、
永享十二二月十七日　貞国（伊勢）（花押）
満政（赤松）（花押）
正実坊
○「理性」の文字の下に抹消の痕跡あり

右に掲げた文書の名については、既刊の調査報告書によれば、(2)〔史料A〕は「室町幕府政所清瀧宮護摩供料送進状」と、さらに〔史料B〕は「伊勢貞国等連署若君御祈禱護摩供料送進状」と命名されている。しかし、双方とも、この文書名では、それぞれの文書の機能と役割を正確にとらえることができないように思う。結論的にいうと、この二通の文書は、二様の命令をうけて行われた国家祈禱の供料が、それぞれどのように所管の部署を経由して、最終的にどこから支払われるシステムになっていたのか、ということを教えてくれる史料であると考えられる。

そこでこれらの文書の性格に着目して、その発給のプロセスについて具体的に考えることによって、背後に秘

められた国家の祈禱と幕府財政の関係、ひいては室町前期政治史の一端を明らかにするよすがとしたい。

一　文書の性格

最初に個々の文書について、解説を試みよう。

まず〔史料A〕である。〔史料A〕は二つの文書が複合する形でできている。一つは「清滝宮護摩」から始まって、「伊勢守殿」で終わる「定親」なる人物の発給文書。これを第一文書と称することにしたい。いま一つは、袖の余白に書かれた、「此分可被進候」から始まり、「禅住坊」で終わる「貞国」「満政」両人の連署の文書。これを第二文書と称することにする。

第一文書に登場する言葉の解説から始めよう。「清滝宮」とは、『満済准后日記』などでは「長尾社」とともにセットで登場する醍醐寺付属の山内神社の一つで、「山上清滝宮」と称される、清滝権現を祀る神聖なスポットであった(3)。また「理性院」とは、三宝院や報恩院などと並ぶ重要な醍醐寺の院家の一つであり、東寺一長者をも輩出した名門である(4)。「清滝宮護摩理性院」とは、清滝宮で行われた護摩を担当したのが理性院だという意味であろう。

ここで問題となるのは、「伊勢守」および「定親」が一体何者なのかである。このうち、「伊勢守」とは伊勢貞国であることは疑いない(5)。伊勢貞国は当時政所執事であった(6)。他方の「定親」についてはのちに項目を立てて論じたい。い

赤松満政　　伊勢貞国

図1　『書の日本史第九巻』(平凡社、1976年3月)より

ま一つ考慮すべきことは、祈禱の供料がどの段階で担当者に支給されるかであるが、それは実際の祈禱に入る直前と考えるのが常識的な理解の仕方であろう(7)。

このように考えると、第一文書の意味内容は、永享一一年（一四三九）五月一〇日、「定親」なる人物が、醍醐寺清滝宮での護摩祈禱の供料（対価・費用としての供養料）千疋（すなわち一〇貫文）を臨時支出として、祈禱を担当した理性院に下行するよう、「伊勢守」伊勢貞国に対して申請したものということになる。

さて次は第二文書である。〔史料A〕の袖の余白の広さからみて、第二文書はこの場所に最初から書き込まれることが予定されていたものと考えられる。その第二文書は、「貞国」「満政」ふたりの連署という形をとった差出で、宛名は「禅住坊」、内容は「此分可被進候」というものである。署名した「貞国」と「満政」とは、その花押の形状によって、伊勢貞国と赤松満政であることが知られる(8)。しかも両人のうち伊勢貞国は第一文書の宛所「伊勢守殿」に相当することから、第二文書は、第一文書の名宛人政所執事伊勢貞国が赤松満政と連署して、宛名の「禅住坊」に対して「此分可被進候」ということ、つまり第一文書でいう「供料千疋」を清滝宮護摩供料として理性院に支払うことを禅住坊に指示したものと考えることが可能となる。

要するに、〔史料A〕は、「定親」という者が政所執事伊勢貞国にあてて出した、理性院に対する清滝宮護摩供料千疋の支払い申請書をベースして、その文書の袖の部分に、政所執事伊勢貞国が赤松満政と連署の形でそれを認め、供料の支出を「禅住坊」にあてて指示する文言が書き加えられて成立した複合文書であるということになる。

しかしなお残る問題は、「定親」とは誰かということ、それに「禅住坊」とは何かということである。そのことについては、後述する。

＊

同様に〔史料B〕について述べよう。〔史料B〕に登場する言葉のうち、「若君様」とは将軍足利義教の子息三晴丸（のちの義成・義政）や義観、あるいは義視と考えられ、[9]「若君様御祈禱護摩御供料」とは「若君様」のための祈禱の護摩供料という意味になる。また差出人の「貞国」と「満政」は〔史料A〕に登場する伊勢貞国および赤松満政である。「理性院」は前出、宛名の「正実坊」については後述する。

要するに、〔史料B〕は複合文書ではないが、意味するところは、「若君様」のための祈禱護摩の供料二〇貫文を、担当した醍醐寺理性院の使者に「渡申」、つまり支払うことを「正実坊」に指示するというもの。

ここで〔史料B〕の内容理解のために最高の参考となる史料記事が、相国寺鹿苑院蔭凉軒主の公用日記『蔭凉軒日録』嘉吉元年（一四四一）正月一四日条に見られる。[10]関係部分のみを以下に引用する。

来十六日大般若可如恒否、伺之、比丘尼・諸長老参賀之後、可始之由、被仰出、同御布施之事、伺之、以播磨守（赤松満政）・伊勢守（伊勢貞国）書下而、正実坊命之、

注目すべきは、蔭凉職の季瓊真蘂が、来る一六日の大般若経の法会をいつものように行うべきか否かを（将軍足利義教に）伺ったところ、開催するということになり、さらにその布施の料足（費用）について伺い、赤松満政と伊勢貞国の連署の「書下」をもって、「正実坊」に料足の下行を命じている点である。ここから料足を支出するための手続きを読み取ることができる。

この『蔭凉軒日録』にみられる料足下行のための手続きと、さきの〔史料B〕の「若君様御祈禱護摩御供料」二〇貫文の場合とを比較すると、満政・貞国両人の連署といい、正実坊という宛名といい、酷似していて興味が惹かれる。

この記事を参考に〔史料B〕の性格を考えると、〔史料B〕は将軍足利義教の意をうけて、政所執事伊勢貞国と赤松満政とが連署して、祈禱護摩供料二〇貫文の支出を「正実坊」に対して命令した文書とみることができる。

再度〔史料A〕にたちかえろう。右述のことを参考にして、〔史料A〕の複合文書のうち袖に記された第二文書の性格を考えると、第二文書は右に述べた「書下」に相当するのではないかという見立ても成り立つであろう。すなわち、〔史料A〕は「定親」が差し出した第一文書の袖の部分に、略式に「書下」に当たる文言が書き入れられたために、複合文書の形となったのではないかと考えるのである。

さらに進んで、それではなぜ〔史料B〕が複合文書ではないかということについては、〔史料B〕の命令の出所が将軍であったから、〔史料A〕でいう第一文書にあたるものが存在しない故であろう。つまり、修法を担当したのはともに醍醐寺理性院ではあったものの、〔史料A〕の発給には公武統一政権の媒介項とも称すべき「伝奏」、就中「御祈伝奏」中山定親がかかわったのに対して（中山定親の「御祈伝奏」については後述）、〔史料B〕では「若君様御祈禱護摩」の願主は直接的に幕府（その中心たる将軍）であったというような、発意した主体とそれに伴う事務的手続きの相異が原因なのではあるまいか。

＊

二　「定親」のこと

以上のような推定をふまえて、次に〔史料A〕の第一文書の差出人「定親」について考えよう。永享一〇年代において「定親」というと、真っ先に中山定親が想起される。言わずと知れた「薩戒記」の記主である。中山定親について調べると、年別の公卿一覧というべき『公卿補任』によると、定親は永享一一年（一四三九）段階で、「参議・従二位・左中将」の官位にあり、年齢は三九才となる(11)。

しかしこれだけでは根拠として不十分なので、確証となる史料を検出すべく「薩戒記」を調査すると、『薩戒記四』に永享年間と思われる無年号の「十二月卅日」と「三月廿一日」の中山定親書状（原本）二点の自署「定親」が収録されているのに気づく。[12] そこで、東京大学史料編纂所架蔵の写真帳によってその自署の筆跡と〔史料A〕の差出書「定親」のそれとを比較検討してみると、前者が後者に比してかなりの行書であるために、全体的な筆運びの感じは似てはいるが、断定するのはやはり困難と言わざるをえない。

ならばということで、『薩戒記』の記事中に何らかの手がかりとなる史料所見を探してみると、宮内庁書陵部蔵「薩戒記」永享九年八月二七日条（現在では未刊行）にみえる以下の記事が目にとまる。

御輿御修理要脚事、折紙下知伊勢守貞国了、（割注を略す）

御輿御修理要脚事、万五百七十疋可被下□□□如件、

○中山定親の署名なし

永享九
八月廿七日

伊勢守殿（伊勢貞国）

右の記事は、『薩戒記』の記主中山定親（当時、参議・左中将）が「御輿」（朝廷側で使用する輿か）の修理のための費用として、一万五百七十疋の支出を「伊勢守」（室町幕府政所執事伊勢貞国）に要請する「折紙」の文書であり、文書の用途としては〔史料A〕の第一文書と同類といってよい。つまり中山定親はこうした朝廷関係の費用調達のために幕府政所にあてて支出の要請を任務としていたと考えられるのである。この例を傍証として、〔史料A〕の第一文書の差出人「定親」とは中山定親とみて支障がないと思われる。ちなみに第二文書との関わりでいえば、右の「折紙」を受け取った政所執事伊勢貞国は赤松満政に諮ったのであろう。赤松満政の地位と役割については後述する。

ここでいまひとつ合わせ考えるべきは、当該期にあって中山定親が国家祈禱のことを担当する伝奏、史料の表現を借りると「御祈伝奏」であった事実である。以下に掲出するのは『看聞御記』にみえる関係史料である。[13]

〈永享八年一〇月一五日条〉

抑日野中納言（広橋兼郷）、公方有御突鼻、失面目云々、在方（賀茂）卿御撫物事云々、但条々不義以次被仰云々、御祈伝奏被改、今日中山（定親）宰相中将ニ被仰付云々、

〈永享八年一〇月一七日条〉

晴、中山伝奏《禁中》被補、日野（広橋兼郷）如申次可申沙汰之由被仰云々、以源宰相（綾小路信俊）賀仰、内裏御料所共三条（実雅）中納言・烏丸資《弁》任可奉行之由被仰、日野所領悉被注被召放被止出仕云々、人間栄衰眼前言語道断事也、

右の記事によって、永享八年一〇月一七日に、幕府は広橋兼郷の伝奏を止め、中山定親をもってこれに代えた事実が知られ、定親は一七日条の記事の表現を借りると、ことさら「日野如申次可申沙汰之由」、つまり広橋（日野）兼郷がこれまで申次いだように申沙汰せよ、と下命されている。新伝奏中山定親は前伝奏広橋兼郷の役割をそっくり引き継いだわけである。伝奏とはもともと治天下への奏事や勅命の下達などを職務とした公家の制度であったが、足利義満政権のもとでは義満の意思をも奉ずる伝奏が現れ、公武に両属する形をとって「室町殿」が公武統一政権の主催者として権力を行使する制度的装置として機能した。

右掲記事のうち、一五日条の記事には、前伝奏広橋兼郷の職務として「御祈伝奏」とみえ、この役目が中山定親に引き継がれたことが記されており、また一七日条の記事には、定親が「伝奏《禁中》」に補され、兼郷と同じように申次をせよということになっている。要するに、「御祈伝奏」と「伝奏《禁中》」とは実体としては同じものと見てよいであろう。もう少し限定した言い方をすれば、禁中関係の事項で祈禱にかかわる事柄は中山定親の伝奏するところというような意味になろうか。要するに、中山定親が永享一一年五月に清滝宮での修法に関して〔史料A〕第一文書を発給したのは、彼が当該時点で「御祈伝奏」であったことと関係していると考えられるのである。

三　幕府政所と公方御倉

ここで幕府政所と公方御倉についてふれておかねばならない。この分野については、幕府政所の役割・機能や納銭方・公方御倉の存在形態についての探究を通して、広く室町幕府の政治と経済との関係についての研究をまとめた桑山浩然『室町幕府の政治と経済』（吉川弘文館、二〇〇六年五月）があり、本章にとっても参考になる点が少なくない。

同著書において桑山は、幕府政所と公方御倉の関係について以下のように理解している。まず室町幕府政所の機能と役割について、

政所の取り扱う事案は将軍家の家務と、鎌倉時代の制を受け継ぐ「雑務公事」であるが、具体的には将軍家の所領支配、幕府財産の管理・出納、酒屋・土倉などへの規制や賦課、分一徳政令に付随する課徴金の徴収や文書の発給、利銭・為銭・質・預物などの裁判などである。(14)

と概括したうえで、公方御倉については、以下のように述べる。

幕府の財産を預かっている者が「御倉」と呼ばれるのである。よって、「御倉」――「禁裏御倉」に対すれば、「公方御倉」と呼ぶべきである――とは、「幕府の財産を管理している土蔵の一群である」と規定できるであろう。(15)

文中の「幕府の財産」について桑山の理解をもう少し探ると、同氏は「幕府経済の中核を為す料所・守護出銭・地頭御家人役や、酒屋土倉役等」(16)と述べているから、「幕府の財産」とは具体的には、料所からの収入、守護からの出銭、地頭御家人役としての収入、京都の酒屋・土倉役としての課税収入など、を指すものと考えられる。

さらに幕府政所と公方御倉の関係については、「幕府財産の管理・出納を掌っていた公方御倉に関して、それ（公方御倉のこと＝引用者注）を幕府の外郭機関と規定し」[17]ており、また「公方御倉は洛中の土倉のうち特定のもの〈複数〉が幕府と特殊な関係を結び、幕府財産の管理・運営に当たるものであ」[18]り、「幕府の側でこれをコントロールするのは言うまでもなく政所である」[19]とか、「まず洛中の有力土倉が納銭方として幕府は把握され、幕府はその土倉を公方御倉として利用することになったのであろう」[20]などの記述からみて、桑山の理解の骨子は、公方御倉とは、室町幕府の収入・支出全般を担当する外郭機関としての金庫番であり、自らも洛中で本来の業務としての金融業を営みながら、特に支出の面でいうと、公方と称された室町殿の政治・軍事・宗教など広い範囲にわたる公的行為の必要経費を規定された手続きにのっとって決済していたものと考えられる。

問題のひとつは、公方御倉に支払いを命ずるための手続きのありようであって、一番最後に公方御倉のだれかに充てて支払い命令書が出されるにしても、その支払い命令書がどのような形をとるかは一考を要しよう。本来的に公方御倉を指揮監督する立場にある幕府政所の責任者たる執事が署判者の一人として関与することは自然であろうけれども、政所執事のほかに、たとえば、〔史料A〕や〔史料B〕に見る赤松満政のような、時の政権中枢の権力を反映した人物が入り込む可能性があることを考慮せねばなるまい。

ちなみに〔史料A〕〔史料B〕に登場する公方御倉「禅住坊」「正実坊」については、桑山浩然や下坂守らの研究があり[21]、それらによると山門配下の「山徒」の身分で、他の複数の同業者とともに京中で「土倉」（金融業）を営んでいた。このうち「禅住坊」は『満済准后日記』『建内記』などに散見しているが、『満済准后日記』においては応永三二年七月二七日条に初見し（この時すでに公方関係で経済活動に関与している）[22]、同三三年正月二八日条には「山徒」の「善（禅）住坊」が「一条猪熊」に店舗を構え、「小家廿余間」を合わせ持っていたことが知られる[23]。また公方御倉との関係でいうと、『康富記』正長二年八月二一日条に「禅住坊公方御倉」との史料表記が見えている[24]。なお

『兼宣公記』にはこれらより時期的に少し早く、応永三〇年五月二四日条に「禅住坊」の動向が書き留められている。(25)

他方、正実坊についてみると、「正実坊」の史料上の初見が応永元年の『日吉社室町殿御社参記』（『続群書類従』第二輯下に収録）であること、それが「在京衆」と呼ばれ京都に住む土倉とされていること、山門の勢力下にあったこと、永享頃以降にあってはいわゆる「土倉」として存在したこと、かつ正実坊はただ単なる公方御倉であったのではなく、納銭方御倉として活躍したこと、などが桑山浩然によって指摘されている。(26)

四　公方御倉への経費支出手続き

次に、幕府財政からの経費の支出手続きについて具体的にみよう。幕府の金庫というべき公方御倉から公武の諸行事の費用を支払う場合、一体どのような手続きが踏まれたのであろうか。こうしたことを調べようとすると き、比叡山の大衆の一部である「山徒」の経済活動の一環として、土倉の存在形態に注目した下坂守の研究成果が大いに参考となる。下坂は、その著書『中世寺院社会の研究』（思文閣出版、二〇〇一年一二月）において、公方御倉の経済活動の実態を山徒の側から深くえぐり、公方御倉の幕府経済全体にしめる大きな役割を明らかにした。(27)

下坂は右の著書のなかで、「公方御倉からの支出経過が具体的にわかるものを集め」、一覧表に整理したうえで、「公方御倉からの支出に関しては一定の管理体制ともいうべきものができあがっていたことが確認される」とし、「支出の際の手続きを分類すると大きく三つに分けることができる」と述べ、以下に示す三とおりの手続きを挙示した。(28)

（1）切符（公方御倉にあてた伝奏の＝筆者注）→下書→公方御倉

（2）（切符〈幕府の当該儀式の財政担当奉行にあてた伝奏の＝筆者注〉↓）切符（財政担当奉行が新たに発した公方御倉あての
＝筆者注）↓下書↓公方御倉

（3）請取↓下書↓公方御倉

最初に下坂の言葉を借りて、用語の説明をしておきたい。まず「切符」とは、伝奏などが発給する「公方御倉に支払いを求める通達状」のことで、この「切符」には「通常、支払われる銭貨の使途および支払い先が記され」、「折紙をもってするのが一般的であったため、たんに「折紙」と呼ばれている例も少なくない。」「また切符の袖には、「下書」と呼ばれる支払いを認可する幕府の奉行人の署判が加えられることになっていた。(29)」さらに「下書」とは、「切符」の袖に書き付けられる「支払いを認可する幕府の奉行人の署判」のことである。

では、ここで実際に当時の史料に即して、右に示した公方御倉から経費を引き出すための手続きについて、具体的にたどってみることにしよう。以下に示す事例は、同時代の公家万里小路時房の日記「建内記」の嘉吉元年四月七日条に見るケースである（大日本古文書『建内記三』）。

賀茂祭惣用事、又以状催促大和守（飯尾貞連＝政所執事代）許、自方々尋来之故也、報云、已加下知了、可被仰定光坊（康尊＝公方御倉）者、仍随請取到来、書出切符了、子細載別帖、
両《武家》奉行書下未到之由、定光坊申之、仍示遣大和守（飯尾貞連）許、書下先日予状袖載之到来、貞連（飯尾大和守）即書之載判、合奉行松田九郎左衛門尉貞寛本名貞親也、改名歟（幕府奉行人）合判事示遣之、次遣定光坊了、其後定光坊下行也、

右の記事は、この年の賀茂祭の経費の調達にかかるものであるが、嘉吉元年四月当時、当日記の記主万里小路時房は三人の「伝奏」のうちの一人であったこと、(30)また飯尾大和守貞連が現職の政所執事代であったこと(31)を念頭において、記事のなかに登場する手続き文書の流れを追ってみよう。

まず伝奏万里小路時房が「賀茂祭惣用事」に関して政所執事代飯尾大和守貞連に対して出した「状」である。

この「状」については同日記嘉吉元年四月二日の条に写しとられており(32)、文面は以下のとおりである。

賀茂祭惣用事、任例可令申沙汰給候、謹言、

（嘉吉元年）四月二日　（万里小路）時房

（貞連）飯尾大和守殿

このケースを先の下坂が示した三つのルートと比較すると、どうなるであろうか。

まず「建内記」四月七日記事に見る「状」（別の個所では「予状」）とは、下坂のいう「切符」に当たろう。この「切符」を受けた飯尾貞連はそのことを了解した旨の「請取」を時房に届けたので、時房は公方御倉定光坊にあてて別途「切符」を書き送った。すでにここで時房は二通の「切符」を発している。さらに定光坊から「未到」という報告をうけた時房の催促に応じて飯尾貞連から届けられた「書下」（「両奉行《武家》書下」とも。この場合、未到だとの連絡は定光坊からなされているから、「書下」は本来定光坊に宛てられるべきものだったか）とは、時房が四月二日に飯尾貞連に発した「状」の袖の部分に、貞連と合奉行松田貞寛とが連署のかたちで認可の旨を書き付けたものであった（史料表現では「先日予状袖載之」）。この認可の部分は、下坂のいう「書下」にほかなるまい。時房はこの「書下」を定光坊に遣し、定光坊から経費の支弁を受けたのである。したがってこの四月七日記事に見るケースは、下坂氏の示した三つの手続きのうち、（1）の変形ということができる。変形というのは、最初の時房の「切符」（四月二日条に収載）が公方御倉ではなく政所執事代に宛てられている点で（1）とは相違し、さらにその時房の「切符」の袖に政所執事代と合奉行とが連署のかたちで「下書」を書き加えている点で（1）と同じであるからである。

五　国家祈禱と幕府財政――伊勢貞国・赤松満政

以上のことを参考にして、本論に戻ろう。右に示したケースは嘉吉元年（一四四一）四月のものであるが、本章冒頭に示した永享一一年（一四三九）の〔史料A〕、その翌年の〔史料B〕の場合と比較するとどのようなことがいえるのであろうか。

まず、支出の用途である。この点についてみると、〔史料A〕〔史料B〕の用途が「清滝宮護摩」および「若君様御祈禱護摩」、つまり祈禱関係であるという点において、下坂が整理した一覧表に示された「賀茂祭惣用等」等の京都の祭礼・公武の儀式の事例と異なっている。下坂が一覧表に整理した「下書署判者」のなかに、政所執事伊勢氏や赤松満政の名を認めることはできない。また、右に示した「建内記」嘉吉元年四月七日記事のケースでいうと、このケースはいわゆる嘉吉の乱（足利義教弑逆事件、嘉吉元年六月）以前に属するので、いまだ足利義教の支配体制はいちおう維持されていたはずである。

右のことをふまえて推測すると、将軍足利義教の支配体制下にあっては、公方御倉から経費支出を要請するさい、祭礼・儀式の場合と国家祈禱のそれとではその手続きの方法が異なっていたと結論づけることができよう。すなわち、国家祈禱の供料等の経費を公方御倉から支出させる場合、政所執事伊勢貞国と将軍近習赤松満政の両人がその認可業務を専管したとみることができる。なお、すでに第一節でのべた『蔭凉軒日録』嘉吉元年正月一四日条にみる大般若経会の布施調達のさい、赤松満政と伊勢貞国連署の「書下」が出た事実は、それを両人の独自の業務遂行の一環と理解することを可能とする。

おなじことを将軍足利義教の側からみると、国家祈禱のための経費を幕府財政から支出させるとき、足利義教は政所執事伊勢貞国と将軍の近習赤松満政をとおしてこれを行わせているから、要するに、義教は両人を媒介と

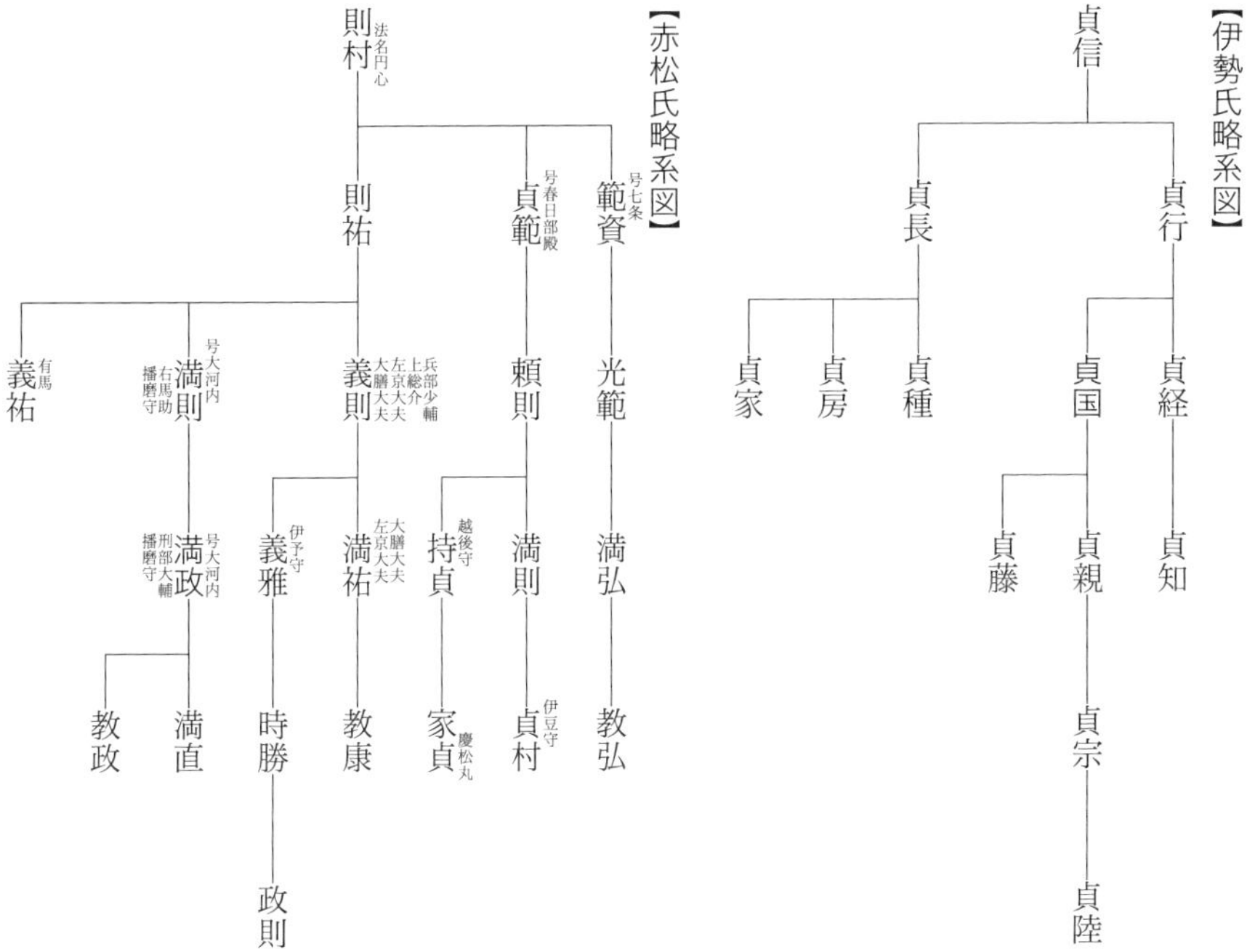

図２　高坂好『中世播磨と赤松氏』(臨川書店、1991年11月)／『尊卑分脈』四／『続群書類従』六輯上などによる。

して国家祈禱のための財政支出をさせる方式を採用していたのではないかということがうかがわれる。

　下坂が整理した祭礼・儀式のケースにおいては、政所執事代が「下書署判者」として頻出するのに比し、ここでは政所執事が登場しているのはなぜかということを考えるとき、想起されるのは桑山の政所執事と政所執事代との相違についての意見である。桑山は以下のように言う(33)。すこし長いけれども簡略化しがたいので、ほぼそのまま引用する。

　執事は、義満の時代に伊勢照禅（貞継）がこれに任ぜられて以来、代々伊勢氏の独占するところであった。その代官が政所代と呼ばれるもので、これもまた蜷川氏が世襲的に勤めた。一方、執事代は侍所であれば開闔に相当するものであって、いわば政所寄人の筆頭に位するものである。執事・政所代の固定的・世襲的な体制に対して、執事代は（中略）清・飯尾・治部・斎藤・布施・松田・諏訪氏ら幕府奉行衆を構成する家柄から庶務に堪能な者が撰ばれる慣例となっていた。執事代に任ぜられたこれら諸氏は、系譜的に言えばいずれも鎌倉幕府以来の吏僚の家であって、故実に精通し、文書発給などの事務に堪能であった。当時の万事に故実先例を重んずる風の強い中にあっては、彼らの家が幕府の事務担当者として固定化するのは必然の勢いであったであろう。伊勢家は（中略）元来は足利氏の譜代の家臣の一人と考えられており、（中略）何代にもわたって将軍の養育にあたっており、将軍にとっては「育ての親」的な立場から影響力を持っていたものらしい。このような伊勢氏の性格は、古い伝統を誇る奉行衆とはまったく肌合いの違うものであったと考えられる。執事とその代理者たる執事代という形式的な関係からは出てこない両者の機能が分化していく萌芽はこの辺のところにあったのではなかろうか。

右の政所執事と政所執事代の系譜や機能・役割の違いを考慮したうえで、足利義教が譜代的性格の強い政所執事伊勢貞国を、近習赤松満政とともに国家祈禱と幕府財政とが交差する業務を管轄する重要なポストに据えた意味を考えると、そこに足利義教の強い政治的意志の存在を想定することは可能であろう。つまり、将軍足利義教は国家の祈禱修法を円滑に行うため、その経費（供料）を調達する公方御倉を管轄するポストに伊勢貞国・赤松満政という人物、つまり将軍に近い直臣を据えることによって、修法経費の調達を直接的に掌握しようと意図したのであろう。

将軍足利義教の時代の政治と文化を考えるとき、その「近習」[34]として働いた赤松満政の役割についての検討は避けてとおれない[35]。赤松満政にかかる諸問題が、この時代の有力守護家赤松氏の族的問題はもとより、幕府―守護体制の諸問題を考える場合のきわめて重要なカギを内包していることは言うまでもないが、本章において詳論する余裕はないので、本格的な考察は別稿に委ねたい。

最後に、一言付言しておきたいのは、伊勢貞国・赤松満政の連署の登場の意味である。桑山が指摘するように公方御倉を公的に管轄するのが幕府政所であったことから推して、祈禱供料等の経費の申請窓口は第一義的に政所であったと考えられるので、ために中山定親は政所の責任者執事伊勢貞国にあてて「御祈伝奏」の立場からの第一文書を発したのであろう。さらに次の段階で、定親文書の袖に書き付けられた「切符」に伊勢貞国とともに連署した赤松満政の役割についていえば、満政は将軍近習の立場から本件に関わったものとみられ、換言すれば、満政は政所のかかる活動を将軍の支配権に引き寄せるような役割を果たしていたと考えられる。これを将軍義教の側からみると、満政は将軍の政所支配ための一翼を担わされていたといえよう。[36]

下坂は「朝廷内もしくは公家様の儀式であっても、その主体が将軍家にあった場合には、下書には政所の執事代および寄人は署判しなかった」し、「将軍の大饗・元服・昇進などといった儀式の支出に際しては、その時々の担当奉行が下書として署判を加えている」ことから、「むろんこのことは事前に政所と密接な連絡をとった上で行なわれたのであろうが、公方御倉が必ずしも政所の一元的な管轄下になかったことを示している」と結論づけた。つまり、政所関係以外の幕府奉行人がかかる公方御倉からの支出業務に関わっていることから、公方御倉は政所の一元的支配に属していないのだということである。この下坂の理解をふまえて〔史料B〕をみると、その用途が「若君様御祈禱護摩御供料」であって明らかに祈禱主催の主体は将軍家であるのに、執事職にある政所の代表者伊勢貞国および赤松満政とが連署の形で公方御倉に対して「切符」を発している事実に気づく。[37]このことの政治史的意味は、たとえそれが将軍義教の一時期に限られた現象であったとしても、〔史料A〕に即して前述したことと同様に、足利義教の将軍独裁権の強化の一環として理解してよいのではあるまいか。

おわりに

以上を整理しておこう。幕府の保護と指導を受ける点で経営的に半官半民的性格の公方御倉は、さまざまな公武の用途でその経費の出納を請け負っていた。公武の祭礼や儀式などの場合については既に先行研究によってあらかた見通しがつけられ、その支出は担当の伝奏や政所執事代・寄人、幕府奉行人の関与においてなされていた実態が明らかにされている。

しかし他方、祈禱や修法といった国家の宗教政策的なケースでの経費支出については、ほとんどわかっていないといって過言ではない。本章においては、永享一一、一二年の時点で醍醐寺の院家の一つ理性院が担当した祈禱修法の供料がどのような手続きを経て支出されたかという問題から考察を試みたが、その結果、この時点における国家祈禱にかかる幕府財政には、将軍足利義教の独特の政権運営の下、その側近というべき伊勢貞国と赤松満政の関与がきわめて大きかったということが明らかとなった。

とはいえ、公方御倉に頼らず、朝廷の経費負担においてなされる祈禱修法のあったことも見逃せない。『看聞御記』嘉吉元年三月二一日条に以下の記事がみられる(38)。

…自今夕於内裏、孔雀経法被行、辛酉御祈也、奉行左少弁俊秀（坊城）也、中壇阿闍梨御室(39)、脇壇三壇真光院・威徳寺・開明寺、伴僧廿人云々、此法近来中絶、御室殊秘蔵大法也、大儀之法也、料足三万疋自禁裏、被出、…

右の史料記事なかの「辛酉御祈」とは、嘉吉元年が「辛酉」の年にあたっているので辛酉革命の災厄を避ける目的で、内裏で「孔雀経法」(40)が修されたことを意味しているが、同じ国家的祈禱でも場合によっては朝廷が供料を支弁するということがあったものとみられる。たとえ公武統一政権下ではあっても、国家祈禱の経費負担は、全面的に公方御倉に依存するものではなかったことを証していると思われる。

かくして本章冒頭にもどり、〔史料A〕と〔史料B〕に文書名を付するとすれば、〔史料A〕は伝奏中山定親切符并政所執事伊勢貞国・近習赤松満政連署書下、〔史料B〕は政所執事伊勢貞国・近習赤松満政連署書下、とするのがふさわしいと考えるのである。

注

（1）醍醐寺文書は現在、大日本古文書において翻刻されているが、現時点では、第一四冊（二一函の途中）にとどまっており、以下の文書は未刊行である。
（2）昭和六一・六二・六三年度科学研究費補助金【綜合研究A】『醍醐寺の密教法会と建築空間に関する総合的研究』（研究代表者稲垣栄三、一九八九年三月）二四〇頁。
（3）清滝宮については、古代・中世の醍醐寺の沿革を総合的に記した醍醐寺座主義演著『醍醐寺新要録上』の「上神祇部山上清滝宮篇」「下神祇部清滝宮篇」に詳しい。『醍醐寺新要録上』（法蔵館、一九九一年一〇月）八八一—一五三頁、三九七—五〇三頁参照。
（4）理性院については、『醍醐寺新要録下』（法蔵館、一九九一年一〇月）「理性院篇」に詳しい。同書七八〇—八一二頁参照。
（5）ここの「伊勢守」が誰かを調べるために、同時代の日記を検索すると、たとえば万里小路時房の日記「建内記」永享一二年三月一四日条に「当年伊勢守貞国承之」などと見え（大日本古記録『建内記三』五五頁）、同日記当日条の前後に散見する「伊勢守」の所見とあわせて、「伊勢守」が伊勢貞国であることは明瞭である。
（6）伊勢貞国が永享一一年当時、政所執事であったことは、たとえば『国史大辞典』一三巻（吉川弘文館、一九九二年四月）二四三頁「室町幕府政所執事一覧」参照。
（7）たとえば五壇法に例をとると、「満済准后日記」応永三四年六月一四日条に「自今夕於室町殿御所、五壇法被始行」とあるように、山門の花頂僧正定助を中壇に、興継（慈尊院）・隆寛（水本）・良什（竹内）・定意（聖無動院）の四僧正を脇壇として、五壇法が開始された。そこに、以下のような記事が見られる（京都帝国大学文科

大学叢書第四『満済准后日記』巻二、四一二―四一三頁）。

供料中壇五千疋、降以下三千疋、近例也、各自政所下行云々、諸壇方へ経祐法橋折紙ヲ相副遣之、以彼折紙為本可下行由、兼政所申故也云々、

この記事によって、五壇法の供料は、中壇五千疋・脇壇三千疋が事前に政所から支給され、この額が「近例」となっていたことがわかる。このケースによると、五壇全体では一万七千疋、つまり一七〇貫文の供料が必要となる。なお同種の記事は、『兼宣卿記』応永一一年六月一三日条、『満済准后日記』応永三三年一〇月七日条などにも見られる。

（8）伊勢貞国と赤松満政の花押については『書の日本史第九巻』（平凡社、一九七六年三月）に収録される「花押・印章総覧」の第七六二号（伊勢貞国）、第六七一号（赤松満政）参照。それぞれ同書二五一、二五五頁。

（9）同時代人の万里小路時房の日記「建内記」永享一二年正月一〇日条にみえる「若君御方」（大日本古記録『建内記三』二一頁）が足利義教の嫡子千也茶丸（のちの義勝。当時七才）と考えられるので、「若君御方」とは表記の異なる〔史料B〕の「若君様」とは、義教の二男義成（のちの義政。生まれは永享八年〈一四三六〉正月二日。『看聞御記』同日条参照）、もしくは嘉吉三年三月に聖護院に入室した義観（『看聞御記』嘉吉三年三月二二日条にみる「室町殿若公将軍《(義勝)》舎弟六歳」。『新訂増補国史大系尊卑分脈』二篇二五五頁参照。義観の生まれは永享一〇年〈一四三八〉）とも考えられるが、「建内記」永享一一年二月二一日条にみるように（『建内記』二、三〇五頁）、永享一一年閏正月一八日に「小宰相局」を母として誕生した「若君」（のちの足利義視）の可能性もある。

（10）増補続史料大成『蔭凉軒日録一』（臨川書店）一四三頁。

（11）新訂増補国史大系『公卿補任』三篇一五七頁によると、中山定親は長禄三年（一四五九）に五九才で没。逆算して生年は、応永八年（一四〇一）となる。

（12）大日本古記録『薩戒記四』二四一頁および二六五頁。

（13）続群書類従完成会『看聞御記下』四二〇―四二一頁。

（14）『国史大辞典』一三巻（吉川弘文館、一九九二年四月）二四四頁。桑山浩然氏の執筆。

（15）桑山浩然『室町幕府の政治と経済』（吉川弘文館、二〇〇六年五月）一五三頁。

（16）注（15）桑山著書、四二頁。

(17) 同右。
(18) 同右。
(19) 同右。
(20) 同右桑山著書、一五七頁。
(21) 同右桑山前掲著、一六一―一六二頁、下坂『中世寺院社会の研究』（思文閣出版、二〇〇一年一二月）一〇〇―一一九頁。
(22) 京都帝国大学文科大学叢書四『満済准后日記』巻二、一九一頁。
(23) 同右、二五三頁。
(24) 増補史料大成『康富記一』二三九頁。なお、「外宮役夫工米諸国所納分注文案」（大日本古文書『蜷川家文書一』四二頁）には、「御倉禅住坊」と見える。
(25) 国立歴史民俗博物館所蔵「兼宣公記」この記事は未刊行であるので、参考までに引用しておく。
（応永三〇年五月二四日条）
雨下、及晩晴、伊勢因幡入道（貞陸・常照）送使者云、三条河原可被懸橋候、面々為公方被懸仰料足候、二百疋可被遣禅住坊之由可申入旨、被仰下云々、申畏奉之由者也（傍点筆者）、
なお、「善《(禅)》住」の所見としては、これより数年早い事例として、「看聞日記」応永二五年九月二四日条に「善住方」なる表記が登場しているが、はたして土倉のそれかいまいち明瞭ではない（図書寮叢刊『看聞日記一』二三三頁）。後考に期したい。
(26) 注（15）桑山著書、一六一頁。
(27) 特に、同書第一編第三章の「中世土倉論」、初出は一九七八年七月。
(28) 注（21）下坂著書、一〇二―一〇五頁。一覧表は一〇四―一〇五頁に掲載。
(29) この辺の記述は右記下坂著書、一〇二―一〇三頁による。なお、「切符」の史料上の使用例をひとつあげておくと、「師郷記」永享二年一〇月七日条（史料纂集『師郷記』第一巻、続群書類従完成会、一四六頁）に、
今日御禊行幸掃部寮役料足千三百五十疋被下行了、先度雑事始之時、百五十疋被下行、彼是都合千五百疋也、以此分、兼日当日儀可致其沙汰之由、伝奏吉田前大納言（清閑寺家俊）被示之間、令領状了、仍以伝奏切符、

付摂津掃部（満親）了、

とみえる（傍点筆者）。また、「下書」の史料上の使用例をひとつあげておくと、「親元日記」文明九年五月九日条（続史料大成12『親元日記（三）、（四）〈文明九年記〉』臨川書店、四〇三頁）に、以下のようにみえる。

一、大宝寺黒丸進上弐千疋、麻生此千疋上総入道進上千疋、彼是各親元（蜷川親元）調送状、以松田主計允方下書、〔加判飯、加州〕正実坊御倉へ納申了使勝蔵、請取到来之、麻生千疋うけとり一通、翌日蔵主へ遣之（傍点筆者）、

（30）「満済准后日記」正長二年三月九日条に、「…当御代已伝奏三人〔万里小路大納言（時房）・勧修寺中納言（経成）・広橋中納言（親光、のち兼郷と改名。兼宣の子息）〕被定置上者、…」と見える（京都帝国大学文科大学叢書第四『満済准后日記』巻二、六四六頁）。

（31）注（15）桑山著書、四八頁所載の「室町幕府政所執事代一覧」参照。

（32）大日本古記録『建内記三』一四七頁。

（33）桑山前掲書、四八～四九頁。

（34）赤松満政が幕府役職としての「近習」であったかどうかについては、「満済准后日記」永享三年二月二一日条にみる以下の記事が参考になる（巻三、一八二頁）。

…諸大名ニハ各二重・太刀一腰賜之了、近習ニハ太刀一腰、其内一色左京大夫（持信）二重・太刀、赤松播磨守（満政）一重・太刀、藤宰相入道一重・太刀遣之（傍点筆者）、

ここでいう「諸大名」とは同日条に記されているように、「管領」斯波義淳・「畠山」満家・「山名」常熙・「細川右京大夫」持之・「畠山修理大夫」満則・「一色修理大夫」満範・「赤松左京大夫」満祐たち「以上大名七人」であり、このほかに「近習」として「一色左京大夫」持信や「赤松播磨守」満政らがいたことになる。この史料記事によって赤松満政は足利義教の「近習」の一人であったとみてよい。

（35）赤松満政についてのまとまった専論はこれまで皆無であったといってよいが、近年、竹内智宏「室町幕府と赤松氏――中次赤松満政の活動を中心として」（『年報赤松氏研究』創刊号、二〇〇八年三月）が公表された。

（36）注（18）参照。

（37）下坂前掲書、一〇二頁。

（38）「看聞日記」嘉吉元年三月二一日条（『看聞御記下』六一〇―六一一頁）。

（39）『仁和寺史料寺誌編二』（奈良国立文化財研究所編、一九六七年八月）所収の「仁和寺御伝」（真光院本）によ

ると、「中壇阿闍梨御室」とは承道のことである（同書一〇〇頁）。

（40）「孔雀経法」については、右の『看聞日記』では「此法近来中絶、御室殊秘蔵大法也、大儀之法也」と記しているが、『満済准后日記』によると「孔雀経」の言葉は、応永二〇年二月二八日条、同二七年七月二日条、同三〇年二月一三日条、同三三年一月一日条、同三四年一月二〇日条、同三四年九月一三日条、正長元年（一四二八年）八月一日条などにみえて読誦されており、「孔雀経」はすくなくとも嘉吉元年（一四四一）を十数年さかのぼる正長年間ころまでは密教寺院で修されていたものとみられる。

付記　本章を草するにあたり、東京大学史料編纂所架蔵史料の調査においては、同所の井上聡氏の手をわずらわせた。記して謝意を表したい。

第五章　黒衣宰相がリードした室町政治——『満済准后日記』——

一　出自とデビュー

（一）満済の出身

『満済准后日記』は、室町時代前期の醍醐寺座主・三宝院門跡、法身院准后として著名な満済という名前の真言僧の日記である。法身院とは、当時「京（都）門跡」と呼ばれた、土御門万里小路にあった満済の住坊である。満済が内裏や室町殿に近接したこの法身院を洛中における日常活動の拠点としたので、法身院准后の称がある。

満済は、南北朝時代後期の永和四年（一三七八）七月二〇日に生まれた。実父は「後浄覚寺一品」と呼ばれた二条家の傍流今小路基冬（永徳二年一一月没）と思われるが（『大日本史料』七—二〇）、ほかの系図史料を勘案するとやがて兄師冬の養子となったらしい。師冬の室は「白川殿」と号された、聖護院房官帥法印源意の女で、足利義満の室日野業子に仕えていた（『尊卑分脈二』）。他方、応永二六年（一四一九）六月四日に七二歳で没した「静雲院禅定尼」＝「当座主母室」は満済の実母であったと考えられる（同日条および「常楽記」〈『群書類従』二九〉）。この女性は「出雲路禅尼」とも称されている。

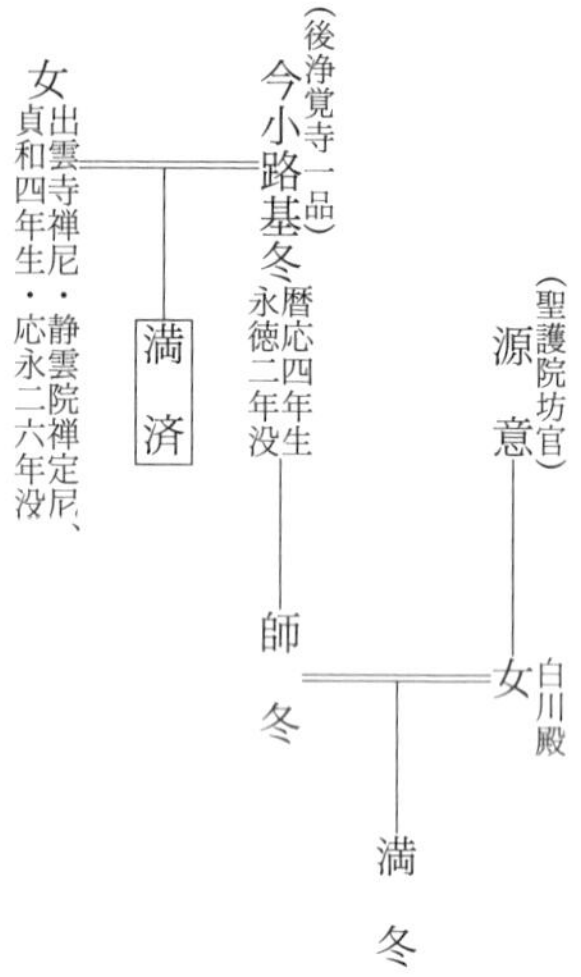

図　満済の血縁関係

満済の生涯にとってこの養母が室町殿足利義満の室日野業子に仕えていたことは殊に重要であって、この養母によって満済と足利義満との出会いは媒介されたものと考えられる。満済が室町政治史のスターダムにのし上がるための決定的なきっかけは、ほかならぬ彼女によってもたらされたのである。

当時の史料に「鹿苑院殿（足利義満）御猶子」と見えるように（『建内記』正長元年三月一二日条）、満済は幼い頃に三代室町将軍足利義満の猶子になった。猶子とは仮の親子関係をとりむすんだ子の謂で、所領の相続を伴なう養子とは異なる擬制的関係とされている。

猶子となった時の年齢は明らかでない。おそらく、永徳二年の実父今小路基冬の没後兄師冬の庇護を受けるようになり、永徳末から至徳の頃に足利義満の猶子として醍醐寺三宝院に入室したのであろう。年齢はまだ一〇歳に達していない。

満済は若くして、室町殿足利義満の寵愛を受けて醍醐寺のトップの座へかけあがる。醍醐寺は国家護持を担う密教宗派の一翼真言宗の有力寺院として、公武の政治権力の中枢と深く結んでいた。こうした醍醐寺のトップの座に送り込まれた満済は、いやおうなく国家の政治と宗教の世界にどっぷりと漬かる可能性を十分に持ち合わせていた。

（二）記録期間と現存状況

『満済准后日記』は、密教僧でありながら当時の国政に深く関与した「黒衣の宰相」満済が、自らリードした室町時代政治史の具体相を自らの言葉で如実に語ってくれる希有のドキュメントなのである。残存している記録の期間は、応永一八年（一四一一）正月の記事が最も早く、これに応永二〇年（一四一三）正月～永享七年（一四三五）四月までの二三年分の記事が続く形であるが（満済の死去は永享七年六月一三日）、年によっては、一カ月～数カ月分を散逸させている。そのように若干の欠失分があるものの、記事はおおむね継続的に残存しており、この日記によって得られる知見は非常に多く、『満済准后日記』なくして室町前期政治史は語れないと言って過言でない。

ちなみに史料の所蔵関係と活字化の状況について、『満済准后日記』の原本では、応永一八～二九年分を収める巻子本全一一巻が国立国会図書館に、さらに応永三〇年～永享七年分を収める冊子本全三八冊が醍醐寺三宝院に所蔵され、写本では各地の文化施設等に部分的に写される形で所蔵されている。加えて刊本では、京都帝国大学文科大学から刊行された『満済准后日記』巻一～三（京都帝国大学文科大学叢書第四、一九一八～二〇年）、および続群書類従完成会から刊行された『満済准后日記』上・下（続群書類従補遺一、一九二八年）とがある。このうち後者は前者に比べてポータブルで広く普及しているが、誤字・脱字等がある。さらに日記の紙背文書・人名索引も刊行されていて、同日記の研究環境は整っている。

二　護持僧

（一）護持僧とは

満済と室町殿個人との密接な精神的関係は、満済が室町殿の護持僧（将軍護持僧・武家護持僧）であるという事実に象徴される。そもそも護持僧とは、天皇の居所である内裏清涼殿二間《ふたま》に夜居《よい》し、その卓越した呪力によって天皇を襲う邪気を払い、「聖体安穏・宝祚延長」を祈念する天台・真言両宗の僧侶の一群のことである。護持僧の初発は天皇のそれで、史料上の初見は平安期にさかのぼるが、やがて護持僧の宗教行為たる護持の対象は天皇のみならず、東宮・上皇さらに将軍などへも拡大した。満済は室町将軍・室町殿たる足利義持および足利義教の護持僧だったのである（後述のように、天皇の護持僧でもあった）。

満済が武家護持僧としての立場を明確にしたのは、四代将軍足利義持以降のことである。満済が足利義持の護持僧に任命されたのは応永一五年（一四〇八）八月二七日のことで（『醍醐寺文書一』）、まさに義持の父義満が同年五月六日に死去した直後であった（満済ときに三一歳）。満済の武家護持僧としての活動はここに開始された。

（二）公武の護持僧

護持僧たちの具体的な活動について『満済准后日記』は実に詳細かつ多彩な記事を提供してくれる。まず室町時代の武家護持僧の定員は、将軍の代によってその数が変わっており、常時一定人数であったわけではない（武家護持僧のリストは「室町殿護持僧交名」と呼ばれた（例えば応永二二年九月三〇日条））。義持の代の護持僧については「当年護持僧一人未補の間、五人参賀」（応永二八年正月八日条）とあるのが手がかりとなり、応永二八年正月八日の護持僧たちの将軍への恒例参賀日に、一人未補のために五人の護持僧が参賀したというのであるから、足利義持代の護持僧の定員は六人であったと考えられる。義持の代に六人であった護持僧の人数は、義教の代になって一二人に倍増する。義教の代には彼ら護持僧たちを取り仕切る「護持管領」という役目があり（初見は義満の代の三宝院光助、満済がその任に就いている。

くわえて、満済は武家護持僧になって間もない時期に後小松天皇の護持僧、つまり公家護持僧にもなっている。応永一六年八月三日のことで、このとき満済は既に東寺一長者であり、同日に法務のポストにも就いている（『大日本史料』七―一二）。満済はのち永享三年（一四三一）六月には後花園天皇の護持僧にもなっている（永享三年六月一五日条）。こうなると満済は将軍と天皇の双方の護持僧を兼ね、しかも仏教界のトップクラスの地位を占めたわけで、その発言権と影響力は抜群と言わねばならない。満済は、室町殿によって構築された公武統一政権のトップを精神面で結合させる連結器のような役目を果たしたということができよう。

三　五壇法・後七日御修法とのかかわり

（一）満済と五壇法

満済は醍醐寺座主・三宝院門跡・東寺長者などとして、国土の安泰はもとより国家体制の中枢たる室町幕府・朝廷の安泰、室町殿および天皇の安穏を祈禱によって守る役目についていたので、『満済准后日記』には多彩な祈禱や修法に関する記事が多く含まれている。いわばそれが満済の本来的な業務であり、この業務を基盤にして国家の政治面への関与が可能となったのであるから、満済の真言僧としての側面なり活動をきちんと把握しておく必要がある。護持僧としての満済の活動については既に述べた。満済の日記との関連においてさらに述べておくべきは、五壇法および後七日御修法《ごしちにちのみしほ》との関わりである。

まず五壇法である。五壇法とは、不動法を中壇とし、降三世《ごうざんせ》法・軍荼利《ぐんだり》法・大威徳《だいいとく》法・金剛夜叉《こんごうやしゃ》法の四つを脇壇として、合計五つの壇で一斉に護摩を焚き祈禱を行うという密教修法の一種であるが、願意は病気治癒や平産など身体的なものから兵乱鎮定や天変地妖の祈禱など国家的なものまで多様である。五人の阿闍梨によって担当される。内容的に見ると、五壇法は中世という時代に特徴的な密教修法の形態と言える。五壇法の主催権は当初公家が持ったが、やがて南北朝時代の貞和年間から武家に移った。満済の室町期では幕府が五壇法の主催権を掌握していた。その五壇法と満済との関わりを示す記事は『満済准后日記』には多い。満済は五壇法修法において主導的な役割を果たした。足利義持の代において、五人の阿闍梨の選任方法とプロセスを克明に示す記事があり（応永三四年六月五日条）、それによると以下のような流れ（1）〜（5）である。

(1)満済が中壇以下五人の阿闍梨候補者の名を記した「五壇法阿闍梨交名」を折紙で義持に注進する。

(2)義持が「五壇法阿闍梨交名」に「爪点」を懸けて、五人の阿闍梨を選定する。

(3)義持は五壇法の開白日（開始の日）と結願日（終了の日）を「五壇法阿闍梨交名」の端に記して満済に返却する。

(4)五つの壇の担当予定者が決まったら、満済から各人に触れ遣わす。

(5)かくして満済のもとには担当予定者たちから諾否の請文（返事）が到来する。

このように見ると、室町幕府の祈禱たる五壇法修法は満済の果たす役割に負うところが大きかったが、決して満済に丸投げされていたわけではなく、修法の発起や阿闍梨の人選など主要な部分を義持が把握していることがわかる。満済の関与も大きいが、やはり五壇法は義持の主導のもとに行われたと見なければなるまい。足利義教の時代になると、こうした満済の役割は大きな変化を見せる。

（二）満済と後七日御修法

もう一つは、後七日御修法である。後七日御修法とは、毎年正月八日から一四日まで七日間にわたって宮中真言院で修される真言宗の秘密行事で、「朝家護持・国土豊饒」（「東寺百合文書」ろ）を祈念して、真言宗のトップクラスの僧侶一人が全体を取り仕切る大阿闍梨を務めた。南北朝時代の賢俊（満済の祖師）は長期にわたって大阿闍梨の役目を務めたが、満済について見ると応永一七年（一四一〇）と応永二四年（一四一七）のわずか二度しかこれを務めていない。いずれも満済が東寺一長者の時期である。『満済准后日記』に後七日御修法の文字はよく出てくるが、記事内容は概して簡略であり、これによって満済と後七日御修法との関係を推測すると、満済は真言宗の正月行事たる後七日御修法に直接的にはさほど深く関与しなかった模様である。

四　足利義教登場の演出者

（一）クジによる義教の選出

『満済准后日記』にみられる歴史的に最も著名な事件といえば、間違いなく応永三五年（一四二八。四月二七日に正長と改元）正月の、クジ引きによる足利義教（第六代将軍。当初義円、のち義宣・義教と改名）の選出が挙げられよう。第四代将軍義持は同月上旬に病に倒れ（同年正月七、九日条）、没する二日前の正月一六日には義持自身も死を悟り観念した様子で「四十三歳ニテ御薨逝モ不足ナシ」と満済に語っている（正月一六日条）。義持は既に応永三〇年三月には将軍の座を子息義量（すなわち第五代将軍）にゆずり、翌四月出家していた（法名道詮）。その義量が応永三二年（一四二五）二月に一九歳で早逝、その後義持は将軍をおかず、そのポストは空位のままであった。義持の絶命を今日明日に控えて、幕府にとって最大の問題は後継者の選出であることは論を待たない。『満済准后日記』応永三五年正月一七日条は、満済を含めて苦悩する幕府中枢の重臣たちの重苦しい雰囲気を生々しく伝えてあまりある。「上としては定めらるべからざるなり、管領以下面々寄り合い相計らうべし」、つまり自分は後継者を指名しないので管領畠山満家以下の面々で相談して決めよと言い張る義持に対して、管領たちは何とか義持の意向を聞き出そうと腐心している。そこで満済の出番である。満済は義持の護持僧であったから、病臥重篤の義持の枕元まで参入・近接することができたのである。そこで満済と義持の間で以下の会話が交わされた。

（上略）幸いに御連枝（兄弟のこと）御座候へば、その内御器用について仰せ出さるべく候、それまたけに〳〵時宜に叶うべからず候はゞ、御兄弟四人御名字を八幡神前において御鬮をめされ定めらるべきかの由申し入るゝ処、しからば御鬮たるべき由、仰せ出されおわんぬ。ただし、御存命中はこの御鬮の事叶うべからざるなり、（下略）

つまり、満済は義持の四人の弟（青蓮院義円・大覚寺義昭・梶井義承・相国寺永隆）のうちから一人を八幡（石清水八幡宮）の神前で鬮を引くことによって選出し、その人物を後継者とすることについての義持の同意を引き出すことに成功したのである（史料表現は「しからば御鬮たるべき由、仰せ出されおわんぬ」）。いわば神慮による選出方法である。神に対する信仰の篤い義持の弱点をついたのである。ただしその鬮の開封は自分の死後にやってくれとの義持の注文は、同様に神との約束に基づくものであった。

こうして選出のための方法は決まった。その手順について満済は以下のように記している（同日条）。

（上略）よつて御鬮書く事をば、面々予（満済）に申す間、再三辞退すと雖も、頻りに申す間、力なくこれを書きおはんぬ、続飯《そくい》をもつて堅くこれを封ず、その上に山名右衛門佐入道（常煕）封を書きおはんぬ、（下略）

まず幕府内で鬮が作られることになった。その場にいる面々は、満済にその鬮を書くように言った。満済は再三辞退したが頻りに言うので仕方なく鬮を書いた。続飯（飯粒を練って作った糊）で堅く封をした。「封之」の行為が具体的にどのような動作であり、完成した鬮がどのような形態をしていたか必ずしも明瞭ではなく、名前を書いた本紙自体を折って糊づけしたものか、名前札を封紙に包んだのかはっきりしない。そのうえに鬮が勝手にあけられないように山名常熙《じょうき》（俗名時熙《ときひろ》）が封印をした。花押を据えたのであろう。かくして四つの鬮札を携えた管領畠山満家が一人で八幡に向かい、神前において鬮を一つとって帰洛した。

典拠である「管領戌終（午後九時前）に参詣、神前において御鬮を給て亥終（午後一一時前）に罷り帰る」という史料表現の解釈をめぐって議論があり、管領畠山満家が洛中の幕府を出発して石清水八幡に到着し、神前で鬮をとって幕府に帰還するまでの所要時間としては「戌終」から「亥終」までの二時間では足りないのではという疑問もあったけれども、「戌刻参詣」の箇所を、管領が石清水八幡宮に到着して鬮をとった時刻（つまり片道一時間）と解釈することによって、この疑問は氷解した。

かくて翌一八日となる。義持は一八日巳半刻（午前一〇時）に事切れたので、管領以下の諸大名は幕府内の一所に会して、前夜管領が八幡神前でとってきた鬮を開くことになった。開いたのは管領で、結果は義円と出た。諸大名は一同に「珍重」と祝い合った。ここに義持の後継者として天台宗青蓮院門跡義円が選出されたのである。

この鬮による義円選出の経緯については、当時の権大納言万里小路時房の日記『建内記』にも関係記事があり、内容は『満済准后日記』と大きく相違している。双方比較検討すれば興味深いが、結論だけを述べるならば、当事者の日記とはいえ、より信頼性が高いのは『満済准后日記』だと考えている。しかし、そうは言っても満済によって主導された義円選出劇は仕組まれた可能性を否定できず、イカサマとみる考え方もある。

（二）義教の還俗・元服・将軍宣下

こうして鬮によって選出された義円であったが、これで室町殿の権力が獲得されたのではない。まだ多くのハードルが待ち受けていた。その過程で下手をすれば、将軍の座を狙っていた鎌倉公方足利持氏からクレームがつけられかねなかったし、畿南の山間になお根強い勢力を保っていた後南朝勢力につけ込む隙を与えることにもなった。そのハードルとは、まず還俗、そして元服・将軍宣下という義円の地位に関する形式の具備であった。しかもそれらをスピーディに完遂する必要がある。ここでも満済のリーダーシップが発揮されている。

義円は応永三五年三月一二日に還俗し、俗名を「義宣」となのった。「義宣」の選択は満済の意向によるもので（『建内記』）、義円還俗の時「義宣」の名字を持参したのは満済であった（同日条）。義宣は同時に従五位下・左馬頭に叙任された。還俗の日の夜、満済は義宣の仰せをうけて弟子宝池院義賢とともに一等早く義宣に面謁している（同日条）。次の元服は、正長二年（一四二九）三月九日に挙行された。義宣の元服では管領畠山満家のリーダーシップも目立っているが、満済は当日の服装とか内裏への進物とかについて管領から尋ねられた（三月一三日条）。義宣の元服は、応安元年四月の足利義満の元服に準拠して行われた。その際義満の先例に従って、満済は地蔵院持円とともに護持僧として参加している（「普広院殿御元服記」）。

義宣はこの元服に伴ない、名字を「義教」と改めようとした。その理由は「よしのふ《世忍ぶ》」と読まれ、不快を成（『看聞日記』正長二年三月一五日条）したからで、改名の意志は義宣と改名した正長元年の冬には既に芽生えていた。義宣は満済に対して万里小路時房に新しい名字を進めさせるように指示している（『建内記』正長二年三月五日条）。義宣の元服における満済の関与は大きかったとみられる。かくして正長二年三月一五日には義宣に対して征夷大将軍・宰相・左中将の三カ条が宣下され、名字も「義教」に改められた。

五　公武統一政権の指南役

（一）大名評定会議と大名意見制

足利義持期の幕府政治では、将軍の諮問をうけて有力大名による評定会議が行われた。いわば重臣会議である。『満済准后日記』応永三〇年（一四二三）七月五日によると、この日管領畠山満家亭でこの「大名評定会議」が開かれ、関東で幕府に対する挑発行為をとっている鎌倉公方足利持氏について議論された。会議の参加者は、管領畠山満家以下細川満元、斯波義淳、山名常熙、赤松義則、一色義範、今川範政の七人であった。大内盛見は会議に招かれていたが病気で欠席した。こうしたメンバーが義持の諮問会議の構成員であったと考えられるが、駿河守護の今川範政は、議題が関東問題の際のみに招集される非常任のメンバーであった。満済がこの会議に参加したのはこの時が最初とされている。満済にとっては幕府政治への関与の始まりであった。おりしもこの年四月一五日には義持が出家しているが、満済の会議参加開始との関係は明らかでない。満済には会議での主導権はむろん発言権もなく、満済の任務は大名たちの「意見」の内容をそのままに義持に申し入れることであった。

足利義教の時代になると、幕府運営における意志決定のシステムとして、宿老や大名など重臣クラスの幕閣から個別に意見を聴する「大名意見制」とでも称すべき制度が登場する。この制度は既に義持の代から採用されていたようであるが、義教の代になると一層活況を呈した模様で、多くの関係史料を残している。この「大名意見制」に参画できたのは、正長元年から永享初期にかけての義教政権初期の顔ぶれでいえば、畠山満家（管領）・斯波義淳（満家の後任管領）・細川持元・山名常熙・一色義範（貫）・細川満久・畠山満則・赤松満祐の最大八名である。彼らは三管領家と、四職家のうち京極家を除いた三家、それに三管領家の庶流から二名という構成であるが、義持政権の大名評定会議のメンバーと比較するとおおむね重なる。ただ大内盛見が含まれないのが顕著な相違点である（永享四年二月一〇日条で、斯波義淳・畠山満家・山名常熙を「管領以下宿老両三人」と称している）。満済は、「大名意見制」においても義持代と同様に重要な役割を果たしたが、異なる点もあった。それは何か。

最高権力者の諮問に対する重臣たちの答申がまちまちであれば、諮問の意味がない。「大名評定会議」では大名たちの意見は議論の段階で一致する可能性は高い。しかし大名相互間の意見調整を欠く「大名意見制」では一致する保証はどこにもない。それでも大名たちの意見は「上意」の方向に収斂されねばならなかった。満済はその難しい役目を見事にやってのけたのである。加えて満済は、関東や近畿南部、九州といったような反幕府勢力の跳梁する地域の情報を独自のネットワークでキャッチし、幕府に報告することを応永二〇年代から行っている模様である。さらに、義教の名で出される御内書の案文（草案）を書き進めたりしている（正長二年二月二五日、永享元年一一月八日、同三年七月二四日などの各日条）。以上のように、満済は義持・義教のために文字通り幕政を切り盛りするのであるから、彼らが満済を重用し、ことのほか深く信頼するのは当然と言えよう。

次に個別具体的な問題で見ていくと、幕府政治の要所要所で満済の意見が求められ、その大きな存在感を発揮していることが知られる。例えば、正長元年（一四二八）五月、義持は極端な敬神や神祇崇拝から没収所領を多く神社に寄進していたので、義教の時代になって復権した本主（もとの持ち主）に「数十カ所」の土地を返付しようということになったとき、意見を求められた満済は、土地は本主に返付するが名目的には神領のままにしておいて本主から一定の神用を収めさせるという「折衷の御沙汰」を進言している（同年五月一三日条）。

（二）彦仁の擁立と後小松の諒闇

また伏見宮貞成親王の王子彦仁（のちの後花園天皇）擁立の時も同様であった。応永一九年に践祚した称光天皇の健康状態は悪く、京都政権にとっては大きな不安材料となっていたが、正長元年七月一三日、称光の病状がことのほか重いという理由で足利義宣の計らいにより彦仁（当時一〇歳）を後小松上皇の猶子という形で擁立するという計画が急遽実行に移された。数日前の七月六日には旧南朝の皇胤小倉宮（のち出家して聖承）が抗議の京都出奔をしたばかりだった。この間の様子は七月一三日条に詳しく記されているが、貞成親王の「椿葉記《ちんようき》」には、

（正長元年）七月十二日夜中はかりに、行豊《世尊寺宮内卿》朝臣伏見殿へ馳参、三宝院准后《（満済）》の御使にて室町殿《（足利義教）》より申さる〻おもむき、宮御方（彦仁）あす京へなし申されよ、まつ東山若王子へ入申されて警固申さるへきなり〈赤松左京大夫入道《（満祐）》警固仰付らる〉、御服なとは勧修寺《（経興）》に仰付らる、御迎には管領《（畠山満家）》まいるへしと申されしかは、

（下略）

とあり、七月一二日の夜半に急遽彦仁が明一三日に伏見宮から京都へ移される計画が伏見宮家に伝えられたこと、足利義教の指示を伝える満済使者として世尊寺行豊が伏見殿に派遣されたことなど、計画の大枠が示されている。ここに見られる彦仁の践祚はじつにスリリングで、このような緊迫した新帝擁立劇は他に例をみない。この彦仁擁立に向けての諸工作において室町殿足利義教の主導権が終始発揮されている点は注目される。さらに世尊寺行豊が満済の使者として馳参したことから、満済が本件に深く関与したことも想像に難くない。そもそも彦仁擁立を考案したのはほかならぬ満済であった可能性も十分にある。

さらに付言すべきは後小松上皇の諒闇《りょうあん》問題である。後小松上皇は永享五年（一四三三）一〇月二〇日に五七歳で没した。そこで後小松の猶子で現職天皇の後花園（彦仁）が諒闇（天子の父母の喪）をやるかやらないかが議論となったが、満済は、後花園は後小松院の正式な猶子として帝位を継いだのだから諒闇を行うのが妥当との意見で、結局、鬮によってこれが採用されたといういきさつがある。この問題の背後には、後小松が属する後光厳院流と貞成が属する崇光院流の間でそれぞれの皇統としての正統性を主張する綱引きが見え隠れしているが、満済の皇位の正統性に対する考え方は後光厳院流一辺倒であった。

(三) 幕府の外交顧問

もうひとつ、それは幕府の外交顧問としての満済の役割である。永享六年（一四三四）五月、中国の明《ミン》よりの船が兵庫に入港した。兄義持と異なり義教は対外交易に関心を持ったから、遣明船に対する熱の入れようは尋常ではなかった。明使節の入京は永享六年六月一日であったが、その対応の仕方についての義教の諮問は前月の五月に満済に対してなされた。満済はそれについて細かな意見を具申している（同年五月一二日条）。当然、返牒（明国書に対する返事）の書式も問題となった。具体的には明への返牒に義教の肩書きをどのように書くか、年号表記をどうするかであった。意見を求められた満済は、肩書きについては足利義満の時の例にならい「日本国王」とし、年号については今回までは「唐朝年号」（明の年号）を使用するが以降はそうしないという書面をつけたらどうか、と返答している。この例からわかるように、満済は国内問題についての幕府の枢機に関与するのみならず、外交の重要局面でも幕府の諮問にあずかっていたのである。

これらの満済の役目を総合して一言で表現すれば、まさに公武統一政権の指南役（最高政治顧問）といったところがふさわしいであろう。

六　後南朝との関係

(一) 教尊の勧修寺入室

後南朝関係の記事が多いのも『満済准后日記』の特徴の一つである。皇位の問題から目を離せない満済にしてみれば当然なのであるが、小倉宮（永享六年二月二五日出家して聖承。後亀山の孫）が正長元年（一四二八）七月京都嵯峨を逐電して伊勢国司北畠満雅の在所である伊勢国一志《いちし》郡多気《たげ》（現・三重県津市）に身を寄せたこと（同年七月八、

一一、一二、一六日条）、永享二年（一四三〇）に入って小倉宮の京都帰還前後の様子と受け入れ態勢のこと（永享二年二月一日、同年四月二日条）、小倉宮の帰還後の京都での生活状況のこと（永享三年一〇月一九日、同四年二月二九日条）など、枚挙にいとまがない。

後南朝関系でとくに注目すべきは、永享二年一〇～一一月頃に、室町殿足利義教が小倉宮の「御息」（教尊）を勧修寺門跡に入室させる時のことである。永享二年一一月二七日条には、

勧《(教尊)》修寺新門主入室す、小倉宮（出家して聖承）息、十二歳、室町殿《(足利義教)》御猶子、よって今朝先ず室町殿に参ぜられ、その後入室すと云々、毎事門跡として執り沙汰す、（下略）

とあり、京都に帰還した小倉宮聖承の子息（教尊）が、室町殿足利義教の猶子という形で勧修寺門跡に入室したことを伝えている。文中に「毎事門跡として執り沙汰す」とあり、「門跡」とは満済と考えられ、この教尊の勧修寺入室はほかならぬ満済の周旋でなされたのであろう。満済にしてみれば、文字どおり後南朝対策の一環であったろう。後南朝を室町幕府の支配体制に吸収し、後南朝にトラブルを引き起こさせないためには、最も穏便で有効な手立てだったと言える。満済一流のアイデアであった。

（二）小倉宮聖承からのプレゼント

現在醍醐寺には、小倉宮聖承から賜ったという満済の副状のついた「高祖大師（空海）御筆」の「大方広仏花厳経入法界品」（釈尊が成道と悟りを語る内容）が所蔵されている。この副状は「七月八日」の日付と満済の花押はあるが、年号の記載はない（拙著『満済』一六〇頁に写真掲載）。前述のことをふまえて考えると、この経典は満済が教尊を勧修寺門跡に入室させた際、満済の尽力に対して小倉宮聖承がお礼として与えたものと見てまったく不自然ではない。そうだとすると、この副状の年次は永享二年（一四三〇）あたりであることが知られ、さらに教尊

の父小倉宮聖承は満済に対し敵意どころか謝意を持っていたことも知られる。このことは単に満済と小倉宮との個人的な関係にとどまらず、後南朝と幕府体制との関係を考えるための重要な手がかりとなる。次節で述べるように、満済のこうした政治手法は彼が「天下の義者」と呼ばれたゆえんであろう。

ちなみに、近年になって、小倉宮聖承の年齢についての新しい情報が得られた。それは聖承の伊勢没落を記した『薩戒記』（中山定親の日記）正長元年七月八日条に、「嵯峨宮（小倉宮聖承）後醍醐院御曾孫、年廿二三才歟没落給云々、若是有隠謀歟、可尋実否」と見えることで（大日本古記録『薩戒記四』三二頁）、これによると小倉宮聖承の年齢が正長元年（一四二八）段階で二二、三歳であるというのであるから、逆算すると生年は応永一三、四年（一四〇六～〇七）だということになる。さらに、永享六年（一四三四）の出家の時点では二八、九歳と算出される。

七　「天下の義者なり、公方ことに御周章」

（一）「天下義者」の意味内容

満済死去の報に接した伏見宮貞成親王は、満済の死をいたみ、「天下の義者なり、公方（足利義教）ことに御周章と云々」と評している（『看聞日記』永享七年六月一三日条）。「義者」とは、「節義を固く守り抜こうとする人。礼儀正しくて、すぐれた人」（三省堂『時代別国語大辞典　室町時代編二』一九八九年）の謂である。この貞成の満済に対する「天下の義者」という評言は、当時の公武社会の中枢における満済の地位を直接的に反映している。これに続く「公方ことに御周章」とは、室町殿足利義教が満済死去の報にうろたえ騒いだというのであるから、満済が足利義教のあつい信頼を得ていたことを裏書きしている。これに類した評言として、興福寺大乗院門跡・興福寺別当の経覚（九条経教の子息）も満済の一三回忌の法要に際して「年久しき恩人なり。今更哀情を催すものなり」

と述懐している（『史料纂集　経覚私要鈔二』文安四年〈一四四七〉六月一三日条）。加えて、大外記中原師郷の「（満済は）当時無双の重人なり」という評言もある（『史料纂集　師郷記二』永享七年六月一三日条）。

満済のこうした融和・調整型の性格は政治や軍事面での厳しい状況下においても発揮されている。その一例を示そう。伊勢国司北畠満雅は、後南朝の有力な支持勢力として伊勢南半を舞台に室町幕府と激しく戦った。その満雅は土岐持頼と合戦を交えて正長元年（一四二八）一二月伊勢国安濃郡岩田（現・三重県津市）で戦死するが、満雅の敗死後、兄弟にあたる顕雅によって降伏が幕府に申し入れられた。翌々年の永享二年（一四三〇）四月には赦免され（同四月二六日条）、六月には伊勢国一志郡・飯高郡が伊勢国司家の旧領として知行安堵され、満雅の息教具の家督相続が容認された（同年六月九、二三日条）。この幕府による赦免の裏には、赤松満祐（赤松と北畠とは同門）の提案を足利義教に「執り申し」た満済の尽力があった（同年四月二六日条）。

(二) 満済の没と恐怖政治

こうした満済の生前における人望・世評や足利義教の満済に対する篤い信頼が、その死去に際して、伏見宮貞成親王の日記に「天下の義者なり、公方ことに御周章」という言葉を残させたのであろう。満済の死去（永享七年〈一四三五〉六月一三日）に周章狼狽した足利義教であったが、それに前後して、義教当人やその政治を「万人恐怖」（『看聞日記』同七年二月八日条）とか「悪将軍」（同、同九年一一月六日条）などと評する言葉が目につくようになる。義教政治の独裁化が何に起因するのか諸方面から検討する必要があるが、それが満済に加えて、大名意見制を支えた畠山満家（永享五年九月没）・斯波義淳（同年一二月没）・山名常熙（同七年七月没）の死去と無関係であったとは到底考えられない。

足利義教体制についての研究は、これまで義教の個人的な資質に着目し、その偏執的な専制性のゆえに「恐怖政治」というレッテルを貼ってきたが、近年ではむしろ足利義持体制との関係はどうであったかという点に研究の軸足を移してきたように思う。

参考文献

『醍醐寺文書』一～一四〈続刊〉（大日本古文書）（東京大学史料編纂所、一九五五～二〇〇七年）
『醍醐寺文書別集（満済准后日記紙背文書）』一～三（大日本古文書）（東京大学史料編纂所、一九八三～一九九〇年）
『看聞御記』上・下（続群書類従補遺二）（続群書類従完成会、一九三〇年）
『看聞日記』一～五〈続刊〉（図書寮叢刊）（明治書院、二〇〇二～二〇一〇年）
『建内記』一～一〇（大日本古記録）（岩波書店、一九六三～八六年）
本郷和人「『満済准后日記』と室町幕府」（五味文彦編『日記に中世を読む』吉川弘文館、一九九八年）
桜井英治『日本の歴史12　室町人の精神』（講談社、二〇〇一年）
新田英治「黒衣の宰相・満済」（朝日新聞社『週刊朝日百科　日本の歴史13』二〇〇二年）
今谷明『籤引き将軍足利義教』（講談社、二〇〇三年）
森茂暁『満済』（ミネルヴァ書房、二〇〇四年）
森茂暁『中世日本の政治と文化』（思文閣出版、二〇〇六年）
鈴木江津子『室町幕府足利義教「御前沙汰」の研究』（神奈川大学、二〇〇六年）
新田一郎「満済とその時代――十五世紀「政治」史の一齣」（『文学』二〇〇八年五・六月号）
細川武稔『京都の寺社と室町幕府』（吉川弘文館、二〇一〇年）
小野奈緒子「室町期の日明外交に関する一考察――永享六年「明使対面之儀」に見る「日本国王」（『神戸大学史学年報』二五、二〇一〇年）
満済准后日記研究会編『満済准后日記人名索引』（八木書店、二〇一〇年）
河内祥輔・新田一郎『天皇と中世の武家』（講談社、二〇一一年）

第四部　周防大内氏の精神世界

第一章　周防大内氏の渡来伝承について

――「鹿苑院西国下向記」を素材にして――

はじめに

周防を中心にして中国・九州地域に多くの守護職を獲得し、西国に広大な守護領国を築き上げた大内氏は、その祖先が朝鮮半島から渡来したという伝承を持つ点で、他の多くの大名たちといちじるしく異なっている。この大内氏の渡来伝承は、大内氏の氏族としての性格を考える場合、重要な論点の一つとなることはまちがいあるまい。

本章は、「鹿苑院西国下向記」というこれまであまり注目されることのなかった史料の検討をとおして、大内氏の渡来伝承の成立について考えようとするものである。

一　渡来伝承についての通説

まず通説を確認しておきたい。ふつう大内氏の渡来伝承の形成・展開の過程について論ずる場合、骨子となる事柄として以下のようなものがあげられる。

①応永六年（定宗元年、一三九九）七月、大内義弘が朝鮮に使を遣わして、百済の後裔たる大内氏の世系に関する具書と朝鮮国内における所領の付与を要請した事実（「李朝実録」定宗元年七月一〇日条・応永六年七月九日）(1)。

②応永一一年（一四〇五）三月、大内盛見（義弘の弟）が、氷上山興隆寺は推古天皇の御宇貞居年中、大内氏の祖先琳聖太子が草創したものだという伝承を打ち出す（「氷上山興隆寺文書」応永一一年三月日氷上山興隆寺本堂供養日記）(2)。

③享徳元年（一四五三）六月、大内教弘（盛見の子）が、朝鮮に使を遣わし、その祖先琳聖太子の日本入国に関する記録を照会している（「李朝実録」端宗元年六月二四日条・享徳二年六月二三日）(3)。

④文明九年（一四七七）二月、在京中の大内政弘は氷上妙見社の分霊を陣中に勧請したが、この時の告文に推古天皇一九年（六一一）妙見大菩薩が「百済国聖明王第三皇子」琳聖太子来朝の守護のために周防国下松に降臨したとの伝承が現れ、琳聖の嫡子正恒が多々良の姓を賜わったこと、氏神妙見大菩薩を大内県氷上山に勧請して、寺を興隆寺と号したことが述べられる（「続左丞抄　第二」文明九年二月一三日大内政弘妙見大菩薩勧請告文）(4)。

⑤文明一八年（一四八六）一〇月、大内政弘が興隆寺の勅願寺認可に際してしたためたところによれば、推古天皇一七年周防国都濃郡鷲頭庄青柳浦に大星が降り、松樹の上で七昼夜輝き続けたこと、その三年後に百済国の斉明王第三皇子琳聖太子が来朝したこと、琳聖の来朝は興隆仏法・済度衆生の観世音菩薩の降誕である聖徳太子への景仰の念からであること、その船は周防多々良岸に着いたこと、琳聖は荒陵《あらはか》（現、大阪市天王寺区茶臼山）で聖徳太子に面謁したこと、周防大内県を領地として与えられ、多々良の姓を賜ったこと、その子孫は連綿として続いたこと、その後下松の妙見大菩薩は移転し、琳聖の五代孫の茂村の時、大内県に移っ

たこと、などのことが述べられる（「大内多々良氏譜牒」文明一八年一〇月）(5)。
⑥その後、琳聖太子の来朝時に随身したのは、薬師像、不動明王、妙見神躰、宝剣、系図の「五種物」であったということが付加された（同前）。

このように渡来伝承についての大内氏の主張を論点ごとに整理してみると、それが義弘から政弘にいたる五代約一〇〇年の間に、素朴・曖昧な段階から具体的かつ確定的なものへと展開していることがうかがわれる。すでに「文献的に見て、大内氏が琳聖太子の子孫であるといいだしたのは、応永年間盛見の時代をさかのぼる史料はない(6)」とか「琳聖太子が創作された時期が大内盛見の時代以前にさかのぼることが難しいことは史料の上からもほぼ裏付けることができる(7)」などと指摘されているが、これらは先に示した②を念頭に置いた発言である。このような大内氏における渡来伝承の展開が大内氏の成長・発展と軌を一にしていることは容易に推測されるが、渡来伝説が大内氏に対してもつ意味やメリットについての説明はこれまで十分になされてきたとはいえない。しかし、そのことへの論及は本章の目的ではない。

二　「鹿苑院西国下向記」にみる渡来伝承

本章の主たる目的は宮内庁書陵部所蔵「鹿苑院西国下向記」(8)（全一冊）という史料によって、大内氏の渡来伝説の成立過程についてなにがしかの新知見が得られないかということにある。「鹿苑院西国下向記」は鹿苑院殿、すなわち足利義満の康応元年（一三八九）三月の西国下向という歴史事実をモチーフにした紀行物語であるが、この史料は近年あまり注目されていない模様で、ほとんど取り上げられることがない(9)。今川了俊著の「鹿苑院殿厳島詣記(10)」との関係も知りたいところであるが、これについて述べた文章もみあたらない。

とはいえ、この史料の存在はこれまでまったく知られていなかったのではない。川副博はすでに昭和三六年の時点でこの史料に着目し、その史料記事をもって「大内氏家系伝説の初見」とし、大内氏が百済の琳聖太子の子孫であるという「所伝は尚相当古くからあったものと思はるゝのである」と述べている[11]。同氏は、大内氏のこの所伝が南北朝時代の末期にはすでに史料のうえに登場していることを指摘したのである。しかしこの指摘はその後の研究に活かされなかった[12]。その意味でこの史料の性格究明は今後の本格的研究を待たねばならないが、内容的にすこぶる興味深いものがあるし、このまま放置しておくわけにはゆかない。本章であらためて注目する所以である。

「鹿苑院西国下向記」は『国書総目録』第八巻によると、宮内庁書陵部に二本、東京大学史料編纂所に一本、計三本が存在すると記載されている[13]。宮内庁書陵部の二本の所蔵については、ひとつは「伏見宮記録文書八七」、もうひとつは「伏見」（伏見宮家本）と記されているが、調べてみると内容は同じで、前者は後者の写であることが知られる。東京大学史料編纂所本は「伏見宮御記録　利七五―七七」と記されているから、これも同様の写であろう。したがって、ここでは現段階でもっとも善本としての価値の高い宮内庁書陵部伏見宮家本（架蔵番号伏―二九二）によることとする。宮内庁書陵部の目録では日本史の「記録」に分類されている。原本を検するに、本書の料紙は楮紙。

次に、この史料の著者や成立などについてみよう。『国書総目録』第八巻の記載によると、この史料の分類は「紀行」、著編者は「元綱」、成立は「康応元」（一三八九）とされ、さらにくだんの宮内庁書陵部伏見宮家本は「室町時代写」（書陵部の目録でも「室町写」）とされている。このうち、「元綱」の著作とするのは、本書の表紙の一部らしき断簡に「鹿園《苑》院西国下向記　元綱」と書かれていることに、また「康応元年」の成立とするのは、本文の終わったあとに「康応元年九月廿五日夜」と記されていることによる。『国書総目録』の著者別索引によると「元綱」を「げんこう」と読んでいるから、[14]俗人ではなく法体の人とみなしているようにみうけられる。しかし、この当時の記録類に「元綱」という人物をにわかにみいだせず、「元綱」についての究明は今後の課題である。また、伏見宮家本については室町時代の写としているから（『国書総目録』の凡例によると、成立年代の表記では南北朝時代と室町時代とを区別している）、南北朝時代末期の康応元年に成立した原本を室町時代に書写したものということになる。「元綱」なる人物は本書の原作者なのであろうか。『国書総目録』の記載のように、本書の成立を康応元年とすると、この史料は先の第一節で整理した事柄のなかで時期的にもっとも早い①の「李朝実録」の記事よりさらに一〇年ほどさかのぼることになり、前述の川副氏の指摘のように、大内氏の渡来伝説のことを記したもっとも古い史料ということになる。しかし、紀行を題材とした物語の形をとっているため、取り扱いに注意を要することはいうまでもない。

「鹿苑院西国下向記」の内容に入るまえに、「鹿苑院殿厳島詣記」との関係に触れておかねばなるまい。両者の主題となっているのは、康応元年三月の足利義満の西国遊覧である。室町幕府の基礎固めをほぼ終えた足利義満は、安芸国厳島参詣にことよせて西国下向の船旅に出た。しかし、義満は周防国高洲・田島（ともに佐波郡）まで到達したけれども、強い西風のため先にゆけず、九州入りは実現しなかった。この義満の西国下向における厳島参詣は名目で、真意は中国・四国・九州の諸勢力の威圧にあったと解されている。

「鹿苑院殿厳島詣記」はこの旅に随従した今川了俊の著したもので、いかにも紀行文らしく、旅の途上のできごと、経由した地の景観・印象・伝承などを書き付けている。[15]大内義弘の領国周防国内の地についてもふれるところがあるが、大内氏の渡来伝承とそのゆかりの地についての記述はない。これは「鹿苑院西国下向記」との大きな相違点の一つである。両書は同じ事柄を主題とするものの、その内容を構成する素材の面からみて、両書はどちらか一方が親本という関係にはなく、別個に成立したと考えたほうがよいと思われる。そのように考えると、

「鹿苑院西国下向記」はどのような状況のもとで、なんのために作成されたのだろうかという素朴な疑問がわいてくる。

さていよいよ「鹿苑院西国下向記」そのものに論及することにしよう。本書の冒頭は、

近曾北野宮に通夜し侍しに、さ夜ふけかたに、社頭しゆんれいときうつりしに、をのゝ山風は北野松にひゝき、かいかハのなかれのほ《おカ》とは参詣のみゝをすゝく。

という文章ではじまる。北野社に「通夜」（神社・仏閣に参籠して終夜祈願すること）の最中、「宮中西の僧坊（これが具体的に何かは不明）にたちよりし」とき「参籠の人々おほく」いるなかで、「男のこゑ」で「めつらしき御物語」としての「けふ此ころ人の尋もてあそふ物語」がなされた。それは「室町殿《足利義満》忍たる御旅西国への御出立ありさま、御とまり、海上舟路のしき、浪の御うきね物うく、風雨のすさましく侍しもわすられて、目をおとろかしける国々の御まうけこれに過たる御物かたりあるへしともおほへす侍れハ、都を御立より御上洛還御の式あら〳〵承し事を申へし」という、前置き付きで語りはじめられる。本書の著者は「おもしろき事きかなんと、ゑんのかたハらにかゝま」って、この話を聞いているという設定である。そして最後は「こ《後》夜の通夜のりしやう《利生》めてたき物語きゝつゝ、ふる郷のつと《苞》にとかきあつめ侍り」と結んでいる。このあとに、行間をあけて「康応元年九月廿五日夜」と書き付けられる。

このように本書は、北野社の宗教的雰囲気のなかで物語に仕立てられた紀行なのであるが（むろんそれは北野社が文道の神であることと無縁ではあるまい。構想の面で『梅松論』や『太平記』巻三五「北野通夜物語事」などとの共通性もみのがせない）、それは著者が都で聞いた「めつらしき《珍》」「けふ《今日》此ころ人の尋もてあそふ」物語であって、故郷のみやげとして著者によって書き記されて成立したところに着目したい。また本書は墨付き全四一丁の冊子であるが、そのうちの半分以上の二三丁程度が三月一一日に周防国大島郡神代に到着して、同一八日に佐波郡高洲を立つまで

の周防国滞在中の記事に費やされているのであるから、本書と周防国との深い関係を認めないわけにはゆかない。

成立時期についての手がかりとしては、「七弥万宝のあるしとかやいまの室町殿を申すへきにや」との記述が注意される。ここにいう「いまの室町殿」とは足利義満をさし、また物語のベースとなっている康応元年三月の足利義満西国下向の事実関係についての記述にも特に疑うべき点はないので、本書の成立は『国書総目録』の記載のように康応元年とみなしてよいと思われる。

「鹿苑院西国下向記」にみえる、大内氏の渡来伝承にかかわる記事は以下のとおりである。それは一人の法師が「誰とハしらすおとなしき男」の尋ねに応じて語るというかたちをとっている。語り手の法師については、

> 年の程卅あまりなる法師の色白くしんしやうなるか、空色のうちかけ《打掛》にやふれ《破》たるくわら《掛絡》かけ、しゆす《数珠》つまくり《爪繰》て、月にうそふきせけん《世間》をさからひたゝすミけるか、

と、その年恰好を描写する。しかしある人物を登場させて特定の事項を述べさせるという場面はここだけで、それだけにこの個所は全体の流れからみると唐突で不自然さを禁じえない。「鹿苑院西国下向記」が作成された動機はこの辺に隠されているのかもしれない。この法師の性格については、「空色のうちかけ」「やふれたるくわら」「しゆす」「月にうそふき」「せけんをさからひ」などの服装やふるまいが参考となろうが、確言はできない。「くわら」(掛絡)を禅僧特有の衣装とみなすことができれば(16)、この法師は禅僧くずれなのかもしれない。

右に続けて、その「法師の申やう」として、次のようなことが記されている。

> 此あたりをふるき物かたりにハかつま《勝間》の浦と申し伝へたり。この浦より十町はかりありて、松の一むらある所を車塚と申ならハせり。是ハ百済国の済明王の第三の皇子琳聖太子、生身の観音大士を拝し給へきよし祈念ありしに、告ありて日本へ渡り給ふ。推古天皇御宇なり。則聖徳太子に相看し給て、たかひに法花の妙文にて意趣を通しまし〳〵て願望成就せりと也。琳聖太子崩御の後、車をおさめられし所とて車塚といへり。

このあたりを多々良の浜といふ。来朝の時、船着岸の所を貴志津といふ。この車塚より十町ハかり東なり。船よりをり給て幕を張りたる所とて、今も幕のうちといへり。車塚の社頭をハ多々良の宮と号す。御正躰三面あり。一社は妙見大菩薩にて御本地薬師如来と申す。一社は聖徳太子にて御本地十一面と申す。一社は琳聖太子にて文珠《(殊)》師利菩薩と申す。又小社ましますハ天満天神にて御本地十一面と申す。おなしく赤城寺とて僧坊あり。又これより十町はかりありて国分寺の東に毘沙門堂あり。こゝにも妙見御社あり。多々良の内なり。この毘沙門尊天は百済国より太子《(琳聖)》来朝の時、船中守護の持尊たりしを安置すと申伝たり。尊像わたし給し中に、不動明王一尊ハこの京兆《(大内義弘)》の山口の館の持仏堂に安置す。一尊は岩国寺永興寺に安置す。又薬師如来一躰、大内県に佐古といふ所の大内寺額ハ広厳国とありの本尊たり。彼寺いま乗福寺の境内也。此外にも申つたふる所なとありといへともたしかならす。百済国にて餘氏たりし也。太子の息諱藤根公の時、多々良の姓を給てより周防国にていまに代々かくのことし。姓氏録にハ多々良公なり。いつの比の事にや多々良宿祢たりし。この京兆《(大内義弘)》の代に朝臣たり。しかるゆへに琳聖太子をかの家の祖神ともあかめ給ふと承をよへり。

法師は大内氏の祖先に関する重要なことを種々語っている。要点を大まかに整理すれば、以下のようになろう。

①百済国済（聖）明王の第三皇子琳聖太子が生身の観音大士（聖徳太子）を拝せんとして日本に渡り、聖徳太子と「相看」して、所願成就したこと。

②琳聖太子の死後、車をおさめた場所を「車塚」といい、来朝の時、船が着岸した場所を「貴志津」（現、岸津）、下船の後、幕を張った場所を「幕のうち」という。

③車塚の社頭を「多々良の宮」と号す。御正躰三面あり。一社は妙見大菩薩で、本地は薬師如来、一社は聖徳太子で、本地は十一面観音、もう一社は琳聖太子で、本地は文殊師利菩薩という。小社は天満天神で、本地は十一面観音という。

④国分寺の東（多々良の内）に毘沙門堂あり。ここにも妙見社がある。この毘沙門天は琳聖太子来朝のとき、船中を守護した持尊と伝える。

⑤琳聖太子が持参した尊像のなかの不動明王一尊は、大内義弘の山口の館の持仏堂に、また一尊は「岩国寺永興寺」（周防国玖珂郡）に安置する。さらに薬師如来一躰は「大内県佐古」の「大内寺額は広厳国とあり」の本尊であるが、この寺は今は乗福寺の境内に含まれる。

⑥百済国では餘氏であったが、琳聖太子の息藤根のとき、多々良の姓を賜い、以来周防国に住み着いた。「姓氏録」には多々良公と載せられている。いつの頃からか多々良宿祢と称したが、大内義弘の代から朝臣となった。

⑦このようなわけで、大内氏は琳聖太子を祖神とも曩祖ともあがめるのだと聞いている。

「鹿苑院西国下向記」をつつむ宗教的雰囲気は天台系のそれであろう。冒頭と最後のしめくくりの部分にみられる天神の神徳への賞賛。それに妙見信仰も大きな影を落としている。天台と北野天神との関係は北野社が比叡山の末社であることから理解できるし、天台と妙見の関係の深さはすでに指摘されている。(17)(18)筆者も、以下に述べるように、大内氏の渡来伝承を成立させた要素としては、いまひとつ聖徳太子信仰の影響を加えるべきだと考えている。(19)この聖徳太子信仰とて天台宗と早い時期に交わっている。(20)このようにみると「鹿苑院西国下向記」の琳聖太子渡来伝承は、天台宗の宗教的ネットワークのなかで形成されたものと考えられる。

「鹿苑院西国下向記」にみえる渡来伝説と第一節で整理した事柄とを比較してみて、もっとも注目すべきは、「鹿苑院西国下向記」の成立を康応元年（一三八九）とすると、大内義弘没の一〇年前の段階で、約一〇〇年後の文明年間に大内政弘が主張する大内氏の渡来伝承のおおよその骨格はすでに出来上がっていたものとみられること（前述の川副博の指摘）、それに「鹿苑院西国下向記」には政弘が述べるような都濃郡鷲頭荘青柳浦に大星が降ったこと、この地を下松浦となずけて妙見社を建てて祭ったこと、妙見社はその後場所を変え琳聖太子五代孫の茂村のとき氷上山に勧請したことなどという大内氏の氏神氷上妙見社の来歴について語るところがないこと、である。

さらにに琳聖太子が来朝時に持参した物についてみれば、「鹿苑院西国下向記」に毘沙門天（毘沙門堂に安置）、不動明王二躰（一躰は大内義弘の山口の館の持仏堂に、いま一躰は岩国領永興寺に安置）(21)、薬師如来一躰（大内寺の本尊）(22)が記され、第一節にあげた⑥では薬師像、不動明王、妙見神躰、宝剣、系図となっている。共通するものと相違するものとがあるが、双方もとは同じだったはずである。そこにはその当時の大内氏を取り巻く状況の相違がよくあらわれているといってよい。

おわりに――聖徳太子信仰とのかかわり

最後に、二で少し触れたところのあった大内氏の渡来伝承と聖徳太子信仰との係わりについての見通しを述べておく。

「鹿苑院西国下向記」の成立にとって、聖徳太子信仰の影響は大きいといえるのではないか。まず何といっても琳聖太子が聖徳太子に会うために渡海したこと、そして車塚の社頭の「多々良の宮」(23)の御正躰の一つが聖徳太子であること、である。「琳聖太子」というネーミングもあるいは聖徳太子にちなむのかもしれない。近年、聖徳太子信仰に対する新たな関心が高まっているが(24)、中世ではせいぜい鎌倉期どまりで、南北朝・室町期にはほとんど及んでいない。南北朝期にも聖徳太子信仰が依然高揚していたことは、「聖徳太子未来記」が権威ある予言書として受容されていたことに明らかだろう(25)。

大内氏の渡来伝承は、現時点では大内義弘の段階で形成されたとみなしてよいのではないか。義弘が聖徳太子に深い関心を抱いた理由は不明だが、「兼敦朝臣記」に記されるような、(26)物事の由来、濫觴に強い関心をいだく義弘の個人的性癖もいささか係わっているように思う。しかしより本質的には、大内氏の成長にふさわしい『家系の粉飾であることはいうまでもない。その意味で大内氏の展開過程からみると、義弘の時期は一つの大きな画期をなすと考えてよい。

「新撰姓氏録」の「多々良公」の項の記事(27)から推測すると、琳聖太子渡来伝承の核になったのは、そこにみえる多々良の祖が欽明天皇のころに「投化」したという素朴な古伝ではなかったか。中世の大内氏はその発展の諸段階で、矛盾を克服し支配権を強化・拡大してゆくために、妙見信仰・聖徳太子信仰・天神信仰といった天台宗のもつ宗教的エネルギーでもって、その始祖・来歴の粉飾と肉付けを推し進めていったのではないか。

ともあれ「鹿苑院西国下向記」の成立は、その背景に大内氏の存在を想定しなければ理解しにくい。

注

（1）『山口県史　史料編　中世1』（山口県、一九九六年五月）八六四頁。

（2）原本は山口県文書館所蔵。活字本では「防長史学」第一号（一九三〇年八月）所載「防長古文書　第一輯」一三二号文書。同文書、応永一一年二月氷上山興隆寺本堂供養願文には「爰当寺（興隆寺）者、扶桑朝推古天王治世御宇、百済国琳聖太子建立仏閣也」とみえる（「防長史学」第五号所載「防長古文書　第五輯」（二〇〇号文書）。

（3）『山口県史　史料編　中世1』八八九頁。

（4）『新訂増補国史大系　第二七巻』（吉川弘文館、一九六六年一月）一四四頁。宮内庁書陵部所蔵「文明九年二月左京大夫多々良政弘告文」（架蔵番号四一五―四）。

（5）『山口県史　史料編　中世1』七四〇―七四三頁所収。『改定史籍集覧　第十五冊』一四九―一五二頁にも所収。

（6）福尾猛一郎『大内義隆』（吉川弘文館、一九五九年一月）一頁。
（7）金谷匡人「大内氏における妙見信仰の断片」（『山口県文書館研究紀要』一九号、一九九二年三月）三七頁。
（8）『山口県史料　中世編上』（山口県文書館、一九七九年三月）二五一—二五八頁、『山口県史　史料編　中世1』六七〇—六七七頁に関係部分が翻刻されている。
（9）筆者の管見では、近年この史料にふれた文章として『国史大辞典　第一四巻』（吉川弘文館、一九九三年四月）七八八頁の「鹿苑院殿厳島詣記」（松岡久人執筆）についての解説に「（上略）同主題の紀行文『鹿苑院西国下向記』と併せて瀬戸内海周辺での勢力配置・交通事情などがうかがわれる好史料である」とあるのに気付く程度である。松岡久人の著書『大内義弘』（人物往来社、一九六六年一〇月）のなかの「義満の厳島参詣」（同書一一二—一二一頁）のくだりに明らかに「鹿苑院西国下向記」をふまえた記述があるが、典拠が示されていない。
（10）『群書類従　第一八輯』所収。
（11）川副博「大内氏史における二三の問題——山口開府年代、大内氏家系伝説初見、築山館——」（「山口県地方史研究」六号、一九六一年一一月）。なお、この論文の存在については大谷史子氏の御教示を得た。
（12）この川副の指摘に対して、御薗生翁甫は「山口県地方史研究」七号（一九六二年五月）に載せられた批評のなかで「中国太平記や下向記（「鹿苑院西国下向記」のこと。筆者注）などは、決して史料とすべき性質のものではないと思われる」と批判した。これに対し川副は同誌九号（一九六三年六月）で「（大内氏の）伝説をこゝまで遡らせ得る現存史料であるといふに過ぎぬ」と消極的な反論をするにとどまった。この史料はもっと有効に活用されるべきである。
（13）『国書総目録　第八巻』（岩波書店、一九七二年二月）一七二頁。
（14）『国書総目録　著者別索引』（岩波書店、一九七六年一二月）三一〇頁。
（15）さしあたり、松岡久人『大内義弘』（人物往来社、一九六六年一〇月）一一二—一二一頁に詳しく述べられている。
（16）『時代別国語大辞典　室町時代編二』（三省堂、一九八九年七月）八五一頁。
（17）例えば、『吾妻鏡』建保六年一〇月二二日条。
（18）平瀬直樹「興隆寺の天台密教と氏神＝妙見の変質」（「山口県史研究」二、一九九四年三月）。

(19) 聖徳太子信仰の研究者はすでに琳聖太子と聖徳太子の密接な関係を想定しているようである。「朝日新聞」一九八九年（平成元年）八月二二日、山口版二一面所載「大内文化の周辺　1琳聖太子伝説」参照。なお、この新聞記事は大谷史子氏の御教示によって知った。

(20) 荻野三七彦『聖徳太子伝古今目録抄の基礎的研究』（法隆寺、一九三七年二月、のち一九八〇年一一月、名著出版より縮刷覆刻）八頁など。

(21) 『防長寺社由来』第七巻（山口県文書館、一九八六年二月）一五頁の不動山永興寺の項に「琳聖太子齎来の不動尊像を安置して本尊とす」とみえる。

(22) この寺についいては不明。扁額の「広厳国」の文字の意味も不明。

(23) 「車塚」「多々良宮（御社）」の整備については、応永二〇年代に大内盛見が精力的にこれを行っている。「阿弥陀寺文書」応永二三年一一月一〇日付、同二五年一月二二日付、同二七年一二月一一日付の大内家奉行人連署奉書、『防長風土注進案一〇』（山口県文書館、一九六五年三月）四七五―四七六頁参照。

(24) 例えば、武田佐知子『信仰の王権　聖徳太子』（中公新書、一九九三年一二月）。従来の研究では、林幹彌『太子信仰の研究　その発生と発展』（評論社、一九七二年六月）第四章「南北朝・室町時代の太子信仰」がある。

(25) 例えば、「有造館本結城古文書写」（興国三年）三月二八日北畠親房書状（横井金男編著『北畠親房文書輯考』大日本百科全書刊行会、一九四二年七月）五〇〇―五〇一頁、和田英松「聖徳太子未来記の研究」（『国史国文の研究』雄山閣、一九二六年二月）、注（24）林幹彌氏著書二〇一―二〇八頁等参照。

(26) 『山口県史　史料編　中世1』七六―八〇頁。厩の濫觴や随身のはじまりについて吉田兼敦に尋ねている。

(27) 『群書類従　第二五輯』一九二頁。佐伯有清『新撰姓氏録の研究　本文篇』（吉川弘文館、一九六二年七月）三一一頁。

付記　「鹿苑院西国下向記」原本などの閲覧でお世話になった宮内庁書陵部に謝意を表する。

第二章　大内氏の興隆と祖先神話（講演録）

はじめに

ただいまご紹介を頂きました、福岡大学の森でございます。本日お話しようと考えておりますのは、中世において防長を中心とした西日本の地域において広大な領地を強力に支配し、日本の中央政治の動向に大きな影響力を持ち、しかも文化的にも高いレベルを誇った大名大内氏、その大内氏の興隆の道筋と、その興隆の過程で作成されたと思われる祖先についての伝承とを相互関連的に追跡すればいったいどういうことが言えるかということです。大内氏はその勢力の確立とともに、祖先に関する伝承、いわゆる祖先神話を作り出しました。その神話が、いつ、どこで、どのようにして作成されたか、またそれは大内氏にとってどのような意味を持ったか、というようなことがお話の中心となります。

大内氏は大変著名な氏族でありますので、いまさら常識的なことを申し上げる必要もないのですが、念のために一応のアウトラインといいますか、沿革的なことを簡単に申しておきたいと思います。

大内氏については、今日その遺跡の発掘をとおして、考古学的な手法によって、さまざまの新しい知見が得られておりますが、大内氏（多々良氏ともいいます）が文献上に現れる最初は平安時代の一二世紀半ば、一一五〇年代です。後掲の史料①（史料は本章末尾に掲載）によって知られるように、周防国の在庁官人（国府・国庁の役人）として、しかも「多々良」の姓で登場します。これが文献上の大内氏の初登場です。周防国の国府は防府にありますので、この時期、この多々良一門はおそらく防府に本拠を持っていたのでしょう。鎌倉時代には大内氏は鎌倉御家人の地位を得、周防国の有力武士に成長します。その証拠の一つに、鎌倉時代後期には大内重弘が六波羅評定衆という幕府の要職についています。お隣の長門国では、厚東氏が台頭し、建武の新政以降、周防守護の大内、長門守護の厚東という時代に入るのですが、南北朝時代に厚東氏を駆逐して長門を支配した大内弘世は、貞治二年（一三六三）春に防長両国の守護職を兼帯する形で室町幕府の傘下に入ります。大内氏の本拠を今の山口市に移し、いわゆる山口開府した大内当主はこの弘世と言われていますが、大内氏の都山口の基礎はここに据えられ、義隆が一門陶晴賢（初名隆房）の反乱によって滅ぼされ、その隆盛の時期が終わる天文二〇年（一五五一）まで、約二〇〇年の間、大内氏の山口時代が続くわけです。

この間、大内氏は大きな支配権を築き、対外交易によって巨額の富を蓄積し、高い仏教文化を育成するわけですが、その隆盛を築く過程で内外での抗争・いくさが盛んに繰り返され、当主の義弘・盛見・教弘・義興・義隆らは戦いの中で死去・病死し、また持世は例の赤松満祐の屋敷での将軍襲撃事件（嘉吉の乱）での負傷がもとで死去します。ようするに、大内氏は戦乱の中から台頭し、戦乱を通して全盛時代を築き、また戦乱の中に消えた氏族ということができます。しかし、個々の大内氏の問題については、ここでは触れません。大内氏の氏族としての基本的な性格をこのように理解したうえで、その大内氏の祖先伝承、祖先神話がどのようにして形成されたかを検討してみようと思います。ほとんど従来の研究の成果の整理に過ぎないと思われますが、私の最近の調査研究を通して考えたことを一、二加えてみたいとも考えております。

さてお手もとには、お話の内容の項目と、お話の中で使用します史料をまとめた冊子を用意いたしました。この項目にそいつつ、史料を使用しながら、話を進めさせていただきたく存じます。史料はほとんど全部、現在刊行中の『山口県史』に収録されています。それでは、本論に入りたいと思います。

一　「鹿苑院西国下向記」の内容と性格

大内氏は一族としての広がりを持ち、中心となった一流のほかに、多くの分流と申しますか枝分かれした支流（陶、問田、冷泉、鷲頭とか）がありますが、一族全体としてのまとまった系図は残っておらず、残っているのは史料②に示したような骨格だけのいわばスリムな形の系図（これは多くの大内系図のうちの一本にすぎず、信頼性は別問題）がいくつか残っているにすぎません。この骨格の周辺については、古文書などの史料によって、個々に調べ上げるしかなく、大内氏全体の系譜を鳥瞰するには大きな困難があります。現在もっとも詳しい、作成された大内系図としては、大内氏研究の草分けの一人として大きな足跡を残された山口県の郷土史家御薗生《みそのう》翁甫《おうすけ》氏による「新撰大内氏系図」というものがあり、昭和四一年三月に防長新聞社から発行された『近世防長諸家系図綜覧』という本に付録として付けられています。この本は昭和五五年一二月に徳山市のマツノ書店から復刻されました。大内氏の系図がなぜこうなったかの理由として、大内氏の滅亡という事実も当然ありますが、大内氏の惣領、換言すれば家督の権力確立の時期がそんなに早くなかったのではないかということも考えられると思います。

このようなことを申しますのは以下の理由によります。史料③をご覧下さい（史料は本章末尾に一括掲載）。これは一五世紀後半期に大内氏の中心的な地位にいた大内政弘の側近で右筆の相良正任《さがらしょうじん》の日記、『正任記《しょうじんき》』の文明一〇年（一四七八）一〇月三日と同九日の条です。この時、政弘は筑前国の博多に在陣中で、右筆相良正任もその身近に仕えていました。この史料で注目すべきは「大内武治」の存在です。武治は「霜台」＝「弾正少弼」という官職を持ち、三日の記事では、能美和泉守（これは名前からみて安芸国能美島の国人か）以下二八人のかなりの地位にあるような武士たちを御供に従えておりますし、また九日の記事では、武治に「殿」という尊称を用いています。武治の官職「弾正少弼」は大内政弘の官職の「左京大夫」にひけをとりません。これらのことから、系譜関係は明確でありませんが、大内一門に武治という名の、政弘に比肩するような力を持つ人物がいたことは確実です。しかし現在知られる大内系図には武治はどこにも見えません。このことは現在知られる大内系図が極めて大きな欠陥を持っていること、ひょっとすると意図的に排除された可能性もあることを示唆しています。

結論的に言いますと、私は、大内氏系譜を考える時、最も大きな問題を持つのは大内政弘だと考えています。大内政弘というと、すぐ想起されるのは、防・長・豊・筑、さらに石見国邇摩《にま》郡の守護として、応仁の乱（応仁元年〈一四六七〉開始、約一〇年間継続）で西軍の実質的な中心勢力として大きな政治的足跡を残したことです。この政弘の歴史的役割はことに大きく、大内氏の発展・展開にも非常に重要なカギを持つと考えられます。

その大内氏の発展・展開にとって大きく、独特の意味を持つのが、その祖先が古く朝鮮半島から渡来したのだという伝承・伝説の問題です。この大内氏の持つ渡来伝承は、他の大名たちといちじるしく異なっており、大内氏の氏族としての性格を考える場合の重要な論点の一つとなることは疑いないところです。

大内氏の持つ渡来伝承の骨格は、大内政弘が文明一八年（一四八六）一〇月にしたためた文章（史料④の「大内多々良氏譜牒」）に示されています。この文章は政弘が氏寺氷上山興隆寺を勅願寺に認可してもらうためにしたためた興隆寺の由緒書とでもいうべきものです。古くからよく知られた史料ですが、その中に以下のようなことが書かれています。まず第一に、推古天皇の一七年（六〇九）に周防国都濃郡鷲頭庄青柳浦（今の下松市）に北辰（北極星）がくだり、三年後（推古一九年）に朝鮮半島の百済国の聖明王の皇子琳聖《りんしょう》太子が来朝することを告げたこと、第二に、お告げどおり琳聖太子が聖徳太子への景仰の念から来朝、その船は周防国多々良岸（佐波郡）に着いたこと、第三に、琳聖太子は周防国大内県を領地として与えられ、多々良の姓を賜わり、その子孫は連綿と続いたこと（つまり大内氏は琳聖太子の末裔）、そして第四に、北辰を祭った下松妙見大菩薩はその後移転し、琳聖の五代の孫茂村の時、大内県の氷上山に移ったことです。

以上が完成した形の渡来伝承です。この伝承は「大内多々良氏譜牒」（以下「譜牒」と略称）に記されていて、広く大内氏の祖先伝承として知られるものです。他方、これとは別に、この渡来伝承を考える場合の大変貴重な史料が残されています。史料⑤に示した「鹿苑院西国下向記」（以下「下向記」と略称）という史料がそれで、現在、東京都千代田区の宮内庁書陵部に所蔵されています。その写本が書陵部と東京大学史料編纂所にあります。従って、テキストとして最もよい本はこの写本のもとになった本で、それが史料⑤です。本書は墨付き全四一丁の冊子です。サイズは縦二九センチ、横二一センチで、伏見宮家本として分類してあります。この冊子が伏見宮家に伝わったということはこの本の性格を考える時の何らかの参考になるかもしれません。「鹿苑院」とは言うまでもなく、室町幕府第三代将軍足利義満のことです。末尾に「康応元年（一三八九）九月廿五日夜」と書かれています。康応元年は南北朝末期の北朝年号で、あたかもこの史料の成立が康応元年九月のような書き方です。この冊子の著者や成立については、和書の総合目録である岩波書店刊の『国書総目録』第八巻の記載によると、紀行に分類され、著編者は「元綱」、成立は「康応元」とされています。また当史料を所蔵している宮内庁書陵部の『和漢図書分類目録』では「室町写」とされています。

「下向記」の内容について簡単に触れておきます。その内容は一見紀行文のようで、足利義満の康応元年（一三八九）三月の西国遊覧という歴史的事実を踏まえて書かれています。康応元年三月の足利義満の西国遊覧というと、この旅に随行した今川了俊（九州探題として九州南朝軍を壊滅させた）が著した「鹿苑院殿厳島詣記」（これは

「群書類従」に入っています）が著名です。この「鹿苑院殿厳島詣記」は室町幕府の基礎固めをほぼ終えた足利義満が安芸国厳島参詣にことよせて、随従の者たちをつれて西国下向の旅に出、周防国高洲・赤崎・田島（ともに佐波郡）まで到達した道すじのことどもを書きつけた純然たる紀行文です。この時、義満の一行は強い西風のためにそれより先に行けず、九州入りは実現しなかったのです。この足利義満の厳島参詣は名目で、真の目的は中国・四国・九州の諸勢力の威圧であったとされています。問題の「下向記」もこの足利義満の西国下向という事実を踏まえたものです。この点では両者共通するのですが、前者つまり今川了俊作の「鹿苑院殿厳島詣記」には、後者つまり「下向記」にみるような大内氏の渡来伝承とそのゆかりの地についての記述はありません。この点が両者の大きな相違点です。

それでは「下向記」は一体何のために、誰が書いたか、という重要な問題が生ずるわけですが、このことについては後で述べることにして、ここでは「下向記」が大内氏との深い関係の中で書かれたことを指摘するにとどめたいと思います。大内氏との深い関係は、全四一丁のうち半分以上の二三丁が足利義満の周防国滞在中のことがらに費やされていることから明瞭です。「下向記」成立の背後に大内氏がいたことは間違いありません。

さて、この史料は新出史料ではありません。活字本としては昭和五九年三月に財団法人神道大系編纂会から刊行された『神道大系　参詣記』に全文収められています。この本の校訂を担当した新城常三氏は解説のなかでこの史料が未紹介だと書かれていますが、そうではなく、昭和五四年三月に山口県文書館から刊行された『山口県史料　中世編上』にも完全ではありませんが、関係部分が掲載されています。しかし「下向記」を早い時期に見いだされたのは、山口大学におられた川副博氏であったと思われます。すなわち、川副氏はすでに昭和三六年の段階で、この史料に着目し、その記事をもって「大内氏家系伝説の初見」とされました。これは川副氏が昭和三六年一一月に刊行された『山口県地方史研究』六号に載せられた「大内氏における二三の問題」と題する短い論文においての指摘です。その指摘の骨子は、この史料の中に琳聖太子の来朝の記事があり、本書の成立を康応元年（一三八九）とすると、琳聖太子渡来伝承はこれまでの説のように室町時代になって現れるのではなく、それより早い南北朝末期に現れるのだとする点にあります。川副氏はこのことを踏まえて、前の論文の中で「(渡来の）所伝はなお相当古くからあったものと思はるゝのである」と述べられました。

この川副説に対して、先の御薗生翁甫氏は翌昭和三七年五月刊行の『山口県地方史研究』七号において批判を加え、「(「下向記」などは）決して史料とすべき性質のものではないと思われる」とされました。この批判に対して川副氏は「(大内氏の）伝説をこゝまで遡らせ得る現存史料であるといふに過ぎぬ」と述べ、消極的な反論をするに留まりました。この渡来伝承の生成については私も少し述べたことがありまして（「周防大内氏の渡来伝承について」『政治経済史学』三六三号、一九九六年九月→本書第四部第一章）、その時は、このような紀行文の年次は要注意だということを指摘しつつも、一応この史料の正本（オリジナル）はその年次記載どおり康応元年とみてよいのではないか、と述べておきました。川副氏説への基本的賛同です。

「下向記」が大内氏研究、特にその渡来伝承を考える場合の重要な史料であることは間違いないのですが、この史料、これまでそのような視点からほとんど注目されたことがなく、いわば無視されてきました。その最大の理由は、おそらく、この史料の性格が不明であり、先の御薗生氏の川副氏への批判のように歴史研究の史料とするには不安だといった危惧であったと思われます。

私自身も、一〇年ほど前からこの史料の重要性に気付き、先のように、その成立を末尾に書いてあるように一応、南北朝時代末期の「康応元年」（一三八九）と思っていたのですが、しかし、最近、菅公すなわち菅原道真没後千百年を記念して防府天満宮で作成準備中の『防府天満宮神社誌　古文書編』の編さん作業に係わるなかで、少しちがった考えを持つようになりました。それは「下向記」は康応元年九月の成立と記していますが、実際にはもっと下がり、文明年間（一五世紀後半）の成立ではないかと思うようになりました。その理由について以下に述べようと思います。「下向記」を南北朝末の成立ではなく、文明年間ころの成立とみなす理由は、防府天満宮文書の編年整理を通して気付いたのです。防府天満宮文書に含まれる中世文書は全部で三〇六点ほどにのぼります。これを年代順、つまり編年に整理すると、どの時期のものが残存し、また逆にどの時期のものが散逸したか一目瞭然となるとともに、あるものの呼称（呼び方）の歴史的な変化を具体的にうかがうことができるなど、貴重な知見を得ることができます。

さて問題の「下向記」は、今の防府天満宮のことをどのように表記しているでしょうか。⑤の史料の後半部分に「松か崎さかたれ山と申所、天満宮たゝせ給ふ」とあります。酒垂山とは防府天満宮の背後の山です。つまり「下向記」は防府天満宮のことを「天満宮」と記していることに注意したいと思います。では、防府天満宮の文書群はこのことにどのような知見を提供するでしょうか。防府天満宮文書によって、この神社の呼称の変化を調べてみました。防府天満宮文書は数回の火事などの災厄をこうむり、ために文書がなくなった可能性があります。文書が最も欠けているのは史料⑥・⑦と⑧との間です。⑥は応永二七年（一四二〇）のもの、⑦もほぼ同じ頃のもの、さらに⑧は文明三年（一四七一）のものと考えられ、両者の間には約五〇年の隔たりがあります。この五〇年間に属する文書がなくなっているわけです。

そのような文書散逸の問題を嘆いても仕方ありません。現存の文書によってこの呼称の問題を考えてみたいと思います。防府天満宮の現存文書のなかで最も古いのは、史料の⑨に示した「天神宮政所下文《まんどころくだしぶみ》」です。この時期、防府天満宮は京都北野社の支配を受けており、さらにその上には比叡山延暦寺がありました。北野社と延暦寺の二重支配を受けていたわけです。先の「天神宮政所」とは京都の北野社が現地に置いた、支配のための役所と思われます。その役所から⑨の文書が出されたわけです。この文書に明確に「天神宮」と書かれている点にご留意下さい。この「天神宮」の呼称が少なくとも応永末年（一五世紀前半）まで続いていることは史料の⑥や⑦によって明らかです。「天神宮」の呼称が「天満宮」に変わるのは遅くとも文明一一年（一四七九）であることが、史料の⑩によって知られます。⑩は大内政弘の寄進状で、松崎酒垂山天満宮の後門井戸中から白蛇が現れたので、敬神の意をこめて、剣一腰を宝前に寄進するというものです。このようにみますと、「天神宮」から「天満宮」への呼称変化は一五世紀の半ばころであったことが知られます。同時に「下向記」の成立が「康応元年（一三八九）とすると、「天神宮」であるべきで、「天満宮」とあるのはおかしいということになります。「下向記」の成立時期を引き下げるのはそのような理由からです。

それではなぜ文明年間にあてるかというと、その変化のポイントとなる点に大内政弘がいたのではないかと考えるからです。「下向記」にみる「松か崎さかたれ山と申所、天満宮たゝせ給ふ」という言い方と、⑩にみる「松崎酒垂山天満宮御宝前」という言い方との間に、何か類似する共通の観念が横たわっているような気がしてなりません。「下向記」の成立時期は、政弘の時代とみてよいのではないでしょうか。

こうして「下向記」の成立時期は南北朝末期から約一〇〇年下がることになりますが、かといって「下向記」の史料価値が下がったわけではありません。

二　琳聖太子の渡来伝承

こうして「下向記」は文明年間の成立と考えられるわけですが、一体だれが書いたか明瞭ではありません。『国書総目録』が著編者を「元綱」とするのは、表紙の裏にあるように（この長細い紙片は本来の表紙であったろう）、題名のすぐ下に書かれており、この人物の著作のようにもとれるからです。また同じ『国書総目録』の著者別索引によれば、「元綱」を「げんこう」と読ませており、俗人ではなく法体の人とみなしているようです。しかし、「下向記」の内容にも「元綱」が著者である証拠は認められず、「元綱」と「下向記」との係わりは不明というしかありません。下向の随従者の一人とみる考え方もありますが、御供人の中に「元綱」という人物はいません。

　さて、いよいよ「下向記」の中身に入ろうと思います。史料⑤をご覧下さい。本書は、「近曾《ちかごろ》北野宮に通夜し侍しに、さ夜ふけかたに、社頭しゅんれい、ときうつりしに、をの〔(小野)〕ゝ山風は北野松ニひゝき、かいかハ(紙屋川カ)のなかれのほ(おカ)とは参詣のみゝをすゝく」という文章で始まります。北野社に「通夜」(神社・仏閣に参籠して終夜祈願すること)の最中、「宮中西の僧坊に立ちよりし」時、「参籠の人々おほ」くいる中で、「男のこゑ」で「めつらしき御物語」として「けふ此ころ人の尋もてあそふ物語」がなされたのです。それは「室町殿(足利義満)忍たる御旅、西国への御出立ありさま、御とまり、海上舟路のしき、浪の御うきね物うく、風雨のすさましく侍しもわすられて、目をおとろかしける国々の御もうけこれに過たる御物かたりあるへしともおほえす侍れハ、都を御立より御上洛遷御の式あら〳〵承りし事を申すへし」という前置き付きで語り始められます。本書の著者は「おもしろき事きゝなんと、ゑんのかたハらにかゝま」って、この話を聞いているという設定です。そして最後は、「こ夜の通夜のりしやうめでたき物語きゝつゝ、ふる郷のつと(みやげ)にとかきあつめ侍り」と結ぶ。つまり、この時聞いた物語は著者によって、ふるさとへの土産としてかきとめられたという形をとっているのです。本書が文芸の神でもある北野社の宗教的雰囲気の中で形成されたことも注意されます。

　「下向記」の、大内氏の渡来伝承に係わる記事は以下のとおりです。それは一人の法師が「誰とはしらす、おとなしき男」の尋ねに応じて語るという形をとっています。語り手の法師については「年の程卅あまりなる法師の色白くしんしやうなるか、空色のうちかけにやふれたるくわらかけ、しゆすつまくりて、月にうそふき、世間をさからひ、たゝすみけるか」と、その年恰好、身形を描写しています。「下向記」の中で、ある人物を登場させて特定の事項を語らせる場面はここだけで、それだけにこの個所は全体の流れからみると、唐突で不自然に思われます。またこの法師の性格については「空色のうちかけ」「やぶれたるくわら」「しゆす」（数珠）「月にうそふき」「世間をさからひ」などの服装やふるまいが参考となります。「くわら」（掛絡）を禅僧特有の衣装とみなすことができれば、この法師は禅僧なのかもしれません。

右に続けて、その「法師の申やう」として、大内氏の祖先にかかわる重要なことが種々語られています。要点を整理すると以下のようにまとめられます。

①百済国聖明王の第三皇子琳聖太子が聖徳太子を拝しようとして日本に渡り、聖徳太子と会って、所願成就したこと。

②琳聖太子の没後、車をおさめた場所を「車塚」といい、来朝の時、舟が着岸した場所を「貴志津」（今の岸津）、下船の後、幕を張った場所を「幕のうち」という。

③車塚の社頭を「多々良の宮」と号す。御正躰（神体のこと）三面あり。一社は妙見大菩薩で、本地は薬師如来、一社は聖徳太子で、本地は十一面観音、そしてもう一社は琳聖太子で、本地は文殊師利菩薩という。

④国分寺の東（多々良の内）に毘沙門堂あり。ここにも妙見社がある。この毘沙門天は琳聖太子来朝の時、船を守護した持尊と伝える。

⑤琳聖太子が持参した尊像のなかの不動明王一尊は大内義弘の山口の館の持仏堂に、また一尊は岩国永興寺（周防国玖珂郡）に安置する。さらに薬師如来一躰は「大内県佐古」の大内寺（額は広厳国とあり）の本尊であるが、この寺は今は乗福寺の境内に含まれる。

⑥百済国では餘《よ》氏であったが、太子の息藤根の時、多々良の姓を賜い、以来周防国に住みついた。「姓氏録」には「多々良公」と載せられている。いつのころからか多々良宿禰と称したが、大内義弘の代から朝臣に

なった。

⑦このようなわけで大内氏は琳聖太子を祖神とも曩祖とも崇めるのだと聞いている。

「下向記」をつつむ宗教的な雰囲気は天台宗のそれと思われます。冒頭と末尾の部分での天神の神徳の賞賛、さらに妙見信仰も大きな影を落としています。天台宗と北野天神との関係は北野社が比叡山の末社であることから理解できます。天台と妙見との関係の深さはすでに指摘されています。私は、かつて一部の新聞の文化欄で指摘されたように、大内氏の渡来伝承を成立させた要素として、今ひとつ、聖徳太子信仰の影響を加えるべきだと考えています。この聖徳太子信仰も早い時期に天台宗とかかわりを持っています。聖徳太子信仰は未来を予見する信仰として鎌倉・南北朝時代に信奉されますが、室町時代にも依然として盛んであったと思われます。私は、琳聖太子というネーミングは聖徳太子信仰によるものではないかと考えています。このようにみると「下向記」にみえる琳聖太子の渡来伝承は天台宗の宗教的ネットワークのなかで形成されたものと思われます。

最後に「下向記」と史料④の「譜牒」とを比べてみると、相違点が認められます。まず「下向記」には「譜牒」で大内政弘が述べるような、都濃郡鷲頭庄青柳浦に大星（北極星）が降った記事がなく、同時にこの地に妙見社を建てこれがやがて氷上山に移ったとする氷上妙見社の来歴について述べる記事もありません。このことは「下向記」の成立が「譜牒」に比べて先行する可能性を示唆しています。両者の成立時期にはさほどの時間的間隔はないと思われますが、あえて言えば、「下向記」が先、「譜牒」がやや後というように考えられます。文明一八年、大内政弘は氏寺氷上山興隆寺を勅願寺にするに当って氷上山興隆寺の由緒・来歴を整理・増幅したのではないでしょうか。

ただし後に述べますように、大内氏の先祖は琳聖太子で、興隆寺は琳聖太子の草創だとする伝承は大内政弘をまつまでもなく、もっと早く大内盛見の時代の応永一一年（一四〇四）段階で確かな文献に現れています。従って、琳聖太子の渡来伝承そのものは素朴な形で、一五世紀初頭にはすでにあったことを認めなければなりません。

三　氷上山興隆寺文書にみる大内氏の興亡

さらに「下向記」がなぜ大内政弘の時期に成立したのかという問題は残っています。このことを大内氏の興亡の中で考えようと思います。大内氏研究の基本史料は大内氏の氏寺とされる天台宗氷上山興隆寺の文書であるといえます。大内家の文書が残っていない今、最も多くの大内氏関係史料を含むのはこの寺の文書です。興隆寺文書のほとんどは、山口県文書館に所蔵されています。本文書は早く雑誌『防長史学』に分載され、「防長寺社証文」などにも収録されて、活字化されているのですが、校訂が十分でなかったり、収録が部分的であったり、使用上の問題が多々あります。平成一五年度刊行予定の『山口県史　史料編　中世3』は、この文書館の興隆寺文書をすべて収録します。これによって、興隆寺文書は理想的な形で活字化されますので、遠くない将来、これを使っての大内氏研究が飛躍的に進展することは疑いありません。

さてこの興隆寺の文書によって、大内氏の勢力基盤の整備・拡大の道筋を大まかにたどってみましょう。大内氏一門の惣領権といいますか、家督の権力といいますか、大内氏一門を統括する権限が形成されるのはかなり遅いのではないかと思っています。史料⑪によって南北朝時代の興国二年（一三四二）に「当家崇敬、無双之霊砌《れいせい》」である興隆寺が「彼一苗家風之代官等」（これは大内一門鷲頭氏と考えられています）のために放火されて炎上したこと、また史料⑫によると、弘幸の晩年の貞和五年（一三四九）に興隆寺の再建がなったけれども、それより約五〇年後の応永一一年（一四〇四、当主は盛見）まで本堂供養の法要を行うことができなかったことが述べられています。興隆寺が放火されたのも、再建後約半世紀の間供養の儀式を行うことができなかったのも、大内氏の家督権が確立していなかったからに他なりません。今私たちは大内氏の嫡流として、弘幸―弘世から義隆にいたる例の流れを何の疑問もなしに受け入れてしまっていますが、もともとこの流れが大内氏の嫡流であったという証拠はどこにもありません。のちに獲得された地位であり、権力であった可能性があります。さらにもう少し目を広げますと、大内義弘が応永の乱（一三九九年）に敗死して後、その跡目を決める時、義弘の弟である盛見と弘茂間で後継争いがありましたし、また盛見が永享三年（一四三一）筑前糸島郡で戦死した後も、持世・持盛兄弟、それにいとこの満世を加えて三者間で室町幕府を巻き込んでの抗争がありました。このような惣領の代替りでその地位をめぐって争うのは、惣領権の未成熟をあらわす以外の何物でもありません。この惣領権の問題を考える場合のキーワードの一つは「亀童丸《きどうまろ》」という大内氏・家督権継承予定者に与えられる幼名です。この「亀童丸」という幼名をうけたことが明確なのは、政弘―義興―義隆の三代です。大内氏の幼い嫡男が「亀童丸」の名を付けられるのは、早くから家督の後継者を決めておき、他からの介入を排除するためです。「亀童丸」の幼名をうけた大内氏の「若子」（平たくいえば若君・若様）は、氷上山興隆寺の大祭である「二月会」で氷上妙見上社に参拝する資格を持っています。「亀童丸」は妙見神に直接対応できる地位にあり、他とは区別された聖なる存在と言えましょう。さらに「亀童丸」という名称自体が妙見菩薩を意味するのだという意見も出されています。このような妙見信仰を政治とか支配のための装置として本格的に打ち出したのは、大内政弘の父教弘ではないかということになりますが、この信仰はやはり政弘段階で一層強くなったものと思われます。例の渡来伝承において、琳聖太子の来朝を告げる大星が山口の大内県ではなく、遠く離れた都濃郡鷲頭庄青柳浦に下ったというのも一考の必要があります。元来この地は大内一門の鷲頭氏の本拠でした。従ってこの鷲頭氏の存在も無視できないわけです。政弘が氷上山に下松妙見社を勧請した理由も、こう考えれば大内氏内部の力関係の変動のなかで整合的に理解できるのではないでしょうか。政弘が「下向記」や「譜牒」を作り、大内氏の精神的基盤を固めようとした理由も同様な視点から理解できると思われます。

要するに、大内氏の勢力拡大にとって政弘の時期が非常に重要な契機であることが指摘できるわけです。

ここでちょっと気になるのは、史料⑬に示した「多々良氏女《うじめ》寄進状」です。この文書の年次は弘安五年（一二八二）という早い時期のもので、興隆寺文書の中では最も古い年次を持つものです。この文書は興隆寺文書の中で時期的に突出していることや文字の書体や内容からみて、やや検討を要する文書と思われます。興隆寺と大内氏との古くからの緊密な関係を示すためにのちになって作成された可能性もあります。この文書もいわゆる政弘が属する大内本流と興隆寺との関係性の強調のなかで考えるべきものと考えられます。

大内政弘の関係史料でもう一つ注目したいのは、史料⑭に示した「妙見大菩薩勧請告文《かんじょうこうもん》」です。文明九年（一四七七）二月、在京中の大内政弘は周防国の氷上山妙見社の分霊を京都の陣中に勧請しましたが、この時の告文（こうもん。神仏に告げ奉る文）に推古天皇一九年（六一一）、妙見大菩薩が「百済国聖明王第三皇子」琳聖太子来朝の守護のために周防国下松に降臨したとの伝承が現れており、琳聖の嫡子正恒が「多々良」姓を賜わったこと、氏神妙見大菩薩を大内県氷上山に勧請して、寺を興隆寺と号したということが述べられています。「譜牒」の成立は文明一八年でありますから、これより約一〇年前の文明九年段階ですでに琳聖太子来朝の予告と来朝、そして多々良姓の下賜、下松妙見社の興隆寺への勧請のことが現れている点に注目したいと思います。問題はこの告文と「下向記」および「譜牒」との関係ですが、この告文と「譜牒」は内容的に近い関係にありますので、「下向記」は告文より早期の成立と考えてよいのではないか思われます。もしそのように考えることが可能であれば、いわゆる大内氏の渡来伝承は、大内氏がそれまでもっていた素朴な言い伝えが応仁の乱で京都にいた大内政弘のもとで大幅に肉付けされることによって出来上がったということになるのではないでしょうか。「下向記」は、告文成立の文明九年二月をさほど遡らない時期に成立したのではないでしょうか。

おわりに

大内氏の先祖が朝鮮半島から渡来したという伝承のもとになったのは一体何だったんでしょうか。最後にこのことに触れて、お話を終わることにしたいと思います。

大内氏が朝鮮半島にあった李氏《りし》朝鮮に使者を遣わし、自らの先祖の問題に係わる申し入れをしたことが、朝鮮の史書に記されています。著名な史料ですが、史料⑮と⑯です。出典はいずれも「李朝実録《りちょうじつろく》」です。⑮では、応永六年（定宗元年〈一三九九〉）七月に大内義弘が朝鮮に使者を遣わして、百済の後裔たる大内氏の世系に関する具《ぐ》書《しょ》（証拠書類）と朝鮮国内における所領の付与を要請したことが知られ、また⑯では、享徳二年（端宗元年〈一四五三〉）六月に大内教弘（盛見の子）が使者を朝鮮に遣わし、その祖先琳聖太子の日本入国に関する記録「琳聖太子入日本之記」を照会していることが知られます。

つまり、大内義弘最末期（義弘は応永六年〈一三九九〉一二月に応永の乱で敗死）の段階で、すでに祖先が百済の出であるという伝承があったことがわかります。しかし琳聖太子という固有名詞がまだ登場していない点は重要です。先に述べましたように、琳聖太子が大内氏の史料に登場する最初は応永一一年（一四〇四）です。史料⑫ですでに指摘しました。

すなわち、義弘の時点ですでにあった素朴な渡来伝承が、盛見の段階より琳聖太子の名が出てくるなど拡大化の方向を見せ、政弘の段階で一層整備・肉付けされた、ということができると思われます。その政弘の段階で作られたと考えられる「下向記」は、康応元年（一三八九）の足利義満の西国下向の史実を下敷きにしてはいますが、目的は大内氏の由緒を語るものであったのです。「下向記」が一見紀行文のようでありながら、そうでもないという奇妙なものになっている理由はそのような点にあると思われます。

では、大内氏に渡来伝承を形成させたもともとの要因は何だったのでしょうか。このことを考える時、史料⑰の「新撰姓氏録《しんせんしょうじろく》」の記事は参考になります。「新撰姓氏録」とは、平安時代の弘仁六年（八一五）、嵯峨天皇に撰進された畿内の古代豪族一一八二氏の系譜を集成したものです。この史料には「多々良氏」の記事があります。この記事から推測すると、琳聖太子渡来伝承のもともとの核になったのは、ここに見えるような多々良氏の祖が欽明天皇のころに「投化」したという素朴な古伝ではなかったでしょうか。中世の大内氏は、その発展の諸段階で矛盾を克服し、支配権を強化・拡大してゆくために、妙見信仰・聖徳太子信仰・天神信仰といった天台宗の持つ宗教的エネルギーでもって、その祖先と来歴の粉飾と肉付けを推し進めたものと考えられます。

さらに大内氏がこのような渡来伝承を増幅させたのには、どのような目的があったのでしょう。むろんよく言われるように、対外的には貿易・交易の問題が第一であることは否定できないでしょう。しかし国内的にはどうなんでしょうか。まだ十分な検討を経ていませんが、国内的に自らの地位を上昇させるという目的も考えられます。大内氏は室町幕府の支配体制を支える有力大名の中ではあくまで外様大名です。幕府の宿老格の多くの有力大名たちはのきなみ源氏の出で、百済の王族の出とする大内氏とは決定的に異なっています。室町時代における大内氏の政治・軍事的役割は強大で、しかも高い文化も持っています。大内氏の支配機構は室町幕府のそれと酷似しており、西国の幕府と称してもおかしくない実質を備えています。室町時代において室町幕府を相対化できる勢力は、氏も素姓も全くちがう大内氏しかいません。渡来伝承を拡大強化させた大内氏当主の頭の中には、朝鮮と直接に結ぶことによって室町幕府に比肩する力をつけたいという積極的な意図があったのではないでしょうか。室町時代の文明四年（一四七二）段階で、大内政弘が中央の公家や寺社のトップからどのような目で見られていたかを示す興味深い史料があります。史料⑱です。出典は大和国興福寺大乗院門跡の尋尊《じんそん》というえらい僧侶の日記『大乗院寺社雑事記《ぞうじき》』というものですが、この文明四年五月二七日条にくだんの記事があります。この記事によると、大内氏は本来日本人ではなく、蒙古国人、あるいは高麗人だというのです。この認識は当時の上層社会に共通するものと思われます。当の大内氏はそのようなことは一切気にせず、むしろ渡来人の子孫であることを誇りに思っていたわけです。

ちなみに、史料⑲は仏教の日本公伝を示す史料で、典拠は聖徳太子の伝記「上宮聖徳法王帝説《じょうぐうしょうとくほうおうていせつ》」です。琳聖太子は史料中にみえる「明王」（聖明《せいめい》王）の第三皇子ということになるわけです。

以上で、予定したお話を終わります。大内氏については、まだまだ論ずべき点が多くあり、さまざまの視点・観点から総合的な検討を加える必要がありますが、今回は特に「鹿苑院西国下向記」という史料を中心にして、大内氏の興隆と渡来伝承との相互関係に焦点をしぼって、とりとめもないお話を致しました。山口県史の編さん事業の進捗につれて、大内氏のみならず、広く山口県関連の歴史研究が大きく進展することは疑いありません。

本日、大内氏の渡来伝承の話を、歴史的にこの伝承ともっとも関係の深い防府市で行ったことに深い感銘を覚えます。皆さんの御静聴に深く感謝しますとともに、主催者側の皆さんにも厚くお礼を述べたいと思います。

【史料】　○成稿にあたって史料の配列に変更を加えた。

①周防国在庁下文○鳥居大路文書　（『平安遺文』六）

庁下　矢嶋住人等

可為賀茂社御領事

右、去七月日御庁宣云、件嶋為伊保庄内彼社御領、可奉免所当并雑事者、早為社領、可随神役之状、所仰如件、不可違失、仍下、

仁平二年（一一五二）八月一日

散位賀陽（花押）
多々良
矢田部
賀　陽（花押）
多々良（花押）
多々良
日　置
日　置
散位中原朝臣（花押）

②大内系図の一本（『続群書類従』第七輯下　所収）

琳聖太子―正恒―藤根―宗範―茂村―保盛―弘真―真長―貞長―盛房―弘盛―満盛―弘成―弘貞―弘家―重弘―弘幸―弘世

弘世―義弘
弘世―盛見

義弘―持世―教弘―政弘―義興―義隆
義弘―持盛―教幸―任世―盛幸―盛重（以下略）

③『正任記』文明十年〈一四七八〉十月三日条（『山口県史　史料編　中世1』）

一霜台（大内）武治致御供人数注文、

能美和泉守　頓野弥四郎

波多野蔵人（出雲守子）
美甘遠江守
奈良橋土佐守
中村蔵人
平井勘解由左衛門尉
能美弥十郎
波多野又三郎（久芳弾正子）
朝倉源兵衛尉（光勝弟）
光富新次郎（主計允子）
久江彦右衛門尉（ママ）
後藤与三右衛門尉（某阿子）
三浦甲斐守
仲八屋次左衛門尉

入江太郎（次郎）左衛門尉
能美河内守
三浦右馬允
打空（穴）与三左衛門尉
能美弥六
平井右馬允（越前守子）
寺本藤五郎
吉賀三郎左衛門尉
今岡助三郎（藤左衛門尉子）
三井藤左衛門尉（元杉右京被官）
三浦平六
俵田彦七（右衛門大夫子）
能美藤右衛門尉（和泉守子）

同十月九日条
一自豊前国鈴隈寺（上毛郡）、弾正少弼（大内）武治殿御使波多野出雲蔵人（ママ）参上候、依重（杉）隆注進、杉彦七弘隆披露候、為御礼御太刀一腰金覆輪御馬一疋被進候、又両国御祝言御太刀、同被進候、

④「大内多々良氏譜牒」○『改定史籍集覧』第一五冊（『山口県史　史料編　中世1』）
推古天皇御宇十七年（六〇九）己巳、於周防国都濃郡鷲頭庄青柳浦、有大星、留在松樹上而七昼夜赫々不絶、国人

成奇異思也、時託巫人曰、異国太子来降于日本、為其擁護北辰下降云々、因仮其処名曰下松浦（都濃郡）、祀星奉称妙見尊星王大菩薩社、以祭之、経三年、辛未歳（推古天皇一九年）百済国斉明王第三皇子琳聖太子来朝、夫百済者三韓之内馬韓也、初有神王、曰東明善射、以魚々鼈為橋梁、東明之後、有仇台、篤於信、主姓余映子曰昆、々子曰慶、々子曰牟都、々々子曰明、々子滝、々子昌、々子璋、璋太子曰琳聖太子、平生有奉拝肉身如来誓願、不棄昼夜相忘寝食祈念年久、一夜夢中間刻木像、以準真仏、雖不持戒而剃髪染衣、以比聖老澆季末法之世、難遭如来教、日本彼国皇子名聖徳太子、則過去正法明如来入重玄門、猶居菩薩地、今降誕于日本、興隆仏法済渡衆生観世音菩薩是也、琳聖太子観喜無極、装船而渡、其船着于周防多々良岸（佐波郡）、乃琳聖謁于聖徳太子於荒陵（摂津国）、割周防大内県（吉敷郡）以為菜（采）邑之地、賜姓多々良、爾来綿々不絶、其後妙見大菩薩従下松浦移于桂木宮、今宮洲、山巓有上宮、山半有下宮、一二三殿・中堂・普賢堂・桜門等儼然、琳聖太子五代孫茂村奉勧請于大内県、氷上山者神社仏楼僧坊以下十倍于鷲頭山、陟山八町計有宮、東向、下宮南向、本堂釈迦三尊、脇士四天王像、四面回廊、二階楼門、東西二塔・鐘楼・輪蔵幷経蔵・長日之護摩堂、不断如法経堂、八幡社壇・三十番神社・山王七社、廏屋・庁屋・湯屋・法界門作十町余、両判並百余坊甍、山中衆徒習学天台教法、論談決択修之、専以真言秘、致天下安全国家豊饒之懇祈、社司巫人連袂、毎日仏法神四季祭礼中、春大会、歩射・舞童・経行・絃管・声明・音楽無自絶矣、崇峻嶺茂林、縁（緑カ）樹河水横于前老樹、歌于後森々、然無一点俗塵也、文明十八年之春、当山額幷可為勅願寺之由、依瑞夢令奏聞之処、当山致境以侍従中納言実隆（三条西）卿勅討（許カ）之間、此一巻備

叡覧、則当山額被染宸翰、勅願寺宣旨所下如斯、

文明十八年（一四八六）丙午十月廿七日散位四位下多々良朝臣政弘（大内）在判来朝之時五種物随身

一薬師像　二不動明王　三妙見神躰　四宝剣

五御系図
従定居元年辛未至永正六年（一五〇九）己巳八百九十九歳
琳聖天皇――正恒――藤根――宗範――茂村――貞永
（以下略）

⑤「鹿苑院西国下向記」○宮内庁書陵部蔵（『山口県史　史料編　中世1』。一部分『神道大系　参詣記』より補う）

（モト表紙カ）「鹿園（苑）院西国御下向記　元綱」

近曾北野宮に通夜し侍しに、さ夜ふけかたに、社頭しゆんれいときうつりしに、をの（小野）ゝ山風は北野松ニひゝき、かいかハのなかれのほ（おカ）とは参詣のみゝをすゝく、にこる心もすミわたりぬ、花ハねにかへり、しけれる木間よりなかむれハ、月重山にかくれ、風大虚にやみぬ、深々更々として御殿のとほし火をかゝくれハ、神徳もいよ〳〵一天にたかく、めくみもます〳〵四いきにあまねかりけるも、誠にたつとかりけり、よて聖代のめいしんてうか（朝家）の尊崇他にことなり、こうゑき（濁益カ）せんゐん（仙院）、きう井（宮闈）のかつの（かカ）うあさからす、槐門丞相の懇祈《こんき》甚し、柳営武将の帰依（渇仰）、大樹の風ひさしく、本地の風光豈《あに》普門示現の徳益《やく》なからんや、□（よカ）て貴より賤にいたるまて、所願成就あらたにして、首をかたふけ掌《たな心》をあわせすといふ人なし、しかるに宮中西の僧坊にたちよりしに、しのひたるけしきにて参籠の人々おほくして、そのよそほひ誠にやむことなくおほえ侍し、女房の声にて、やゝと人をめし、御まへゝまいらせ給て、御つれ〳〵（徒然）なくさミに、めつらしき物語申侍へきよしきこえしかハ、おもしろき事きゝなんとゑんのかたハらにかゝまりしに、男のこゑして、めつらしき御物語とハ唐国の事ハしらす、太（大）和ことハのむかし語はめつらしからす、けふ此ころ人の尋もてあそふ物語には、室町殿（足利義満）忍たる御旅西国への御出立ありさま、御とまり、海上舟路のしき、浪の御うきね物うく、風雨のすさましく侍しもわすられて、目をおとろかしける国々の御まうけこれに過たる御物かたりあるへしともおはへす侍れハ、都を御立より御上洛還御の式あら〳〵承し事を申へしとて、抑康応元年二月中旬の比、西国御下向ときこえしに、故陽明（近衛兼嗣）の御為ニ七日の御せつほう（説法）とやらん貴き御事、室町殿にてとりおこなわせ給ひ、日数もみちしかハ、花も漸ほのめき、東西貴賤花の下にあつまる事雲霞の風にたなひくにことならす、（慶応元年）三月三日俄に御供の人々少々たちしに、すはや西国への御出ハ定りぬと都にハ申あひ侍しニ、夜のうちなにとなくひしめき人をとかむる犬のこゑ（声）もけしからず、うしとら（艮）のこく（刻）はかりに都を御立あり、○中略日（三月十三日）もやう〳〵暮けれハ、見物の人々も帰て御所のあたりもしつまりたり、いさや松原にて月を見んとて、大名たちとおほしくて行つれとほられけるに、年の程卅あまりなる法師の色白くしんしやうなるか、空色のうちかけにやふれたるくわらかけ、しゆすつ（数珠）まくりて月にうそふき、せけんをさからひたゝすミけるか、人々の通をはゝかりすこし立のきけるを、誰とハしらすおとなしき男の申けるハ、御房ハ此あたりの人にてをハしまさハたつね申たき事候、われ〳〵につれて物語させ給へと申ハ、此法師是もよ所よりこへたるものにて候、此あたりの事ハくハしく存知なく候へとも、御尋にこそしたかひ候ハめと申けれハ、さてハうれしくそれよりあら〳〵かたり給へと申せハ、法師申やう、此あたりをふるき物かたりにハかつまの浦（勝間浦）と申伝たり、この浦より十町はかりありて、松の一（周防国佐波郡）むらある所を車つか（車塚）と申ならハせり、是ハ百済国済明王の第三の皇子琳聖太子、生身の観音大士を拝し給へきよし祈念ありしに、告ありて日本へわたり給ふ、推古天皇御宇なり、則聖徳太子に相看し給て、たかひに法花の妙文にて意趣を通しまし〳〵て願望成就せりと也、琳聖太子崩御の後、車をおさめられし所とて車塚といへり、このあたりを多々良の浜といふ、来朝の時、船着岸の所をハ貴志津（佐波郡）といふ、この車塚より十町ハかり東也、船よりをり給て幕を張たる所とて、今も幕のうちといへり、車塚の社頭をハ多々良の宮と号す、御正躰三面あり、一社ハ妙見大菩薩にて御本地薬師如来と申す、一社ハ聖徳太子にて御本地十一面と申す、一社ハ琳聖太子にて文珠〔殊〕師利菩薩と申す、又小社ましますハ天満天神にて御本地十一面と申す、おなしく赤城寺とて僧坊あり、又これより十町はかりありて国分寺（佐波郡）の東に毘沙門堂あり、こゝにも妙見御社あり、多々良の内也、この毘沙門尊天ハ百済国より太子（琳聖）来朝の時、船中守護の持尊たりしを安置すと申伝たり、尊像わたし給し中に、不動明王一尊ハこの京兆〔（大内義弘）〕の山口の館の持仏堂に安置す、一尊ハ岩国寺（玖珂郡）永興寺に安置す、又薬師如来一躰、大内県（吉敷郡）に佐古といふ所の大内寺額ハ広厳国とありの本尊たり、彼寺いま乗福寺（吉敷郡）の境内也、此外にも申つたふる所なとありといへともたしかならす、百済国にて餘氏たりし也、太子の息諱藤根公の時、多々良の姓を給てより周防国にていまに代々かくのことし、姓氏録にハ多々良公なり、いつの比の事にや多々良宿祢たりし、この京兆の代に朝臣たり、しかるゆへに琳聖太子をかの家の祖神とも曩祖ともあかめ給ふと承をよ（及）へり、これよりおくに見えたる松か崎（佐波郡）さかたれ山（酒垂山）と申所、天満宮たゝせ給ふ、此御神のいにしへ西都へ御還の時、船を此浦につけさせ給候て、いまの松か崎を御覧ありけれハ、瑞雲峯にたなひきたり、それを験にて分入せ給けり、ありかたき霊地なれハ常影向なるへしとて、御自筆法花経御安置、仏舎利御衣冠石帯さらのきの御しやく御沓以下とゝめをかる、

○中略

戌時（三月二十五日）御入洛、無為無事御帰洛、貴賤上下皆目出事に申侍き、播磨赤松（義則）三千貫文進上、昔もいまも承及ぬ事なれハ、是に過たる物語あるへしともおほえす申けれハ、女房たちのこゑ（声）して、むかしかたりにもきゝ侍らす、七珎万宝のあるしとかやいまの室町（足利義満）とのを申へきにや、ありかたかりける物語哉とうめきつれてのち、南無天満大自在天神、ねかハくハこの御くわほうにすこしあやからさせ給へとて、しゐとそわらハれける、

こ夜《後夜》の通夜のりしやう《利生》めてたき物語き丶つ丶、ふる郷のつと《苞》にとかきあつめ侍り、
康応元年《一三八九》九月廿五日夜

⑥左衛門督資胤宛行状写（「防府天満宮文書」『山口県史　史料編　中世2』）
周防国天神宮領公文名之事
合　佐波《佐波郡》令内
一所壱反　高畠
一所壱反小　岡畠
一々五反　東三まい《昧》寺免
一々五反　西三まい《昧》寺免
右為重代公文名職、所宛行如件、
応永廿七年《一四二〇》八月三日　左衛門督資胤在判《ママ》在判
武光三郎左衛門尉殿

⑦大内氏奉行人中村専阿書状（「防府天満宮文書」『山口県史　史料編　中世2』）
昨日承候御神楽料田事、可為社家進止之旨、御奉書申候て進之候、如此道行候、目出存候、以面可申候、
恐々敬白、
六月三日　専阿《中村》（花押）
天神宮

宮司御房

⑧陶弘護書状（「防府天満宮文書」『山口県史　史料編　中世2』）

大専坊事、前住祐算弟子中祐賢為一老之上者、寺務領掌之段無余儀候、然者有護持之社役等、任先例、可有
其沙汰候、殊都鄙御祈禱被致誠請〔精誠〕候者肝要候、恐々謹言
正月廿九日　（陶）弘護（花押）
東林坊

⑨天神宮政所下文（「防府天満宮文書」『山口県史　史料編　中世2』）

天神宮政所下
老松夏御祭沙汰事
僧実尊
右役者代々宮師執営之云々、然者専神供全人料、可被管領料畠等之状如件、
永仁三年（一二九五）三月　日
政所（花押）

⑩大内政弘寄進状（「防府天満宮文書」『山口県史　史料編　中世2』）

奉寄進
周防国佐波郡佐波令松崎酒垂山　天満宮御宝前

御剣壱腰文明十一年八月一日自将軍家（足利義尚）拝領

右寄進之意趣者、去十三日　社頭幷辺地経歴之時、於後門御井中白蛇出現、其端的之当意、成奇瑞之思、則温先例之処、於　当社奉崇敬事往昔以来于今厳重云々者、寄附之願望所表　敬神之旨也、仍状如件、

文明十一年（一四七九）十月十五日

左京大夫従四位下多々良朝臣政弘敬白（裏花押）

⑪大内妙厳弘幸書状○周防興隆寺文書（『南北朝遺文　中国・四国編』二）

当寺院内坊舎已下在家等、為敵方被放火候事、殊以驚入候、将又一端牢籠返々痛敷覚候、抑彼寺者当家崇敬無双之霊砌也、仍弥任興隆思之処、為彼一苗家風之代官等、令炎滅之条希代之凶悪也、宜任冥慮之間、不能費詞歟、所詮速令還住本跡、或構要害、或結草坊、専昬昏（晨昏）行祈之勤、可被奉訪仏智哀涕之謂候也、依忩忙略之、恐々謹言、

閏四月十五日（興国三）（一三四二）　妙厳（花押）

（吉敷郡）氷上山衆徒御中

⑫氷上山興隆寺本堂供養日記（「興隆寺文書」）

（前略）

抑当寺者、推古天皇御宇貞居年中当家曩祖琳聖太子御草創云々、従爾以来御代二十一代年暦八百余年也、而今之本堂者、寒巌（大内弘幸、妙厳）御代貞和五年十一月御造替云々、雖然未被遂供養而、既送五十余年之星霜焉、倩以自貞和之始迄于此明徳之末、已往御代者、海内清平・朝廷無事・世質民淳・国富人豊、其間何不

遂此供養乎、（下略）
応永十一年（一四〇四）三月　日

⑬多々良氏女寄進状（「興隆寺文書」『山口県史　史料編　中世2』）

氷上てらハたゝら（多々良）のうちてら（氏寺）なり、しかるに供僧等をの〱三衣一鉢のたくわへ（貯）とも（乏）しきよし、なけき（歎）申さるゝによりて、にへたのむら（周防国吉敷郡仁戸田村）のうち田一町八反を衆の中におもひあて（思宛）たてまつりぬる事、よのするゑまでさらにさうい（相違）あるましきところなり、これによりていよ〱つとめ（勤）の功をかさねて、皇朝あんをん（安穏）、武家たいへい（太平）、仏法はんしやう（繁昌）、人民くゑらく（快楽）のよし（由）をいのり申さるへきなり、あなかしこ〱、
弘安五年（一二八二）六月廿三日　多々良氏女（花押）

六口の供僧の中

⑭大内政弘妙見大菩薩勧請告文（「続左丞抄」『新訂増補国史大系27』）

［端銘］大内陳之艮方妙見勧請告文草遣之清書聖護院准后道興

維文明九年（一四七七）歳次丁酉二月癸卯朔十三日辛亥吉日良辰乎択定弖、掛毛畏幾氏神北辰妙見尊星王大菩薩乃広前仁、左京大夫従四位下兼行周防介多々良朝臣政-弘、一字自身書レ之、恐美恐美毛申賜波久止申久、神者依二人之崇敬一弖増二威光一志、人者依二神之冥助一弖保二栄運一津、此霊神妙見大菩薩波、推古天皇十九年辛未、周防国下松《クタ》尓照降百済国聖明王第三皇子琳聖太子来朝乎為二守護一下降云々、曩祖琳聖嫡子正恒多々良姓於賜布、仍氏神大菩薩乎周防国大内県氷上山尓奉二勧請一留、寺平波興隆寺止号須、垂跡年旧天霊験日新《ヒヽニ》奈利、爰乱世尓依天、政-不慮之在京経二年序一之間、静謐之謀波造次尓毛不レ休、祈請之志波顚沛尓毛無レ懈、而文明八年乃冬天与利以来及二両三ケ度一弖、夢乃告有尓依天、

弥抽二懇誠一弖、恭志久仰二冥鑑一幾、四壁内新尓宝殿乎造進須、殊今日当社祭祀乃日於点志弖捧二礼奠一乎飾利、氷上山前別当法印権大僧都祐増於為二詔戸師一天令二告申一牟、此状乎平介久安介久聞食弖、神殿尓鎮坐志、自レ今以後天下静謐志世上和楽志弖、公武無レ恙久国家康寧仁、心中一一能求願各各尓成就志弖、常磐堅磐尓夜守日守仁護給比幸賜陪登恐美恐美毛申、

⑮『李朝実録』定宗元年〈一三九九〉七月十日（応永六年七月九日）
〔戊寅〕日本左京大夫六州牧義弘、伐九州克之、遣使来献方物、且言其功、上欲賜義弘土田、以簽書中枢院事権近及諫官之議、乃止、義弘請云、我是百済之後也、日本国人、不知吾之世系与吾姓氏、請具書賜之、又請百済土田、下都評議使司、考其家世、世遠無徴、仮以百済始祖温祚高氏之後、議給土田三百結、簽書中枢院事権近、致書都堂曰、切惟、今者、奉承王旨、賜土田下日本国六州牧義弘之事、不若授以封君之爵、歳賜俸禄、以褒其功之為宜、夫錫土田、有不可者七、以我之土田、与彼之人、一不可也、歳輸租税、似乎納貢、二不可也。彼将歳遣人、親自牧租、吾民受害、三不可也、禁之則彼必含怒、順之則害及吾民、四不可也、彼固難信、後有不順、収其土田、因而成釁、五不可也、彼将責曰、我所受田、伝之子孫、何故奪之、名以復田、来寇於我、彼直我曲、変将不測、六不可也、我疆之田、為彼之有、後世必為子孫憂、七不可也、又況錫以土田、以乎弱国割地与強国求和之事、吾之土田、納貢于彼、而吾若為彼之辺鄙、或有不順、収之固難、授以爵命、以乎大国錫命小国之卿之義、

○大内義弘が、朝鮮に使を遣わして、百済の後裔たる大内氏の世系に関する具書と朝鮮国内における所領の付与を要請する。

⑯『李朝実録』端宗元年〈一四五三〉六月二四日（享徳二年六月二三日）

〔己酉〕日本国大内殿使者有栄、呈書于礼曹曰、多多良氏、入日本国、其故則日本、曾大連等起兵、欲滅仏法、我国王子聖徳太子、崇敬仏法、故交戦、此時百済国王、勅太子琳聖、討大連等、琳聖則大内公也、以故聖徳太子、賞其功而賜州郡、爾来称都居之地、号大内公、朝鮮今有大内裔種否、定有耆老博洽君子、詳其譜系也、大連等起兵時、日本国鏡当四年也、当隋開皇元年也、自鏡当四年、至景泰四年、凡八百七十三年、貴国必有琳聖太子入日本之記也、大内公食邑之地、世因兵火、而失本記矣、今所記、則我邦之遺老、口述相伝而已、即命春秋館・集賢殿、考古籍書与之、其書曰、古書有云、日本六州牧左京大夫、百済温祚王高氏之後、其先避乱、仕於日本、世世相承、至于六州牧、尤為貴顕、比年以来、対馬等三島、嘯聚兇徒、侵擾我疆、虜掠人民、以阻隣好、頃者、大相国、以義発兵、六州牧、身自督戦、殄殲其衆、由是、辺境寧靖、生民安業、而両国修好、

○大内教弘（盛見の子）が、朝鮮に使を遣わし、その祖先の琳聖太子の日本入国に関する記録を照会する。

（⑮⑯の出典は『中国・朝鮮の史籍における日本史料集成　李朝実録之部（一）』および『同（二）』）

⑰「校訂新撰姓氏録」（佐伯有清・吉川弘文館『新撰姓氏録の研究本文篇』）

多々良公

出レ自二御間名国主爾利久牟王一也、天国排開広庭天皇諡欽明御世、投化、献二金多々利・金乎居等一、天皇誉レ之、賜二多々良公姓一也、右第廿五巻、

⑱『大乗院寺社雑事記』文明四年（一四七二）五月二七日条（『山口県史　史料編　中世1』）

一成就院（一条兼良居所）ニ参申、故大内影讃申入之、金少々・北絹進上之云々、大内者本来非日本人、蒙古国者也、或又高麗人云々、其船寄来于多々羅浜（周防国佐波郡）之間、則以其所之号為多々羅氏、於中国・九州一族数輩在之、希有事也、近者

義弘──持弘〔世〕（応永五〔六〕年滅亡　大和宇多郡地頭）──教弘嘉吉元年入滅、
　　　　　　　　└──、、──政弘近日在京、天下大乱、

⑲「上宮聖徳法王帝説」（岩波書店『日本思想大系2』）

志癸嶋天皇ノ御世《しキしまノすめらみコト》に、戊午《みヨぼご》ノ年（五三八）ノ十月十二日《トしじふぐわちノじふににち》に、百斉国《はくさいこく》ノ主明王《あるじまうわう》、始《はじ》メて仏《ほトケ》ノ像《みかた》経教《かうけう》并《なら》びに僧等《そうら》を度《わた》し奉《まつ》る、勅《みコトノり》して蘇我稲目宿祢大臣《そがノいなメノすくねノおほおみ》に授《さづ》ケて興《おコ》し隆《さか》えしむ、

付記　本章のもとになった公開講演自体は、平成一四年（二〇〇二）九月一四日、山口県防府市の防府市地域交流センター「アスピラート」で開催された第一一回山口県史講演会において「大内氏の興隆と祖先伝承」という演題で行われた。

第三章　大内氏と陰陽道——大内政弘と賀茂在宗との関係を中心に——

はじめに

近年、中世の陰陽道《おんよう》に対する関心が漸次高まっている。陰陽道は決して古代の専有物ではなく、中世的展開をとげて中世社会にも受け継がれ、社会の各層において決して無視することのできない独自の役割を果たしていたことがわかってきた。

日本の陰陽道に関する研究はこれまでさまざまの観点から広い範囲にわたって行われ、かなりの分量の研究成果を蓄積してきている(1)。これまでの中世陰陽道史研究の中心は、京都の朝廷・室町幕府や鎌倉の鎌倉幕府周辺における陰陽道であった。最近、室町政権下の陰陽道についての研究が推し進められ、室町幕府体制を支えた陰陽道の実態、および個別王家・公家と陰陽道のかかわりについての多くの重要な事実が明らかにされた(2)。

本章が注目するのは、日本中世の陰陽道、なかんずく室町時代の西国に広大な領国を形成した大内氏と陰陽道との関係の一端である。日本の陰陽道の中世的展開を総合的に解明するためには、陰陽道と中央政権の結び付きのみならず、陰陽道の地方的展開にも着目する必要がある。陰陽道と守護大名・戦国大名との結び付きこそ、陰陽道の地方的展開という課題のなかでもっとも注目されるべき論点であろう。

筆者が本章の執筆を思い立った直接的動機は、大内政弘の家臣相良正任《さがらただとう》の日記『正任記』(3)に登場する賀茂(勘解由小路《かでのこうじ》)在宗《あきむね》の動向に関心をいだいたことにある。この日記は、大内政弘の筑前出陣に従軍した相良正任《しょうじん》が博多聖福寺の継光庵で執筆した陣中日記である。現存するのは文明一〇年(一四七八)一〇月一日より同三〇日の間のちょうど一か月分にすぎないが、大内政弘の博多滞在を通して大内氏世界の一角をあざやかに照らし出すことのできる貴重な史料である。

この『正任記』に登場する賀茂在宗という名の陰陽師が、大内政弘期の大内氏の精神世界に大きな影響力を及ぼしたことはうたがいない。西国の大名たる大内氏が、庶流とはいえ朝廷とか幕府とかいった国家的権力と緊密な関係を取り結んできた中央系の陰陽師を領国に招いて陰陽道祭祀を行わせたことは、朝廷・幕府の存在を相対化したことを意味し、大内氏の中世国家史に占める位置を考えるための重要な論点であることはいうまでもない。

本章では、このような視点から、大内氏の精神世界のなかに陰陽道がどのような影響を与えたか、もっと限定していえば、大内政弘の領国支配に陰陽師賀茂在宗がどのような役割を果したか、ということについて少し考えてみることにしたい。

一　大内氏の精神世界

大内氏による大領国支配がただ単に物質的な力、軍事力のみで維持されたはずはない。思想、宗教といった精神面での支えがあったことは推測に難くない。ここでは、大内氏とその領国支配を支えた精神世界について考えてみる。

まず仏教、とくに密教との関係である。密教は、祈禱という行為を通して、俗界の政治権力と緊密な関係を取り結んだ。「仏法は王法を守り、王法は仏法を崇む」（『実躬卿記』紙背）、「王法は仏法に依りて栄え、仏法は王法に依りて弘まる」（『門葉記』五〇）といった史料表現に象徴される当時の政治権力と仏教との相依関係は、法力が人力の及ばぬ不可思議な威力を有するだけに強固だった。その法力を俗界に引き出すための手段が祈禱という行為だったのである。祈禱の願意は、個人の息災から自然災異の調伏、国土の安全まで多岐にわたった。筆者は五壇法という密教修法を通じてこうした問題について論じたことがある[4]。大内氏がその個人的な息災とともに領国支配の安定・強化を目的として、領国内の宗教施設の拡充をはかったとしても一向に不自然ではない。大内氏の存在が西国の一大名の域を越えて天下の問題に直接かかわるようになった時、大内氏による祈禱が実質的に国家レベルのそれに転じたことも否定できまい。大内氏の国家と神仏の関係についての基本的な意識は、たとえば、『大内氏掟書』文明七年卯月一〇日「防州長州寺社領半済事」のなかにみえる「尤国家安全ハ可被任仏神加護之段勿論之由、所被思召也[5]」といった文言にあらわれているといってよい[6]。そこで、大内氏の宗教施設の拡充の過程とその政治的背景について少しみてみよう。

大内氏の寺としてもっとも注目すべきは、氷上山興隆寺である。『興隆寺文書』弘安五年六月二三日多々良氏女寄進状[7]に「氷上てらはたゝら《多々良》のうちてら《氏寺》なり」と登場する天台宗寺院興隆寺が大内氏の精神世界の中核をなすことが、妙見信仰の導入・展開の過程、その政治的機能・役割などの問題についての考察を通して明らかになってきた[8]。大内氏の持つ独特の渡来伝説・琳聖太子末裔説が、この妙見信仰とのかかわりにおいて理解することができるという金谷匡人氏の意見はけだし卓見であろう。同氏は自らの考察を、「①大内氏の祖・琳聖太子は、大内盛見のころに創作された。②従来信仰していた妙見を氏神とみなすことも、盛見の時までには始まっている。③政弘の時、①と②を整合的に編集した系譜が作られた。④同じく政弘のときから、大内宗家の嫡子は亀童丸と名付けられ、妙見菩薩に擬された」と簡潔に整理している。[9]①については議論が出よう。

ただ、筆者はここで本格的に言及できないが、「大内多々良氏譜牒」[10]に描かれる琳聖太子の来朝、「采邑之地大内県」の獲得、多々良の賜姓のくだりで、聖徳太子が大きくかかわっていること、そして「鹿苑院西国下向記」[11]に、「車塚」(現、防府市車塚町)社頭の「多々良の宮」の「御正体三面」のうちの「一社八聖徳太子にて御本地十一面と申す」とあるように、ここにも聖徳太子の名が登場していること、以上の二つのことをふまえて、大内氏祖とされる琳聖太子の渡来伝説の形成には中世の聖徳太子信仰[12]の影響があるのではないかと考えている。すすんで妙見信仰と聖徳太子信仰との関係も気になるところである。

氷上山興隆寺の歩みが大内氏のそれとともにあったことはいうまでもない。大内氏の俗界での隆盛は、聖界からこれを支える興隆寺の隆盛をもたらし、さらに大内氏の氏神として妙見菩薩を登場させた(「氏神妙見菩薩」の史料的初見は応永一一年)[13]。興隆寺の整備・発展のみちすじは「興隆寺文書」によってそのおおよそをうかがうことができる。なかでも正平一二年正月七日大内弘世条々事書[14]は比較的早い時期の興行令。永徳二年二月一三日大内義弘二月会射手役事書[15]は「二月会」[16]の初見史料。応永九年一二月七日大内盛見条々事書[17]は寺院運営のための規則であり、これらの史料をつなぎあわせると、南北朝期から室町初期にかけての興隆寺の基盤整備の様子が知られる。そして大内盛見が当主の頃の応永一一年三月になると、「抑当寺者、推古天皇御宇貞居年中、当家曩祖琳聖太子御草創云々」(「氷上山興隆寺本堂供養日記」[18])との主張が明確に打ち出されてくる。興隆寺の寺基を整備し大内氏の出自を粉飾するうえで、盛見の時代は一つの重要な画期をなしたといってよい。

大内政弘はこの祖父盛見の方策をさらに一層強力に推し進めた。文明七年一一月一三日の「氷上山興隆寺法度条々」[19]の制定はそれを象徴するもので、この方向は文明一八年の後土御門天皇の勅願寺宣旨獲得まで行き着くのである。ここに至って大内氏は興隆寺を介して天皇と宗教的脈管を直接的に通ずることになったのである。大内政弘の精神世界は自らの領国の範囲にとどまるものではなく、天下国家の諸問題を取り込むかたちで展開したものとみられる。

こうした宗教面での傾向は周防国分寺についても認められる。聖武天皇の勅願以来の長い伝統を誇る周防国分寺は、鎌倉時代には南都東大寺と真言律宗西大寺の双方から保護と管理をうけたが[20]、南北朝時代になると大内氏の支配下に入り、大内氏に宗教的側面から奉仕することとなった。大内氏の同国分寺に対する意識を当時の史料表現に求めてみると、「防州国分寺者律戒清浄霊場、天下安全祈願所」（応永一三年三月五日大内盛見安堵状）[21]、「防州国分寺者律戒清浄霊場、勤行厳密勝槩也、然者為天下安全之祈願所、崇敬異于他之間、（下略）」（嘉吉元年四月二八日大内持世諸公事免除状）[22]、「防州国分寺者律戒清浄霊場、天下安全祈願所也」（嘉吉二年八月五日大内教弘諸公事免除状）[23]などとみえ、清浄なる戒律道場で天下安全の祈願所、崇敬異他の寺という性格は一貫して変わらなかった。大内政弘が応仁の乱に際して東上する直前の寛正六年～文正元年と考えられる八月一五日大内政弘書状[24]によると、政弘は周防国分寺が五壇法を修したのを褒めている。政弘が同国分寺に本来国家の密教祈禱たる五壇法を修させた事実は、政弘の国家史上の地位をはかる指標の一つとなる。政弘もまた「防州国分寺事、為天下安全祈願所、依崇敬異于他（下略）」（文明一五年三月二六日大内政弘諸公事免除状）[25]と述べている。周防国分寺の「天下安全祈願所」としての機能の具体的内容は詳しく知りえないが、天下国家に目を向け始めた大内氏の精神世界を強力に支えたであろうことは推測に難くない。国分寺が律令時代に勅願によって設立されて以来の長い歴史と伝統を有するだけに、大内氏がこれを活用しないはずはあるまい。

隣国の長門国分寺の場合は史料が欠けてほとんど不明というしかない。ただ無年号（天文九年と考えられる）の九月八日大内義隆書下[26]によると、大内義隆が後奈良天皇の病気に際して「別而凝丹精、可被奉祈也」と同国分寺に命じているから、室町期にあってはなお祈願所としての機能を保持していたことは間違いない。

以上、いくつかの主要寺院に即して大内氏の対応の仕方とその宗教的役割について概観してきたが、要は、大内氏の支配権・発言権が領国の域をこえて国家のレベルに達したとき、主要寺院もこれに見合う転身を遂げたということである。しかも、その傾向は大内政弘の時代になって一段と顕著となる。それはおそらく政弘が国家の安全をはかる役割を負ったため、国家の祈禱を修さねばならぬ必要が生じたことに起因するのではあるまいか。そうなると祈禱は効果的・効率的、かつ恒常的に行わなければならないし、なによりも変異の兆候・情報をいちはやくキャッチするレーダーを設置しなければならない。

応仁・文明の乱で一〇年間在京した政弘が文明九年一一月周防に帰国するに際して、陰陽師賀茂在宗を連れて帰った理由はここにあると筆者は考える。

二　賀茂（勘解由小路）在宗とは

大内政弘段階の大内氏世界において、政弘に重用され、大内氏お抱えの陰陽師としての足跡を残しているのは賀茂（勘解由小路）在宗という人物である。当時の史料に頻出する人物ではなく、現在の日本中世史研究においては、ほとんど注目されていない(27)。その在宗の動向をもっともよく記録している史料が『正任記』なのである。

まず賀茂在宗の出自や一門中での位置などといった周辺的事情から調べてみたい。賀茂氏は平安時代中期以降の陰陽・暦家であり、賀茂氏が陰陽道で名をあらわすのは一〇世紀中頃の陰陽師賀茂忠行の代からである。このち賀茂氏は暦道の家としての地歩を確立させ、天文道の家となった陰陽家安倍家とともに「安賀両家」と称される二つの世襲的陰陽家を成立させた。

室町時代の陰陽道については、近年、柳原敏昭が精力的に研究を推進している。同氏は主として室町幕府と陰陽道の関係を究明し、室町前期において陰陽道が政治権力と結び付いて隆盛したことを実証した。これまで室町期は陰陽道の衰退期であるというふうに漠然と考えられるむきがあったが、同氏の研究はそのような勝手な憶測を拭い去ってしまった。さらに同氏は、室町政権の担当者の交替によって室町幕府の陰陽道への対応が変化したことを指摘している。これらの研究によって、室町幕府創業より一五世紀半ばの六代将軍足利義教あたりまでの室町政権と陰陽道の関係はずいぶんわかってきた。

前述したように、本章で注目するのは陰陽家賀茂氏と大内氏とのかかわりの一端である。時期的には戦国期に属している。柳原も現時点では「確かに戦国期以降、近世に再編成されるまで、陰陽家は一時決定的に没落する」(28)と述べるにとどめ、村山修一の研究につないでいる。戦国期における京都の陰陽道については本章の扱うところではないが、本章の注目する文明一〇年という時点に限ってみれば、「安賀両家」の両当主安倍有宣と賀茂在盛の二人による変異勘文の注進体制が維持されているということができる。(29)この方式は柳原のいう足利義教期における「在方・有盛の二人による勘進」(30)を受け継ぐものといえよう。義教期以降の京都陰陽道の具体相についてはこれからの研究に期さねばならない。

在宗の系図上の位置を示すために、南北朝期以降の賀茂氏の略系図をあげる。(31)

賀茂氏略系図

- 在弘
  - 在方
    - 在貞
      - 在盛
        - 在栄（在通）
          - 在重
            - 在富
      - 在政（在宗・宗光）
    - 在成
      - 在基
        - 在康
          - 在理

四位どまりの賀茂氏の極官を三位に引き上げたのは、在宗（初名在政、法名宗光）の曾祖父在弘である。在弘は南北朝期から室町期にかけて生きた人物で『師守記』などの当時の日記に登場する。(32)『公卿補任』によると、在弘が「非参議・従三位」に叙されたのは応永一三年正月のことで、同二六年五月の没の直前には正三位に昇った。(33)以後賀茂氏の嫡流およびこれに準ずる同家の当主は二位、もしくは三位の位階に昇った。

在政（在宗）についての関係記事を探してみると、系図類に「造厂ー（宣旨）、大蔵卿、内昇殿、改ー宗」とある。また『公卿補任』によると、在宗が非参議・従三位となるのは文明一〇年七月二八日であることが知られ、「故入道従二位在貞卿二男」とみえる。在宗は陰陽家賀茂在貞の二男で在盛の弟、つまり賀茂氏の有力庶流であった。『公卿補任』には、在宗の名は文明一一年より同一五年まで「非参議・従三位」で登載されるが、理由不明のまま翌一六年以降みられなくなる。

在宗に関する記事は、海会寺の季弘大叔《きこうだいしゅく》の日記『蔗軒日録』(34)にもみえる。

①　防州山口勘解由小路《カテノコウチ》三位入道殿、名ノリハ在宗《アキム子》、法名ハ宗光、其息二十六歳、在重《アキシゲ》為五位、定必可任四品、甲辰（文明一六年）卯月廿日入京云、在宗曰賀茂光宗（宗光）、未歳也、　（文明一六年八月二四日条）

②　（上略）防保寿状至、因知、光宗（宗光）（勘解由小路在宗）拙讃已達矣、（下略）　（文明一六年一二月九日条）

③　（上略）宗光老居士至、時七十二歳、尚強健也、心地太好、（中略）宗光帰北邸、宗住宿、　（文明一七年三月二二日条）

これらの記事によって知られるのは、文明一六年当時、賀茂在宗が防州山口の大内氏のもとに滞在していたこと、子息在重（系図では兄在盛の孫とする）は二六歳であること（これによって逆算すると在重の生年は長禄三年〈一四五九〉となる）、文明一七年に在宗は七二歳で、このときいったん大内氏のもとを離れていたこと（これによって逆算すると、在宗の生年は応永二一年〈一四一四〉となる）、である。

右の推定をふまえると、『正任記』に登場する文明一〇年の賀茂在宗は、数え年で六五歳であったことになる。その在宗が周防に下向するきっかけは何だったのだろうか。それはおそらく大内政弘の帰国であろう。大内政弘は応仁の乱に際して西軍の武将として応仁元年七月に東上して以来一〇年間在京したのち、文明九年一一月周防に下向したが、この帰国に際して政弘は陰陽師賀茂在宗を伴ったものと考えられる。以下に示す大内政弘袖判下文案(35)はそのことを教えてくれる。

　　法泉寺殿（大内政弘）袖判

　下　　河津掃部允弘業

　筑前国粕屋郡西郷福万（満）庄内料所（在宗卿家領）代官職事、

右以人所補于件職也、彼卿去々年已来有下向在国之間、可為直務、雖加下知、渡遺（遣）代所畢者、早如先為料所、厳重可致其沙汰之状如件、

　　文明十一年卯月十三日

この史料は、筑前国福満庄(36)が文明一〇年一〇月より在宗家領として直務（直轄領）となっていたが（『正任記』文明一〇年一〇月一八日条収載、同日付の陶尾張守（弘護）あて大内政弘下知状案）、文明一一年四月、河津弘業が代官職に補

大内氏略系図

任され、元のごとく料所として支配するようになったことを示している。在宗には替地が与えられた。その点でも在宗と関係の深い史料なのだが、ここでは「彼卿去々年以来有下向在国」という史料記事から、在宗が周防に下向したのが文明九年であったことに注目したい。在宗の下向が文明九年の何月であったかは不明だが、大内政弘がこの年一一月京都より帰国したのだから、在宗はこの時に政弘に招かれる形で周防の土を踏んだ可能性は高いといわねばなるまい。政弘が在宗を領国に招いた理由は明らかだろう。それはむろん広大な大内氏領国の支配強化のためにほかなるまい。政弘は陰陽道の本場京都より由緒正しい正統派の陰陽師を領国支配の精神的支柱として招き入れたのである。このように考えることが可能であれば、ここに至って大内氏の精神世界は大きな転換の契機を迎えたといってよい。

三　陰陽師賀茂在宗の役割

さて、『正任記』における賀茂在宗の所見個所は以下のとおりである。符号は筆者が付けた。

① 文明一〇年一〇月一五日条

a 一、自山口勘解由小路三位在宗卿幷宮美作守盛親、為御礼参候、各御太刀進上候、

b 一、在宗卿事（従三位）勅許之由、広橋（殿）c奉書幷上階之口宣案頂戴云々、則夕御台有之、

② 文明一〇年一〇月一六日条

a 一、自京都勘解由小路二位在盛卿（在貞子、在宗兄）、勘進明年己亥当三合災厄事、仍御祈禱致精誠云々、

b 一、在宗卿幷盛親旅宿（江）八木弐石・鳥目三百疋宛、自政所（忠幸）送遣云々、

③ 文明一〇年一〇月一八日条

a 一、氷上山衆徒十乗坊源貞僧都・仏乗坊源俊僧都・東円坊豪祐僧都・隆源坊等依召参上候、御斎有之、在宗卿幷盛親、次金春九郎直氏被召加之、

b 一、来月御慎月也、殊寅申日、同日辰戌時之由、在宗卿被勘申之、仍御祈事、氷上山其外諸寺社江相触了、

c 一、依八月廿七日暁天此朝御渡海也、御夢想、御本命星・御当年星可有造立之由、其朝以在宗卿被仰上山口了、彼両尊今日下着、仰彼卿被供養了、

d 一、在宗卿領糟屋郡福満庄内公領分可為直務之由御判、案文、

筑前国糟屋郡福満庄内勘解由小路三位在宗卿家領事、為直務可打渡之状如件、

文明十年十月十八日　(大内政弘)御判

陶(弘護)尾張守殿

為右御礼、彼卿参謁候、打刀一腰包平作被進之、

④ 文明一〇年一〇月二〇日条

一、給朝御台人々着座衆、在宗卿・吉見三郎信頼・益田治部少輔貞兼・宮美作守盛親・三隅五郎長(貞)信・厳嶋兵部少輔豊親・平賀新四郎弘頼・田儀又三郎(弘通)・尾州(陶弘護)・(杉)重親・(杉)武道、次直氏等也、御飯後御肴三献一両盃、無殊儀之、

⑤ 文明一〇年一〇月二一日条

一、於尾州(陶弘護)宿、在宗卿・(宮)盛親・(益田)貞兼・(吉見)信頼・(杉)武道、朝飯会合、風呂有之云々、

⑥ 文明一〇年一〇月二五日条

一、於益田(貞兼)宿所、在宗卿・(宮)盛親・尾州(陶弘護)・(杉)重親・(杉)武道已下会合云々、直氏音曲云々、

⑦　文明一〇年一〇月二七日条
一、御身固、在宗卿参懃候、

これらの史料は賀茂在宗の大内政弘とのかかわりを具体的に示している。これらによって賀茂在宗の役割を考えてみよう。

まず、①のaより、賀茂在宗が一〇月一五日に宮盛親とともに「御礼」のために山口からやってきたことが知られる。在宗は通常は山口に滞在したものらしい。宮盛親は備後宮氏の一族で(37)、政弘によって在宗に付けられた大内氏家臣と思われる。またbより、在宗が従三位に叙され（『公卿補任』によると文明一〇年七月二八日叙）、「広橋殿奉書」と「上階之口宣案」とが下付されたことが知られるが、このうち「広橋殿奉書」とは右大弁広橋兼顕が(38)文明一〇年七月二八日に「蔵人弁」にあてた奉書であり、兼顕の日記『兼顕卿記』当日条に文面が書き残されている(39)。この昇進は大内政弘による朝廷への口入が奏功した結果である可能性も高く、そう考えれば在宗が政弘のもとに「御礼」に参上したわけも理解できる。政弘にとってお抱えの陰陽師を京都の嫡流家なみに三位に格上げしておくことは必要なことだったのである。

②のaによると、京都の賀茂在盛（在宗の兄）より明年文明一一年己亥の年が「三合災厄」にあたることが大内氏のもとに勘進され、大内政弘はこの災厄を回避するために祈禱を行わせている。「長興宿禰記」文明一〇年六月二五日条(40)によると、賀茂在盛はこの年災異勘文を公武双方に進覧している。同じ勘文が大内政弘のもとにももたらされたのである。そこには、本来このような祈禱を執り行ってきた朝廷や幕府にかわって、国家のための祈禱を行う実力を備えてきた大内政弘の国家史上の立場が如実に示されている。

②のaが政弘と陰陽道との国家レベルでのかかわりを示したのに対して、③のbとcは、陰陽師賀茂在宗と政弘との個別人格的なかかわりを示す史料である。在宗が来る一一月が政弘にとって「御慎月」であること、殊に

「寅申日」(寅は八日、二〇日、申は二日、一四日、二六日が相当する)の「辰戌時」が要注意であることを勘進し、これをうけて氷上山そのほか諸寺社に祈禱のことが触れられている。政弘の身の危険をいち早く察知し、これを勘進して、諸社の祈禱によって災いを除去するという危機管理のシステムが作動している。陰陽師在宗の重要な役割の一つはこういうところにあったといえる。幕府関係の陰陽師の役割を検討した柳原氏は「陰陽師は顕密寺社の行う変異祈禱の観測所、あるいは管制塔としての役割を担っていたということができよう(41)」と述べているが、大内氏の場合も同様のことがいえる。

③のcも、在宗と政弘との間の興味深いかかわりを示している。この年(文明一〇年)八月二七日大内政弘は海を渡って九州に出陣したが、この日の暁天の「御夢想」によって、「御本命星・御当年星」尊像の造立を発意し、このことを在宗をもって山口に指令した。一〇月一八日に完成した両尊が山口から博多の政弘のもとに届けられたので、在宗に仰せて供養させた、という内容である。本命星・当年星とは元来天文・宿曜道にいう個人の運命は星宿が司るという星の信仰にかかるもので、陰陽道にもこの考え方が流入した。本命星とは、人の一生の運命が所属する星で、北斗七星のうちのどれか一つをこれにあてる。また当年星とは、その人のその年、その年齢の運命が所属する星で、九執(九曜星)のうちの一つをあてる(42)。大内政弘の本命星・当年星が何であるかはっきりしないが、政弘が星の信仰に深い関心を抱いていたことは間違いない。政弘の妙見信仰への傾倒(43)を考慮すると、政弘は自らの本命星を元来天皇のそれとされた北極星(北辰・妙見)に擬した可能性も否定できない。たとえば『吾妻鏡』に即して、鎌倉時代の本命星供や当年星供の催行のしかたをみると、幕府の将軍が対象となっている。中世にあっては、天皇・院や将軍といった公武のトップクラスの個人のために行われたものとみてよかろう。してみると大内政弘は陰陽師賀茂在宗を介して将軍なみの星の信仰を取り入れたということになる。

さらに③のdは、在宗に筑前国福満庄の直務を許可するという政弘による優遇措置を示す文書である。(しかし前述のように、翌一一年四月同庄の直務は止められる）。②のbも同様の文脈で理解することができる。

また④～⑥の記事によって知られるのは、政弘の従者たち（④では「着座衆」と表記）の中での在宗のランク付けである。いずれのケースにおいても、在宗は宮、吉見、益田、杉といった大内家臣より上位に記載されており、政弘が在宗を厚遇していた様子がうかがえる。

さて最後は⑦の「御身固」である。文明一〇年一〇月二七日、政弘の「御誕生日御祈禱」[45]として笘崎（笘崎社の意であろう）で「御神楽」が催されたので、この「御身固」とは笘崎行きにかかるものであろう。身固とは陰陽道で行う護身のための呪術で、『吾妻鏡』によってみると鎌倉時代にあっては将軍の外出のさい（鶴岡社参や上洛など）陰陽師が身固の儀式を行うのが通例であった。室町時代にあっても同様の儀式が踏襲されている。[47]これらを参考にして⑦を考えれば、大内政弘がこのような将軍の身固の儀式を取り入れたことになる。むろんこのことを可能にしたのは、陰陽師賀茂在宗の存在である。

以上、『正任記』にみえる在宗関係の記事に即してその陰陽師としての役割を考えてみたが、もう一つこれに関連して、氷上山興隆寺の勅額獲得、勅願所綸旨獲得の際の賀茂在重の動きとその背後にいる父在宗のかかわりにふれておきたい。大内政弘は文明一八年七月から八月にかけての時期に、氏神・氏寺である氷上山興隆寺の勅額下付を後土御門天皇の朝廷に申請し、勅額の下付、同寺の勅願寺化を成功させる。『御湯殿上日記』と『実隆公記』の述べるところを総合すると以下のようになる。[48]まず同年七月四日大内政弘は在宗の子息在重を時の権中納言・侍従三条西実隆のもとに遣わして「周防国氷上山勅額事」を相談させている。実隆は翌日参内してこのことを奏聞、天皇からは思案のうえ近々のうちに回答するとの返事を得た。同二〇日には「氷上山勅額幷勅願所事、不可有子細之由被仰下」れ、氷上山の勅額獲得・勅願所化は確実となった。翌八月一五日に勅額は実隆のもとにもたらされ、同二八日勅額・勅願所綸旨等を取り整えた実隆は、大内政弘に書状を認め、在重を召してこれを託した。翌一九年正月には在重によって大内政弘からの御礼の書状と礼物とが実隆のもとに届けられた。「大内多々良氏譜牒」[49]のなかの興隆寺縁起はこの勅願所申請に際して寺の由緒・沿革を説明するために作成されたと考えられる。政弘はこの縁起を後土御門天皇の御覧に入れている。このことによってみれば、陰陽師賀茂在宗―在重父子は、大内政弘が朝廷の要人と接触する場合のパイプ役となっており、大内氏の政治的要請を京都朝廷につなぐという重要な役目を果たしたものと考えられる。賀茂氏の役割は単に陰陽道の側面においてだけではなかったのである。こうして氷上山興隆寺は勅願所となり、天皇と直結した国家レベルの祈禱を修する宗教施設に昇格したのである。そこに、政弘の精神世界の大幅な拡張と他の時期に例をみない深化を認めることができるのではないか。

賀茂在宗が少なくとも文明一八年五月までは周防にあったこと（『実隆公記』同六日条）、さらに禅僧景徐周麟の語録詩文集「翰林葫蘆集」の明応元年頃の詩序にみえる「暦博士在通伯父青松老人」が在宗とみられることが指摘されている[50]。文明一八年五月には「在宗入道」とみえ、すでに出家していた。『公卿補任』に文明一六年以降登載されないのは出家したためであろう。在宗子息在重およびそれ以降の賀茂氏と大内氏との関係については、別途検討する必要がある[51]。

おわりに

以上、とくに大内政弘の時期に大内氏と接触する陰陽師賀茂在宗の動向を点描してみた。そのことを通して、政弘段階の大内氏支配を精神的側面から強力に支え、大内氏世界の展開に大きく貢献した在宗の役割を具体的に理解することができた。少なくとも義弘以降の大内当主は、概して祈禱とか卜筮とかいった呪術や占いの世界に強い関心を抱いていたようである(52)。

政弘の段階はそのような大内氏の精神世界が、その政治・社会的な支配力の増強にともなって、急速に広まり深まった時期ということができる。その重要な契機が、陰陽師賀茂氏の招請とその活動であったことが以上の考察によっていくらか明らかになったと思う。

注

（1）　舂古真哉「陰陽道関係文献目録」（『陰陽道叢書4特論』名著出版所収、一九九三年四月）参照。それらのうち、村山修一『日本陰陽道史総説』（塙書房、一九八一年四月）や村山他編『陰陽道叢書』全四巻（名著出版、一九九三年四月）所収の諸論考は日本陰陽道研究の基本文献というべきものである。

（2）　北本千佳「室町時代における陰陽道についての一考察」（横田健一先生古稀記念論集『文化史論集下』創文社、一九八七年）、柳原敏昭「室町政権と陰陽道」（『歴史』七一、一九八八年九月）、同「応永・永享期における陰陽道の展開」（『人文学科論集』〈鹿児島大学法文学部紀要〉三五、一九九二年二月）、同「南北朝・室町時代の陰陽道」（『鹿大史学』四〇、一九九三年）、同「安倍有世論──足利義満に仕えた陰陽師──」（羽下徳彦編『中世の政治と宗教』吉川弘文館、一九九四年）、同「義持政権期の陰陽道」（『鹿児島中世史研究会報』五〇、一九九五年七月）。

（3）　『山口県史史料編中世1』（山口県、一九九六年五月）において、尊経閣文庫所蔵の原本に即して、現状の乱丁を正したうえで初めて一括して翻刻された。

（4）　拙稿「五壇法の史的研究」（『九州文化史研究所紀要』〈九州大学文学部〉三九、一九九四年三月）。のち『中世日本の政治と文化』（思文閣出版、二〇〇六年一〇月）第二章「政治と宗教」で増補・訂正を加えた。

（5）　『中世法制史料集　第三巻』（岩波書店、一九六五年八月）四六頁。

（6）　大内政弘における神と人との関係については、類型的ではあるけれども、文明九年二月一三日大内政弘妙見大菩薩勧請告文（新訂増補国史大系『続左丞抄』一四四―一四五頁）にみえる「神者依二人之崇敬一弖増二威光一志、人者依二神之冥助一弖保二栄運一津」という表現が参考となる。

（7）「興隆寺文書」一号（『山口県史史料編中世2』山口県、二〇〇一年二月、八二四頁）。なお「興隆寺文書」は『防長史学』第一号～第五号（一九三〇年八月～一九三二年八月）の付録として分載され、『防府史料』（一九六二年四月、防府史料保存会発行）第五輯に「氷上山興隆寺文書拾遺」が載せられている。本章において「興隆寺文書」のなかの文書を示すときは、「防長史学」の通し番号を用いる。

（8）平瀬直樹「大内氏の妙見信仰と興隆寺二月会」（『山口県文書館研究紀要』一七、一九九〇年三月）、金谷匡人「大内氏における妙見信仰の断片」（『山口県文書館研究紀要』一九、一九九二年三月）、平瀬直樹「興隆寺の大台密教と氏神＝妙見の変質」（『山口県史研究』二、一九九四年三月）など（平瀬論文は『大内氏の領国支配と宗教』塙書房、二〇一七年二月に収録）。

（9）前掲注（8）金谷「大内氏における妙見信仰の断片」三八頁。

（10）『改定史籍集覧』第一五冊。『大日本史料』第八編之一八、九〇二―九〇五頁。『山口県史史料編中世1』所収。

（11）宮内庁書陵部所蔵。『山口県史史料編中世1』所収。

（12）中世の聖徳太子信仰については、さしあたり、林幹弥「鎌倉時代の太子信仰」（『日本歴史』二四一、吉川弘文館、一九六八年六月）、同『太子信仰――その発生と展開――』（評論社、一九七二年六月）、同『太子信仰の研究』（一九八〇年二月、刊）、武田佐知子「信仰の王権聖徳太子――太子像をよみとく――」（中央公論社、一九九三年一二月）が導きとなるが、大内氏の太子信仰についてはふれるところがない。

（13）前掲注（8）平瀬「大内氏の妙見信仰と興隆寺二月会」三二頁、注（25）（『大内氏の領国支配と宗教』収録）。

（14）「興隆寺文書」六号（『山口県史史料編中世3』山口県、二〇〇四年三月、三一二頁）。

（15）「興隆寺文書」一五号（『山口県史史料編中世3』二三七頁）。

（16）前掲注（8）平瀬「大内氏の妙見信仰と興隆寺二月会」（『大内氏の領国支配と宗教』収録）。

（17）「興隆寺文書」三〇号（『山口県史史料編中世3』三一九頁）。

（18）「興隆寺文書」三二号（『山口県史史料編中世3』二二六頁）。

（19）「興隆寺文書」八三号（『山口県史史料編中世3』二七五頁）。

(20)　拙稿「周防国分寺の中世文書について（二）」参照。→本書第四部第四章
(21)　防府史料第二二集『周防国分寺文書二』（防府市教育委員会、一九七四年三月）二八号（『山口県史史料編中世2』四〇九頁）。
(22)　同右三一号（『山口県史史料編中世2』四〇九頁）。
(23)　同右三二号（同右）。
(24)　同右三七号（同右、四二九頁）。注（4）所掲拙稿一四八―一四九頁参照。
(25)　同右三四号（同右、四〇八頁）。
(26)　『防長寺社由来七』（山口県文書館、一九八六年二月）五一四頁。「周防国分寺文書」にも同文、同日付の一通が収められる（『周防国分寺文書一』五三号、『山口県史史料編中世2』四三〇頁）。本文書の年次を天文九年とみるのは、竹内理三・川添昭二編『大宰府・太宰府天満宮史料　巻一四』五四〇―五四二頁による（吉原弘道氏の御教示）。
(27)　桧垣元吉「戦国時代の武家生活と学問　大内氏と毛利氏」（『史淵』第一八輯、一九三八年四月）一三四―一三五頁、米原正義『戦国武士と文芸の研究』（桜楓社、一九七六年一〇月）第五章「周防大内氏の文芸」五九八―五九九頁において賀茂在宗と大内氏との関係について述べるところがある。
(28)　前掲注（2）柳原「室町政権と陰陽道」二二五頁。
(29)　『兼顕卿記』に文明一〇年七月二〇日付、同年七月二七日付の安倍有宣災異勘文、それに同年七月二八日付の賀茂在盛災異勘文が収められている（『大日本史料』第八編一〇、五八四―五八七頁）。勘文は二通作成され、広橋兼顕を通して公武それぞれに届けられたものらしい。なお、陰陽師は個々の公家の依頼に応じて出仕始や奏事始の吉日などについて勘申することもあった。
(30)　前掲注（2）柳原「義持政権期の陰陽道」九四頁。
(31)　『新訂増補国史大系尊卑分脈』第四篇、一八五―一八六頁。『続群書類従』第七輯上、一七五頁。
(32)　賀茂在弘は貞治六年段階では「暦博士」、応安四年段階では「陰陽寮頭」として名をみせる（『史料纂集師守記一〇』四七、一九三頁など、続群書類従完成会、一九七六年五月）。
(33)　『新訂増補国史大系公卿補任』第三篇、各年条。

(34) 岩波書店、大日本古記録。

(35) 九州大学附属図書館所蔵「河津伝記乾」（刊本では『宗像郡誌　下編』〈臨川書店復刻、一九八六年七月〉八四頁）、山口県文書館所蔵「大内氏実録土代」巻一四。

(36) 「福満庄」については『角川日本地名大辞典40　福岡県』（角川書店、一九八八年三月）一一七八頁「ふくま福間」の項参照。

(37) 備後の宮氏については『広島県史　中世通史Ⅱ』（広島県、一九八四年三月）五一二―五一八頁参照。

(38) 『弁官補任　第二』（続群書類従完成会、一九八二年七月）一二八頁。

(39) 『兼顕卿記』文明一〇年七月二八日条。

（前略）又前大蔵卿賀茂在宗朝臣上階事、奏聞之処、勅許無相違間、則遣奉書於蔵人弁許者也、件奉書如此、

正四位下賀茂在宗朝臣宜叙従三位、可令宣下給由、被仰下候也、恐々謹言、

（文明一〇年）七月廿八日　（広橋）兼顕

蔵人弁殿

右は国立歴史民俗博物館所蔵「広橋家旧蔵記録文書典籍類」のうち。活字本では『大日本史料』第八編之一〇、五九六頁に載せる。

(40) 『大日本史料』第八編一〇、五三九頁。

(41) 前掲注（2）柳原「室町政権と陰陽道」三三三頁。

(42) 速水侑『呪術宗教の世界』（塙書房、一九八七年四月）八七―九〇頁。

(43) 前掲注（8）金谷「大内氏における妙見信仰の断片」。政弘の妙見信仰への傾倒を示す重要な指標の一つは、文明九年二月大内政弘妙見大菩薩勧請告文（新訂増補国史大系『続左丞抄』一四四―一四五頁）である。政弘は「氏神北辰妙見尊星王大菩薩」を大内陣の艮（北東方向）に勧請しようとしたのである。この告文のなかに大内氏の由来と系譜が整った形で初めて登場している。

(44) 前掲注（42）速見『呪術宗教の世界』八七頁。

(45) 室町幕府も将軍の生日を祈らせている。たとえば『増補　続史料大成　蔭凉軒日録』一九〇頁、長禄二年一〇月二日条。

（46）川添昭二は大内政弘と筥崎宮との関係について「このように厚い崇敬を寄せているのは祭神八幡神の武神としての属性によるものであろうし、筑前支配における筥崎の地を重視した大内政弘が、同宮に対する民庶の信仰的結集を掌握しようとしたことも見逃せまい」と述べている（同『中世文芸の地方史』〈平凡社、一九八二年一月〉二五三頁）。

（47）『日本史大事典』第六巻（平凡社、一九九四年二月）三九七頁「身固　みがため」の項（村山修一の執筆）。一例をあげると『親長卿記』文明一〇年正月四日条には、後土御門天皇の「御身固」のために陰陽頭土御門有宗が召されたことが記されている（『大日本史料』第八編之一〇、二二二―二二三頁）。

（48）関係史料は、『大日本史料』第八編之一八、九〇〇―九〇五頁に収録。

（49）注（10）と同じ。

（50）前掲注（27）米原『戦国武士と文芸の研究』五九九頁。

（51）金谷は論文「大内氏における妙見信仰の断片」において、藩政時代に現在の山口市問田を本拠として万歳を業としていた陰陽師が存在したこと、彼らは琳聖太子とともに百済から渡来した「朝日将監・浦山覚定（兵部）」の子孫と称し、「朝日将監」は周防国の「車塚」に居住していたという所伝を有することなどを指摘し、「この陰陽師たちが逆に琳聖太子を『創作』し、大内氏の先祖祭祀に一役かったことを暗示しているのではないか」と推測している（同論文三七頁）。

大内氏の渡来伝説の形成過程を史料に即して時間的に追ってみると、朝鮮国に故地を要求したのが大内義弘最末期の応永六年（「李朝実録」定宗元年七月一〇日条。『山口県史史料編中世1』八六四頁）、琳聖太子の渡来のことが明確に打ち出されるのはふつう大内盛見の時期の応永一一年（注（18）所掲文書）のこととされる。盛見が大内氏のルーツ確定に力を入れたことはみとめられよう。このルーツ確定作業に陰陽師がかかわったのではないかとする金谷の意見は興味深い。しかし本文で述べた賀茂在宗流の陰陽師が政弘期以降どのようになったかは不明であるし、この賀茂流陰陽師と先の藩政時代の陰陽師との系譜関係も明確ではない。大内氏世界における陰陽道の諸問題は今後の検討課題である。

（52）「兼敦朝臣記」応永五年八月九日条（『山口県史史料編中世1』七八頁）。

第四章　周防国氷上山興隆寺修二月会についての一考察

――修二月会頭役差定状を素材として――

はじめに

周防国氷上山興隆寺は、室町時代、周防・長門を中心に西国に広大な守護領国を築き、中央の政治・軍事に強い発言権を有した大名大内氏の氏寺として著名である。大内氏は、いろいろな面で室町時代史の牽引役を果たしただけに、その諸側面についての研究は日本中世史の総体的理解にとって欠かすことができない。

大内氏についての研究はこれまで、所領支配を中心とする領国経営の実態と構造、大内氏の評定衆制度、対外交渉、大内文化の諸問題など、多岐にわたる研究がなされ、多くの研究成果を蓄積させている(1)。

最近新しく起こってきた研究動向の一つは、大内氏によって導入された広大な領国支配を支える精神的側面での装置に着目するというものである。それは、たとえば文明九年（一四七七）二月一三日大内政弘妙見大菩薩勧請告文(2)のなかの「神は人の崇敬によって威光を増し、人は神の冥助によって栄運を保つ」という文言に象徴される、神と人との相依関係を社会化する場としての諸種の法会・儀礼、そしてそこから発信・増幅される信仰の形態と性格についての究明である(3)。物心両側面からの研究は、大内氏支配の総合的理解にとって有効であること疑いない。

本章は、大内氏の精神世界の中核ともいうべき氷上山興隆寺修二月会（以下、興隆寺修二月会、または単に二月会と称す）の性格について、特に頭役差定状の収集・分析をとおして考えてみようとするものである。頭役差定状は、翌年の修二月会を遂行するための担当者を決定・通知する文書であるから、この文書を収集し検討を加えることによって、修二月会の性格の変化のみならず、さらに進んでそれをもたらした政治的背景をうかがうことが可能である。筆者が修二月会頭役差定状に注目するのは、そのような理由による。

氷上山興隆寺の修二月会について初めて本格的に論及したのは、河合正治「中世武士団の氏神氏寺」[4]であるといってよかろう。同氏は、中世武士団の団結の精神的中核として氏神・氏寺に注目し、その具体的事例の一つとして氷上山興隆寺と大内氏との関係を掘り下げて、大内氏による修二月会についての理解の骨格を示した。その後、同修二月会についてふれた論稿がないわけではないが[5]、おおむね河合の研究の水準を大きく出るものではない。

なお、本章で用いる文書はほとんど「興隆寺文書」所収のものである。本章で同文書を使用する場合は、原本もしくはその写真版によった。

一　修二月会とは

修二月会は、一般に「修二月会あるいは単に修二月とも言」い、「毎年二月の初めに国家の安泰、有縁の人々の幸福を祈願する法会」[6]であり、その発生は「国家行事として恒例化された悔過という年頭（インドでは二月を歳首とする――筆者注）の仏教儀礼にあることは間違いない」[7]とされる。いまその起源について詮索することは必要ではない。そのような法会が大内氏のもとで行われたこと、そのことの具体的な把握とその歴史的意味について究明することに主眼を置くことにしたい。

　大内氏の氏寺は興隆寺、氏神は氷上山妙見菩薩である。氏寺興隆寺は鎌倉中期の正嘉元年（一二五七）には史料の上にその存在が確認され、[8]また弘安五年（一二八二）の寄進状に「氷上てらはたゝらのうちてらなり」とあることはよく知られている。[9]一方、大内氏が興隆寺に妙見菩薩を祭っていたことを示す史料の初見は正平九年（一三五四）であるから、[10]順序からすると、まず氏寺があって、のちに氏神が祭られたと見なければなるまい。両者は当寺の神仏混淆の思潮のなかで、信仰・崇敬の対象として一体化していた。興隆寺修二月会が大内氏の氏神妙見の大祭であることはいうまでもない。氷上山興隆寺修二月会は、豊前国では「氷上山大仏会」とも呼ばれていたらしい。

　大内政弘が文明七年（一四七五）に発した法令[11]に「尤国家安全ハ、可被任仏神加護之段勿論」とみえるように、大内氏の領国支配、さらには国家の統治にとって仏神の加護は不可欠であった。大内氏が氏神を祭り、氏寺を興隆させるのに意を用いたのはそのような理由からだった。

　大内氏は氏神妙見菩薩に対して戦勝を祈願しているが、[12]次の大内義長願文[13]は妙見と修二月会の直接的関係を示す史料として注意される。

　　敬白　願文

　　　氷上山妙見大菩薩

　右、恒例之修二月会、近年依乱世雖令菲薄、非無丹精、于爰奉仰邦国之護衛、然者従来年不違先規祭祀、欲遂一七日参籠、伏願臻万民富楽之化、仍願文如件、敬白

　　　弘治二年二月十三日

左京大夫兼周防介多々良朝臣義長 敬白 （裏花押）

大内義長はこの願文とは別に同日付で、興隆寺修二月会頭役差定状を出している。翌弘治三年の興隆寺修二月会にむけての差定である。弘治二年（一五五六）というと、大内義隆が家臣陶晴賢の反乱によって自刃してより五年後である。義隆の跡を襲った義長（義隆の甥）の支配権は戦乱のなかで決して安定的ではなかったろう。右掲の願文に「恒例之修二月会、近年依乱世雖菲薄、非無丹精」（「菲薄」とは粗末の意）とあるところからみると、このころ修二月会は規定どおりに行われず、[14]しかもかなり簡略化されていたものらしい。義長は、そのような状況のなかで「邦国之護衛」と「万民富楽之化」とを氷上山妙見神に祈願し、来年より先規どおり修二月会で七日間の参籠を行う決意を表明したのである。そこには、妙見神の加護を得るための祭儀としての興隆寺修二月会の性格がよくあらわれているといってよい。

ちなみに、弘治二年二月一三日大内義長修二月会頭役差定状は、現存する大内氏発給の最後のものである。義長は翌三年（一五五七）四月、毛利氏に攻められて長門国長福寺で自刃した。のちに述べるように、興隆寺修二月会は大内氏にとってかわった毛利氏によってしばらくの間継承される。

興隆寺修二月会はいつから、なにを契機に始められたのか知りたいところであるが確たることはわからない。南北朝時代末期の一四世紀末になって、大内氏関係史料のなかに「二月会」の文字が登場し始める。その第一は、永徳二年（一三八二）二月一三日大内義弘二月会射手役事書[15]である。大内義弘はこの事書によって、射手役の頭をつとめる「弓太郎」は問田氏の定役とすること、「自余人々」においては参次第たること、「年参」は年齢をとわず籤たること、以上の三ケ条を定めた。二月会の重要な行事の一つである歩射についての規定で、内容からみて初期段階のものと考えられる。その第二は、明徳元年（一三九〇）五月一〇日大内義弘寄進状[16]である。これによって、義弘は興隆寺に対し「毎年二月会舞童料所」として豊後国久保荘内の田地を与えた。この田地を「舞童田」と号したというのだから、義弘の思い入れには甚だしいものがある。その第三は、明徳三年と推測される正月二九日大内義弘書状[17]である。この書状において義弘は、前年の明徳の乱の恩賞として守護職を獲得した和泉国に氷上山の妙見神を勧請したいので、本年の二月会が終わったら上って来てほしいと氷上山別当に依頼している。これらに加えて、数年前の至徳二年（一三八五）には興隆寺に舞童のための舞装束左右一具を調達した事実がある。[18]義弘が歩射のみならず舞童にも意を用いている様子がうかがわれるが、二月会の諸行事のなかで歩射と舞童とがひときわ重要な役目であったことも知られる。南北朝時代の末期に、京都の文化的風土にすっかり染まった大内義弘の主導によって、その基幹的領国周防で興隆寺修二月会の基礎が次第に築かれている様子をうかがうことができよう。

氷上山興隆寺の由緒と大内氏の家譜を合綴した「大内多々良氏譜牒」によると、文明一八年（一四八六）一〇月、大内政弘は興隆寺の祭儀を「山中衆徒習学天台教法、論談決択修之、専以真言秘、致天下安全国家豊饒之懇祈、社司巫人連袂、毎日仏法神四季祭礼中春大会、歩射、舞童、経行、絃管、声明、音楽無自絶矣（前後略）」[19]と述べているが、「春大会」とは修二月会のことで、「歩射」「舞童」はその構成要素の冒頭にあげられているのである。大内政弘は歴代の大内氏当主のなかで修二月会の興隆に特に力を入れたと思われる。

二　修二月会史料としての頭役差定状

興隆寺修二月会を調べるための中核となる史料が頭役差定状《さじょう》である。単に差定とか、差文ともいう。この場合の「差定」とは、『日本史広辞典』にみる「寺院で行われる法要や神社での祭祀で、内容や進行の次第、配役などを記した文書。主要な役を割りふられた人に配布される」[20]という説明に該当するけれども、興隆寺修二月会頭役差定状正本は当人に配布されることはなく、原簿・台帳として興隆寺に保管されたものと考えられる。
以下具体的にみるように、頭役差定状とは、翌年の興隆寺修二月会を挙行するために必要な経費を負担する大頭役一人、それに脇頭・三頭[21]として所定の銭貨を負担する二つの郡を選定する文書で、修二月会当日の二月一三日付で大内氏の当主が発給するのがきまりであった。

修二月会頭役差定状の残存状況について述べておこう。まず大内氏の時代では、応永九年（一四〇二）二月一三日大内盛見差定状を初見として弘治二年（一五五六）二月一三日大内義長差定状までの総計二二通が知られているが、すべて正本というわけではない。毛利氏も興隆寺修二月会を継承したので、頭役差定状を残した。従来、毛利氏時代の差定状では、永禄二年（一五五九）二月一三日毛利隆元差定状を最初とし、天正一六年（一五八八）二月一三日毛利輝元差定状を最後とする全二一通が知られていた。しかし、近年、山口県史編纂のために興隆寺住職家である豊福家の文書を調査したところ、一冊子の表紙裏から一通の頭役差定状の断簡が出現した。この断簡の差定状の年次は天正一九年（一五九一）と推測される。これによって新たに一点の毛利輝元差定状が追加され（この新出文書については後述）、全二二通の毛利氏時代の頭役差定状が知られることになった。

つまり、修二月会頭役差定状は大内・毛利両氏の時代を通じて全四四通が知られ、これらによって頭役勤仕の実態がうかがわれるわけだが、他にも宝徳二年（一四五〇）二月一三日に記された「二月会脇頭・三頭役次第注文[22]」、年未詳の「二月会大頭役未懃衆注文[23]」などの史料からは不完全ながらも関係の情報を得ることができる。

以下に掲載する**【付表】**「氷上山興隆寺修二月会における頭役差定状一覧」は、そのような関係史料から得られる情報を掲載したものである。この表によって氷上山興隆寺修二月会頭役差定の実態を俯瞰することができる。この表には大頭役勤仕年次不明の数例、および未勤者は含めていない。

（一）修二月会頭役差定状の初見

知られる最古は、前述したように、応永九年（一四〇二）二月一三日大内盛見頭役差定状(24)である。この文書の原本は紛失したままなので、防長史談会編「防長史学」に掲載された活字本を以下に示そう。

差定

興隆寺修二月会頭役事

明年大頭　鷲頭刑部少輔

（書入）「此頭未進壹貫九百余」

脇頭　波野郷

三頭　日積村北方

（書入）「此頭有無沙汰、応永十一年ニ辯リ」

右所定如件、

応永九年二月十三日　　多々良盛見押字

大内氏の修二月会頭役差定状一般についての検討はのちに行うこととして、まずこの初見事例に注目したい。右の頭役差定状は、こののち恒常的に発給されるようになる大内氏当主の頭役差定状の定型と比べて、いくつかの点で相違している。最も大きな相違点は、脇頭・三頭に選ばれたのが周防国熊毛郡波野郷と同国玖珂郡日積村北方であること、つまり郡ではなく郷・村であること。また大頭にあてられた鷲頭刑部少輔とは鷲頭（大内）弘為とみられるが、弘為は大内一族の一人で、当時大内盛見の有力家臣でもあった。鷲頭弘為は大内氏奉行人の一人として応永八年（一四〇一）四月より翌九年六月の間に連署奉書を数点残しているので(25)、いちおうは大内氏の重要な支配機構の一角を担うメンバーの一人として位置づけてよい。しかし「大内系図」の弘為の個所に「叛（于）盛見、於赤間関戦死(26)」とあることから、弘為は最後には大内盛見に反旗を翻して敗北したものと考えられる。盛見の兄義弘が応永の乱で敗死した応永六年（一三九九）末から数年の間は、大内一族の内部で盛見―弘茂

【付表】氷上山興隆寺修二月会における頭役差定状一覧（脇＝脇頭、三＝三頭）

＊頭役差定状より拾った場合は、翌年の勤仕となる。

差定状の日付、勤仕の年	大頭役	周防 吉敷	周防 佐波	周防 都濃	周防 玖珂	周防 熊毛	周防 大島
応永 九（一四〇二）二・一三	鷲頭弘為			三（日積村北方）	脇（波野郷）		
宝徳 三（一四五一）辛未	杉右京亮						
享徳 一（一四五二）壬申				三			脇
二（一四五三）癸酉							
三（一四五四）甲戌							
康正 一（一四五五）乙亥							
二（一四五六）丙子			三		脇		
長禄 一（一四五七）丁丑							
二（一四五八）戊寅							
三（一四五九）己卯							
寛正 一（一四六〇）庚辰		三				脇	
二（一四六一）辛巳							
三（一四六二）壬午							
四（一四六三）癸未							
五（一四六四）甲申							
六（一四六五）乙酉							
文正 一（一四六六）丙戌							
応仁 一（一四六七）丁亥							
二（一四六八）戊子							
文明 一（一四六九）己丑							
延徳 二（一四九〇）	弘中玄蕃助						
三（一四九一）	上野幸徳						
明応 一（一四九二）	千手治部少輔						
二（一四九三）	山田安芸守						
三（一四九四）	城井秀直		三カ		脇カ		
明応 五（一四九六）	杉武道						
文亀 一（一五〇一）	相良正任						
永正 一（一五〇四）二・一三	杉重親						
二（一五〇五）二・一三	内藤興盛						
永正 九（一五一二）二・一三	来原興盛						
一〇（一五一三）二・一三	城井弘尭		三		脇		
一一（一五一四）二・一三	麻生興家						
一二（一五一五）二・一三	飯田興秀						
一三（一五一六）二・一三	杉興綱						

差定状の日付、勤仕の年	長門 厚狭 厚狭	長門 厚狭 厚東	長門 厚狭 吉田	長門 豊浦 豊東	長門 豊浦 豊田	長門 豊浦 豊西	長門 大津	長門 美祢	長門 阿武
応永 九（一四〇二）二・一三									
宝徳 三（一四五一）辛未									
享徳 一（一四五二）壬申									
二（一四五三）癸酉									
三（一四五四）甲戌			三			脇			
康正 一（一四五五）乙亥									
二（一四五六）丙子									
長禄 一（一四五七）丁丑									
二（一四五八）戊寅							三		脇
三（一四五九）己卯									
寛正 一（一四六〇）庚辰									
二（一四六一）辛巳									
三（一四六二）壬午	脇							三	
四（一四六三）癸未									
五（一四六四）甲申									
六（一四六五）乙酉									
文正 一（一四六六）丙戌		三			脇				
応仁 一（一四六七）丁亥									
二（一四六八）戊子				三					
文明 一（一四六九）己丑									
延徳 二（一四九〇）									
三（一四九一）									
明応 一（一四九二）									
二（一四九三）									
三（一四九四）									
明応 五（一四九六）									
文亀 一（一五〇一）									
永正 一（一五〇四）二・一三		三			脇				
二（一五〇五）二・一三									
永正 九（一五一二）二・一三									
一〇（一五一三）二・一三									
一一（一五一四）二・一三									
一二（一五一五）二・一三							三		脇
一三（一五一六）二・一三									

差定状の日付、勤仕の年	豊前 企救	豊前 田河	豊前 上毛	豊前 下毛	豊前 宇佐	豊前 築城	豊前 仲津	豊前 京都
応永 九（一四〇二）二・一三								
宝徳 三（一四五一）辛未								
享徳 一（一四五二）壬申								
二（一四五三）癸酉	脇							三
三（一四五四）甲戌								
康正 一（一四五五）乙亥								
二（一四五六）丙子								
長禄 一（一四五七）丁丑		脇				三		
二（一四五八）戊寅								
三（一四五九）己卯								
寛正 一（一四六〇）庚辰								
二（一四六一）辛巳			三				脇	
三（一四六二）壬午								
四（一四六三）癸未								
五（一四六四）甲申								
六（一四六五）乙酉				脇	三			
文正 一（一四六六）丙戌								
応仁 一（一四六七）丁亥								
二（一四六八）戊子								
文明 一（一四六九）己丑								
延徳 二（一四九〇）								
三（一四九一）								
明応 一（一四九二）								
二（一四九三）								
三（一四九四）								
明応 五（一四九六）								
文亀 一（一五〇一）								
永正 一（一五〇四）二・一三								
二（一五〇五）二・一三								
永正 九（一五一二）二・一三								
一〇（一五一三）二・一三								
一一（一五一四）二・一三		脇				三		
一二（一五一五）二・一三								
一三（一五一六）二・一三								

差定状の日付、勤仕の年	筑前 遠賀	筑前 宗像	筑前 粕屋	筑前 志摩	筑前 怡土	筑前 早良	筑前 那珂	筑前 席田	筑前 御笠	筑前 夜須	筑前 上座	筑前 下座	筑前 鞍手	筑前 穂波	筑前 嘉麻	安芸 西条	石見 邇摩
応永 九（一四〇二）二・一三																	
宝徳 三（一四五一）辛未							脇				三						
享徳 一（一四五二）壬申																	
二（一四五三）癸酉																	
三（一四五四）甲戌																	
康正 一（一四五五）乙亥			脇									三					
二（一四五六）丙子																	
長禄 一（一四五七）丁丑																	
二（一四五八）戊寅																	
三（一四五九）己卯								三	脇								
寛正 一（一四六〇）庚辰																	
二（一四六一）辛巳																	
三（一四六二）壬午																	
四（一四六三）癸未					脇					三							
五（一四六四）甲申																脇	三
六（一四六五）乙酉																	
文正 一（一四六六）丙戌																	
応仁 一（一四六七）丁亥													三		脇		
二（一四六八）戊子														脇			
文明 一（一四六九）己丑	三					脇											
延徳 二（一四九〇）																	
三（一四九一）																	
明応 一（一四九二）																	
二（一四九三）																	
三（一四九四）																	
明応 五（一四九六）																	
文亀 一（一五〇一）					脇カ					三カ							
永正 一（一五〇四）二・一三																	
二（一五〇五）二・一三													三		脇		
永正 九（一五一二）二・一三			脇									三					
一〇（一五一三）二・一三																	
一一（一五一四）二・一三																	
一二（一五一五）二・一三																	
一三（一五一六）二・一三								三	脇								

（本表には、本書六二六―六二七頁に掲出した新出の事例三点を反映させている）

一四（一五一七）二・一三 弘中興勝	一五（一五一八）二・一三 杉 興長	一六（一五一九）二・一三 杉 興重	一七（一五二〇）二・一三 神代貞総	大永一（一五二一）二・一三 問田興之	大永四（一五二四）二・一三 杉 興道	五（一五二五）二・一三 山田興成	六（一五二六）一・一三 大内義興	享禄三（一五三〇）	四（一五三一）二・一三 杉 重信	天文一（一五三二）二・一三 陶 道麒	天文三（一五三四）二・一三 陶 特長	四（一五三五）二・一三 杉 興相	五（一五三六）	六（一五三七）二・一三 仁保興奉	天文二〇（一五五一） 陶 隆房	二一（一五五二）四・一三 弘中道祖市丸	二三（一五五四）二・三 山田隆朝	弘治一（一五五五）二・一三 内藤隆通	二（一五五六）二・一三 杉 重輔	永禄二（一五五九）二・一三 杉 長相	三（一五六〇）二・一三 杉松千代丸	四（一五六一）二・一三 杉 元重	五（一五六二）二・一三 朝倉隆秋	六（一五六三）二・一三 仁保隆尉	七（一五六四）二・一三 ｜	八（一五六五）二・一三 市川経好	九（一五六六）二・一三 南方元恵	一一（一五六八）三・一三 毛利輝元	一二（一五六九）二・一三 毛利輝元	元亀一（一五七〇）二・一三 毛利輝元	二（一五七一）二・一三 ｜	三（一五七二）二・一三 毛利輝元	天正二（一五七四）二・一三 杉 連緒	三（一五七五）二・一三 桂 広信	四（一五七六）二・一三 南方元雅	五（一五七七）二・一三 ｜	六（一五七八）二・一三 毛利輝元	八（一五八〇）四・一三 毛利輝元	九（一五八一）二・一二 毛利輝元	一五（一五八七）二・一三 ｜	一六（一五八八）二・一三 ｜	一九（一五九一）二・一三 ｜
三											三													三					脇					三		脇			脇	脇		
								三																					三					脇					脇				
							三													三																						脇
								脇													脇					脇				脇					脇						脇	
脇											脇																脇				三											
							脇																																			
	脇												脇					脇					脇												三						三	
				三																						三											脇					
																					三							脇					三									
																											三				脇						三					
				脇																				脇						三												
																				脇					脇							脇										三
										三													三						三					脇		三			三	三		
	三												三					三							三							三						三				
										脇																																
									脇																																	
		三										三					三																									
			脇																																							
			三																																							
									三																																	
		脇										脇					脇																									
					三																																					
														脇					脇																							
					脇																																					
						脇																																				
																三																										
																脇																										
														三					三																							
						三																																				

兄弟間の主導権争いが起こって政情不安の状況が続いたが、鷲頭弘為が盛見に反旗を翻すとすれば、応永一〇年（一四〇三）四月に将軍足利義満が盛見の追討を中国地方の国人たちに命じたときをおいて他にあるまい。この戦乱において弘為は盛見の反撃をうけて長門赤間関で戦死したものと思われる。(27)

では、なぜ鷲頭弘為が盛見に叛したかについて考えると、鷲頭氏が大内氏の有力庶家であり（もと惣領家であった可能性も否定できない）、建武新政期以来南北朝前期にわたって周防守護の職にあった長弘（盛見の曾祖父重弘の弟。鷲頭家に養子として入る）の孫であることが着目される。(28)大内氏と一門鷲頭氏との抗争として、暦応四年（一三四一）の「一苗家風之代官等」（鷲頭氏の代官と推定されている）が氷上山興隆寺を放火・炎上させるという事件がある。(29)大内氏の支配の精神的中核としての興隆寺は再建されねばならなかった。こうして大内弘幸（重弘の子息。寒巌妙嚴）代の貞和五年（一三四九）一一月本堂造替が成ったが、本堂供養がなされたのはこれより五〇年余り経った応永一一年（一四〇四）二月のことであった。(30)このように考えると、大内氏はすでに鷲頭氏を押さえて一族の主導権を掌握したものの、なお対立の余波が鷲頭氏との間に立っていたのではあるまいか。応永九年大内氏が翌年の二月会の大頭役に鷲頭弘為を指名したのは（この当時すでに鬮で選んだかは不明）、大内氏の鷲頭氏に対する一種の賦課行為だったのではないか。盛見が弘為滅亡ののち、興隆寺本堂供養を行ったのも決して偶然ではあるまい。

次に、この頭役差定状にみえる脇頭・三頭に注目しよう。この場合、脇頭が周防国熊毛郡波野村に、三頭が同国玖珂郡日積村北方に指定され、後代の通例のように郡単位ではないのは、制度・行事としての修二月会の運営方法と用途負担の仕方がまだ定式化するに至っていないことを示唆している。また、大頭と脇頭の間に「此頭未進壹貫九百余」と、三頭の左側に「此頭有無沙汰、応永十一年ニ辯リ」と記入されている。原本不明の現在、この書き入れがどの時点でなされたかを知るのは困難だが、内容からみて、かなり早期の書き入れと推測される。この二つの書き入れのうち後者は明らかに三頭に付いたものである。前者はどうかというと、大頭の左側に付いてはいるが、これはおそらく脇頭についての書き入れであろう。つまり、脇頭も三頭も納入期限内に完納されていないのである。このように大頭役人事が不安定であること、費用納入が不徹底をまぬがれぬこと、それに脇頭・三頭が郡単位でなく郷・村であること。それらが初期段階での修二月会催行の特徴といえよう。

この応永九年の頭役差定状には関連する文書が残存している。「興隆寺文書」に入っている次の大内氏奉行人連署書状である(31)。

地下注進状者可返給候、

二月会脇頭御料足波野郷より一倍四十貫文内三十五貫二百五十八文送進之候、催促奉行杉次郎・長谷河民部丞状、為御披見進之候、不足四貫余事、弘中左馬助（重綱）知行小行事畑難渋故候、此分追致催促、可遂之候、先現納前御請取候者、可目出候、郷内諸給人幷寺社領悉奔走仕候、依彼左馬助（弘中重綱）一人無沙汰候、年内寺納延引候、又諸給人煩も此仁故候、無勿躰候、何様不足分事、重々可申付候、現物御請取候者、可目出候、恐々謹言、

（応永十年カ）二月十八日　（中村）専阿（花押）

（白松）基定（花押）

（杉）重綱（花押）

氷上年行事御中

この文書が先の応永九年大内盛見頭役差定状にみえる「脇頭　波野郷」についてのものであることはまちがいない。このことに着目した太田順三は右の文書の年次を応永一一年と推定したうえで、

周防国熊毛郡波野郷の料足について応永十年の期限内に進済できず、翌十一年になっても弘中重綱の知行分が滞り、四貫余の不足分がある。本来の二〇貫文の料足の倍額、四〇貫文の内三五貫二五八文が配符の催促奉行によって送進され、大内家奉行衆から氷上山の年行事へ渡されている。脇頭の頭役の料足は、波野郷内

の諸給人、寺社領一率《ママ》に田数に応じて賦課され、催促奉行を通じて給人・寺社から配賦・収納されたのであろう。(32)

と述べているが、おおむね首肯される理解である。

二月会の脇頭・三頭の負担額および納入期限、延引した場合の罰則については、宝徳二年（一四五〇）二月一三日修二月会脇頭・三頭役次第注文(33)（これについては後述）の後半部の、以下の文章に示されている。連署者はおおよそ守護代・郡代クラスの大内家臣である。

　二月会脇頭弐拾貫文・三頭拾貫文事、任此注文之旨、国々御代官随田数分際、致催促、年内可有寺納之、若十二月過者可為一倍沙汰之、次至此間勤仕在所者一廻之間、可被閣之、仍所定如件、

　　宝徳二年二月十三日

　　　　　　　　徳松丸
　　　　　　　　盛安《仁保》（花押）
　　　　　　　　道行《内藤》（花押）
　　　　　　　　宗国《杉》（花押）
　　　　　　　　有貞《内藤》（花押）
　　　　　　　　弘直《右田カ》（花押）

ここにみる脇頭・三頭に関する規定は、①負担額は、脇頭が二〇貫文、三頭が一〇貫文であること、②「国々御代官」（おそらく守護代の意か）が田数分際によって、年内に徴収すること、③もし一二月を過ぎれば「一倍沙汰」とすること（「一倍沙汰」とは、トータルでは二倍ということである）、④これまでの勤仕の順序は無視し、あらたにこの注文に従って順に負担すること、という具合に整理されよう。これは脇頭・三頭役勤仕についての基本原則を明文化したもので、これによって修二月会は恒常的運営をめざして本格的なスタートを切ったといってよいで

あろう。

これをふまえて、太田が応永一一年と推測した先の年未詳大内氏奉行人連署書状についてみよう。応永九年二月一三日に決められた脇頭・三頭役負担は翌年の二月会の費用であるから、応永九年の一二月までに納入すべきものとみるべきであろう。そのように考えると、納入遅延のことを述べる同文書の年次は、応永九年の翌年、すなわち応永一〇年とみるほうが妥当ではないか。

もう一つ考えておくべきは、納入が遅延して「一倍沙汰」、つまり二倍納入となった時、ペナルティーとして荷された分は関係者全員で負担するのか、あるいは当の遅延者が出すのかという点である。このことについてはくだんの連署書状に「郷内諸給人幷寺社領悉奔走仕候」や「又諸給人煩も此仁故候」云々という文章がみえていることから、関係者全員の共同負担ということになるのではないか。

このようにみてくると、脇頭・三頭の負担額は、応永九年の頭役差定状の初見の段階と変わらないことになる。頭役を負担させられた二つの郡はそれぞれの守護代の指揮によって、郡内の諸給主・寺社から田数に従ってそれぞれ負担すべき額を徴収したものと考えられる。つまり二月会神事を支える費用調達方式はすでに応永年間にその存在を確認することができるが、本格的な制度的整備は宝徳二年（一四五〇）を待たねばならなかったとみてよいであろう。

（二）宝徳二年二月一三日修二月会脇頭・三頭役次第注文

宝徳二年（一四五〇）二月一三日修二月会脇頭・三頭役次第注文の成立は、大内氏の二月会にとって重要な画期となったことはまちがいない。(34) 当主は大内教弘である。教弘は寛正二年（一四六一）六月、領国の諸郡より山口までの行程日数を定めるなど、領国支配を格段に強化した大内当主として知られている。同注文の成立はこうした教弘の政治志向と無関係とはいえまい。

この注文は一言でいえば、脇頭・三頭を負担する二つの郡の組み合せ一覧である。河合正治氏の指摘のように、この注文は宝徳三年・辛未（一四五一）から文明元年・己丑（一四六九）までの各年の脇頭・三頭の担当郡を書き出したものである。(35)周防六郡、長門九郡（厚狭は厚狭・厚東・吉田に三分化、豊浦は豊東・豊田・豊西に三分化）、筑前一三郡、豊前八郡、安芸西条（東西条）、石見邇摩郡の合計三八であるから、二つずつの組み合せが一九通りできる。一九年一巡の原則が定まったのである。また同時に、佐伯弘次が指摘したように、ここに記された国郡は当時の大内全領国を示すと考えられる。(36)脇頭と三頭との組み合せ方法をみると、だいたい同国内の二郡を充てている。例外としては、脇頭＝安芸国西条、三頭＝石見国邇摩郡（寛正五年）、脇頭＝筑前国穂波郡、三頭＝長門国豊東郡（応仁二年）の二例があるのみである。運用の利便性を考慮したのであろう。

これらの郡々を子細に検討すると、筑前国では志摩(37)と宗像の二郡が含まれていないことがわかるけれども、志摩郡は大友氏の支配に属していたから含まれなくて当然で、また宗像郡については当地の国人宗像氏との関係が考慮されよう。(38)ここに示された組み合せ方式がこののち長く維持されたことは、現存する頭役差定状が立証している。

この一九年一巡の原則が実際にはどのように運用されたか、頭役差定状の実例に即してみてみよう。一覧表にみるように、右の注文の最後に記載された文明元年・己丑ののち、時間的に最も近い事例は永正元年（一五〇四）二月一三日頭役差定状（「興隆寺文書」）である。この頭役差定状で翌年の脇頭に長門国豊田郡、三頭に同国厚東郡が充てられている。これは文正元年・丙戌（一四六六）（脇頭・三頭の担当郡は同じ）より三八年後で、一九年一巡が二度めぐってきたものと解される。つまりこの年までは先の注文の原則が遵守されていることとなる。

他の事例についても逐一同様に調べてゆくと、永正一四年（一五一七）までは原則どおりに決められているが、翌永正一五年（一五一八）から小さな変化が認められる。それはこの年脇頭は長門国厚狭郡、三頭は同国美祢郡と決められているが、原則でいうと、この年は脇頭に豊前国中津郡が、三頭に同国上毛郡が書き出されるはずであった。この豊前国二郡は翌永正一六年（一五一九）に書き出されている。つまりこの両年においては原則をはずれて相互に入れ替わっているのである。

この後大きな変動が訪れる。永正一七年（一五二〇）には、脇頭に豊前国下毛郡、三頭に同国宇佐郡が書き出されている。一九年一巡の原則でゆくと、脇頭＝下毛郡、三頭＝宇佐郡の組み合せは大永二年（一五二二）に相当する。とすれば、永正一六年と同一七年の間に二組が一脱落したことになる。先の注文によってみれば、この脱落した二組とは筑前国怡土郡と同国夜須郡、それに安芸国西条と石見国邇摩郡の組み合せであることがわかる。この二組脱落が何を意味するか検討が必要である。或いは、何らかの政治的変動の結果であるかもしれない。

こうして一巡の年数は二年早まることになり、一七年一巡の方式がしばらく続く。同様にみてゆくと、天文四年（一五三五）と同五年（一五三六）がこの方式のもとで入れ替わっていること、翌天文六年（一五三七）には前回脱落した脇頭＝怡土郡、三頭＝夜須郡の組み合せが復活していること、天文六年より一九年後の弘治二年（一五五六）に同じ組み合せが登場していることが知られる。一旦一七年一巡になっていたものが再びもとの一九年一巡の方式に戻ったものと考えられる。脇頭＝安芸国西条、三頭＝石見国邇摩郡の組み合せも復活したのであろう。この復活がどのような事情によるか不明であるが、あるいは大内義隆の尽力によるものかもしれない(39)。大内義隆代の後半期は頭役差定状が残っておらず不明と言わざるを得ない。

天文二〇年（一五五一）九月に大内義隆が自刃した。翌年山口に入り、大内氏の跡を継いだ大内義長の代についてみよう。頭役差定状は三例しか残存しない。しかし三例とも一九年一巡の原則にのっとっている。義長の時代が政治的な不安要素を多く有していたことは疑えまい。義長が弘治二年二月一三日氷上山妙見大菩薩に呈した願文のなかで「恒例之修二月会、近年依乱世雖令菲薄、非無丹精」と記したことは前述したが、この文章は義長代の二月会が簡略化されこそすれ、廃絶したとは言っていない。「非無丹精」とはそれなりに丹精を込めているという意である。義長は二月会の催行に懸命の努力を傾けたものと思われる。

このようにみてくると、宝徳二年（一四五〇）二月一三日に成立した修二月会脇頭・三頭役次第注文は、大内氏の支配領内の郡々に脇頭・三頭役を勤仕させるための基本的な規定であり、経済的負担を媒介として支配領国の国人たちを大内氏の氏神氷上山の神事に結集させ、大内氏の領国支配を経済と精神の両面から支えるうえで、重要な役割を果たしたといえよう。換言すれば、大内氏は宝徳二年の段階ですでにそのような領国支配ための具体的な構想とこれを実施する力とを持ち合わせていたのである。

（三）頭役の選定

（i）鬮による大頭役選出

二月会の頭役、大頭・脇頭・三頭のなかで最も中心的な役割を果たすのは、頭役差定状の冒頭に記される大頭役である。大頭役は「大役」であり、所帯を沽却したり家財を質入れしたりするほどの重い経済的負担を伴った。(40)そのような大頭役には大内氏の有力家臣のなかから毎年一人選ばれた。

では具体的にどのような人々が大頭役を勤めたか、また大頭役はどのようにして決定されたかについてみよう。「興隆寺文書」に関係の史料が残っている。以下、一括して掲載する。

①陶弘詮書状(41)

「（礼紙ウワ書カ）

「（追筆カ）大頭役事」（切封墨引）

陶兵庫頭

相良遠江入道殿　弘詮」

為年始之儀、去十日致参上、只今罷上候、仍氷上山大頭役御鬮事、法泉寺殿御在洛御留守中如何候哉、定可有御覚悟候、若無其儀候者、明日御登山之時、以御尋具御申通可致注進之由候、恐々謹言、

（文亀二年カ）正月廿九日　（陶）弘詮（花押）

相良（正任）遠江入道殿

②相良正任書状案㊷

（端裏書）「文亀二年二月二日　法泉寺殿様御在洛御留守之時御鬮事、相良遠江入道正任言上案文」

法泉寺殿様御在京之時、於御留守　氷上山大頭役御鬮事、預御尋候、御札委細存其旨候、尾州より来年誰と御伺候、妙喜寺殿様の御自筆の　御書まいり候て、都鄙被仰調候間、なにと御申候とハ、不存心仕候、当山深秘にて御座候次第をハ、連々御定候、自明日可参籠仕候間、尋申候て、委細重而可令申候、恐々謹言、

（文亀二年カ）正月廿九日　（相良）正任

陶兵庫頭殿（弘詮）　人々御中

③相良正任書状案㊸

法泉寺殿様御在洛御留○守中　氷上山大頭役御鬮事、別当源孝法印に尋申候へハ、其比の時宜無御存知之由被仰候間、仏乗坊源俊僧都に尋申候処、彼被申候者、くわしき事をハ存知仕候ハねとも、其比尾州の御そはに不断候て承候ハ、未懃の人数を尾州御しるし候て、此内これ〳〵御鬮人数にて候とて、妙喜寺殿様へ御申候て、御鬮をハ　御名代の御かたいつも　殿様の御したゝめ候やうに御したゝめ候、御鬮をめし候やうも不相替候とおほえ候由被申候、京都へ　妙喜寺殿様・尾州なと御伺候やうハ、去廿九日申候つる分に候、以此旨可有御注進候哉、恐々謹言、

二月三日《(文亀二年カ)》　正任《(相良)》

陶兵庫頭殿《(弘詮)》　人々御中

(末尾貼紙)「明応八年二月九日於　御前、正任依仰書之」

④相良正任書状案(44)

(端裏書)「大頭役未懃注文進上之時、相良遠江入道正任状案文文亀二二三 此注文同十一日返給了」

御奉書謹以拝見仕候、仍　氷上山大頭役未懃人数注文事被仰出候、別当前にて相共、二月会箱を開候て、彼注文撰進上仕候、此人数御秘密之由、法泉寺殿様堅被仰含候之間、うへをつゝミ候て、かたくそこいつけに仕候て進上候、此折紙のうらに未懃の人のかたに親父の名字をつけさせられて候者ハ、未懃にてハ候へとも、その家に被懃たるとしのちかく候を可被知食ために、明応八年歟《二月》つけさせられたる物に候、自然御事しけく候て、御心得にくゝも候てハと存候て言上仕候、以此旨可預御心得候、恐々謹言、

二月三日《(文亀二年カ)》　正任《(相良)》

弘中兵部丞殿《(武長)》

(末尾貼紙)「明応八年二月九日於　御前、依　仰正任書之」

各文書には年次がなく、また正文と案文とが混じっている。まずこれらについて考えよう。①は正文であるが、②～④は同筆で案文。①と②～④とは一見異筆のようだが、共通に登場する「法泉寺殿」の文字に注目すると、その筆跡の特徴は同一人のものと考えてさしつかえないように思う。だとすれば、①～④はいずれも同一人の筆になるわけで、もし①を陶弘詮の自筆書状とすれば、それらはすべて陶弘詮が書いたものだということになる。さらに④にも端裏書があるが、その筆跡も他と同じである。また②と③とは二紙を貼り継いで二通続けて書かれている。②の端裏書（この端裏書は②③の双方にかかるとみるべきである）は本文と同筆、「文亀二年二月三日」の表記

は、「相良遠江入道正任言上」という文言からわかるように、①に対する二通目の返事③を陶弘詮が受け取った日にちであろう。とすれば、①〜③の年次は文亀二年ということになる。ようするに、②〜④はセットとして陶弘詮によってしたためられた相良正任書状の案文であって、陶弘詮は何らかの理由で自らに充てられた②③のみならず、弘中兵部丞（武長）にあてられた④の文書の案文をつくったと考えられる。

次に各文書の内容についてみよう。①は、大内氏重臣陶弘詮（「大内系図」によると大永三年〈一五二三〉一〇月二四日、筑前国箱崎で没）が相良正任に対して、法泉寺殿（大内政弘）が在洛中には「大頭役御鬮事」、つまり大頭役を決める鬮取りをどのように行っていたかについて尋ねたものである。これによって大頭役鬮は大内氏の当主が氷上山妙見神の神意をうけて取ったものであることが知られる。無年号であるが、文亀二年（一五〇二）と推測した。大内政弘はすでに明応四年（一四九五）九月に没していたし、相良正任は政弘の信任厚い側近右筆であったことから陶弘詮に尋ねられたのであろう。それではなぜ陶弘詮が文亀二年の段階で相良正任に修二月会の鬮取りについて尋ねたのであろうか。弘詮は大内義興の老臣として、義興の在京中には在国して領国の維持につとめたことは知られている。おそらく、主義興はかねて上洛の意思を持っていたので（永正五年〈一五〇八〉〜同一五年〈一五一八〉の間在京）、弘詮は将来義興が上洛した場合の修二月会の鬮取りの仕方についての情報を収集しようとしていたのではないか。そのため、政弘の在洛時代を経験した相良正任にそのことを尋ねたものと推測される。

これに対して正任は②をしたためた。前述のように、端裏の「文亀二年二月三日」の日付は陶弘詮の受領の日を意味するか。正任は弘詮の質問にきちんと答えられなかったが、②では、「尾州より来年誰と御伺候、妙喜寺殿様の御自筆の御書まいり候て、都鄙被仰調候」の記事が注目される。「尾州」とは陶弘詮の兄弘護で、弘護は応仁文明の乱で大内政弘が在京している間、在国して周防守護代に就き、領国支配の維持に尽力した。また「妙喜寺殿様」とは大内政弘の母であろう[45]。右の記事は、大内氏の当主の不在時の大頭役決定のさい、最も信頼の厚い家臣陶弘護と政弘の母、そして京都の政弘との間で連絡調整がなされたことをいうのではないか。

さらに③をみよう。③は②の三日後にしたためられたものと思われるが、正任はこの間に政弘留守中の氷上山大頭役御鬮のことについて氷上山別当源孝に尋ねたが分からず、氷上山十坊の一つ仏乗坊源俊僧都に尋ねたところ、源俊が言うには、詳しいことは知らないが、その頃（政弘が在洛中、つまり応仁二〈一四六八〉～文明九年〈一四七七〉ころ）ふだん「尾州」陶弘護のそばにいて承ったことには、大頭役をまだ勤仕していない面々を弘護が書き出して、そのうちの誰々が今回の鬮の人数だということを「妙喜寺殿様」（政弘の母）に申して、大内当主の名代[46]が「殿様」（政弘）のするように鬮を書いた。この鬮の取り様（おそらく二月会当日の二月一三日か）も政弘と変わりがないと思う、と。こうして決まった大頭役勤仕者の名は政弘母や陶弘護をとおして、在京中の政弘に上申され、承認を受けたのであろう。こうして大頭役が決定するならば、頭役差定状が二月一三日当日に発給されるはずはあるまい。大内氏当主が署判して出す頭役差定状は少なくとも数日遅れるからである。

政弘の子息義興の頭役差定状に即していえば、義興が在京中であるにもかかわらず、二月一三日付で頭役差定状を発給した例がある。義興は永正四年（一五〇七）暮、足利義稙（義材・義尹）を奉じて海路東上しようとし、翌五年六月に入洛。その後、義興が京都を去り、周防山口に帰着するのは永正一五年（一五一八）一〇月のことである。[47]この間に、永正九年から同一五年におよぶ都合七通の頭役差定状（日付はいずれも二月一三日）が残存する事実は、[48]頭役差定状が実際には必ずしもその日付どおりの二月一三日に発給されるとは限らないということを示している。同様に考えれば、政弘の在洛中、二月一三日付の頭役差定状は、実際にはこの日よりのちに発給された可能性が高い。

なお、③の末尾には「明応八年二月九日於　御前、正任依仰書之」と書かれた貼紙が着いている。明応八年（一四九九）は文亀二年（一五〇二）の三年前にあたる。筆跡は本文を書いた陶弘詮のものと思われる。「御前」とは大内義興、で、「正任」はむろん相良正任である。この貼紙が②③に付けられたものであるとすれば、「書之」の文言の「之」とは②と③を指すとみるのが常識的であろう。しかし②と③の文書正本を正任がしたためたのは文亀二年であって、明応八年であるはずがない。とすると、この貼紙は何かの錯簡であるとみるしかあるまい。

さらに④をみよう。④も陶弘詮の筆とみられる。端裏書によれば「大頭役未勤注文進上之時」、相良正任が発した書状の案文だという。「文亀二年二月三日」とは④の日付であろうから、④の年次は文亀二年とみてよかろう。④は陶弘詮にあてられたものではない。書き出しに「御奉書謹以拝見仕候」とあるから、相良正任が④をしたためたのは「御奉書」、つまり大内氏奉行人連署奉書を受けたからである。宛名の弘中兵部丞武長は、この奉書に連署した大内氏奉行人の一人で、当時修二月会催行の責任者の一人であったと考えられる。(49)④は「大頭役未勤人数注文」についての相良正任の書状の案文である。「大頭役未勤人数注文」とは、翌年の修二月会の大頭役を鬮で選ぶにあたって、まだ大頭役を勤めていない該当者の注文（リスト）のようである。その注文の作成方法について正任は自らの体験を披瀝しているのである。それによると、「別当」つまり氷上山別当の前で「二月会箱」を開いて、注文を「撰進上」する。「撰進上」とは、作成して上呈するという程度の意味であろう。

また「二月会箱」とは何であろうか。この言葉は以下の史料にもあらわれる。(50)

当社　御祭礼無事被遂其節候由御注進、致披露候、尤目出被思召候由候、次来年大頭差文　御判申出、進之候、則可被調二月会箱候、判進之候、同箱可被付候、恐々謹言、

二月廿日　　　　　　　　弘胤《問田》（花押）

氷上山　大坊　御報

問田弘胤の書状である。(51)問田弘胤は大内氏奉行人としては文明末（一四八〇年代半ば）から永正初（一五〇〇年代）にかけて登場している。大内氏の当主でいうと、政弘の代末期から義興代にかけての時期である。本文書で、問

田弘胤は氷上山の別当坊である大坊に対して、「御祭礼」（この年の二月会であろう）が無事終了したことを大内氏側に披露したことを告げ、来年の二月会頭役差定状については申し出のとおり大内氏当主の判を据えて氷上山に進めるので「二月会箱」を整えて納めてほしい、といっているのではないか。年次は不明だが、以下との関連で、明応三年（一四九四）以降とみなしたい。

もう一つ関連すると思われる史料がある。興隆寺証文箱蓋の墨書裏書である(52)。

当山毎年修二月会大頭差文・同歩射舞童屈請等之記幷御寄進状・奉書以下之事、年々分至当年者、被写置山口殿中文庫訖、於後年者、祭礼翌日為執行坊役、案文悉可被調進之由被仰出畢、此旨可有存知者也、

明応三甲寅年二月十三日

これによれば、氷上山修二月会大頭差文（頭役差定状のこと）・修二月会歩射舞童屈請の記録・御寄進状・大内氏奉行人連署奉書など修二月会関係の文書の写は、明応三年（一四九四）をさかいに、それ以前には「山口殿中文庫」つまり大内氏の本拠である山口の大内氏館の文庫に納めることになっていたが、同年以後は祭礼の翌日に執行坊の役目として案文をことごとく整え進めるように、と決められたことが知られる。納める先は氷上山であろう。先述の「二月会箱」とは、氷上山側でこれらの文書を納めた箱をいうのではあるまいか。「二月会箱」にはこれまでの大頭役勤仕関係の資料が納められているので、これらの資料によってまだ大頭役を勤めていない面々のリストを作ったのであろう。

④によると、注文は「うへをつゝミ候て、かたくそこいつけに仕候て進上候、此折紙のうらに未懃の人のかたに親父の名字をつけさせられて候」とあり、注文の上方を堅く糊付けしたこと、注文の形状は折紙であったらしいこと、子が未勤であっても父親が勤仕済みの場合は、その未勤の子の名前の肩に父親の名字を書き付けたこと、が知られる。父親の名字を書き付けたのは、一族内に近年大頭役を勤めた人のいることを知らせるためで、それ

は明応八年二月のことである。

前述のように④は陶弘詮にあてられたものではない。ならば、そのような文書の案文を弘詮が作った理由がなくてはなるまい。おそらくそれは、②③の案文を作った理由と同じで、義興上洛を間近に控えて、陶弘詮が義興留守中に修二月会を行うためのデータを収集することを余儀なくされたことによるのではないか。④の末尾に付された貼紙も錯簡であろう。

ここで次の文書に注目したい。「興隆寺文書」所収の「二月会大頭役未勤衆注文」である。(53)

（端裏書）「未勤衆　伴田中左衛門尉弘歳、於　御前筆之」

問田大蔵少輔（弘胤）　右田右馬助（弘量）
（延徳二年勤之）弘中玄蕃助　杉大膳進
杉平左衛門尉（武明）　（明応十年）相良遠江守（正任）
仁保左近将監（護郷）　豊田又太郎
（明応二年勤之）山田安芸守　（延徳四年勤之）千手治部少輔
大家出雲守　（延徳三年勤之）上野幸徳
伊田美作守（興理）　城井越前守（俊明）
碓井左衛門大夫（武資）　安富犬法師
麻生刑部少輔　（延徳三年勤之）城井常陸介秀直
長州　二宮
郡司嶋越前守（忠経）　吉賀谷肥後守（盛通）

この文書はその筆跡から、相良正任の記したものと考えられる。端裏に「未勤衆」とあるから、この文書はまだ修二月会の大頭役を勤仕していない面々を書き出したものとみられる。端裏にみるように、注文正本は「伴田中左衛門尉弘歳」が「御前」つまり大内当主の前でしたためたものである。伴田弘歳は大内氏の奉行人の一人で、右筆と考えられる。この伴田弘歳が書いた注文を相良正任が写したものが右の文書だということになる。ただし端裏書そのものは相良正任の筆跡ではないように思われる。成立年代は不明だが、未勤衆六人の肩に書き込まれた年次に注目すべきである。この種の年次には延徳二年（一四九〇）、同三年、同四年、明応二年（一四九三）、同四年、同一〇年（一五〇一）の六つがあり、これらはこの未勤衆正本が伴田弘歳によって書かれて以降、相良正任がその写を作成した時点までの間に大頭役を勤めた者たちの個所に書き加えられた年次とみなすべきであろう。であるならば、伴田弘歳がこの未勤衆注文を書いたのは延徳二年以前であり（大内政弘の代）、相良正任がそれを写したのは明応一〇年以降（政弘の子息義興の代）ということになるが、先にあげた史料①との関係で推測すると、文亀二年（一五〇二）正月に陶弘詮が修二月会関係のことがらについて相良正任に尋ねた際、正任がこれに応じて筆写・提供した未勤衆注文のサンプルとみてよいのではあるまいか。実際、大頭役の選定に際しては、このような未勤衆注文は本来大内氏当主の「御前」で作成されて、その中から翌年の大頭役勤仕者が鬮で選ばれるという方法がとられたのであろう。

　ようするに、②〜④の文書は、大内義興の上洛に先だって、修二月会を行うために陶弘詮が整えたデータであると結論付けることができよう。

（ⅱ）頭役関係文書の発給

　さて、大頭が選出されると、先述した脇頭・三頭と一括して、頭役差定状という形で頭役が決定される。しかし、この頭役差定状は、大頭以下の負担者に交付されるのではない。頭役差定状は言ってみれば台帳であって、本人への大頭役決定の通知は大内氏奉行人連署奉書によってなされた。大頭役に決まった者はさらに文書を発給する。そのへんの手続きを文書のやりとりによってみておこう。

①大内氏奉行人連署奉書(54)

来年修二月会大頭役事、任御鬮被差定畢、然者如先例可有懃仕候之由、依仰執達如件、

寛正七年二月十三日　　左衛門尉藤原（花押）

中務少輔多々良（陶弘房）（花押）

杉右京亮（弘国カ）殿(55)

②杉重信請文(56)

御奉書謹拝見仕候、抑来年修二月会大頭役事、任　御鬮可令懃仕之由被仰出候、畏存候、聊不可有無沙汰如在之儀候、此之由可預御披露候、恐惶謹言、

（享禄四年カ）二月十五日　　（杉）平重信（花押）

進上　問田鶴童殿

沼間隼人（興国）佑殿

③杉重信請文(57)

来年興隆寺修二月会脇頭役之儀、相当豊前国田河郡之条、彼料物弐拾貫文事、申触可令寺納之旨被仰出候、厳重可申付之由可預御心得候、恐々謹言、

（享禄四年カ）二月廿七日　　（杉）重信（花押）

沼間隼人（興国）佑殿

相良中務（武任）丞殿

貫越《(武助)》中守殿

④杉重信請文[58]

来年興隆寺修二月会三頭役事、相当豊前国築城郡条、彼料物拾貫文儀、申触可令寺納之由被仰出候、存其旨候、堅固可申付之由、可預御心得候、恐々謹言、

二月《(享禄四年カ)》廿七日　重《(杉)》信（花押）

沼間《(興国)》隼人佑殿

相良《(武任)》中務丞殿

貫越《(武助)》中守殿

⑤長鶴丸（陶カ）書状[59]

来年修二月会大頭役事、任御鬮被差定候由蒙仰候、千秋万歳目出大慶候、如先例可令懃候之由、可得御意候、恐惶謹言、

二月十五日　長鶴《(陶カ)》丸

氷上山別当　御同宿御中

まず①の大内氏奉行人連署奉書によって知られるのは、大頭が鬮で選ばれると、さっそくそのことを伝える大内氏奉行人連署奉書が当人に対して発されたことである。①は大内政弘が家督を継いで間もない寛正七年（一四六六）の例で、頭役差定状と同じ二月一三日付となっている。宛名の「杉右京亮」（弘国）は寛正七年（二月二八日に文正と改元）の翌年、つまり文正二年（一四六七）の修二月会の大頭役を勤めたわけである。

以上のことをふまえて②をみよう。②の年次は享禄四年（一五三一）と考えられるが[60]、この文書は翌年の修二月会の大頭役に決まった杉重信がその役の勤仕を了承することを大内氏側の担当奉行に伝えたものである。宛所

の問田鶴童と沼間隼人佑（興国）とは、①のような奉書を杉重信に対して発した大内氏奉行人であろう。②の冒頭の「御奉書」とはその奉行人連署奉書をさしている。このうち、沼間興国は享禄四年当時「当山《氷上山》御申次」という役職にあり(61)、氷上山と大内氏の政庁とをつなぐ任務を負っていたと考えられる。差出人杉重信はこの文書に限って「平」姓を用いている。

そして③は脇頭関係の文書である。③では、享禄五年の修二月会において大頭役を勤仕することになった杉重信が、同年の脇頭が豊前国田河郡に相当することを確認し、料物二〇貫文を寺納することを大内氏側の担当役人に報告している。宛所の沼間隼人佑（興国）・相良中務丞（武任）・貫越中守（武助）の三名は大内氏奉行人で、本件の担当奉行であろう。②の宛所の沼間興国はここにも現れるが、もう一人の問田鶴童の名はない。担当奉行の変動があったか、あるいは大頭と脇頭では大内氏側の担当役人が若干異なるのかもしれない。脇頭と三頭の担当はすでに決まっているから、その順序に従ったであろう。負担額が二〇貫文であり、すでに述べた宝徳二年（一四五〇）段階と同額であることは注意してよい。③の文中に「申触可令寺納之旨被仰出候」とあるところからみると、大内氏側から奉行人連署奉書が杉重信に充てて出され、これを受けて杉重信は「厳重可申付之由」返答したのである。脇頭の料物を寺納するにあたって、大頭役担当者が重要な係わりを有している点も注意される。

さらに④は三頭関係の文書である。④でも大頭役を勤める杉重信が享禄五年の三頭が豊前国築城郡に相当することを確認し、料物一〇貫文を寺納することを大内氏の担当奉行に報告している。脇頭についての③と同様で、三頭役料物の額も宝徳二年段階と同額である。

このようにみてくると、脇頭・三頭役の料物徴収にあたって、大頭役を勤める者の主導権が認められていたことになる。先にあげた宝徳二年二月一三日大内氏奉行人連署定書（五九四頁）によると、脇頭・三頭の料物は「国々御代官随田数分際、致催促」と定められていたから、「国々御代官」すなわち国々の守護代の指揮によって徴収されたものと思われる。そこで、大頭役を勤める者のその主導権が何に淵源するかを考えるとき、彼がすなわち守護代であれば好都合なのであるが、実際はそうとはかぎらず、むしろそのような措置は施されなかった模様である。とするならば、大頭役勤仕者は該当国の守護代の協力を得て、所定の料物を当該郡より徴収し寺納したとみるほかあるまい。大頭役が重い経済的負担を伴う「大役」と認識されたのは、そのような難しい仕事にも起因するのではあるまいか。

ちなみに⑤は年未詳であるが、長鶴丸[62]が鬮で大頭役に決まったことを「千秋万歳目出大慶候」とし、氷上山に対し「如先例、可令懃候之由」を言上した文書。大頭役勤仕が決まった者は、このような文書を氷上山に提出して、大頭役勤仕の意思を伝えたのであろう。

ようするに、大頭役に決まった者は修二月会を催すために、脇頭・三頭役料足の徴収を指揮するなど、主導的な役割を果したということができる。

(iii) 大頭役の勤仕者

さて、では修二月会の「大役」（それだけに経済的負担を伴う）である大頭役はどのような面々が勤め、また彼らは大内氏の家臣団内部でどのような地位をしめ、さらに一門・同族のなかではどのような位置にいたのであろうか。まず、史料により大頭役勤仕者を拾い、家別に整理してみよう。この場合、先に上げた「大頭役未懃衆注文」にみえる未懃衆も、いずれは勤めるはずであるから、含めて特に支障ないが、勤仕した確証が認められないのであえてはずした。

史料所見のある大頭役勤仕者を出身地、家ごとに整理すると次のようになる。

〈周防・長門〉

①鷲頭氏　弘為

②陶氏　道麟（興房）／持長／隆房(63)（晴賢）／長鶴丸(64)　○興房―隆房は父子

③内藤氏　興盛／隆道（通）　○興盛―隆通は父子

④杉氏　右京亮(65)（弘国）／勘解由左衛門尉(66)（武道）／重親／興綱／興長／興重／興道／重信／興相／重輔
／秀明(67)（寛正二年ころか）／与次郎(68)

⑤問田氏　興之

⑥飯田氏　興秀

⑦相良氏　正任

⑧弘中氏　玄蕃助／興勝／道祖市丸

⑨仁保氏　興奉

⑩安富氏　房行(69)（文明一〇年ころか）

⑪神代氏　貞総

⑫来原氏　興盛

⑬町野氏　弘風(70)

⑭僧侶　氷上山別当寛海(71)（享禄二年）

〈九州〉

⑮千手氏　治部少輔　○筑前国嘉麻郡

⑯麻生氏　興家　○筑前国遠賀郡

⑰山田氏　安芸守／興成　○豊前国か

⑱城井氏　秀直／弘尭　○豊前国か

〈不明〉

⑲上野氏　幸徳

一見するところ、大内氏の一門・譜代の有力家臣がほとんどをしめており、他に大内氏の支配下に組み込まれた九州の筑前と豊前の有力国人がこれに加わるという形をとっている。突出して多くの実例を残しているのは大内氏の有力家臣杉氏である。これは杉氏と二月会との特別の関係を想定しなければ理解できないと思われるが、いまにわかにそのことを明らかにすることはでない。杉氏の系図にしても部分的にしか知られておらず(72)、ここに登場する者たちの杉氏系図上の位置も明らかでない。しかし、陶、内藤、問田、飯田、相良など各氏の一門当主、あるいはそれに近い者たちが名を連ねている点からみると(73)、大頭役の勤仕は一族を代表するような者が一族の名誉をかけて勤める役目であったと推測することができよう。また、享禄二年（一五二九）には大頭役を氷上山別当寛海が勤めているが(74)、これは特殊な例であって、どのような事情によるのか深く掘り下げて考える必要がある。大頭役は「大役」であるがゆえに、経済的な側面で優遇された。以下の大内義興下知状(75)はそのことをよく示している。

氷上山修二月会大頭事、為大役之条、依其人或令沽却所帯、或入置家財於質券、依勤神役極無力、果而令懈怠武役之条、太以不可然、所詮至自今以後者、令差文頂戴者、古今質物幷沽却地等事、悉本主可令進止之、縦雖載堅約之詞於借状、不可立、但於差文頂戴以後之借物者、厳重可有其沙汰、仍所定置之状如件、

大永四年十一月十三日　（大内義興）（花押）

差文、つまり頭役差定状を受ける以前の質物・沽却地は本主（大頭役勤仕者）が取り戻すことができるとしたのである。このいわゆる大内氏の大頭役徳政についてはすでに着目されている(76)。大頭役が「大役」で、この「神

役」を勤めることによって経済的に疲弊すると「武役」をきちんと勤めることができないので、大頭役に決まる以前の分に限って質物・売却地の取り返しを認めたのである。そこには大内氏世界の「神役」と「武役」、言い換えれば、神への奉仕と主君である大内氏への奉公とが一体化している支配の状況を見てとることができよう。

(ⅳ)毛利氏時代の修二月会

大内氏の支配は、天文二〇年(一五五一)九月の大内義隆の自刃、弘治三年(一五五七)四月の大内義長の敗死を経て終焉をむかえることになるが、大内氏による修二月会催行は弘治二年(一五五六)まで確認することができる(77)。

では、大内氏が滅亡し、毛利氏がこれに替わって以降、修二月会はどうなったのであろうか。結論的にいえば、修二月会は規模を縮小しつつも、毛利氏によって継続されたのである。本節の最後に、毛利氏にうけつがれた修二月会について簡単に述べておくことにしよう。

毛利氏の代は、元就―隆元―輝元と続いてゆくが、毛利氏の時代に入って、修二月会が催行された事例として、永禄二年(一五五九)を最初として全部で二二例を検出することができる。このうち永禄六年(一五六三)までの全五例が隆元期のもの、残りはすべて輝元期のものである。元就期の例は一点もない。これは元就が天文一五年(一五四六)に家督を嫡子隆元に譲っていたためである。

毛利氏の代の頭役差定状と大内氏の代のそれとを比較すると、共通する点と異なる点とがある。まず共通するのは、頭役差定状を発給するのは領国支配の主であることである。毛利氏の代もその時点での当主が署判して頭役差定状を出している。脇頭二〇貫文・三頭一〇貫文の負担額にも変化がない(以下に示す①②文書参照)。しかし異なる点の方が多い。第一に、大頭役勤仕者をみると、毛利氏の有力家臣(杉氏のように、もと大内氏に仕えていた氏族が少なくない）に混じって毛利氏当主本人が勤めた例がかなりあること（全六例。すべて輝元の代）、さらに驚くことには頭役差定状に大頭役を勤める者が記入されていない例が目立ち（全六例。すべて輝元の代）、脇頭役・三頭役の記入のない例も認められること（永禄四年〈一五六一〉。隆元の代）。第二に、三月一三日（永禄一一年〈一五六八〉さらに四月一三日（天正八年〈一五八〇〉）という具合に、これまで二月一三日に一定していた頭役差定状の日付が遅れた例があらわれること。そして第三に、脇頭・三頭を負担する郡についてみると、周防六郡と長門九郡に限定されていること。

これらの大内氏時代との相違点は、毛利氏の修二月会が大内氏のそれに比べてその持つ意味が変わった結果とみなければなるまい。毛利氏の時代になって、支配の領域は格段に縮小したし、山口を拠点とした大内氏の広大な領国支配を支える精神的・宗教的装置としての氷上山興隆寺修二月会神事は、毛利氏にとってそのままの形で行う必要のあるものではなかった。大内氏を倒した毛利氏にとって、大内氏の精神的な拠り所である氷上山の神事はむしろ両刃の剣であったろう。毛利氏はそのような神事に本腰を入れるはずはなく、神事としての修二月会は次第に衰退の道をたどるしかなかったろう。

毛利氏の代になると、頭役関係文書の授受の仕方にも変化があらわれる。以下の文書をみよう。

①毛利氏奉行人連署奉書(78)

来年　氷上山興隆寺修二月会脇頭役之事、相当周防国都濃郡畢、者如先例彼料物廿貫文古銭事、当年中可寺納之旨、可被致催由候也、仍執達如件、

天正十九年二月十三日

掃　部　允（花押）

三浦兵庫頭代
平右衛門尉（花押）

都濃郡
弘中木工助殿

御手洗又右衛門尉殿

②毛利氏奉行人連署奉書(79)

来年氷上山興隆寺修二月会三頭役之事、相当長門国豊西郡畢、者如先例彼料物拾貫文古銭事、当年中可寺納之旨、可被致催之由候也、仍執達如件、

天正十九年二月十三日　　掃部允（花押）

平右衛門尉《三浦兵庫頭代》（花押）

普済寺《豊西郡》

①②ともに毛利氏奉行人連署奉書であるが、そのうち①は脇頭のことを、②は三頭のことをそれぞれ徴収する者に伝える内容である。銭貨は「古銭」でと特に指定している点が新味である。このような場合、大内氏の代ではすでにのべたように、大頭役を勤める者が「申触」れることになっていた。右の奉行人連署奉書では、この大頭役の頭をとびこえて、いわば職権主義的に脇頭・三頭の担当を指示する形をとっている。これは大頭役の役割の弱体化と関係しているのかもしれない。前述したように、輝元の代になると、大頭役の記名のない頭役差定状があらわれるが、これも同じ根に発する現象なのだろう。頭役差定状の発給者（毛利輝元）が同時に大頭役であるケースもみられたが、これもその場しのぎの便宜的措置であろう。通例の二月一三日を一か月、二か月遅れた日付の頭役差定状が出現するのも同様に理解することができる。

毛利氏の代に入って、大内氏の時代に連綿と執り行われていた神事としての氷上山修二月会は確実に衰退の一途をたどっていたのである。大内氏滅亡後約二〇〇年後の延享四年（一七四七）六月に成立した氷上山興隆寺式目(80)において、氷上山興隆寺は「往昔以来之精舎、北辰降臨鎮座之霊地」とみえ、勅願寺で天下国家の御祈禱道場とされていることから知られるように、大内氏の時代以来の聖地として重んじられていた模様である。またこの

式目の中にみえる以下の記事は、興隆寺本堂で二月会の能が興行され、僧俗が能見物に集まり、賑わっていた様子をうかがわせる。

一、二月会能興行之時、於本堂見物之事、
御名代着座之儀候間、行規作法能可被申付候、僧徒者着法衣、俗人者肩衣袴着用之外、猥不可参入事、

毛利氏の本拠が萩に移った近世にあっては、興隆寺二月会は領国支配のための装置という本来の性格を失い、神聖なる霊地、民衆の祭礼の場に転じていたものと思われる。そこでの最大の呼び物が能の興行であったことは容易に推測される。

(v)新出の毛利輝元頭役差定状

これまで知られていた頭役差定状の最後は、天正一六年（一五八八）二月一三日付であったが、[81]先般（平成九年八月二四日）、山口県史編纂のための調査で山口市大内御堀の天台宗氷上山興隆寺を訪問したさい、同寺所蔵の一冊子の表紙裏から、新たな頭役差定状の断簡を確認することができた。後欠の断簡で、年次日付の部分は欠落している。文書の袖の部分も切れているが、冒頭の文字は注意してみると「差定」と読める。まさしく頭役差定状なのである。以下に残存部分の釈文をあげる。

差定
氷上山興隆寺修二月会大頭役□(之)□(事)、
明年大頭
脇頭　周防国都濃郡
三頭　長門国豊西郡

○以下欠

この頭役差定状では、大頭の記載がなく、脇頭が周防国都濃郡、三頭が長門国豊西郡の担当であることが知られるのみである。問題はこの文書の年次なのであるが、幸いなことに関係史料が「興隆寺文書」のなかに存在する。その関係史料とは、前項（ⅳ）であげた①と②の文書である。双方とも天正一九年（一五九一）二月一二日付の毛利氏奉行人連署奉書である。その内容をみると、脇頭＝周防国都濃郡、三頭＝長門国豊西郡となっており、右の後欠の頭役差定状の内容と合致する。つまり、①と②はこの頭役差定状にもとずいて出されたわけで、頭役差定状の年次日付も①②と同じ天正一九年二月一三日であることが判明するのである。ここに至って、本文書を毛利輝元修二月会頭役差定状と名付けることができる。この文書が今回新たに知られた、最後の頭役差定状ということになる。

おわりに

大内政弘は、歴代の大内当主のなかでも文芸愛好家として秀で、自ら詠んだ歌を集めた和歌集「拾塵和歌集」を残している。そのなかには、氷上山に関係する歌が数首収められている。

政弘の祖父盛見が京都より氷上山にもたらして植えた三本の紅梅うち一本が興隆寺の別当坊で「若枝も立そひいろ香もたへ《（妙）》」なる様を、

　法の庭にとしをふる木のこの花や　本の宮この春したふらん[82]

と詠み、小京都としての山口の繁栄をことほぎ、あわせて京都を憧憬したが、この歌で政弘が興隆寺を「法の庭」と表現した点は、大内氏支配における興隆寺の位置と役割を雄弁に語っている。大内氏にとって興隆寺は支配秩序の精神的なよりどころであったのである。

また同じ和歌集に、次のような政弘の和歌も収められている。

氷上山神事に、権介おなしく尊光丸くして出侍ける時、心におもひつゝけ侍し

神のうへしこの家桜万代の　春しりそむる花の二もと(83)

詞書にみる「氷上山神事」とは修二月会であろうし、「権介」とは政弘の嫡子義興、「尊光丸」とは次子大護院尊光（氷上山別当。のち還俗して隆弘）である。氷上山神事に参加した二人の子息が大内氏のゆるぎない繁栄を維持するものと信じて疑わない政弘の期待と安堵感を詠んだ歌だと思われる。ここにも、大内氏の領国支配の安定と不可分の関係にある氷上山およびそこでの神事の持つ意味が明瞭にあらわれている。

大内氏の精神的中核というべき氷上山興隆寺での修二月会の催行の実態はこれまでに述べてきたとおりである。大内氏は氷上山の神の意をうけるかたちで鬮によって有力家臣のなかから一名の大頭役を選出し、大頭役を中心に脇頭・三頭に協力させることによって年々の修二月会を催行した。脇頭・三頭は大内氏の支配領域内の二つの郡がこれを勤めたが、組み合せと順番はあらかじめ決まっていた。脇頭と三頭とは、大嘗会という国家的神事における悠紀と主基になぞらえたものだという近藤清石の指摘(84)はあらためて注意される。大内氏はその広大な領国支配の維持をはかる目的で、氷上山修二月会神事に領国の人々を費用負担をとおして精神的にも参加させ、神の加護による平和を享受させようとしたと考えられるのではないか。その具体的方法が修二月会を行うための経済的負担であり、大頭役・脇頭役・三頭役を勤めることは大内氏への奉公であるとともに、氷上山の神への奉仕であった。氷上山修二月会は、ようするに、大内氏世界に属する僧俗たちの精神的結集の場であり、それは同時に大内氏の領国支配を宗教的な脈絡において支える装置でもあったということができる。

いうまでもなく、大内氏の領国内には、氷上山興隆寺のほかに周防・長門の両国分寺やいくつかの重要な禅寺

もある。これらの宗教施設が大内氏世界の形成・維持にとってどのような役割を果たしたか、興味深いところである。

なお、本章ではふれなかったが、同じ周防国の松崎天満宮（防府天満宮）の神事である十月会[85]は、氷上山二月会を考えるとき有益な素材である。この松崎天満宮十月会は、はやく鎌倉末期から行われている。室町期には大内氏の関与も濃厚で、氷上山二月会と比較検討する余地が広く残されている。後日に期したい。

注

（1）近年の研究としては、佐伯弘次「大内氏の筑前国支配——義弘期から政弘期まで」（『九州中世史研究』1、一九七八年一一月）、同「大内氏の筑前国郡代」（『九州史学』69、一九八〇年九月）、同「大内氏の筑前国守護代」（『九州中世史研究』2、一九八〇年一二月）、同「大内氏の評定衆について」（『古文書研究』19、一九八二年七月）、同「中世後期の博多と大内氏」（『史淵』121、一九八四年三月）、同「大内氏の博多支配機構」（『史淵』122、一九八五年三月）、伊藤幸司「大内氏の対外交流と筑前博多聖福寺」（『仏教史学研究』39—1、一九九六年一〇月）、同「大内氏の日明貿易と堺」（『ヒストリア』161、一九九八年九月）、同「中世後期地域権力の対外交渉と禅宗門派——大内氏と東福寺聖一派の関わりを中心として」（『古文書研究』48、一九九八年一〇月）などがある。

（2）『新訂増補国史大系27　続左丞抄』一四四頁。

（3）太田順三「大内氏の氷上山二月会神事と徳政」（『九州中世社会の研究』（渡辺澄夫先生古稀記念事業会編、一九八一年一一月）、平瀬直樹「大内氏の妙見信仰と興隆寺二月会」（『山口県文書館研究紀要』17、一九九〇年三月）、金谷匡人「大内氏における妙見信仰の断片」（『山口県文書館研究紀要』19、一九九二年三月）、小稿「大内氏と陰陽道——大内政弘と賀茂在宗との関係を中心に」（『日本歴史』538、一九九六年一二月↓本書第四部第三章）などがある。なお『ＹＡＭＡＧＵＣＨＩ山口彩時記』（ＫＲＹ山口放送、一九九二年一二月）に瑠璃光寺五重塔創建五五〇年記念特集として掲載された「中世に消えた大名　大内氏の世界をさぐる」は、今後の新しい大内氏研究の方向を指し示していて貴重である。
(4)　小倉豊文編『地域社会と宗教の史的研究』(柳原書店、一九六三年三月) 所収。
(5)　注(1)所掲佐伯「大内氏の筑前国支配」二九〇―二九一頁。注(3)所掲太田、平瀬論文。
(6)　『日本史大事典　3』(平凡社、一九九三年五月)「修二会　しゅにえ」の項。堀池春峰の執筆。
(7)　『岩波講座東洋思想15　日本思想I』(岩波書店、一九八九年二月) 所収、鈴木正崇「修正会」。
(8)　『防長風土注進案　12』(山口県文書館、一九六〇年一一月) 一二七―一二八頁、興隆寺鐘銘。坪井良平『日本古鐘銘集成』(角川書店、一九七二年三月) 八九―九〇頁。
(9)　弘安五年六月二三日多々良氏女寄進状(「豊福家所蔵興隆寺文書」)。「防長史学」一号文書。なお、「興隆寺文書」は「防長史学」第一号〜五号(防府史談会、一九三〇年八月〜一九三二年八月)と『防府史料　第五輯』(防府史料保存会、一九六二年四月)とにおいて一括して翻刻されている。本章で「興隆寺文書」を引用するときは原則として原本によったが、参考までに「防長史学」所載の活字本との対応関係を注記した。その場合、「防長史学」〇〇号文書というように記した。
(10)　正平九年正月一八日大内弘世書下(「興隆寺文書」)。「防長史学」五号文書。
(11)　「大内氏掟書」第一二条、文明七年卯月一〇日付。佐藤進一他編『中世法制史料集第三巻　武家家法I』(岩波書店、一九六五年八月) 四六頁。
(12)　例えば、文亀元年七月六日大内義興寄進状(「興隆寺文書」)。「防長史学」一二〇号文書。
(13)　「興隆寺文書」。「防長史学」一八〇号文書。
(14)　天文二一年に大内義長(当時晴英)が発した頭役差定状は、通例より二か月遅れた四月一三日付である(「興隆寺文書」。「防長史学」一七三号文書)。
(15)　「興隆寺文書」。「防長史学」一五号文書。
(16)　「興隆寺文書」。「防長史学」一七号文書。
(17)　「興隆寺文書」。「防長史学」二〇号文書。
(18)　至徳三年九月一八日大内義弘舞装束寄進状(「興隆寺文書」)。「防長史学」一六号文書。
(19)　『山口県史　史料編　中世1』(山口県、一九九六年五月) 七四一頁。

(20)『日本史広辞典』「さじょう　差定」（山川出版社、一九九七年一〇月）。

(21) 近藤清石は、この脇頭・三頭について「盖、大嘗会の悠紀・主基に擬ふなり」と指摘している（『大内氏実録』〈マツノ書店、一九七四年一月〉一七九頁）。この指摘は留意さるべきである。

(22)「興隆寺文書」。「防長史学」では、一八八号文書と六三号文書とに分割されて掲載されるが、現状では両者はつながっている。『広島県史　古代中世資料編V』（広島県、一九八〇年三月）一二三三―一二三四頁参照。

(23)「興隆寺文書」。「防長史学」一八四号文書。なお、この文書の筆跡は前田尊経閣文庫本「正任記」（相良正任の自筆とされる）のそれと同じであることから、相良正任のものと思われる。

(24)「防長史学」四八号文書。本文書を載せる「防長史学」第二号は昭和五年一二月の刊行であるが、このころまでは原本があったものか。

(25) 鷲頭弘為（官途は刑部少輔）の署判がみえる文書として以下のような例がある。①応永八年卯月一一日大内氏奉行人鷲頭弘為奉書（「宗像神社文書」。宗像大社文書編纂刊行委員会編『宗像大社文書　第一巻』〈宗像大社復興期成会、一九九二年一二月〉四七五頁）。本文書は同書注解に記されるように、もとは連署奉書であった可能性が高い。別巻の影印版をみると「刑部少輔（花押）」のすぐ左にほんのわずかの墨痕が認められる。②応永九年三月二七日大内氏奉行人連署奉書（「住吉神社文書」。『長門一宮住吉神社文書』〈同神社社務所、一九七五年一二月〉四〇頁）、③応永九年六月一日同奉書二通（「防府天満宮文書」。『防長風土注進案　10』〈山口県文書館、一九六五年三月〉一九一頁）、④応永九年六月三日同奉書二通（同前。同前一九一―一九二頁）、⑤応永九年六月五日同奉書（「興隆寺文書」。「防長史学」二七号文書、⑥応永九年六月二三日同奉書（同前。同前一八号文書）、⑦（年未詳。応永年間か）正月二九日同連署書状（「興隆寺文書」。「防長史学」六六号文書）。なお、①〜⑥の刑部少輔の花押が弘為のそれであることは⑦の署判によって確認される。また①〜⑥の奉書の末尾の文言は「――之由候也、仍執達如件」であり、通例とは異なっている。

(26) 注（28）「大内系図」。

(27) 応永一〇年四月二八日足利義満袖判御教書（『大日本古文書　毛利家文書』一二三号文書）。

(28)「大内系図」（『大内氏実録』（マツノ書店、一九七四年一月）三四四頁。『近世防長諸家系図綜覧　付新撰大内氏系図』〈同書店、一九六六年三月〉付録一四頁。『系図纂要　第一四冊』〈名著出版、一九七四年七月〉八一頁）。

(29)（暦応四年）閏四月一五日大内妙厳（弘幸）書状（「興隆寺文書」）。「防長史学」二号文書。
(30)応永一一年二月氷上山興隆寺本堂供養日記（「興隆寺文書」）。「防長史学」三二号文書。
(31)「防長史学」六五号文書。
(32)注（3）所掲太田論文二一四頁。ただし太田が掲出した文書の釈文には脱落がある（三行目の「此分追致催促～可目出候」の部分が脱落）。
(33)注（22）参照。この文書は三紙からなっている。その二ヶ所の紙継目裏下方に、連署者の一人杉宗国の花押がある。本件への宗国の係わりの深さがうかがわれる。
(34)「大内氏掟書」第一〇条、寛正二年六月二九日付。注（11）所掲書三八―四二頁。
(35)注（4）著書所収河合論文一八頁。
(36)注（1）所掲佐伯「大内氏の筑前国支配」二九一頁。
(37)注（3）所掲太田論文では穂波郡とされているが、正しくは志摩郡である。
(38)注（1）所掲佐伯「大内氏の筑前国支配」二九二頁参照。
(39)この時期、大内義隆の身辺の変化を調べると、天文五年（一五三六）五月一六日大宰大弐に任じられ、昇殿を許されたという事実がある。或いはこのことと何らかの関係があるかもしれない。大内義隆の頭役差定状の署判には裏花押の形式をとったものがある。天文三年、同四年、同六年の三通がそうである（天文五年のものは残っていないが、同様であった可能性が高い）。他に、天文一二年四月一三日多々良晴英（大内義長）の頭役差定状がある。一般に裏花押は「受給者に対する敬意を表す」（佐藤進一『古文書学入門』〈法政大学出版局、一九七一年九月〉二一九頁）ものであるから、なぜこの時期に大内氏当主がことさら裏花押の形式をとったか検討の余地がある。
ついでに毛利氏の場合について一言しておこう。毛利隆元は永禄六年に没したが、嫡子幸鶴丸（輝元の幼名）がその翌七年に発した頭役差定状には差出書に「大江朝臣幸鶴丸」と記すだけで、花押がない。翌八年も同様である。これは元服前だったので、花押を据えられなかったのであろう。翌九年のそれには花押があり、この間に元服したものと考えられる（年齢は一三、四歳）。また永禄一二年のそれには輝元の花押自体がない。
(40)大永四年（一五二四）一一月一三日大内義興下知状（「興隆寺文書」）。「防長史学」一五二号文書。『中世法制

史料集第四巻武家家法Ⅱ』（岩波書店、一九九八年五月）二九二号「大内義興氷上山修二月会大頭定書」。また（天文一四年）一〇月二五日安国寺真鳳書状にみえる「氷上大頭共被仰付候てハ大儀」という相良小次郎の言葉も、同様のことを端的に語っている（『大日本古文書　相良家文書之二』四三四頁）。
(41)「防長史学」一二二号文書。
(42)「防長史学」一二三号文書。
(43)「防長史学」一二四号文書。
(44)「防長史学」一二五号文書。
(45)「妙喜寺殿様」とは『正任記』文明一〇年一〇月六日、同七日、同一〇日、同一二日などの条にみえる大内政弘の母「大上様」のことであろう。「永田秘録」五八（山口県文書館所蔵右田毛利文書）所収「大内家系参考」（大内系図）によると、大内教弘にかけて「室法名妙喜寺殿宗嵩妙正大姉在位牌妙寿寺」とある。
(46) 注（3）所掲太田論文では「政弘の名代である義弘（教弘か＝筆者注）の側室」とする（同論文二二六頁）。
(47)『増補改訂山口県文化史年表』（マツノ書店、一九七五年九月）一〇三―一〇五頁。
(48) いずれも「興隆寺文書」。「防長史学」一三四、一三五、一三六、一三八、一四〇、一四一、一四二号文書。
(49)「興隆寺文書」のうちでいうと、弘中武長を連署人の一人として出された大内氏奉行人連署奉書が一通ある。年未詳六月一七日付（問田大蔵少輔あて）がそうである。「防長史学」二一三号文書。
(50)「興隆寺文書」。「防長史学」二一一号文書。
(51) 田村哲夫「〈史料紹介〉守護大名『大内家奉行衆』」（「山口県文書館研究紀要」5、一九七八年三月）。
(52)「興隆寺文書」。「防長史学」一一二号文書。
(53)「興隆寺文書」。「防長史学」一八四号文書。
(54)「興隆寺文書」。「防長史学」七二号文書。
(55) 注（25）所掲『宗像大社文書　第一巻』四八三頁注（3）において「杉右京亮」を杉弘国と推定している。いまこれに従う。
(56)「興隆寺文書」。「防長史学」一九五号文書。
(57)「興隆寺文書」。「防長史学」一九三号文書。

（58）「興隆寺文書」。「防長史学」一九四号文書。
（59）「興隆寺文書」。「防長史学」一九六号文書。
（60）本文書の年次を享禄四年とみるのは以下の理由による。この年の頭役差定状に脇頭・三頭を負担する郡として記載されたのは、③④より豊前国田河郡・豊前国築城郡であることが知られる。両郡が同じ組み合せで頭役差定状に記載された年をさかのぼってさがすと、永正一一年（一五一四）が該当する。この年より一巡（一七年）すれば、享禄四年（一五三一）となる。
（61）「興隆寺文書」享禄四年閏五月二八日大内氏奉行人連署書状。「防長史学」一六一号文書。
（62）この「長鶴丸」とは誰であろうか。『大日本古文書　三浦家文書』四九二―四九三頁によると、仁保興奉の幼名として「長鶴丸」がみえるが、仁保興奉については天文六年二月一三日大内義隆頭役差定状に大頭役として「仁保宮内少輔興奉」があらわれるので（「興隆寺文書」。「防長史学」一六九号文書）、この「長鶴丸」は仁保興奉ではあるまい。⑤の文書の末尾に付された「陶子」との書き入れは「長鶴丸」についてのものであるから、これを採用すれば陶一族ということになる。
（63）（天文一九年）五月三〇日陶隆房奉行人連署書状（「厳島野坂文書」五九号文書。『広島県史　古代中世資料編Ⅱ』〈広島県、一九七六年三月〉四一頁）。なお、この文書については、注（3）所掲太田論文二三〇頁に言及がある。大頭役がどのようにして勤仕されたかについて具体的に指し示す史料として貴重である。
（64）「興隆寺文書」。「防長史学」一九六号文書。注（62）参照。
（65）「興隆寺文書」。「防長史学」七二号文書。
（66）明応四卯月二六日杉彦左衛門奉書案（「宇佐永弘文書二」一二三八号文書。『大分県史料（4）』〈大分県教育研究所、一九五六年一月〉五三八頁）。この文書のなかに「…杉勘解由左□□（衛門）尉方、来年氷上山大仏□□事御鬮相当候、…」とみえ、明応四年（一四九五）の翌年、つまり明応五年の修二月会の大頭役は杉勘解由左衛門尉の勤仕するところであったことが知られる。この杉勘解由左衛門尉とは『正任記』に頻出する杉武道であろう（例えば『正任記』文明一〇年一〇月四、一五日条）。また、ここで「氷上山大仏□（会）」というのは、氷上山興隆寺修二月会のことであろう。後掲注（68）文書にも「氷上山大仏会」の表記がみえている。
（67）「興隆寺文書」。「防長史学」二一七号文書。

(68)（年未詳）益永道詮書状（「宇佐永弘文書四」二一六二号文書。『大分県史料（6）』一六一頁）。
(69)「興隆寺文書」。「防長史学」二一六号文書。
(70)「興隆寺文書」。「防長史学」二一〇号文書。
(71)「興隆寺文書」。「防長史学」一五九号文書。
(72) 田村哲夫「〈史料紹介〉大内氏の武将杉氏の文書について」（「山口県地方史研究」16、一九六六年一一月）に、備中守杉重明の系統の文書と略系図がのせられている。この系図ではその原典である「永田秘録」七六（山口県文書館所蔵右田毛利文書）「杉隆泰・杉英勝家証文写」における記載事項がほとんど省略されている。杉氏の系譜研究の現状については、百田昌夫「十五世紀後半・飯尾宗祇の山口――赤間関往還について」（「山口県史研究」5、一九九七年三月）五六―五七頁の注（11）参照。
(73) 例えば、相良正任、内藤興盛・隆道《通》父子はそうであろう。また飯田大炊助興秀はその官途名からみて飯田弘秀の子息であろうし、仁保興奉は「仁保惣領職」興貞養子である（『大日本古文書　三浦家文書』三九二頁）。
(74)「興隆寺文書」（享禄四年）閏五月二四日大内氏奉行人連署奉書。「防長史学」一五九号文書。
(75) 注（40）と同じ。
(76) 注（3）太田論文。および同「戦国大名大内氏と寺社徳政」（「佐賀大学教養部研究紀要」13、一九八一年三月）。
(77)「興隆寺文書」。「防長史学」一七九号文書。
(78)「興隆寺文書」。「防長史学」二四七号文書。
(79)「興隆寺文書」。「防長史学」二四八号文書。
(80)「興隆寺文書」。「防長史学」二六六号文書。
(81) 注（21）所掲『大内氏実録』一九二頁。
(82)『私歌集大成　第六巻　中世Ⅳ』（明治書院、一九七六年五月）三八八頁、一〇七二号。
(83) 同右三八九頁、一一二二号。
(84) 注（21）参照。
(85) 松崎天満宮十月会についての研究には、貝英幸「周防国松崎天神社『十月会』と大内氏――頭役差定をめぐって」（「芸能史研究」127、一九九四年一〇月）がある。

付記1　本章を草するための史料の閲覧と収集にあたって、山口県文書館および山口市大内御堀の天台宗氷上山興隆寺住職市原修俊氏ご夫妻にはたいへんお世話になり、また山口県立山口高等学校教諭和田秀作氏にはご教示を得た。特に記してお礼を申し上げる次第である。

付記2　頭役差定状については、その後、以下の三通（①〜③）がみつかったのでこれらを左に掲出する（この三例は五九〇―五九一頁の付表に追補した。二〇二四年五月七日）。

①
差定
　氷上山興隆寺修二月会大頭役事、
明年大頭　　　義興《（大内）》
　脇頭　　周防国大嶋郡
　三頭　　同国　都濃郡
右、所差定如件、
　大永六年二月十三日
（山口文書館所蔵「多賀社文庫113」、「大内家故実類書40　古文書之事」）

②
差定
　氷上山興隆寺修二月会大頭役事、
明年大頭　　山田左衛門大夫藤原朝臣隆朝
　脇頭　　豊前国仲津郡
　三頭　　同国　上毛郡
右、所差定之状、如件、
　天文廿三年二月十三日
　　左京大夫多々良朝臣義長（花押）
（「聖心女子大学所蔵文書」〈「山口県史研究14」、「大内氏にかかる県外史料二題」二〇〇六年三月〉、六四〇頁図4）

③
差定

氷上山興隆寺修二月会大頭役事、
明年大頭　　輝元《(毛利)》
脇頭　　周防国吉敷郡
三頭　　長門国大津郡
右、所差定状如件、
天正九年二月十三日　　大江朝臣輝元（花押）

（同右、六四〇頁図5）

○このうち②③については、本書第四部「大内氏にかかる山口県外史料二題」においてふれるところがある（本書六三八―六四二頁）。

付一　大内政弘の精神世界

はじめに

日本中世史の展開にとって西国の雄大内氏の役割は大きい。なかでも大内政弘が、応仁元年（一四六七）八月から文明九年（一四七七）一一月までの一〇年間在京し、いわゆる応仁・文明の乱における西軍の主力として戦乱の時代を牽引したことは周知のところである。いろいろ研究もされてきた。この政弘で面白い点の一つはその精神的側面である。政弘は離京前の文明九年二月一三日、京都に本拠周防国氷上山の妙見神を勧請するために告文《こうもん》を認めた（「続左丞抄《ぞくさじょうしょう》」『新訂増補国史大系27』一四四頁）。この告文にみえる「神は人の崇敬によつて威光を増し、人は神の冥助《みょうじょ》によつて栄運を保つ」という文章は、当時の常套的表現であったとしても、政弘の思考における神と人との相依関係を集約的に表すもので、政弘の世界が精神的な分野に広がっていたことを象徴している。そこで本章では、大内氏支配を支えた宗教的・思想的な柱は一体何であったかを政弘に即して考えてみたい。

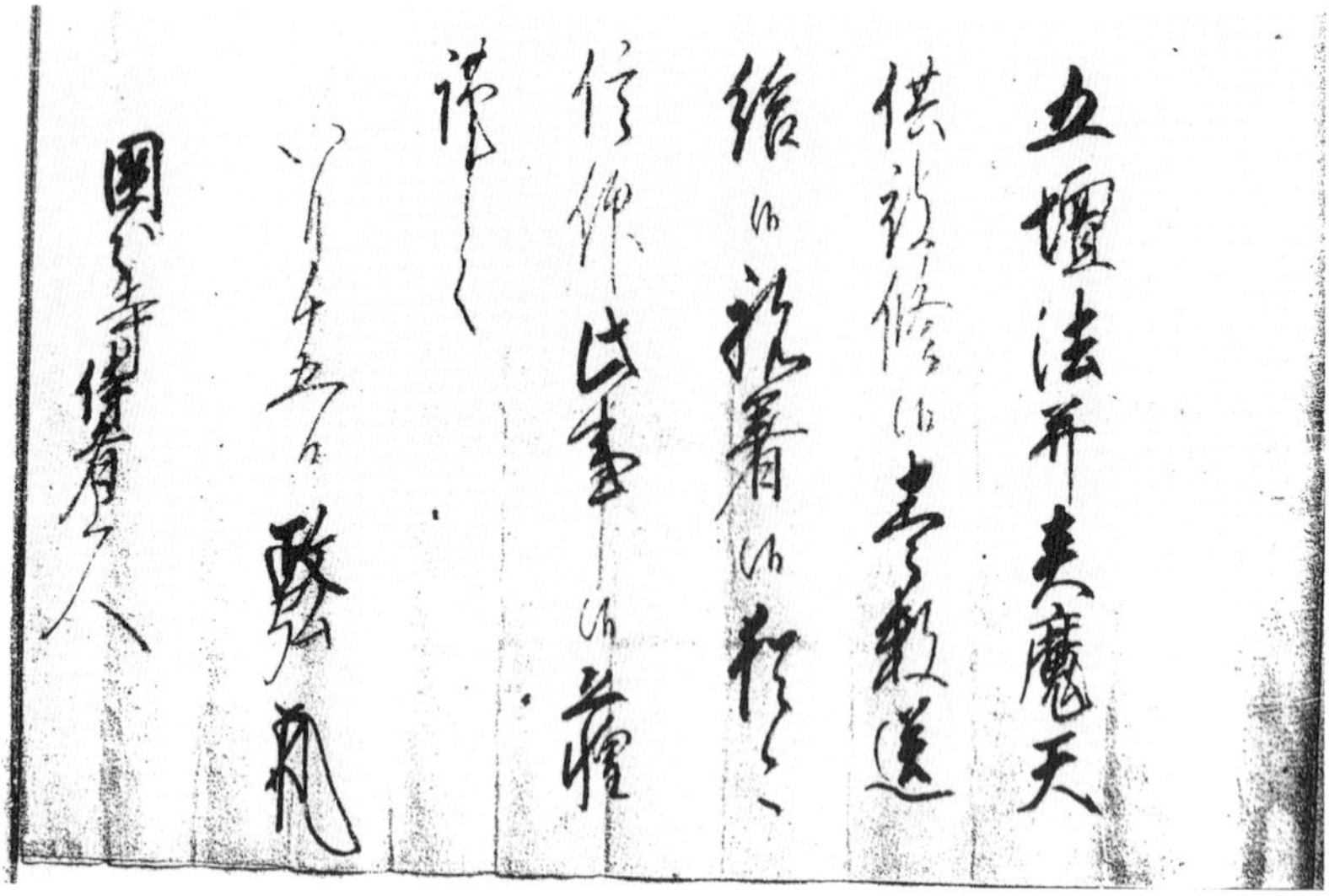
五壇法幷炎魔天
供被修候、巻数送
給候、祝着候、猶々
信仰此事候、恐惶
謹言
八月十五日　政弘（花押）
国分寺侍者上人

図1　大内政弘書状（周防国分寺所蔵　写真提供：山口県県史編さん室）

一　五壇法・炎魔天供

まず五壇法・炎魔天供。むろん典型的な密教修法である。「周防国分寺文書」（無年号）八月一五日大内政弘書状（『山口県史　史料編中世2』二〇〇一年二月、四二九頁。以下『県史2』などと略称。図1参照）によると、政弘は国分寺侍者上人にあてて「五壇法幷炎魔天供被修候、巻数送給候、祝着候、猶々信仰此事候、恐惶謹言」という内容の書状を出している。周防国分寺が政弘のために五壇法ならびに炎魔天供という密教祈禱を修したことを褒めたものである。年号は書かれていないが、政弘花押の形状からみて（細かな考証を略す）、寛正六年～文正元年（一四六五～六六）の間と考えられる。とすると、この書状は政弘の上洛直前のものということになり、五壇法や炎魔天供という密教修法が当時京都や鎌倉の最高クラスの権力者（天皇・上皇・将軍・鎌倉公方など）の息災や増益、兵乱騒擾の調伏のために修されたことを併考すると、上洛直前に五壇法・炎魔天供を修させた政弘の意図は自明であろう。それは神仏の冥助を背に首都京都にむけて勇躍壮途につこうとする政弘の決意の発揚とみられ、密教祈禱の法験に寄せる政弘の期待のほどをうかがわせる。いわゆる王法と仏法との相依関係は国政レベルで議論されるのが普通だが、こうしたことを考えると、大内政弘をめぐる諸問題もこの議論に関係してこよう。また周防国分寺の、大内氏世界における宗教的な役割・機能も興味深い。

二　陰陽道

二つ目は陰陽道である。陰陽道といえば、古くは古代の専売特許の観を呈していたが、近年ではそうではなく中世的な展開をとげて鎌倉・室町時代においても重要な役割を果たしていたことが明らかにされた。応仁・文明の乱のあと京都の殿舎・神社・仏閣などの廃頽とともに公家や文化人が地方の有力守護に招かれて下向する事例が少なからず見られたが、実は陰陽師もその例に漏れていなかったのである。一〇年間在京した政弘は文明九年帰国に際して、京都の陰陽家の賀茂在宗《あきむね》を伴った。政弘がなぜ在宗を領国周防に招き入れたか、その目的は明らかである。それは政弘の領国支配への陰陽道の導入である。案の定、政弘と在宗との緊密な関係は下向後の『正任記《しょうじんき》』にも散見し、政弘が在宗のために従三位の位階獲得に奔走したり、筑前国糟屋郡福満《ふくま》荘に所領を与えたりしたことなどが知られる。大内氏支配はこうして陰陽道の支えを受けることになった。

三　妙見信仰

三つ目は密教・陰陽道と近縁関係にある星の信仰である。大内氏は北極星或いは北斗七星を神格化した妙見《みょうけん》菩薩（妙見神）を尊崇した。妙見菩薩は国土を擁護し災害を滅除し、人の福寿を増す力を持つとされる。政弘の人伯父義弘《よしひろ》は、明徳三年（一三九二）正月領国紀伊に妙見神を勧請《かんじょう》しようとしたし（「興隆寺文書」〈無年号〉正月二九日大内義弘書状『県史3』二二六頁）、「興隆寺文書」には大内氏当主の後継予定者（亀童丸と呼ばれた）による氷上山妙見上宮社参関係の史料が二つ残されている（長禄三年〈一四五九〉二月七日多々良亀童丸〈大内政弘〉氷上山妙見上宮参詣目録、および文明一八年〈一四八六〉二月一三日多々良亀童丸〈大内義興〉氷上山妙見上宮社参目録。『県史3』二六〇、二五五頁）。妙見菩薩は亀に乗っているので、「亀童丸」のネーミング自体妙見信仰の色濃い影響がうかがえる。政弘はことに星の信仰が篤かったらしく、「はじめに」で文明九年の政弘告文についてふれたが『正任記』には政弘の「本命星」「当年星」信仰に直接関わる記事が認められる。

おわりに

就中、具体的には、大内氏世界の精神的結集の装置としての周防国氷上山興隆寺修二月会を挙げねばならない。これは毎年二月一三日をクライマックスとして大々的に行われる大内氏の氏神妙見の大祭であり、関係史料ではこの神事用途の賦課に関わるものが多く残り、これらを分析することによってその構造と実態をある程度うかがうことができる。この大祭の費用は、大内氏の重臣と、全領国の郡ごとに輪番で負担されるシステムが採用されており、換言すると二月会は大内氏の領国支配を宗教的な脈絡において支えていたのである。

大内氏の広大な領国支配が永く続いたのはこうした支配のためのしくみが実に効率的かつ周到に整ったからであった。この約二〇〇年に及ぶ大内氏時代において、歴史的にみて格段に面白いのは政弘の時代であり、大内氏の支配はここに全面開花したと言ってよい。大内氏の祖先神話を語る「大内多々良氏譜牒」「鹿苑院西国下向記」がこうした政弘の精神世界を土壌として成立したことはいうまでもない。

付二　大内氏にかかる山口県外史料二題

――宮内庁書陵部所蔵文書と聖心女子大学所蔵文書――

はじめに

山口県の中世を叙述しようとするとき、約二〇〇年にわたってこの地域を中心にして西日本地方に強力な支配権を築いた大内氏の存在を抜きにすることは到底できない。その大内氏の動向を論ずるためには関係史料の網羅的な収集が前提となるが、関係史料を集める場合、大内氏においては中央志向が強く京都周辺での事蹟も少なくないので、ひとり山口県のみならず広く全国を視野に入れねばならない。また、もと山口県内にあった史料が何らかの事情で県外に移ったケースも少なくないので、細心の注意を払って情報を収集する必要があることはいうまでもない。

ここでは、近年、たまたま気付いた大内氏関係の史料数点を紹介する。いずれも山口県からは現在忘れ去られた格好の史料であるが、内容的にもすこぶる興味深く、山口県の中世を叙述するとき、とりわけ大内氏の動向を論じようとするとき、たいへん役立つ史料だと考えられる。ここに紹介するゆえんである。

一　宮内庁書陵部所蔵「大内義興書状」

宮内庁書陵部の『和漢図書分類目録』下巻（一九五三年三月）によると、土御門家旧蔵の史料として「新田義興書状」一通（原本）が掲載されている(1)。料紙は楮紙。新田義興といえば、新田義貞の次男であり、延元二年（一三三七）三月の越前国金崎《かねがさき》城落城のさい自害した兄義顕のあとをうけて、南朝を軍事的に支えたが、正平一三年（一三五八）一〇月畠山国清によって武蔵矢口渡で謀殺されたとされている(2)。

宮内庁書陵部において、土御門本一二五として整理されている同文書は以下のようなものである（図1）。

図1　大内義興書状（26.9×38.2cm、宮内庁書陵部所蔵）

天曹地府願所頂戴
大慶候、弥祈念聊
仰候、猶仁保宮内少輔可
申候、恐々謹言、
十二月廿六日　（大内）義興（花押）
（賀茂在富）左馬頭殿

しかし、この文書の発給者「義興」の花押は、明らかに新田義興のそれではなく、まごうことなく大内義興の花押なのである。従って、文書名を付けるなら、大内義興書状でなければならない。それが新田義興となった理由を考えるに、書陵部の目録が作成された当時、「義興」と言えばすぐ新田義興を想起する社会状況にあったものと思われ、特に関東地方ではそれがごく普通だったのだろう。花押を照合すればすぐ判ることではあったが、新田義興の高い知名度がそれを怠らしめたのであろう。換言すれば、大内氏研究がほとんど進んでいなかったことをあらわすことがらでもある。

この文書は、その文中に「天曹地府《てんそうちふ》」の文言を持つことからうかがえるように、陰陽道関係の内容のもので、宛所の「左馬頭殿」が陰陽家の誰かであろうことは容易に推測できる。だとすると、陰陽家の安倍（土御門）氏もしくは賀茂（勘解由小路《かでのこうじ》）氏あたりの文書ということになる。果たしてこの文書は「土御門文書」のなかの一点であることが明らかとなる。東京大学史料編纂所架蔵の影写本「土御門文書二」に、当該文書が収められている。同影写本の奥に「子爵土御門晴栄氏所蔵　明治四十四年六月影写」と墨書されているから、明治四四年六月段階で土御門晴栄氏が所蔵されていた「土御門文書」のなかから右記の一点の文書、大内義興書状がはなれ、現在では宮内庁書陵部の所蔵するところとなっているということになろう。(3)

この文書の内容は、当時上洛して山城国守護の職にあった大内義興(4)が、「左馬頭」に宛てて「天曹地府願所」を頂戴したことを喜び、なお一層の祈念を励ましたものである。天曹地府とは天曹と地府という陰陽道の祭神の名で、ふつう天曹地府祭という陰陽道の祭祀として著名である。(5)「願所」とは「祈願する神仏の霊所」とされる（小学館『日本国語大辞典　第二版　第三巻』）。

この文書については、末柄豊「応仁・文明の乱以後の室町幕府と陰陽道」という論文(6)でふれるところがある。そのなかで、同じ陰陽家の勘解由小路（賀茂）家の家伝史料の一部が土御門（安倍）家に伝来するにいたった理由が考察されている。本章で取り上げた右史料も土御門家に伝来した勘解由小路家文書であるわけだが、この文書について言及した末柄は、(1)この文書は大内義興書状であること、(2)宛所の「左馬頭」は勘解由小路在富（在重の長子）であること(7)、(3)文書の年次は永正七年（一五一〇）から同一〇年の間であること、を指摘した。(8)

この指摘のうち、(1)(2)は問題ないと思われるが、(3)についてはやや検討の余地があるように思う。上限の永正七年は在富の任左馬頭が永正七年一二月一四日であることを踏まえたものと思われるが、史料本文中の「仁保宮内少輔」に注目するともう少し絞ることができる。[9] この「仁保宮内少輔」とは永正九年（一五一二）二月六日大内義興官途吹挙状によって「宮内少輔」に挙申された仁保興棟（護郷の長子）である。[10] このように考えると、本文書（大内義興書状）の年次は永正九年以降ということになる。

次に下限であるが、末柄氏は永正一〇年とされる。その根拠は、在富が陰陽頭になるのが永正一一年六月ごろと考えられることにあると思われる。[11] 在富が陰陽頭になったのは確かにそのように考えてよいと思うけれども、幕府レベルの政治に関与していた大内義興が、こうした陰陽道の重要祭祀である天曹地府祭関係の文書を陰陽寮の責任者たる陰陽頭以外の者に出すことがあるだろうかという疑問を禁じえない。在富の任左馬頭は先述のように永正七年一二月一四日であるが、同一一年六月ごろに陰陽頭になってからすぐさま左馬頭を辞したことを示す史料は目につかない（在富は同一六年一〇月に左馬権頭を兼任しているから、[12] 左馬頭をある時点で一旦は辞したのであろう）。

このように考えると、在富は左馬頭のままで陰陽頭を勤めた可能性も決して低くないと思われるので、上限は永正九年とみなされ、また下限を永正一〇年に設定する必要はないように思う（『公卿補任』第三篇によると、在富の陰陽頭辞職は大永二年正月二五日）。また、仁保興棟の死去は永正一六年五月であるから、この文書の年次の下限が永正一五年を下ることはない。

右に掲げた大内義興書状の内容の面では、幕府レベルの政治に関与していた義興が京都において、天曹地府祭という陰陽道の重要な祭祀にかかわっていた事実に注目しなければならない。義興の父政弘が賀茂在宗《あきむね》（在富の曾祖父在貞の弟）を領国に招いて、陰陽道の祭祀を行わせたことは周知のところである。この大内義興書状が、大内氏の陰陽道を考える場合の重要な素材の一つとなることは疑いない。

二　聖心女子大学所蔵の大内氏関係史料

もう一つは、東京都渋谷区広尾の聖心女子大学所蔵の文書四点である。ただし、これは未紹介の史料ではなく、すでに「聖心女子大学論叢」第五七集（一九八一年六月）において荻野三七彦が「谷村一太郎蒐集　中世文書」と銘打って紹介した全二七点の中世文書のなかに含まれている。

先年、全く偶然に、この活字史料のなかに山口県に関係する中世文書が存在することに気付き、目下編さん中の『山口県史』の中世史料編に収録すべき史料であるので、できれば原本調査をしたいと念願していた。この願いがかなって、先般（平成一六年一一月一〇日）山口県史編さん室のスタッフたちと一緒に、聖心女子大学を訪れ、原本調査をすることができた。

聖心女子大学に所蔵されるこの全二七点の文書の来歴については、先の荻野氏の史料紹介に付された「まえがき」（山口修氏の執筆）に詳しいが、これらの文書は京都大学附属図書館「谷村文庫」の和漢書の寄贈者谷村一大郎氏が蒐集されたもので、その孫にあたる谷村敬介氏によって同女子大学に寄贈された旨のことが記されている。

さて、そのうち大内氏、あるいは山口県に関係する文書は以下の四点である。年次の早いものから順に挙げる。なおこのうち③と④には極札《きわめふだ》が付されているが、いま省略する。

①大内政弘安堵状〈楮紙〉（図2）

安芸国東西条福成寺事、以
香積寺殿（大内義弘）裁許、宥信法印
已来自　氷上山管領云々、者早
守先例、可有其沙汰之状

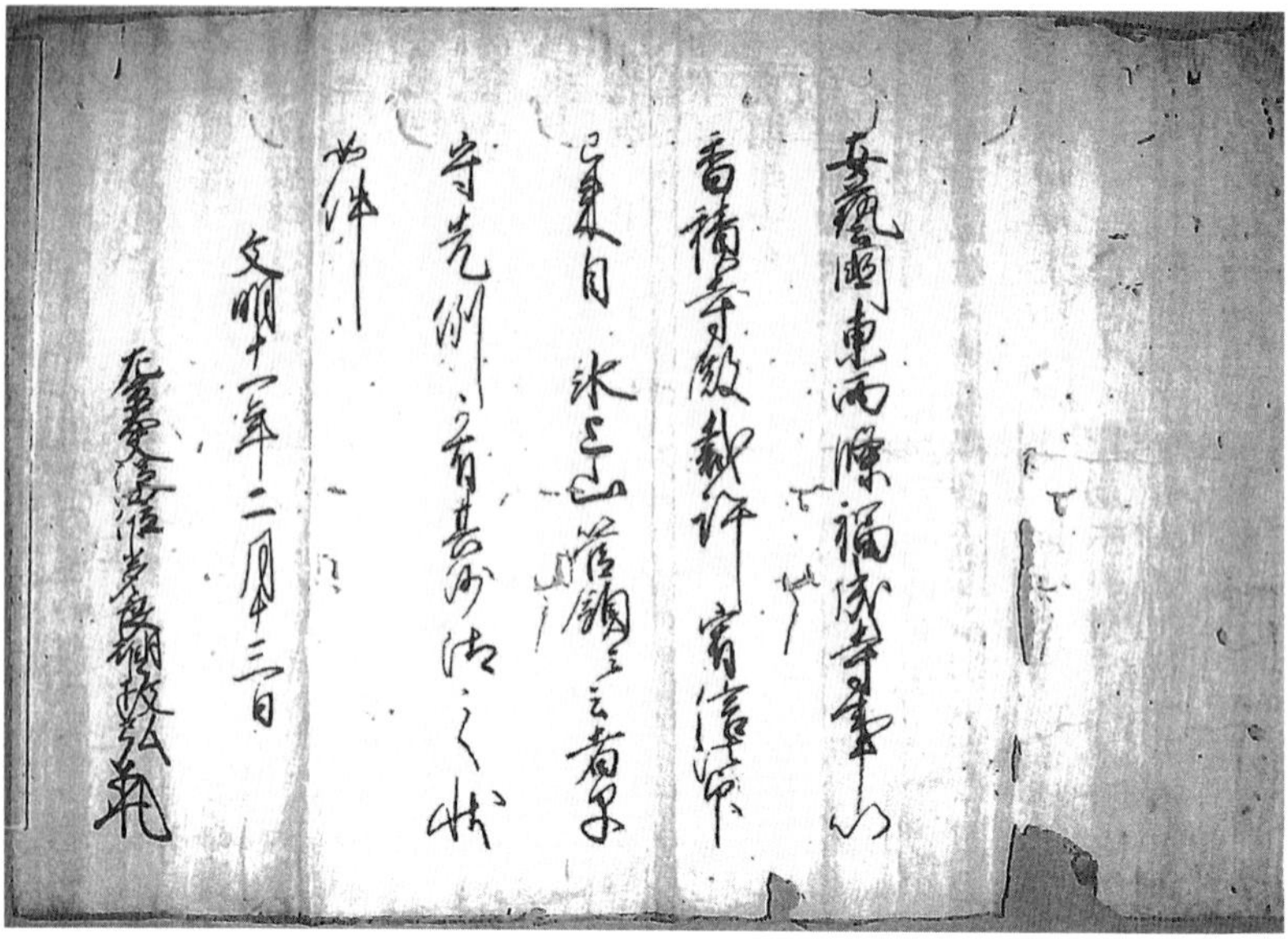

図２　大内政弘安堵状（33.8×51.1cm、聖心女子大学所蔵）

如件、

文明十一年二月十三日

左京大夫従四位下多々良朝臣政弘（大内）（花押）

②大内義隆加冠状〈楮紙〉（図３）

加冠　　隆尚

享禄五年九月一日（大内義隆）（花押）

黒川刑部少輔殿

③大内義長修二月会頭役差文〈楮紙〉（図４）

差定

氷上山修二月会大頭役事

明年大頭　　山田左衛門大夫藤原朝臣隆朝

脇頭　　豊前国仲津郡

三頭　　同　国上毛郡

右、所差定之状如件、

天文廿三年二月十三日

図３　大内義隆加冠状（28.2×45.2cm、聖心女子大学所蔵）

左京大夫多々良朝臣義長（大内）（花押）

④毛利輝元修二月会頭役差文〈斐紙〉（図５）

差定

氷上山興隆寺修二月会大頭役事

明年大頭　　輝元

脇頭　　周防国吉敷郡

三頭　　長門国大津郡

右、所差定状如件、

天正九年二月十三日　大江朝臣輝元（毛利）（花押）

まず①は、文明一一年（一四七九）二月一三日、大内政弘が先例に任せて、安芸国東西条福成寺を氷上山に管領させるという内容の安堵状である。発給日が二月一三日であることに着目すると、この安堵行為が文明一一年の氷上山修二月会を機にしていることがわかる。また『臥雲日軒録抜尤』（『大日本古記録』）文明元年（一四六九）六月八日条には、足利義満が大内義弘に安芸国東西条を与えたいわれが記されているが（それがいつのことか不明であるが、足利義

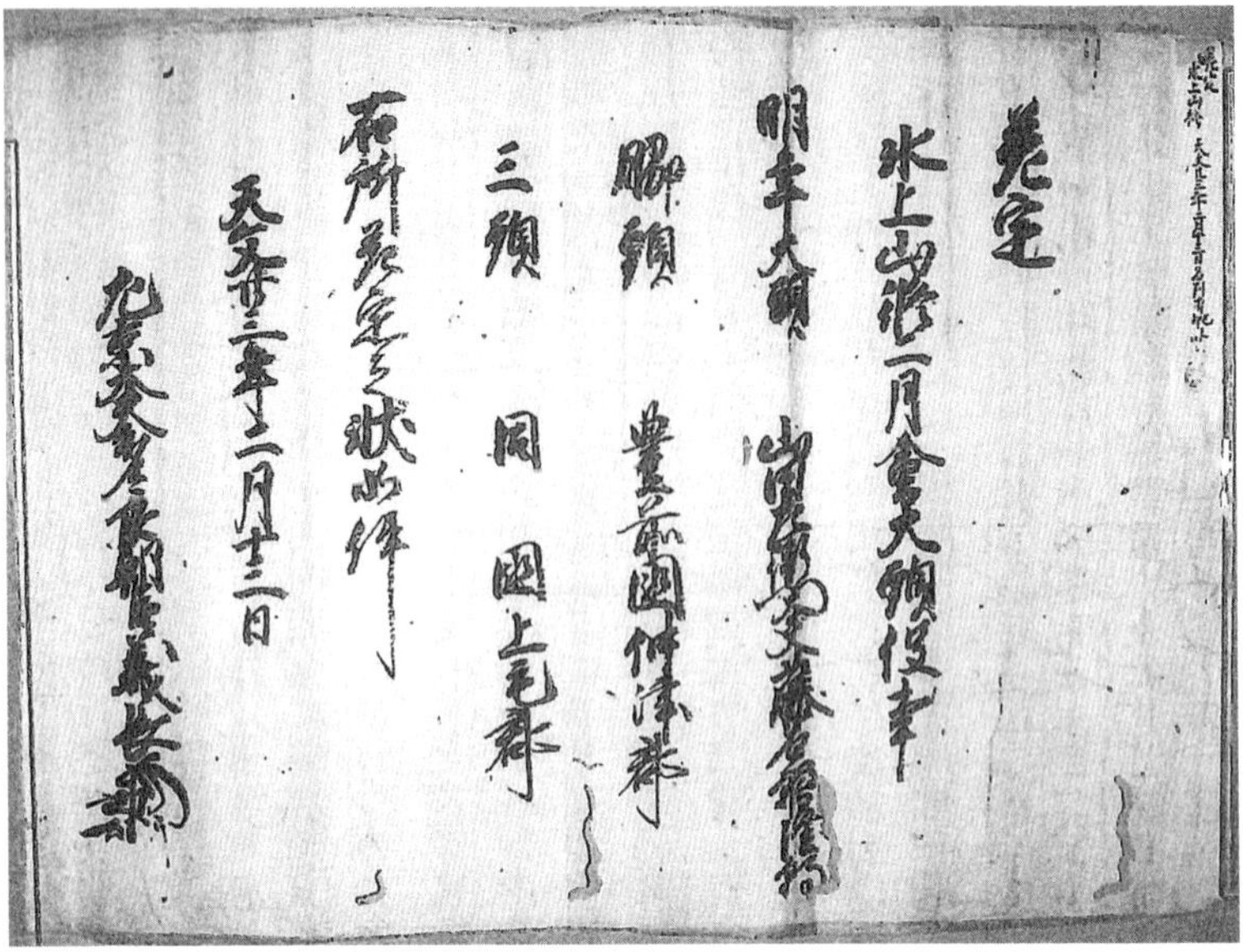

図４　大内義長修二月会頭役差文（31.8 × 45.2cm、聖心女子大学所蔵）

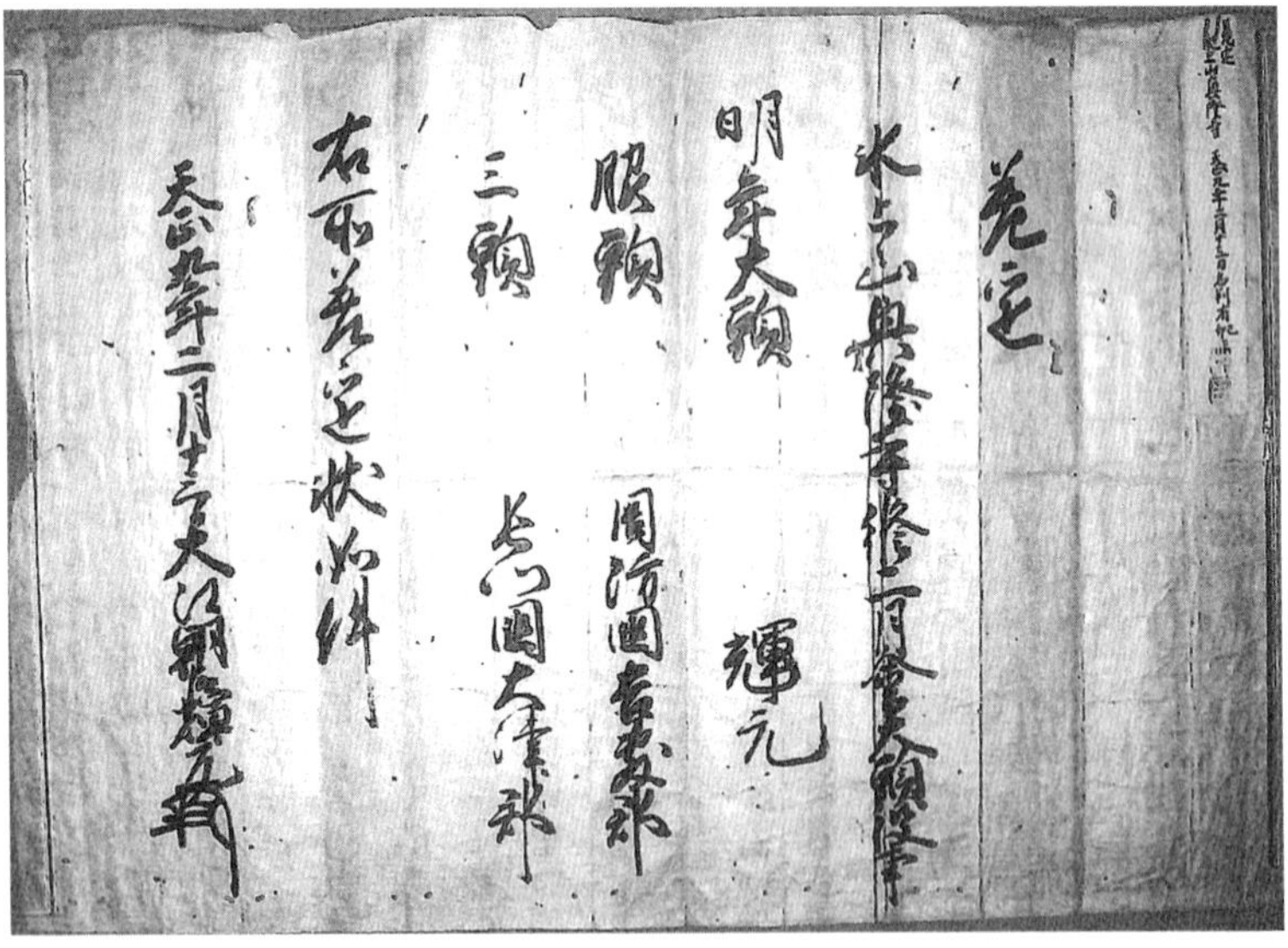

図５　毛利輝元修二月会頭役差文（32.2 × 47.3cm、聖心女子大学所蔵）

満が大内義弘を一族に准ずるという御内書〈『大日本古文書　蜷川家文書之一』〉を出した明徳四年〈一三九三〉一二月あたりと考えられる）、安芸国福成寺別当職は応永元年（一三九四）一〇月一三日、大内義弘によって氷上山別当法印御房に預けられ、同日、大内氏奉行人平井道助・杉重連はその旨を承けて遵行使西郷美濃守・杉三郎左衛門尉両名にあてて渡付を命ずる連署奉書を発している（「興隆寺文書」一七一号、大内義弘預ケ状案、同一七四号、大内氏奉行人連署奉書案『山口県史　史料編　中世3』三〇一―三〇二頁）。史料本文にみえる「香積寺殿裁許」とは、この大内義弘の預置行為を指している。また「宥信法印」とは、応永一一年（一四〇四）三月日興隆寺本堂供養日記（「興隆寺文書」一号、同二二六―二三一頁）にみえる「大坊別当法印宥信」であることから、興隆寺別当宥信のことであることが知られる。宥信は、応永二三年三月菩提院堂供養舞童・同諸役人次第（「興隆寺文書」八三号、同二六八―二六九頁）に「唄師大坊宥信」とみえ、少なくとも応永二三年三月までは興隆寺別当の地位にあったことがうかがわれる。さらに①にみえる「宥信法印已来」の文言、および右の知見によって、宥信はすでに応永元年には興隆寺別当であったことが知られるから、宥信は少なくとも応永元年〜応永二三年の間、興隆寺別当に在任していたこととなる。なお『山口県史』所収の「興隆寺文書」にはほかにも福成寺関係の文書がいくつか含まれている（一六九・一七〇・一七二・一七三・一七九号など）。

続いて②は、享禄五年（一五三二）九月一日、大内義隆が黒川隆尚（初名宗像正氏）の元服で烏帽子を被せる加冠の役を勤め、名字を与えた時に出した加冠状である[13]。黒川隆尚とは、もと第七六代筑前国宗像大宮司正氏（?〜天文一六年、?〜一五四七）のことであり、宗像大宮司職を弟氏続に譲り、大内義隆に仕え、周防国吉敷郡黒川郷を宛て行われ、義隆より偏諱を受けて黒川刑部少輔隆尚と名乗り、義隆に従って安芸、筑前各地に転戦、天文二年（一五三三）には第七八代宗像大宮司に再任された人物である（宗像神社復興期成会『宗像神社史　下巻』四八一頁、同『宗像大社文書　第一巻』三〇五頁）。②は大内義隆がその隆尚に加冠し、隆尚の烏帽子親になったことを明示する文書であって、時期的には、隆尚が宗像大宮司に再任される前年にあたっている。大内義隆と黒川隆尚との擬制的な血縁関係を考えるうえで貴重な史料といえる。

さらに③と④は、大内氏の氏寺とされる氷上山興隆寺の修二月会の頭役を分担させる大内義長と毛利輝元の差文（差定状）である。筆者はかつて興隆寺修二月会の差文を用いて修二月会の政治・社会的な性格について考えたことがあるが、[14]そこで修二月会とは「大内氏世界に属する僧俗たちの精神的結集の場であり、それは同時に大内氏の領国支配を宗教的な脈絡において支える装置でもあった」と結論づけた。

その論文で主として使用したのは、大内氏や毛利氏の当主が発給した頭役差文であった。頭役差文が「興隆寺文書」に多く残っており、その論文執筆の段階で、大内氏当主が発した頭役差文では応永九年（一四〇二）から弘治二年（一五五六）までの全二二通、[15]毛利氏当主のそれでは永禄二年（一五五九）から天正一九年（一五九一）までの全二二通、[16]総計四四通の修二月会頭役差文を確認することができた。

しかし、右に掲出した③と④の文書、すなわち天文二三年二月一三日大内義長修二月会頭役差文と、天正九年二月一三日毛利輝元修二月会頭役差文の二通は右のなかに含まれていない。「興隆寺文書」から流出したため、埋もれたままになっていたのである。かくして、再発見されたといってよい聖心女子大学所蔵分二通を含めて、現在知られる興隆寺修二月会差文は大内氏のもの全二三通、毛利氏のもの全二三通、総計四六通とカウントされるに至ったのである。今後、この新出二通を含めて頭役の負担体系の実態を総合的に再検討する必要がある。

おわりに

以上、山口県外にある大内氏関係の文書（毛利氏も含めて）全五点を紹介し、それによってうかがわれるいくつかの知見についてを述べてみた。宮内庁書陵部の大内義興書状は別として、聖心女子大学の四点のうち、①③④は明らかに氷上山興隆寺にもともとあったはずの文書である。残る②の大内義隆加冠状は他の三点とやや内容を異にし、何故ここに混じったのか疑問を禁じえないが、基本的には②も周防国の大内氏の関係文書であるので、①〜④の全てもともとは氷上山興隆寺に相伝された文書群中にあり、何らかの理由でそれらが流出したものと考えられる。いったいどれだけの文書が流出したか不明である。そういえば、『山口県史　史料編　中世3』九四〇頁に収められた大永四年（一五二四）二月一三日大内義興裁許状（二月会大頭役置物拾種のこと。「中村家文書」）もあるいはもと興隆寺文書であった可能性がある。

注

（1）宮内庁書陵部『和漢図書分類目録』下巻、一〇一〇頁。
（2）朝日新聞社『朝日　日本歴史人物事典』（一九九四年一一月）一二七五―一二七六頁、「新田義興」の項（伊藤喜良氏の執筆）。佐藤進一『日本の歴史9　南北朝の動乱』（中公文庫、二〇〇五年一月）三六二頁。
（3）宮内庁書陵部に「土御門家文書」二冊が所蔵されているが（土一〇五）、東京大学史料編纂所所蔵影写本との関係についての調査は未だ果たしていない。
（4）大内義興は、左京大夫の官途で、永正五年（一五〇八）〜永正一五年（一五一八）の間、山城国守護の職にあった（『角川　新版　日本史辞典』付録、一二三二頁）。なお大内義興の山城国支配の実態については、今谷明「大内義興の山城国支配」（『山口県地方史研究』五一、一九八四年六月）参照。
（5）『国史大辞典』9（吉川弘文館）によると、「天曹地府祭」は、
　辛酉などの歳厄、太一定分などの年厄、天変・怪異の祈禳や、病事・産事・昇官の際の祈禱、あるいは毎月・歳末など定期的な祈禱として、天皇はじめ貴族・武家の間で広く行われた。
とある（九七九頁）。
（6）「東京大学史料編纂所研究紀要」第六号（一九九六年三月）。

（7）勘解由小路家の通字である「在」字は「アキ」と訓ませている（小稿「大内氏と陰陽道――大内政弘と賀茂在宗の関係を中心に」『日本歴史』五八三、一九九六年一二月。↓本書第四部第三章五七〇頁参照）。
（8）注（6）末柄論文四二頁。
（9）国史大系『公卿補任　第三篇』三八二頁。
（10）仁保（三浦）氏の文書は『大日本古文書　熊谷家文書・三浦家文書・平賀家文書』のなかの、三浦家文書の個所に収録される。同家文書九一号永正九年二月六日付、仁保太郎（興棟）あて、大内義興官途吹挙状参照（三九一頁）。なお一八一号三浦氏系図の仁保興棟の個所には「長満丸　太郎　宮内少輔」と称された興棟の、詳しい履歴が掲載されている。興棟は永正一六年五月二九日に没した（四九二―四九三頁）。
（11）注（6）末柄論文四七頁注（17）。
（12）注（9）と同じ。
（13）加冠状については、相田二郎『日本の古文書　上』（岩波書店、一九四九年一二月）で「名字を與へた時の文書である」（五〇五頁）との記述がある。なお同書下巻二三九頁も参照。
（14）小稿「周防国氷上山興隆寺修二月会についての一考察」（『福岡大学人文論叢』第三〇巻第三号、一九九八年一二月）↓本書第四部第四章。
（15）大内氏当主の発した頭役差文全二二通のうち、初見の応永九年二月一三日差文、および永正一三年二月一三日差文は現在その原本が紛失のままである。それらについては防長史談会編「防長史学」（一号～五号付録、一九三〇年～一九三二年）に連載された活字本「防長古文書」によるしかない。上記の二通は「防長古文書」の第四八号（「防長史学」二付録）、第一四〇号（「防長史学」四付録）に本文が掲載されている。
（16）毛利氏当主の発した頭役差文全二二通のうち、天正五年二月一三日差文はその原本が紛失したままである。「防長古文書」第二四一号がこれにあたる。

付記　文書の閲覧・調査、および図版としての写真使用の許可をくださった宮内庁書陵部、聖心女子大学の関係各位に謝意を表したい。同大学文学部の佐々木恵介教授にはたいへんお世話になった。なお、聖心女子大学所蔵文書の調査は、山口県史編さん事業の一環として行った。同行の編さん室中世部会スタッフにもたいへんお世話になった。

あとがき

本書に収録したのは、一九八〇年（昭和五五）一二月から二〇二四年（令和六）五月までの、約四十五年の間に発表した、全十七本の研究論文（うち一つは講演録）、および史料の紹介を兼ねた五つの解説である。

取り扱っている内容としては、十四世紀初頭の鎌倉時代後期から、建武政権期および南北朝時代を含み、おおよそ十五世紀前半の室町時代前期におよぶ、主として中央や地方の政治史を叙述することによって、日本列島の中世のありようを具体的に構想しようとしたものである。右述の五つの解説については個別の部や章として独立させず、付（つけたり）として内容的にもっとも関係の深い部に含めることにした。それらは、筆者がそののち一般読者層にむけて関係の新書や選書を執筆するさい、叙述の柱、ないし下敷きとなったものである。

いま本書を脱稿するにあたり、収録した論文の成立事情にかかわる思い出のようなものがあるので、それらのことについて少し述べておくことをお許し頂きたい。

まず第一部。第一章「文保の和談の経緯とその政治的背景」。二〇〇九年（平成二一）一二月の発表のこの論文は、このころたまたま訪問した国立公文書館内閣文庫で、写真版で同文庫所蔵の「大乗院文書」全十二冊のなかの第一冊目に、内容的に大和興福寺大乗院とは無関係の不思議な文書の第一紙分が一枚合綴されていることに気づいたことから始まる。それが後醍醐天皇の登場を招く「文保の和談」に直接に関係する文書であることはすぐわかったが、差出人も年次も欠けており、おまけに文書自体の痛みもひどく、許可を得て後日原本を閲覧させて頂いた（このとき端裏書が確認できた）。かくして、この文書によって同和談の進行過程がいっそう具体的に知られることとなった。この文書との巡り会いの奇遇さも含めて、忘れえない思い出である。

さらに第一部第四章「建武政権と九州」は、筆者が九州大学助手在職最後の年、一九七八年（昭和五三）に、当時神田神保町にあった文献出版という出版社から「九州中世史研究」という五〇〇頁ほどの分厚い雑誌の刊行を企画刊行されていた川添昭二先生（当時、九大教授）から同題目での下命をうけて執筆したもので、同誌の第二号に載せて頂いた。この雑誌は分量を気にしないで自由に書けるのが持ち味だった。雑誌そのものは残念ながら第三号で終わったけれども、この雑誌から若手研究者が多く輩出した（ずいぶんのちに筆者は文献出版の社長栗田治美氏から「九州中世史研究」の再興を相談されたが、実現しなかった）。

次に第二部。第一章「法勝寺領美濃国船木荘只越郷をめぐる惣庶の対立と南北朝の争乱」は一九七五年（昭和五〇）ころ、宮内庁書陵部で同部所蔵の「法勝寺領美濃国船木荘訴訟文書」という一巻の史料を閲覧して以来、南北朝初期の在地領主の所務訴訟の実態を具体的に写し出した史料として深い興味を抱きつつも、なかなか論文化することができず、二〇〇六年（平成一八）になってやっと形をなすことのできたものである。この史料は、他の方面からの研究にも使えるため、敢えて全文を翻刻した。この文書の六ヵ所の紙継目の裏には花押が据えられているが、その花押の主はいまだ明らかにしえていない。

さらに第二部第二章「足利尊氏発給文書の研究」、および第三章「足利直義発給文書の研究」は、のちに著した角川選書『足利尊氏』・『足利直義』のための準備作業として執筆したものである。

第四章「中院通冬とその時代」は、付記で述べたように、二〇一五年（平成二七）九月、奈良市の大和文華館講堂で行われた、「中院一品記」修理事業の完了を記念するシンポジウムでの公開講演の内容をもとに論文化したものである。筆者にその機会を与えて下さった方々に感謝する次第である。

続いて第三部。この部に収めた五つの論稿は、足利尊氏・直義に続く足利義満および義持・義教についての関心から生まれたものである。すなわち、足利義満の全盛時代を支えた管領斯波義将、足利義持から義教の時代において室町殿に近仕して幕府の政治や宗教政策に深く関わった側近赤松満政や護持僧三宝院満済らについての検討は、この時期の政治や文化を語る場合に欠かすことができない。

最後に第四部。序言でもふれたように、筆者は山口大学に赴任した翌年の一九九二年（平成四）より始まった山口県刊『山口県史』の編纂に当初よりかかわり、中世部会に所属して山口県関係の中世史料の調査・収集のお手伝いをした。山口県の中世史といえば、すぐ大内氏が思い浮かぶように大内氏を避けて通ることは難しい。当然、大内氏関係の研究にどっぷり浸かるようになった。第一部の第二章・第三章を含めて本書に収めた山口県関係、大内氏関係の論文・史料紹介は、この経験がもとになっている。この間、山口県史の編纂作業を通じて、山口県史編さん室や山口県文書館の方々をはじめ多くの方々のお世話を忝くした。改めて謝意を表したい。

右に述べたように、本書は筆者がこれまで執筆した論稿のうち、いまだ著書に収録していないものを選んで一書にまとめたものである。なかには半世紀ちかく前に書いたものもあり、いまでは読むにたえないものも含まれているが、近年になっても時折いわば廃車同然の小論の引用も見受けられることもあるので、そういうものも収録することにした。

いまここに至って、「あとがき」を書く段になって、感謝にたえないのは、九州大学の学生時代以来長きにわたってお世話になった、川添昭二先生をはじめとする同大学内外の諸先生からこうむった学恩である。郷里の長崎県島原半島を離れ、福岡市の九州大学文学部に入ったのが一九六八年（昭和四三）四月。いわゆる大学紛争たけなわのころである。それより二〇二四年（令和六）の今日までに、すでに五十六年という長い歳月が経過した。

この間、多くの先達や先輩・友人の方々のお世話になった。心より深く感謝するところである。特に川添先生の存在は大きく、先生からはいろいろな感動も頂いた。昭和四七年の春、学部卒業を前に長崎県の教員になろうとしていた私は、記念にと思い、同先生に色紙を書いて頂いた。その色紙には、達筆の毛筆で「平生愛誦の古詩を呈す」との前書きのあとに、「一鉢随縁却有方　雙親在処是家郷　帰来自作嬰児態　喜色温如笑満堂　元政・草山集　巻ノ七」と書かれていた。元政とは日本近世初期の学僧である。含蓄の深い漢詩で、当時四十代半ばだった先生の思いも偲ばれる。

むろんのことながら、各論文執筆に際しては、貴重な史料の閲覧や複写物の供与、図版掲載の許可などで、宮内庁書陵部、東京大学史料編纂所、国立公文書館内閣文庫、東洋文庫、尊経閣文庫、国立歴史民俗博物館、国立国会図書館、聖心女子大学など、各史料所蔵機関の方々にはたいへんお世話になった。ここに改めて感謝の意を表したい。

最後になったが、本書の刊行は、ひとえに勉誠社社長吉田祐輔氏のご好意によるものである。専門書の刊行が至難のこのご時世に、かかる売れそうもない大冊の刊行を快諾くださって、心より深く感謝するところである。

令和六年（二〇二四）八月六日

福岡大学10号館四階のいわゆるD室にて　　著者しるす

初出一覧

第一部　鎌倉時代・建武新政期

第一章　「日本歴史」739（平成二一年〈二〇〇九〉一二月）に同題で発表
第二章　「山口県史研究」2（平成六年〈一九九四〉三月）に同題で発表
第三章　「福岡大学人文論叢」33―4（平成一四年〈二〇〇二〉三月）に同題で発表
第四章　川添昭二編『九州中世史研究』第二輯（文献出版、昭和五五年〈一九八〇〉一二月）に同題で発表
　付　「福岡大学人文論叢」31―1（平成一一年〈一九九九〉六月）に同題で発表

第二部　南北朝時代

第一章　「福岡大学人文論叢」38―2（平成一八年〈二〇〇六〉九月）に同題で発表
第二章　「福岡大学人文論叢」48―2（平成二八年〈二〇一六〉九月）に同題で発表
第三章　「福岡大学人文論叢」45―4（平成二六年〈二〇一四〉三月）に同題で発表
第四章　「福岡大学人文論叢」47―3（平成二七年〈二〇一五〉三月）に同題で発表
付一　「山口県史研究」4（平成八年〈一九九六〉三月）に同題で発表
付二　思文閣出版「陽明叢書 記録文書編4」月報11（昭和六一年〈一九八六〉一月）に同題で発表

第三部　室町時代

第一章　「皇學館史学」39（令和六年〈二〇二四〉三月）に同題で発表
第二章　「日本歴史」912（令和六年〈二〇二四〉五月）に同題で発表
第三章　「福岡大学人文論叢」42－3（平成二二年〈二〇一〇〉一二月）に同題で発表
第四章　「福岡大学人文論叢」42－2（平成二二年〈二〇一〇〉九月）に同題で発表
第五章　元木泰雄・松薗斉編『日記で読む日本中世史』（ミネルヴァ書房、平成二三年〈二〇一一〉一一月）に『満済准后日記』（満済）」の題で発表

第四部　周防大内氏の精神世界

第一章　「政治経済史学」363（平成八年〈一九九六〉九月）に同題で発表
第二章　「山口県史研究」11（平成一五年〈二〇〇三〉三月）に「大内氏の興隆と祖先伝承」の題で発表
第三章　「日本歴史」583（平成八年〈一九九六〉一二月）に同題で発表
第四章　「福岡大学人文論叢」30－3（平成一〇年〈一九九八〉一二月）に同題で発表
付一　「和田秀作編　戦国遺文 大内氏編　第一巻　月報1」（平成二八年〈二〇一六〉七月）に同題で発表
付二　「山口県史研究」14（平成一八年〈二〇〇六〉三月）に同題で発表

中世の博多とアジア

「貿易」と「宗教」という視角から俯瞰的に考察し、中世日本最大の国際貿易港であり、東アジア海域有数の港湾都市であった博多の実像に迫る。

伊藤幸司 著・本体九五〇〇円（＋税）

室町戦国日本の覇者
大内氏の世界をさぐる

政治・経済・文化・外交・宗教・文学・美術・考古等、諸分野の知見を集結し、室町・戦国期の歴史的展開において大きな足跡を残した大内氏の総体を捉える絶好のガイドブック。

大内氏歴史文化研究会 編／伊藤幸司 責任編集
本体三八〇〇円（＋税）

日明関係史研究入門
アジアのなかの遣明船

外交、貿易、宗教、文化交流など、様々な視角・論点へと波及する「遣明船」をキーワードに、十四～十六世紀のアジアにおける国際関係の実態を炙り出す。

村井章介 編集代表／橋本雄・伊藤幸司・須田牧子・関周一 編・本体三八〇〇円（＋税）

論文を書こう
増補改訂新版 日本中世史入門

歴史学の基本である論文執筆のためのメソッドと観点を日本中世史研究の最新の知見とともにわかりやすく紹介、歴史を学び、考えることの醍醐味を伝授する。

秋山哲雄・田中大喜・野口華世 編・本体三八〇〇円（＋税）

室町文化の座標軸
遣明船時代の列島と文事

都鄙の境を越え、海域を渡った人びとが残した足跡、ことば、思考を、歴史学・文学研究の第一線に立つ著者たちが豊かに描き出す必読の書。

芳澤元 編・本体九八〇〇円（＋税）

増補改訂版 室町時代の将軍家と天皇家

足利将軍家の実態の具体像および、足利家と天皇家の一体化の過程を再検討した補論六本を新たに加え、最新の研究成果をふまえて加筆・修正した待望の増補改訂版。

石原比伊呂 著・本体九〇〇〇円（＋税）

画期としての室町
政事・宗教・古典学

「室町」という時代は日本史上において如何なる位置と意義を有しているのか。時代の特質である政事・宗教・古典学の有機的な関係を捉え、時代の相貌を明らかにする。

前田雅之 編・本体一〇〇〇〇円（＋税）

日本中世の課税制度
段銭の成立と展開

国家中枢から在地社会に至るまでの諸階層が、深く関与していた段銭徴収の実態を探り、日本中世の収取構造と税制を通じた支配秩序の形成過程を明らかにする。

志賀節子・三枝暁子 編・本体二八〇〇円（＋税）

著者略歴

森　茂暁（もり・しげあき）

1949年（昭和24）9月、長崎県生まれ
1968年（昭和43）3月、長崎県立島原高等学校卒業
1972年（昭和47）3月、九州大学文学部史学科国史学専攻卒業
1975年（昭和50）3月、九州大学大学院文学研究科博士課程国史学専攻中途退学
1975年（昭和50）4月、九州大学文学部助手
1985年（昭和60）6月、九州大学より文学博士の学位を受く（『南北朝期 公武関係史の研究』）
1997年（平成 9）4月、福岡大学人文学部教授
2020年（令和 2）3月、福岡大学を定年退職
現在、福岡大学名誉教授
著書に『南北朝期 公武関係史の研究』（文献出版、1984年6月。2008年7月思文閣出版より増補改訂版）、『鎌倉時代の朝幕関係』（思文閣史学叢書・思文閣出版1991年6月。2016年10月オンデマンド版）、『中世日本の政治と文化』（思文閣史学叢書・思文閣出版、2006年10月）などがある。

日《に》本《ほん》中《ちゅう》世《せい》史《し》論《ろん》集《しゅう》

著者　森　茂暁
発行者　吉田祐輔
発行所　㈱勉誠社
〒101-0061 東京都千代田区神田三崎町二-一八-四
電話　〇三-五二一五-九〇二一㈹

二〇二四年九月二十五日　初版発行

印刷 製本　中央精版印刷㈱

ISBN978-4-585-32053-1　C3021

索　引

凡例

1. 本索引は、原則として本文所出の名詞を拾い、これを配列して作成したものである。従って、引用史料・一覧表および注におけるそれについては、これを拾っていないので、適宜本文とあわせて参照されたい。
2. 本索引において掲出する事項は比較的重要と思われるものに限定した。
3. 人名索引中の女性名については便宜上音よみに従って配列した。
4. ことさら頻出する固有名詞については、これを省略した。

事　項

あ

白馬節会　34
按察使　333, 334
安国寺・利生塔　296, 297, 303-305
伊勢国司　510
内野合戦　431
炎魔天供　630
御祈伝奏　478-480
御祈御教書　291, 292
応永の乱　544, 546, 589
応仁の乱　571
応仁・文明の乱　629
陰陽道　563, 631, 635, 636

か

嘉吉の乱　429, 454, 455
過所　224, 285, 286
鎌倉府　346
賀茂祭　484
唐物　439
苅田狼藉　120
感状　208
関東使　5, 13, 14, 18
関東申次　5, 14, 22, 36, 37, 52, 247, 248, 378
関東早打　72
関東早馬　72
関東御教書　404
官途推挙　245, 246
観応擾乱　238, 242, 251, 254, 304, 324, 339
管領　393-396, 399, 406, 410, 417, 418, 420-423, 425, 447, 505, 507
管領下知状　404, 405
管領奉書　397, 399, 401, 403, 404, 410
祈願所　294, 295, 567

規矩・糸田の反乱　105, 108
菊池合戦　78
切符　483-485, 489
九州探題　404, 441
禁闕の変　429
近習　432, 440, 450, 486, 488, 491
禁制　285
公家施行状　247, 248, 299
「孔雀経法」　490
下文　208, 210, 211, 254, 275, 293
公方御倉　481, 482, 484, 485, 489, 490
供料　473
軍勢催促状　208
軍荼利法　502
下知状　208, 210, 211, 254, 275, 279, 293
闕所地注進権　101
元弘の変　54, 73
「元弘没収地返付令」　126, 230, 232
源氏長者　335-337
源氏長者・奨学淳和両院別当　343
建武徳政令　107
降三世法　502
康暦の政変　398, 407, 418
国司　52
国宣　39
告文　629
小侍所　435
五山文化　249
護持僧(将軍護持僧・武家護持僧)　500, 501, 506
後七日御修法　501, 503
五節舞姫　54
五壇法　283, 501, 502, 565, 567, 630
後南朝　506, 510, 511
「誤判再審令」　126
御判御教書　406, 419, 420
御判始　399, 405
金剛夜叉法　502

さ

在京衆　483
裁許状　279
山門使節　401
山門の嗷訴　443
敷山城の戦い　376
使節遵行　101, 102
地蔵菩薩　398
使庁評定　328
執事　393, 417, 424
十刹　249
下御所　271
重臣会議　507
宿老　423, 448
守護　52, 172, 300
主従制的支配権　216, 304, 305
修二月会　584, 585, 587, 632, 642
淳和院別当　335-337
奨学院別当　336, 337
承久の乱　13
将軍家御教書　402, 406, 419, 421
正中の変　70, 71, 73
聖徳太子信仰　542
諸国一二宮　41
諸山　249
白蛇　539
周防守護　33
諏訪大進房円忠　214
政道　273, 274

摂津国兵庫嶋升米　328
惣田数注進状　42, 43
「僧の忠節」　292
続飯　504
袖判御教書　422

た

大威徳法　502
大名意見制　507, 508
大名評定会議　508
玉津島法楽　450
知行国主　32, 33, 43, 51, 53
長禄の変　429
勅裁　247, 299
鎮守府大将軍　184
鎮西探題　70-73, 77, 82, 102
鎮西軍事指揮権　95, 96
天下執権人　271
伝奏　480, 484, 491
天曹地府祭　635
踏歌節会　34
統治権的支配権　216, 217, 304, 305
土蔵(土倉)　439, 445, 483

な

長門国守護代　42
長門国府　33
長門守護　33
長門探題　77, 78, 81
長門目代　32, 33, 39
南北朝合体　402
南北朝合一　405
二頭政治　208, 209, 214, 215, 236, 238, 242, 245, 252, 253, 272, 274, 278, 282, 285, 286, 295, 303
納銭方　481

は

博多合戦　83, 96, 100, 131
幕府下知状　404
反音　350
判始　451
日ノ本之将軍　271
日本ノ副将軍　287
兵庫代官　439, 440
評定会議　507
兵粮料所　186, 229
武衛大将軍　271
覆勘状　86
武家施行状　247, 299
武家執奏　247, 248, 299, 378, 380
不動法　502
分郡守護職　457
法皇　403
謀書　38
本物返　120

ま

舞装束　587
政所執事　475-477, 486-488, 491
政所執事代　484, 487, 488
御教書　208, 293
身固　576
美濃守護　172
室町殿　417, 419, 420, 423, 424, 433, 450, 459, 460, 498, 500, 501, 511
明徳の乱　431
蒙古襲来　72, 75

や

四宗兼学　27

ら

諒闇　509
連歌　450
連歌会　424, 436, 446-450, 453, 460
六波羅探題　33, 36-38, 43, 70, 177, 248
六角供御人　152

わ

和歌　450
和歌会　436, 446-448, 450, 452, 453, 460
和歌始　452

人　名

あ

青方覚性　81
赤松円心(則村)　431, 454
赤松大河内家　432
赤松春日部家　431, 454
赤松貞村　430, 431, 455
赤松則繁　430
赤松範資　215
赤松則村　77
赤松教康　454
赤松満祐　430, 435, 447, 449, 454, 456, 507, 532
赤松満政　430
赤松持貞　429, 432, 433, 460
赤松義則　433, 435, 507
赤松義雅　430, 447, 453
足利尊氏　91
足利直冬　239, 303
足利直義　388
足利持氏　506
足利基氏　346, 347
飛鳥井雅世　448, 450, 453
阿蘇惟時　94
阿蘇惟直　77
阿野廉子　343-345, 348, 353
飯尾　441, 445
飯尾貞連　484, 485
惟子内親王　344
石橋信乗　448
四条隆富　438
伊勢貞国　475-477, 479, 486, 488-491
一条兼良　448
一条経通　387
一色範氏　404
一色持信　447
一色義範　507
糸田貞義　78, 83, 127
揖宿成栄　121
今川範政　507
今川了俊　519, 521, 535
今小路基冬　497, 498

上杉長棟　443
上杉憲実　441
宇佐諸利　75
宇都宮高房　86, 108
宇都宮冬綱　83, 97, 102, 108, 130
裏松義資　441
叡尊　29
円観　73
大内武治　534
大内(鷲頭)長弘　376
大内弘世　377, 380, 566
大内政弘　518, 534, 539, 543, 564, 566-568, 571, 575, 576, 585, 587, 601, 602, 617, 629
大内盛見　442, 507, 518, 542, 565, 566, 589
大内義興　381, 601, 634, 635
大内義隆　567, 586, 597, 613, 641, 642
大内義長　586, 588, 597, 613, 642
大内義弘　518, 521, 525, 541, 544, 546, 586, 639, 641
大神盛栄　87
大沢重能　151
大館満信　435
大友氏泰　113, 117
大友貞載　110, 113, 127
大友貞宗　79, 82, 83, 86, 89, 94, 97, 100, 110
大友能直　100
大鳥居信高　106
大中臣師俊　388
岡崎範国　98
興律　40
小倉宮聖承　509, 511, 512
大仏維貞　70
大仏貞直　92

か

覚妙　36
花山院師信　9, 37
量仁親王　15, 16, 19-21, 325
片山虎熊丸　177
勘解由小路在富　635, 636
金沢貞顕　70
金沢貞将　70
懐良親王(征西将軍宮)　324
亀山上皇　29
賀茂在重　577
賀茂在宗　564, 568, 570, 571, 574-577, 631, 636
賀茂在盛　574
河津弘業　571
河野通盛　215, 300
義運　447
規矩高政　78, 83, 103, 127
菊池武重　117
菊池武時　77, 79, 94, 103
菊池武敏　237
季瓊真蘂　477
季弘大叔　570
北畠顕家　184, 185
北畠親房　324, 339
北畠満雅　510
肝付兼重　237
経覚　512
行基　27
堯孝　453
京極為兼　22
京極高数　448, 449
経弁　60

九条経教　406, 418
楠木正成　75, 77, 91
楠木正儀　345, 346
邦仁親王　324
邦良親王　9, 15, 21
黒川隆尚　641, 642
玄阿　448, 449
元阿　448
賢円　60
賢俊　503
顕詮　291
賢善　41
光厳上皇　187
光聚院(猷秀)　445
後宇多法皇　5, 9, 10, 13, 14, 16, 17, 19, 20, 22, 38, 39, 174
高師直　247, 299, 300
高師泰　300
後円融天皇　378, 379, 340
久我通相　338, 340, 353, 354
後光厳天皇　349
後小松上皇　509
後小松天皇　501
後土御門天皇　566
厚東武実　43, 55, 61
後奈良天皇　567
近衛兼嗣　390
近衛経家　389
近衛経忠　387, 388
近衛道嗣　340, 347, 387, 389, 390
近衛基嗣　387, 388
近衛良嗣　390
後花園天皇　437, 501, 508, 509
小早川祐景　230
後伏見上皇　5, 175
後村上天皇　340, 345

さ

西園寺公衡　35, 38
西園寺実兼　5, 18, 21-23, 37, 38, 52
西園寺実俊　248, 378-380
西園寺実衡　9, 52, 56
嵯峨天皇　547
相良正任　533, 564, 601, 602, 605, 606
桜田師頼　78, 81
佐々木浄高　422
佐々木導誉　216, 245
佐々木道誉　389
坐禅院　446
貞成親王　450, 454, 509, 512
三条公忠　350
三条公保　447
三条実冬　389
三条実雅　447
三宝院賢俊　292
三宝院満済　439, 441, 447, 449, 451
榼禅性　89
思寂　32
地蔵院持円　506
慈道上人信空　37
斯波高経　395, 396
斯波義淳　448-450, 507, 508, 513
斯波義郷　450
斯波義重　448
斯波義将　394, 395, 397, 399-403, 405-410, 418, 420, 421, 423-425
渋谷典重　89
島津貞久　81-83, 89, 94, 98, 100, 118, 120

島津道慶　122, 123
寂遍　32-35, 38, 39
重阿　448
順忍　374
珣子内親王　119
浄恵　32, 33
聖護院満意　441, 447
称光天皇　508
聖德太子　524, 541, 548
少弐貞経　82, 86, 89, 90, 97, 100, 108
少弐頼尚　127, 130
聖武天皇　27, 373
承祐　448
信空　31, 32, 34, 36, 38
尋尊　547
推古天皇　518, 566
瑞禅　448
陶晴賢　532, 586
陶弘詮　600, 601, 603
陶弘護　571, 601, 602
菅原在登　110
菅原清定　175, 176, 178
菅原資高　173
菅原為俊　173
杉重信　609
世尊寺行豊　509
摂津親鑑　5, 18, 19
宣瑜　38
祖阿　448, 449
増円　33, 35-38, 42, 43

た

平忠種　72
高倉永藤　441
高倉光守　98
鷹司冬平　31
鷹司基忠　31
高津道性　81
尊良親王　78, 87, 89, 90, 91, 96
田口信連　130
詫磨宗直　118
竹田津道景　111
多治見国長　70
為種　441, 445
丹治末清　177
千種忠顕　118, 119
朝円　39
澄心　41
土御門天皇　324
土御門通方　332
問田弘胤　603
問田鶴童　609
洞院公賢　6, 9, 341, 387, 388
洞院公敏　7
洞院実泰　9
土岐頼員　70
土岐頼貞　172, 181, 182, 185
伴田弘歳　606

な

長井貞頼　177
長井貞重　9, 10, 14
長崎高貞　73
中院家　323-325
中院定平　324
中院具忠　324, 339
中院通顕　333
中院通方　324

中院通親　323
中院通冬　323, 325
中院義定　324
中原師郷　513
中原師右　120
中原康綱　118
中御門経季　55-57, 61, 62
中村栄永　89, 90
中山定親　475, 476, 478-480, 491
中原章香　328
名和長年　77
南条高直　73
二階堂盛秀　441
二条道平　9
二条持基　442, 446, 449
二条師基　55
二条良基　120, 340
新田義興　634
新田義貞　237, 239, 282
蜷川信水　448, 449
仁保興棟　636
如性　41
沼間興国　609
野辺久盛　119

は

狭間正供　109
畠山国清　346, 347, 353
畠山満家　441, 448, 505-508, 513
畠山満則　507
畠山持国　459
畠山基国　423, 424
畠山義忠　453
花園天皇　5, 6, 10, 15, 17-20, 22, 30, 38
葉室光資　388
葉室頼藤　31-33, 36
光厳院　30
比志島義範　75
日田　79
日野資朝　70
日野俊光　38, 52, 53
日野俊基　70, 73
日野業子　497, 498
平戸　79
弘中武長　603
広橋兼顕　574
広橋兼郷　480
広橋仲光　378
伏見院　29
伏見上皇　30, 32, 35, 37
伏見法皇　5, 17, 19, 22
藤原経子　15
藤原仁子　173
北条維貞　8, 38
北条貞顕　35, 36
北条貞時　30
北条（金沢）実政　30
北条茂時　101
北条高時　73
北条時敦　36
北条時直　43
北条時仲　33, 36
北条宣時　30
北条英時　72, 74, 81
北条政子　344
北条守時　101
宝池院義賢　506
坊門清定　179

坊門清忠　177
坊門清房　177, 184
坊門信春　187
細川清氏　395, 396
細川満久　507
細川満元　406, 418, 419, 507
細川持賢　453
細川持賢　453
細川持常　455
細川持春　453
細川持元　507
細川持之　439, 445-447, 453, 457
細川頼元　419
細川頼之　380, 394, 396-399, 403, 405, 407, 408, 410, 418, 420, 425
本田久兼　123

ま

雅親　453
雅永　453
政弘　575, 602
松田貞寛　485
万里小路時房　322, 429, 458, 484
万里小路宣房　55-57, 61, 62, 70, 106
三上周通　449
右田重貞　376
三窪　79
通治(通氏)　343
光明院　30
三原種昭　91
宮盛親　574
毛利輝元　642
持之　453
護良親王(大塔宮)　75-77, 79, 87, 90, 91, 96, 131, 324
文観　73

や

安富貞泰　103
山科教言　151
山名常勝　458
山名常熙　441, 449, 505, 507, 508, 513
山名時氏　346
山名教之　458
山名凞貴　448, 449
山名持豊　456-459
吉田定房　9, 10, 13, 14, 38, 39, 53, 54, 56, 62, 117, 178
義則　433, 435
彦仁　508, 509
義将　395, 400, 401, 421, 423

ら

琳聖太子　518, 519, 524, 525, 534, 535, 541, 542, 546, 547, 565, 566
冷泉為之　453
六角満高　422

わ

鷲頭(大内)弘為　589, 592
鷲頭弘為　592

地名・荘園名

あ

安芸国東西条　639
荒陵　518
飯高郡　513
伊勢国安濃郡岩田　513
一志郡　513
一志郡多気　510
一条猪熊　482
糸貫川　173
石見国邇摩郡　534
牛屎院　76
近江国麻生庄　75
近江国伊香中庄　422
近江国馬渕荘　216
大内県　518
尾張国徳重保　333, 342

か

加賀国額田荘　349
加納八田荘　349
北小路室町　417
玖珂郡日積村北方　592
久世荘(山城)　223
車塚(周防)　524, 566
行恒名(播磨)　458
久我荘(山城)　223
小別名(長門)　55

さ

犀川　173
酒垂山　538
佐波郡高洲　522
下来見荘(長門)　55
七条坊門　177
信濃国太田荘内神代郷　275
篠村(丹波)　176
重末名(播磨)　458
周防国大島郡神代　522
周防国熊毛郡波野村　592
周防国下松　518
周防国高洲・田島　521, 536
周防国多々良岸　535
周防国都濃郡鷲頭庄青柳浦　518, 534, 542, 544
周防国吉敷郡黒川郷　641
摂津国中嶋郡　458
摂津国輪田庄　418
摂津湊川　180

た

大宰府原山(筑前)　90
丹後国船井庄　75
丹波三井荘　334
筑前国糸島郡　544
筑前国糟屋郡福満荘　631
筑前国福満庄　571
土御門東洞院　10, 15
土御門万里小路　497
常盤井殿　9
富成(長門)　36

な

長門赤間関　592
長良川　173

は

博多(筑前)　75, 81
筥崎社(筑前)　576
播磨国佐土余部　437
肥前国神埼荘　100
肥前国彼杵　78, 79
肥後国永吉荘　100
肥前国与賀荘　100
備前国新田庄　433
日向国国新納院・救仁郷　118
兵庫　439
平田庄(大和)　389
福成寺(安芸)　639
伯耆船上山　77

ま

美濃国只越郷　172, 173, 177-180, 183-185, 187
美濃国船木荘只越郷　171-173, 179
武者小路室町　173

や

山鹿荘(肥後)　100
山香庄内日差村(豊前)　376
山城国深草郷　227
大和賀名生　339
吉川上庄(播磨)　458
吉野　178

ら

領摂津国輪田庄　406
六波羅　14

寺社名

あ

赤崎(周防)　536
安芸国厳島　521, 536
安芸国福成寺　641
安養寺(備中)　433
岩国永興寺　525, 541
石清水八幡宮　504, 505
永興寺　525
近江園城寺　398
近江長楽寺　295
大山寺(播磨)　222
尾張熱田宮　346

か

鎌倉極楽寺　375
河上社(肥前)　124
勧修寺　511
観心寺(河内)　345
祇園社(山城)　291, 344, 398

北野社（山城）　538, 542
下松妙見大菩薩　535
功山寺（長門）　60
高城寺（肥前）　232
興福寺（周防）　377, 388
高野山金剛峰寺　223
興隆寺　381, 518, 543, 585, 616
金剛心院（丹後）　222

さ

西大寺（大和）　27-29, 31, 32, 35, 40, 42-44, 344, 373, 374, 382, 567
西福寺　222
定光坊　485
相国寺鹿苑院蔭凉軒　477
正実坊　477, 482, 483
称名寺（相模）　232
周防国分寺　29, 371, 373-377, 381, 382
周防国分尼寺　375
周防国仁平寺　377
周防国仁保庄　379
清滝宮（山城）　475, 480
禅住坊　476, 482, 483

た

醍醐寺（山城）　449, 490, 511
醍醐寺三宝院　498, 499
醍醐寺清滝宮　476
醍醐寺報恩院　223
醍醐寺理性院　478
武雄社（肥前）　73
知足院　327
長福寺（山城）　60
天龍寺（山城）　335
東大寺（大和）　373, 439, 567
東福寺（周防）　77, 232

な

長尾社（山城）　475
長門国分寺　27-29, 31-34, 38, 40-42, 44, 373, 381, 382, 567
南禅寺（山城）　232
仁和寺（山城）　346

は

氷上山興隆寺　534, 542, 566, 584, 587, 642
氷上妙見社　518, 542
広峯社（播磨）　434
防府天満宮　538, 619
法身院（山城）　497

ま

松崎酒垂山天満宮（周防）　539, 619
万寿寺（豊後）　252
妙顕寺（山城）　223
妙見大菩薩（周防）　518, 585
妙見菩薩　585

ら

雷山千如寺（筑前）　105, 108
理性院（山城）　475-477, 490
臨川寺（山城）　250

史料名・書名

あ

『青方文書』　125
「赤間神宮文書」　221, 223
「秋田藩採集文書」　233
「按察大納言公敏卿記」　6, 7, 14-16
「安宅文書」　239
「安保文書」　211, 234
「安養寺文書」　433
「揖宿文書」　121
「忌宮神社文書」　58, 235
「伊予国分寺文書」　42
「入江文書」　246
「入来院文書」　87
「石清水放生会記」　437
「岩屋寺文書」　236
『蔭涼軒日録』　477
上杉家文書　274, 443
「宇佐永弘文書」　124
「円覚寺文書」　223, 243
『園太暦』　6, 322, 341, 344, 346, 348, 350, 387-389
『大内氏掟書』　565
「大内多々良氏譜牒」　519, 534, 535, 566, 577, 587, 632
「小河家古文書」　149
「御事書并目安案」　15, 18, 20
『御湯殿上日記』　576

か

『臥雲日軒録抜尤』　639
「花営三代記」　432
「鰐淵寺文書」　40
『兼顕卿記』　574
『兼宣公記』　483
『鎌倉幕府裁許状集』　101
鎌倉幕府守護制度の研究　100
河本家文書　238
「観心寺文書」　345
『看聞日記』　354, 437, 444, 445
『看聞御記』　454, 455, 458, 479
「翰林葫蘆集」　577
「紀伊続風土記付録」　222
祇園社記続録　291
「祇陀寺文書」　223
「北野通夜物語事」　522
経覚私要鈔　513
愚管記　347, 389, 394
『公卿補任』　31, 52, 325, 326, 329, 331, 336-338, 342, 343, 387, 478, 570
「久下文書」　217
「櫛間院地頭職相伝系図」　119
「九条家文書」　418
九条家歴世記録　441
『熊谷家文書』　61
「鞍馬寺文書」　223
「倉持文書」　277
「内蔵寮領等目録」　149, 151-153
『系図纂要』　87
『外記補任』　118
「験観寺文書」　371
『建内記』　322, 429, 430, 455-457, 484-486,

498, 505
「建武記」　41, 123, 124
「建武政府国司守護表」　104
「功山寺文書」　59
「上妻文書」　108
「公武補任次第」　271
「高野山文書」　223, 233, 279
『荒暦』　407
「興隆寺文書」　371, 543, 565, 566, 593, 596, 605, 617, 632, 641, 642
『後愚昧記』　323, 325, 350, 407
「後深心院関白記」　347
「御評定着座次第」　395, 396
「古文書」　222
「金蓮寺文書」　274

さ

「西行雑録」　243
「西大寺文書」　40
「斎藤基恒日記」　457
「佐々木文書」　211, 245
薩戒記　478, 479, 512
『実隆公記』　576
『実冬公記』　389
『実躬卿記』　565
「志賀文書」　124
「執事補任次第」　400
「実相院文書」　242
『島津家文書』　119, 121
『蔗軒日録』　570
「拾塵和歌集」　617
「上宮聖徳法王帝説」　548
『正任記』　533, 564, 568, 571, 576, 631, 632
「正法寺文書」　57
「諸文書部類」　39
「新撰大内氏系図」　533
「新撰姓氏録」　547
『新続古今和歌集』　450, 451
「真如寺所蔵能勢家文書」　277
『神皇正統記』　324
『新葉和歌集』　178
「末吉文書」　240
『周防国分寺文書』　372, 380, 630
続左丞抄　629

た

『醍醐寺文書』　303, 328, 444, 473
「太山寺文書」　75
『大乗院寺社雑事記』　547
「大乗院文書」　11
「大悲王院文書」　105, 108
『太平記』　70, 77, 82, 83, 91, 178, 207, 321, 335, 340, 341, 346, 347, 522
「平姓祢寝氏正統文献」　237
「田中穣氏旧蔵典籍古文書」　150
「玉津島御法楽人数交名」　450
「丹後金剛心院蔵木札」　222
「竹馬抄」　408, 409
「長州国分寺由緒書」　29
「長福寺文書」　276
『鎮西探題史料集』　102
「椿葉記」　509
『菟玖波集』　447
鶴岡八幡宮寺文書　237
「天龍寺造営記録」　251
天龍寺文書　284
「東寺文書」　236

「東福寺文書」　221, 222

な

「長興宿禰記」　574
『長門　長府史料』　28
「長門国守護職次第」　43, 53, 106
「長門国分寺文書」　27, 28, 37, 41, 43, 53
「長門守護代記」　55
『中院一品記』　323, 331, 332
「中院文書」　333
『南北朝期公武関係史の研究』　15
「二条河原落書」　123
『日本史料集成』　55
「女院小伝」　344
「根津嘉一郎氏所蔵文書」　54
「教言卿記」　153, 424
『教言卿記』　151

は

『梅松論』　19, 91, 180, 181, 272, 273, 304, 522
「博多日記」　77-81, 83, 87, 103
『花園天皇宸記』　5, 6, 16-19, 22, 51
「花園天皇日記」　325
「氷上山興隆寺本堂供養日記」　566
「氷上山興隆寺文書」　518
「比志島文書」　119
「日御崎社文書」　240
『日向古文書集成』　119
『日吉社室町殿御社参記』　483
「広峯文書」　434
「深江家文書」　103
「武家雲箋」　277
「武家年代記」　399
武家評定始　396
「伏見宮記録文書」　520
「防長古文書誌」　39, 372
「防府天満宮文書」　538
「細川系図」　407
「細川家文書」　229
「法勝寺領美濃国船木荘訴訟文書」　171, 172, 176, 177, 179
「本願寺文書」　220
「本郷文書」　229
「本朝皇胤紹運録」　344

ま

「米原文書」　246
「前田家所蔵文書」　217
『増鏡』　13
『満済准后日記』　435, 436, 439, 441-446, 448-450, 452, 482, 497, 499, 500
「三池文書」　238
「三浦家文書」　379, 380
「三島神社文書」　222
「御厨子所関係文書」　149, 151-153
『壬生家文書』　172
「壬生文書」　172
「妙顕寺文書」　223
「室町殿護持僧交名」　500
「毛利家文書」　239
「門司文書」　240
「師郷記」　513
「師守記」　396, 570
『門葉記』　565

や

「八坂神社文書」　235

『康富記』 482
「柳川古文書館寄託文書」 57
「山科家旧蔵文書」 150
「山田文書」 124
「結城古文書写」 237
『吉川家文書』 277

ら

「李朝実録」 518, 546
『冷泉家文書』 246
『歴代鎮西要略』 82
『歴代鎮西志』 127, 130
「鹿苑院西国下向記」 517, 519-523, 525, 535, 548, 632
「鹿苑院殿厳島詣記」 519, 521, 535, 536
「六角供御人ニ関スル文書」 152

わ

『和漢図書分類目録』 171
『和名類聚抄』 437